“第三届贸易强国论坛”参会代表合影

“第三届贸易强国论坛”开幕式

"企业管理丛书·利丰系列"新书发布会

全国流通经济研究机构学术交流会/流通研究基地（所、中心）交流会参会代表合影

中国商业经济学会会长安惠民

中国市场学会理事长高铁生

北京工商大学副校长李朝鲜教授

全国政协委员、香港利丰集团研究中心董事张家敏总经理

商务部办公厅副主任、商务部新闻发言人沈丹阳

商务部政策研究室副主任张国庆

国务院发展研究中心市场所所长任兴洲教授

东北财经大学副校长夏春玉教授

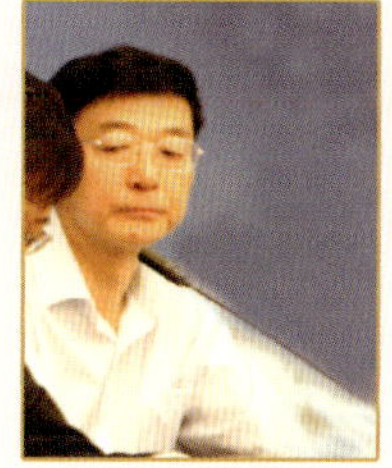
哈尔滨商业大学副校长王德章教授

广西财经学院副校长夏飞教授

湖南商学院经济发展研究院院长柳思维教授

北京物资学院党委副书记沈小静教授

中国社会科学院财政经济战略研究院副院长荆林波教授

香港利丰集团研究中心副总经理林至颖

安徽安庆市商务局副局长汪传华

国家发改委宏观经济研究院王晓红

清华大学零售研究中心主任李飞教授

中国人民大学商学院贸易经济系主任谷克鉴教授

中国人民大学商学院贸易经济系副主任王晓东教授

中国社科院财经战略研究院于立新研究员

上海大学经济学院副院长李骏阳教授

南京财经大学经贸学院高觉民教授

浙江工商大学商贸研究中心主任郑勇军教授

河北经贸大学商学院院长王小平教授

河南商业经济学会副会长、秘书长宋向清

重庆工商大学经济贸易学院
曾庆均教授

中商商业研究中心原主任
刘海飞研究员

中南财经政法大学郭守亭教授

北京财贸职业学院流通经济
研究所赖阳教授

北京工商大学经济学院
副院长郭馨梅教授

帮富创业网总裁孟广桥

中国尾货网CEO米克

IBMG公司副总经理曾令同

中国商业史学会会长
王茹芹教授

中国品牌大赛秘书长赵宏大

中商流通生产力促进中心
首席分析师陈克新

中商商业经济研究中心主任
王建华

商务部政策研究室处长周岚

商务部研究院研究员赵萍

中南财经政法大学学生、教育部
大学生创业项目主持人盛柯文

经济管理出版社副社长杨世伟

中南财经政法大学工商管理学院
副院长张建民教授

哈尔滨商业大学经济学院
院长赵德海教授

北京联合大学商务学院
国际经济系主任赵亚平教授

中国流通三十人论坛（G30）
副秘书长王强

北京工商大学经济学院
院长李宝仁教授

北京工商大学经济学院
党总支书记周莉教授

北京工商大学经济学院
洪涛教授

北京工商大学贸易经济
系主任龚晓菊

北京工商大学国际经济与贸易
教研室主任朱振荣

项目支持：
北京市哲学社会科学首都流通业研究基地项目（JD-2012-Y-03）
北京市教育委员会科研基地—科技创新平台—北京流通业发展方式转变研究（PXM2012_014213_000043）
冯氏集团利丰研究中心项目

内外贸联动发展

“第三届贸易强国论坛”论文集

洪　涛　朱振荣／主　编
龚晓菊　郑兰平／副主编

编委会

前　言

2010~2012 年，在商务部支持下，北京工商大学与中国商业经济学会、首都流通业研究基地先后联合举办了三届“贸易强国论坛”(Forum on How to Make China A Trade Power)。三年来，论坛分别以“由贸易大国向贸易强国跨越”、“‘十二五’贸易结构优化与升级”、“内外贸联动发展”为主题相继展开了广泛研讨，30 多所院校 60 多名教授于 2010 年联合签署了“适应贸易强国需要　培养创新型贸易人才倡议书”(北京宣言)。根据论坛的最终成果，经济管理出版社已先后出版了《贸易大国向贸易强国跨越——首届贸易强国论坛论文集》、《“十二五”贸易结构优化与升级——第二届贸易强国论坛论文集》，“贸易强国论坛”日益发展成为一个品牌论坛。

2012 年 5 月 18~20 日，“第三届贸易强国论坛”由北京工商大学、中国商业经济学会主办，香港利丰集团协办，北京工商大学经济学院、首都流通业研究基地承办。出席论坛的嘉宾代表有来自中国市场学会、中国商业经济学会、商务部、国务院发展研究中心、香港利丰集团研究中心、中国社会科学院、国家发改委宏观经济研究院、中国人民大学、清华大学零售研究中心、东北财经大学、吉林大学、上海财经大学、上海大学、哈尔滨商业大学、中南财经政法大学、湖北经济学院、湖南商学院、南京财经大学、江苏师范大学、广西财经学院、重庆工商大学、浙江工商大学、北京航空航天大学、郑州航空工业管理学院、北京联合大学、北京农学院、北京工商大学、中商商业研究中心、中商生产力促进中心、IBMG 公司、中国尾货网、经济管理出版社、《经济参考报》、《中国商报》、《国际商报》、《中国商品交易市场》杂志、《现代物流报》、《中国市场》杂志等 70 余家单位的政府职能部门领导、贸易经济专业、国际经济与贸易专业的专家学者、企业代表和媒体记者代表等 150 多人。论坛围绕“内外贸联动发展”主题，探讨当前我国内贸与外贸相互联动的发展现状、问题以及未来发展趋势，探讨内贸与外贸相互联动发展理论与实践，探讨如何提升我国在世界上的国际竞争力。

北京工商大学经济学院院长李宝仁主持了开幕式，中国商业经济学会会长安惠民和北京工商大学副校长李朝鲜、商务部政策研究室副主任张国庆发表了热情洋溢的致辞，张国庆还发表了“我国成为贸易大国后的思考”的演讲。论坛分为4个阶段，分别由夏春玉教授、王德章教授、柳思维教授、沈小静教授主持，有28名专家学者作了大会演讲。中国商业经济学会副会长、学术委员会主任荆林波教授、北京工商大学经济学院贸易系主任洪涛教授分别做论坛总结。

论坛举办期间，除大会交流外，还先后进行了两项活动：18日下午在北京工商大学举行了“利丰管理丛书”《服务供应链》、《高端物流服务》新书发布会，全国政协委员张家敏、中国物流采购联合会总顾问丁俊发、中国人民大学商学院教授宋华、上海海事大学教授骆温平、北京工商大学教授洪涛、中国人民大学出版社总编助理费小琳、副主任曹沁颖出席了发行仪式；19日上午在北京裕龙大酒店举行了全国流通经济研究机构学术交流会，商务部政策研究室、中国社会科学院财经战略研究院、中商商业经济研究中心、浙江工商大学商贸研究中心、哈尔滨商业大学商业经济研究所、北京财贸职业学院流通经济研究所、G30、IBMG公司、中国企业管理研究会品牌研究中心等单位的专家以及中国人民大学、吉林大学、中南财经政法大学、北京工商大学、南京财经大学、郑州航天航空大学、重庆工商大学、江苏师范大学等高等院校的贸易经济、国际经济与贸易专业的教师共同参与了学术交流与探讨。

论坛共收到全国各地投稿论文80余篇，在论文遴选、编辑过程中，北京工商大学经济学院贸易系主任洪涛教授对论文集的整体逻辑、专题板块做了最终审定，贸易系党支部书记、国际经济与贸易教研室主任朱振荣副教授负责论文的收集、审阅，贸易系贸易经济教研室主任龚晓菊副教授做了大量的论文整理排版工作。经过共同努力，论文集几易其稿，最终形成“内外贸联动发展”、“国内贸易研究”、“国际贸易研究”、“贸易人才培养”四大板块，因受篇幅限制，根据板块内容安排收录了61篇论文，现编辑出版《内外贸联动发展——“第三届贸易强国论坛”论文集》，洪涛、朱振荣担任主编，龚晓菊、郑兰平担任副主编，硕士研究生杜萌、颜泽新、霍菲菲记录整理了论坛纪要。因受时间、精力所限，书中难免出现疏漏之处，敬请读者批评指正。

目 录

内外贸联动发展

国内贸易研究

流通产业

零售与供应链

农产品流通

国际贸易研究

对外贸易转型

国际贸易摩擦

国际贸易与财金保险

贸易人才培养

附　件

内外贸联动发展

我国内外贸联动发展的理论与实践

洪　涛[①]　霍菲菲[②]　颜泽新[③]　杜　萌[④]

一、我国内外贸联动发展的背景

（一）全球金融危机、经济危机常态化趋势

从全球经济来看，金融危机和经济危机常态化是一种发展趋势，世界贸易组织发布的报告显示，2011 年全球贸易增速仅为 5%，较 2010 年 13.8%的增速出现大幅下降；2011 年全球出口增速仅为 2.4%，低于 2010 年 3.8%的增速。相关预测数据显示，全球贸易增速 2012 年还将下降至 3.7%，低于过去 20 年 5.5%的全球贸易增速平均值。我国外贸由长期高速增长向低速增长转变，即由 40%增长降至 30%增长，然后降至 20%增长，2012 年降至 6.2%增长。2009 年货物与服务净出口对国民经济的贡献率为-40.6%，2011 年为-5.8%。在全球范围金融危机和欧债危机的背景下，我国对外贸易面临巨大挑战，2012 年第一季度，我国进出口总额 8593.7 亿美元，同比增长

① 洪涛（1957~），男，湖北天门人，教授，博士，北京工商大学经济学院贸易系主任、商业经济研究所所长，商务部特聘专家，农业部农产品市场流通专家，中国商业经济学会副秘书长、学术委员会副主任，全国高校教学研究会副秘书长，中国物流学会副秘书长，中国市场指导委员会副会长，北京市优秀教师。研究方向：流通产业理论与实践。邮箱：cearls2009@126.com。

② 霍菲菲（1989~），女，北京人，北京工商大学经济学院产业经济学专业 2011 级硕士研究生。研究方向：流通产业理论与实践。

③ 颜泽新（1988~），女，山东临沂人，北京工商大学经济学院产业经济学专业 2011 级硕士研究生。研究方向：流通产业理论与实践。

④ 杜萌（1990~），女，河南周口人，北京工商大学经济学院产业经济学专业 2011 级硕士研究生。研究方向：流通产业理论与实践。

7.3%，是自 2009 年第四季度以来的增速新低，预计 2012 年货物和服务净出口贡献率为–2.2%。

（二）内外贸面临着转型时期

我国内外贸面临一个转型时期，外贸形势变得不稳定，具有许多不确定因素。为此，中央提出“稳出口、扩进口”的政策，内外贸联动发展变得十分迫切。所谓“内外贸转型”，是指“国际贸易国内化”、“国内贸易国际化”，在这个过程中，国内贸易企业和国际贸易企业面临着许多新的竞争环境问题，内外贸企业都存在不适应问题，亟待从理论上与实践中解决。

（1）“国内贸易国际化”过程中存在许多问题。如我国国内市场已经国际化，大量的外资进入中国市场，同时许多国内贸易企业走出国门，在世界 200 多个国家建立了许多“中国商贸城”（商品交易市场），许多零售企业、餐饮企业走出国门开门店、办餐馆、建“唐人街”等，有许多成功的案例，也有许多失败的案例。

（2）“国际贸易国内化”过程中存在许多问题。在外贸“高速”转“低速”增长过程中，外贸转内贸面临着渠道不通、模式不适应等新问题，同时也使国内市场竞争更趋激烈。

（三）消费投资出口协调拉动国民经济增长

随着我国经济结构的调整和发展方式的转变，投资、出口、消费拉动国民经济增长的传统模式面临着挑战，消费、投资、出口协调拉动国民经济增长成为转变发展方式的重要内容。据分析，1978 年我国最终消费支出贡献率为 39.4%，而资本形成总额贡献率达到 66%，货物和服务净出口贡献率为–5.4%；到 1981 年最终消费贡献率曾达到 93.4%，1999 年曾达到 74.7%，而 2011 年为 55.5%；资本形成总额贡献率 1981 年曾为–4.3%，1990 年为 1.8%，2009 年曾达到 95.2%，2011 年下降为 50.4%，最终消费贡献率高于资本形成总额贡献率，但是预计 2012 年最终消费贡献率高于资本形成总额的贡献率。货物和服务净出口贡献率曾在 1990 年达到 50.4%，而 2009 年为–40.6%，2011 年为–4.3%，形势仍然不容乐观。

（四）两次金融危机积累了丰富的经验

我国经历了 1997 年东南亚金融危机和 2009 年全球金融危机，国际形势的变化使我国经济的影响力增大，对促进我国经济结构性的调整、发展方式的转变形成重要的外推力。总结这些年的经验和教训，探讨新时期的途径和

表1 三大需求对国内生产总值增长的贡献率和拉动（本表按不变价格计算）

年份	最终消费支出		资本形成总额		货物和服务净出口	
	贡献率（%）	拉动（百分点）	贡献率（%）	拉动（百分点）	贡献率（%）	拉动（百分点）
1978	39.4	4.6	66	7.7	-5.4	-0.6
1979	87.3	6.6	15.4	1.2	-2.7	-0.2
1980	71.8	5.6	26.5	2.1	1.8	0.1
1981	93.4	4.9	-4.3	-0.2	10.9	0.5
1982	64.7	5.9	23.8	2.2	11.5	1
1983	74.1	8.1	40.4	4.4	-14.5	-1.6
1984	69.3	10.5	40.5	6.2	-9.8	-1.5
1985	85.5	11.5	80.9	10.9	-66.4	-8.9
1986	45	4	23.2	2	31.8	2.8
1987	50.3	5.8	23.5	2.7	26.2	3.1
1988	49.6	5.6	39.4	4.5	11	1.2
1989	39.6	1.6	16.4	0.7	44	1.8
1990	47.8	1.8	1.8	0.1	50.4	1.9
1991	65.1	6	24.3	2.2	10.6	1
1992	72.5	10.3	34.2	4.9	-6.8	-1
1993	59.5	8.3	78.6	11	-38.1	-5.3
1994	30.2	4	43.8	5.7	26	3.4
1995	44.7	4.9	55	6	0.3	—
1996	60.1	6	34.3	3.4	5.6	0.6
1997	37	3.4	18.6	1.7	44.4	4.2
1998	57.1	4.4	26.4	2.1	16.5	1.3
1999	74.7	5.7	23.7	1.8	1.6	0.1
2000	65.1	5.5	22.4	1.9	12.5	1
2001	50	4.1	50.1	4.2	-0.1	—
2002	43.6	4	48.8	4.4	7.6	0.7
2003	35.3	3.5	63.7	6.4	1	0.1
2004	38.7	3.9	55.3	5.6	6	0.6
2005	38.2	4	37.7	3.9	24.1	2.5
2006	38.7	4.5	42	4.9	19.3	2.2
2007	39.4	4.7	40.9	4.9	19.7	2.3
2008	43.5	4.2	47.5	4.6	9.0	0.8
2009	45.4	4.1	95.2	8.7	-40.6	-3.7
2010	37.3	3.9	54.8	5.6	7.9	0.8
2011	55.5	5.2	4.88	4.5	-4.3	-0.4
2012	51.8	4	50.4	3.9	-2.2	-0.2

注：①三大需求指支出法国内生产总值的三大构成项目，即最终消费支出、资本形成总额、货物和服务净出口。②贡献率指三大需求增量与支出法国内生产总值增量之比。③拉动指国内生产总值增长速度与三大需求贡献率的乘积。

方式，具有重要的现实意义。中国越来越影响世界，世界越来越离不开中国，国内贸易与国际贸易也是如此，更是如此的相互联系，不可分割。因此，认真研究国内贸易与国际贸易的联动，研究内需与外需的关系，探讨内外贸关系，探讨内外贸一体化的途径、渠道、路径、模式等具有重要的理论与现实意义。

二、内外贸联动发展的文献综述

总结内外贸联动的文献资料，可以归纳为以下四个方面的内容：

（一）内需与外需关系的研究

杨运杰（2007）认为内需与外需的关系实质上是国内经济运行与对外经济运行的关系，二者是既相互制约又相互协调、相互促进的关系。而从我国特殊国情来看，内需对经济运行起着主导作用，外需对经济运行起着从属作用。外需的增加必然会增加国内生产性需求，带来国内工人收入的增加，进而带动国内最终消费需求的增加。通过增加国内固定投资需求和进口产品，加快国内产业结构的升级改造，提高了供给能力，为扩大外需创造了条件。曲凤杰（2005）提出外需可以直接带动国内消费、投资和政府支出，通过乘数效应，使国民收入增加，促进内需的扩大；内需通过增加固定资产投资、进口等提高国内供给能力，促进外需的扩大；外需扩大虽然不会对内需产生抑制作用，但外需结构的不合理不仅会降低外需对经济增长的拉动作用，还会加剧国内消费与投资的失衡，造成供给结构的不合理，影响经济的持续增长。

（二）内贸与外贸关系的研究

关于内贸与外贸关系的研究最早可追溯到亚当·斯密（1974）的“外贸促内贸”的观点。从分工的角度研究二者之间的相互关系，斯密认为分工的发展是促进生产率长期增长的主要因素，而分工的程度则受到市场范围的强烈制约，而对外贸易的扩大必然能够促进分工的深化，带动国内市场的发展。克鲁格曼（1980）和梅里兹（2003）都认为出口企业占领本国市场是企业发挥规模经济、足以支付对外贸易运输成本实现出口的基础，更大的国内市场同时意味着更强的出口竞争力，即国内贸易的繁荣能推动对外贸易的发展。杨小凯等（2002）在新兴古典经济学中运用超边际分析方法解释了国际贸易从国内贸易中产生的原因，引入了交易效率的概念，随着交易效率的提高，高效率的分工水平便会要求更大的市场规模与其相适应，此时局限于一国市场之内的贸易和产品交换无法充分利用高水平的分工经济，因此国际贸易便会从国内贸易中产生。国内关于内外贸关系的研究较少，张永璟（1998）提出了“国际贸易国内化”，即利用外商直接投资对国际贸易的替代作用，将国际贸易活动以外资企业国内贸易的形式展现出来，促进国内资源的合理配置。张睿（2009）对内外贸关系引入了动态分析，通过定量分析的方法得出，短期内我国外贸带动内贸发展的效果并不明显；内贸对外贸的促进作用仅表现为内贸对出口的长期影响，表明内外贸需联动发展，共同促进经济的繁荣。

（三）关于内外贸一体化的观点

闵树琴（1997）提出我国的内外贸分离的传统流通体制人为地割裂了国内、外市场的有机联系，对于企业合理运用两个市场、两种资源构成了极大的障碍，并从规模经济、交易成本的角度，提出内外贸一体化是流通企业摆脱困境的重要途径。于培伟（2005）提出加快内外贸一体化进程是发展社会主义市场经济的内在要求，内外贸一体化的目的就是要充分发挥流通的先导作用，充分拓展流通的功能。打破体制障碍，以扩大内需为重点，实现内外贸的真正融合和协调发展。统筹国内发展和对外开放，需要统一管理职能，统一经营主体，统一内外市场。郭冬乐（2004）从流通组织形式的方面对内外贸一体化的具体实践提出建议，实现内外贸一体化要发展一批以贸易为主业、兼具多种功能的实业化、集团化、国际化经营的综合商社或综合贸易公司；结合工业实行“大集团”战略，以优势企业和名牌产品为龙头，加快发展一批以工业为龙头具有国际竞争力的大型企业集团和跨国公司；深化商品流通体制改革，积极发展连锁经营等现代组织形式和经营方式，逐步形成一批有竞争实力的连锁零售企业集团，实行国际化经营。王炜瀚（2007）针对政府在实现内外贸一体化过程中的作用认为，政府的首要职能是促进和保障市场的顺畅运行，而不能以计划经济的思想过多地干扰市场；同时企业集团、综合商社、连锁经营的组织形态的选择和乡村从事业务的决策，应交由企业自行决定。

（四）关于对外直接投资的产业升级效应

对外直接投资，企业可以获得稀缺的资源、拓展产品的市场、获得先进的技术和生产经验，并通过产业转移、产业关联、产业内竞争等方式影响投资国国内的产业结构水平，促进国内产业升级和优化。发达国家如此，发展中国家是否也能促进国内产业升级和优化呢?

我国对外贸易的发展主要是依靠要素的投入、资源环境的损耗为代价的，对国内企业的技术进步和产业升级作用并不显著。随着“人口红利”的逐渐消失和环境资源的透支，这种对外贸易发展方式不可持续，应该转变参与国际分工的方式，形成新的产业升级的动力。同时，应认识到国际金融危机后，各国都纷纷采取了紧缩性的经济政策和贸易政策，中国对外贸易进一步发展的障碍丛生，这也需要努力探寻新的渠道和方式，既可以绕开这些贸易壁垒，又能参与国际分工和生产，并以此带动国内经济发展和产业升级。①

综上所述，关于内外贸联动的研究主要集中在内外贸关系及内外贸一体化这两方面，对内外贸联动的内涵及理论基础并没有进行深入的研究，对内外贸联动的途径、渠道、路径、模式也没有进一步探讨。

三、内外贸联动发展的理论基础

从古到今的许多贸易理论都论述了内贸与外贸相互联系的重要性。贸易理论经历了从古典贸易理论到新古典贸易理论再到现代贸易理论的演变过程。

传统自由贸易理论中最有影响力的是亚当·斯密的绝对优势理论、大卫·李嘉图的比较优势理论、赫克歇尔和俄林的要素禀赋论。比较优势理论是传统自由贸易理论形成的标志，绝对优势理论是比较利益理论的基础，要素禀赋论是比较优势理论的演绎，而现代的国际贸易新理论则是比较贸易理论的细分和新发展。

(一) 亚当·斯密的绝对优势理论

在《国富论》中，亚当·斯密提出了绝对优势理论，又称为绝对成本学说。他认为分工可以提高劳动生产率，而增加国民财富的根本原因就在于提高劳动生产率。交换是出于利己目的而进行的活动，是人类的一种天然倾向。人类的交换倾向产生分工，社会劳动生产率的巨大进步是分工的结果。进而分析到，分工既然可以极大地提高劳动生产率，那么每个人专门从事他最有优势的产品的生产，然后彼此交换，则对每个人都是有利的，即分工的原则是成本的绝对优势或绝对利益。

① 李逢春. 中国对外直接投资的产业升级效应研究［D］. 中国人民大学商学院，2012-3-16.

其中国际分工是各种分工阶段中的最高阶段，在国际分工基础上开展国际贸易，对各国都会产生良好效果。国际分工的基础是有利的自然禀赋或后天的有利条件，有利的生产条件来源于有利的自然禀赋或后天的有利条件。自然禀赋和后天的有利条件因国家而不同，这就为国际分工提供了基础。如果外国的产品比自己国内生产的要便宜，那么最好是输出在本国有利的生产条件下生产的产品，去交换外国的产品，而不是自己去生产。

（二）比较优势理论

大卫·李嘉图的比较优势理论是在亚当·斯密的绝对优势理论上发展演变来的，绝对优势理论是指各国应该集中生产并出口具有劳动生产率和生产成本“绝对优势”的产品，进口其不具有“绝对优势”的产品。但是在现实社会中，有些国家比较发达，有可能在各种产品的生产上都具有绝对优势，而另外一些国家可能不具有任何生产技术上的绝对优势，但是贸易仍然在这两种国家之间发生，亚当·斯密的绝对优势理论就无法解释这种绝对先进和绝对落后国家之间的贸易。

国际贸易的基础是生产技术的相对差别（而非绝对差别），以及由此产生的相对成本的差别。每个国家都应根据“两利相权取其重，两弊相权取其轻”的原则，集中生产并出口其具有“比较优势”的产品，进口其具有“比较劣势”的产品。也就是说，一个国家或地区不一定生产所有的产品，但一定生产成本最低的产品，然后形成产品交换，满足社会生产和人们生活的需要，这是比较优势理论的关键内容。比较优势贸易理论在更普遍的基础上解释了贸易产生的基础和贸易利得，大大发展了绝对优势贸易理论。

（三）要素禀赋学说

20 世纪 30 年代，瑞典经济学家伯尔蒂尔·俄林提出了生产要素禀赋理论，用在相互依赖的生产结构中的多种生产要素理论代替李嘉图的单一生产要素理论。

生产要素禀赋理论的逻辑思路是：商品价格差异是国际贸易的基础，而商品价格的差异是由于商品生产的成本比率不同；商品生产成本比率不同，是因为各种生产要素的价格比率不同，而生产要素价格比率不同，则是由于各国的生产要素禀赋比率不同。因此，生产要素禀赋比率不同，是产生国际贸易的最重要的基础。一个国家出口的是它在生产上大量使用该国比较充裕的生产要素的商品，而进口的是它在生产上大量使用该国比较稀缺的生产要素的商品。各国比较利益的地位是由各国所拥有的生产要素的相对充裕程度来决定的。

（四）新兴古典的国际贸易理论

同新古典经济学相比，在新兴古典经济学中，交易费用对经济组织的拓扑性质具有决定性的意义。新兴古典经济学的分析工具不是新古典边际分析而是超边际分析。

按照新兴古典经济学理论，每个消费者同时又是生产者，所以国内贸易和国际贸易的基础是一样的。当交易效率低时，人们自给自足，不需要国内或国际贸易。当交易效率有所提高时，很多地方性市场出现了，但国内统一市场是不需要的。随着交易效率的进一步提高，国内统一市场出现，如果交易效率再次提高，则国内市场规模会限制分工的发展，国际贸易就会成为必要条件。当交易效率达到很高时，国际贸易依赖程度会继续提高，直至形成统一的世界市场。

杨小凯的新兴古典贸易理论则认为生产者和消费者是一体的，每个人既是生产者也是消费者。在经济发展过程中，存在着专业化经济和交易费用的两难冲突。在交易效率低下时，分工的利益会被交易费用所造成的福利损失抵消，这时人们就会选择低水平的分工，即自给自足，不需要国内贸易和国际贸易。而当交易效率提高之后，分工的利益就会因为交易费用的下降而显现出来，这时贸易开始出现，地方性的市场开始形成，而随着交易效率的进一步提高，国内统一的市场就会形成。如果交易效率继续提高则国内市场规模就限制了分工的发展，国际贸易就成为必然了。因此，新兴古典经济学的贸易理论就把国内贸易和国际贸易统一到一个理论框架中了。

通过对以上几种理论的阐述，我们了解到，要想真正使国家的经济增长、财富增加，就必须同时发展扩大内外贸，使内贸和外贸相互联系、相互带动。新中国成立以来，我国经历了内外一体化—内外贸分开—内外贸一体化三个发展阶段，目前正进入新的“回归”，但是如何真正做到内外贸一体化，还存在许多问题与挑战。实践证明，内外贸分割的流通体制已经难以适应我国国民经济发展的需要，因此，内外贸联动并举，拓展国际国内两个市场，把握全球化经济背景下的发展机遇，调整思路，是当前需要重视的问题。

四、我国内外贸联动发展的思考

（一）新时期面临着新的问题

在外有美国债务危机和欧债危机侵袭、内有成本上升等因素制约的复杂背景之下，2011 年全国社会消费品零售总额达到 18.4 万亿元，同比增长 17%左右；全年进出口总额达到 3.6 万亿美元，同比增长 20%以上，贸易顺差预计在 1600 亿美元，贸易顺差占 GDP 的比重从上年的 3.1%降至 2%左右；2011 年实际使用外资 1160.11 亿美元，同比增长 9.71%。

到 2012 年，我国面临的国内外经济环境更加复杂严峻。从国际看，世界经济将缓慢复苏，但下行压力明显增大；从国内看，国民经济运行的基本面良好，但我国经济发展中不平衡、不协调、不可持续的问题仍旧突出。

为此，国家制定了《国内贸易发展规划（2011~2015 年）》、《关于加快转变外贸发展方式的指导意见》。在“十二五”期间，要以结构调整为重点，积极促进内需与外需、出口与进口、“引进来”与“走出去”、东部与中西部协调发展；以统筹国际国内两个大局为目标，合理利用两个市场两种资源，逐步形成内外联动的大市场、大流通、大开放的现代商务发展新格局。

具体来说，内外贸联动是加快经济结构调整、转变经济发展方式的根本举措，使我国促进经济增长主要有依靠投资、出口拉动向依靠消费、投资、出口协调拉动转变，是发挥内外两个市场、两种资源的优势，将出口产品引入国内市场，扩大内需和消费，并增加外贸外资的内销渠道和投资渠道，繁荣经济，是将内外贸结合的有效方式。其主要目的是将出口产品引入国内市场，做到出口产品内销，鼓励外资，使各地的商家与国内企业相联系，找到合适的代理商，拓展国内市场，做到内外贸企业合作活动，真正实现开放、合作、共赢。所以，将内外贸联动，取长补短，使国内与国外两个市场相连，是促使我国贸易与经济发生根本性变化的重要举措。

（二）我国国内外贸联动发展的对策

1. 明确内外贸联动的概念及其内涵

所谓“内外贸联动发展”，是指国内贸易与国际贸易相互联动起来，充分利用两个市场、两种资源、相互联动、协调发展，促进国民经济持续稳定发展。

我国内外贸联动发展的内涵如下：

（1）政府机构内外贸一体化。政府应当积极推动内外贸一体化和国内外市场一体化的进程，在内外贸企业联合重组、内外贸联动、流通企业积极走向国际市场等方面加大工作力度。切实选好适当的重点和突破口，充分利用国内外两个市场、两种资源，促进大流通的发展。

（2）企业内外贸经营的一体化。企业作为发展的主体，应积极利用国内外各方面的条件及优势，努力适应两个市场的发展，企业应适应"国内贸易国际化"、"国际贸易国内化"趋势。

（3）行业协会合作的一体化。行业协会应适应逐渐由横向的按环节分工变为按产品纵向分工，形成相应的行业协会，因此行业协会转变职能将生产、流通、消费的全产业链功能的转变，在产销衔接、内外贸一体化过程中发挥行业协会作用。

2. 政府搭建内外贸联动多种平台，组织内外贸企业对接

金融危机带来了外贸下滑，为克服出口企业的困难，商务部广交会面向国内零售企业开办专场，各地政府搭建"外贸内销"系列的活动平台，取得了良好的效果。2009 年北京商务委举办"赶外贸大集"系列活动，参与洽谈的 1022 家企业中，80%以上找到了合作对象；天津市举办外贸企业与大型零售商场超市对接洽谈会，现场就达成近 60 项包销、代销、设立展位、参加集中促销等多种合作意向；南京市由外经贸局举办外贸商品展销会，政府组织 30 多家内贸企业采购对接等。

这种促进国内零售业和外贸企业对接的方式是较为成功的。外贸企业的产品品质一般都比较好，以前外贸企业的产品专供国外市场，国内零售业想进货都没有渠道。地方政府组织搭建外贸企业展销平台，不仅解决了外贸企业产品销售的问题，拓展了销售与合作的渠道，同时也丰富了国内市场，填补了某些产品的空白，扩大销售，增加国内零售业的利润和竞争力。从消费者的角度来说，展销会的成功给消费者带来了国际消费的新概念、新产品、新方式，丰富了消费品种，提高了生活的品质。同时，展销会带来的巨大的客流量还会带动周边商业、餐饮消费的发展，无形中给举办地区做了宣传。这样一举数得的创新贸易方式值得借鉴与推广。

3. 完善内外贸统一的市场体系，探讨内外贸一体化模式

（1）我国现有 8 万多个商品交易市场以及 200 多个在国外的中国商贸城、商业街等，应探索建设外向型的商品交易市场、全球贸易中心的商品交易市场、走出去的商品交易市场。加快中国义乌小商品城内外贸易一体化试点，探索期货市场—批发市场—零售市场的"金字塔"市场体系。

（2）建设 5 个层次国际商贸中心。第一个层次是特大型城市的国际商贸中心，如北京、上海、广州等城市可以率先建成国际商贸中心；第二个层次是区域性国际商贸中心，如以大型城市为中心的国际商贸中心；第三个层次是地方性的国际商贸中心，如以二、三线城市为中心的国际商贸中心；第四个层次是指企业或外向型商品交易市场为中心的国际商贸中心，如义乌小商品城、白沟箱包市场、虎门服装市场等；第五个层次是虚拟的国际商贸中心，以"三网融合"+ 物联网形成的虚拟网络基础上的国际商贸中心。

（3）加快 11 个多层次功能区建设，促进内外贸、区域贸易的统一和优化。如以北京、天津为中心的环渤海商业功能区建设，以上海为中心的长三角商业功能区建设，以广州、深圳为中心的珠三角商业功能区建设，以重庆、成都为中心的成渝商业功能区建设，以昆明、南宁为中心的滇黔桂商业功能区建设，以西安为中心的关中—天水商业功能区建设，以哈尔滨、长春为中心的哈长商业功能区建设，以兰州—西宁为中心的甘宁青商业功能区建设，以乌鲁木齐为中心的新疆商业功能区建设，以郑州为中心的中原商业功能区建设，以武汉为中心的长江中游商业功能区建设。加强主要商业功能区内部的规划衔接、资源共享和市场开放，实现一体化发展；促进各主要商业功能区之间的协调联动发展；发挥主要商业功能区对其他区域的辐射带动作用。①

4. 加快优化内外贸易产业结构、转变发展方式

我国贸易发展的方式必须适应国际经贸格局变革的要求，加快进行适应性转变、主动性转变、战略性转变，转"危"为"机"。当前我国经济增长的资源环境约束强化，主要依赖资源能源、劳动力等有形要素投入的传统发展方式已难以为继。因此，要改变我国贸易存在的发展不均衡、不协调和不可持续问题，加快转变贸易方式势在必行。贸易结构优化升级，不仅是外贸企业得以生存的必经之路，也是内贸企业走出去、增加市场影响力的必经之路。这一方向已经得到普遍的认可和支持，并于"十二五"期间提到了国家战略的高度。2012 年 4 月，商务部等 10 部门联合印发了《关于加快转变外贸发展方式的指导意见》，指出了我国外贸结构优化升级方向：我国外贸要着力实现"四个提高"：提高出口商品的国际竞争力、提高企业的国际竞争力、提高行业组织的协调能力、提高政府参与国际贸易规则的制定能力。同时，外贸的发展还要坚持外贸与内贸协调发展，实现有效互补，促进贸易平衡。

① 国内贸易发展规划（2011~2015）.

5. 治理流通秩序，净化流通环境

流通在社会再生产中的地位越来越高，而流通领域过度竞争、价格竞争混乱，使流通领域特别是零售领域的利润率下降，全国平均净利率在 2%左右，每年大量的零售企业亏损倒闭，同时不规范进场费、过高的银行刷卡收费，使许多供应商、零售餐饮等服务企业不堪重负，不规范的大宗商品“准期货”交易使得价格信息无法起到引导生产和经营作用，这些问题一方面反映了流通地位的重要，另一方面反映了流通作用没有能够真正发挥作用，因此治理流通秩序，净化流通环境十分迫切，但特别需要注意的是在治理不规范收费时，也要保护合理、正常的收费，以促进流通业可持续、协调发展。

6. 充分发挥流通产业先导性和基础产业地位作用，降低流通成本

经过 33 年经济体制的改革和发展，流通业在国民经济中的地位大幅上升，流通产业已经是促进消费、拉动内需、转变我国经济发展方式的先导性力量和基础性产业。但我国流通产业的整体效率和竞争力与发达国家相比仍有很大的差距，存在着“低水平扩张、低层次竞争、低效率运行”的现象。对流通产业地位认识的不足，长期以来“重生产，轻流通”的观念也制约了流通业的发展，流通产业的地位亟待提高。

据统计，生产企业的流通成本已占企业总成本的 40%~50%，而我国流通业的成本普遍比欧美等发达国家高出 20%~30%，提高流通产业的效率还是有很大空间的。要提高效率、降低成本，除了从完善现代流通产业理论、培育流通人才以适应流通产业发展以外，持续的投入架设高效技术设施也是必要的。现代流通技术设施如大型批发市场、电子商务平台、条码技术、物联网等具有公共产品的特质，除了应加大这些方面的财政投入之外，对流通产业各方接口产业的整合也是很重要的一部分。

7. 借鉴“利丰模式”，探索新型贸易集团

利丰集团（冯氏集团）是中国香港历史最悠久的进出贸易商，从创立之初只从事瓷器和丝绸生意的小买卖发展成为现在的香港第一大贸易集团，其供应链管理的理念被引入哈佛大学管理案例。利丰集团对供应链的管理具有深刻而独到的见解。利丰集团的供应链管理就是把供应链最优化，以最少的成本，令供应链从采购开始，到满足最终客户的所有流程。在整个供应链中，从供应原料到最终用户都看做一个整体，链上的企业除了自身的利益外，还应该一同去追求整体的竞争力和盈利能力。供应链管理有效节约了成本，为客户提供了有效的产品供应。利丰集团顺应了经济全球化、采购和生产全球化的趋势，使自己从一个传统的中介贸易商逐渐演变成全球商贸供应链的管理者，无论是在理念还是操作方面，利丰集团无疑都是成功的。国内

外企业普遍存在着知名度不高、无销售渠道等障碍，如果不能及时转变经营理念、经营模式，将很难走出困境。利丰以顾客为中心理念，以市场需求的拉动为原动力，不断创新进取的精神都是值得内外贸企业借鉴学习的。

参考文献：

[1] 杨运杰. 中国经济发展中内需与外需关系研究 [J]. 经济参考研究，2007（34）.

[2] 曲凤杰. 中国内需与外需关系及其协调 [J]. 经济参考研究，2005（32）.

[3] 张睿. 我国内贸与外贸的动态影响研究——基于 VAR 模型的实证 [J]. 国际经贸探索，2009（5）.

[4] 闵树琴. 内贸外贸本为一家　携手共进出路在即——论内外贸一体化进程 [J]. 中国商贸，1997（19）.

[5] 于培伟. 关于内外贸一体化的再思考 [J]. 中南财经政法大学学报，2005（3）.

[6] 郭冬乐. 中国内外贸一体化的实践、目标与政策建议——对流通组织形式的考察 [J]. 财贸经济，2004（5）.

[7] 王炜瀚. 实现内外贸一体化的几个认识问题 [J]. 管理现代化，2007（1）.

[8] 陈文玲. 对调整我国贸易战略几个有争议问题的思考 [J]. 理论前沿，2006（21）.

[9] 卢彦. 内外联动促消费，共同携手谋发展 [OL]. 中小企业贸易促进网，http：//www.etu.net.cn.

[10] 李予阳，亢舒. 转变外贸发展方式重在优化结构 [N]. 经济日报，2012-4-5.

[11] 谭祖谊. 内外贸一体化的内涵、经济效应及其路径选择 [J]. 北方经贸，2011（8）.

[12] 国内贸易发展规划（2011~2015）.

[13] 商务部等. 关于加快转变外贸发展方式的指导意见 [Z]. 2012-4.

关于内外贸理论与实践创新的思考

汪传华[①]

2008 年，美国次贷危机引爆全球金融危机，世界经济陷入衰退状态，至今仍处于复苏的十字路口。我国以扩大内需政策主动应对危机，出口和国内消费逆势增长，在国际市场中的位次不断提高，使之成为名副其实的拉动我国经济增长的主要引擎，从而保持国民经济持续稳定发展，取代日本成为全球第二大经济体。可以说，无论是消费还是出口，都显示出我国是一个贸易大国，然而这一切并没有改变中国作为发展中国家的现实，我国的内外贸产业基本格局并没有取得质的变化，经济运行质量并没有较大提升。相反，我国贸易经济还面临着更多、更复杂的国际、国内问题。当前我国正处于贸易大国向贸易强国转变的关键时期，如何实现这一根本转变，这是当下中国经济发展迫切需要思考的问题。

一、我国是贸易大国，但并不是贸易强国

我国是贸易大国，但算不上是贸易强国，拥有较大的市场规模，但消费质量与出口质量并不高。特别有意思的是，世界贸易组织总干事拉米先生在《基督教科学箴言报》上发表的演讲稿中提出“世界必须改变贸易统计方法”，核心就是我们应该像计算国内生产总值（GDP）那样进行贸易统计。如果照此方法，中国贸易产品的附加值总额一定会大大低于美国等西方发达国家。[②]

---

① 汪传华（1964~），男，安徽安庆人，安徽安庆市商务局副局长。研究方向：流通经济、财贸经济。邮箱：wang-chuanhua@163.com。

② 拉米. 世界必须改变贸易统计方法［N］. 经济日报，2012-4-13.

（一）中国是制造中心但还不是创造中心

随着我国对外贸易持续扩大，国际地位不断上升，“MADE IN CHINA”（中国制造）的商品以其低廉价格“征服”世界，中国制造产品在世界上占有举足轻重的地位，包括家电、医药、电子等 10 个制造行业在内共 80 余种产品类产量位居世界第一位，钢铁产量占全球的 45%。但是，这只能说明我国是制造大国。据全球宏盟集团（Omnicom Group）旗下的品牌咨询公司 Interbrand 发布的 2011 年度全球最佳品牌排行榜，中国内地品牌无一入榜，中国制造业多以贴牌代工生产，而以自有品牌出口的大约只有 10%，而这一切都是在帮别人增加品牌价值，却没能给自己的品牌创造价值。中国制造只是以廉价的劳动力赚取微薄的利润。2004 年中国出口了 59 亿双鞋，相当于为除了中国人以外每人做了 1 双以上的鞋，在全球鞋贸易中所占比重超过 60%，但平均单价只有 2.5 美元，相当于意大利鞋平均价的 1/10。① 随着我国在世界贸易地位的提升，一些发达国家鼓噪“中国威胁论”，限制先进技术对中国的出口，在产业转移中仍然将关键技术留在国内而不转移到中国，通过技术壁垒遏制中国创造的崛起。同时，由于我国财政体制实行“分灶吃饭”，各企业竞相杀价出口，不少行业处于低水平重复建设，企业缺乏人才、先进技术，尤其是关键技术，一些行业与国际先进水平相差甚远。受美国次贷危机的持续影响，欧债危机不断加剧，欧、美、日财政悬崖险象环生，国际市场需求萎缩，导致沿海等地以加工贸易为主的中小企业倒闭，温州企业“跑路”等就是例证。

（二）中国是消费大国但还不是消费强国

我国虽然是一个消费大国，但还没有进入世界 500 强且可以与跨国公司相抗衡的大型商贸流通企业。人们比较重视物质消费，在人们的消费观念中，认为服务消费是一种浪费，因此笔者不提倡政府、企事业单位过度加班，国家机关要带头落实公务员带薪休假制度，同时推进企业职工假期制度。在我国的政策导向中注重居民消费，而对以政府为主导的公共服务消费并不重视。改革开放以后，人民生活水平有了较大提高，出国人员逐年增多，大量的奢侈品成为出国消费的一道风景，以致西方国家认为中国人太富有了。实际上主要是国外的奢侈品价格相对于国内要便宜，而且品质有所保证。同时相对于 13 亿人口，我国出境人员仍只占少数，国内的奢侈品市场

① 傅自应. 怎样从贸易大国走向贸易强国［N］. 中国财经报道，2006-1-4.

其实并不大。受传统的消费观念影响，我国崇尚节俭，在很长一段时间内，经济增长主要依靠投资拉动，我国的消费率与投资率的比重，长期维持在2∶1左右。进入21世纪以后，消费率一路从2000年的62.3%下降到2009年的48.0%。2011年我国社会消费品零售总额183919亿元，按照三年翻一番的速度，2016年中国零售总额预计可以超过美国，稳居世界第一。但我们在人均消费、消费结构、科学消费、绿色消费等方面远不及西方发达国家，尤其是服务消费严重不足，而且质量不高。2006~2009年，中国消费品零售总额占最终消费的比重为69.1%、69.3%、72.8%和79.9%，2009年美国消费品零售额只占最终消费的33.1%，日本为32.6%，德国为21.3%，英国为26.3%，与这些国家相比，我国仍然是以物质消费为主，服务性消费大大落后于发达国家。

（三）贸易粗放式增长与核心竞争力不强

目前，我国无论是消费增长还是对外贸易增长，基本上还是粗放式的增长。对外贸易严重依赖于低人力成本的比较优势，缺乏自主知识产权、核心技术、品牌，在国际价值链中仍属于低端的粗放式外贸，早期引进了一些“两高一资”企业，机电和高新技术产品相对较少，劳动密集型加工贸易企业占有相当大的比重，以致现在不少地区出现“用工荒”、“招工荒”。2009年，我国服务贸易进出口额为2867.1亿美元，仅占全球服务贸易64261亿美元的4.46%，大大低于美国等发达国家。而外贸企业之间相互以低价抢市场，往往又导致西方国家对中国实施反倾销，其间能够主动积极应诉的企业并不多，不少企业还没有能力打国际官司。而能够与跨国公司零售企业相抗衡的流通企业几乎没有，这种抗衡不仅仅是经营规模，而且企业的品牌、人才、管理技术、全球供应链体系也不能抗衡，且不足以撼动外商企业在国内的发展地位与发展势头，而走出去发展的则更少。跨国零售企业最大的优势是其品牌、管理经验及供应链体系，国内生产型企业与之联合被视为企业实力的象征，因此跨国零售企业可以从国内生产企业直接采购与配送，而国内绝大多数零售企业则只能由生产型企业的供应商供货，这种经销商制度加大了流通环节的物流成本，并转嫁到国内流通企业，故经营同样品牌的商品，外资企业更具有价格优势。除北京王府井、上海百联等企业具有国有资本的背景与历史经验的积淀外，绝大多数的零售企业都是民营企业，而且家族式的企业占主导地位，基本上实行家长式管理，还没有建立真正意义上的现代企业制度，企业员工缺少股权、期权等激励机制，主观能动性难以充分发挥。我国民营零售企业的历史还比较短，品牌、管理、渠道等优势都不明显。目前成品油价格上涨，高速公路等过桥过路收费等都加大了物流成本。在诸多因素的叠加影响下，我国的贸易企业核心竞争力还不是很强。

二、建设贸易强国须从内外贸易整体入手

当前世界经济仍处于复苏的十字路口，欧债危机、局部动荡、通货膨胀、物价高企等，对于全球经济来说不确定性因素仍在增加，无论是对于我们稳定外需还是扩大内需，都会受到不同程度的影响。而我国周边有南海、钓鱼岛纷争，亚太经合组织又面临着 TPP 的挑战。西方国家继续要求人民币升值，对中国实施双反，碳关税成为新的贸易壁垒，资源的约束性增强与资源稀缺的矛盾越来越突出。PM2.5 监测要求以加工贸易为主的制造业提高技术水平，减少排放和“温室效应”。实际上，我国对外贸易面临着技术创新、标准壁垒与国际市场需求萎缩等各种挑战，所有这些都在考验我国的对外贸易。受外需不振的拖累，一方面影响外贸企业的经济效益和扩大再生产，另一方面则加大了开拓国际市场需求的压力。最近几年实施的家电和汽车摩托车下乡及以旧换新，对扩大内需产生了积极的作用，而这一政策已经出现边际效应衰减，受油价影响和房地产业的宏观调控，汽车工业、房地产市场需求也在减少，一些地方政府备受财政压力，也会在一定程度上影响到投资需求的增长。如何建设贸易强国？从目前商务发展的现状来看，内外贸体制对象统一了，但机制并没有完全融合，商务部 8 年之内经历 4 次内部机构改革和职能调整，内设业务机构从最新的“3+1”到现在的“6+1”，而现实中内外贸企业的互动还远没有达到理想的效果，尤其是对于内贸企业还不知道如何从事对外贸易，而外贸企业又不善于开展国内市场。因此，首先要科学地建立起现代贸易经济理论体系，着力于研究从顶层解决为制度设计，这样，才能够更好地研究和制定建设贸易强国的目标、任务和发展思路，并在实践中不断总结完善。从梳理我国贸易发展的轨迹，寻找贸易发展的方向，有利于从内外贸易整体推进上建设贸易强国。

（1）计划经济体制内外贸易分离，贸易只是国民经济平衡中的物资平衡。新中国成立后到改革开放前，由于我国面临着短缺经济，实行的是计划经济，在当时特殊的国际环境下闭关锁国，内外贸易是作为财政平衡、信贷平衡、物资平衡和综合平衡四大平衡中的物资平衡而存在，两者形成两个各自独立的行业，在典型的封闭条件下运行，商贸流通是为了发展生产保障供给，负责商品流转，对外贸易的主要目的是调剂国内商品余缺，负责进口替

代，与国际市场基本上处于隔离状态，显示出我国是一个经济贫弱、贸易不兴的弱国。

（2）经济体制转轨促进商品市场的繁荣与贸易经济对外开放的新格局。改革开放后，我国渐次改革内外贸管理体制，放开商品市场，恢复集市贸易，逐步取消票证供给制度，发挥市场机制对资源配置的基础性作用，建立开放、竞争有序的商品流通新秩序。从实行较高的关税和非关税壁垒与严格的外汇管制，到引进外资，改革汇率机制，发展“三来一补”工业，设立经济特区、沿海开放城市和国家级经济技术开发区，直到全面加入世界贸易组织，实现了从国家贸易到企业贸易的转变。

（3）市场经济体制下内外贸体制统一，更需要机制融合，全方位利用两种资源、两个市场。我国的贸易管理体制顺应了市场经济发展需要，基本统一起来了，而真正要发挥作用更需要机制融合，使内外贸企业在全球市场配置资源，参与全球分工与协作。加入世界贸易组织后，国内市场与国际市场成功对接，我国积极履行“入世”承诺，大量外资企业涌入，国内企业积极走出去投资，扩大对外贸易，引进先进技术、设备和管理经验，承接国际产业转移，使我国成为世界制造中心，促进了我国加速崛起与繁荣发展。2008年美国次贷危机影响波及全球，任何国家不可能独善其身，我国通过实施积极的扩大内需政策，有效应对全球金融危机对我国经济的影响，迅速恢复对外贸易的发展态势，刺激国内消费需求的有效增长。2011 年，我国社会消费品零售总额为 183919 亿元，增长 17.1%；全年货物进出口总额为 36421 亿美元，增长 22.5%，贸易顺差 1551 亿美元，比上年减少 264 亿美元，① 其中出口约占世界贸易总额的 1/10。以 2009 年消费为例，美国为 4.13 万亿美元、中国为 1.94 万亿美元、日本为 1.31 万亿美元、德国为 0.56 万亿美元、英国为 0.51 万亿美元，由此可见，我国消费和进出口均居世界前列，既是消费大国，也是进出口大国，如果内外贸能够有效地联动发展，在国际国内市场上共同努力，将会产生放大效应，形成新的促进经济增长的合力，这将是十分有意义的事。

（4）建设贸易强国须从理论上突破，着眼于内外贸易整体一体化进行创新。加入世界贸易组织后，我国国内市场与国际市场之间的人为藩篱被拆除，两个市场之间实现了有机对接。但由于我国长期实行的是计划经济，国内商品流通与国际贸易历来被人为地分割开来，形成了两个互不相干的理论体系和发展机制。由于生产的统一性，国内市场与国际市场联动发展，是拉

---

① 数据来源：2012 国家统计公报.

动我国经济增长的"左右手"。因此，传统的商品流通理论与国际贸易理论及政策显然不能适应当今时代发展的要求。建设贸易强国就需要着眼于国际化的思路，必须综合考虑国内需求与对外贸易的特点，系统开展理论研究，需要对商贸流通与对外贸易这双"左右手"从整体上进行合理的分工，形成新的贸易理论体系，推动各类自贸区建设，指导各类企业在全球建设中国式的商品市场，带动对外出口与投资增长，在全球市场整合供应链，开展物流配送，真正使内外贸融合起来，实行一体化发展。

三、探索创新现代贸易经济理论体系与架构

传统的贸易理论是将内外贸分割开来研究，这是基于计划经济我国市场与国际市场分治的现实。然而，当今时代的贸易环境毕竟不同，这就需要突破现有的贸易理论体系。笔者认为，现代贸易经济应该涵盖内贸与外贸，包括理论体系、政策体系、物流体系、规划体系、科研体系等。

（1）关于理论体系。建立世界贸易组织框架下的现代贸易理论，将物质消费与货物贸易，服务贸易与服务消费，进出口与工业品下乡、农产品进城与再生资源的回收利用，引进与输出新技术、新工艺结合起来研究与考察。从市场主体的培育与平台建设，全球分销与供应链管理，自贸区建设与区域经济一体化和多边贸易合作，综合研究贸易发展趋势与贸易企业建设。从优化贸易结构，转变贸易发展方式，提高贸易经济运行质量，加强贸易认证，培育贸易品牌，建设高素质的人才队伍等领域，实现贸易的规模化、网络化、信息化、品牌化。

（2）关于政策支持体系。在培育市场主体上，鼓励内外贸企业共同开拓国内市场和国际市场，引导内贸企业开展国际认证，支持它们"走出去"投资发展，探索开展国际贸易，促进内贸企业开拓国际市场。鼓励外贸企业运用和引进国际先进经验，参加国家扩大内需政策的实施，积极探索商品流通。政府要积极促进社会消费尤其是政府公共消费，以此引导民间消费，支持内外贸企业参与国际会展和国家间经济合作区建设、自贸区建设，建立统一的信用担保等机制，使之促进内外贸融合发展。

（3）关于物流配送体系。扶持内外贸企业共享物流配送体系，在全球市场配置资源，这就要求企业管理者要有全球视野，充分利用现代信息技术，拓展企业的采购范围与配送范围。在广交会、京交会的基础上，探索将南京的中国公司零售商采购大会转变成零售商大会，形成三大交易会错位并行发

展的格局，以利于各类企业在世界范围内开展贸易，建立起面向世界的物流配送体系。

(4) 关于规划体系。发挥规划的引导作用，从开拓国际国内市场出发，着眼于我国现阶段的国情、国力，着力于推动贸易实践的发展，研究制定面向内外贸发展的规划体系，将规划的中长期发展目标、各时期的发展任务、工作重点与培育市场主体放在一个规划格局中，进行通盘规划，统一协调，防止各行其是、顾此失彼，这样国家可以更好地综合考虑汇率、利率、税率、物价与调控等问题并出台措施。

(5) 关于科研体系。贸易学术研究由于沿袭了传统的理念研究模式，这实际上不利于统揽全局，从整体上研究和把握扩大外需与扩大内需的规律性。在外贸研究上，习惯于与西方经济学结合得紧密，在商品流通研究上，习惯于与马克思主义政治经济学结合得紧密，从而形成了“两张皮”现象。因此，从整体上看，我国贸易经济理论相对滞后于实践的发展。对于千变万化的市场经济，实践之所以需要快速反应，是因为市场无时无刻不在变化着，它不因为理论上的不成熟而改变市场行为。同时，各大院校的学科建设基本上也是将内贸与外贸学科进行分设。对于一个统一的大市场，就必须内外贸结合进行研究才具有实际意义。

新形势下内外贸一体化研究

孔海青[①]

当前，国际金融危机的影响还在持续发酵，世界经济下行和衰退的趋势虽然趋于平缓和改善，但是它对新兴市场和发展中国家的影响尚未消散。另外，部分发达经济体的主权债务问题久未解决，引发新的危机的可能性尚难以排除。同时，新兴市场国家通胀压力增大，投资者缺乏信心。国际金融市场持续波动不定，加上地区动荡等因素，世界经济复苏的不稳定性、不持续性明显存在。因此，当今各国不仅面临各种各样的经济挑战，同时也都要实现经济持续、稳定增长的发展目标。我国在危机发生后及时调整宏观政策，提出了“保增长、扩内需、调结构”的方针和“一揽子”应对计划。同时政府多次强调，“要坚持扩大内需为主和稳定外需相结合；采取更强有力的措施扩大国内需求特别是扩大消费需求”。我们可以看到问题的实质，无论是扩大内需还是稳定外需，最终都会归结到贸易的问题上。只有国内贸易畅通了，才能更好地扩大内需，而外需则更多地受国际市场的影响。因此，充分认识国内、国际贸易及内需与外需的关系，更好地发挥贸易在国民经济中的作用，已成为当前应对危机和稳定发展经济的重要课题。国际市场需求紧缩和国内市场需求疲软的双重压力，将促使政府和经济学界再次深切关注内外贸一体化问题。

一、我国贸易发展状况

我国的经济 34 年来保持了稳定而高速的增长，其中对外贸易的发展尤

① 孔海青（1987~），女，山西临汾人，北京工商大学经济学院金融学专业 2010 级硕士研究生。研究方向：风险管理与控制。邮箱：yun20070901@163.com。

为抢眼。根据国家统计局的估算，以可变价格计算，1978~2010 年，GDP 从 3645 亿元增长到 401202 亿元，翻了 110 多倍，同期进出口总额从 355 亿元增长到 201722 亿元，翻了 568 倍。以进出口总额占 GDP 比重表示的外贸依存度从大约 10%上升到约 50%，在 2006 年进出口总额占 GDP 比重一度上升到 65%，这无可争辩地说明了外贸在我国经济中的重要地位。从国际上看，30 年前中国贸易进出口占世界总量的比重不到 1%，而 2010 年已超过了世界贸易总量的 10%。中国这 30 多年的发展打破了 30 年前的贸易均衡，现在中国又在创造着新的增长、新的均衡。

在出口导向型政策以及重商主义的影响下，我国长期以来存在“轻进口、重出口”的倾向。一直以来，我国进口产品集中在稀缺的资源、缺少国内替代品的高端机械设备和高新技术产品以及技术含量较高的半成品，因此具有浓重的服务于出口的色彩，也使得进出口结构之间存在紧密联系。从出口产品结构上看，我国在继续保持劳动密集型产品出口竞争力的同时，在资本密集和技能密集型的机电产品和高新技术产品也显示出日渐增加的竞争力。从资本品进出口的变化趋势来看，我国自主生产和替代能力有所增强。但从贸易方式和中间品进出口结构来分析，我国产品的竞争力主要依赖的还是劳动密集型产业。

显而易见，贸易影响国内经济成长的多个渠道都与贸易结构密切相关，因为贸易结构对资源配置方向、所累积的生产要素的类型以及技术外溢效应的规模等都会有直接的影响。关于对外贸易与经济增长的关系，多数学者认为贸易可以通过多个渠道影响国内经济。贸易的开展导致一国的生产更符合其比较优势，资源从而得到更有效率的配置。发展中国家可以通过在对外贸易中的干中学过程积累人力资本，贸易也可促进发展中国家的研发活动和技术外溢效应，从而提高一国的生产技术水平。而根据内生性经济增长理论，这些活动有助于经济的长期增长。东亚包括我国在内的外向型经济增长模式的成功经验则为上述理论提供了有力的佐证。

扩大内需，流通先行。流通业是国民经济的先导性和基础性产业，在扩大内需、促进消费、引导生产、增加就业、繁荣城乡、完善市场方面发挥着越来越重要的作用。加强渠道建设，促进流通产业结构调整，对推动内外贸一体化具有重要意义。但是，我国商贸流通业严重滞后于制造业和整体经济发展阶段，一个重要的表现就是“中国商品走向了世界，但中国商人却很少走向海外”。中国进出口商品的流通渠道体系大多处于残缺不全的状态，充满着粗细不一、长短不均、破漏短缺，从而使“中国制造”在全球的整体流通能力偏弱，缺少对渠道的控制权和商品的定价权。

二、内外贸一体化过程中的障碍

随着中国“入世”和商务部的成立，内外贸如何一体化问题就成为市场各方的关注焦点。但内外贸分割在我国已有 50 多年的历史，50 多年中形成的政策体系和管理体系要想通过几年时间就达到有效整合非常困难。但全球经济一体化正不断深化，市场竞争日趋加剧，内外贸如果不能尽快有效整合，将越来越难以适应世界贸易组织体制要求，国内外两种资源、两大市场也无法通过统筹管理形成最佳市场效果，这将直接阻碍中国产业竞争力的提升。

与经济体制一样，内外贸一体化改革也存在一个转轨过程。长期分离的管理体制已给当前内外贸一体化进程留下许多障碍。内外贸管理一直处于比较严重的分割状态，以致造成了行政资源、市场资源的严重浪费和政府对企业服务不到位。主要表现为以下几个方面：

（1）体制上的障碍。主要表现在传统计划经济导致的内外贸分割体制至今仍然发挥着惯性作用，工商、海关、商检、税收等多种部门体制在具体的操作和政策执行方面，对内贸和外贸实施不同的政策管制。从税制设计来看，内外销税收政策不一致。政府对产品内销要征收增值税和消费税，原材料进口和制成品内销两个环节都要征税。

（2）渠道对接障碍。目前我国的批发商规模小、资金短缺；而代理商在批发规模、辐射能力、分支网络、物流能力、金融支持、人脉关系等方面与日益发展的制造商的相应要求间还有相当的距离。我国商品批发商发育迟缓，还无法满足外贸生产企业销售商品的需要。外贸企业开拓国内市场不得不自建渠道，耗时长，投入多，成效慢。要实现两种渠道的并轨，需要系统的改造和较长时间的转轨再造。

（3）政策法规上的障碍。近年来，适应中国加入世界贸易组织的需要，中国不断完善了相关的外贸法律，为中国开展外贸，与国际世界接轨打下了良好的基础，可是，法制上仍然不健全，很多问题上没有相应的法律进行规范，阻碍了国内流通企业与外资企业的平等竞争，从而为内外贸的一体化发展带来了明显的障碍。相比之下，我国内贸近几年一直处于边缘状态，许多基础工作未能开展，内贸立法步履蹒跚严重滞后，远远不能适应国内市场变化的需要。

（4）观念上的障碍。多年来，内外贸分家的观念已经深入人心了，以至于无法将内外贸视为一个流通的整体，特别是商务部的成立，虽然在形式上建立了一体化，但是从具体的工作来看，在实务操作中仍没有达到内外贸是一体的认识上的统一，导致在工作中有意无意地将内外贸分割，进而成为内外贸一体化进程中的障碍。

（5）管理上的障碍。第一，从行政机构的管理上看，虽然商务部的成立从组织上解决了中央一级层面上内外贸一体化的问题，但目前各地方行政管理部门还未统一，经贸委、外经贸委、商务厅同时存在，政出多门的现象影响了权威性和管理效率。第二，内贸自身的管理也没有实现统一，内外贸统一管理的前提是内贸和外贸两大管理体系的统一。但目前国内市场中，粮、棉、油、烟、药、盐等重要商品的市场流通管理尚未统一，而是分散在各个管理部门，工商、质监、农业、卫生等部门都在参与市场流通的管理，其职能和影响远远大于商务部，内贸部甚至没有行政处罚权。第三，商务部无法监控管理市场流通的关键环节，价格是市场流通的核心，恰恰在这一关键问题上，商务部没有管理权和监控权，失去了对市场宏观调控的一个有利手段。第四，大宗商品内外贸管理体制严重分割。随着我国社会主义市场经济体制的逐步确立，大部分商品都已实现了内外贸一体化经营，打破了内外贸管理体制分割的局面，但粮、棉、石油等大宗商品内外贸管理仍严重分割。大宗商品内外贸管理体制长期以来的严重分割，阻碍了我们更好地利用国内、国外两种资源两个市场，结果不仅带来了经济上的损失，而且阻碍了内外贸一体化的形成，人为地割断了市场的统一。

三、促进内外贸一体化发展的建议

统筹国内发展和对外开放，必须处理好内贸和外贸的关系。实践证明，凡是在国内市场形成规模，并经过国内激烈竞争的产品，都具有很强的国际竞争力。内贸和外贸都是市场流通环节，都是交换关系，没有本质的区别，内外贸是相互促进的。庞大的国内市场，有利于提高我国产品竞争力和扩大出口；利用好国际市场，有利于形成国内规模经济，带动国内贸易的扩大。加快推进内外贸一体化，就是要着眼于解决内外贸“两张皮”的问题，以打破体制障碍、扩大对内开放为重心，从政府、市场和企业三个层次切入，促进内外贸的实质融合和协调发展，形成全国统一市场，统筹国内发展和对外开放。

（一）打破市场的分割和流通障碍，完善法律法规

首先，完善外贸政策，完善通关、报检报验等政策和金融外汇管理政策，对于口岸的设施和管理要加强，同时为了更好地适应国际环境的变化，建立和完善外贸预警机制，为流通企业开展内外贸活动提供良好的外贸政策环境。其次，从政府和协会角度讲，要统一管理职能。从理顺职能关系入手，进一步整合机构、信息和人力资源，形成全国统一、协调的大流通管理体制和工作机制。统筹内外贸政策，将内贸工作延伸到国际市场，外经贸工作深入到国内产业和国内市场；从市场准入、标准设定、信息引导等方面入手，强化公共服务职能；尽快出台《反垄断法》等规范企业竞争和内外贸经营行为的法律法规。

（二）构建三大服务体系，增加市场活力

政府部门帮扶企业，往往习惯于帮助解决扶持资金、土地、高科技认定等问题。但扶持资金屡创新高，市场竞争力踉跄不前的情况却真实存在，使外贸扶持资金的合理性和有效性打了折扣。对企业来说，给资金不如给市场，解决了市场问题，其他问题都解决了。具体来说，可以从以下几个方面来做：一是构建扶持流通企业的投融资体系，建立融资市场。融资市场是重要的要素市场，针对企业融资难的问题，政府应该为企业建立多元化的融资市场，使企业从多渠道获得所需资金。二是要构建市场开拓体系。我国一直推动企业“走出去”，鼓励企业开拓市场，在国家“走出去”战略的指导下，政府有义务帮助企业开拓国内外市场，帮助企业增强市场竞争能力，也有能力扶持企业“走出去”。三是构建流通企业人才科技、信息、咨询服务体系，包括搭建信息和咨询交流服务平台、支持重点高校、科研机构、国家重点实验室和科学研究中心的发展，建设一批高水平的科学研究和技术开发基地，形成一大批具有自主知识产权的科技成果和技术产品等。

（三）企业要加强自身管理，积极开拓市场

首先，企业应着眼于自身竞争力的提高，内外贸市场一体化意味着流通企业在一个更广阔的市场中开展竞争，企业应能够进行科学的管理，降低成本，开展技术更新，提高科技水平和产品的含金量，在整个市场的竞争中立于不败之地。其次，企业的管理者需要在经营理念上发生质的转变，需要研究国内市场、消费者、品牌和市场推广。对广大中小外贸企业来说，转型之路非常艰难和持久，需要大量的投入和长期的努力才能在国内市场占据一定

的份额。最后，企业采取全方位的措施。根据内外销性质的不同，需要转变企业的组织结构。渠道建设中需要紧跟时代，不仅要适应市场规则开拓传统的营销渠道，而且要根据产品的特征探索电子商务的可能。冲刺高品质、高附加值的中高档市场，市场差异化或有自主知识产权的产品，根据内销市场和消费者需要研发产品。转内销不能盲目，需先明确目标，制定详细的推进计划，学会借用一切可以利用的资源。

另外，人力资源的管理也是出口企业转型的关键。从工厂生产模式到市场营销模式，从加工跨越到品牌，没有专业人士的专业支撑，跨越将难以实现。转型企业需要建立战略人力资源管理计划，加大产品研发人员和市场开发人员的招募和培养。

参考文献：

[1] 张亮. 我国服务贸易与 GDP 的协整分析 [J]. 国际经贸探索，2006 (3).

[2] 陈文玲. 现代流通与内外贸一体化 [M]. 北京：中国经济出版社，2005.

[3] 危旭芳，郑志国. 服务贸易对我国 GDP 增长贡献的实证分析 [J]. 财贸经济，2004 (3).

[4] 廖春良，冯宗宪. 全球化条件下国际服务贸易发展比较研究 [J]. 财贸经济，2003 (8).

[5] 中国人民大学流通改革研究中心. 内外贸一体化战略实施的分析框架 [J]. 商贸经济，2005 (5).

[6] 于培伟. 关于内外贸一体化的再思考 [J]. 中南财经政法大学学报，2005 (6).

[7] 邓仕燕，罗韬. 论加快我国内外贸一体化发展的有效途径 [J]. 湖南人文科技学院学报，2006 (2).

[8] 郭冬乐. 中国内外贸一体化的实践、目标与政策建议 [J]. 财贸经济，2004 (6).

[9] 陈文玲. 现代流通与内外贸一体化 [M]. 北京：中国经济出版社，2005.

[10] 王启云. 国际贸易 [M]. 长沙：湖南人民出版社，2001.

促进我国内外贸一体化的流通组织形式研究

钱春艳[①]

新中国成立以来，我国经历了长时间的内外贸分立体制，这种体制不仅限制了市场经济体系的建立，也不能适应建立健全统一、开放、竞争、有序的市场经济体制的要求。2003 年，我国撤销了国家经贸委和外经贸部，并组建了商务部，这被认为是我国从行政管理体制层面推进内外贸一体化的重要进程。通过国家推进内外贸一体化，统筹国内发展和对外开放，有助于提高贸易自由度和流通效率，降低交易成本，充分调动国内企业的积极性，从而促进国内贸易的可持续繁荣。

一、我国内外贸易的发展及概念介绍

（一）内贸与外贸的发展情况

2011 年，我国全年社会消费品零售总额为 183919 亿元，比上年增长 17.1%，是 1978 年 1558.6 亿元的 118 倍。按经营地统计，城镇消费品零售额为 159552 亿元，增长 17.2%；乡村消费品零售额为 24367 亿元，增长 16.7%。按消费形态统计，商品零售额为 163284 亿元，增长 17.2%；餐饮收入额为 20635 亿元，增长 16.9%。我国 2006~2011 年社会消费品零售总额如图 1 所示。

---

① 钱春艳（1987~），女，北京市人，北京工商大学经济学院产业经济学专业 2010 级硕士研究生。研究方向：流通产业理论与实践。邮箱：yaner0207@163.com。

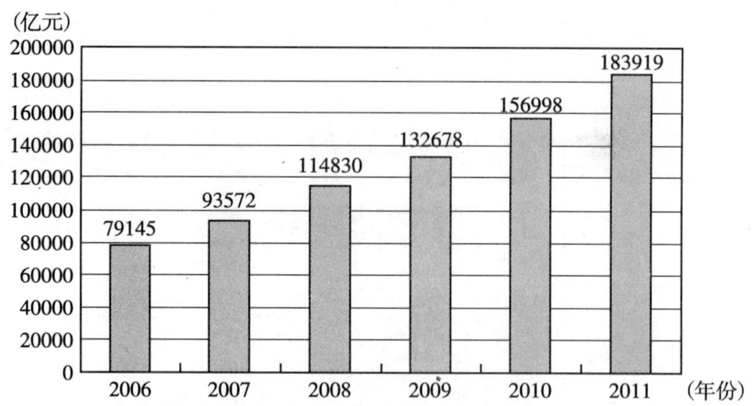

图 1　2006~2011 年社会消费品零售总额

资料来源：根据国家发展改革委 2011 年资料整理。

我国加入世界贸易组织后，随着市场经济体制的逐渐完善，对外贸易额也在逐步提高。2011 年，全年货物进出口总额为 36421 亿美元，比上年增长 22.5%，是 1978 年 206.4 亿美元的 176.46 倍。其中，出口额为 18986 亿美元，增长 20.3%；进口额为 17435 亿美元，增长 24.9%。进出口差额（出口减进口）为 1551 亿美元，比上年减少 264 亿美元。我国 2006~2011 年外贸货物进出口总额如图 2 所示。可以看出，除了 2009 年受到国际金融危机的影响以外，自 2006 年以来，我国对外贸易出口总额呈现总体上升趋势。

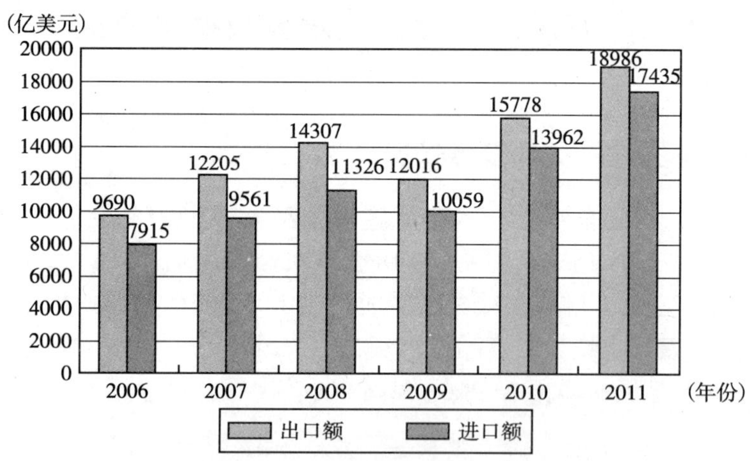

图 2　2006~2011 年我国外贸货物进出口总额

资料来源：根据国家发展改革委 2011 年资料整理。

（二）内外贸一体化及流通组织形式

1. 内外贸一体化

内外贸一体化是伴随着我国经济体制改革的进一步深化而形成的概念。以前传统的内外贸分割管理无法适应现阶段经济发展的需要，很多时候对商业流通会产生阻碍作用。因此，我国根据经济发展的具体需要，适时地提出了内外贸一体化这一概念。

内外贸一体化主要是指依照市场经济发展规律的内在要求，有选择地借鉴发达国家的先进经验。

（1）从微观层面来讲，就是对那些进行商品生产和流通的企业，不对其设置人为的经营区域限制，企业可以根据市场的具体情况，做出在国内市场还是国际市场从事经营活动的决定。作为经营活动的主体，企业可以根据自身的实力以及对经济情况的判断，在不受分割管理影响的情况下，自主决定业务发展规模、企业销售战略以及营销策略。

（2）从中观层面来讲，中介机构可以为企业和政府提供及时准确的协助，尤其是为企业实施“走出去”战略提供一个比较好的外部运营氛围，帮助它们快速地发展壮大。

（3）从宏观层面来讲，政府在内外贸政策的制定和实施上，要保持整个流通产业统一性，发挥政府的协调沟通功能。

内外贸一体化是以企业为主体，以市场供求规模和产业分工为基础，以国内外要素市场和产品市场逐步融合为基本内容，以市场竞争为主要推动力量，并引致政府管理体制和管理政策协同变化的经济发展过程。

2. 流通组织形式

流通组织是指专门以流通活动为业的社会组织，也称为流通业者，它们通过自身的商品买卖活动使商品从生产领域向消费领域转移，实现商品交换的职能。流通组织构成流通产业的主体，主要形式有流通业单体组织、流通业复合组织、商业群、流通网络等。

从欧美等发达国家的经验来看，现代化水平高、市场竞争力强的关键点之一在于流通组织化程度高。根据目前我国流通业面临的问题，改善市场流通秩序、提高商品流通效率的重要保障是加快新型流通组织的发展，营造组织化程度不断提高的新型商品流通组织体系。

内外贸分割使得国内外两个市场的经济联系被人为断开，这不利于形成统一的国际市场，也不利于整体优势的发挥。因此，在当前的国际国内经济贸易环境背景下，我国迫切需要通过企业的相对集中化和集团化，构造内外贸一体化的流通组织形式，使其能有足够的竞争力参与国际竞争，分享更大的国际市场份额。

二、国外促进内外贸一体化的流通组织形式

（一）日本综合商社

日本综合商社产生于20世纪70年代，是以贸易为主导，集贸易、金融、产业、信息、综合组织与服务功能于一体的综合性商贸集团，实行内外贸和国内外市场一体化经营，它对日本经济的恢复和发展起到了十分重要的作用。

日本综合商社最开始的经营目标是国际市场，其主营业务是以进出口贸易为主。但是在90年代期间，日本泡沫经济开始破裂，其与欧美等国的贸易摩擦也在不断加剧，出口受到了越来越多的限制。受此影响，综合商社的贸易额大幅度下降，一些著名的综合商社背上了巨大的债务包袱。在这种情况下，各大综合商社为了维持庞大的组织和经营体系的运转，实施了多角化的经营战略，以寻求更多的利润增长点，来弥补对外贸易规模的缩减所带来的损失。其中重要的就是向国内贸易倾斜，将原来侧重于国际贸易的经营战略，转变为国外市场与国内市场相互结合、互为促进的经营战略。

日本综合商社进入国内贸易的做法，是在发挥进出口优势的基础上采取四种主要方式：一是广泛从事进出口商品的国内批发业务；二是参与日本国内连锁商店和超级市场的投资以及少量从事其他国内零售业务；三是广泛参与国内的物流和配送业；四是建立生产和物流的联合体。

（二）西方工业型跨国公司

跨国公司在19世纪到20世纪之交的垄断资本主义阶段才大规模出现，与此同时，作为跨国公司先驱的大型制造业企业相继产生，如德国的拜耳公司、瑞典的诺贝尔公司、美孚石油公司等。这些大型企业通过建立它们的分销网络实现对国内市场的控制，以达到较高的市场占有率，虽也有资本输出，但国际化经营主要是作为辅助形式。

20世纪六七十年代以来，资本聚集和生产的集中加强，逐步形成了垄断竞争和寡头竞争的产业结构，少数几家大型企业的生产和销售都达到了巨大规模。随着跨国经营的发展、一体化生产和流通网络的建立，跨国公司逐步

形成了全球化的经营战略，其生产经营活动的舞台从国内市场延伸到海外市场和全球市场，国际化经营趋势明显加强。

从大多数跨国公司走向世界的轨迹来看，其市场开拓的顺序是：本地市场—地区市场—全国市场—海外市场—全球市场。内贸与外贸、国内市场与国际市场在跨国公司的生产经营活动中实现了有机的结合，当国外的经营份额已占其总营业额相当大的比重时，跨国公司就会把相当数量的资本和精力投入到海外的生产经营活动中去。

（三）连锁零售企业集团

零售企业直接向消费者提供商品，其经营活动是为了便利地满足当地消费者的需求，因而具有内向型的行业特点。70年代以来，西方国家的一些企业受经济不景气的困扰，为寻找新的市场空间而向国外发展，但由于零售企业的国际化经营受国际贸易保护主义的影响较大，因此必须在一定开放性的环境中才能展开。

根据欧美、日本等国的零售企业国际化经营的实践经验，只有那些具有较强适应性的组织形式才有更多的机会找到超越国界的发展空间。目前，从事跨国经营的国际性零售企业，主要是以连锁为手段的具有组织创新的大型连锁百货店、超级市场、折扣店、专业店等。连锁零售企业跨国经营的成功，使零售跨国企业成为跨国企业中的重要成员。

三、构建我国内外贸一体化流通组织形式的启示

在我国加快内外贸一体化进程的宏观背景，以及扩大内需与对外开放共同发展的贸易环境下，我国迫切需要形成促进内外贸一体化的流通组织形式，以有足够的竞争力参与国际竞争，与其他国家的企业抗衡。除此之外，政府及行业协会的支持，以及专业人才的培养也将加快我国内外贸一体化的发展进程。

（一）发展以贸易为主的综合商社

根据我国的实际情况和日本综合商社的经验，宜采用以贸易性企业为基础，在现有贸易性企业的基础上，联合生产性企业和金融性企业，完善其产业功能与金融功能，逐渐发展成具有基本功能的综合商社。这种形式又有两种选择：一种是以专业外贸企业为基础来形成；另一种是以内贸企业为基础

来形成。考虑到综合商社的特点，以及我国的实际情况，应以专业外贸企业为基础组成中国的综合商社为主。这种形式虽然促进了内外贸一体化的发展，但是其与日本的综合商社还有较大的差别，因此，还要在发展与实践中不断完善中国综合商社的功能，以使其充分发挥促进内外贸一体化的作用。

（二）发展大型连锁零售企业集团

要以我国的知名零售企业为主导，加快大型连锁零售企业集团的发展，逐步形成一批有竞争实力的连锁零售企业集团，实行国际化经营。在 20 世纪 90 年代初引进和推进连锁经营等现代流通形式以来，我国零售企业获得长足的发展，尤其是加入世界贸易组织前后，在与外国大型零售商的激烈竞争中涌现出一批具有一定竞争力、成长性好的连锁零售企业。但我国零售企业国际化经营刚起步，对于跨国经营缺乏经验和制度环境，需要借鉴国外成功经验，结合本国实际，采取正确的政策和对策。

1. 商务部设立统一的管理机构

商务部设立统一的管理机构，负责制定我国零售企业国际化经营的战略目标和任务，确定国际化经营企业身份认证制度，确定对外投资的国家和地区以及投资的规模和渠道，并实行综合管理。

2. 进入方式以合资经营方式为主

这种投资方式不仅适合进入不准许外商独资经营的国家和地区，而且可以使企业减少投入资金，以有限的自有资金，尽量扩大投资规模；有利于弥补我国零售企业国际化经营经验不足，消除因对当地市场及法律法规等方面不了解而产生的进入障碍；有利于吸收和利用合资方的其他经营资源，包括管理技术、营销技能、信息和渠道等。

3. 首次进入地区的选择

我国连锁零售企业集团应先在与我国经济实力相近的国家进行实验式经营，待充分了解了国外需求及环境的基础上，再发展到海外其他国家。

（三）完善国内贸易市场网络

我国的内外贸一体化要想得到迅速发展，必须在国内贸易健康发展的基础上进一步优化和调整其贸易结构。在发展国际贸易和进出口贸易的同时，建立起开放的国内贸易市场网络，消除国内的贸易分割壁垒，使国内贸易业务步入良性循环。参与国际竞争并赢得胜利，要求我们彻底开放国内市场，特别是消除一些在国内市场经营业务上不受准入权的限制。

（四）加强政府及行业协会的支持

我国内外贸一体化的发展，标志着我国国内市场与世界大市场的融合，并推动我国的经济和贸易政策与国际接轨，也标志着更多的企业要接受世界贸易规则的约束。因此，我国各级政府部门要加强对贸易活动的管理，尽快建立和完善行业协会体系，以促进我国内外贸一体化的发展。

政府在推动内外贸一体化的进程中，应该集中于四个层面：一是完善企业发展扶持政策，放松企业的内外约束；二是强化国内区域市场一体化政策，特别是要消除国内区域市场被分割的现象；三是要建立和完善利益协调机制，使企业在内外贸一体化进程中，摆脱对现有经济体制和利益格局的依赖；四是要充分履行政府为市场提供公共产品的职能，完善内外贸一体化所必需的现代物流体系。

（五）加快国际化经营人才的培养

内外贸一体化的发展需要大量的国际化经营人才为企业贡献智慧，以使企业在全球的竞争中占据有利位置，因此，培养定向人才成为重中之重。高等教育学校是培养及输送人才的首选基地，所以高校要重视起对内外贸专业学生的培养，通过设计相应的课程体系，来培养符合社会需要的复合型人才。

参考文献：

[1] 谭祖谊. 内外贸一体化的概念框架及其市场运行机制 [J]. 商业研究，2011 (4).

[2] 谭祖谊. 内外贸一体化的内涵、经济效应及其路径选择 [J]. 北方经贸，2011 (8).

[3] 林至颖. 构建内外贸一体化跨国商贸集团的思考 [J]. 中国经贸导刊，2011 (18).

[4] 郑艺. 内外贸一体化背景下我国行业协会的职能和发展建议 [J]. 经济视角，2010 (12).

[5] 蔡珍贵，王石. 内外贸一体化进程中的障碍和对策 [J]. 商业时代，2006 (4).

[6] 申恩威. 构建内外贸一体化的政策体系 [J]. 中国社会科学院院报，2005 (11).

[7] 郭冬乐. 内外贸一体化：国外流通组织形式的实证分析与启示 [J]. 广东商学院学报，2004 (5).

[8] 丁俊发. 内外贸一体化与流通创新 [J]. 市场营销导刊，2004 (6).

[9] 迟民全. 浅谈内外贸一体化过程中的对外贸易政策调整问题 [J]. 中国商贸，2010 (29).

我国纺织服装业内外贸融合与联动研究

张　震[①]　龚晓菊[②]

一、我国纺织服装业的现状

中国是拥有13亿人口的大国，是全世界最大的服装消费国和生产国。中国近几年的纺织服装业有较大的发展，纺织行业总产值从2001年的9626亿元增加到了2010年的40839亿元，年均增长率为20.99%，2010年纺织服装业的年总产值约占全国总产值的10.18%，其对我国国民经济发展的重要性可见一斑。

在投资方面，中国纺织行业固定资产投资从2001年的430亿元增加到了2009年的3102亿元，年均增速达28.02%。

在出口方面，作为中国对外开放最早、开放程度最高的产业之一，改革开放以来，中国纺织服装行业一路高歌猛进，一直是中国出口商品中占有重要比例的一个行业。随着国际贸易纺织品贸易自由化，以及中国加入世界贸易组织，中国纺织服装业的竞争力进一步增加。纺织业不仅是中国传统的出口支柱，也是全球市场的重要支柱，中国出口的纺织服装产品占世界市场1/3的份额，对世界纺织服装业的出口贸易做出了突出的贡献。据中国海关统计，中国纺织品服装出口从2001年的543.23亿元上升到2010年的2065.3

① 张震（1989~），男，山东菏泽人，北京工商大学经济学院产业经济学专业2011级硕士研究生。

② 龚晓菊（1963~），女，湖北黄石人，经济学博士，北京工商大学经济学院副教授。研究方向：流通经济、产业经济。邮箱：gongxiaoju@126.com。

亿元，年增长率达 15.44%。纺织服装业的出口总量占全国出口总量的比例一直稳定在 13%~15%，可以看出纺织服装业出口对于我国出口贸易的重要程度。1980 年我国服装出口仅占世界服装出口的 4%，1990 年达到 8.9%，加入世界贸易组织后，这个比例迅速增长，2001 年达到 18.8%，最近几年已达到 1/3 左右。

二、我国纺织业面临的问题

（一）生产成本上升

2009 年以来，中国动力成本迄今已上涨了 20%，生产成本的增加带来了纺织服装产品价格的提高，使得我国在纺织服装出口市场上的份额渐渐缩减，主要表现在纺织服装产品生产所需的棉花、纤维以及水电煤油等能源价格的不断上涨。另外，《劳动合同法》的实施加剧了劳动力要素价格的上涨，使得生产成本不断上升，利润不断下降。

（二）人民币升值

2005 年 7 月以来，人民币已经累计升值达到 21%，人民币的升值对出口形成了很大的压力。随着人民币的不断升值，很多出口型小企业不敢接长单、大单。尽管汇率波动的压力较大，为避免流失客户，这类小企业的产品价格涨幅却很低，利润空间进一步收缩，从而使相当数量的过多依赖出口的中小纺织服装企业面临亏损倒闭之灾。

（三）欧美国家的债务危机

当前欧美国家的债务危机愈演愈烈，经济低迷可能会促使欧美政府制定政策鼓励出口限制进口，我国贸易出口环境压力渐增。随着债务危机的不断蔓延，欧美纺织服装市场持续萎缩，经济形势低迷，欧盟地区纺织服装生产、新订单及采购都下降到了 10 年以来的最低点。我国的很多企业都面临接不到单的窘状，很多企业岌岌可危。

（四）周边国家的竞争

东南亚及西半球一些国家的成本优势日益提高，成为我国企业强有力的海外竞争对手。随着经济一体化的发展，一些国家如巴基斯坦、印度、越南、柬埔寨、孟加拉等国都把纺织服装业作为重要产业来发展，这些国家都采取了各自不同的鼓励和扶持政策。这些国家在劳动力价格、成本等方面都具有较大的竞争优势。

（五）各国保护贸易措施

纺织品作为我国传统的出口产品，拥有较强的竞争力。金融危机使得外需下降，但对于需求弹性小的消费品影响相对较小，我国纺织品虽然有了一定的出口环境，但是我国一直遭受国外反倾销、反补贴、保障措施、特殊保障措施的限制，债务危机使得欧美各国更针对中国出台反倾销政策，这不仅严重影响了出口，而且使行业面临更大的成本压力和市场风险。

三、内外贸的融合与联动

我国纺织服装品服装在性价比方面有明显优势，仍然具有一定的市场空间。正如中国谚语所说，危机是驾驭风险的机遇。我们要摸清自己的基础、底气和优势，把握隐藏于风险中的机遇，及时抓住转型升级的有利时机。内外贸融合是贸易发展的客观规律，内外贸联动取长补短，开拓国际、国内两个市场，将促使我国外贸发展发生根本性变化。内外并举，拓展国际、国内两个市场是企业把握金融危机下的发展机遇，调整思路，加快市场结构调整、产品结构调整，是企业转型升级的大好时机。

（一）内外贸融合的必然趋势

我国的市场经济体制改革已初见成效，市场化进程进一步加快，由原来的计划经济向市场经济体制转变，这一体制要求商品、技术、劳动力资源自由流动，市场能够对国际、国内两种市场的资源进行合理配置，因此这就要求要打破原来内外贸分割的局面，使内外贸相互融合形成内外贸一体化，实现内外贸之间的联动。

在经济全球化和贸易自由化的浪潮下，国际市场竞争日趋激烈，我国加入世界贸易组织后面临前所未有的外在压力和挑战，要想在国际竞争中站稳脚跟，不断壮大，就要充分利用国内、国外两个市场、两种资源，统筹对外开放和国内发展。

总之，在当前新的经济形势下，以出口为导向提高我国纺织服装业国际竞争力和以内需拉动我国纺织服装业的成长是相辅相成的，利用内外贸一体化和联动可以充分利用国内、国外两个市场，两种资源，从而实现我国纺织服装业的持久稳定发展。

（二）发挥优势积极参与国际市场提高竞争力

纺织服装业历来是我国的传统优势产业，我们相比于其他国家拥有劳动力比较竞争优势和产业体系优势。如果我们能够充分利用这些优势参与国际市场竞争对于提高行业竞争力和促进经济增长具有重大意义。

我国纺织服装业的外向发展有利于企业产品在国际市场发挥比较优势，促进我国经济实力的增强。我国与日本、欧美等发达国家的企业相比拥有大量相对廉价的劳动力，而与亚洲、非洲、南美洲等大部分发展中国家相比劳动力的素质较高，且技术相对成熟。我们应该继续利用经济全球化的趋势发挥自身的比较优势，积极参与国际市场，通过外向发展将国际竞争压力变为动力，促进行业的发展壮大。

对外发展还能使我国的纺织服装业紧跟世界纺织服装业的发展变化趋势，吸收引进先进的科技成果，加快产业升级。并且将吸收过来的科技成果与自身的劳动力等比较优势相结合，不断完善自身的产业结构，增强自己的国际竞争优势。

（三）扩大内需拉动消费促进产业发展

中国是消费大国，巨大的市场决定了内贸的重要地位。随着我国居民生活水平的不断提高，国内消费者的消费能级和消费品位在不断提高，消费数量也在不断增加，特别是农村市场的不断扩大使得对服装和家用纺织品以及住宅建筑纺织品的消费需求增长迅速。另外，当前内需对于纺织服装业的拉动作用远大于出口拉动的作用，国内需求已经成为拉动行业发展的主要动力，国内市场也逐渐成为纺织服装企业的主要战场。在当前国际经济形势低迷，外销市场不景气的形势下，内销市场更显活跃，这为我国纺织服装业的发展提供了有利条件。

（四）内外联动实现“扩内需、稳出口、保增长”

企业方面，当前经济形势下，我国的出口企业应该转变市场方向，坚持内外“两条腿”走路，通过扩大内销等措施，积极应对当前危机，从当前海外经济形势来看，企业想在出口上再有大的作为比较困难，因此只能在稳定外贸市场的前提下，加速开拓国内市场，让企业的发展总体上保持健康增长态势。当前经济大环境将促使出口从业者的心态在求稳的基础上加速转变。

眼光必须向“内”看，不放弃海外市场，更多依靠国内消费者，做到内外兼顾才能有效降低风险。

政府方面，政府应该构建使得内外贸实现联动的平台，更好地实现内外贸之间的融合，从而实现“扩内需、稳出口、保增长”的目标。如上海市为了应对金融危机持续影响导致的外需市场疲软的现状，上海商务委员会搭建了“三个平台”，帮助外贸企业进入内销渠道。与此同时，上海商务委还联合相关部门共同研究，力图突破政策“瓶颈”，推动内外贸联动。所谓“三个平台”，即外贸产品内销订货平台、外贸产品购销信息平台以及外贸产品销售专柜平台。在三个平台中，外贸产品购销信息平台将发布全国内贸企业有关外贸产品购销的信息，并提供检索、咨询、配对等服务。这是一种新的探索，三个平台运作方式不同，目标却一致，可以将外贸企业的“产品优势”和内贸企业的“渠道优势”相结合，使得出口企业的外贸产品转为内需产品，使出口企业转型为外销、内销相结合的综合企业，增强企业竞争优势。

四、内外贸融合与联动中的问题

（一）政策法规上的障碍

内外贸法律法规的差异比较大。我国加入世界贸易组织以来为适应新的开放形势，在过去的几年间制定并完善了一系列与世界经济和国际法规接轨的法律法规。因此，目前外贸企业进入国内市场、内贸企业进入国际市场的市场准入方面的法律法规障碍已经基本消除，然而在内贸法律法规方面的内容却不甚完善，在设计市场竞争、市场体系等方面的立法工作并没有跟上，很多企业反映市场竞争的法律法规不健全，市场监督力度不够，这使得很多外贸转内销的企业在国内市场竞争中处于不利的地位。另外，国内缺乏适合内贸融资的有效渠道。我国的纺织服装企业在开拓国际市场的过程中，信用保险和融资方式比较明确，而且有专业的银行机构，但是内销的融资和贷款渠道却存在方式单一、不够畅通、融资成本高等问题，大大限制了内销企业的发展。

（二）经济管理体制上的障碍

我国经济正处于向社会主义经济体制转变的过程中，与成熟的市场经济国家相比，我国的市场体制还不完善。我国原有的高度集中的计划管理体制把具备竞争性的商品流通网络分割开来，阻碍了统一大市场的形成，不仅造成了国内、国外两个市场的分割，国内市场中的地区市场也存在分割。由于体制上的原因，目前国内的经济运行机制造成了各种经济利益格局并存，严重阻碍了国内统一大市场的形成。

（三）外销商品转为内销面临的现实问题

第一，市场需求的差异性。外贸企业大多依靠订单来进行生产，来样来料加工比较多，很多外贸企业并未拥有自己的研发团队，因此这些外贸企业生产出来的产品都存在明显的民族、地域、文化特征，所以商品的款式可能与国内的消费口味不相符，导致商品卖不出去。第二，国内缺乏对适应内外贸一体化的复合型人才的培养，国内的大部分高等院校对高科技人才的培养模式比较单一，致使许多企业缺乏内销经营人才，这也是限制企业开展内贸的一个重要制约因素。第三，缺乏内销经营渠道和销售网络。国内的市场销售主要依靠销售渠道，而对于初涉国内市场的外贸企业来说，这又是一个相当大的问题。

五、内外贸融合和联动中问题的一些解决思路

（一）尽快完善现有相关的法律法规

完善相关的法制建设，为内外贸统一的公平竞争创造良好的政策法律环境，制定统一的公平竞争的规章政策。促进内外贸一体化进程应通过规则和法律的制定来为企业创造公平的竞争环境，特别是当前国内流通市场出现的许多问题需要用新的法律法规来进行规范。我们应该采用宏观行政手段和法律法规一起调控市场。同时，应加大对市场体系、知识产权、专利体系的建设力度，为企业加强自主品牌建设创造良好的外部环境。

（二）加快完善内外贸管理体系

我们应该将借鉴的外国的发展经验与中国的实际情况相结合，建立行之有效的内外贸一体化管理体系，逐步完善、扩充商务管理部门职责，把目前仍然分割的流通职能集中起来，形成大流通格局。

（三）加强中介服务机构建设，推进内外贸业务的发展

第一，要重视构建扶持流通企业的融资保险体系，建立融资市场，建立内贸融资信用保险体系以解决外贸企业在拓展内销市场中存在的贷款担保问题。第二，构建市场开拓帮助体系，继续鼓励企业“走出去”，通过这种体系帮助企业开拓国内外市场，增强市场竞争力。第三，构建流通企业信息咨询、人力等中介服务体系，发挥这些中介组织的作用，推进内外贸业务的相互融合。例如，上海市构建的外贸产品购销信息平台使企业之间能够迅速掌握外贸产品的需求情况，加快外贸企业转内销的步伐。

（四）注重培养符合内外贸融合进程需要的复合型人才

现代社会，人才对于企业的发展起着至关重要的作用，只有拥有了人才，企业才能在竞争中取得优势，我国目前非常缺乏适应内外贸一体化进程需要的复合型人才，许多企业拥有很多优秀的外销人才，但缺乏开拓国内市场的人才。因此，各高校应认识到这一问题，创立适用于内外贸一体化人才成长的培养机制。

参考文献：

[1] 佚名. 纺织服装企业出口贸易现状调查 [J]. 中国制衣，2011（12）.
[2] 程欣. 中国纺织服装出口贸易发展现状与对策 [J]. 华东经济管理，2009（4）.
[3] 杨世滨. 中国纺织工业现状及发展 [J]. 中国纤检，2011（1）.
[4] 陈旭. 外贸企业推进内外贸融合开拓国内市场的思考 [J]. 现代商业，2011（2）.
[5] 谭祖谊. 内外贸一体化的概念框架及其市场运行机制 [J]. 商业研究，2011（4）.
[6] 郭先登. 关于提高纺织服装业对外贸易水平的研究 [J]. 山东纺织经济，2006（3）.

文化产品 CISP 模式促进内外贸的联动发展

朱一帆[①] 龚晓菊[②]

一、文化产品流通的提出

（一）文化产品流通

狭义上的文化产品是指文教产品、影视、出版物、节日产品、民俗产品、旅游服务等有形产品和体验。文化产品从生产领域到消费领域需要流通的载体或媒介，包括数据存储的软盘、磁卡、光盘、U 盘等。它们具有体积小、重量轻、形状规则、存储量大等优点，因此流通成本低廉，且与物质产品在流通中极易损毁相比，文化产品的流通具有高安全性的特点。随着防水、防热、防压等防护技术的发展与进步，文化产品的现代流通安全也就容易得到控制。此外，某些文化产品不是通过载体而是直接借助无线电波、电讯信号、互联网等媒介流通，由于现代数据加密技术的进步和广泛应用，流通也就显得很安全。

（二）传统的文化产品流通模式受阻

文化产品虽有低流通成本和高安全性的特点，却由于缺乏科学的鉴定和评估，使得这些产品、项目得不到资本的支持，制约了发展。通常演艺界的

① 朱一帆（1993~），女，北京工商大学经济学院贸经 10 班学生。

② 龚晓菊（1963~），女，湖北黄石人，经济学博士，北京工商大学经济学院副教授。研究方向：流通经济、产业经济。邮箱：gongxiaoju@126.com。

好剧本和投资方无法找到对方，这反映出一个平台的缺乏。发展文化产业的“瓶颈”就是要搭建起一个平台，让资源、价格与资本相结合。创意经济（CE）= 创意产品的价值（CP）× 交易次数（T）这个公式说明文化产品只有以商品的形式进入流通领域，才可能进入到主流社会，而只有在流通中，文化产品才能不断地增加自身的价值。

（三）文化产品流通的未来发展

文化产品流通业将以建设文化产品大流通格局为目标，进一步加强文化产品实体市场建设和文体产品网络销售平台等现代化商贸平台建设，加强仓储、物流、海关、金融、商检、保险、信息网络等配套服务设施建设，带动全国艺术创作及文化产品制造业的发展。

二、CISP 模式分析

（一）集群化（Cluster）：文化产品流通依靠整合资源

分析世界各国文化产业成功发展的经验和模式，如美国的好莱坞影城，迪斯尼乐园，俄罗斯的国家芭蕾舞团，法国的巴黎歌剧院，奥地利的维也纳音乐会等，我们可以得出要具备国际竞争力和比较优势，必须走集群化发展之路。按照文化性质相同或相近的基本原则整合一定区域内的文化资源，形成区域化的文化资源集群，以利于以后的文化产业整体性开发和利用。另外，也要加快培育文化产业龙头企业或企业集团。总之，文化产品的流通要在整合文化资源的基础上，形成以具有创新能力和市场竞争力的骨干企业或企业集团为龙头，带动整个文化产业群实现可持续发展的新格局。只有这样才能既宣传自己的民族文化和人文价值观，又源源不断地创造巨大的经济财富，实现经济与文化的“双赢”。

（二）融合化（Integration）：跨媒介融合时代的文化产品流通优势

1. 跨媒介重组与整合实现同步流通

文化产品的流通已不再是报纸、广播、电视等单一的媒介单独作战进行的“作坊式”生产，而是在跨媒介重组与整合实现同步流通。即以微博和 SNS 为代表的互动媒体传播，基于当地位置的服务和基于手机、平板电脑等移动平台的信息传播模式。SOLOMO 模式使得三者形成即时化传播，有助于节约文化资源开发成本，提高文化流通效率，达成文化资源共享，实现优势互补，进而产生超常规的文化影响力。

2. 改变传统流通的观念、对象和范围

传统的文化产品流通媒介是通过图书、报纸、电话、信件等间接的控制来建立微弱的关系。新媒体的出现从根本上改变了这种单向传播的特征，充分调动人的主动性，创造双向互动性。跨媒介对各种媒体整合之后，改变了以往文化产品流通的保守观念，大幅度拓宽了文化产品的流通对象及范围，使得不同国家、民族和个人之间的跨国界文化和信息交流成为可能。

3. 多渠道多时点可选择流通

在跨媒介这一流通模式中，允许一个产品整合多种传媒，根据读者的阅读习惯，综合运用书、报、刊等平面媒体，以及磁光介质媒体、网络媒体、移动媒体等跨媒体技术，通过互动、分享等行为获得来自他人的反馈。此时相同的文化产品可以跨媒体同时流通，也可以充分利用时间差，将某一媒体下已经由市场证明是成功的文化产品运用互联网、手持阅读器、手机阅读等多种不同的方式转移到另外一种媒体进行二次流通，以实现多渠道全媒体的同步流通。

（三）规范化（Standardization）：专业操作机构

文化产品的成本较低，因此市场上有大量的假冒伪劣产品出现，于是专业操作机构在服务、协调、自律和监督等方面就具有重要的作用。日本文化产品海外流通促进机构（CODA）自 2002 年在日本著作权相关团体及文化产品制作企业的倡议下设立至今，连续 6 年开展国际交流活动，旨在推进日本文化产品的版权纠纷处理、版权贸易促进等领域。这样的机构一方面鼓励了各类文化行业协会等行业组织依照法律和章程，履行市场协调、行业自律、监督服务与维权等职能，促进了日本各行业的健康发展。另一方面，积极发展文化经纪代理、评估鉴定、技术交易、推介咨询、担保拍卖等各类中介服务机构，制定和完善文化中介机构管理办法，引导其规范运作，向品牌化、专业化方向发展，不断提高服务质量。我国缺少的就是这样的机构，因此销售渠道不尽如人意。

（四）政策扶持（Policy Support）

1. 把文化产业作为战略性产业扶持

韩国经济在亚洲金融风暴中遭受重创，使韩国政府认识到单一产业结构的脆弱性，所以于1998年提出了“文化立国”的方针，把低消耗、无污染、利润核心在创意的文化产业作为21世纪发展国家经济的战略性支柱产业。在我国，党的十七大才开始正式决定发展文化产业，但相比之下，还需要学习韩国在文化产业集群的形成和其他各国文化产业基地的设定上给予的一系列扶持政策。

2. 限制外国文化产品进口

韩国在推进文化产品出口的同时，也对进口加以限制。以电视剧进口为例，韩国电视台在数量上和种类上都很少引进中国的影视剧，即使引进了中国的电视剧，为了保证本国制作的电视剧有较好的收视率和收视人群，一般都进口中国过时的影视剧，在非黄金时间播出。2000年《还珠格格》被韩国引进后，虽然在晚上11点后播放，但仍以绝对优势压倒了韩国本土电视剧，此举引起了韩国方面的警惕，此后韩国很少引进中国电视剧。另外，韩国40%的既定“电影配额制”也是推进韩国电影发展的重要动力。而我国虽然是一个文化贸易大国，但只是一个文化进口大国。在世界主流文化市场上，我国强势文化商品和服务稀少。因此政府应该出台相应政策，避免外国文化产品对我国同类产品市场造成的冲击，减少文化产品贸易逆差。

（五）CISP模式优势

1. 提高效率

传统文化产品从业人士在流通方面产业意识淡薄，没有专门的机构从事文化产品流通、传播、发行，因此销售渠道不尽如人意，CISP模式改变了传统一对一的洽谈模式，提高了工作效率。

2. 实现低碳经济和规模经济

处于快速经济增长与重化工业阶段的中国，位于国际贸易和加工链的低端，技术水平整体落后，能效不高。因此，在寻找符合国情的低碳发展路径时，文化产业因为其高知识性、高附加值的特点成为最具绿色贸易增长潜力的产业。集群化发展的文化产业还有利于资源共享，降低交易成本，促成规模经济，引领产业结构升级以及产生“知识溢出效应”，形成“内在动力”。

3. 大量提供就业

每年国家需要安置的就业人口是2500万人，其中大学生占了900万，技校、职高学生有800多万，而每年新增加的就业岗位只有900万个，国家面临着巨大的就业安置压力。文化产业以其非物质生产方式可以分流社会富余人口，最大限度地创造就业机会，维护社会的稳定。

三、文化产品流通案例分析

(一) 韩国跨媒介的新型流通组织形式经验分析

中韩两国文化交流历史源远流长，并且由于区位靠近的优势，文化偏好相似，贸易条件十分优越。但从 1994 年至今，在我国对外贸易一直处在顺差的背景下，文化产品贸易却持续多年严重逆差，其中，中韩文化产品贸易逆差尤其突出。以广播电视节目、影视音像作品、出版印刷物、表演艺术、多媒体、会展、咨询策划等以文化内容、文化服务为主的“软”文化交易，一直是中国对外贸易的薄弱环节，也是形成对外文化产品贸易逆差的主要原因。分析韩国的跨媒介流通模式，文化产品的流通已不再是报纸、广播、电视等单一的媒介单独作战进行的“作坊式”生产，而是在跨媒介重组与整合实现同步流通。

(二) 义乌的小商品、大文化分析

自 1982 年浙江省义乌市在全国率先开放小商品市场以来，30 多年来取得重大发展，目前拥有营业面积 400 多万平方米，商位 6.2 万个，经营 28 个大类、10 万多种商品，自 1991 年以来，市场成交额连续 22 年位居全国各大专业市场榜首，有 3000 多外商常住义乌从事小商品贸易中介，小商品外贸出口额已占市场成交总额的 45%左右。其一级批发市场的定位、发达的市场链、强劲的辐射能力，赋予了中国小商品城流通信息中心地位，已经成为名副其实的“华夏第一市”和全国劳动密集型产品出口的重要窗口。

1. 产销结合模式

义乌既是文化产品的主要销售基地，也是重要的生产基地。目前，义乌小商品市场上约有 1/3 的文化类商品是义乌本地企业加工生产的。全市 7000 余家文化经营单位和 2000 多家文化产品生产加工企业形成了生产经营并举的产销模式。

2. 已形成特色产业群

2011 年义乌市文化产业生产销售总值超过 1000 亿元，其中文化产业核心层（包括印刷、影视出版等）总值达 200 多亿元，生产经营单位 1 万余家，从业人员 30 万名，形成了以印刷包装业、文教体育用品、框画工艺品、年画挂历、制笔业、娱乐业为主导的特色产业群。

第七届中国义乌文化产品交易博览会于 2012 年 5 月 4 日顺利落幕，展示了书画古玩类、工艺美术类、文化创意产品类、印刷包装类、工艺品框画类、文体用品类在内的六大类产品，实现成交额 45.17 亿元，超过了预期。同期也发布了多项行业标准，发布这些标准的背后是义乌在文化产业发展方面的突破。

3. 流通平台多元化

义乌市场基于多元化及复合型特征采用了“2 + N”的功能定位，即把“全球小商品交易中心”和“国家流通战略平台”作为义乌市场的两大基本功能定位，并适时拓展和延伸其他更具体或特殊的功能。积极推进文化产品流通业现代化改造，利用跨媒体融合传播，以新兴文化产品流通平台等为重点，加速文化产业电子商务体系开发，构建行业性、综合性、多领域的 B2B、B2C、C2C 电子商务模式，推动文化产业流通渠道创新。

四、促进我国文化产品流通的建议

改革开放以来，我国的经济和文化齐增长，文化产业市场广阔。“十一五”时期，全国文化产业年均增长速度在 15%以上，比同期国内生产总值增速高 6 个百分点。国家统计局发布报告显示，2010 年我国文化产业增加值达到 11052 亿元，占国内生产总值的比重为 2.75%，比上年提高 0.21 个百分点。可以采取下述措施促进我国文化产品流通：

（一）加快转变文化要素市场集群化

文化要素市场是文化生产所必需的产权、版权、技术、信息等要素进行交易的场所，是实现文化产品广泛流通的必要基础条件，也是文化产业集群化的前提。因此，政府应该规范文化资产和艺术品交易，建立和完善专利权、著作权等无形资产评估、质押、登记、托管、流转和变现的制度，设置重点文化产权交易所，为文化企业的著作权、商标权和专利技术交易等提供专业化服务；完善文化信息交易市场，提升服务水平；完善资本、人才、技术等要素市场，引导和规范各类文化要素合理配置和有序流动。

（二）发展新型跨媒介的流通渠道

充分发挥我国信息技术和网络技术优势，推进网络数字技术与文化融合，支持发展跨媒介流通方式，推进电信网、广电网、互联网三网融合。另外，为不断丰富和创新文化产品流通方式，还需要充分利用通信和计算机技术，最终形成以大城市为中心、中小城市相配套、贯通城乡的文化产品流通网络。

（三）政策助力品牌机构形成和文化产品流通业发展

制约我国文化产品流通一个重要的因素是我国的文化产品缺乏一个国家级的文化信息平台去认识世界文化市场，缺乏能在国际文化产品市场上发挥作用的品牌专业机构去推广和规范流通。因此，建立起像 CODA 一样的中介机构政府义不容辞。另外，政府还应制定一系列的市场准入、价格调节、财税优惠、金融信贷服务等相关政策措施，引导文化企业投资兴建更多适合群众需求的文化消费场所，引导各类市场主体在出版发行、电影放映、文艺表演、网络服务等领域。

（四）提升基层文化消费水平

韩国的文化产品通常在国内市场收回制作成本，在海外市场实现盈利。因此，提升国内基层文化消费水平，积极开发基层文化市场，努力实现社会效益和经济效益的统一，主动面向广大基层群众，努力降低成本，提供价格合理、丰富多样的精神文化产品和服务尤为重要。

参考文献：

[1] 朴光海. 中韩文化交流的现状及问题 [J]. 当代亚太，2007 (7).

[2] 凌子. 把文化产品卖向全球义乌文博会 [J]. 商业，2012 (5).

[3] 赵书华，王华强. 中韩文化贸易发展的比较分析 [J]. 对外经贸实务，2008 (4).

[4] 熊亮. 基于现代信息技术下的文化产业管理分析 [J]. 商业文化，2011 (10).

[5] 张艳国，陈新川. 论文化特性对文化产业的支撑意义 [J]. 湖北经济学院学报，2007 (1).

[6] 刘江华. 我国文化产品贸易现状及应对 [J]. 对外经贸实务，2005 (12).

[7] 冯根尧，张丽彬，张晓霞. 媒介融合时代的文化产品创新与传播 [J]. 经济研究导刊，2012 (3).

[8] 王筱. 中国文化产品出口的优劣势分析 [J]. 价值工程，2011 (1).

[9] 郭会寒，张金萍. 中韩文化产品贸易逆差成因的深度剖析 [J]. 商业经济，2011 (3).

后危机时代新贸易保护主义背景下内外需关系调整分析与对策

林至颖[1]

后危机时代，世界的经济体在复苏过程中都面临极大的困难，美国失业人口不断增加，内需不足；欧洲在债务危机的冲击下，在毫无出路的情况下选择了推出经济刺激的办法，进入了缓慢的经济复苏期；日本由于日元汇率提高而受到了极大的损失；对于我国，经济复苏已经处于比较良好的状态，但是近年来在经济危机的影响下经济增长速度也出现了明显的放缓现象。在全球经济复苏的时期，风险越来越大，为了能够提高经济增长的速度，缓解经济衰退的压力，世界各个国家的贸易保护主义日益增加，我国正处于日益复杂的贸易环境下，在这个状态下，我国应该不断地进行内外需结构调整的速度，在保持外需份额、提高质量的前提下，不断地加大内需的拉动力度，提高内需对经济增长的影响作用，同时进行内外需关系的协调，这是我国在后危机时代新贸易主义保护背景下急需解决的问题。

一、内外需关系调整分析的相关理论研究

后危机时代，内外需关系的相关研究受到了国内外广大学者的关注，但大多数的研究主要以内外需调整对策为主要研究内容，对于内外需理论研究

① 林至颖（1979~），男，香港冯氏集团利丰发展（中国）有限公司、利丰研究中心副总裁，上海财经大学博士研究生，香港中文大学 MBA。中国人民大学商学院客座教授、广东商学院流通经济研究所兼职研究员、暨南大学现代流通研究中心特约研究员、清华大学中国金融研究中心商业模式研究工作室特聘高级研究员、中国商业经济学会学术委员、广东省粮食行业协会专家委员会副主任委员。研究方向：中国商贸经济、分销、零售及物流业发展、商业模式创新、供应链管理。邮箱：gordonlzy@126.com。

的相关研究成果并不多。对于内外需含义以及界定的研究，通常情况下利用依据国民收入支出法提出的概念，根据如下的公式：社会总需求 = C + I + X - M，内需主要包括国内消费以及国内投资，外需主要包括净出口。因为无法给出内需、外需的合理定义，所以还没有一个比较合理的划分标准。内需主要有两个组成部分：一个是投资需求，另一个是消费需求，然而，外需就是消费需求，并不是没有包括外部投资的需求。另外，进口属于国内消费，但是在考虑外需时应当给予扣除，为什么被扣除至今没有一个比较合理的解释。裴长洪和于立新提出了新的内外需的定义，这两个学者提出内需主要有以下几个需求，分别是投资方面的需求、货物方面的需求以及服务方面的需求。具体地说，就是外部生产要素的需求、进口货物和服务的需求以及获取外资的需求。另外，这两个学者认为外需主要包括以下几个方面的需求，分别是外国市场对我国的生产要素、货物以及服务的需求，具体地说，就是出口以及对外投资。从以上分析可知，我国属于内需主导型国家。这种内外需的概念主要是依据生产要素的性质来定义的，外商对我国的投资主要目的是降低投资成本、占领更多的市场份额等，对外资的需求是否可以划归为内需还需要进一步进行研究。针对内外需关系的相关研究提出，内需和外需的关系始终处于对立统一的状态。更多的学者认为内需和外需统一的研究更为重要，例如，杨运杰提出外需的作用是可以有效地提高国内消费、投资以及政府的开支；内需的增加（主要是生产性需求的增加）可提高国内供给能力，促进外需扩大；外需扩大若规模过大或结构不合理，就会对内需产生直接的抑制作用。曲凤杰提出外需可以直接带动国内消费、投资和政府开支的增加；内需通过增加固定资产投资、进口等提高国内供给能力，促进外需扩大。王子先提出国内生产为出口打下了坚实的基础，此外，他还从提高国民收入、促进消费市场扩展、转变消费结构、扩大相关产业需求等层面提出外需对内需的影响。以上研究均正确，但是研究的成果主要从表象阐述了内需和外需的关系，但是对内需和外需的逻辑联系的研究却不够深入。

对于内需和外需失衡的研究，经过众多学者的努力也取得了许多学术成果。研究的成果普遍认可如下观点，内需和外需关系不一致将产生一系列不良后果。梅新育和曲凤杰经过研究认为过分依靠外需将过快地导致我国内需结构明显失衡，同时过分依靠外需将增加我国经济的变化，使得中国区域经济发展处于失衡状态。曲凤杰的研究认为我国内需和外需的不协调主要会产生如下缺陷：我国始终处于国际分工中的低端产业，导致国内消费和投资不平衡，引起了供给和需求错位。以上研究成果是依据我国实际情况对内需和外需失衡进行的研究，但是没有从理论的角度来讨论内需和外需对社会经济的影响。

二、当前国际新贸易保护主义现状和特点

（一）国际新贸易保护主义现状

1. 贸易保护影响了全世界，并且形成连锁反应以及示范作用

自从经济危机以来，美国和欧洲等发达国家和地区一直采取各种手段打击发展中国家的竞争力，例如，制定出了一系列抵制中国商品的惩罚性关税；俄罗司、乌克兰和加拿大等国禁止进口美国鸡腿。加拿大海关和税务局宣布对美国向加拿大出口的西红柿征收高达 70%的反倾销税。欧联将对非合金热轧钢卷板、扁平材、冷轧卷板等 15 种钢材产品征收 14.9%~26%的关税。马来西亚在一年内遣返 10 万名印尼务工人员。以上所述的保护措施在全球各个国家都普遍存在，最终导致了贸易保护主义遍布全球。

2. 在金融危机形势下，当前贸易保护的形式更加软化

如美国对本土三大汽车巨头的巨额注资，欧盟增加奶制品出口补贴，印尼、巴西等多个国家纷纷采取货币贬值政策，帮助本国制造业提升竞争力，变相削弱了中国等其他国家产品的优势。另外，一些西方发达国家纷纷采取隐蔽性更强的措施，如苛刻的技术标准、知识产权、劳工标准、歧视性的政府采购、汇率变动等。

3. 欧美等国家往往通过立法或者行政干预手段来实施贸易保护

例如，美国国会提出了“购买美国货”条款，条款规定经济刺激计划支持的工程项目中必须使用美国国产钢铁和其他制成品，限制使用进口钢材。在行政手段方面，发达国家通过限制政府经费用途等方式限制相关产品进口，如美国众议院通过的综合拨款法案第 727 条规定：“根据本法所提供的任何拨款，不得用于制订或执行任何允许美国进口中国禽肉产品的规则。”该条款限制了中国禽肉产品对美出口。

（二）国际新贸易保护主义的特点

新贸易保护主义是在传统贸易保护主义的基础上不断转化而来的，是在后危机时代全球发达国家（美国等）为了能够提高经济发展速度以及应对贸易逆差而提出的技术壁垒、绿色壁垒、反倾销以及知识产权等非关税壁垒方式。和传统的贸易保护主义进行比较，新贸易保护主义主要呈现以下几个主

要特点：

1. 贸易保护主义的实施主体基本上是发达国家

随着乌拉圭回合谈判的结束及世界贸易组织的建立，国际贸易趋向自由化，传统的贸易保护手段如关税、出口补贴等越来越受到国际贸易规则的限制和约束。为维持在国际贸易领域的优势地位，继续保持与发展中国家在经济上的差距，发达国家势必要突破传统的贸易保护手段，寻求新的贸易保护措施。新贸易保护主义的新发展是在新的全球贸易条件下，寻求以新的更为隐蔽的形式规避多边贸易制度的约束，实施贸易保护。

2. 以贸易公平的名义执行贸易保护

后危机时代新贸易保护主义属于全球经济竞争的主要表现形式，“新”主要反映在贸易自由化政策下隐藏的贸易保护。也就是说，表面上的规范性、表现形式上的隐藏性、政策上的便捷性和科学技术上的不公平对待。目前，经济全球化不断深化，多边贸易体制也进一步增强，传统的贸易保护方式已经被削弱。另外，全球范围内产生了分工转移、资本和技术流动现象，这些问题都导致了国家以及地区经济的竞争力发展改变，大部分发达国家采取了各种方式来防止多边贸易制度的约束，相应地采取了新贸易保护主义。更关键的问题在于，传统的贸易保护主义在贸易政策行为上不改变国际贸易政策总趋向，而新贸易保护主义将使得国际贸易政策总趋向发生改变。新贸易保护主义不仅采取传统的消极防御，而且提出了非常有效的主动进攻，在政策上从过去的约束进口变为了目前的提倡出口。出口主要是指资本主义国家以促进商品出口为目的，提出了较多有利于出口商的优惠政策，例如出口信贷、出口补贴、外汇倾销等。

3. 保护范围扩大，保护对象增多

传统的贸易保护主义基本上是以新兴产业或者夕阳产业这些缺乏竞争力的产业为主要保护对象，然而，新贸易保护主义增大了保护范围。新贸易保护主义保护更多的商品，被保护的商品范围也从传统的农产品、工业产品不断扩展到了更高级的工业产品以及劳务。新贸易保护主义从传统的产业部门转变到了高科技产业部门，从农业发展到新兴产业。

4. 保护手段日趋多样化

传统的贸易保护主要以保护本国处于弱势竞争地位的幼稚产业为主，而新一轮贸易保护主义目的呈现多样化的特点。贸易保护目的多样化主要体现在以下几个方面：首先，反倾销、反保障措施等传统方法仍然被广泛使用；其次，技术屏蔽、知识产权保护等贸易壁垒也形式多样，并且在更多的范围内使用。一些发达国家利用自身的科技优势，提出了具有更高要求的技术、商品标准，从而使发展中国家的出口竞争力大大降低，多样化的贸易保护手段具有定向性和灵活性，一些技术和环保方面的标准目的是维护消费者权益、提高技术水平，有些标准可以为中性标准。此外，世界贸易组织对这些贸易保护措施的制约没有统一的标准，从而导致贸易保护效果比较突出。

5. 新贸易保护主义重点保护区域集体

后危机时代国际社会推崇贸易自由化，仅仅一个国家单独行动比较困难，为了能够在后危机时代的激烈竞争中取得最终的发展，在全球一定区域范围内的国家陆续地联合成为区域性经济组织，并且为经济组织内各个国家提供了比较宽松的政策。后危机时代，区域经济和集团经济的发展趋势不断深化，贸易保护主义从过去的单一国家保护转变为目前的区域经济组织保护。这种贸易主义保护的特点可以为区域经济组织内的国家提供更加宽广的贸易发展空间，有效地防御自身的竞争对手，同时，可以在区域经济集团提出非常自由的贸易政策，并且能够通过经济集团进行全球范围的贸易活动，进而能够达到应对竞争的目的。

三、后危机时代新贸易保护主义的发展趋势

（一）美国贸易保护主义有示范功能

自由资本主义在后危机时代，通常会依靠政府的干预来实施贸易保护主义。目前，国际分工日益深化，经济全球化的趋势不断加强，并且把世界各国都联系在了一起。对于任何一个国家，尤其是发达国家在实施相应的政策时应该充分地考虑到对其他国家的影响，美国购买国货的政策在短时间内将导致就业率的增加，并且能够极大地缓解对外贸易逆差，但是，从长远的角度来看，这种做法将引起全球范围内贸易保护主义的增强，无法使资源配置达到最佳状态。美国是目前全球范围内国际贸易的主要参与国家，其所执行的贸易制度将导致较大范围的连带效果，对于其他国家会形成一种示范效应，一些国家会模仿美国的做法，制定相似的制度。与此同时，由于新的贸易政策而遭受损失的国家会提出对应的策略，降低美国相关政策的改变而导致国家的经济损失。

（二）贸易壁垒更加明显

后危机时代，新的贸易摩擦主要是国际环境和气体减排问题。近年来，

美国、日本以及欧盟均制定了“碳关税”，主要针对那些污染气体排放量高的国家征收。目前，发达国家想依靠“绿色革命”来恢复经济增长，进而导致了发达经济体和新兴经济体针对经济和贸易发展权问题进行激烈的斗争。欧盟为了能够避免碳密集型产品在碳排放交易机制执行后将受到不公平的待遇，提出“碳关税”的意见。接着，美国提出了相关法案，并且指出将在2020年开始执行“碳关税”。通过该项政策的提出，美国可以对中国、印度等发展中国家进行贸易制裁，该项政策一旦得到了世界贸易组织的同意，全球范围的发达经济体将获得较大的利益，发达经济体可以通过征收关税，提高政府的经济收益，并且能够减少政府的经济压力，另外，“碳关税”还能够提高进口产品的价格，使外国产品的竞争力下降，阻截了国外产品，从而为本国的经济发展创造了良好的环境。

（三）贸易政策更加标准

企业社会声誉的好坏取决于标准化水平的高低。经济发展通常遵循如下的规律：一流企业制定相应的标准，二流企业树立自身的品牌，三流企业通过技术转让盈利，四流企业通过销售产品获得经济效益。从以上原则可以看出，当一个企业获得了制定标准的权力，就会在贸易过程中占有主动地位。从全球范围内来看，美国、欧盟等经济体在很多技术领域中都占有较高的地位，不仅拥有一流的科学技术，而且具备强大的经济后盾，因此在很多领域产品生产标准的制定上都具有独立控制的权利。通过各种生产标准的制定可以减少企业的投入成本，并且能够增强企业产品之间的互通性，有效地避免了因为不同企业产品使用不同产品生产标准而导致的经济损失。通过标准化企业能够减少某个供货商的过分依靠，主要原因在于其他的供货商可以按照公开的标准提出市场补给，进而增加了企业的供货途径，供货商间也产生激烈的竞争，最终将是产品质量得到极大的提升，产品的价格得到持续的下降。根据以上分析可知，今后的国际贸易领域，掌握了某领域产品设计、标准制定主动权的企业将获得该领域的贸易权利，因此，全球各国把产品标准化战略纳入了本国产业政策之中。

四、新贸易保护主义对我国内外需关系的负面影响

（一）新贸易保护主义目前对我国内外需关系的负面影响

美国经济危机导致了世界经济的衰退，作为正处于经济增长态势下的中国经济将成为新贸易保护主义的主要对象。我国的内外需出现了明显的滑落，根据相关数据统计，2011 年我国的外贸比 2010 年同期降低了 18.4%，出口额降低了 19.5%，进口额降低了 17.8%，贸易顺差降低了 32.5%。国内消费和国内投资也出现了回落，2011 年国内消费水平降低了 12.3%，国内投资也减少了 12.4%。从以上数据可以看出，新贸易保护主义严重地影响了我国内外需关系。新贸易保护主义对我国内外需关系的影响主要表现在以下几个方面：

1. 中国遭遇了频繁的“反倾销调查”

从全球反倾销的主要目标来看，中国排在最前面。从 2005 年开始，中国遭遇的反倾销调查次数总共达到了 752 次，经过调查后被执行的反倾销行为的数量为 185 次，占全球反倾销行为比例的 33.46%。2011 年全球范围内以中国为对象发生的反倾销案件高达 35.6%。从以上数据可以知中国已经成为目前“反倾销”的高发区，并且有不断激化的趋势。从中国出口企业遭受反倾销调查的产品类型分析，主要包括化学原料和化学制品、贱金属及相关制品、塑橡胶和相关制品、纺织材料和制品、机电仪器和家庭用具等，这些类型的产品在反倾销调查案中的比例高达 79.5%，在真正执行的反倾销事件中的比例高达 86.3%。

2. 中国遭遇了非常苛刻的技术性贸易壁垒

自从中国加入世界贸易组织以来，每年中国由于技术贸易壁垒而形成的损失数额高达 200 亿美元。由于技术贸易壁垒，中国企业失去了广阔的发展空间。全球范围内的一些发达国家保护国内经济的方式也日益苛刻，从而使中国出口企业在产品成本上每年都会增长，进而使中国出口企业失去了在国际市场上的核心竞争力。2011 年，我国有 84%的出口企业、43%的出口产品遭遇了技术性贸易壁垒的制约，相对于 2010 年分别上升了 6%和 15%，从普通的低层次产品到高层次的技术产品，均在不同程度上遭受了技术壁垒的制约。其中，食品遭受的损失最大，大约有 90%以上的食品类出口企业受到了阻碍。此外，有 78.4%的医疗保险企业、68.4%的纺织企业以及 68.5%的五矿

化工企业受到了技术性贸易壁垒的限制，一大部分传统优势产品在技术性贸易壁垒的制约下纷纷退出了国外市场。

（二）新贸易保护主义未来对我国内外需关系的影响

1. 新贸易保护主义将进一步恶化我国对外贸易的环境

据中国商务部统计，中国已经成为世界上最大的外贸出口国，对外贸易的环境形势也日趋严峻。2009 年 2 月 19 日，美国对我国出口的床用内置弹簧组产品征收 164.75%~234.51%的反倾销税；同年 9 月美国对我国出口的小轿车和轻型卡车轮胎加征 35%、30%和 25%的三年惩罚性关税，并在全球引发“多米诺骨牌效应”；继而 12 月美国对中国产石油钢管征收 10%~16%的关税，这是迄今为止美国对华最大的一起贸易制裁案。除了发达国家，发展中国家针对中国的贸易保护措施也呈现出迅速增加的态势，特别是印度和南美的一些国家。而且发展中国家对中国的贸易调查案件不断增加的这种态势，可能会进一步引发“羊群效应”，发达国家和发展中国家争相对中国出口贸易特别设定的不平等的贸易壁垒使中国对外贸易越来越举步维艰，对中国进一步稳定和拓展外贸业务造成严重的负面影响。

2. 新贸易保护主义将阻碍我国出口加工企业的生存与发展

我国出口加工贸易长期以技术含量低、劳动力成本低、产业关联度弱的特点占据世界市场。现阶段中国服装、纺织等行业仍存在员工工作时间较长、工资较低、生活环境较差等现象，要完全达到 SA8000 的标准有相当大的难度，但不通过认证，中国产品将无法出口到发达国家。另据研究机构测算，如果按照新的标准推行碳关税，美国将对 85%的进口商品征税，我国的出口优势将会消失殆尽。新贸易保护主义滥用各种保护条约，以过高的技术标准、繁杂的检验检疫程序和各种认证体系限制发展中国家商品进入市场，大大削弱了我国加工贸易的竞争力，使我国出口企业收到的海外订单大幅减少。

3. 新贸易保护主义将冲击我国经济健康可持续发展目标

新贸易保护主义的影响能够波及被制裁行业的整个上下游产业，造成巨大的经济损失。绿色壁垒使国外投资商将钢铁、化工等高能耗、高污染行业转移到我国，既损害了我国消费者的利益，又对我国的生态环境造成严重破坏。蓝色壁垒削弱我国劳动力优势，减少外资投入，进而影响中国经济的发展。比如，我国服装出口每下降 1 个百分点，全国服装生产将下降 0.5 个百分点，将会导致 3.6 万人失业，并对前后关联行业造成恶劣影响。这些都将给中国经济发展带来了严峻挑战。

五、后危机时代新贸易保护主义背景下我国内外需结构的总体特征

后危机时代新贸易保护主义背景下我国的投资需求占总需求的比例基本上比较稳定，通常情况下保持在 30%~40%；消费需求的比例不断降低，并且下降的幅度不断增加；出口需求的比例不断增加，在后危机时代，投资需求的比例不断提高。内需中的消费需求和外需呈现了反向变化的特点。通过对结构的分析可知，中国的内外需发展形式是把内需和外需放在了同等重要的位置。不管是在整体数量还是在贡献度上，内需始终处于主体地位，这和中国已经成为经济大国的实际情况相符合，但是，因为中国属于发展中国家，因此将遭遇严峻的增长压力，所以，中国一定要维持快速的增长速度。在经济增长速度层面上，外需增长和投资需求增长速度通常情况均明显超过了消费需求增长速度。产生这种情况的主要原因在于中国长期以来经济基础非常差，工业化过程还没有终止，居民总体收入水平还需要进一步提高，因此启动消费需求将面临很大的困难，而国外发达国家的市场已经趋于成熟，并且具有非常大的消费能力。改革开放以来，国际市场对中国的出口需求不断提高，并且逐步促进了中国的经济增长。

从以上分析可知，后危机时代新贸易保护主义背景下中国的内外需整体结构特点如下：①内需和外需一起提高，外需增长和投资需求的提高处于比较快的速度，所以内需还处于主体地位。②投资需求不断成为中国经济增长泉源，消费需求和出口需呈现反向发展的趋势。

六、后危机时代新贸易保护主义背景下内外需关系调整的建议和对策

（一）积极规避后危机时代的贸易保护主义

后危机时代新贸易保护主义给全球的经济发展提出了新的挑战，全球范围内不同国家相互协作是有效应对经济危机的主要方法。后危机时代贸易保护主义严重限制了世界经济的健康发展，降低了贸易自由化的发展速度。中

国必须不断进取，和全球范围内各个国家进行合作使多哈谈判得到恢复，积极地促进多边贸易规则的修订，从而能够为中国和全球经济的恢复创造一个有利的环境。

中国必须和发达经济体进行贸易交流，为发达经济体提供多种贸易便捷、创造世界范围内的自由贸易环境。此外，将经济发展方向指向东方，不断地提高和俄罗斯以及中亚国家的贸易协作，并且提高自身和亚洲、拉丁美洲、中东地区和非洲的经济交流。执行出口产品市场多元化的策略，减少对欧美市场的过度依靠。近年来，中国已经和东盟、新西兰、智利等进行了贸易合作，和海合会、南部非洲关税同盟等进行积极地自由贸易区交流，中国必须加强自由贸易区的建设力度，不断加快区域一体化的发展速度，形成自由贸易区，预防区域性贸易壁垒，从而能够极大地削弱贸易保护主义的作用。

（二）中国应该从过去的应诉者转变为申诉者

近年来，虽然世界贸易组织规则还有许多缺陷需要进一步完善，然而目前已有的规则是限制目前 100 多个成员国贸易保护主义行为非常有利的方式。随着对中国贸易保护主义的加剧，中国必须通过世界贸易组织的贸易争端来处理相关问题，从而能够从过去的应诉者向申诉者转换。必须在世界贸易组织组织规则下来处理争端，尤其是组建专家组来审核对方的贸易救济措施，此外，还要利用双边磋商机制寻求问题的处理方法。必须在自由贸易原则和世界贸易组织的条件下，充分地获取相关证据通过世界贸易组织规则主动地向世界贸易组织提出反诉，坚持“先双边磋商，后仲裁，再反制”的原则，积极地进行对国外各种类型、各种行业出口企业和世界贸易组织规则不相符的调查。

虽然欧美等发达经济实体任意地使用世界贸易规则中的贸易救济措施对中国参与国际贸易进行限制，但是，必须看到世界贸易规则对中国是好处大于坏处的，中国在未来的时间里必须一如既往地主动维系世界贸易组织的多边框架，积极地进行贸易救济规则的多边谈判。强烈地否定把不利条款引入到多边规则中的情况，积极地促进多边规则下的自由贸易，极大程度地维持中国产业的核心利益。

（三）不断地调整中国内外需关系

首先，应该调整内需和外需的关系，应该把中国经济增长的关键目标置于内需的调整上来。应该以扩大内需为前提，加强内需在中国需求结构中的重要位置以及对中国经济增长的推动功能；同时，应该考虑到稳定外需的问题，积极维持外需的总量不会产生降低的情况，更关键的是完善出口商品的结构，增强出口商品的技术含量和附件值。其次，应该不断地调整投资和消费的基本结构，加强消费在 GDP 中的比例，并且关注消费在提高经济增长速度中所起到的关键功能。再次，不断调整城乡居民的消费结构，不断促进农村居民消费水平的提高，持续降低城乡居民消费水平的差距。然后，不断调整出口市场结构，降低对欧美等发达经济实体市场的过度依赖，不断地执行出口市场多元化和以质量取胜的策略。接着，积极调整出口企业结构，促进中国内企业特别是中小民营企业不断参与到外贸企业的队伍中去，不断地转变外商投资企业独树一帜的态势。最后，积极地调整贸易手段，渐渐地提高普通贸易在出口贸易中的作用，积极地加强出口企业和国内上游产业的沟通。

（四）在扩大内需上应该努力解决居民消费水平较低的缺陷

（1）不断地转变收入分配机制，减少收入分配的差距。在国民收入初次分配的过程中，增加居民收入的比例，提高劳动者的劳动报酬；选择恰当的时机对资本利得执行征收所得税的政策；不断地对个人所得税制进行改革，进一步地增加起征点的金额，将累进税级进行压缩，并且增加高收入群体个人所得税的数额。

（2）提高对低收入居民的直接转移支付，不断地创造出城乡居民的自主创业氛围，增加低收入居民的收入。在政府普通的预算中，拿出一部分专门的资金用于农村居民转移支付以及补贴，并且通过财政机关进行组织和管理，坚持专款专用的原则，增加转移性收入在农村居民收入中的比例；在国有企业经营预算中，可以在一定程度上增加国有企业上缴利润的比重，特别是第一类大型垄断性国有企业的利润上缴比重，并从上缴利润中拿出一部分专门资金支付给城市低收入群体和农村居民；积极推进城乡居民创业，不断完善城市管理执法制度，降低对城市小摊贩的限制。此外，还要有效地监督和管理卫生等机构，确保卫生和安全。

（3）不断地建立健全社会养老体系，为社会公民提供公平的受教育机会。构建国家、企业和家庭一起承担的养老制度，恰当地制定国家、企业和家庭在居民养老金支付中的比重，不仅能够减少家庭尤其是农村家庭的养老经济负担，而且能够促进中国传统文化中家庭尊老养老的道德，提高城乡居民的责任心。

（4）不断地改革教育收费制度。降低高校的学费金额，不断地推进国家奖学金、助学金和助学贷款制度的完善，为城乡收入较低家庭中的学生提供接受高等教育的经济保障，从而能够化解贫困家庭在高等教育消费上的担忧。

（五）加强中国出口商品结构的改善力度，不断增强中国出口的竞争力

在经济逐步处于稳定提高的环境下，应正确处理对出口企业执行的不恰当的优惠政策，不断减少出口退税税率，降低出口退税商品类别，制定出“两高一资”商品出口关税体系。此外，加强国内的自主创新力度，尤其是中小企业的自主创新，不断推进产业的结构升级，并且促进出口产品结构升级。可以设立专门的自主创新促进部门，和税务、科技、工商、知识产权等机关进行相互协作，提出为企业自主创新创造有利条件的配套制度；建立政府创新基金；积极加强风险投资基金和私募基金的建设力度，并且积极地促进将以上基金投入到高技术型、创新型的中小企业；促进中国高校毕业生和海外留学毕业生能够进行自主创业。

（六）积极发挥政府的功能

1. 利用完善的市场经济制度，维持市场机制能够顺利地开展

例如，不断规范价格体系，合理地确保资源要素的价格更加合理；不断地健全流通体制，从而能够实现内需和外需的相互结合；不断健全投融资体制，从而能够将储蓄转变为投资；公平地对待市场主体，防止保护和歧视，不断建立公平、活力、开放的市场经济运作体系，从而能够使市场在内外需调整上起到前提性的促进功能。

2. 要积极地进行政策指引

首先，从国内转移支付政策、收入分配政策、内需拉动政策等方面加强国内消费需求，并且加强自由贸易区、对外经济合作、国际投资协定等国际谈判，不断地增加国外需求，为内需和外需的顺利前行提供有力的支持。其次，提高政策鼓励的力度，不断加强内需和外需有效结合的生产形式，比如，鼓励出口企业的国内采购，提高机械设备、中间商品、原材料的配套；不断地推进中国产品、仪器、劳务出口的对外投资。

3. 不断提高宏观调控的力度

从经济提高、就业保障、物价平稳、收支均衡等国内宏观政策的层面，建立内外需共同增长制度和宏观调节系统。一般而言，可以积极地推行公共服务，例如，实时地宣传国内外供求信息等，尽可能地避免市场形成的盲目性、停滞性问题。在内需和外需关系产生非常严重失衡的条件下，可以利用汇率政策、财政税收政策、投资金融政策等方式来适当地调节内需和外需关系以及资源配置，从而使其更加合理。

参考文献：

[1] 韩景华，任维. 后危机时代贸易保护主义新趋势及应对策略 [J]. 国际经济合作，2011 (2).

[2] 任泽平，张宝军. 从内外需关系看中国经济　增长的双轮驱动模式 [J]. 重庆理工大学学报（社会科学版），2011 (3).

[3] 任剑婷，任艳丽. 新贸易保护主义研究述评 [J]. 商业时代，2011 (4).

[4] 李伟，阮炜峰. 我国应以何种措施应对新贸易保护主义 [J]. 商业现代化，2011 (4).

[5] 王红敏，王秀芳. 协调内外需关系　促进经济内外均衡发展 [J]. 河北农业大学学报（农林教育版），2008 (3).

[6] 黎峰. 协调内外需关系的若干理论思考 [J]. 经济与管理，2011 (10).

[7] 华广敏. 后危机时代新贸易保护主义的特征和我国的应对策略 [J]. 商业时代，2011 (7).

中国出口转内销现状和发展趋势

——港企开拓内销市场的挑战

马家华[①]

一、中国出口转内销背景

（一）外部环境严峻复杂，出口增速总体趋缓

由于欧美经济和消费信心仍未全面恢复，中国对外出口增长速度总体趋缓。2011 年中欧、中美、中日双边贸易总值增速分别下降了 4.2 个、6.6 个和 7.4 个百分点（按年同比，下同）。据海关总署统计，2011 年中国出口总值 36420.6 亿美元，其中，出口 18986 亿美元，增长放慢至 20.3%；进口 17434.6 亿美元，增长 24.9%；贸易顺差 1551.4 亿美元，比上年减少 263.7 亿美元，收窄 14.5%，加工贸易的出口增长放缓是原因之一。

自 20 世纪 90 年代初以来，加工贸易一直占据中国对外贸易的半壁江山，直到 2008 年受到金融危机的影响，加工贸易占整体出口的比例才下降到 50%以下，但仍在中国外贸中占据主导地位。2011 年中国加工贸易进出口 13052.1 亿美元，增长 12.7%，增速比一般贸易低 29.2%。

广东、江苏及浙江是中国三大出口省份，外贸订单自 2011 年下半年开始逐月减少、订单结构出现“大单变小单，长单变短单”的变化，加上生产用地、用工、用电和融资四大成本急涨、人民币升值和国际贸易保护加剧等

---

① 马家华，女，香港冯氏集团利丰发展（中国）有限公司、利丰研究中心研究人员，大珠三角商务委员会事务主任，香港大学经济学硕士。研究方向：中国商贸经济、分销、零售及物流业发展。

不利因素，部分地区的加工贸易企业已出现倒闭的情况，有部分过去集中经营出口的企业则继续开拓中国内销市场，同时逐步提升生产技术和产品品牌价值，以弥补外贸环境转差的冲击。

（二）从“中国生产”到“中国销售”是“十二五”的重点

在“十二五”(2011~2015年）期间，中国提出把调整经济结构作为加快转变经济发展方式的主攻方向，并将构建扩大内需长效机制，促进经济增长向依靠消费、投资、出口协调拉动转变。在未来五年，中国的国内生产总值预期年均增长7%，达55.8万亿元人民币；城镇化率将提高4个百分点至51.5%；城镇居民人均可支配收入的年均增长率预计逾7%，达26810元人民币。这一系列经济和社会的发展指标，将有助释放中国庞大的消费潜力，未来中国将不仅仅是一个生产采购基地，而是潜力巨大的销售市场。从“中国生产”、“中国采购”到“中国销售”将会是“十二五”期间的重要主题。

全球发展的一个趋势是经济重心逐步转向亚洲，以往集中在中国采购和生产的品牌商也越来越重视开发亚洲市场。根据台湾工业总会2011年针对台商投资进行的调查结果显示，2012年有77.8%的台商都将进军中国内需市场。[①] 港商拓展内销的步伐近年亦显著加快，根据香港中华厂商联合会在2011年中就厂商会会员在珠三角经营策略进行的问卷调查显示，有近57%的受访企业已有产品销往内地市场；在已开展内销业务的受访企业中，41%的企业是于2005年后才进入内地市场；华南、华东和华北则是目前港商拓展内销的最重要市场。

（三）东莞、苏州成为转型升级试点市

在1978年国家经济改革开放初期，东莞市充分利用毗邻香港的优势，从香港引进服装、钟表和玩具等劳动密集产业。工商注册编号为粤001号的太平手袋厂是东莞乃至中国第一家“三来一补”[②] 的企业，自其成立后，

---

① 基金项目：台湾工业总会受“行政院大陆委员会”委托针对台商投资意见进行的调查。该项调查分别是以问卷与实地赴大陆与台商进行深度访谈完成。调查分析，受到金融海啸和欧美债务问题的影响，台商必须重新找寻新的经济增长动力，因此这两年逐渐转向开拓内需市场。不过，很多台商在内地没有品牌、没有通路，也没有人才，要拓展内需市场并不易，有21.8%的受访台商仍以出口为主。

② “三来一补”为来料加工、来样加工、来件装配和补偿贸易。来料加工、来样加工、来件装配即由国外的委托者提供原材料、样品、配件及技术设备，由内地的加工方按照国外厂商的需求加工制成成品，加工方收取一定加工费的经济合作方式。补偿贸易则是以产品偿付进口设备和技术等费用的贸易方式。

"东莞模式"[①] 被快速复制，东莞也成为中国最早开展加工贸易和引进吸收外资的地区，2010 年从事加工贸易的企业有约 11000 多家。苏州市加工贸易的发展也十分发达，2010 年有加工贸易企业近 4500 家，是台资企业集聚的地区，全球近一半的笔记本等科技产品在苏州生产制造。[②]

目前，江苏省苏州市和广东省东莞市的加工贸易总额占全国近 1/4，在全国加工贸易发展格局中占有重要地位。然而，加工贸易在全球价值链中的利益分配相对较低，其竞争优势主要体现在劳动密集的生产制造环节，赚取加工费用，大部分的利润由外方获取，不利于可持续发展。因此，商务部、人力资源社会保障部和海关总署于 2010 年 11 月联合发文《全国加工贸易转型升级试点城市》，提出希望苏州和东莞利用 3~5 年的时间，为全国的加工贸易转型升级提供参考经验。其后，商务部会同海关总署确定全国加工贸易转型升级示范企业[③] 共 58 家，其中东莞市占 12 家，苏州市占 17 家。

二、开拓内销市场的挑战 ——以中国香港加工出口企业为例

港资企业的数目占内地加工贸易企业一半，主要集中在广东省珠三角地区，并以出口市场为主。面对外贸订单下跌、贸易保护主义抬头，不少港资企业都希望开拓中国内销市场或增加内销的比例，以减少对出口市场的依赖。然而，港商在发展内地市场时却遇到不同的挑战，主要有三方面，包括转制、内外贸营运模式不同和销售问题。

（一）转制问题

从事"三来一补"的企业不具看法人地位，倘要获得内销的自主权，必须转型为"三资企业"，当中涉及多个部门的审批手续。另外，进行内销或同时牵涉巨大的补税金额。例如，来料加工厂房的进料过去获享免税，但所有制成品都必须按加工贸易合同悉数出口，若把这些余料转移至三资企业，

① 即由东莞提供土地，内陆地区提供劳动力，外商提供资金、厂房、设备、技术和管理，形成以外资为主导的外向型经济模式。

② 苏州加工贸易"两升两转"[D]. 中国经济日报，2011-12-20.

③ 商务部对示范企业的情况做了统计分析，示范企业平均研发投入占销售收入的比重为 3.78%，平均拥有专利数量 116 件，品牌产品占比 82.8%，国内料件采购率 61.5%，年平均工资 4.1 万元人民币。

或把制成品在内地销售，须先经过商务部门审批，并补交税款；港厂转型为“三资企业”后，用于厂房的工业装置或机械不再享有中国香港给予的折旧免税额，甚至要追溯过去 7 年欠交的税款。

不仅如此，纵然加工贸易企业的货品已符合海外商品检测标准，但由于中国的质检和认证标准（如“3C”认证）异于国外的标准，若有关货品直接转在中国内销，企业须重新向指定的商检监管机关办理登记手续并进行货品质量、卫生及安全等检验，在获发商检合格证书和在产品上加入认证标志后，才可通关销售。凡此种种，皆会增加厂商的成本。

（二）内外贸营运模式不同

基于内外贸产品的顾客对象、销售途径、货款和价格不同，营运模式也各异，令许多出口企业难以适应。在订单规模方面，内贸倾向“小批量、多批次”，外贸则倾向“大批量、少批次”；在交易结算方式方面，内销以押账为主，且收款难、信用保证仍未普遍应用，而外销多为货到付款，且收款较易，信用保证较完善；在税务方面，出口企业过去多享有出口退税，内贸则较少税务优惠（见表 1）。

表 1　内贸和外贸的经营模式

	内　贸	外　贸
交易规模	订单金额较小，但发单较为频密	订单金额较大
付款方式	根据厂家情况，个别交涉，但客户/零售商赊账的情况较普遍	普遍采取国际标准的信用证和提前预付订金制度，货到付全款
运营模式	采用实物制，要求厂家先生产出货品，采购员会根据厂家的产品及市场需求决定购买量，增加制造企业的库存风险	采取订单制，采购商向厂家提供产品的技术图纸和各项标准
销售、售后服务等问题	内贸采购商会要求制造商投入人员、资金参与促销及广告等，为商品的销售共同努力	做外贸订单的厂家，只管生产，不用考虑销售和售后服务问题

资料来源：利丰研究中心整理。

（三）销售问题

零售商往往利用其销售渠道的优势，向供货商征收形形色色、名目繁多的费用，包括入场费、上架费、节庆费、促销费和广告费等，不一而足，导致零售商与供货商的关系非常紧张。目前，内地的贸易信用体制尚未完善，内地销售大多采用“押账”的方式，货物的收账周期为 2~3 个月，这使企业的资金周转困难，更随时可能面对坏账等问题，企业经营内销的风险因而大大增加。产权保护的意识较薄弱也是潜在风险之一。内地大量冒牌产品充斥市场、抄袭行为层出不穷。新产品的生命周期往往因而缩短，间接增加产品的开发和监察成本，不利于企业打造自主品牌和产品。

值得留意的是，内地相关的政府部门近年已推出多项财税优惠、加快行政审批等多项措施促进“三来一补”企业转型升级。例如，广东 2011 年推出八方面包括支持企业转型升级、支持企业开拓国际市场、支持企业扩大进口、鼓励企业拓展内销、减免部分税费、加强金融服务与合作、进一步完善投资环境及优化外经贸企业服务共 30 条的政策措施，促进加工贸易企业转型升级。针对传统“三来一补”转“三资企业”的困难，东莞市政府亦于 2009 年推出了“集中申报”的“一站式”平台，并在主要通关口岸设立保税仓和出口监管仓，以节省企业的审批和运输成本，提高运作效率。其后，在 2011 年 7 月，东莞市与黄埔海关共同发布《黄埔海关—东莞市人民政府关于落实省署合作备忘录的实施意见》（简称“36 条”），进一步完善政策，扶持加工企业转型升级、拓展内销。

2011 年 8 月，海关总署和江苏省签署新一轮署省合作备忘录，江苏成为全国海关加工贸易监管改革的试验区。[①] 同年 8 月，海关总署为苏州制定了八项支持措施，帮助企业转型升级。目前，南京海关已推出措施便利企业在苏州设立研发中心、销售中心、物流采购中心，帮助企业降低成本，并在企业提供银行等金融机构担保的前提下，采取了先放后税等快速通关措施，为研发用料件的进出口开辟快速通道。

此外，中国香港政府 2011 年建议拨款 10 亿港元，设立专项基金，协助内地加工贸易企业升级转型、在内地发展品牌和开拓内地市场。

三、发展趋势

基于上述背景，未来中国出口转内销的发展趋势可归纳为以下几方面：其一，随着新型展贸中心应运而生，以及网上零售进一步发展，销售渠道将更趋多元化；其二，企业的经营策略也将有相应的调整，例如开始向供应链的上游和下游延伸，以提升企业的竞争力；其三，中间商在协助企业出口转内销的角色，也日益受到重视。

---

① 资料来源：http：//www.customs.gov.cn：82/gate/big5/nanjing.customs.gov.cn/Default.aspx？tabid=32193.

（一）销售渠道趋向多元

1. 新型展贸中心应运而生

受到海外订单萎缩及海外市场购买力下降影响，东莞台资企业组织成立仓储批发大卖场“大麦客”(T-Mark)，[①] 专门销售台湾产品，未建立品牌的台商，可统一使用“T-Mark”品牌。该大卖场采取会员销售制，不收上架费和广告费，货到一周内结清账款。此外，在香港工业总会的建议下，珠三角港企产品总经销中心也于2010年10月成立，此总经销中心展示珠三角港资企业的产品、技术成果及设备，目的是为内地大型商场、连锁超市及购物中心等商业机构提供“一站式”采购和物流服务，协助港资企业产品开拓内地市场，把产品卖到全国各地。

广州国际服装展贸中心、[②]“优粤诚·广东商贸城”、香港设计廊（Design Gallery）、顺德创意廊等新型商品展示中心，近年也日渐兴起，中小型的出口企业可借助这些平台展示商品，接触采购商或代理商等潜在客户、测试市场反应，以提升商品的认受性和知名度。由于这些展贸中心大部分得到地方政府的支持，故进场的费用较合理，但部分在起步或试业阶段，初期的人流未必太多，成效尚有待观察。

2. 网上零售将进一步发展

2010年，全国网络零售交易额达5231亿元人民币，占社会消费品零售总额的3.3%，预期此比例将于2015年增至9%，超过目前美国的比率8%，意味着网上销售将进入一个快速增长阶段。事实上，随着电子商贸的蓬勃发展、配套法规和物流基建等进一步完善，部分厂商也开设网站，通过互联网直接接触消费者，借此俭省产品的流通成本，打破由实体大型零售商主导的局面。例如，占据中国网上购物市场份额八成以上的淘宝网，外贸转内销企业已成为其重要的供货来源；香港设计廊已在淘宝商城开设“淘宝商城香港馆”（http：//hongkongdg.tmall.com/）；东莞外贸企业艾利和电子、龙昌玩具、大朗毛织协会也将在淘宝开店，借助电子商务开辟内地市场。另外，美乐乐家具[③] 专设网上商店，借助了互联网的优势销售外贸家具；台资展贸中心“大麦客”也设有网上销售平台，[④] 通过实体及网络多渠道销售，达到更佳的

---

① 参考 http：//www.t-mark.com.cn/xiaomaike.jsp。

② 粤港澳服装协会、广东省服装服饰行业协会、广东省服装设计师协会、广东服装设计研究中心和广东省时尚服饰产业经济研究院五大行业机构已进驻广州国际服装展贸中心。

③ 参考 www.meilele.com。

④ 参考 http：//www.t-mark.com.cn/。

营销效果。

另外，阿里巴巴在 2011 年推出崭新网购平台“良无限”，[①] 专门为出口转内销的生产企业提供网上销售平台，同时提供质量检验、物流和售后保障等多种增值服务；中国邮政的内销平台中邮电贸也与中国电信公司合作，为电信公司的客户提供网上购物的信息，中小型的厂商可借助这些信息平台展示商品和进行推广，增加产品的渗透率。

（二）企业经营策略改变

1. 提升附加值

面对“渠道为王”、零售商掌控话语权的形势，部分生产商为摆脱无品牌、无渠道的弱势，开始向供应链的上游和下游延伸，以提升企业的竞争力。长期以来，加工贸易企业多从事贴牌生产，较不注重研发设计和建立自主品牌，不利于打入内销市场。因此，有部分厂商已开始投入品牌和设计，利用品牌效应辅助产品的推广和销售。例如，东莞永嘉盛针织有限公司原为一家来料加工厂，替国际品牌代工，为了减少对国际品牌的依赖，该公司引进先进设备和投入研发，并开发自有品牌，目前的毛利已由过去的 8%增至 20%。[②]

自主品牌的确立需要长时间的经营和大量的资源投入，由 OEM（委托制造）转向或兼营 ODM（委托设计制造）或 OBM（自主品牌）亦不可一蹴而就。因此，有部分尚无品牌的企业透过代理和收购品牌的方式快速打入市场，借助品牌的影响力迅速拓展销售市场。然而，内地目前对保护产权的意识不足，导致假冒、仿制和侵权等现象频频出现，企业开发和设计产品的风险仍很高。

2. 更多企业内外贸兼举

中国内外贸一直割裂，这与中国经济发展模式的重点是依赖对外出口有关。经金融海啸一役，以出口主导的企业开始意识到必须根据自身的情况和能力，在持续经营外贸的同时，也须逐步拓展内销市场，利用“国内国外两种资源”和“国内国外两个市场”，长远达致内外贸兼修，分散单一市场的风险。企业也将更重视研发设计和品牌。事实上，自 20 世纪 80 年代以来，一些具备实力的外贸企业已开始涉足内销市场，例如，家具品牌美克美家 20 年前成立时是家具代工厂，主要供应美国市场，8 年前始创立内销品牌“美

① 参考 http：//oo.taobao.com/。

② 周旭娇. 一家来料加工厂的美丽蜕变路［J］. 东莞日报（第 A03 版），2011-9-5.

克美家”，并凭借其丰富的欧美家具生产经验，与美国名牌家具零售商伊森艾伦合作，将连锁经营模式转移到大陆，进军国内市场；儿童用品品牌博士蛙成立之初也为加工企业，面对人力成本和人民币升值的压力，开始发展内销市场，并开设童装专卖店，转营销售母婴用品的“一站式”购物零售店。由此可见，开展内销也不应被视为应对外贸萎缩的权宜之计，必须经过长时间的经营，方见成效。

3. 更好地借助政府扶持措施

由于内外贸的经营模式有显著差异，从事加工贸易的企业特别是对从事“三来一补”业务但不具法人地位的企业而言，要转营内销并不容易，且面对来自成本和市场体制等各形式的问题。因此，政府推出一系列措施，扶持出口主导的企业开拓内销市场。例如，以加工贸易发展得最早、规模最大的广东省为例，在 2010 年 7 月下发《关于实施扩大内需战略的决定》，计划在全国建设 8 个或 8 个以上广东商品销售基地或销售中心，通过销售基地鼓励更多的广东企业拓展国内市场，并在全国推广广东优质、先进的服务理念。在广东省《关于加快经济发展方式转变的若干意见》也提到努力开拓内销市场，措施包括深入推进“广货全国行”，支持企业在内地主要城市建立“广东商贸城”、“广东商品直销中心”等内销平台，并加大对中等城市的市场开拓力度，开展“广东名品进名店”和广货网上销售等。目前，商务部也正研究把广东省举办的“外商投资企业内销博览会”，升级为服务全国的“加工贸易企业产品内销会”，将为加工贸易企业开拓更加便利的渠道。

在国际金融危机背景下，江苏省政府也开展了“江苏产品万里行”活动，通过在内地不同区域如武汉、西安、沈阳、海口、海沙和南宁等筹办展销会，帮助出口企业认识当地的采购商、零售商和零售环境，从而发掘内销市场。

4. 更多中小型厂商联营合作

从事加工贸易的厂商多为中小企业，资源有限，单凭一己之力实难成功转型。为达到在货源、运输、品牌、管理、营销和宣传等方面资源共享，从而形成规模经营，降低成本，增加议价能力，有出口厂商透过组成联盟和建立伙伴关系，共同开发市场。例如，佛山有五家家居用品出口企业组成家品销售联盟，建立共同的零售品牌门店“几米几何”（Joyhere），[①] 联手涉足内地的家品市场。东莞台商协会所属的会员厂商也组织在东莞市开设连锁店“小麦客”，以售卖台湾食品和日用品为主。

① 参考 http：//www.joyhere.net/。

5. 选址中小型城市

中国市场广阔，市场品位和需求也因地域而异，如何根据产品特色选准目标人群及市场非常重要。在市场选址方面，由于一线城市已渐趋饱和，租金、人工等经营成本也不断上升，加上竞争激烈，资金实力有限的中小型的加工企业往往首先在二、三线城市设店。例如，时装品牌店迪图（Ditto）原来是港资加工出口商，在出口市场不景气的情况下转攻内销，首先在广东二、三线城市开设品牌店，在广东站稳阵脚后，陆续在湖南、深圳、南京、武汉、杭州、广州和成都等地开设了 200 余家连锁店。

（三）中间商（批发代理）功能日益受到重视

内外贸的经营模式不尽相同。过去从事加工贸易的企业长期“两头在外”，不熟悉内地市场环境和商业模式，缺乏营销人才、经验和销售网络，加之，内地市场环境尚未完善，信用市场尚待规范，令许多计划打入内销市场的厂商处处碰壁。在幅员广大、市场环境复杂的中国市场，独立批发代理商正可发挥功能，利用其资源和渠道，把商品统一调度，解决加工贸易企业在开拓内销市场时遇到的“无销售通路”、“无品牌”等各种问题，改变中国制造企业在本土市场无渠道、无品牌、无内贸订单的状况。

目前，有不少批发代理商积极通过统筹不同商品，提高与零售商的议价能力，另也通过有效对接生产商和零售商，提供便捷货流、信息流和资金流的服务，降低生产商的经营风险和成本。事实上，批发商仍是企业走进内销市场的首选途径。根据香港中华厂商联合会在 2011 年 6 月公布的一项有关港商内销调查显示，共有近 64%的港商选择透过批发和委托代理/经销商扩展内销渠道，于网上销售、百货公司设立专柜和自设专门店则各占约 21.9%、14%和 11.4%。[①]

在出口企业进入内销市场的过程中，批发代理商可扮演更积极的角色，从而实现内外贸对接。此举一方面可促进内销，平衡中国经济结构，对整体经济发展有利；另一方面可促进外贸商品对内销售，丰富内地市场商品种类和消费者的选择，给整体市民带来益处。

（四）在中国生产的海外品牌利用批发代理开拓内销

由于欧美零售市场仍有待复苏，过去集中在中国生产和采购的品牌商也纷纷筹谋打入中国市场。然而，中国市场地域广阔、消费模式及水平差异

① 资料来源：http：//www.cma.org.hk/files/uploads/20110615170229201lreport_finalize2.pdf.

大、网络渠道复杂，很多行业的销售网络建设往往需要投入很多精力和费用。另外，众多海外的品牌商过去只经营欧美市场，不熟悉中国消费市场情况和消费者的口味，亟须寻找开拓中国市场的途径和方法。因此，笔者预期将有更多外贸企业或品牌商借助批发代理进入内地市场，借此提高货物管理效率，降低各项风险和成本。

然而，目前内地批发代理的发展仍未成熟，①具备专业管理能力的经销商为数不多，在批发规模、辐射能力、分销网络、物流能力、金融支持、品牌管理和引进等方面尚有进一步壮大的空间。此外，中国仍未有全国独立的综合批发商，②即使是像北京朝批商贸、上海南浦食品和广东广新外贸集团等区域批发商也只是凤毛麟角，要全面掌握不同地方、不同行业的批发商名单十分困难。这些批发商分布在不同区域、省、市甚或区镇，利用本土的人脉网络优势，与本土的中小型零售商建立了十分密切的合作关系，为品牌商和供货商推销不同品类的商品。若海外品牌商可善用这些本土批发商，将有效地增加商品的覆盖广度和深度，开拓内销市场便可事半功倍。

参考文献：

[1] 暨南大学经济学院. 推动珠三角港资企业开拓内销报告 [R]. 2011-6.

[2] 国家发展和改革委员会对外经济研究所. 中国经济国际化进程 [M]. 北京：人民出版社，2009.

[3] 香港中华厂商联合会. 厂商会会员珠三角经营策略问卷调查分析报告 2011 [R]. 2011 年 6 月.

[4] 张莉. 加工贸易“双降”的背后 [N]. 国际商报，2011-12-29.

---

① 在计划经济时期，商品是通过“一、二、三”级批发体系送到市民手上。批发系统在商品短缺的时候发挥了积极的作用，但是，经过 30 年的改革开放后，内地已逐渐由“卖方市场”走向“买方市场”，随着商品越来越多，消费者的需求也越来越高，传统的批发商也正积极求变，以迎合内外贸一体发展的趋势。

② 根据 Factiva 资料，以营业额计算，在全球首 100 大的批发公司排行中，没有一家是中国企业。

我国尽快转变为贸易强国的思考

李　未[①]　李晓晨[②]

一、贸易强国战略的内涵及我国与贸易强国的差距

目前，我国还只是贸易大国，离贸易强国还有较大差距。2010 年商务部在广交会上发布了《后危机时代中国外贸发展战略研究》的研究报告，该报告首次提出，到 2030 年要初步实现贸易强国目标。那么贸易强国的内涵和具体表现又是怎样的呢？可以从宏观方面和微观方面来考察分析。宏观方面，贸易数额、质量、效益上处于世界前列，在国际贸易中具有地位和显著影响力，从而最终拥有较大的国际贸易规则的制定权和国际贸易话语的主导权；微观方面，具有全球影响力的企业自主品牌和大型跨国企业的数量多，出口企业盈利能力强。具体地看，贸易强国通常应包括以下几个方面：

（一）国际贸易规模大

这体现了对外贸易依存度高，一般应在 30%左右甚至更高。我国目前已成为出口第一贸易大国，国际贸易规模的确处于世界前列。大的贸易规模的维持需要重点关注两个方面：一是包含商品、服务和资本在内的范围广的市场开放，而且平均关税也比较低。二是本币的国际化程度较高，这是与贸易规模相协调的。一般而言，贸易规模的扩大是促进本币国际化的主要原因，

① 李未（1983~），男，湖北孝感人，北京工商大学经济学院西方经济学专业 2010 级硕士研究生。研究方向：开放经济与增长。邮箱：begosh@163.com。

② 李晓晨（1986~），男，河南商丘人，北京工商大学经济学院产业经济学专业 2010 级硕士研究生。研究方向：流通产业理论与实践。邮箱：haitun2020@163.com。

但我国的人民币国际化程度与我国经济大国、贸易大国的地位并不相称，人民币国际结算只局限于周边国家的某些地区，而且贸易额比较小。

（二）国际贸易质量高

这体现了出口竞争力高，与一国整体经济实力密切相关。一个国家如果经济实力、科技实力和金融实力强，那么其产品及服务就具有很强的国际竞争力，从而能够有力而持久地推动本国对外贸易的发展。国际贸易质量高可以从自主性高新技术产品出口比重高看出来，贸易强国的高新技术产品出口占出口的比重都比较大。需要强调的是，必须是自主性的高新技术产品出口，因为有些发展中国家高新技术产品出口也占有较大的比重。这是由于这些国家承接了国际产业转移，许多技术含量较高的产品以及加工组装环节转移到这些劳动力成本低的国家，但这些国家没有掌握相关核心技术，因而这种高比重是不可持久的。

（三）国际贸易效益高

这主要通过进出口优化产业结构、促进经济增长以及服务贸易比重高来体现。已有实证研究表明，进口与出口贸易对经济增长具有明显的拉动作用。贸易强国的国际贸易对产业结构的优化作用比较明显。我国高新技术产业增加值与制造业增加值的占比逐步提高，这说明我国国际贸易的效益在逐步提高。但我国的贸易增长方式仍然比较粗放，离贸易强国的差距比较大。服务贸易可以提高贸易附加值，有利于优化对外贸易的结构和提升产业国际竞争力。2010 年，我国的服务贸易总额排名已经位于世界第四位，这说明我国已是服务贸易大国，但我国服务贸易水平还比较低、结构还不合理，我国服务贸易的出口占货物出口总额的占比只有全球平均水平的一半左右，全球基本保持在约 20%，我国约为 11%。

（四）国内贸易发展好

这是因为，对一国而言，国内贸易与国际贸易是相互促进的，如果国内贸易发展好，必然促进国内产品的规模扩大和质量的提升，会带动进口，也因而促进国际贸易的发展。国内贸易和国际贸易的主要区别就在于交易成本。发达国家国内贸易做得好，贸易流通比较畅通，而我国的国内贸易发展滞后，内外贸一体化没有引起足够重视。张维迎发现，我国近 30 年来，有一个很奇怪的现象就是，有时国际贸易比国内贸易交易成本还要低。这主要是由于我国运输成本过高和贸易流通不畅通造成的。

（五）具有全球影响力的企业自主品牌和大型跨国企业的数量多

这也可以从对外直接投资规模比较大而看出来，当今世界贸易强国的对外直接投资也处于世界前列。一般认为，贸易强国都拥有一大批具有很强国际市场竞争力的跨国公司，这些跨国公司拥有一批具有很高知名度的品牌，掌握着行业内的最先进关键技术、知识产权以及遍布全世界的营销渠道，普遍具有世界先进的企业管理水平和强大的防御国际市场风险的能力。我国大部分企业出口竞争力较弱，自主创新能力不强，核心技术主要依赖进口，具有全球影响力的企业自主品牌和大型跨国企业的数量很少。为此，政府积极推动“走出去”战略，发展我国的跨国公司，这对于利用境外战略资本和提升我国的国际竞争力以及对出口的带动力具有战略意义。在美、日等贸易强国，世界知名企业比较多。我国的相关情况是，2005 年《世界品牌 500 强》排行榜中，中国上榜的有 4 家企业，而 2011 年《世界品牌 500 强》排行榜中，中国上榜的有 21 家企业，这说明我国的“走出去”战略所取得的效果比较明显，对推动我国成为贸易强国具有重要作用。

（六）出口企业盈利能力强

贸易强国的出口企业竞争力强，其出口企业的盈利能力也强。我国出口企业利润率很低，2010 年我国出口企业平均利润率才 1.77%，远远低于贸易强国的水平，而且很多中小型外贸企业只有靠出口退税政策才能获得微利或者勉强运营。此外，人民币不断升值造成了企业成本增加，更是压缩了出口企业的利润空间，很多出口企业的生存和持续发展面临严重考验。

二、我国尽快转变为贸易强国的紧迫性

当前国际竞争日益激烈，一国不加快发展就很可能丧失发展机遇，我国正处于由贸易大国转变为贸易强国的关键时期，尽快使我国转变为贸易强国不仅是我国成为经济强国的必然要求，而且对增强我国国际竞争力和维持经济的持久发展具有重大意义。

（1）我国目前粗放式的贸易发展模式已经严重威胁到我国贸易的可持续发展，必须通过贸易强国战略尽快转变为科学的贸易发展方式。多年来，我国经济粗放式增长明显，资源环境约束日益突出，而我国的对外贸易更是加剧了这种矛盾，目前国内的资源能源储量以及环境已经难以支撑这种粗放式

的贸易增长，突出表现在我国的能源利用效率很低，据一份统计数据表明，2009年我国GDP占世界的比重是8.6%，但消耗的煤炭和石油占世界的比重却分别是46.9%和10.4%。2009年美国GDP占世界的比重是24.3%，但消耗的煤炭和石油占世界的比重却分别是15.2%和21.7%。2009年美国GDP占世界的比重是8.7%，但消耗的煤炭和石油占世界的比重却分别是3.3%和5.1%，这充分说明我国的贸易发展方式远不如美、日等贸易强国合理，我国贸易的粗放增长主要靠要素投入和资源消耗，由此带来的资源压力和环境承受力超载的问题越来越严重，最终破坏了我国贸易的可持续发展。

（2）我国出口企业的竞争优势正在不断丧失，必须通过贸易强国战略尽快实现出口企业的长期生存和持续发展。这主要体现在：第一，我国劳动力工资不断提升，劳动力成本优势不断丧失。据2011年国际劳工组织统计，采用购买力平价衡量后，越南工人工资约是85美元/月，印尼工人工资约是148美元/月，而2011年中国月最低工资标准最高的深圳市约为1300元，折合约190美元。而且最低工资标准只是最简单的参考，只按最低工资标准是招聘不到合适劳动者的。现实情况更严重，在大幅增加工资的情况下，大量外贸企业仍然招不到需要的劳动者。第二，我国适龄劳动力数量不断减少，人口老龄化趋势日益严重，劳动力紧缺度不断提高。根据国家统计局2011年4月28日公布的2010年人口普查数据显示，我国内地15~59岁人口占人口总数的70.14%，比2000年的人口普查数据提高了3.36个百分点。根据国际有关标准，我国已进入老龄化社会阶段，实际情况可能更为严重，国务院发展研究中心的巴曙松认为，中国劳动人口存量将于2015年左右开始下降。第三，人民币持续升值不断削弱我国企业的出口竞争力。随着我国经济持续增长，人民币升值也呈持续趋势，尤其是2011年来，升值更为明显。统计数据显示，自2005年7月第一次汇率改革到2011年末，人民币兑美元汇率累计升值接近30%，我国出口企业的价格竞争优势也相应地不断丧失。第四，国际能源资源价格不断上涨和我国通胀压力不断加大，导致出口企业成本不断加大，利润空间不断缩小。世界经济中的不确定因素和潜在风险增加，国际原油、资源和大宗商品价格高位运行，我国也处于经济结构调整期，通胀压力也比较大，这些都使出口企业成本增加，利润空间进一步被压缩，许多企业都出现了生存问题，甚至面临倒闭的风险。第五，我国出口企业的发展受制于工业化水平高的贸易强国。我国外贸出口企业中很多是中小型企业，而且从事加工贸易的比较多，这些企业缺乏核心技术，自主创新能力弱，关键设备、原材料的进口依存度高，出口的商品大部分是外资品牌，大多进行贴牌生产，因而销售利润的大部分都被外国品牌商拿走，自己所获利润小，如果工业化水平高的贸易强国对我国需要的重要技术和设备进行进口限制，那么出口企业的发展必然受到相应限制。

(3) 我国与贸易强国的贸易摩擦日益增多，必须通过贸易强国战略尽快在国际贸易中掌握更多的话语权。商务部数据显示，2012 年以来，我国是唯一一个连续 17 年遭受最多贸易摩擦的国家。随着我国贸易的不断增长，一些贸易强国对我国贸易的市场准入限制增多，贸易企业面临的贸易障碍和贸易壁垒不断增加，这给我国的出口企业带来了重大发展障碍，也损害了我国的大国形象。

(4) 我国对外贸易集中度过高，出口增长的可持续性差，必须通过贸易强国战略尽快使我国对外贸易能实现多元化增长。我国的贸易伙伴虽然众多，但出口的主要市场仍然是欧盟、美国、日本等国家，一旦这些国家的经济增长大幅度下滑，对我国的出口会产生重大冲击，也会对我国经济增长产生较大冲击。据有关部门测算，美国经济增长率每下降 1%，中国对美国的出口就会下降 5%~6%。我国只有通过贸易强国战略，寻求范围更广的市场开放，使出口在各出口目的国的分布比较均衡，才能通过多元化的出口减少因贸易伙伴经济衰退带来的出口下滑的幅度。

(5) 金融危机后我国外部需求不足以及美国再工业化道路战略对我国的挤占效应，必须通过贸易强国战略尽快使我国出口具备保持稳健增长的动力。世界经济一体化进程的加快，使得各国通过贸易而产生的经济联系更加紧密。一国经济的低增长甚至衰退，必然带来该国进口的低增长甚至下滑，这种溢出效应传导至相应的出口国后，会使该出口国的出口受到冲击。金融危机带来的全球经济低迷的情况超过预期，我国的外部需求仍然不够强劲，出口增长受到限制。金融危机后的一个新特点是，发达经济体更多依赖出口来刺激经济增长，美国奥巴马政府高调宣布重振美国制造业，要走再工业化道路，在全球市场份额有限的大约束前提下，美国制造业国内供给的增加和制造业出口的增长必然会对我国以制造业为主的“世界工厂”的地位造成冲击，挤占我国的出口市场份额。

三、我国尽快转变为贸易强国的策略

(1) 增强出口企业自主创新能力，积极培育自主品牌产品。要采取包括税收、融资在内的优惠政策和相关支持措施，激励和扶持企业开发核心技术和拥有自主知识产权；要与相关技术研发实力强的高校和科研院所进行产学研合作，弥补企业自身研发创新能力的不足。

（2）扩大对发展中国家的出口，促进出口市场的多元化和均衡化。要继续促进出口企业对欧盟、美国、日本等主要出口市场的出口，同时要扩大对亚非拉等发展中国家市场的出口比重，减少对欧美日等出口市场的过分依赖，防止欧美日等国的经济衰退对我国出口造成过大冲击，通过多元化和均衡化来巩固出口稳定增长和贸易大国的基础。

（3）适度扩大进口，促进进出口的基本平衡。宏观经济基本理论认为，只有进出口的基本平衡才对经济发展是有利的，长期贸易顺差和逆差对经济发展都带来重大的负面作用。事实也的确如此，我国一直强调出口，长期出口导向带来的巨额外汇储备已经影响了我国货币政策的独立性，被动的货币超发引发了很大的通胀风险，也破坏了经济增长的健康性。适度扩大进口，不仅能改善我国贸易顺差的现状，而且能通过进口技术含量高的产品来促进我国产业结构的升级并带动相关产业的高质量发展，最终也是有利于出口竞争力的提升的。只有真正认识到适度扩大进口的重要性，将进口和出口并重，才能维持我国贸易的基本平衡和促进经济的良性增长。

（4）合理调控和引导，优化出口结构。要在调整经济结构和促进发展方式转变的总方针的指引下采取措施，扩大技术含量高和附加值高的产品的出口，以巩固和扩大此类产品的国际市场份额；减少高耗能、高污染以及资源性产品的出口，以抑制能源资源过度消耗的局面。

（5）大力发展服务贸易，促进服务贸易和货物贸易的协调发展。世界贸易强国的服务业的比重都相当高，服务贸易的发展程度已经成为衡量一个国家对外贸易的发达程度和国家综合国力的重要指标。服务贸易和货物贸易的发展相互促进，货物贸易的发展为服务贸易的发展拓展了空间，服务贸易的发展促进了货物贸易结构的优化升级和货物贸易质量及效益的提升。只有将服务贸易和货物贸易并重，才能提升我国贸易的竞争力和促进贸易的持久增长。

（6）大力发展国内贸易，促进内外贸一体化。相关部门要提高对促进内外贸一体化的认识，实现对内外贸的统一、均衡、协调管理，要充分借鉴日本等贸易强国的经验，组建若干类似于日本的大型综合商社来加快内外贸一体化。日本九大综合商社的进出口额分别占全日本的60%和50%以上，这充分说明了综合商社对国际贸易的巨大促进作用。我国迫切需要通过企业的相对集中化和集团化，来构造内外贸一体化的流通组织形式，以提升其国际竞争力并克服经营组织分散、规模狭小，内外贸市场秩序混乱的局面，以促进政府对内外贸易宏观管理的微观传导机制的顺畅。

（7）加大“走出去”战略的实施力度，培育一批国际竞争力强的大型跨国企业。要在增强出口企业自主创新能力的同时，通过并购重组、重点支持和引导等多种有效方式，精心培育若干具有国际竞争力的大型跨国公司（包括大型跨国金融公司），同时增强这些企业抵御国际风险的能力和对外投资能力。

（8）提高出口企业盈利能力，增强其发展的原动力。企业盈利能力的提升虽然主要得益于其竞争力的提升，但这是一个相对长期的过程，短期看，还是可以采取见效相对较快的措施，提高其盈利水平，比如可以从提高企业资产的运营效率方面来短期提高企业的盈利能力。要有序扩大跨境贸易人民币结算或利用各种金融手段和工具，以规避汇率风险，降低交易成本，同时跨境贸易人民币结算加快了结算速度，提高企业资金使用效率，从而也提高了企业的盈利能力。

参考文献：

[1] 张燕生. 国际经济形势特点与中国外向型模式转变 [J]. 国际贸易，2010（8）.

[2] 张维迎. 国内贸易为何比国际贸易交易成本还高 [EB/OL]. http：//news.xinhuanet.com/fortune，2009-12-24.

[3] 魏守华，碧华. 论企业集群的竞争优势 [J]. 中国工业经济，2002（1）.

[4] 杨圣明. 十二五规划与贸易强国战略 [J]. 时代经贸，2011（2）.

[5] 郭冬乐. 中国内外贸一体化的实践、目标与政策建议 [J]. 财贸经济，2004（6）.

国内贸易研究

流通产业

基于人口规模、结构变化的我国流通体系优化研究

郝爱民[①]

一、引 言

在世界各国，人口的变化一直都是流通业密切关注的重要问题。因为人口结构的变化，不同人口学特征的消费偏好的差异，会影响到整体社会的生产结构、消费结构和社会结构，聪明的流通企业一定会敏感地捕捉人口的内在结构及其变化趋势，适时调整企业的战略，并发现潜在的市场机会。

早在1857年马克思就指出，消费是流通的目的和终点，同时也是流通的动力。在较长的时期内，人口结构发生变化，会导致消费结构、消费习惯、消费方式转变。国外对于以人口特征为基础进行的流通和消费者研究越来越重视，如今出现了将传统的社会阶层与消费行为分析通过增加地理和社会经济的消费者数据之间的联系，创造出了"地理人口系统"(Geo-demographic System)，这一系统将社会经济和人口统计因素（职业、教育、收入、家庭生命周期、住房等）结合起来，并以特定的地理区域为基础，建立人口资料的数据库从而实现精准营销，而围绕人口细分，流通企业还有很多可以挖掘的市场细分空间。

2010年我国第六次人口普查表明，同第五次全国人口普查相比，我国人口明显呈现出以下几个方面的变化：其一是老龄化加剧。根据我国第六次人口普查，年龄在60岁及以上人口为177648705人，占13.26%，其中65岁

① 郝爱民（1970~），男，河南林州人，博士，郑州航空工业管理学院经贸学院副教授。研究方向：贸易经济。邮箱：ham126@163.com。

及以上人口为 118831709 人，占 8.87%。同上次全国人口普查相比，年龄在 60 岁及以上人口的比重上升了 2.93 个百分点，65 岁及以上人口的比重也有所上升，从以上数据可以看出我国老年人口已经增加。其二是流动人口增加。居住地与户口登记地所在的乡镇街道不一致且离开户口登记地半年以上的人口增加了 116995327 人，增长 81.03%。其三是城乡结构的变迁加快。据第六次人口普查数据，同 2000 年第五次全国人口普查相比，城镇人口增加 207137093 人，乡村人口减少 133237289 人，城镇人口比重上升 13.46 个百分点。中国城市人口已占总人口的 60%。其四是女性人口比例的上升。我国人口性别比例如下：男性人口为 686852572 人，占 51.27%；女性人口为 652872280 人，占 48.73%。其五是人口素质提高。第六次人口普查数据显示，同 2000 年第五次全国人口普查相比，具有大学文化程度、高中文化程度、初中文化程度和小学文化程度的人均有所上升。其六是关于家庭户人口减少。这次普查结果显示出我国平均单个家庭户的人口从上次的 3.44 人减少到 3.10 人，独生子女比例增加。

我国人口结构发生变化从根本上改变着我国传统的流通业的结构和组织形式，需要流通体系的优化。因此，从人口角度分析人口结构与规模的变化对流通业发展的影响，有针对性地提出优化流通业发展路径选择，对扩大内需有着重要的意义。

二、我国人口规模、结构变化对流通体系影响分析

（一）总人口上升使消费需求增加，急需流通业的创新意识加快

2010 年末总人口为 13.41 亿人，《中国 21 世纪初可持续发展纲要》预测中国总人口数呈上升趋势，在 2041 年到达峰值，以后开始缓慢下降，并渐渐趋于平稳，人口总数在 14.3 亿左右。就总人口而言，在相当长的时期内，中国巨大的人口规模也会带来更大的消费需求。在经济全球化的现阶段，经济实力较强的跨国公司由于拥有雄厚的资金，使其可以利用全球的资源、劳动力、服务等吸引着沃尔玛、家乐福跨国零售巨头纷纷进驻中国来获取廉价的劳动力资源，以及寻求巨大的消费空间。国外大型零售企业的进入对我国零售企业带来挑战，刺激国内零售业的变革，进而急需提高流通业创新意识。

（二）消费结构的变化，要求流通业态细分化和多元化

2010 年我国人均预期寿命达到 73.5 岁，“十二五”期间我国 60 岁以上老年人口年均增长 800 万以上，总量将突破 2 亿。老龄化比重加剧也成为新时期我国人口结构变化的重要趋势之一，老龄化所带来的对社会、经济的影响很大，就对消费结构的影响，主要表现在保健、绿色食品等方面的消费增加，日本自 20 世纪 70 年代进入老龄社会后，就大力发展老龄产业应对老龄化挑战，把第三产业视为老龄化社会的“救世主”，目前在东京已经出现了老人街，专卖老人衣服、鞋子、食品及药品的商店，有怀旧的咖啡店，店里放的音乐是老年人耳熟能详的旧歌曲，而在中国，这一切才刚刚开始，能够早点锁定老年群体，并推出满足他们各方面需求的产品将大有可为。建立老年人对流通主体的信任，建立规范化的细分流通市场才能使流通体系建设适应老龄化带来的消费结构的改变。

（三）消费者注重高品质化，要求流通体系承担更多的社会责任

随着独生子女的增多、少年负担系数的降低，加上我国居民家庭的恩格尔系数下降明显，人们逐步重视生活质量、消费结构和消费质量提高。我国的人口结构变化引起的消费升级，急需规范的市场，目前的假冒伪劣产品横行，交易信用缺失严重影响新生消费需求的发展。流通领域企业应承担更多社会责任，保证消费者高品质消费的安全。

（四）电子商务消费比重增加，要求加快实现流通标准化和效率化

以“90 后”为主的消费群体的消费能力飞速提升，在这些年轻群体中以电子商务为主的“E 时代”消费成为他们的偏爱。社会主流意识的多元化，使这些新生代消费群体朝着个性化发展方向进行。大量的时间被用于发展不同的体育和兴趣爱好，因此在购物方面希望尽量节约时间。虚拟商店以其成本低廉、无店面库存、全天候营业、不受地域限制等，逐步被这群消费者所认识，成为他们的购物新时尚。同时在这些人群体验信息网络化的发展带来的消费便捷的影响下，这种消费观念在人群中扩散，网上消费逐渐成为人们获取知识、休闲消费的一种主要渠道。电子商务市场的覆盖面较广，它要求统一、开放、竞争和有序的环境，而不是各自独立的市场。因此，必须在统一标准、统一规范的条件下进行公开、公平的交易，它才能真正起到电子商务的作用。

（五）低碳消费观念的兴起要求流通的低碳化

2010 年高等教育毛入学率达到 26.5%，15 岁以上国民平均受教育年限达到 9 年，新增劳动力平均受教育年限达到 12.4 年。人才队伍建设成效显著，人才资源总量不断扩大。人口素质的整体提升使人们更容易接受资源有限的紧迫感和提高环境意识，而服务型、持续发展型消费由于资源消耗较小，最有可能呈现爆发式增长。人们节省能源的意识增强，节省能源的商品受到消费者的普遍青睐。人口素质的提高改变着生活价值观念，在以往只关注经济增长而忽视资源有效利用、环境保护等问题已经引起了人们的重视。人们开始关注与自然的和谐共存，并且这些观点已成为人们的共识。低碳消费观念的兴起要求流通的低碳化。

（六）农村人口城镇化加快要求零售业态的多元化

农村人口流入城市，收入增加，城市消费力量增加，在城市生活的农村人消费观念受到城市人的影响而要求层次化，消费需求向个性化、多样化方向发展，消费者追求生活实质性提高和充实的倾向日益强烈。与之相对，就需要多种零售业态共同发展的合理局面。

三、面对人口规模增加与结构变化，我国流通业发展的障碍

流通业发展不畅与新时期我国人口规模与结构变化趋势引起消费的改变不相适应，同时也制约着消费升级。

（一）政府政策支持流通业力度不够

政府的政策支持力度不够主要表现在政策的开放性低与扶持力度不够。在我国市场分销渠道被行政划定的边界阻断压抑，被种种行政隶属关系封闭禁锢；分销渠道被切割得零零碎碎，难成体系；产供销流通范围被大为压缩，商品很难无障碍高效流动，导致市场化低、有实力的商业企业稀缺，并致使成本高、效率低、商品贵，最终使消费者受到伤害，政府政策支持流通业力度也不如农业和工业，商业标准中行业的水电标准明显高于农业和工业。第十一届全国人民代表大会第三次会议提出的中央和地方预算显示，和其他行业相比，国家对流通业的资金支持力度明显不足。另外，政府提供的

发展资金少很大关系上导致我国流通业的基础设施建设滞后，一直以来基础设施不健全将严重制约流通业的快速发展，这与人口总量的增加带来消费需求增加不符。

（二）流通产业规模小，产品趋同

流通产业组织化程度和市场集中度低，规模小，产品结构趋同，与日益增长的消费需求不适应。目前，我国连锁零售企业的集中度在25%左右，80%以上的零售企业管理粗放，50%以上资金短缺，零售企业管理层的素质水平也整体下降，不能满足跨区域、全国性市场的扩张需求，不能有效地利用规模降低成本、提高效益。我国零售百强排名前4名的企业销售额规模与沃尔玛相比相去甚远；单一业态在零售百强中一直占据着较大的比重。同时，自流通业全面开放以来，外资零售业已经在全国遍地开花，并呈加速扩张的趋势，挤压内资流通业的发展空间。截至2009年8月，外资零售企业共有2400家，零售百强企业中，外资企业数量达到17家，外资在各级地方政府提供的很多优惠政策条件下，其并购和扩张的速度正在加快，在全国的市场份额会进一步提升。在这种形势下，内资企业遭受到外资挤压是我国流通业面对的一个紧迫问题，然而较小的流通企业规模不利于产品品种的扩大，产品结构趋同，无法满足多样化的消费需求。

（三）流通成本居高不下，部分消费品价格波动较大

流通成本上升以及商贸流通业消化不力导致的物价上升，随着中等收入者比例的增加，这就形成了一道性价比意识较强的中等收入者消费的“拦路虎”。体制性成本与粗放式单一管理成本使经营者和消费者都深受其害。体制性成本是行政性额外负担，是人为因素导致的最不应该的成本。在我国地区封锁仍然比较严重，滥用市场监管部门的强制手段，打击其他地方产品的现象经常发生。在企业管理上，我国大的零售企业靠出租货架资源以及收购取高额进场费等简单的流通方式来获取无风险经营，这样会缺乏采购与物流配送方面的规模效益，使每个店面之间独立性强而连锁性差，连锁经营的标准化和规模扩张难以实现，这种经营的管理方式最终反而使企业承担的风险性更大。比较在沃尔玛、家乐福等跨国零售商的经营，其单店利润率高达24%，而在我国零售企业经营下却仅为9%，不足前者的一半。这些数据更能显示出我国流通领域经营模式长期处于单一粗放的状态。利润率较低导致成本的上升，而为了获得一定的利润，本土零售商只有以更高的价格销售商品，中等收入者的性价比意识在消费群体的扩散，较高的售价不仅不能挖掘

潜在需求，反而会降低现有需求。

（四）流通领域市场不规范与人口结构变化

流通领域企业社会责任缺失，生产流通秩序混乱，假冒伪劣产品泛滥，严重影响了消费者的积极性。在保险、医疗保健、奢侈品、度假、婴幼儿食物等方面的消费安全意识增加的情况下，我国流通市场不规范、流通主体不成熟、商业诚信缺失导致市场交易成本增加，使消费意愿下降。与国外零售企业相比，我国流通主体资金短缺，经营管理水平低、人才匮乏，服务意识不强，缺乏诚信，商业欺诈、伪劣假冒屡禁不止。商贸流通企业信誉度的下降已经带来极大的威胁，消费者丧失对企业和市场的信心，出现能买不敢买的情况，这些不规范的流通领域市场制约了我国保险、医疗服务、奢侈品、度假以及高要求的婴幼儿用品等消费的发展。

（五）流通领域经营业态种类创新不足

随着中国人口规模的增加，我国消费增长较快，使我国零售业态处于发展较快的时期。我国零售企业的零售业态主要是传统单店形式的百货店和连锁型的超市，经营的业态趋于模仿，好多大型零售企业在全国各地的业态基本一样。由于我国各地区经济发展水平不一致，不同人群消费结构也不同，因此适应各地区的业态并不完全一致，相同的业态无法满足我国不同地区、不同人群的消费需求，就超市而言只有社会消费品零售总额的 10%。国外的连锁零售业态呈现多样的态势，超级市场、折扣店、专业店和大卖场均占有不小的份额，并根据不同地区、不同结构人群的消费者需求的变化进行创新，扩展出了其他业态类型。所以在人口规模与结构变化趋势下我国流通领域大胆创新，根据不同地区、不同人群经营多种业态，进而适应我国因人口结构改变消费结构变化的现状。

四、转变流通业发展方式的对策

（一）加大扶植流通企业力度

现阶段我国本土流通企业与国际流通企业的差距依然明显，政府应放开搞活中小流通企业，设立了流通企业扶持税；改造更新零售市场、发展连锁经营、培训专业人才；国家出面统一规划，对物流基础设施进行建设；经营者市场准入、贷款、用地、信息服务等方面，国家都给予十分优惠的政策。在支持大的企业方面，国家层面确立流通业的权威管理部门，通过深化改革，破除行政垄断，打破部门分割、地区封锁的流通格局。在权威管理部门和相应政策的引导下，加强渠道建设和疏通，按照市场经济规律和世贸组织规则，积极培育一批有自主知识产权的著名品牌的流通企业。完善政策法规，关注民生，确保资金向流通业倾斜，为流通业发展和消费升级提供有力保障，在人口规模增加带来的消费需求增加和人口结构变化带来的消费多样化背景下，引导支持流通企业面临国外有实力的零售巨头更加有竞争力。

（二）就要发展现代物流业，降低流通成本

“十二五”期间应以构建流通高效流通畅销体系、降低成本满足消费意愿为核心，其中物流产业的发展与国民经济的运行效率有很大的关联，建立低成本的商品畅销体系，重点在于疏通渠道。在全国各地，加快物流基础设施的发展，加强物流配送中心建设，加快物流人才的培养，加快推广以供应链管理技术为核心的物流服务方式，促进物流信息系统的发展；鼓励和支持第三方物流企业与企业开展联合协作，尽快形成适应现代物流业发展要求的第三方物流网络，从而建立与现代流通业相适应的物流系统。流通成本的降低会反映到物价上，使之更适合现阶段人口结构变化下的消费需求。

（三）规范流通秩序，满足高质量消费需求

政府要发挥对流通企业履行社会责任的引导职能，加大对流通产业的规范和投入，积极引导流通企业履行社会责任。要完善相关法律法规。现在出现的新情况是，在商贸流通领域，诚信状况两极分化：有实力并从讲求诚信中尝到甜头的企业，更加看重诚信；没有实力的企业，对诚信容易失去耐心而不在乎。因此，想要进一步建立诚信、守约、戒欺、规范的市场秩序，就要依法对假冒伪劣和商业欺诈等行为进行严厉打击和制裁，并且鼓励和奖励有诚信的商家，保障消费者在交易中安全放心。“十二五”期间，要努力营造诚信至上、服务至上的商业环境，只有政府、企业、消费者都从自身出发，才能改变现阶段流通秩序混乱的现状，才能为老年消费剧增提供和谐的消费市场环境。

（四）提高我国流通业服务意识和承担更多的社会责任

服务对现代流通业的发展非常重要，服务提供的是无形的最终消费品，要想在人口结构变化引起的高质量的消费需求中占有市场以及巨大的人口规模优势下增加消费，服务意识不可忽视。企业内部要提高流通业服务，必须

先建立良好的服务意识；外部环境中外资流通企业的进入给我们带来竞争的同时也给我们提供学习机会，并在学习中不断创新，通过服务创新满足消费者的情感需求，创造服务上的产品差异化，获取竞争优势，促使我国流通业实现更好的发展。

（五）加大流通业信息化投入，满足电子商务的消费需求

现代流通体系是由物流、信息流、资金流和自然人流共同构成，尤其是基于信息化技术支撑的信息流已经成为现代流通区别于传统流通的最重要标志。要建立完善管理信息系统，建设国家级流通领域数据库，夯实流通行业管理基础；建立城市便民的服务网络平台，构建现代生活的服务体系。发展便民服务业；开展电子商务与国际的交流，改善国际电子商务发展环境。充分发挥信息化在科技体系中的先导作用，全面提高流通业的信息化程度，最终使成长起来的“80后”、“90后”的电子商务方面的消费健康、快速发展。

（六）积极推进业态创新，适应我国人口结构变化下消费需求

缺乏自主创新是我国很多企业的通病，企业的长远目标不足使它们缺乏创新动力，随着流通业对外开放程度的提高，有创新精神的外资企业在中国流通领域的迅速扩张，使缺乏创新能力的本土流通企业遭遇严重威胁，国家可以通过提出一些创新鼓励政策，缓解本土企业因规模不够形成的创新成本，企业加强创新不仅可以充分实现人们的不同消费需求，也对自身的发展有不可估量的作用。

参考文献：

[1] 耿修林. 经济发展对人口素质的影响分析 [J]. 世界管理（月刊），2008（11）.

[2] 魏高峰，龙克柔. 中国人口演化模型与中国未来人口预测研究 [J]. 科技咨询导报，2007（13）.

[3] 丁俊发. 构建现代流通体系面临的形势和任务 [J]. 中国流通经济，2007（2）.

[4] 仇新忠. 人口结构、消费习惯与资产定价 [J]. 理论研讨，2009（52）.

[5] 吴小丁. 我国城市流通体系模式及政策选择 [J]. 中国流通经济，2010（6）.

[6] 张俭. 流通体系亟待重塑 [J]. 中国物流与采购，2011（1）.

[7] 周力，周革非，张楠. 加快构建我国农村现代市场流通体系 [J]. 商业经济文荟，2005（4）.

[8] 路锦非，王桂新. 我国未来城镇人口规模及人口结构变动预测 [J]. 西北人口，2010（4）.

我国流通服务业自主创新系统构建及运行机制研究

李文静[①]

一、问题的提出

自改革开放以来，我国流通服务业有了突飞猛进的发展，在短短 30 年间走过了西方发达国家近 150 年的发展历程（黄国雄等，2009；宋则，2008）。尽管如此，流通领域在总体上仍然存在着诸多问题，如流通组织规范化、组织化程度较低；管理手段、管理技术和管理水平落后；增长模式仍属于粗放型；专业化分工和协作水平低，各自盲目发展；流通组织之间的竞争仍停留在低水平的过度竞争，且竞争不充分和过度竞争并存等（宋羽，2007）。这些问题在降低流通服务业运行效率的同时，大大削弱了我国流通企业应对“国内竞争国际化”挑战的能力。从实际情况来看，进入我国的外资流通企业所拥有的巨额订单、大规模采购虽然有促进外贸出口的短期作用，但也存在凭借网络渠道和定价优势向制造业终端乃至向中上游产业链实施纵深控制的战略考虑（宋则、李蕊，2007）。所以，流通服务业的发展和壮大已经不仅仅是其自身命运的问题，而是牵涉我国制造业产供销命脉的问题。

当然，自流通领域全面开放以来，一些本土流通企业也在积极地学习和借鉴国外企业的先进模式和经验，但大多停留于简单复制的阶段。而外资流通企业的经营模式未必都适合中国市场环境的要求，并且，由于许多外资流通企业加强了对核心技术的保护，所以可供本土流通企业学习的内容受限，

---

① 李文静（1976~），女，云南昆明人，东北财经大学工商管理学院副教授。

因而简单的复制和学习很难真正形成企业的竞争优势（汪旭晖、黄睿，2010）。鉴于此，通过自主创新增强流通企业的核心竞争力，进而提高流通服务业的整体竞争能力，是充分发挥流通服务业对国家竞争能力支撑作用和对国家安全保护作用的重要途径。

二、我国流通服务业自主创新的内涵

综合各领域学者对自主创新的界定，本文认为，流通服务业的自主创新是流通服务企业以自身的努力为主，采取多种模式，探索管理理念、经营业态、组织形式、管理技术等方面的革新与突破，并在经营实践中加以实施和推广，以达到预期目标的活动。而鉴于自主创新与一般创新的不同以及流通服务业自身的特点，在理解流通服务业自主创新的内涵时，需要注意以下两点：

第一，流通服务业自主创新虽然以流通服务企业自身的努力为主，但并不排斥模仿与集成。自主创新并不等于完全的“自己创新”，创新主体通常可以通过原始创新、模仿创新和集成创新三种模式来实现自主创新。这三种模式中，原始创新活动对基础研究积累的要求较高，且需要大量的研发投入，风险较大，因而对发展中国家而言具有很大的局限性。后两种模式由于是在对原创性技术和主导技术进行模仿创新的基础上，以创造性的融合来开展创新活动，所以能够提高创新效率，在较短的时间内实现创新水平的跨越。

西方发达国家和新兴发展中国家的发展实践表明，原始创新、模仿创新和集成创新三种模式在国家发展进步的各个阶段是同时并存的，但其组合与重点往往随着社会经济发展水平的提升而逐步演进（蔡来兴，2006）。就我国流通服务业的发展历程和当前状况而言，部门分割、地区封锁、流通秩序混乱、市场组织化程度低、管理体制不合理等问题和矛盾具体表现为流通企业的“小、散、乱、差”，即企业数量众多但规模和实力弱小，产品差别化程度不高、专业化分工协作水平低，各自为政，难以形成规模优势和群体优势（王维，2008；刘卫锋、但承龙，2009）。而很多本土流通企业对外资企业的学习也仅仅停留在对店铺形式、商品布局、营销表层事物的模仿上，并未真正学到其营销理念、企业文化等方面的精髓，且模仿过程中的超量发展、集中化发展以及同地域、同档次、同业态、同经营模式的多家企业过度竞争，使我国本土流通企业很难再具有进一步提升的更多资源（汪旭晖，2010）。这在客观上要求流通企业探索一种在模仿基础上的再创新，以及对各种资源进行选择、优化和整合，以最佳结构结合成为一个有机整体，以发挥功能倍增效应的创新途径。加之外资大量进入我国流通领域对产业链上游产生的潜在威胁，在相对较短的时间内实现竞争优势的提升是当前我国流通服务业自主创新的首要任务。因此，“在强化原始创新的同时，适度进行模仿创新，重点强调集成创新”是我国流通服务业自主创新较为现实的模式。

第二，流通服务业自主创新的内容不局限于技术创新，而是包括技术创新在内的多元化动态创新活动。与制造业自主创新单纯强调技术研发不同，流通服务业自主创新的内容更为丰富。具体而言，主要包括：流通理论创新、流通制度创新、流通政策创新、流通组织创新、流通业态创新、流通技术创新等方面。其中，流通理论创新是对指导流通服务业发展的基础理论及先进经验进行探索、归纳和研究，以提出适应特定环境要求的新理论或提出对原有理论进行创新性应用的思路；流通制度创新是为适应社会经济发展与进步，以及宏观经济和市场环境的变化而进行的对流通制度要素的重新组合；流通政策创新是针对流通服务业发展的客观要求，对有关流通产业结构、流通产业布局、流通产业组织等方面的政策和规制进行改革和创新；流通组织创新是通过流通组织的创造、集中、分散、融合等途径，改变流通组织的形态，实现专业化、规模化经营，最大限度地提高流通效率；流通业态创新是为了满足不断变化的市场需求而探索新的流通企业组织形式与经营方式，或对现有组织形式和经营方式进行改进与整合；流通技术创新是研发现代科学技术、探索科学的管理模式和先进的经营方式，并将其应用于流通领域，以实现商品价值和使用价值的过程。上述各项内容之间渗透融合、相互促进，使流通服务业自主创新活动呈现出多元化和动态性的特征。

三、我国流通服务业自主创新系统及其运行机制

（一）我国流通服务业自主创新系统的构成要素

基于前文阐述的流通服务业自主创新内涵和根本目的，我们认为，我国流通服务业自主创新系统是一个在特定经济、制度和文化环境下，由流通企业、政府、高校和科研机构、中介机构以及金融机构所组成的动态开放系统，是一个实现流通领域知识、技术、服务、制度的生产、应用和市场实现的网络（如图 1 所示）。在上述要素中，流通企业、政府、高校和科研机构是流通服务业自主创新系统的三个行为主体。其中，流通企业是整个创新活

动的核心主体，是自主创新的主要实施者，其根据市场需求和竞争状况，不断开发和推出新的服务，探索新的业态和经营模式，进行新的流通技术开发和应用、开发新的市场等，以获取经济效益，谋求自身发展。政府是政策创新和制度创新的主体，通过对流通产业政策的制定和不断完善，政府可以直接参与自主创新活动，政府也可以通过对部分创新活动直接进行投资的形式促进流通服务业的自主创新。高校和科研机构是知识创新的主体，是流通理论和技术知识的主要生产者和传播者，也是流通创新人才的培养者，为创新活动提供智力支持。而中介机构和金融机构则构成流通服务业自主创新活动的支撑和服务体系。前者通过提供技术服务、促进信息交流等形式在科研机构、高校和流通企业之间建立起沟通的桥梁，后者通过提供资金支持和各种金融服务为自主创新活动提供物质保障。

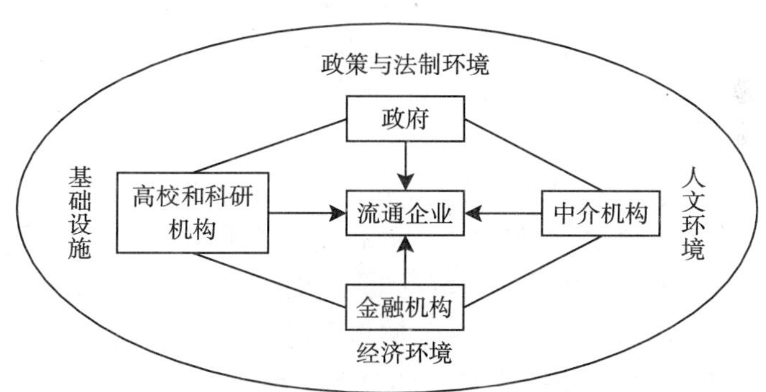

图 1　流通服务业自主创新开放系统

（二）我国流通服务业自主创新系统的运行机制

作为国家创新体系的有机组成部分，流通服务业自主创新系统也有其自身的运行机制。并且，流通服务业的自主创新是由不同主体和参与者大量互动作用的结果，其创新绩效在很大程度上取决于这些行为者在系统中的相互作用。因此，在该系统与外部环境进行互动以及系统内部各要素之间进行互动的过程中，各个参与主体均有较为复杂的行为表现。

1. 流通服务业自主创新过程中流通企业的行为

企业是产业的基本组成单位，因此，流通服务业自主创新的根本和核心是各类流通企业的自主创新行为。具体表现如下：

（1）组织形式和经营模式创新。包括开展网络化经营、发展连锁经营和集团化。通过兼并、资产重组的资本运作，将分散的中小流通企业加以有机整合，组建跨地区、跨部门、跨行业的大型跨国流通企业集团，获取规模效益，增强竞争实力，实现流通领域资源的优化配置；实施供应链管理，开展与上下游企业的纵向合作及与各类流通企业之间的横向合作，使相关企业间的关系由单个盈利的利益关系向共赢的合作伙伴关系发展；应用信息技术开展电子商务，通过网络与实体相结合的经营模式，推行网上采购、网上销售、网上服务，提高企业运营效率，以新的网络体系来建立与生产商、供应商和消费者的关系。

（2）业态创新。现存各种流通业态的产生和发展均与特定的生产力水平、市场环境、消费者需求相适应。而当前我国流通企业的业态基本是以效仿和引进为主，缺乏基于我国本土市场环境和消费需求特点而形成的业态模式。这些引进的成熟模式未必都适合在中国发展，加之我国存在多种不同的地域亚文化，导致各地区之间存在不同的消费习惯，所以同一业态在不同地区的适应性也存在较大差异。因此，在引进成熟业态模式的基础上，针对不同环境、不同区位和不同消费对象进行改革和创新，或者探索原发于中国本土的新业态形式，可以大大提高本土流通企业的核心竞争力，是流通服务业自主创新的重点。

（3）企业技术创新。即通过借鉴和引入在制造业、高科技产业率先发展的信息技术，实现流通领域的电子收银、电子卡支付、进货管理、库存管理、账务处理、成本计算等作业流程的自动化，提高企业的经营效率。这些可应用于流通领域的技术包括 POS 销售系统、电子数据交换（EDI）、管理信息系统（MIS）、条形码技术、电子订货系统（EOS）、卫星定位系统（GPS）、地理信息系统（GIS）等。此外，需要强调的是，信息技术的推广和应用是发展电子商务的基础，因而也是流通企业组织和经营模式创新的重要前提。

（4）营销创新和企业文化创新。市场营销创新是流通企业在营销理念、营销战略与策略、营销方式与营销手段等方面的不断变革与重组。而企业文化则是一种非正式的制度安排，是对不完善契约的补充。营销创新和企业文化创新是流通企业组织创新得以巩固的重要保证（宋羽，2007）。前者主要包括营销观念的创新（如树立绿色营销、全球营销、知识营销等观念）、营销方式创新（核心是重视整合营销，综合应用各种营销因素，扬长避短）、营销组合创新和营销管理创新。流通企业文化创新的要义在于既要探索根植于传统文化的具有我国特色的企业文化理念并加以推广，又要注重同一性、统一性和包容性，以便使企业文化能够适应经济全球化背景，既能得到组织内部和社会的认同，又能够与多元文化背景下的其他文化兼容。

2. 流通服务业自主创新过程中政府的行为

政府在推动流通服务业自主创新系统的有效运行方面发挥着至关重要的作用。一方面，作为制度创新的主体，政府通过制定和完善流通产业政策直接参与自主创新活动；另一方面，作为服务和支撑体系的重要组成部分，政府通过营造自主创新的氛围，制定各项优惠和激励政策，加大基础设施建设的投入力度，提供优质的后勤服务，为流通服务业的自主创新打造平台。

政府的直接创新活动表现为：根据流通服务业自主创新的需要，制定适应当前市场竞争环境的流通产业发展政策，并对流通领域引进外资的行为进行合理规范。具体而言，主要包括流通产业结构政策创新，即引导和扶持有关行业的发展以带动流通产业的结构优化和升级，就目前情况来看，重点是发展物流业，因物流行业能够迅速有效地吸收创新成果，并获得与新技术相关联的生产函数，与其他产业的关联系数较大，能够带动相关产业的发展，在流通产业内部处于“领头羊”地位（文启湘、赵玻，2003）。流通产业组织政策创新，主要是制定和实施追求规模经济、促进流通企业自由进出、形成流通产业有效竞争的产业组织政策，以协调规模扩大与有效竞争之间的矛盾。流通产业布局政策创新，主要是通过选择流通产业发展的重点地区和规划城市流通网点来对流通产业的空间布局进行科学引导和合理调整。在规范流通领域引进外资的行为方面，政府需要对地方政府盲目扩大引资的行为进行管制，使流通领域外资的引进与当地的经济发展实际相适应；要采取措施防止外资流通企业的“掠夺性定价”；还要限制某些地方政府给予外资流通企业“超最惠国待遇”的行为，使本土流通企业能够获得与外资企业同等的竞争地位。

政府间接参与流通服务业自主创新的行为主要表现为：①制定和实施技术支持政策，促进现代信息技术在流通领域的广泛应用，以推动流通产业的快速发展和结构调整，提高全社会流通效率和经济效益。具体做法是建立“大网络”的概念，通过部门统一规划，采取联网的方式，进行跨部门、跨行业、跨系统、跨地区的资源重组，按照有效、齐全、方便、快捷、低价的原则，真正实现信息资源共享，使全国各地流通企业都能够方便快捷地随时查询和输入供求信息，进行网上交易，同时增加政府资金投入，加强对流通信息化建设的示范和引导，在商业信息化、流通标准化、现代物流技术应用等方面应给予科技经费支持（夏春玉等，2010）。②制定和实施金融政策，鼓励有助于流通服务业自主创新的直接和间接行为。通过完善相关金融政策，推动风险投资事业的发展，政府可以为流通企业，尤其是中小型流通企业的自主创新提供融资保障。例如，适当放宽对中小型流通企业的贷款限制；由国家开发银行加大对流通企业的政策性信贷投入，将开发性金融资金重点用于支持流通企业的自主创新；完善风险创业投资法律保障体系，在法律法规和有关监管规定许可的前提下，使保险公司能够投资风险创业投资企业。允许证券公司在符合法律法规和有关监管规定的前提下开办风险创业投资业务，使风险资本成为流通企业创新的启动资金。③制定和实施人才培养的支持政策，拓宽教育和培训渠道，鼓励和支持流通企业、高校、科研机构开展多方面、多层次的人才培养和在职培训工作，尤其是对流通领域计算机和信息技术的研究和开发人才的培养。④加强对流通基础设施的建设。流通企业的自主创新能力除了受研发能力、人力资源、资本投入等因素影响外，还受到交通、通信等基础设施总体水平的影响。而诸如仓储、加工厂、冷库、物流配送中心和大型批发市场等流通领域的基础设施，属于基础工程，直接为社会服务，是公共设施的重要组成部分，也需要以政府为主投资建设。

3. 流通服务业自主创新过程中高校和研究机构的行为

高校和研究机构是知识创新的主体，也是培养创新人才的主体，其在流通服务业自主创新过程中所发挥的作用是进行理论创新并培养具有创新能力的流通专业人才。

高校最基本的职能是教学与科研，而当前许多大学都开始承担“第三项使命”，即知识的扩散及参与经济和社会的发展（Thomas Andersson et al., 2004）。其首先可以通过教学活动为社会培养大量的高素质人才，这些人才是具有高增值性和唯一能动性的创新资源。其次，高校所具有的研究能力能够直接服务于经济发展，其根据自己的定位，可以进行企业或社会经济发展需要的共性知识、理论和技术的研究开发，也可以进行某一领域专门知识、理论和技术的研究开发，这种强大的基础科学研究能力和专业技术研究能力，使高校具有普通研究机构所不具备的强大优势。而作为专门从事科学研究和技术开发的机构，科研机构通过承担政府交与的特定研究课题、提供包括学术论文、著作、专利等研究成果、提供咨询等途径，发挥其自主创新源的作用。

在流通服务业自主创新过程中，高校与科研机构直接从事创新活动的行为包括：加深对流通理论的研究，提出新的观点，对现有流通理论中不能适应流通产业发展要求的部分加以修正和完善；探索新的研究方法和研究思路，提出新的流通理论范畴，构建新的流通学科体系；加深对流通产业发展周期性规律的研究，在提出能够指导当前自主创新活动实践的理论和观点的同时，提出具有前瞻性的创新和发展建议。在流通专门人才培养方面，可以通过建设优秀的校园文化，采用实验室、实践基地、电视教育、网络和远程授课等多样化的培养模式和包括职业教育、本科教育、研究生教育在内的多层次培养途径，为流通企业提供既掌握流通领域专业知识，又具有以良好精神状态为表现的人格特征和综合素质，具备强烈的探究未知知识的精神，以及坚韧不拔、勇往直前的创新意识、超越意识和进取意识的创新型人才。

4. 流通服务业自主创新过程中中介组织的行为

中介组织是流通服务业自主创新的服务和支撑要素之一。其利用自身所拥有的知识、人才、资金、信息等资源，在流通企业之间、流通企业与其上下游企业之间、流通企业与政府之间、流通企业与高校和科研机构之间、流通企业与金融机构之间发挥沟通、联系、组织和协调等作用，或为流通企业提供社会化、专业化服务，以促进流通服务业自主创新活动的实现。

流通服务业自主创新系统中的中介组织主要包括两大类：一是提供人才开发与培训、投资融资及担保、经营管理咨询、信息服务等资源调配服务的中介组织，如情报信息中心、风险投资机构、知识产权服务中心和各类管理咨询机构等；二是提供会计、律师、评估、广告等服务的中介机构，如会计师事务所、律师事务所、资产评估机构、广告公司等。这些中介组织通过以下活动来确保流通企业自主创新活动的实现。首先，协助企业有效利用创新资源，即通过提供经过整理、分类和分析的相关信息以减少企业信息收集和处理的时间耗费，降低创新资源配置中信息不完全和信息不对称所带来的风险，加速知识的传播和技术的流通，提高流通企业自主创新的效率。其次，媒介（或“粘结”）自主创新系统内各要素，促进要素之间的沟通。作为“第三方”，中介组织通过专业网站、出版物、交流会等形式为流通企业和其上下游企业提供交易机会，提供市场需求信息、创新需求信息等，促进信息交流，使其以较低的交易成本和风险实现协同创新。最后，为自主创新各要素提供专业化的咨询服务，辅助自主创新决策，并且中介组织还可提供评估、鉴证、检验、会计、法律、培训、决策支持、市场管理等其他专业化配套服务，以确保自主创新的顺利进行。

5. 流通服务业自主创新过程中金融机构的行为

自主创新活动的过程要求有大量的时间、劳动和资本的投入，且投入与产出往往不成比例，因此，自主创新离不开大量的经费支持。有学者通过对企业自主创新与相关要素之间关系的实证检验，发现企业自主创新与资金高度相关（张晖，2010）。在传统创新活动中，创新主体的融资渠道较为狭窄，通常由企业通过其自身的利润积累、股东投资的增加，或在小范围内寻求合作伙伴等方式进行融资，这在很大程度上抑制了创新行为。而自主创新，尤其是集成式自主创新则可以通过将金融机构纳入整个创新系统来解决融资困境。但就我国的现状而言，金融机构的支持力度仍然无法满足企业自主创新的需要，存在金融机构信贷品种少、贷款授信难、担保机构缺失和资本市场结构单一等问题（韩淑平等，2006；张小凤，2010）。

因此，要实现对流通服务业自主创新的资金保障，仅仅依赖某一类金融机构是无法完成的，而是需要建立起一个多元化、网络化、专业化的体系，它不仅包括金融机构、金融产品和金融要素市场的建设和扩展，还包括金融机制与体制的建设和创新。具体而言，流通服务业自主创新的金融保障体系在构成上应包括能够为企业，尤其是中小型流通企业提供融资服务的金融机构（如各类商业银行、小额贷款公司、各类风险投资基金）、金融市场（包括全国性的资本市场和地域性的资本市场）和市场中介机构（如担保公司），它们相互合作，形成一个立体的网状结构，利用各自优势，分担风险，获取利益。在行为上：一是大力开展金融工具和金融服务创新，通过股权质押贷款、知识产权质押贷款、外包贷款、并购贷款、认股权质押贷款等形式为流通企业自主创新直接提供资金，也可通过对重要的专项资产实行证券化，发展可转换债券、票据贴现等低风险业务来降低金融机构向流通企业自主创新进行投资的风险。二是积极完善资本市场体系，改善流通企业自主创新的市场环境，通过建立多层次的资本市场体系，拓宽流通企业自主创新的融资渠道，如加快中小企业板市场建设、发展企业债券市场等。

参考文献：

[1] Thomas Andersson, Sylvia Schwag Serger et al., 2004, The Cluster Policies Whitebook [M]. IKED, Hombergs.

[2] 蔡来兴. 重视创新与集成　构建创新型企业 [J]. 上海企业，2006.

[3] 汪旭晖. 关于中国流通服务业自主创新问题的战略思考 [J]. 中国流通经济，2010.

[4] 汪旭晖，黄睿. 自主创新对我国流通服务业发展的影响研究 [J]. 现代管理科学，2010.

[5] 黄国雄，刘玉奇，王强. 中国商贸流通业 60 年发展与展望 [J]. 财贸经济，2009.

[6] 宋则. 改革开放 30 年：商贸流通服务业的回顾与展望 [J]. 广东商学院学报，2008.

[7] 宋羽. 浅析我国流通产业组织创新 [J]. 商业时代，2007.

[8] 宋则，李蕊. 外资在流通业超速扩张值得高度警觉 [J]. 商业经济与管理，2007.

[9] 王维. 我国流通产业组织政策创新方向及建议 [J]. 江苏商论，2007.

[10] 刘卫峰，但承龙. 我国流通产业组织创新的动因与方向 [J]. 中国流通经济，2009.

[11] 张晖. 企业、政府、金融机构与企业自主创新的关系研究 [J]. 技术经济与管理研究，2010 (2).

[12] 韩淑平，孙志鸿，魏岗. 金融机构对企业自主创新支持情况的调查 [J]. 华北金融，2006.

[13] 张小凤. 金融支持民营企业自主创新的机理、现状及对策 [J]. 海峡科学，2010.

[14] 文启湘，赵玻. 新时期我国流通产业政策创新研究 [J]. 财贸经济，2003.

[15] 夏春玉，瞿春玲，李飞. 中国流通现代化研究综述 [J]. 商业经济与管理，2010 (9).

信息化水平对我国流通产业发展方式影响的实证研究

郝　欢[①] 郭馨梅[②]

以 IT 技术、互联网技术、电子商务技术、通信技术、信息系统技术、标码扫描技术等为代表的现代信息技术为流通产业的发展做出了重要的贡献。可以说，现代流通产业的发展离不开上述技术的使用和推广，信息化水平决定着流通业的现代化程度。改革开放以来，特别是零售业对外开放和流通业对外的全面开放以后，流通业获得了前所未有的发展，对 GDP 的贡献不断增加。但是，我国流通业的发展仍然以粗放式为主，主要依靠资金的拉动和资源的消耗，信息化水平相对较低，科技的运用深度和广度均不足。

本文通过运用 1978~2009 年的年度数据研究我国信息化与流通产业发展方式的关系。首先是对变量的设置：①我国信息化水平变量的设置。本文在总结分析前人研究成果的基础上，采用一套信息化水平测度指标，设置信息化发展指数这一变量来衡量改革开放后我国信息化的发展水平。②我国流通产业发展方式变量的设置。将我国流通产业发展方式设计为一个连续型变量，介于粗放型和集约型之间，该连续变量可用来衡量流通产业发展方式趋近于粗放型或集约型的程度。其次，在变量设置的基础上，进行格兰杰因果关系检验、协整分析、建立 VAR 模型、回归结果分析。

① 郝欢（1986~），男，江苏徐州人，北京工商大学经济学院产业经济学专业 2009 级硕士研究生。研究方向：流通产业理论与实践。邮箱：hh04105009@sina.com。

② 郭馨梅（1967~），女，广东惠东人，北京工商大学经济学院副院长兼文科实践中心主任，教授，江西财经大学产业经济博士研究生。研究方向：流通产业理论与实践。邮箱：guoxinmei@126.com。

一、度量指标与样本数据的选择

（一）信息化水平度量指标与数据的选择

1. 度量指标的选择

本文在参考国内外关于区域信息化评价体系的研究中，主要借鉴我国信息产业部公布的国家信息化指标测度体系。该信息化指标测度体系由 20 项指标组成，主要根据国家信息化的体系结构，从资源开发利用、信息网络建设、信息技术应用、信息产品与服务、信息化人力资源、信息化发展环境六个方面概括反映国家信息化水平（见表 1）。

表 1　国家信息化指标

信息化要素	权重	指标名称
资源开发利用	15%	每千人广播电视播出时间
		人均宽带拥有量
		人均电话通话次数
		网络资源数据库总容量
信息网络建设	16%	长途光缆长度
		微波占有信道数
		卫星站点数
		每百人拥有电话主线数
信息技术应用	18%	每千人有线电视台数
		每百万人互联网用户数
		每千人拥有计算机数
		每百户拥有电视机数
		电子商务交易额
		企业 IT 类固定资产占同期固定资产投资的比重
信息产品与服务	15%	信息产业增加值占 GDP 比重
		信息产业对 GDP 增长的直接贡献率
信息化人力资源	20%	每千人中大学生比重
信息化发展环境	16%	信息产业研究与开发经费支出占全国研究与开发经费支出总额的比重
		信息产业基础设施建设投资占全部基础设施投资比重
		信息指数

资料来源：2001 年 7 月 29 日信息产业部、国家信息化推进办公室、中国电子商务协会共同发布的《国家信息化指标构成方案》。

在具体的测算方法和测算体系中，本文采用如下测算方法：

指标的无量纲化，使量纲不同的各类指标值转化为可以直接进行计算的数值。通常可采用标准化公式：

$$P_i = \frac{X_i - Min}{Max - Min} \times 100$$

式中，P_i 为指标变量无量纲化后的标准值；X_i 为指标变量的原始数据；Min 为每列原始数据的最小值；Max 为每列原始数据的最大值。

信息化指标测算结果是各指标变量无量纲化后的标准值与权重的简单算术加权平均，采用的公式如下：

$$\text{II} = \sum_{j=1}^{5}\left(\sum_{i=1}^{n} P_i W_i\right) W_j$$

式中，II（Informatization Index）为信息化水平总指数值；P_i 为第 i 个评价指标无量纲化处理后的值；W_i 为 P_i 的权重；n 为二级指标数；W_j 为五大要素的权重。

2. 数据的选择

根据确定的信息化水平测度体系指标，查阅全国 1979~2010 年的统计年鉴、信息产业年鉴（2003~2010 年）等资料获得的如下数据，按明细分类、整理后，按上述方法经过详细计算，得到我国 1979~2009 年信息化发展总指数（如表 2 所示）。

表 2　1979~2009 年我国信息化发展总指数

年　份	信息化发展总指数
1979	0.109
1980	0.112
1981	0.118
1982	0.122
1983	0.130
1984	0.139
1985	0.147
1986	0.154
1987	0.161
1988	0.169
1989	0.176
1990	0.186
1991	0.197
1992	0.203
1993	0.214

续表

年　份	信息化发展总指数
1994	0.245
1995	0.261
1996	0.285
1997	0.325
1998	0.362
1999	0.432
2000	0.478
2001	0.501
2002	0.534
2003	0.560
2004	0.570
2005	0.591
2006	0.612
2007	0.630
2008	0.645
2009	0.662

从表 2 中我们可以看出，改革开放以来，我国信息化发展指数呈现出稳步上升态势，但是在 1995 年以前，我国信息化发展指数水平总体上走势比较平缓，而从 1995 年以后我国信息化发展速度明显提升（如图 1 所示）。

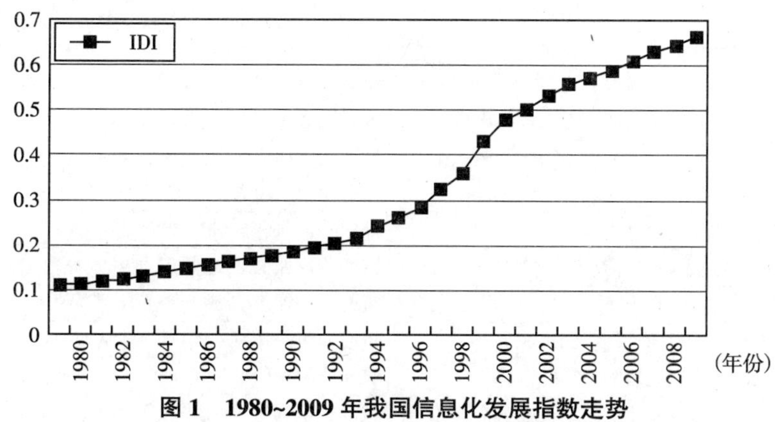

图 1　1980~2009 年我国信息化发展指数走势

（二）流通产业发展方式度量指标与数据的选择

1. 度量指标的选择

目前国内文献较多采用流通行业产值数据作为流通行业发展指标的度量。但是对于流通产业发展方式的变量度量方面，目前国内还没有比较权威的文献对此进行研究。章迪平（2010）在流通产业发展方式转变的实证研究中对我国流通产业发展方式转变进行了量化实证研究。在研究中，章迪平对流通产业发展方式转变的量化评价体系设计为发展指标、结构指标、效益指标和环境指标。①

为了对我国流通产业发展方式变量进行度量，本文借鉴章迪平（2010）的研究成果，将其评价指标体系中的发展指标、结构指标和效益指标三大体系（如表 3 所示）作为我国流通产业发展方式的替代变量。计算方法是：将结构指标作为调节变量，以当年与上年的比值作为调节值；以效益指标/发展指标的比值乘以调节值作为我国流通产业发展方式的替代变量。结果体现的

表 3　流通产业发展方式评价指标体系

准则层	指标层	含　义
发展指标（D）	人均社会消费品零售总额	社会消费品零售总额/总人口
	人均流通业年末固定资产投资额	流通业年末固定资产投资额/地区人口总数
	人均市场贸易成交额	市场贸易成交额/地区人口总数
	全社会消费品零售总额增长速度	（本期零售总额-上期零售总额）/上期零售总额
	城乡居民人均消费	城乡居民总消费/地区人口总数
	城乡居民人均储蓄	城乡居民总储蓄/地区人口总数
	流通业从业人员比重	流通业从业人员数/社会从业人员总数
结构指标（S）	流通业增加值占 GDP 的比重	流通业增加值/地区 GDP
	流通业增加值占工业的比重	流通业增加值/工业增加值
	流通业增加值占第三产业的比重	流通业增加值/第三产业增加值
	就业弹性系数	流通业劳动投入变化/流通业增加值变化
	外贸依存度	外贸（进口和出口）总额/地区 GDP
	从业人员劳动生产率	流通业增加值/流通业劳动投入
效益指标（P）	资本产出率	流通业增加值/流通业资本存量净值
	流通业人均年销售额	流通业年销售额/当年流通业从业人数
	流通业增加值边际倾向	流通业增加值增长量/地区 GDP 增长量
	城乡集市贸易成交额占 GDP 比重	城乡集市贸易成交额/地区 GDP
	城镇人口比重	城镇人口数/地区人口总数

① 章迪平. 流通产业发展方式转变实证研究——以浙江省为例［D］. 浙江工商大学，2010.

是流通业发展方式的走势情况。上述比值越大，就越说明我国流通产业发展方式由粗放式向集约型转变；比值越小，则相反。

根据上述分析，本文得到我国流通产业发展方式变量评价方程如下：

$DW = P/D \times s$

式中，DW 表示我国流通产业发展方式指数；D 表示发展指标评价值；P 表示效益指标评价值；s 表示当年结构指标除以上年结构指标评价值。

2. 数据的选择

按照流通产业发展方式的变量设计，根据年鉴数据，进行计算得到各年指数（如表 4 所示）。

表 4 1979~2009 年我国流通产业发展方式指数

年 份	流通产业发展方式
1979	2.642069
1980	2.657629
1981	2.704065
1982	2.681784
1983	2.737272
1984	2.902438
1985	3.134305
1986	3.180327
1987	3.258877
1988	3.382125
1989	3.419344
1990	3.437402
1991	3.567873
1992	3.670116
1993	3.756081
1994	3.879079
1995	3.964872
1996	4.030138
1997	4.080529
1998	4.125842
1999	4.164576
2000	4.216583
2001	4.264577
2002	4.305633
2003	4.346523
2004	4.405227

续表

年 份	流通产业发展方式
2005	4.459816
2006	4.525126
2007	4.613704
2008	4.691623
2009	4.725588

二、信息化水平与我国流通产业发展方式关系的实证研究

（一）格兰杰因果关系检验

本文利用信息化发展变量和我国流通产业发展方式进行 Granger 因果检验，得到结果如表 5 所示。从表 5 中我们可以发现，在信息化发展水平对流通产业发展方式的因果关系检验中，1 阶滞后项和 2 阶滞后项均构成了流通产业发展方式转变的原因，并且从显著性水平上我们也可以发现，1 阶滞后项达到了 5%的显著性水平，2 阶滞后项达到了 1%的显著性水平，说明信息化发展水平对流通产业发展方式的影响上具有时间滞后影响。同时为了进行稳定性检验，本文进一步控制了大事件年份进行检验，结果显示信息化发展水平是我国流通产业发展方式转变的原因，但是显著性水平有所降低。说明特殊年份对于我国信息化发展水平对流通产业发展方式的影响程度可以忽略，并不影响本文的后续研究。

表 5 信息化发展总指数与流通产业发展方式关系的 Granger 因果检验结果

	DW（1 阶滞后项）	DW（2 阶滞后项）
IDI	Y（0.0143）	Y（0.00753）
IDI（控制大事件值）	Y（0.0536）	Y（0.0078）

注：N 表示 IDI 不是流通产业发展的原因；Y 表示 IDI 是流通产业发展的原因；括号里的数字是 p 值。

（二）协整分析

1. 单位根检验

变量协整检验就是对两个可能具有单位根性质即 I（1）的时序数据，判断其线性组合是否具有平稳过程即 I（0）性质。因而，第一步需要对所有变

量数据做单位根检验，因此，用信息化发展指数和流通产业发展方式指数分别估计两个方程并检验，检验结果如表 6 所示。

表 6 信息化发展指数和流通产业发展方式关系单位根检验结果

检验变量	ADF 检验值	检验类型（c，t，k）	结论
IDI	0.182042（0.9666）	（c，0，1）	不平稳
IDI	−1.995983（0.5791）	（c，t，1）	不平稳
ΔIDI	−5.304357（0.0002）	（c，0，2）	平稳***
ΔIDI	−5.344978（0.0010）	（c，t，2）	平稳***
DW	−0.914173（0.7697）	（c，0，1）	不平稳
DW	−3.219181（0.1005）	（c，t，1）	不平稳
ΔDW	−3.867441（0.0065）	（c，0，2）	平稳***
ΔDW	−4.081448（0.0172）	（c，t，2）	平稳**

注：①检验类型中，c 和 t 表示是否带有常数项和趋势项，k 表示滞后项；②Δ 表示变量序列差分；③* 表示 10%显著水平，** 表示 5%显著水平，*** 表示 1%显著水平。

从表 6 中我们可以看出，IDI 和 DW 变量的一阶差分检验均是不平稳的，而在二阶差分检验中，IDI 和 DW 分别以 1%和 5%的水平显示是平稳的，其中 DW 的二阶差分不带趋势项的平稳性水平为 1%，说明 IDI 需要进行误差修正模型回归分析。

2. 协整检验

协整检验结果如表 7 所示，从表中数据我们可以发现，迹检验统计量统计指标值在 5%的水平上，显示在 1979~2009 年我国信息化发展水平和流通产业发展方式之间确实存在协整关系，即我国信息化发展水平和流通产业发展方式之间存在长期稳定的均衡关系。

表 7 协整关系检验结果

特征值	迹检验统计量	临界值（5%显著水平）	假设的协整方程数
0.218727	15.49471	7.744028	没有（0.04932）
0.020002	3.841466	0.585932	至多有一个（0.4440）

注：表中数据结果均由 Eviews7.0 软件获得。

（三）建立 VAR 模型及回归结果分析

由于信息发展水平变量 IDI 和流通产业发展方式变量 DW 具有一阶协整关系，我们采用两步法估计均衡修正模型。第一步是估计两变量线性回归方程，由于 IDI 和 DW 具有协整关系，所以排除伪回归可能性，获得残差时间序列数据；第二步将回归的残差项作为序列数据加入回归方程，因此建立如下误差修正回归模型：

$$dDW_t = \alpha + \beta ECM + \gamma dIDI_t + \mu_t$$

式中，DW_t 表示的是流通产业发展方式变量；ECM 表示对两个具有协整关系变量的水平 t 进行回归得到的残差项。

利用 Eviews7.0 工具进行上述模型进行回归，结果如表 8 所示。从中我们可以看出，在 DW 代表流通产业发展方式的回归模型结果中，回归方程的拟合优度值达到了 0.999800，而且显著性水平达到 0.1%水平，说明方程具有很好的解释效果；同时，残差项的回归系数 β为 1.000，显著性水平达到 0.1%的水平，说明残差项对以 DW 值所代表的流通产业发展方式变量具有明显的影响作用；IDI 对 DW 代表的流通产业发展方式存在系数为 3.172610，显著性水平在 0.1%的正相关作用。从统计意义上而言，IDI 所代表的我国信息发展水平对我国流通产业发展方式具有显著性的正相关关系。

表 8　回归结果

系　　数	DW
C（常数项）	2.713221*** （0.0000）
ECM（残差项）	1.000000*** （0.0000）
IDI	3.172610*** （0.0000）
R^2	0.999800*** （0.0000）

注：①* 表示 10%显著水平，** 表示 5%显著水平，*** 表示 1%显著水平；②括号内的数值表示 p 值。

三、结　论

本文通过对信息化发展水平指标和流通产业发展方式指标度量，并用 Granger 检验方法对信息化发展水平与流通产业的发展方式的关系进行了检验。检验结果发现：我国信息化发展水平构成我国流通产业发展方式转变的原因；本文进一步通过协整关系和误差修正模型分析发现，我国信息化发展水平对我国流通产业发展方式呈现误差修正的正相关关系，相关系数达到了 3.172610，显著性水平达到了 0.1%水平，方程拟合值达到了 0.9998，说明误差修正模型具有很好的解释效果，并且进一步发现我国信息化水平每提高 1 个百分点，我国流通产业发展方式将在集约型发展方面提高 3.172610 个百分点。

参考文献：

[1] 章迪平. 流通产业发展方式转变实证研究——以浙江省为例 [D]. 浙江：浙江工商大学博士论文，2010.

[2] 韩耀，何广前. 关于流通企业转变经济增长方式的评价指标 [J]. 铁道物资科学管理，2006 (5).

[3] 李旭辉. 我国区域信息化水平实证分析 [J]. 市场周刊（理论研究），2006 (4).

[4] 李因果，李新春. 基于可变权系数的我国地区信息化测度模型及应用 [M]. 情报杂志，2006 (4).

[5] 陈春晖. 区域信息化指标体系及其测评方法 [J]. 统计与决策，2003 (2).

[6] 商务部. 2010/2011 中国流通产业发展报告 [M]. 中商流通生产力促进中心，2011.

[7] 国家统计局. 中国统计年鉴 [M]. 北京：中国统计出版社（相关年份）.

我国流通产业发展方式转变探析

李　珏①

一、我国流通产业发展现状

我国改革开放以来，商品流通规模不断扩大，社会消费品零售总额每年平均递增 15.3%。2010 年社会消费品零售总额 15.45 万亿元，同比增长 18.4%，比上年加快 2.9 个百分点，扣除价格因素，实际增长 14.8%，增速比上年回落 2.1 个百分点。消费拉动经济增长 3.9 个百分点，贡献率 37.3%。② 商品流通规模的扩大使流通业自身及相关的行业得到快速发展，已成为第三产业的主体。

（一）市场化程度大大提高

多种经济成分、多种经营方式、多渠道并存的流通格局已经形成；商品价格基本放开，市场在资源配置、价格形成中的基础性作用明显增强；市场交易的透明度、开放度、公正性不断提高，市场竞争日趋激烈。

（二）社会化组织化程度有所提高

一是连锁经营浪潮方兴未艾，我国从 20 世纪 90 年代初导入这种经营组织形式，其后发展迅速并演变为现代商业发展的主要形式。

二是我国商品批发市场体系已初步形成，成为重要的商品流通渠道。全

---

① 李珏（1987~），女，安徽铜陵人，北京工商大学经济学院产业经济学专业 2010 级硕士研究生。研究方向：流通经济。邮箱：lijue1987110@yahoo.com.cn。

② 数据来源：中国国家统计局网站。

国已形成一批规模较大、辐射功能和带动作用较强的重点骨干市场。

三是流通主体正在向集团化、规模化方向发展，竞争实力逐年提高。目前我国各类商贸集团大量涌现，除传统的批发贸易商外，以海尔、联想为代表的一批生产制造商也直接进入流通领域，构建自身的营销网络和销售体系，实行工贸一体化经营，成为重要的流通主体。

四是各类市场中介组织逐步发育，经纪公司、快递公司、报关服务公司、会计事务所、审计事务所等机构不断涌现，提高了商品流通的专业化与组织化程度。

（三）流通业的对外开放步伐加快

1992 年中国政府在商业领域实行对外开放试点，沃尔玛、麦德龙、家乐福等一些大型跨国商业集团先后登陆，超市、便利店、专卖店、仓储式和会员制的大卖场等各种新的商业业态逐渐被引入。外资企业不仅带来了先进的经营理念和管理技术，促进了国内流通业的组织化程度和经营管理水平，同时也带来了激烈的市场竞争，各种业态的生命周期明显缩短，这使得中国的流通业现阶段发展带有明显的跳跃性和急速扩张性。

（四）流通的现代化开始起步

商业设施投资的规模与建设不断发展，各种商品交易市场、配送中心、物流中心、加工储运中心相继建立，电子计算机、条码、POS 系统等现代信息处理手段逐步采用，使流通作业的自动化与管理的信息化水平有所提高。流通业由传统的手工操作、柜台销售、经验性管理逐步转向专业化分工与规模经营，行业的资金与技术含量都有所提高。物流体系建设正在带动传统仓储业向现代物流业发展。

二、我国流通产业发展存在的问题

流通业被誉为“现代经济的血脉和神经”。经过改革开放 30 多年的发展，流通业已发展成国民经济的重要产业，在维持经济稳定、劳动者就业、税收等方面发挥了重要作用。但是，必须看到，我国流通产业总体上仍然相对落后，低水平无序的竞争导致其一直处于小、散、乱、弱的发展困境。我国流通产业发展程度与发达国家和一些发展中国家相比仍有较大差距，主要体现在以下几个方面：

（1）流通主体规模偏小，行业零散度过高。从我国流通产业的企业规模结构看，企业数量虽多，但规模偏小，中小企业仍是流通业的主体，单体分散经营的流通主体仍占较高比重。

（2）流通产业内部结构不尽合理。主要表现在三个方面：首先，现代流通业在流通总量中所占比例小，流通现代化水平低。以满足初级交易为主的传统经营方式与业态形式大量存在，新型流通方式发展虽快但规模很小。其次，流通业的组织形式结构不尽合理。连锁经营等现代组织形式所占比重远低于发达国家。最后，批发业与零售业的比例结构不合理。我国零售业发展尽管与国外有较大差距，但是新型流通方式和业态形式发展快，成长性好。相比而言，批发业发展滞后。无论是消费品批发还是生产资料批发都与快速发展的流通业不相适应。现代批发体系在商品分销和配置资源方面的作用明显较低。以初级交易方式为主的批发交易市场虽然有较快发展，承担了一部分消费品和生产资料的批发功能，但由于其固有的局限性，决定其不能从根本上承担起现代流通中批发体系所应有的作用。

（3）流通效率以及对国民经济的贡献率明显偏低。流通效率较低主要体现在：一是流通速度低。据测算，我国国有商业流动资本年平均周转次数为2.3 次。日本的非制造业（包括批发、零售业）流动资本年平均周转次数为15~18 次。一些跨国连锁公司如沃尔玛、麦德龙等的流动资本周转次数年均可达到 20~30 次。二是库存率高。社会库存总额占社会商品销售额的比重也反映了流通效率。三是物流成本过高。通过物流成本占 GDP 的比重，可以反映物流的效率。据世界银行测算，我国物流成本占 GDP 的比重为 16.7%。日本物流总成本占 GDP 的比重为 9.6%，美国物流总成本占 GDP 的比重为10.1%。可以看出，在物流效率方面，我国有较大的提高潜力。

10 多年来，流通产业创造的增加值在 GDP 中的比重相对稳定，长期保持在 8%左右，与发达国家在 20 世纪 90 年代达到 15%以上水平相比，我国流通产业对国民经济的贡献程度还比较低。

三、转变发展方式，促进我国流通产业的发展

流通发展方式的转变，是流通产业一次创新和改革的极好机会，将带动观念的创新、战略的调整、结构的优化和营销方式的改革，对中国流通业的发展产生深远的影响。加快流通业发展方式转变，既是整个经济发展方式转变的重要组成部分，又是实现经济发展转变的前提条件；既关系到整个流通

产业的效率和效益，又关系到广大人民群众生活水平和生活质量的提高；既关系到我国如何实现新的发展、新的飞跃，又关系到我国如何实现从生产大国向消费大国、从贸易大国向贸易强国的转变。

（一）节约资源，实现流通业从粗放型到集约型转变

近十几年来，我国经济出现了高速增长的态势。但是，在经济发展的同时，由于增长方式、管理方式、法制体制等方面的原因，环境污染、生态破坏等问题集中表现出来。如与发达国家相比，我国每增加单位 GDP 的废水排放量要高出 4 倍，单位工业产值产生的固体废弃物要高出 10 倍以上。[①] 经济增长的粗放方式，导致建设规模过大、投资需求膨胀、煤电油运紧张、价格水平上涨、经济结构失衡等一系列问题，特别是带来了十分尖锐的资源环境矛盾。这种高投入、高消耗、高排放、低效率的粗放型扩张的经济增长方式已难以为继。为此，转变经济增长方式，将是当前和未来一段时间内我国经济发展面临的一项长期任务。

对于流通产业来说则表现在：粗放经营、粗放管理，加上粗放型的商品，整体流通产业处于高毛利低净利的运行，全行业平均盈利率不到 2%，而费用高达 20%左右。从社会再生产过程来说，流通产业占用物质资料最多、耗费的费用最大、时间最长、潜力最大。积聚了大量的经营元素，却不能很好地加以利用，关键在于我们长期对流通产业重视不够，缺乏精心管理，精心经营，主要表现为：第一，只重视销售，缺乏对进货、仓储、加工、整理、配送各个环节进行全盘策划、合理衔接；第二，只重视毛利的提高，缺乏对各项费用进行分项分析，采取有针对性的措施，尽可能达到提高盈利率的目的；第三，只重视人员的使用，缺乏对人才的培训、提高，忽视对管理层管理潜力的挖掘和发挥；第四，只重视价格促销，缺乏对各项促销措施的综合运用；第五，只重视商品经营、缺乏对服务方式、服务质量和服务领域的深入分析，采取得当措施；第六，只重视出租或引厂进店经营，缺乏自主经营和创新能力，不敢承担市场风险，无法控制利润空间；第七，只重视经营，缺乏精细化管理，经营包括很多方面，是一项系统的管理，包括人、财、物的有效利用，产、供、销的顺畅衔接；第八，只重视对大户的管理，缺乏对客户群进行具体的分析和细分。

任何组织制度和经营形式的创新，只能为实现规模效益提供可能性，但要把它变为现实，还必须靠内功，靠强化企业内部管理，实现管理现代化，

① 数据来源：国家统计局网站。

增强企业内在活力，才能真正实现集约化经营，否则，只能是徒有其表。

1. 提高员工队伍的素质，实现职工队伍，尤其是管理人员高素质化

流通企业的特点之一是手工劳动占的比重大，因此，服务质量的高低，经济效益的好坏，归根结底取决于职工队伍的素质高低。所以提高职工队伍的素质就成为实现集约化经营，提高经济效益的重要内容。要通过强有力的政治思想教育和尊重人、理解人、体贴人的日常工作，提高职工的政治素质，增强他们的主人翁责任感和荣辱与共的企业精神；通过岗位练兵和文化、技术培训，提高职工的文化素养和业务素质。这一系列措施的实现，要靠完善科学的管理制度和使用、提拔、晋级的管理办法。

2. 实现管理方法科学化和管理手段的现代化

在当今的世界，提高效率和效益，不能靠原始的管理方法和单纯拼体力，必须不断采用先进的管理手段和科学的管理方法，这也是实现集约化经营的有效途径和巨大的推动力。只有这样才能合理地组织劳动，组织商品流通，节约、有效地使用人力、财力和物力资源，以全新的姿态面对市场竞争，靠科技、靠管理取得更高的经济效益和社会效益。

3. 实现服务的规范化和系列化

流通企业的另一大特点是服务性，只有高质量的和胜人一筹的服务，才能使企业获得更高的效率和更好的效益。在科技发达的当今社会，产品的品种和质量差异逐步缩小，而只有服务可以成为活广告为企业带来附加价值。因此，企业要设法搞好售前、售中、售后服务以及使用过程中的服务，使服务内容、服务设施、服务技术互相配套，实现物质服务和技术服务相结合；大众化服务和差异性服务相结合；规范化服务和灵活性服务相结合，并使服务走向网络化。

（二）提高连锁经营效益，做大做强流通企业

连锁经营是一次流通革命，是世界性现象，它是以连锁为架构把分散经营的零售业穿成线、织成网、连成片，通过对经营要素的集聚产生规模效应，达到降低成本、让利于民的目的。

在特定历史条件下，我国连锁商业采取先做大后做强的做法，是十分必要并且是符合中国国情的。但是应看到“大”是条件，“强”是根本，只有“又大又强”才能可持续发展。我国连锁商业同样面临着发展方式转变，从做大转向做强，从求规模到求效益，从发展到调整，以调整保发展，这是历史发展的客观要求：

1. 要立足区域发展，打好坚实基础

区域市场是庞大的市场，做实做足做细区域市场，便于经营要素的整合，经验的总结，形象的树立，为向外扩张打下坚实的基础；力求发展一块，巩固一块，夯实基础，有计划有重点地向外扩张。切忌盲目设点，四处开花，导致“寻租”成本、摩擦成本、管理成本提高，首尾难以兼顾，陷入进退两难的尴尬境地。

2. 要立足中小企业，稳扎稳打

中小企业最接近于广大消费者，与群众生活紧密相连，成本低、风险小，可以利用民间资本，促进中国连锁业的迅速发展。

3. 要立足内在的竞争力

商业企业竞争不同于商品竞争，它是在同一商圈、同一业态之间的较量，关键在于每一单店的内在竞争力，没有战术上的优势，就不能获得战术上的发展，没有单店的做强，无法形成集团（公司）的规模竞争力。

4. 要立足于主导业态的作用

任何一个连锁企业的发展都有一个优势业态的选择，沃尔玛有折扣店、家乐福有大卖场、易初莲花有仓储商场，以及国美、苏宁有家电专业店，它们充分发挥自身的优势，开拓着市场空间。做大要四面出击，多业态发展；做强则要扬长避短，发挥自身优势。

（三）推进流通创新，提高流通业竞争的软实力

模仿起步，引进业态，学习外资企业的经验，进行复制、克隆、普及、推广，为我国流通业发展奠定了坚实的基础。同时，也要认识到，我国流通业发展已进入新的阶段，仅靠模仿、复制是不能长久发展的，这是发展中遇到的新“瓶颈”。众多流通企业集团（公司）成功的经验告诉我们，没有创新就没有生命力，没有创新也没有竞争力，没有创新也没有凝聚力。

1. 创新观念

连锁经营诞生 100 多年来，世界发生了翻天覆地的变化，经济迅速发展、科学进步、消费水平的提高、消费方式的转变，都要求流通产业从产品结构、营销理念、经营方式、管理手段进行不断的调整、创新和提升。没有创新的观念，没有超前的意识，没有科学的措施，是很难跟上时代发展的。

2. 创新业态

业态作为商业企业的经营方式和存在形式，不是一成不变的，它必须针对不同环境、不同区位和不同消费对象，进行改革创新，既要保证原有的规范，也要创新发展，适应时代发展的要求。对一个行业来说，业态创新常常

带有革命性、颠覆性的影响。如超市的出现，彻底改变了全世界商品零售业的竞争格局。

3. 创新技术

科技进步是流通产业发展的根本动力。发达国家高度重视信息技术在发展现代流通业中的作用，积极研究开发新一代信息技术，加速物流领域的信息化建设。科学技术在流通领域的广泛应用，极大地提高了发达国家流通的效率和竞争力。

对于我国流通产业来说，技术创新可以从以下两方面努力：第一，要加强流通领域基础设施投入。仓储、加工厂、冷库、物流配送、大型批发市场等，直接为社会服务，属于基础工程，是公共设施的重要组成部分，不能实行完全市场化，应由政府投资建设。第二，积极推进流通现代化进程，应用IT技术装备流通各环节，逐步实现信息化、数字化和网络化管理，发展电子商务，根据不同地区、不同商品，推进多种交易方式，促进流通产业面貌的改善，手段的更新、业态发展和效益的提高。

4. 创新营销

改变只局限于低价促销的传统营销方式，提倡绿色营销、生态营销、理性营销和长效营销。营销创新是我国企业与国际竞争环境接轨的必然结果，亦是企业在竞争中生存与发展的必要手段。国内市场与国际市场的对接这直接导致我国企业竞争环境的改变和竞争对手的增强。面对这一切，我国流通企业表现出诸多的劣势，尤其是营销观念落后这一致命弱点，使流通企业面对强大的竞争对手和高超的营销手段不知所措。一些企业体制的问题同样表现出企业竞争力的弱势。要解决这些问题，则须从营销管理方面进行变革和创新。因为营销创新是提高企业市场竞争力最根本、最有效的途径。另外，通过营销创新，流通企业能科学合理地整合各种资源，并能提高产品的市场占有率。

参考文献：

[1] 黄国雄. 论流通产业发展方式的转变 [J]. 北京财贸职业学院学报，2010 (3).

[2] 纪宝成. 流通竞争力与流通产业可持续发展 [J]. 中国流通经济，2010 (1).

[3] 孙敬水，章迪平. 流通产业发展方式转变国际经验及启示 [J]. 中国流通经济，2010 (4).

[4] 高春倩. 连锁经营在我国的发展对策 [J]. 北方经贸，2007 (5).

[5] 刘波. 区域市场经营的对策思考 [J]. 铁道工程企业管理，2005 (6).

我国流通业发展面临的新形势及对策

高苗苗[①]

一、形势背景

步入 2012 年，我国面临的国内外经济环境更加复杂严峻。从国际来看，世界经济将缓慢复苏，但基础不稳，下行压力明显增大。而且贸易保护主义加剧，市场竞争将更加激烈。从国内来看，我国经济发展势头良好，但政府在慢慢调低经济增长速度，其中也存在不平衡、不协调、不可持续发展等问题。面对这种形势，国内外贸易发展将面临诸多的困难和阻碍，推进内外贸易联动发展势在必行。

流通业作为国民经济的先导性和基础性产业，是与消费市场联系最为直接和紧密的产业，在扩大内需、促进消费方面的作用尤为凸显。“十二五”规划指出：要建立扩大消费需求的长效机制——把扩大消费需求作为扩大内需的战略重点，增强居民消费能力，改善居民消费预期，促进消费结构升级，进一步释放城乡居民消费潜力，逐步使我国国内市场总体规模位居世界前列。要加强市场流通体系建设，发展新型消费业态，拓展新兴服务消费。要推动消费成为拉动国民经济发展的基本动力，使我国真正走上内需发展型之路，流通业担负着巨大的历史责任。

---

① 高苗苗（1987~），女，河南省安阳市人，北京工商大学经济学院产业经济学专业 2011 级硕士研究生。研究方向：产业组织与规制。邮箱：gaomiaomiao0330@163.com。

二、流通业现状

第一，规模不断扩大，但是与世界强国相比差距甚大。随着我国国民经济的稳定快速发展，人民生活水平的提高，近几年社会消费品零售总额稳步增长（如图 1 所示）。

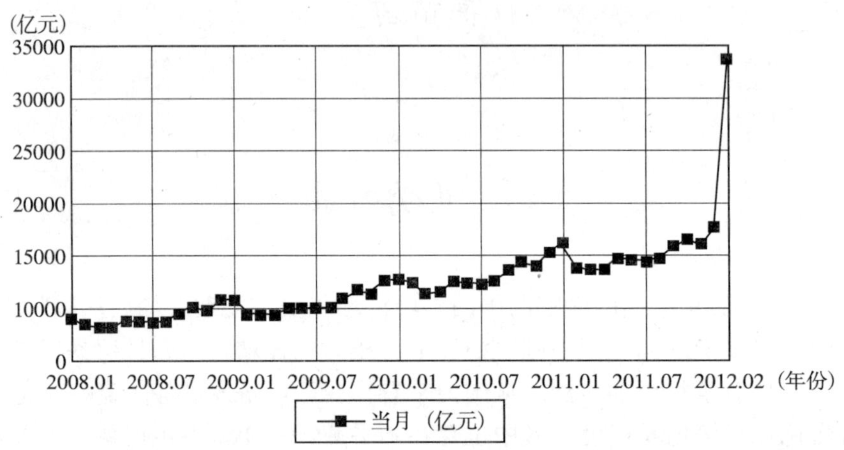

图 1　2008 年 1 月~2012 年 2 月社会消费品零售总额

数据来源：东方财富网。

参照入围 2011 年财富世界 500 强企业名单，可以发现我国没有一家零售企业上榜。从这个角度来看，我国流通企业和世界强国的企业相比差距还很大，有待加强管理。

第二，重生产、轻流通。由于长期受计划经济的影响，“重生产、轻流通”的观念烙印很深，这也是影响流通业发展的一个重要原因。改革开放以来，政府对流通重要性的认识已经提到一定的高度，但在实际运作中相关政策并没有落实到位。

第三，流通速度慢、效率低、成本高，对国民经济贡献率低。与发达国家相比，我国流通业仍然存在较大差距。这主要表现为：流通速度慢，2010 年我国限额以上批发零售企业商品库存占当年销售额的 7.29%，而美国、德国、日本早在 1990~1998 年就只占 1.14%~1.29%。流通效率低，我国年商业流动资本周转次数为 2~3 次，而日本为 15~18 次。流通成本高，2010 年我国物流总成本占 GDP 的比率为 17.8%，而发达国家为 10%左右。流通业对国民经济的贡献率低，我国流通业对经济增长的贡献率为 10%左右，而发达国家为 12%~20%；我国流通业就业人数占总就业人数的 10%左右，而发达国家为 15%~20%。我国流通业要着力改善目前的这种困境。

第四，现代化水平有所提高，但是缺乏国际竞争力。近年来，中国零售业现代化水平有所提高。北京、上海、广东等地推广先进流通经营与管理技术，大中型商场 90%以上都建立了销售时点管理系统（POS），50%以上大中型商场应用了条形码技术，一大批零售企业建立了管理信息系统（MIS），积极应用电子数据交换系统（EDI）和互联网（INTERNET）等现代信息技术，推进企业信息化建设和电子商务，从而提高了效率，降低了流通费用。

但是目前流通业还没有“走出去”，进行国际化经营。据调查，北京物美的业务大概是家乐福的 60%，如果把华润万家视为中国的企业，可能内地的业务能超过他们。这说明我国流通企业缺乏国际化竞争能力。

三、促进流通业发展的几点思路

（一）市场层面

1. 两个市场、两种资源

在开放的市场条件下，良好的市场关系极其重要。我国流通业的发展应该注重合理利用两个市场、两种资源，包括两个市场的对接和联动，逐步形成内外贸联动发展的大市场、大流通、大开放的新格局。

2. 立足我国流通业

发达国家的跨国大型流通企业如美国的沃尔玛、法国的家乐福等，这些企业之所以可以做大做强是因为它们充分利用了两个市场的资源，内外贸共同进行、相互促进。国外流通企业大举抢占了我国市场，而我国的流通企业还未在国际市场立足，因此我国的流通企业应充分利用国内外两个市场的资源，优化资源配置，降低市场运行的成本，提高市场效率和流通企业的竞争力。

（二）企业层面

1. 提高现代化水平，增强核心竞争力

流通业是传统产业，但是应高度重视电子商务对传统商业的影响力。截至 2011 年 12 月底，我国网民规模达到 5.13 亿人，互联网普及率提高到 38.3%。2011 年我国电子商务交易额约达 6 万亿元，同比增长了 33%，其中网民在线购物交易额达到 7849.3 亿元，比 2010 年增长了 66%，远远超过同期中国社会消费品零售总额的 11.6%。预计 2015 年网民规模将达到 7 亿~8 亿人，互联网普及率将达到 60%，网络购物交易额将达到 2 万亿元。互联网已经改变了我们的生活方式和工作方式，电子商务也打破了传统的商业模式，我国流通企业要注重对电子商务的应用，大力发展现代流通，不仅可以增强核心竞争力还会带来巨大的社会经济效益。

2. 转变发展观念，重视品牌战略，构建大流通

品牌价值一旦形成就会对企业的经营管理产生巨大影响和能动作用。相对于我国制造业等行业，流通业品牌建设相对滞后，品牌观念也相对淡薄。当前，很多零售商，都拥有自有品牌商品，如沃尔玛拥有 1800 多种品牌商品。这些自有品牌商品不仅价格优惠，而且有品质保障。我国流通业也应该从中学习经验，发展自有品牌，增强消费者对企业的认可程度，从而提升企业盈利水平。

面对激烈的市场竞争，流通企业要赢得更多市场份额，提高效益，必须转变观念，创立自己的品牌并提升其价值，从而慢慢成长为具有规模优势、供应链优势、成本优势、品牌和服务优势的国际性大企业。

3. 充分发挥其渠道优势，推动流通业创新

扩大内需，流通先行；贸易强国，渠道为本。充分发挥终端零售商等内贸企业的渠道优势，结合外贸企业的产品优势，推进内外贸企业联动，既可释放新的消费增长点，扩大内需，也可以拓宽流通业渠道实现“双赢”。我国流通企业要积极加强管理创新、技术创新、业态创新、企业文化创新、品牌创新，提升企业的经济效益与社会效益。

4. 转变发展方式，发展绿色低碳流通

“十二五”期间我国面临着转变发展方式、结构升级等任务。流通业作为国民经济发展的先导性产业和基础产业，加快发展方式转变，既关系到整个流通产业的效率和效益，又关系到广大人民生活水平和生活质量的提高，更会影响到整个国家经济发展方式转变的速度。

我国流通业在发展中存在许多问题，如资源利用比较粗放，过分追求增长速度和规模，这显然不符合经济社会可持续发展的要求，因此流通产业转变发展方式势在必行。流通业可以通过建立健全节能降耗工作制度，推广和采用节电、节水、节材型产品和技术，推行低碳采购等途径来发展绿色低碳流通，为我国建立资源节约型环境友好型社会尽一份力。

5. 吸取国外成功企业的经验

沃尔玛作为零售业的典范雄踞世界 500 强之首，其他包括一般商品零售

如家乐福、麦德龙、希尔斯等，以及专业零售如好市多、百思买等共超过25家的商品零售企业进入世界500强，而沃尔玛、家乐福、特易购、麦德龙、克罗格、好市多6家企业进入前100强。与之相比，进入中国500强企业的零售企业从收入到利润与世界500强有一定的差距。

以电器零售为例，选取美国百思买、日本山田电机与苏宁对比。虽然百思买在我国市场发展不尽如人意，但是以503亿美元的主营业务收入位于世界500强的第165位，日本的山田电机以251亿美元的收入位居第388位。苏宁与之对比（如表1所示），其企业规模（从收入和人数来看）与前者差距不大，但是净利润和资产还有很大的差距。可以看出，百思买作为全球最大的家电零售商利润水平比苏宁高出很多。我国电器零售业要从经营模式、供应链合作以及改善与厂商的关系进行深刻思考，并结合我国国情选择适合流通业的模式策略。

表1 苏宁电器与国外企业对比情况

企　业	收入（百万美元）	净利润（百万美元）	资产总额（百万美元）	人数（个）
百思买	50272	1277	17849	180000
山田电机	25140	826	11211	12439
苏宁电器	14641	648	6926	150419

（三）政府层面

1. 加大政府扶持力度

流通业是吸纳就业人数最多的行业，在带动就业方面起着不可忽视的作用。未来10年，我国流通业处于从传统走向现代的冲刺阶段，流通体制处于市场化改革攻坚阶段，政府部门要积极转变观念，给予流通业更多的重视和支持，尤其是在税收、融资、用电、用地等方面。同时，要进一步处理好引进外资与发展民族流通业的关系，给予民族流通业公平待遇，为流通业的发展及国民经济的发展营造良好的环境，不要让其输在起跑线上。

2. 搭建服务和信息平台

要实现外贸企业与内贸企业的有效对接，就需要政府发挥自身优势，积极介入为双方搭建沟通桥梁与合作平台，加强内外贸企业的信息交流与沟通。我国流通企业可以选择与国内不同区域的流通企业合作，也可以选择和国外的流通企业合作，从而引进国际先进经营理念、管理和营销技术，提升企业参与国内外竞争的能力。

北京市商务局曾经举办内外贸企业洽谈活动，为期仅半天，但收获颇丰。王府井百货、当代商城、华联商厦等百货商场，沃尔玛、家乐福等大超市以及国美、苏宁、大中等大电器商都分别选中了进店的企业和产品。政府搭建服务沟通平台，既有助于实现“扩内需、稳出口、保增长”的发展目标；也帮助外贸企业有效开拓了国内市场，丰富了销售渠道，内贸企业丰富了产品种类，扩大了销售规模；又让老百姓买到了物美价廉的商品，得到了真正的实惠。

3. 健全法律法规体系，创造良好发展环境

政府应大力推进流通领域的诚信体系的建设，整顿与优化市场秩序，清洁消费环境，保护消费者的合法权益。努力形成促进流通产业集聚、集约发展，促进流通产业现代化、专业化、信息化、国际化的政策与法律体系，为流通业发展提供坚实的体系支持，创造良好的环境。

4. 注重培养创新型人才

科教兴国，人才强国。政府应加大流通业相关学科建设，形成多层次的教育体系，培养高素质人才，对流通企业职业经理开展全方位培训，培养创新型贸易人才。

总之，我国流通业发展要继续统筹两个市场、两种资源，着力推进内外贸联动，构建统一的大市场，转变发展方式，发展低碳流通。同时，企业和政府应通力合作为流通业的攻坚阶段做好充分的准备，积极应对我国向贸易强国转变过程中会面临的挫折和挑战。立足市场，促进流通业发展，提高社会经济效益，推进我国走向贸易强国的进程。

参考文献：

[1] 丁俊发. 内外贸一体化与流通创新 [J]. 市场营销导刊，2004 (3).

[2] 郭冬乐. 内外贸一体化：国外流通组织形式的实证分析与启示 [J]. 广东商学院学报，2004 (5).

[3] 郭馨梅，宋伟伟. 我国流通产业发展方式转变的路径选择——基于资源利用视角的研究 [J]. 北京工商大学学报（社会科学版），2011 (6).

[4] 陈新. 培育国有大型流通企业集团的路径思考 [J]. 企业导报，2011 (4).

[5] 洪涛. 中部地区流通业发展现状、问题与对策——兼对 2010 年中国零售百强分析[J]. 中国流通经济，2012 (1).

[6] 洪涛. 高级电子商务教程 [M]. 北京：经济管理出版社，2003.

[7] 洪涛. 流通产业经济学 [M]. 北京：经济管理出版社，2007.

流通产业引导资源型城市产业转型研究

——以山西省煤炭资源型城市为例

龚晓菊[①] 张 禹[②]

一、研究背景

煤炭资源型城市都是因煤炭资源而立，城市中的其他产业也都依附和服务于煤炭资源产业。山西省煤炭资源得天独厚，分布在全省 90 多个县（市、区）内，查明煤炭资源保有储量 2654.84 亿吨，占全国的 26%，[③] 是全国重要的能源基地。依托这个资源优势，煤炭产业自然成为山西省的支柱产业，也造成了煤炭资源型城市在山西占有相当大的比重。近年来，山西省的许多煤炭生产基地都面临资源衰退、枯竭的状况，从而引发了一系列问题：城市经济增长缓慢甚至倒退，产业结构单一，空间布局分散零乱，集聚效益差；过度开采资源，忽视环境保护，矿区生态环境遭到严重破坏；接替产业发展滞后，资源枯竭造成大量工人下岗失业；煤炭资源型城市的企业多为国有企业，体制转换问题也成为这些城市的难题，亟待解决。资源型城市在原始积累不足，国家帮助有限的条件下，资金的短缺已成为城市产业转型的主要矛盾之一，无法照搬发达国家成功转型的模式和经验。这些问题的出现严重影响着这些老工业基地的可持续发展。

---

① 龚晓菊（1963~），女，湖北黄石人，经济学博士，北京工商大学经济学院副教授。研究方向：流通经济、产业经济。邮箱：gongxiaoju@126.com。

② 张禹（1980~），男，北京人，北京工商大学经济学院产业经济学专业 2009 级硕士研究生。研究方向：流通经济、产业经济。邮箱：piscez@126.com。

③ 参见《山西省 2006~2020 年煤炭生产开发规划》。

2010年，国务院颁布的《全国主体功能区规划》，要求把山西省建设成资源型经济转型示范区，全国重要的能源、原材料、煤化工、装备制造业和文化旅游业基地。为了实现这些目标，需要合理地选择先导产业，发展接续和替代产业，在产业转型中培育一批主导产业和支柱产业，逐步形成众多产业集群，壮大资源型城市产业结构基础，改变单一、高度非均衡的产业结构现状，实现产业结构的调整与优化。本文将研究如何推动流通产业成为山西省经济发展的先导产业，引导煤炭资源型城市进行产业转型，使这些城市走上可持续发展的道路。以煤炭资源型城市为例进行研究，也可以为其他类型的资源型城市的产业转型提供借鉴。

二、煤炭资源型城市产业转型中先导产业的选择

原美联储主席阿兰·格林斯潘在谈到美国经济增长时曾说美国的GDP变轻了，意思是美国当前的GDP比50年前增加了5倍，但是GDP的物质重量比50年前仅是略有增加。关于资源型城市的转型，国内以往总是强调加大制造业的投资，扩大产品生产，忽视了流通产业的作用。一般来讲，生产、流通与消费共同列为社会经济循环的三大重要组成部分，其中流通作为生产与消费之间的桥梁和纽带，是商品和服务从生产者到消费者之间转移的经济过程，流通的角色使得社会经济循环得以形成。随着市场经济的日益发展，流通不仅仅简单作为生产与消费连通的中间环节，其承上启下作用日益突出，已经成为三者之间的最重要的环节。发展流通产业不仅使GDP变轻，还会改善借鉴增长质量，提高人民生活水平。因此，对于资源型城市而言，大力推动投资少、回报快、无污染又可极大地增加就业的流通产业作为先导产业，不失为明智之举。

（一）选择流通产业作为先导产业的理论基础

黄国雄（2003）认为应转变过去将流通视为末端产业的传统观念，而将流通界定为基础产业。黄国雄（2005）进一步指出，流通产业作为基础产业的五大特征：流通产业的社会化程度高；流通产业对经济增长的贡献率高；流通产业吸纳就业的数量大；流通产业与其他部门的联系紧密；流通产业具有不可替代性。曹金栋、杨忠于（2005）通过实证研究发现：流通产业对推动GDP增长的作用是最大的。流通产业是国民经济的先导产业，在经济发展中具有战略性的地位。因此需要大力发展流通产业，充分发挥流通产业在

经济发展中的重要作用。王德章、宋德军（2007）利用1990~2005年全国及北京、哈尔滨、贵阳的流通产业发展水平和代表城市经济发展指标的年度数据，使用自回归分布滞后模型建立对应的误差修正模型，定量分析流通产业对城市经济发展的影响因素，并提出以流通产业为先导，促进流通产业与城市经济发展的建议。

上述研究从不同的角度分析了流通产业的内涵、对城市经济发展的影响，并运用实证分析从不同角度证明了流通产业作为先导产业的科学性。

（二）对资源型城市产业转型研究中容易出现的两个误区

山西省的优势在于煤炭，同时又被煤炭优势所拖累。以煤炭、铝土矿、铁矿为主体的矿产资源优势，长期主导着山西经济的发展，经济发展常随资源价格变动而出现起伏，长期以来山西始终没能跳出资源型经济的怪圈。在此情形下，在产业转型问题上容易出现两大认识误区：一是过分依赖资源优势的认识误区。认为没有资源优势，就不会有比较优势，更不会有竞争优势。离开了资源优势，山西就会失去立足之基，经济发展不会有什么新的前途。二是放弃或蔑视资源优势的认识误区。认为资源优势是山西经济难以承受之重，资源型经济是山西经济发展的切肤之痛。从资源、环境、生态、结构和发展能力的角度算大账，资源型经济是亏本买卖。山西省经济的前途就在于扬弃资源型产业，只能另辟蹊径，别无他途。

显然，这两种看法都是不符合科学发展观要求的，也是不符合山西实际的。资源型经济是山西经济社会发展的根本特征，也是山西省可持续发展所无法回避的现实问题。随着资源的枯竭，产业转型是资源型城市必须解决的问题，由于我国流通产业建设起步较晚，与发达国家差距很大，只有通过规划，推动流通产业加速发展，提高技术水平和管理水平，流通产业才能作为经济转型先导产业的一个选择。

（三）山西省发展流通产业的优势

作为中部六省之一的山西省，地处中国内陆腹地，起着承东启西、接南进北的作用，是重要的区域枢纽，在发展流通产业方面有着良好的地理优势。在产业转型的政策支持方面也有着良好的发展契机：①国家对资源型城市的转型和发展予以高度重视。2005年8月11日，国务院在大连召开资源型城市可持续发展座谈会，温家宝总理指出，解决资源枯竭城市存在的贫困、失业和环境问题，是落实科学发展观、构建和谐社会、实现小康目标的一项重要而不可忽视的任务。②2006年3月19日《国务院2006年工作要点》

要求搞好资源枯竭型城市转型和采煤沉陷区治理，抓紧建立资源开发补偿机制、衰退产业援助机制。③2010 年底，国务院宣布设立“山西省国家资源型经济转型发展综合配套改革试验区”，这是我国设立的第 9 个综合配套改革试验区，也是全国第一个全省域、全方位、系统性的国家级综合改革配套试验区，这个规划的提出为山西省资源型城市转型发展提供了资金和政策支持。

三、山西省流通产业发展现状与存在的问题

（一）山西省流通产业现状

山西省作为首个国家资源型经济转型发展综合配套改革试验区，近几年山西省流通产业基础设施建设方面得到明显改善，为全省流通产业发展奠定了一定的基础和潜力。

1. 流通产业基础较好

2010 年 12 月，山西省能源交通投资公司整合重组了地方铁路局、汽运集团、能源产业，建设成为以能源、交通、流通、服务为主导的现代流通旗舰型企业集团，经营煤炭运输，撬动非煤产品运输，形成大流通网络。

从近几年交通运输投资来看，山西省交通运输业投资连年高速增长，特别是 2009 年达到 700 亿元，当年增速达到 132%。从交易市场建设来看，2008 年山西省上亿元交易市场达 44 家，占全国比重为 1%；亿元市场的交易额为 340 亿元，仅占全国的 0.65%。从公路运输装备来看，这几年一直向专业化规模化方向发展，2009 年山西省重型载货车辆增速高达 28.61%，载货汽车占全国比重达到 3.94%。从交通运输业增加值来看，2009 年山西省交通运输业、仓储邮政业实现增加值 523.38 亿元，占全国的比重为 3.1%；山西省交通运输业在 GDP 的比重为 7.1%，高于全国水平 2 个百分点。从批发零售业增加值来看，2009 年山西省批发零售业实现增加值为 557.86 亿元，占全国的比重 1.9%；批发零售业增加值在山西省 GDP 的比重为 7.6%。[①]

从以上数字可以看出，交通运输业是山西省发展的优势产业，市场交易的发展潜力很大，发展流通产业基础较好，流通产业发展具有广阔的前景。

2. 连锁经营竞争优势日益明显

近年来，山西省涌现出华宇、美特好、山姆士、华联、太原双合成、唐

① 卢建明. 从数字看山西物流业发展［J］. 经济纵横，2010（11）.

久便利、金虎便利等一批发展较快的连锁企业。沃尔玛、燕莎、华润万家等一批国际、国内零售业巨头落户山西，加速了流通产业现代化的前进步伐。

3. 物流配送发展态势良好

近年来出现了一批各具特色的现代物流配送企业。盛唐物流、太原刚玉、汾酒集团、东方智能物流等企业积极探索，积累了发展现代物流的宝贵经验。以大运高速公路为经济带，以大同、太原、侯马为中心发展起来的三大物流园区，奠定了山西物流业发展的基础。

4. 流通产业信息化建设步伐加快

全省70%的大中型企业建立了自己的网站或主页。许多政府部门设立门户网站，逐步从部门事务向全社会的信息共享发展。已开通的外经贸EDI网，有近5000户企业上网发布信息。山西（CA）安全认证中心的组建，保证了电子商务的交易安全。中国煤焦数据交易中心的组建，标志着山西省流通信息化水平有了跨越发展，为流通信息现代化奠定了基础。

（二）山西省流通产业存在的问题

虽然山西省流通产业的发展前景比较乐观，但仍处于发展的初级阶段，存在不少问题，主要表现如下：

1. 货物运输比例成下降趋势

从铁路货物运输量来看，山西省铁路货运量在全国一直占有很高的比例，但近几年在连续下降，2005~2009年山西省铁路货运量占全国的比重由22.7%下降到16.4%。从公路运输量来看，山西省公路运输量在全国运输量的比重一直高于全省GDP占全国GDP的比重，但近几年在连续下降，2005~2009年山西省公路货运量占全国的比重由5.35%下降到2.57%。从货物运输周转量来看，近几年山西省占全国的比重连续下降，山西省公路货物平均运输距离低于全国水平，铁路货物平均运输距离仅为全国的1/3。从民航运输来看，山西省民航货运量仅占全国的1%，民航客运量占全国的比重在2.5%左右。①

2. 大多数流通企业处于小而散的状态

据相关数据统计，目前山西省经注册的流通企业有两万多家，真正具有一定规模的只有十几家，达到国标的仅有四家，占山西省流通企业总数的五千分之一。部分流通公司就是“一张桌子+一部电话”便可开张运作。目前，即使省会太原也没有几个大型仓库可以供外来货物集散，一些需求较大的中

---

① 卢建明. 从数字看山西物流业发展［J］. 经济纵横，2010（11）.

高端仓库设施严重不足，装卸搬运机械化水平较低，设备落后，集装箱多式联运发展较慢，导致配送价格较高。流通资源种类和流向不平衡、不对等，也制约了山西省流通产业的发展。全省公路货运车辆 38.7 万辆，而空驶率在 40%以上，每年浪费了大量的货运能力。

3. 流通人才匮乏，制约流通产业发展

虽然山西省的流通企业数以万计，但流通从业人员文化素质普遍较低，缺少现代流通基础知识，企业缺乏对员工现代流通知识的培训，引进人才、技术的意识也较为淡薄。流通专家、流通研究及调研人员寥寥无几，适用人才严重缺乏。专业流通人才的短缺使所提供的流通服务水平达不到高质量、多元化、快速、准确的要求。人才培养渠道较单一，校企合作不够深入，学校培养的专业人才不能完全符合企业的要求。

四、山西省发展流通产业的建议

产业转型并不是资源濒临枯竭的城市才会面对的问题，而是所有的资源型城市迟早都要面对的。已有的产业转型实践表明，产业转型时间越晚，为此付出的代价就越高，而此时，城市要为转型时机的错失支付高昂的延误成本。因此，在资源开发尚处于增产期和稳产期时，应充分利用此时资源型产业竞争优势明显、生产能力扩大和产出增长所带来的外部经济性，制定和实施转型规划，建立先导产业，发展替代产业，以赢得时间和主动，最终摆脱城市发展对不可再生资源的绝对依赖，实现城市的可持续发展。在煤炭资源型城市的产业转型过程中，为推动流通产业成为先导产业，现建议如下：

（一）充分认识流通产业发展在产业转型中的重要作用

政策制定者必须纠正“重生产、轻流通”的传统思想，要从战略高度重视流通产业的先导作用，流通产业政策的重点应有利于企业的重组整合和做大做强，并通过税收、信贷等优惠条件促使其实施。改变长期对城市的商业基础设施实行“零投资”，而热衷于那些增长见效快的工业项目或基建项目的错误思想。在城市发展的总体规划中，应坚持流通先导的方针，按照流通产业的布局和流向来规划城市的建设，通过各种中心城市和小城镇建设，形成和完善地区的商品流通网络，要通过规划和措施统筹流通产业与城市产业转型的关系。按照和谐发展的要求，深化管理体制改革，加强职能部门的沟通与合作，统筹流通产业与城市经济发展。

（二）积极引导培育大型流通企业

培育大型流通企业，发挥其在流通领域的主导、引导作用和示范作用。把内贸企业的国内市场经营设施、网络渠道、客户资源、经营管理人才等优势与外贸企业开展国际市场经营的相应优势有机结合，积极引导具有一定条件的内贸企业开展外贸业务和“走出去”开展经营业务。加快大型流通企业与外资零售业的合资合作。积极培育拥有品牌和自主知识产权、主业突出、核心竞争能力强、初步具有国际竞争能力的大型流通企业集团。

（三）鼓励中小流通企业健康发展

从企业规模看，吸收就业效果最好、最具竞争活力的是中小企业。由于中小企业一般技术构成较低，同样投资可以吸收更多的就业，而且中小企业建设周期短，资金投入和就业岗位之间的时间差也较短。中小型流通企业点多面广，最贴近生活，贴近城乡广大消费者，因此在培育大型流通企业的同时，也要兼顾中小流通企业的健康发展。中小企业发展中需要大量关于融资、市场行情、宏观政策等方面的信息，政府要推动设立专门的信息提供与咨询机构，使中小企业获得迅捷、及时的信息服务。在扶持中小企业，鼓励发展流通业的政策中，要给予中小企业一定时期的工资补贴和专项贷款等优惠政策。

（四）鼓励人才战略，为流通产业发展提供人才支持

应当说加强流通产业各类技术人才的培养和从业人员技术知识与技能的培训，是彻底改变流通领域技术水平落后的关键。政府部门要研究制定流通领域人才资源教育、培训规划，加大教育、培训力度，建立多层次人才培训体系，鼓励大专院校、研究院所设置专业课程培训高级流通产业管理人才，鼓励中介组织开展职业培训，提高流通从业人员素质。可以借鉴美国、日本等国家的做法，建立强化流通业从业人员的培训机制，并将参加职业培训及获得资格证书作为职工上岗的基本条件。

（五）切实推进现代流通方式快速发展

加强对国际先进流通技术的跟踪研究，实现商品市场的交易规则、交易方式和交易手段与国际市场接轨，不断提高山西省流通产业的现代化水平。重视利用信息技术改造流通企业的业务流程，大力发展现代物流配送体系，减少流通环节，合理配置物流集散地，提高物流配送效率。推进流通领域的

现代化和信息化，提高流通产业的技术水平，促使流通产业从劳动密集型向技术密集型转变。

总而言之，煤炭资源型城市的产业转型是一个比较漫长的过程，需要政府和企业相互合作，从整体上进行长期战略规划。国外资源型城市的产业结构调整一般都经历了很长的过程，休斯敦、鲁尔、洛林都经过了 30 年左右的时间才完成结构调整工作。上述城市在传统产业出现衰退前夕，政府就高度重视，并及时成立规划组织机构，制定改造振兴的总体战略规划，有计划地开展了结构调整工作。因此，我们在进行产业转型的过程中，要避免城市定位的摇摆不定，要防止那种一届政府一个转型目标的问题，要注意保持定位的连续性。实现“矿产资源依赖型经济”向“人力资本开发和科技创新驱动型经济”的转型和跨越。

参考文献：

[1] 张复明. 资源型经济：理论解释、内在机制与应用研究 [D]. 山西大学博士论文，2007.

[2] 卢建明. 从数字看山西物流业发展 [J]. 经济纵横，2010 (11).

[3] 乔治国. 现代物流发展对山西省物流发展的启示 [J]. 中国市场，2011 (23).

[4] 裴长洪，李程骅. 论我国城市经济转型与服务业结构升级的方向 [J]. 南京社会科学，2010 (1).

[5] 李雨潼. 我国资源型城市产业转型问题研究 [D]. 吉林大学博士论文，2007.

图书流通领域中一次“波动型”制度变迁及理论分析[①]

——基于实际效果的反思以及间断平衡理论的解释

于忠江[②]

图书流通领域中新近发生的“波动型”制度变迁，即《图书公平交易规则》的颁布，对图书流通领域内的部分交易活动做出了某些限制性规定。但是，在经历极短的时间后，该规则就被迫做出修改，结果使其效力无存。所谓“波动型”制度变迁，是指变革在发生时的确产生一定影响，然而结果却很快恢复到变迁没有发生时的状态，此种情况下变革的结果“似乎”与发起者的预期并不一致。换言之，称其为“夭折了的制度变迁”也是符合直观的认识的。当然，这种变迁也就不是所谓的“改进型”变迁，因为在此种情况下，发起者成功实现预期结果，实现了效率、利益等的提升，是十分成功的制度变迁。整个事件暂时结束之后，绝大多数利益相关者很容易就得出了《图书公平交易规则》制定者是失败者的结论。持有此种观点的利益相关者占到了绝大多数，甚至包括很多支持该规则的人员。对于这个现象或事实，我们是否可以给予更加深刻的理论分析，而不仅仅是停留在直观的层面上？特别是，采用不同视角的分析能给我们带来更多理论价值吗？

基于上述问题，将给出基于事实结果的动态理论分析，研究的结果表明，事情远比想象得要复杂，甚至结论可能是完全相反的。无论如何，对这个事件需做更加认真、具体的分析。

---

① 基金项目：2011 年度全国统计科研计划项目（2011LY023）；教育部人文社会科学研究青年基金项目（10YJC790327、09YJC840004）；2011 年度河南省哲学社会科学规划项目（2011FJJ044）；郑州航空工业管理学院“区域经济理论与实践研究团队”项目。

② 于忠江（1977~），男，辽宁丹东人，经济学博士，郑州航空工业管理学院经贸学院讲师。研究方向：公共经济学、新制度经济学等。邮箱：jiangzhongyu0508@163.com。

一、事件的来龙去脉：从《图书公平交易规则》到《图书交易规则》

2010 年初，图书流通领域出现了一部行业自律规范，很快，该规范就被迫修改，然后颁布了修正版的新规范。前后出台的规范究竟各有什么特点，事件是如何演变的？本部分确立了相关的事实与分析的基础，并进一步提出了研究的具体问题。

（一）《图书公平交易规则》

中国出版工作者协会、中国书刊发行业协会和中国新华书店协会于 2010 年 1 月 8 日发布了《图书公平交易规则》（以下简称《规则》）。该规则共计 9 章 30 条，主要对图书流通过程中的订货、供货、收货与验货、退货、促销、结算、监督执行等环节做出了规定。

从性质来看，该规则属于行业自律协议或者行业规范，这是规则支持者都承认的事实。实际上，我们进一步可以推测，《规则》的制定者也应是以此认识为基础制定该规则的。因为从规则的实际约束力来看，尽管要求“在中华人民共和国境内从事图书交易活动的供货商和经销商”都应遵循此规则，但是其对监督执行不力的惩罚力度却极其有限。最严重的惩罚措施是：“建议新闻出版行政部门依法给予暂缓通过年检或不予年检等处罚。”这个最严重的处罚也仅仅停留在对新闻出版行政部门的“建议”的层面上。显然，这样的建议是否会得到真正的执行，还依赖于各级新闻出版行政部门自身对约束条件的判断。假定该部门（或上级政府）以追求该地区经济增长为目标——比如追求 GDP 的最大化，则只有在进行处罚（主要是针对网络书店的打折活动）的收益大于处罚造成的损失，才会有真正的处罚。这只有当售卖书籍的实体店比网店更有效率时才会出现，而这显然是不可能的，因为如果这样的情况已经发生，可能意味着根本不需要这三个协会出台规则，而是应该由网店牵头来出台类似的规则。此外，实体书店的经营绩效低于网络书店的也是不争的事实，其面临的倒闭风潮已经从所谓的民营书店开始蔓延到国营的“新华系”。[①] 由此可见，这个最严厉的惩罚措施也是很难得到执行的。总之，这是一部实际上缺乏足够约束力的自律规范。

---

① 支持这个判断的事实已经被积累得极其充分，此处不再列举论证。

（二）反对、支持与政府干预

《规则》颁布以后，引起了较大的争议，主要的焦点是关于如何展开促销活动的第6章。第6章规定：零售市场中，新书一般不得打折销售；在允许的几种特殊情况下，可以打折销售，但不得低于标定价格的85%。因此，很多人又把这个《规则》叫做“限折令”。

《规则》的这一部分引起了极大的争议。部分人士认为，这些限制折扣的条款，涉嫌垄断价格。例如，北京市消协、北京市律师协会以及部分律师以个人身份都表达了类似的想法；同时，他们还向国家发展与改革委举报，建议启动反垄断调查。此外，很多零售商和消费者也明确对该规范提出异议，而同时还有相当一部分人员持有并不赞同的观望态度。总之，反对该规范的人似乎不在少数。当然，也存在支持的人群，很可能主要是书业传统流通渠道的工作人员、相关协会的工作人员与研究人员。他们希望《规则》一定要坚决贯彻实施。概言之，在社会主义市场经济逐渐完善的转型条件下，我们说这是一部引起极大争议的规定并不过分。

（三）《图书交易规则》出台

在国家发改委反垄断部门的干预下，上述三个协会于2010年9月1日发布了新的行业规范——《图书交易规则》。《图书交易规则》是在《图书公平交易规则》的基础上进行修改的产物。对比前后两个文件，我们可以发现主要的区别如下：①第一条中的立法依据有所差异，《图书交易规则》增加了《中华人民共和国反垄断法》。②《规则》中的第6章，即引起极大争议的部分已经完全被删除，即促销活动中的定价范围，不再受到任何强制的限制，显然这是最重要的变化。③其他小的修改。

（四）本文的研究问题：《规则》真的失败了吗

在很短的时间内——前后不到8个月——第一部图书经销行业规范就被迫修改。争议极大的条款被删除——似乎本来就缺乏监督执行保障的规则，现在似乎连基本的利益主张都不存在了。基于这样的事实，我们似乎可以认为，《规则》的反对者获得了完全的胜利，因为出台《规则》的相关协会似乎并没有实现其目标。

本文的观点是《规则》并没有失败，或者说《规则》的制定者在很大程度上实现了其预设的目标。做出这样判断的根本理由有两个：一个是基于事实的反思与说明，另一个是基于动态的理论论证。

二、基于事实的反思：是成功还是失败？

（一）判断成败的标准：事实结果而非单纯的动机

判断事情成功的标准不应是简单的动机，特别是在我们根本就无法断定当事人的动机的时候，我们就更不应该仅仅依靠推测出来的动机来断定此次制度变迁的结果。在当事人的动机不清时，我们可以作适当的推测，但推测是否合适，则要看事实的结果。这就是经济学中芝加哥学派部分研究人员持有的观念，即以事实为研究的起点，同时检验假设还必须依赖事实；不结合事实分析的纯粹的主观判断不能认为是科学的分析的。总之，我们必须以事实为基础来讨论事件的成败；单纯依靠主观推测当事人的动机，进而就判定事情没有成功，这样的做法并不可取。

而基于一系列的事实，特别是《图书交易规则》没有被废止而是被修改并继续存在这一事实，本文将说明在整个事件中，《规则》制定者并不是失败者。下面是具体的说明。

（二）《规则》追求的三种可能结果

《规则》制定者事先追求的效果，我们是很难准确判断的，而其追求的目标是否是唯一的？是否与局外人的猜测相一致？这都是值得探讨的问题。基于反事实分析方法的分析结果，至少有三种是《规则》制定方在出台《规则》时就考虑到的。

1.《规则》被完全保留、彻底得以执行

对于这个结果，我们只能说这是个理想。即使对《规则》制定者而言，这也仅仅是一个可望而不可即的目标。从前文的论述中我们可以得知，《规则》制定者本身可能并没有追求这样的目标。理由是，《规则》制定者自己认定这是一个“行业自律”的规范，本身不具法律效应。此外，该方也知晓，《规则》能否得到彻底的贯彻执行，还取决于执行部门或上级部门的成本—收益考虑。因此，希望《规则》被完全保留，并且得到彻底执行几乎就是奢求。如果这个结果没有实现，我们就说《规则》失败了，是不合理的，因为可能连《规则》出台方自身也没有奢求这个结果出现。

2.《规则》被完全保留、部分得以有效执行

对《规则》制定者而言，这个结果可能是最希望出现的，也是较为理想

的结果。特别是，当有关“促销”的第六章被执行时，《规则》制定者会十分满意，这意味着成功，意味着为出台该《规则》而付出的各种努力都没有白费。但是，这个结果的出现也是有条件的，比如（来自消费者等方面的）反对的力量被抑制，同时最希望得到执行的内容的确被执行，否则是没有实际意义的。

通过下面的分析可以得知，上述两条都是很难实现的；而《规则》制定者很可能在事前就预期这样的结果也是有预期的。一方面，如果规则制定者有把握（通过各种方式、各种途径）抑制住反对声音的话，那么他就不会低调宣称，《规则》是自律的协议，其完全可以通过进一步的行动使其上升到法规的层次。正是因为其无法把握、控制可能出现的各种反对声音——或者说无法预知各方的反应（如消费者、政府、各级批发商等支持与否的反应）——其只能出台约束或管制自身的《规则》。这就意味着其在制定《规则》一开始时，就对该结果有一定程度的考虑，也会预知“《规则》被完全保留、部分得以有效执行”的结果是很难实现的。另一方面，《规则》制定者最希望得到执行的部分被执行，也只是具有可能性而已，并不是必然的事情。原因仍如上所述，“中央裁判者”[①] 综合各方的利益考虑才是 《规则》能够得到执行的关键（如第一部分所述）。《规则》制定者对此结果仍旧无法控制，其可以向中央计划者进行公关，但是其他利益相关者（甚至包括反对者）也可以进行公关。究竟是否能够实现“《规则》被完全保留、部分得以有效执行”的结果是很难预知的。如果因为这个结果没有实现，我们就判断《规则》失败了也是不科学的，因为连《规则》制定者自身对实现这个结果都没有信心与把握，我们又如何谈论它的成败呢？

3.《规则》部分保留、引起各利益相关者的反应，为进一步的行动奠定基础

这个结果可能是《规则》制定者不愿意看到的，不过制定者却一定会在事前预估到此结果的可能性。这个结果意味着初始的《规则》仅仅是制定者试探其他利益相关者反应的阶段性工具。或者说，《规则》制定者可以认为，如果前述两个结果可以实现（其中一个）的话，那么会很好；如果都不能够实现的话，那么实现这个结果也可以试探出其他利益相关者的反应——支持或反对的意见与强度、各方会采取维护自身利益的手段与公关方式、已经采

① 此处借用动态优化分析理论中“中央计划者”（central planner）的概念，意指可以做到客观、公正准确的中立裁判者（而非传统计划经济中的计划者的含义）。现实中，可以是具有裁判权的法院或者是有干预权的各级地方政府等。

取以及将会采取的各种行动等。在知晓各方的反应以及因此而透露出的相关信息之后，至少很多不明确的信息会变得明确，当然还会有其他方面的好处。

我们还可以从另外的角度来看待这个问题。《规则》制定者最不想看到的状况，大概就是通过“暗箱操作”而非公开进行利益诉求的方式实现了此种结果。或者说，《规则》制定方得不到上述的任何信息。这种局面不值得期待，原因在于此种情况下《规则》才没有任何的价值。

（三）成功的直接原因：实现了预定的结果

尽管有三个可能的结果可供《规则》制定者事前推测，但是只有一个是《规则》制定者在事先可以把握的。从这个角度来看，因为实现了可以预期的结果，所以我们说《规则》成功了是可以的。另外，如果按照经济学中的芝加哥学派的分析方法，即我们只能从结果来推测动机，那么我们说《规则》完全成功了未尝不可。特别是在使用经济理性的方法进行分析的时候，我们必须假定 《规则》制定者也是理性的，对结果也是会有合于理性的推测的，而不能做其他假定。显然，如果我们不以事实为基础进行检验，而只是以个人的推测为基础，那么我们可能有太多的、各式各样的推测，但是我们却无法判断出对错。因为只有以事实为基础的检验才能够告诉我们对错，而脱离事实的各种猜测可以是五花八门的，但是如果不经过事实的洗礼，这些猜测的价值不大。

《规则》是成功的，在于其激起各方反应，使《规则》制定者获得了相关的信息，为进一步采取新的行动奠定了基础。

三、成败判断的理论基础：“寻租”、就业保障与过度主张解释

有研究人员会反对上述的简单描述，以进一步的理论分析来说明《规则》失败了，而“寻租”的解释是一个最为人们接受的解释，很多人以此证明《规则》的失败。此处我们将说明，“寻租”解释最多是一个粗浅的、静态的解释，仍旧缺乏分析的理论深度。本文作者提出的就业保障解释倒是一个更有价值的解释。不过，这两个解释的共同缺陷就是：无法解释清楚，若《规则》已经失败，其为何还会以修正的面貌存在，而不是彻底废止、消失？

本文进一步提供了一个更加合适的动态解释——过度主张解释，即利益诉求者以“过度主张—试探—妥协”模式来曲折实现其目标的逻辑过程。我

们认为这是一个比“寻租”、就业保障更有说服力的解释。这个解释的另一个价值就是其还可以对事件的发展做出推测。我们的推测就是，图书流通领域中一场没有终点的竞争才刚刚开始，而不是像其他人所说的那样，早已分出胜负。同时，这也是一场没有最终的胜者与败者的竞争过程，因为动态地看，大家都会成为胜者，也都会成为败者，也就是说完善的市场经济中利益的调整必然是动态的。

（一）“寻租”解释：初步的、静态的解释

使用“寻租”来解释《规则》的失败，其主要逻辑过程是：《规则》以追求某种垄断为目标，现实中是为了获得垄断租金，特别是限制折扣带来的租金，是价格垄断的一种形式。《规则》被修改后，《规则》制定者没有获得任何租金或好处，因此，其是失败的一方。

我们不能说这种“寻租”的解释是错误的，但是这种解释是一个表面化的解释，也存在着严重的缺陷，即这是一类静态的解释，无法使用这类解释进一步预知事件的发展。同时，这个解释也无法说明修改之后的《图书交易规则》为什么还有必要存在。因为其经过修改，其在摆脱“寻租”的嫌疑之时就已经丧失了存在的价值，但是其并没有彻底取消、消失，而是以新的面目继续存在。

（二）就业保障解释：更实际的解释，但问题依旧

本文认为，从能够起到的实际解释效力来看，认定“《规则》失败了”的研究人员使用的“寻租”的解释还不如就业保障解释有价值。简单地说，就业保障解释强调的是先通过《规则》维持住实体书店的就业岗位、保证其不倒闭。这种解释与“寻租”解释的不同在于，“寻租”解释更强调了福利的保障（价格垄断带来的好处），而忽略了更根本的“保住岗位”的问题。换一种说法，“寻租”解释可以称为“福利保障”，而本文认为“就业保障”才是最根本的问题所在。《规则》出台的背景是，电子商务经营模式（网络书店）对实体书店产生了极大冲击，实体店的生存前景非常萧条。我们可以说，如果实体书店一直倒闭下去，就业岗位都保不住的话，“寻租”解释就是空中楼阁或天方夜谭——就业岗位都没有保障，何谈附着在就业岗位上的各种垄断福利？由此可见，就业保障解释比“寻租”解释更具根本性，更加实际。

不过，就业保障解释跟“寻租”（福利保障）解释面临着同样难以回避的缺陷。既然为了保障就业而出台《规则》，那么《图书交易规则》显然已经

无法实现该目的，但为何其会继续存在？事件会继续如何演进？显然，我们需要更有价值的解释。

（三）过度表达解释：动态分析模式

本文给出的解释以特鲁、琼斯和鲍姆加特纳的“间断平衡理论”为基础，可以称为过度表达解释，其主要的特点是动态的，同时可以对事件的进一步发展做出预见。概括来说，过度表达解释遵循了“过度主张—试探—进一步反应（坚持或妥协）模式”。其具体内容是，《规则》制定者为了实现其目标（局外人并不清楚的，可能是多重的），采用了过度主张的表达方式：首先，主张一些措辞得当、对自己也最有利的要求（这里的关键是措辞要得当）。不过，这些目标要求是否能够实现，其本身也无法完全预知或掌控。之所以必须要做这样的主张，原因是为了试探其他利益相关者的反应。结合《规则》的具体内容来看，我们可以认为，《规则》制定者最希望实现的是“限制折扣”的目的，但是其表达的目标却是“规范图书交易行为，维护图书市场秩序，保障消费者和供货商、经销商的合法权益”（《规则》第一条）。这是过度主张的最重要的表现之一。

其次是观察利益相关者的反应，并做出一定的调整，进而实现基本目标。事实上，《规则》制定者的确根据各方的反应做出了“妥协”，达到保留修正版本的《图书交易规则》的目标。这样，《规则》就以修正的面目出现了，而这也是《图书交易规则》失去效力但却会继续存在的根本原因。

进一步，根据我们的解释，一个显然的推论就是：《图书交易规则》不会是事件的终点。包括《规则》制定者在内的利益相关者，会根据新出现的情况来确定对自己有利的策略与行动。因此，我们还推测，《图书交易规则》很可能会经过进一步的修改与加工，真正上升到法律、法规的层面，而不会仅仅停留在行业协会的层面。但是在上升到法律、法规之前，会有一段相对平静的均衡时期，利益相关者各方会利用这段时期来收集资料、证据，完善自己的主张、行动与策略。

（四）过度表达解释与事件发展：一场没有终点的竞争才刚刚开始

伴随社会主义市场经济的完善，任何治理规则、法律法规都是一个动态的变迁、发展的过程。在每一次的改革与变迁过程中，是“动态受益—动态受损”的过程，即这次受益的团体，很可能下次受损；这次受损的团体，很可能下次受益；而不存在一个团体永远承受改革的成本而无法获得改革的。

就本文的研究问题而言，市场经济的发展与经济环境的变化是一个不间断的过程，在此过程中，《规则》的颁布本身就意味着其注定必然会被修改；但是固定每一次环境设定，中央裁判者的裁决一定是以整体上对社会有利来权衡取舍的，而这也与科斯提出的交易费用理论有一定的一致性，即一方的损失，完全可以由另一方的收益所弥补，社会整体上的福利是能得到改善的。因此，伴随环境的变化，可能会出现不同的结果，或暂时有利于《规则》的支持方，或暂时有益于反对方。这样没有必要抱着固执的观点来看待《规则》的成败，而是应该以动态的视角来具体分析不同情况下不同利益主体的损益情况。如果法规不利于整个图书出版行业的发展以及全体国民的文化素质发展与相关利益，则所有人都不是成功的一方。总之，市场经济的完善与发展要求利益得失要在现实的基础上以动态的眼光从长远的角度来观察。

四、结论：普适性与竞争中的和谐发展

今天，我们处在一个快速变化的商业社会中，在瞬息万变、追求时髦的商业社会中，"公平"不是一个时髦的词汇，但却是一个有持久生命力的词汇。它的生命力就在于，每次它的出现似乎都可能引起各种不同的反应。而在笔者看来，《图书公平交易规则》的作用也恰恰在此。其中的"公平"二字已经引发了不小的反响。制定者的初步目标已经实现，而且各方进一步的行动已不可避免。如果说其失败了，那么是没有问题的，因为事实上其已经被否决；但是，如果我们不停留在这个事实的层面，而是进行深入的分析，则双方的得失可能还暂时难以确定。

尽管本文研究的是图书流通流域的"波动型"的制度变迁事件，不过我们要说的是，在社会主义法制条件下，将来会发生的类似的事件都会采取这样的模式来解决。此处我们只列举盐业改革的一系列事件来证明我们的观点(当然可以包括最近发生的房地产领域的政府"松绑"事件，限于篇幅此处略去)。盐业改革的整个过程，其变化发展模式与本文分析的图书流通事件极其相似，只是整个过程中所处的阶段则与此相反。暂时看来，支持改革的一方失败了，维护既得利益与经营模式的一方似乎成功了。不过我们可以预期的是，这种状况不会持续多久（从现有信息来看，最长是5年），各利益相关者合理的利益诉求反应一定会使相应的结果发生改变。由此，我们可以证明本文提出的过度主张模式具有相当范围的普适性。

参考文献：

[1] 罗紫初，吴亮芳. 全面理解《规则》内容，加快行业诚信建设步伐 [J]. 出版科学，2010 (3).

[2] 王谦. 公平规则不公平，纸上谈兵；传统出版要改制，期待涅槃 [J]. 出版广角，2010 (3).

[3] 刘志杰. "限折令"之我见 [J]. 编辑之友，2010 (4).

[4] Freedman Craig F. Chicago Fundamentalism，Ideology and Methodology in Economics [M]. Singapore：World Scientific Publishing Co. Pte. Ltd.，2008.

[5] 新京报. 网店图书限折令被指垄断将进行修改 [EB/OL]. (2010-06-23) [2010-07-02]. http：//news.sina.com.cn/c/2010-06-23/070120527944.shtml.

[6] 王平. 网络书店异军突起，传统书店面临生死存亡？[J]. 出版广角，2008 (6).

[7] 特鲁，琼斯，鲍姆加特纳. 间断—平衡理论：解读美国政策制定中的变迁与稳定性 [A]. 保罗·A.萨巴蒂尔. 政策过程理论 [C]. 北京：三联书店，2004.

[8] Coase，R. H. The Problem of Social Cost [J]. Journal of Law and Economics，1960 (3).

[9] 孙晋，范舟，秦丽. 我国食盐业专营垄断之变异、危害及其纠补 [J]. 中南大学学报（社会科学版），2010 (2).

[10] 人民网. 盐业改革陷入僵局，既得利益者上报中央欲全面推翻 [EB/OL]. (2010-03-19) [2010-04-01]. http：//news.163.com/10/0319/11/624SRNL9000146BD_2.html.

日本铁道车站经济对中国车站经济及商业地产的启示

林至颖[①]

随着高铁时代的来临，我国正在开工建设的京沪高速铁路同时沿线将新建 21 个火车站，这些新建的车站以及车站地区将对整个中国的城市发展产生深刻的影响。自从日本于 20 世纪 70 年代建设第一条时速 200 多公里的“新干线”高速铁路以来，日本的铁路公司为了提高非铁路运输的收入，以商养路，一直积极地致力于多功能城市综合型铁道车站的建设，车站也从“城市的入门”演变成“都市中心”，车站经济促进城市的经济发展发挥出了不可估量的作用。就我国铁道车站现状来说，出行人次多，基础建设薄弱是与国外最大的差别所在，所以也面临着比国外更多和更为复杂的问题。因此，我国铁道车站经济布局、比重既不能完全照搬国外的现有成果，又要认真总结和借鉴国外的先进经验，将我国铁道车站建设成为城市网络中的一个中心。通过这些“中心”，促进城市经济的发展，使铁道车站经济逐渐成为引领整个城市发展的新的引擎。

---

① 林至颖（1979~），男，香港冯氏集团利丰发展（中国）有限公司、利丰研究中心副总裁，上海财经大学博士研究生，香港中文大学 MBA，中国人民大学商学院客座教授，广东商学院流通经济研究所兼职研究员，暨南大学现代流通研究中心特约研究员，清华大学中国金融研究中心商业模式研究工作室特聘高级研究员，中国商业经济学会学术委员、广东省粮食行业协会专家委员会副主任委员。研究方向：中国商贸经济、分销、零售及物流业发展、商业模式创新、供应链管理。邮箱：gordonlzy@126.com。

一、我国铁道车站经济的现状

（一）我国铁道车站经济所处的困境

20 世纪 80 年代末到 90 年代初，随着我国经济的迅猛发展，掀起了一股借鉴西方先进的铁道车站设计浪潮。然而，在这些铁道车站建成后的实际使用过程中，铁道车站经济却遇到了很多的困境。

一是对铁道车站经济认识的偏差。我国的铁道车站经济在没有完全吃透国外经营经验情况下仓促建设，脱离了我国的实情，导致铁道车站经济状况很不理想。据统计，铁路全路竟有 639 个二等级以上车站，得到经营开发的仅有 116 个，占总数的 18.2%。再如，北京西客站高档商厦和写字楼巨大的广告牌空空荡荡，商业经济功能中顾客与市场经营者的比例基本为 1∶10，旅店客房使用率也仅为 15%左右，既没有传统的商业氛围，又没有形成新商圈的人流条件，虽然耗资巨大，却最终没能形成我们所期望的结果。

二是短期内难以改变铁道车站脏、乱、差的印象。据有关调查统计的 116 个铁道车站的 1440 个经营网点中，租赁网点为 1006 个，占总数的 69.9%。一些铁路局将车站经营柜台全部租赁给个体商户经营，车站对出租经营网点的食品卫生、消防安全、服务收费等方面疏于管理。铁道车站销售的商品质量差，甚至有可能假冒伪劣，价格偏高，服务态度不好；车站地区秩序混乱，治安状况欠佳也直接影响到了车站经济中的旅馆经营。即使有大面积的餐饮、娱乐等功能，也因为人流混乱、物价极高、服务质量差等原因而没有好的经营效果。

三是车站商业经营的规模小，经营资源不足。我国铁道车站的商业服务业开发改造的资金投入上相对不足，商品经营服务设施陈旧，与所在车站的“地位门面”不相称。目前，绝大多数铁路局都是以车站为单位开展商业服务业，主要经营搬运服务、茶座、快餐、小食品、书报刊、小件寄存等同类同质的商品充斥各个销售柜台。例如，天津车站有小型超市、地方特产专卖、食杂店、小型旅店等，但是这些小型店铺基本上门庭冷清、无人问津，店里销售的可让旅客带走的“狗不理”外卖成品包子更是无人问津，而对于大型商业部分，尚在停业阶段。

（二）所处困境的原因分析

一是人员复杂，安全感极低。现有的铁道车站普遍管理不当，致使大量人员不得不滞留在站前广场，给车站地区的社会治安带来极大的不稳定因素。一些铁道车站盗窃、诈骗、拐卖人口、黑公共电话、假币、假发票、倒票、黑出租车等犯罪层出不穷。

二是铁道车站人流消费习惯。中国铁道车站人群的特有消费习惯使消费需求不可能很多，消费档次不可能很贵，消费替代性很可能在别的地方购物。在现实中，要想经营得好，除非借鉴麦当劳、肯德基这种价格稍高但品质有保证、价格全国统一的西式快餐店模式。

三是铁道车站的因素。经常出差的人都非常清楚，他们并不愿意在车站消费，车站的东西太贵了，但有时又没有办法，要消费就明摆着花高价。另外，铁道车站内部的店铺月租金比车站外普通商业的租金要高出许多，再加其他成本，商品的物价就必须要那么高才能持平。

四是铁道车站设计选址的因素。铁道车站设计的选址直接影响到客运站中商业、旅店、娱乐等功能的使用。如果车站与外部交通联系设计合理，会吸引很多纯粹购物、娱乐的顾客到车站的商业当中来，也能够使车站的旅馆有更良好的客房使用率。而在实践中，旅馆顾客最不满意的，就是铁道车站与城市的交通联系不便。

二、日本铁道车站经济的现状

（一）日本铁道车站经济发展状况

日本铁路资源开发清醒地认识到日本的铁路客流不可能持续上升，必须扩大车站的经营领域和空间，充分利用铁道车站“集散旅客”优势，努力为人们提供衣、食、住、行、娱乐、学习、旅游、经商和休闲等无所不包的综合服务体系。新宿站、大阪站、横滨站等都是这方面的典型实例。JR 东日本公司改造的东京上野车站，建造了东京都最高的 67 层大型综合客运大楼，除开办旅馆、商店、餐厅等服务娱乐设施之外，还经营房地产，以提高经济效益。东海公司在名古屋兴建该市最高的 60 层客运综合大楼。这样，大型多功能铁道车站就不仅仅只是一个交通枢纽，还在城市商业结构布局中起着十分重要的作用。

例如，JR 东日本公司在近百个车站开辟了规模不同的商业中心，在 56 个车站内设立了快餐连锁店，在东京新宿的节日站，修建了到滑雪地的缆车，并兼营饭店、餐馆、高尔夫球场等业务。京都圈的大宫车站在站内线路上空建设了占地 2300 平方米，集商场、写字楼、饭店、食品加工、咖啡店、按摩室等多功能于一体的商业中心，楼顶开辟小型体育场，根据不同旅客需求进行人性化装修设计，年销售额达 55 亿日元。1998 年以来，JR 东日本公司的租金收入总额持续增长。

（二）日本铁道车站典型实例

1. 日本京都车站

日本京都车站于 1995 年 3 月全面开工建设，1997 年工程竣工，两个月后各使用功能全面开启。建成后的京都车站大厦占地 38076 平方米，总建筑面积为 237689 平方米，地上 16 层，低下 3 层，中高度为 60 米。京都车站包含了伊势丹百货公司购物中心和一家有三个观众厅的文化中心，其中的一个大剧场有 935 座、一座博物馆、一家有 539 间客房的旅馆以及一座面积为 18500 平方米、占 9 层楼可停 1250 辆汽车的大型立体车库，而用于车站的面积仅占总面积的 1/20。另外，还有大量室外、半室外的公众活动空间。实际上它是由饭店、百货、文化设施、停车场及站台这 5 个部分组成的复合车站。京都车站现已成为日本一座规模最大的铁道车站，受到了京都年轻人的喜爱，特别是车站内的大楼梯成为年轻人最爱聚集的地方。

2. JR 东日本车站经济运营模式

JR 东日本公司设有事业创造总部，它主要负责车站资源开发及站车的经营服务。总公司直接管理 56 家拥有 50%以上股权集团公司，形成了拥有庞大资产和较大市场份额的经济体。JR 东日本公司要把车站建成日常用品齐全的市场大街，在每个车站都可以看到形式各样的书店、超市、餐饮、酒吧以及多种专卖店等，自动售货机分布于各个角落，商品的种类丰富，价格合理。车站的商业布置井然有序，规划合理，绝不占用旅客通道。通过一系列举措，提高了车站的经营水平，扩大了市场份额。2006 年仅东京站店内经营的年收入就达 440 亿日元。2003 年，JR 东日本公司成立 29 家车站大楼开发公司，如东京圈车站大楼开发公司、lumine 株式会社、新宿车站大楼。

JR 东日本的车站大楼商业地产一般用作高、中、低档商店（购物中心），车站大楼一般用于出租并非自营。JR 东日本铁路的所有车站大楼内主要经营领域是大型商场，至 2005 年，共有这样的站点 120 个，2004 年销售额达 9704 亿日元，在日本零售业排名中位居第八名，营业收入已占到生活服务业全部收入的18.7%，利润占48.7%，并且站内只采用JR相关公司进行经营。

三、日本车站经济对中国车站经济及商业地产的启示

通过以上分析，借鉴日本铁道车站经济经验，我国当前要加快启动车站经济，充分利用车站这一稀缺资源，高起点规划、高水平开发、高标准建设，打好车站经济这张牌。将车站区域打造成商业氛围浓郁、人气集聚、文化品位高、环境幽雅的花园式区域，实现高铁通车与车站经济繁荣的同步。

（一）对中国车站经济的启示

1. 选址和铁道车站可达性的启示

铁道车站经济的发展对城市中心具有明显的促进作用，铁路能为城市中心区带来大量的人流，促进城市中心区商业与公共活动的开展，增强市中心区的职能。因此，铁道车站的选址和铁道车站地区的可达性成为增强城市中心策略的关键。

从日本铁道车站的成功经验来看，日本东京至大阪新干线有12个车站，其中9个位于城市中心区，3个位于城市边缘区，比较而言，位于城市中心区的铁道车站更容易取得成功。

铁道车站地区的可达性也对促进站区和城市的发展起着重要的作用。特别是独立型的铁道车站，必须与城市中心建立流畅的交通系统，方便人们出行，才能取得成功。因此，在铁道车站的规划建设中应尽量靠近城市中心，增强城市中心的活力，远离城市中心的车站必须增加站区的可达性，在站区与城市中心之间建立城市的发展轴，形成城市新的发展中心。

2. 服务和环境景观启示

为了达到优化站区门户形象，提升站区价值的目标，高铁站地区环境景观可以通过建筑、城市、景观以及文化等方面进行改善。

可以通过新建建筑独特的意向表达与新鲜功能的置入达到环境更新的目的，如日本京都车站的内庭、大阶梯以及站房顶棚的处理手法；通过外部景观要素的引入，增加站区环境的亲切感，营造出新的城市景观，如南京火车站站前广场的处理方法；综合运用建筑、城市以及景观等要素，体现城市门户的文化内涵，提升站区的环境质量。另外，提升铁道车站的服务质量至关重要，因为消费者本身对车站消费就不是很感冒，只有比车站外的服务质量更优，性价比更好，才能吸引旅行者和车站地区市民的消费兴趣，提升车站

经济水平。

3. 功能整合的启示

交通功能的整合是系统整合的关键，完善的交通功能、高质量的换乘体系以及良好的可达性对铁道车站的经济价值有重要的提升作用。

首先，应高度重视换乘的便捷性和高效性，在加强车站周边空间整体设计的同时，为乘客营造方便、快捷、现代化的换乘环境。其次，高铁站地区应采用多元化的换乘方式，应妥善处理多种交通方式的衔接，尤其是轨道交通之间、轨道与常规公交、公交与个体交通的联系，为乘客提供多样的出行选择，并通过立体分离的交通体系，迅速有效地疏解高密度的客流。最后，高铁站地区的发展已从单一功能向多功能、综合性方向发展。不仅要满足交通的接驳和换乘要求，还要兼顾人们购物、娱乐、商务、旅游等需要。因此，高铁站地区的交通整合不仅要有合适的集散空间，而且还应通过立体的步行系统对地下地上空间进行开发，满足多种出行目的。

（二）对车站商业地产的启示

（1）我国铁道车站应树立商业化经营战略，这绝不是简单地借鉴日本的商业模式将商业空间引入铁道车站当中，而是从根本观念上将非交通业务作为增加收入和创造利润的有力来源。所以在铁道车站规划设计阶段，即应充分考虑其商业布局及利用前景，准确估计铁道车站商业空间开发规模，避免投资建设的盲目性。同时要活化候车空间职能，增加候车空间的舒适度和商业氛围，充分利用旅客候车时间，释放其商业消费能力。考虑到商业随时代更新的特点，预留商业空间发生变化的可能性。

（2）建设大型的城市铁道车站，服务行业迅速增长。如日本作为车站拥有者的一种收入来源，租金收入甚至超过了交通营运所得到的收入。虽然一些城市中心车站的商业布局在空间上基本上是平面或者立体分开各自独立的，但是商业利益最大化的要求驱使着服务业进入铁道车站内部营运区域，其形式从仅有几平方米的“壁皂”式商亭，到重要城市终点站上的完整独立的商业、金融中心。由于在增加收入的同时，这种服务业形式增加了车站内部的安全和保险感。所以，要解决好在保证商业收入最大化的同时满足到达列车的便捷需要的问题。

（3）在服务行业可行的地方，一般会采取商业中心式的开发来实现重要车站场所上空的房地产价值。它们的好处是由于位于主要营运区域的上方，通过垂直交通设施联系，可以在尽可能地减少冲突的同时满足消费者的交通需求和商业购物需求。另外，可以设置比较迂回的路线引导有更多候车时间的乘客和购物人员到达由商业、餐厅和其他设施组成的商业中心周围。复合体的设计应该有着最大化整个客运站业务的可能性，整个综合体越来越多地成为非乘客人员的购物场所，提高所有者的租金收入，进而增长商业地产的经济价值。

参考文献：

[1] 李丹明，李玉梅. 东日本铁路公司的多种经营 [J]. 中国铁路，2006 (9).

[2] 工祖祥. 欧美口铁路运输企业商业模式的演变路径和启示 [J]. 铁道经济研究，2004 (2).

[3] 李蕃. 从交通综合体到城市综合体——论交通枢纽型商业中心的开发 [J]. 现代城市研究，2010 (7).

[4] 山田雄大，西村豪太. 铁路新时代 [J]. 经济，2010 (5).

[5] 顾云清. 发展高铁车站经济的两点思考 [J]. 中国市场，2010 (13).

[6] 廉文彬，朱殿萍，宋超，刘素明. 日本铁路客运服务的启示 [J]. 铁道运输与经济，2010 (6).

零售与供应链

我国零售业市场集中度对价格影响的实证分析

贺孙林[①]

一、引言

零售业市场集中度增长对零售商品价格的影响是不确定的，因为垄断势力的增强而带来的价格上涨可能被规模经济引起的价格下降所抵消，市场集中度的增长对价格的影响要考虑规模经济和垄断势力之间的相互作用。关于市场集中度与产品价格之间的关系，存在两种主流的观点：第一种，主流学派基于特定的寡头垄断（合作）模型，预测较集中的市场导致更高的价格；第二种，Demsetz（1973）认为市场集中可以发挥规模经济的优势，降低成本并且获得更高的利润，存在规模经济的行业，高市场集中度和产品价格之间并不存在正相关性。

关于我国零售业市场集中度与价格之间关系的文献很少，只有部分学者研究了我国零售业市场集中度的变化及影响因素。陈阿兴和陈捷（2004）发现我国零售业的集中趋势在经济总量相对较大的城市和诸多新兴业态中不仅十分明显，而且还有加快的趋势，表明我国的零售产业正逐渐成为垄断竞争型产业。吴国新和万喆君（2007）通过对我国连锁零售业的行业集中度分析发现该行业市场集中度非常低下，并认为要想提高竞争力，必须提升零售业市场集中度。国内有条件的大型连锁零售企业可走企业联合的道路来扩大规模，通过强强联合或以强并弱，从而成为具有更大规模和更强竞争力的企

① 贺孙林（1985~），男，安徽宣城人，北京工商大学经济学院产业经济学专业 2010 级硕士研究生。研究方向：流通产业理论与实践。邮箱：hesunlin426@163.com。

业。仲伟周、郭彬、彭晖（2012）利用 OLS 回归方法，对影响我国零售业市场集中度的因素作了实证分析。结果表明，我国零售业市场集中度受期初集中度、规模经济、市场规模、外资进入的影响显著，且与这些因素呈正相关。在这些因素的综合影响下，我国零售业企业集聚度逐步提高。

本文在借鉴国内学者对零售业集中度研究的基础上，通过实证分析，能够得出我国零售业集中度与零售商品价格的关系，对需提高我国零售业市场集中度的政策提供数据支撑。

二、我国零售业市场集中度分析

20 世纪 40 年代，哈佛学派开创了产业组织理论中的“结构—行为—绩效”分析范式，即 SCP 范式。遵循此种范式，我们得以从市场结构出发来研究产业内的竞争与垄断问题，经常用来描述市场结构特征的一个指标就是市场集中度，通常用市场份额排名前 4 位或前 8 位厂商的份额比重之和来表示市场集中度，分别记作 CR_4、CR_8。另外一种测量集中度的方法是赫芬达尔—赫希曼（HHI）指数测度。本文采用 CR_8 对我国零售业的市场集中度进行测量，其计算公式为：

$$CR_8 = \sum_{1}^{8} X_i/X$$

式中，X_i 表示我国零售业销售额排名第 i 的企业的销售额，X 用我国社会消费品零售额替代。

利用上述公式计算 1999~2010 年我国零售业的 CR_8 指数，如图 1 所示。

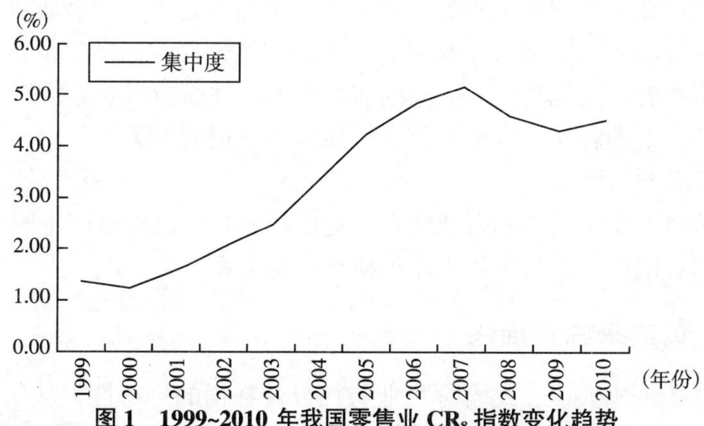

图 1 1999~2010 年我国零售业 CR_8 指数变化趋势

资料来源：根据中国连锁经营协会发布连锁百强名单，中国统计年鉴计算。

从图 1 反映的我国零售业市场集中度指标发展趋势来看，我国零售业八强占社会消费品零售额的比例由 1999 年的 1.3623% 增加到 2010 年的 4.4938%，这说明我国零售业八强占有的份额在 11 年间上升了 3 倍之多，市场集中度增长显著。另外，由图 1 可以看出，2008 年我国零售业市场集中度较之前有所下降，说明金融危机对我国零售企业扩张并购产生了一定的影响。

三、我国零售商品价格影响因素待检验假说及检验

（一）相关因素及待检验理论假说

1. 零售业市场集中度

零售业市场集中度主要通过规模经济和垄断势力两方面相互作用来影响零售商品价格。规模经济提高对价格的影响超过垄断势力增强对价格的影响，则零售商品价格下降；反之，零售商品价格上升。Dobson 和 Waterson（1997）发现市场集中可能导致价格上升，但又可能因规模经济而使价格下降，这取决于市场势力和规模经济之间的关系。

假说一：市场集中度对零售商品价格影响效果待检验。

2. 零售商品购进价格

零售企业购进商品价格直接影响零售商品价格，零售商品购进价格越高；零售商品价格越高；反之越低。

假说二：零售商品购进价格与零售商品价格呈正相关关系。

3. 消费者收入水平

根据凯恩斯的消费需求理论，消费者需求量总是受消费者收入水平的限制，消费者的收入水平通过影响对商品的需求进而影响商品的价格。对于正常商品，消费者收入越高，对商品的需求增加，进而使得商品价格上升。

假说三：消费者收入水平与零售商品价格呈正相关关系。

4. 能源价格

能源价格的变化会影响营业成本，进而对零售商品价格产生影响。

假说四：能源价格与零售商品价格呈正向关系。

（二）数据来源及描述

根据上述理论假说，结合零售业特性以及数据的可得性，从历年《中国统计年鉴》以及我国连锁经营协会网站上收集到的相关数据，对零售商品价

格及以上的影响因素分别用以下指标衡量。

1. 零售商品价格测度

由于零售商品种类繁多，本文用国家统计局编制的零售商品价格指数替代零售商品价格。商品零售价格指数（Retail Price Index）是指反映一定时期内商品零售价格变动趋势和变动程度的相对数，在一定程度上反映了某一时期我国零售商品的变动。本文中零售价格指数用RPI表示，并令1999年商品零售价格指数=100。

2. 零售业市场集中度测度

零售业市场集中度用我国零售业连锁百强数据中的零售八强销售总额与我国社会消费品零售总额之比计算而得的CR_8指数进行替代。

3. 零售商品购进价格测度

零售业购进价格表示如下：

Costp=限额以上零售业企业主营业收入/(限额以上零售业企业主营业收入/商品零售价格指数)

其中限额以上零售企业主营业收入和主营业成本数据均从《中国统计年鉴》中取得。

4. 消费者收入水平测度

由于我国城市和农村居民的商品需求收入弹性存在差异，本文用以下两个指标表示消费者收入水平。

$$Income1 = x1 \times a1$$

$$Income2 = x2 \times a2$$

式中，x1表示城镇居民家庭平均每人全部年收入，x2表示农村居民家庭平均每人全部年收入，a1表示城镇人口占比，a2表示农村人口占比，数据均从《中国统计年鉴》中取得。

5. 能源价格测度

本文用《中国统计年鉴》编制的原材料、燃料、动力价格指数表示能源价格，标记为FPI，并令1999年原材料、燃料、动力价格指数=100。

（三）实证分析过程及结果

根据以上指标，本文建立零售商品价格各影响因素的线性回归模型如下：

$$RPI_t = \alpha + aCR_8 + bCostp_t + cIncome1_t + dIncome2_t + eFPI_t + \mu_t$$

根据收集到的数据，利用Eviews7对数据进行回归分析，得到表1的OLS回归估计结果。

表 1 我国零售商品价格影响因素的回归结果

变量名称	系数	t 统计值	P 统计值
常数项 α	-22.88418	-1.429760	0.2027
CR_8	-0.942926	-5.110317	0.0022
Costp	1.284805	5.592051	0.0014
Income1	-0.002862	-5.549972	0.0014
Income2	0.010761	4.061812	0.0066
FPI	-0.012785	-0.707474	0.5058
Adjusted R-squared		0.993133	

从表 1 的回归结果可以看出，能源价格的回归结果不显著，即假说 4 未通过检验。一方面可能是因为能源价格的变化对零售企业成本影响不大，另一方面可能因为本文选取的指标不能完全反映出能源价格的变化。因此，将能源价格这个指标剔除，再次对剩余影响因素做 OLS 回归分析，得到如表 2 所示的结果。

表 2 剔除不显著因素影响后我国零售商品价格影响因素的回归结果

变量名称	系 数	t 统计值	P 统计值
常数项 α	-22.39154	-1.453108	0.1895
CR_8	-0.979541	-5.739335	0.0007
Costp	1.267501	5.757476	0.0007
Income1	-0.002741	-5.849558	0.0006
Income2	0.010458	4.150903	0.0043
Adjusted R-squared		0.993623	

从表 2 的结果来看，整个方程的修正拟合优度值为 0.993623，即整个方程的拟合效果很好，商品零售价格指数的 99.3% 以上的变动可以通过所选取的因素变量进行解释。从各因素的单独影响来看，各因素的回归结果都比较显著，都接受 5% 的显著性检验。具体的回归方程可以表述如下：

市场集中度对价格影响显著，CR_8 指数每上升一个百分点，可以使商品零售价格指数下降 0.979541 个单位，说明随着市场集中度的提高，规模经济所带来的零售商品价格下降趋势要大于垄断势力提升而引起的价格上升趋势，从而，我国零售业市场集中度的提高能够显著降低商品的零售价格。市场集中度的回归系数为负，对理论假设一进行了实证解释，说明在我国当前较低的零售业市场集中度下，零售业市场集中度与零售商品价格成负相关性。零售商品购进价格与零售商品价格的关系与假设二相符，零售商品购进价格每上升一个单位，将使得零售商品价格指数上升 1.267501 个单位，可见商品购进成本对零售商品价格影响非常显著。城镇居民人均全年全部收入的回归系数为-0.002741，这与假说三并不相符，一方面可能因为统计数据不能完全真实反映城镇居民的实际收入水平及变化，另一方面可能我国在城镇化进程中，农村人口的迁移以及居住成本的上升导致城镇人口商品的需求收入弹性下降。

四、结论与建议

（一）结论

通过分析我国零售业市场集中度发现，我国零售业市场集中度在过去十年间大幅增长，但在 2008 年金融危机的影响下有所下滑，而后又逐年增长。本文还通过对我国零售商品价格影响因素的实证分析发现，零售业市场集中度与零售价格之间呈负相关性，在当前较低的市场集中度下，零售企业规模扩大而产生的规模经济将使得零售商品价格下降，大型的零售企业具有更低的边际成本。商品购进价格和农村人均全年总收入与零售商品价格呈正相关性，而城市人均全年总收入与零售商品价格呈微弱负相关性。

（二）建议

基于上述研究结果，应当提高我国零售企业的市场集中度，并建议从以下几个方面采取措施。

1. 兼并重组扩大零售企业规模

通过实施资本运作，跨地区兼并重组，帮助企业扩大规模，增强竞争实力，占据市场份额的同时直接推动零售企业市场集中度的提高。企业通过水平一体化实现规模经济，降低产品的边际成本。此外，零售企业还可以通过零售经营的方式扩大规模，从而推动零售业市场集中度的提高。

2. 提高零售企业的技术管理水平

我国很多零售企业为了占领市场，提高垄断势力，进行盲目的扩展，技术管理水平没有跟上，进而造成管理混乱，没有发挥出应有的规模经济效益。因此，在进行规模扩展的同时，技术管理水平应当同步提高，引进、推广和应用先进的商业流通技术和信息技术，从而降低经营成本。

3. 促进零售企业协调发展

从业态角度看，各零售业态的演化和发展使得各业态之间的分工互补性明显强于同业竞争性，在充分发挥竞争机制的作用，通过市场竞争的优胜劣汰规律，使更多的社会资源向优势企业集中，提高我国零售业的市场集中度的同时，注意各业态的协调发展。从企业规模角度看，中小企业通过合理定位，能够很好地弥补大企业留下的空白，满足消费者多样化的需求，因此在注重提高我国零售业市场集中度的同时，也要为小企业的生存发展提供有利条件。

参考文献：

[1] Demsetz, H. Industry Structure, Market Rivalry, and Public Policy. The Journal of Law and Economics, 16, April 1973.

[2] 陈阿兴，陈捷. 我国零售产业集中度的实证研究 [J]. 产业经济研究，2004 (6).

[3] 吴国新，万喆君. 对我国连锁零售业行业集中度问题的研究 [J]. 商业研究，2007 (3).

[4] 仲伟周，郭彬，彭晖. 我国零售业市场集中度影响因素的实证分析 [J]. 北京工商大学学报（社会科学版），2012 (1).

[5] Dobson, P. & Waterson, P. Countervailing Power and Consumer Prices. The Economic Journal, 1997, 107 (441): 418-430.

城市零售企业开拓农村市场的阶段特征①

——以苏果超市有限公司为例

陈阿兴② 武云亮③ 丁 宁④

一、引 言

自2005年以来，我国实施"万村千乡市场工程"深度开拓农村市场，各级政府积极引导城市骨干零售企业积极开拓农村消费市场。截至2010年底，全国已经建成连锁化农家店52万个，覆盖全国80%的乡镇和65%的行政村，基本形成以城区店为龙头，乡镇店为骨干，村级店为基础的农村现代流通网络。城市零售企业成为深化农村流通体制改革的生力军，各地纷纷涌现出一批成功的企业典型，这引起一些学者关注城市零售企业在城乡流通体系构建的作用。黄国雄（2011）提出我国开拓农村消费市场应促进农村连锁商业的发展，洪涛（2010）提出中国特色流通体系需要重视城市农村流通相互协调发展。夏春玉、张闯、梁守砚（2009）认为，零售企业可以通过采购

① 基金项目：国家社会科学基金项目资助"流通创新与现代商贸服务业发展对策研究"（11CJY071）；教育部人文社会科学研究基金项目"零售商主导的生产者服务绩效研究"（09YJC790006）。

② 陈阿兴（1964~），男，江苏溧阳人，安徽财经大学教务处处长，教授，经济学博士。研究方向：农产品流通。邮箱：1368434969@qq.com。

③ 武云亮（1964~），男，安徽萧县人，安徽财经大学国际经济贸易学院教授。研究方向：流通经济。邮箱：cawyl@sina.com。

④ 丁宁（1979~），男，安徽东至人，安徽财经大学国际经济贸易学院副教授，经济学博士。研究方向：流通经济。邮箱：ahdingning@163.com。

与配送系统共享来降低流通成本，并形成零售商主导的城乡互动的双向流通系统。超市等现代零售业态在农村发展前景良好（汪旭晖，2009；王强、陈丽娜，2010），而零售企业在农村经营成功的关键因素主要取决于顾客服务和政府政策的支持（陈为平，2010）。在大型零售企业空间创新扩散研究中，Jones（1987）认为，影响零售企业空间扩张主要包括 5 个因素：空间扩张模式的可行性、市场潜力空间变化程度、相对人口的市场弹性、公司运营组织结构的物流因素、资本的可获性。Graff（1994）研究发现，沃尔玛公司采取的传染扩散模式极大地推动了公司市场份额的显著增长。

相关研究表明，城市零售企业将现代流通创新扩散到农村消费市场，有利于缩短城乡流通体系存在的二元结构差距。国内对零售企业在农村市场行为的研究主要集中于物流配送、业态选择和顾客服务等方面，对城市零售商在农村市场阶段特征的研究较少。由于中外城乡流通体系存在较大差异，国外关于零售企业创新扩散的研究主要集中于城市，其结论和政策含义是否适用于我国有待进一步深入研究。而在城市零售企业开拓农村消费市场的不同阶段，其影响因素重要性也不尽相同。因此，研究影响城市零售企业开拓农村消费市场的阶段特征有利于拓展“三农”问题理论深度，也为我国深入推进“万村千乡市场工程”和构建农村现代流通体系提供政策依据。

在我国城市零售企业开拓农村消费市场的实践中，江苏苏果超市有限公司是比较成功的企业。苏果长期致力于农村消费市场的开拓，截止到 2010 年，苏果超市网点总数有 1905 家，其中 825 家为直营网点，连锁经营网络遍布苏皖鲁区域 25 个地级市和 30 多个县城。到 2011 年 4 月，苏果加盟网点总数已达 773 家，在县以下农村市场的连锁店铺占连锁网点总数的 60%，销售额 50%以上在农村市场实现，并且公司经营品种中 70%为农副产品及其加工产品。[①] 本文以苏果超市有限公司开拓农村市场的典型案例，分析城市零售企业开拓农村市场的阶段划分和空间扩张模式，探讨其在空间扩张各阶段中的影响因素，并基此提出相应政策建议。

① 朱晓燕. 苏果今年提速发展农村市场［N］. 南京晨报，2011-4-3.

二、典型零售企业（苏果）开拓农村消费市场的历程

（一）苏果公司发展的第一阶段（1996~2001 年）

苏果超市有限公司于 1996 年 7 月在南京成立，1996~1998 年，苏果在南京主要以几百平方米的标准超市业态发展。1998 年 4 月 26 日，苏果超市以加盟店形式开始向南京周边的溧水、高淳辐射扩张。1999 年 2 月，苏果超市推出第一家便利店。2000 年，苏果又尝试发展大卖场和仓储超市业态。截止到 2001 年底，苏果加盟店发展到 450 家，2001 年，其直营店有 220 家，加盟店有 450 多家，实现销售额 52 亿元，其中直营店销售 25.4 亿元。这些加盟店分布在江苏、安徽、山东和河南四省的市、县、乡，经营面积达到 19 万平方米。[①]

（二）苏果公司发展的第二阶段（2002~2005 年）

2002 年下半年，苏果在南京市场已占据零售市场最大的市场份额。为了深度开发农村市场，苏果开始采取直营和加盟双轮驱动战略，直营连锁店开始向外埠扩张。2002 年 12 月，苏果第一家外埠直营店姜堰店开业，随后苏果在溧水、宝应、仪征等地陆续开设外埠直营门店。2005 年苏果加盟店总数已达到 882 个，其中在二级城市有 193 个，在县城有 210 个，在乡镇以下的网点有 479 个。按地区经济发展水平分析，在苏北和安徽相对贫困地区的网点有 444 个。

（三）苏果公司发展的第三阶段（2006~2010 年）

随着外埠市场销售规模和销售比重不断提升，2006 年以后，苏果在苏、皖重要区域积极推行克隆多业态组合的“南京模式”，经营战略向“直营渗透”转型。2008 年，苏果一方面加速加盟体系内部的整合，以竞争力更强的直营店抢占外埠市场，在已经进入的扬州、马鞍山、淮南等地实施区域集中策略。另一方面以资本并购重点区域的加盟店，[②] 在苏皖省会城市、一线城市、二三线县城、乡镇、农村构建连锁经营网络。自 2005 年起开发村级农

---

① 案例中企业经营数据来源于苏果超市有限公司网站。

② 2006 年 8 月，苏果超市整合合肥 8 家加盟店。

家店开始，2009 年苏果在县和县以下开设的连锁店面已达 1100 家，占店面总数的 60%，其中乡镇和村店达 800 家。在 1500 多家总网点数中，县及县以下乡镇店铺数有 879 家，其中乡镇及镇以下农村网点数为 605 家。

表 1　2002~2011 年苏果社区店、平价店、购物广场进入外埠地域分布

年份	购物广场		社区店		平价店	
	城市	县、县级市	城市	县、县级市	城市	县、县级市
2002				溧水、仪征、姜堰		
2003	盐城		淮南、连云港、马鞍山、合肥	宁国、全椒、高淳、沛县		
2004					扬州	宿迁、兴化、天长
2005	常州	张家港			淮北	和县、溧水
2006	淮南（2）、泰州	沭阳、高淳	滁州	宝应（2）、泾县		
2007	徐州、常州、马鞍山、铜陵、枣庄、济宁、阜阳、滁州	海安、启东、洪泽、宝应、扬中、兴化		句容		句容
2008	宿州、连云港	姜堰、丰县、射阳、大丰、盱眙、涟水、仪征、江都		姜堰		
2009	襄樊、合肥、南通、淮安（2）	高邮、金坛、定远、泗洪		五河		宿迁
2010		无为、潜山、全椒	宿州	泗洪、溧水、海安、如东		
2011	常州、阜阳（2）泰州、淮南、滁州	赣榆、涡阳、高邮				

资料来源：根据苏果公司网站资料整理。

三、零售企业开拓农村市场的划分阶段

通过苏果的案例分析，城市零售企业开拓农村市场大致可划分为引入期、成长期和成熟期三个阶段。在零售企业开拓农村消费市场的引入期，公司受其资本、技术管理的限制，缺乏有效组织进入市场中物流、采购活动的能力，难以在进入的乡镇和基层农村的市场开设直营连锁网点，零售企业一般将已有的品牌、管理予以授权，或吸收加盟方式在农村市场建立连锁经营网络。进入区域可以是最基层的中心地体系（如乡镇或村），也可以是更高

一层的中心地流通体系（如县或市）。比如，在苏果公司创立初期，苏果受资金、人力和供应链的限制，直营连锁经营区域主要集中于南京市场，在南京周边的江苏、安徽、山东和河南四省的市、县、乡区域以吸收加盟店方式进入。

随着零售企业内部经营条件的提高和规模的提升，品牌影响力在已进入的区域基层流通体系中得到广泛扩散，在当地有效组织物流和采购等核心活动能力逐渐增强。企业拥有在创新源之外扩张连锁经营网络的实力，开始进入一些市场潜力较好的区域，并提升已经进入的区域市场份额，直营店新建比重开始提升。一些资本实力较强的企业还会对已有的连锁经营组织体系进行整合，并购加盟店，并通过多种方式对农村基层的消费市场进行深度拓展，进一步提升连锁经营网络覆盖率，这就进入零售企业开拓农村消费市场的成长期。以苏果为例，2001 年苏果规模和管理水平已得到很大的提升，多业态组合的经营模式使苏果在创新源南京市场占有最大的零售市场份额，2005 年 11 月苏果实施“百县百店”战略，依托南京配送中心的保障，在物流有效半径内周边 100 个县部署社区店或平价店，每个县选择 8~10 个乡镇部署标超店，然后再向行政村覆盖便民型综合服务店。苏果发展战略从“加盟扩张”到“双轮驱动”，再到“直营渗透”的转变体现了其开拓农村消费市场较为明显的阶段性特征。

当创新企业进入开拓农村消费市场的成熟期，企业在区域市场品牌影响力得到消费者的广泛认可，不仅拥有资金、技术、物流配送的专业化优势，甚至在零售业内部拥有独特的管理诀窍，零售企业可以将流通创新扩散到更加广泛的区域范围。由于创新源物流半径的限制，企业可能选择适宜扩散的区位构建亚创新扩散源，围绕其在有效物流半径内进入周边县域及农村消费市场。对于企业进入的重点区域市场，进入的方式以新建和直营连锁为主，直营连锁在整个连锁经营网络中的销售比重将进一步提升。

四、零售企业空间扩张阶段中的影响因素

（一）引入期较为重要的影响因素

在零售企业进入农村消费市场初期阶段，空间扩张模式可行性和市场潜力变化程度是首要考虑的因素，这两者决定零售企业究竟选择何种具体扩张模式，进入哪一个具体的区域市场以及进入的中心地流通体系的层级。同

时，市场潜力空间变异程度将直接影响零售企业获得的农村消费市场份额。对于我国县城以下的农村消费市场，居民收入水平差异并不显著，人口密度直接影响市场潜力空间变化程度，随着距离的延长，店铺对居民的商圈影响力将逐步减少，虽然这种衰减的速度慢于同样条件下的城市零售市场。人口密度过低的区域可能导致市场潜力在空间上差异变化较大，使得店铺经营和发展难以获得规模经济力量的支撑，并最终降低零售企业空间扩张模式的可行性。

（二）成长期较为重要的影响因素

当城市零售企业进入开拓农村消费市场成长期，相对人口的市场弹性和公司运营组织结构的物流因素其重要性逐渐提升。相对人口的市场弹性可以用 $\varepsilon=\frac{\partial y/y}{\partial x/x}$ 来表示，其中 y 代表零售企业销售额，x 代表零售企业规模的增长，规模的增长可以用新的连锁经营网点或者引入新的产品组合和服务来表示。在人口不变的条件下，如果市场弹性大于 1，零售企业可以通过规模的扩张取得较大的市场份额的增长。如果市场弹性小于 1，零售企业创新扩散将受到阻碍，企业将难以在成长期取得市场份额和连锁网络的扩张。市场弹性一方面受其企业自身内部因素的影响，零售企业通过业态、产品组合和组合创新可以提升市场弹性；另一方面，市场的饱和程度和竞争状况也将影响市场弹性。如果相对人口的市场逐渐饱和，市场竞争已比较激烈，市场弹性提升空间也较为有限。

运营组织结构的物流是影响零售企业成长期发展的另一个较为重要的因素，这将同时并直接影响零售企业对进入农村消费市场的连锁配送效率，决定零售企业构建城乡流通体系的运营成本。当零售企业进入扩张农村市场的成长期，在原有经营网络基础上增设新的连锁网点，这将提升物流组织运行难度和成本。提升物流配送效率，有效降低物流成本将推动零售企业在成长期快速发展，并充分利用连锁经营网络的规模经济，深度开拓农村消费市场。

因此，进入农村消费市场发展成长期的零售企业需要重视自身内部因素创新，特别是服务、业态和物流配送能力提升。总结苏果的成功经验，在开拓农村消费市场的成长阶段，苏果非常注重公司业态创新和物流配送能力建设。例如，2002~2004 年，苏果陆续推出社区店、“好的”便利店和“平价店”业态。为提高物流配送能力，2003 年苏果斥资 2 亿元建立马群物流配送中心，2005 年 1 月，该中心正式投入运营。2006 年 12 月，马群配送中心又开始建生鲜加工配送中心，苏果可以通过马群物流配送中心对遍布苏皖农村市场的直营店和加盟店实行高效的物流配送。

（三）资本可得性随扩张阶段深入重要性不断提升

现代商品流通的一个重要特征在于商业资本和金融资本的有机结合，商业发展程度受到资本的直接影响。随着零售企业在农村消费市场扩张的深入，资本可得性直接关系到城市零售企业资金链运营效率，其重要程度也逐渐提升。如果不能有效筹集企业扩张的资金，零售企业的空间扩张将难以为继，甚至会威胁零售企业资金链，如辽宁蒲公英由于资金链断裂只能退出已有一定市场基础的农村消费市场。

另外，资本可得性随着扩张阶段深入，其重要性不断提升，并影响其他因素。资金实力增强，可以增强零售企业在业态创新、物流中心建设上的投入，从而提升市场弹性和物流组织效率，为企业在农村消费空间扩张提供有力的资金支持，使企业可以选择多种扩张模式获得更多的市场份额和销售绩效，资金实力强还可以通过等级扩散模式进入距离创新源更远的区域。

从我国典型企业开拓在农村消费市场的历程来看，成功的企业在扩张的每一阶段都努力寻求资本的支持。以苏果为例，2002 年，香港华润集团以 2.3 亿元的价格，从江苏省果品食杂总公司手中收购了苏果 39.25%的股份，随后华润集团又连续两次增持，截止到 2005 年 5 月，香港华润控股达到 85%，前后共耗资约 8 亿元。另外，苏果极具特色的直营加盟双轮驱动模式使其极大地节约了企业在农村市场扩张阶段中急需的资本。苏果充分利用企业在农村建立的社会商业网络和社会资本，以企业直营连锁店为根基，同时争取已有一定经营基础的零售店铺加盟苏果，对于在农村消费市场拥有一定影响力的企业，则积极吸纳其整体加盟，如邳州、盐城供销社加盟苏果，这使得苏果在区域农村市场迅速建立连锁经营网络。除了整合农村供销社系统商业资源外，苏果还注重吸纳区域内重点优势零售企业，如吸纳江苏常州明都集团加盟苏果。随着企业资本可得性的增强，苏果对区域内市场实行多点扩张和整合兼并，继而向苏皖县域市场及小城镇实行快速扩张，逐步扩大企业在农村消费市场中的市场份额和商圈覆盖范围。

此外，零售企业还可以通过商业信用途径增强资本可得性，不需要占用自有资金从供应商处购进商品，商品销售金额到账期到期再返还给供应商。随着零售商经营和采购规模增长，商业信用能力也逐步增强，这将提升零售商的资本可得性，降低银行信用的财务成本。零售商还通过与供货商构建长期战略伙伴关系以进一步利用商业信用，如联合采购和自愿连锁等组织形式，这些流通组织创新也都为流通主体开拓农村消费市场提供了宝贵的资本支持。

另外，在我国，城市零售商开拓农村市场可以通过政策扶持途径增强资本可得性。自 2005 年我国实行万村千乡政策以来，开设一个村级店可获得 4000 元财政补贴，开设一个乡（镇）级店可获得 3000 元财政补贴。2005~2011 年，中央财政累计投入 58.5 亿元，各地金融机构（银行、信用社）也增加对农村连锁超市建设和物流配送的信贷支持，一些地方政府在土地、税费等方面出台了一系列扶持政策措施，比如土地出让金地方留成部分即征即退，地方财政对部分土地补偿费、安置补助费和办理土地审批手续费逐年给予返还，行政事业性收费以最低标准执行，这些土地、税费的优惠政策增强了城市零售企业开拓农村消费市场的资本可得性。

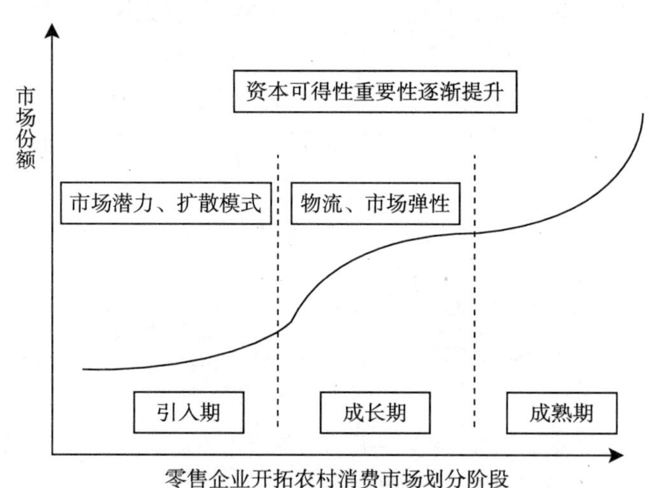

图 1　城市零售企业开拓农村消费市场的阶段特征

五、结论与相关政策建议

流通创新扩散是一个流通创新与扩散环境互相影响和互动发展的过程，扩散环境与流通创新的耦合程度决定流通创新扩散的程度和周期。而零售企业开拓农村消费市场，主要是将现代流通技术、组织和业态创新扩散到县域中心地体系。作为扩散环境的县域中心地流通体系，不仅在职能分布上呈现阶层性，而且在县、乡、村的扩散环境上也呈现出明显的阶层性，具体表现在人口密度、交通条件等扩散环境的区位因素等方面。城市零售企业开拓农村市场大致可划分为引入期、成长期和成熟期三个阶段，零售企业主要采取传染创新扩散和轴向创新扩散模式对农村消费市场进行空间扩张。在引入期，空间扩张模式可行性和市场潜力变化程度是城市零售企业首要考虑的因素，在成长期，相对人口的市场弹性和公司运营组织结构的物流因素对城市零售企业空间扩张的重要性逐渐提升，而资本可得性随着扩张阶段深入其重要性不断提升。

因此，在深入推进“万村千乡市场工程”过程中，城市零售企业需要选择科学的流通创新扩散模式，并与农村消费市场环境特点相耦合。在引入期和成长期，城市零售企业宜采取传染扩散和轴向扩散模式，提升流通创新空间扩张模式可行性，减少物流配送成本，加快创新扩散速度。各级政府在深入推进“万村千乡工程”构建农村流通体系中，应努力提升城乡商业基础设施水平，引导城市骨干流通企业进入农村市场。此外，政府需要根据城市零售企业实力和开拓农村市场的所处阶段，加强政策引导的针对性，解决不同类型企业在农村市场特定发展阶段的突出问题。通过土地、财政、税费等优惠政策提升城市零售企业资本可得性，地方商务部门应引导城市零售企业将资金落实到农村流通设施建设，特别是农村配送中心等重点流通基础设施建设，鼓励有条件的城市零售企业以多种形式向县以下农村基层消费市场发展连锁经营网络，提升城市零售企业对农村市场的物流组织和创新扩散能力。

参考文献：

[1] 陈为平，申学锋，姜瑛. 日用消费品连锁农家店经营关键成功因素研究 [J]. 财贸经济，2009 (8).

[2] 黄国雄. 关于推进我国现代流通体系建设的几点建议 [J]. 财贸经济，2011 (3).

[3] 洪涛. “十二五”中国特色流通体系及其战略初探 [J]. 北京工商大学学报（社会科学版），2010 (4).

[4] 夏春玉，张闯，梁守砚. 城乡互动的双向流通系统：互动机制与建立途径 [J]. 财贸经济，2009 (10).

[5] 汪旭晖，徐健. 农村零售业态创新：一个基于东北地区农民消费行为的探索性研究 [J]. 农业经济问题，2009 (5).

[6] 王强，陈丽娜. 当代农村居民对新兴零售终端选择行为研究——以东部沿海地区农村居民为例 [J]. 财贸经济，2010 (8).

[7] Emek Basker. The Causes and Consequences of Wal-Mart's Growth [J]. Journal of Economic Perspectives，2007 (3)：177-198.

[8] Jia，P.，What Happens When Wal-Mart Comes to Town：An Empirical Analysis of the Discount Retailing Industry [J]. Econometrica，2008 (6)：1263-1316.

[9] Peter Jones. Retail Innovation and Diffusion：The Spread of Asda Stores [J]. Area，1981 (3)：197-201.

[10] Stone，K. E. Impact of Wal-Mart Stores on Iowa Communities：1983-1993 [J].

Economic Development Review, 1995 (2): 60-69.

[11] Thoms O. Graff and Dub Ashon. Spatial Diffusion of Wal-Mart: Contagise Hieraous and Revrse Hierarchical Elements [J]. Professional Geographer, 1994 (1): 19-29.

[12] Thomas, J. Holmos. The Diffusion of Wal-Mart and Economies of Density [J]. Econometrica, 2011 (1): 253-302.

以环球供应链管理手段实现中国由贸易大国向贸易强国的跨越

林至颖①

目前，我国的对外贸易获得了突飞猛进的发展，近十年来对外贸易一直处于持续提高的态势，2011 年我国外贸总量达 27846 亿美元，外贸总量占全球比例达到了 9.3%左右，贸易顺差超过了 2400 亿美元，外汇储备在 175400 亿美元以上。我国外贸商品结构得到了不断的优化，一些机电产品以及高新技术产品在出口总额中占较大的比例。从经济增长的角度分析，国家的经济提升主要有三个重要的影响因素，分别是消费、投资和对外贸，对外贸易是加速我国经济增长的主要因素，对外贸易的可持续提高有效地促进了我国经济稳定增长。目前，我国已经成为世界第三贸易大国，经历了经济危机以后，我国正在从贸易大国向贸易强国跨越，为了能够实现这一目标，应该充分地利用供应链管理手段。

供应链最早起源于制造商希望和最直接的供应商建立战略合作关系。供应链管理模式通常情况下以市场的实际需求为指导，以客户的实际需求为核心，把客户、供应商、制造商、服务商、经销商等部门形成一个完整的链状结构，从而能够形成一个具有较强竞争力的联合体。供应链管理符合国际化和全球化的潮流，属于一种全新的管理理念。供应链管理的相关研究不断受到广大学者和管理者的关注，并且在供应链管理模式分析上进行了大量的相关工作，供应链管理模式有利于我国从贸易大国向贸易强国的转变。

---

① 林至颖（1979~），男，香港冯氏集团利丰发展（中国）有限公司、利丰研究中心副总裁，上海财经大学博士研究生，香港中文大学 MBA，中国人民大学商学院客座教授，广东商学院流通经济研究所兼职研究员，暨南大学现代流通研究中心特约研究员，清华大学中国金融研究中心商业模式研究工作室特聘高级研究员，中国商业经济学会学术委员，广东省粮食行业协会专家委员会副主任委员。研究方向：中国商贸经济、分销、零售及物流业发展、商业模式创新、供应链管理。邮箱：gordonlzy@126.com。

一、经济全球化是企业进行环球供应链管理的基础

目前，经济全球化已经不断深化，对于全球所有国家，都处于世界经济网络中的节点上，承担着相应的国际分工，无国与国之分的竞争时代已经到来，全球化的经济活动需要全世界的企业和相应的网络来决定。在经济全球化的今天，环球供应链管理的理念已经深入到了企业之中，经济全球化是企业建立环球供应链的主要决定因素，主要体现在以下几个方面：

（一）信息技术为企业环球供应链管理提供了技术支持

企业环球供应链管理需要以信息技术为基础，通过信息技术能够快速、经济地在不同地区传递环球供应链的相关信息，从而能够形成一个完整的供应链管理信息网络。信息在全球范围内的各个企业、销售节点、物流节点之间进行准确的、快速的、低成本的传递是跨国企业环球供应链管理顺利运行的关键。一方面，在经济全球化的时代，网络技术发展迅速，并且不断地得到了普及，从而使国家和国家之间、行业与行业之间缩短了沟通的距离，并且降低了企业在全球范围内挑选供应商和进行销售获得的投入以及信息检索的成本。另一方面，通过利用先进的信息技术，例如电子数据交换技术、条形码技术、全球定位系统等，可以使大数额的贸易业务在瞬时实现，可以使很多贸易业务实现“无纸化”办公，从而大大地降低了贸易成本。

（二）先进的物流技术为企业进行全球化的经济贸易活动提供了有利的物质支持

跨国企业生产成本的降低量超过了物流成本的提高量时，才能不断地增强其核心竞争力，因此，需要先进的物流技术给予相应的物质支持。在全球经济化的条件下，物流网络不断扩大，物流成本得以下降，可以适应该要求。遍及全球、方便快捷的全球化物流网络最早出现在20世纪60年代，在这个时期，主要出现了千、万吨级的油轮、矿石轮等超大规模的物流工具。到了70年代，则出现了国际集装箱和集装船等物流工具，从而提高物流的水平，扩展了物流的领域。在80年代，形成了精细物流，可以适应频率大、批量少、类型多的国际物流的发展要求。目前，国际物流领域广泛地应用了先进的信息技术，从而降低了物流的成本、提高了物流的能力、增强了物流的服务水平。

（三）全球化的经济体制改革为环球供应链管理提供了有利的制度支持

在经济全球化的今天，关税不断降低，从而提高了商品在全球的流通性，同时资本流动通畅，没有任何障碍，从而提高了资本在全球范围内的流通。国际和区域经济组织的不断努力消除了全球贸易屏蔽，例如，世界贸易组织一直将关税减让作为主要工作内容，根据相关调查分析可知，经过国际贸易组织的七次谈判，全球九个重要的工业市场内的工业品的关税税率的均值从过去的 38%降低到了 3.5%。对于美国等一些发达国家，关税税目约束率从过去的 80%扩大到了目前的 99.3%，关税的平均值从过去的 6.0%降低到了目前的 3.4%；对于一些发展中国家，税目约束率也得到了提高，从过去的 40%增加到了 78%。

二、环球供应链管理的基本理论

（一）环球供应链管理的含义

供应链的起始端为客户的实际需求，供应链的中间环节主要包括产品的设计、制造材料的采购、加工、销售等，供应链的终端是产品到达用户的贸易活动。供应链管理的顺利实施需要企业对于自身关键贸易活动给予足够的重视，在贸易活动的过程中应该把一些次要的贸易业务外包给其他企业，并且形成一个长期稳定的合作关系，从而能够极大地提升供应链的经济效应。从这个意义上来说，环球供应链管理的思路打破了传统的企业和企业之间的关系，增强了企业之间团结协作，增加了企业的业务范围，完善了企业的管理制度。环球供应链主要是指供应链形成于全球范围，必须采取全球化的角度，把供应链体系扩展到全球范围，按照企业的实际需求，在全球范围内寻求最佳的协作企业。环球供应链管理一方面需要全面地掌握全球范围内客户的实际需求，另一方面要求企业采取缜密的计划、完善的管理以及实时的控制，在供应链中的核心企业与其供应商以及供应商的供应商、核心企业与其销售商乃至最终消费者之间，依靠现代网络信息技术支撑，实现供应链的一体化和快速反应，达到商流、物流、资金流和信息流的协调通畅，以满足全球消费者的需求。

（二）企业环球供应链管理的运作模式

企业环球供应链管理的运作体现为以下几个方面：

1. 企业的全球采购

环球供应链管理的全球采购环节是指采购商在全球范围内寻求共同合作的供应商，从而使产品的价格最低廉、质量最优良，从而使贸易过程能够使全球生产要素得到最为充分的利用。全球采购的最主要特点是采购数量比较大、采购范围比较广。根据相关统计数据，2011 年全球的贸易总额达到了 35 万亿美元，跨国企业的采购高达 21 万亿美元，占全球贸易总额 86%的比率。此外，采购环节中的商品的种类也得到了极大的扩大，比如，联合国家的商品采购就涉及了较多的商品类型，主要有医疗仪器、通信设施、交通工具、应用软件、专业设备、食品、农产品、办公用品等。从全球采购的层面来分析，根据采购的实施主体、采购产品的类型可以将全球采购划分以下几种类型：首先，是制造企业的全球采购，比如，美国的金斯伯里床制造公司每年生产所需要的 300 万个零件就是通过从全球范围的 40 个国家的 1200 个大型企业和 1 万多个中小企业采购获得的；其次，是贸易企业全球采购，美国伯克希尔—哈撒韦公司就是一个典型的采用环球供应链管理的贸易企业；最后，是大型零售企业的全球采购，零售企业在全球采购的过程中主要采购劳动密集型商品和具有快速销售特征的消费品，例如，食品、饮品、室内装饰品、床上用品等。跨国零售国际企业可以将这类商品送入国际市场。采购商品的结构特征表明零售商品的全球采购对于我国中小企业具有非常关键的促进作用。例如，美国十大零售集团沃尔玛就是在我国许多大城市成立了商品采购出口物流基地，以沈阳为例，2011 年从沈阳地区采购出口的货值比 2010 年就增长了 20.6%，比 2009 年提高了 45.2%。另外，还有许多知名的零售企业提高了在我国的全球采购力度，从而使我国更多的中小企业和国际知名零售企业形成了密切协作关系。

2. 在全球范围内进行生产布局

环球供应链管理的主要特征之一是跨国企业生产的全球布局。根据相关研究表明，在经济全球化时代，跨国企业经营的最终目标是能够获得最高的国际效率，因此在全球范围内重新对价值链进行排列具有非常关键的作用。重新布置价值链主要反映在以下两个方面：首先，跨国企业对生产体系进行全球范围内的重新布置；其次，利用先进的生产技术提高生产系统的生产效率。

根据全球生产布局的角度分析，跨国公司通常情况下希望把零配件划归到低成本区域，并且把装配流水线布置在高成本区域，并且构建起能够联系低成本的制造中心和高成本消费市场间的物流网，并且实现制造中心和消费市场之间的信息沟通。业务区域的选取和生产区域分散化特征恰巧不同，跨国企业正走向业务集中化的道路，并且主要关注企业核心竞争力的提升，并且投入较大的精力，对于一些非核心领域跨国企业在全球范围内将非核心领域进行外包处理。

对于生产系统的操作，跨国企业的全球生产体系都利用了较好的生产模式来提高生产效率、减少生产成本。可以采用以下的生产模式，比如，即时制造、制造资源管理、企业资源管理、物流需求管理、精益生产等。在生产系统中存在着一些薄弱问题，在这种情况下利用约束理论找出并且打破环球供应链和生产系统中的壁垒，不断地进行跨国企业各个环节以及各个机构的改革来使整体达到最佳。同时，通过对业务流程的优化，最终实现降低企业成本、提高企业生产质量、改善企业服务的目的。

3. 跨国企业的全球销售体系

环球供应链的终端是消费者，消费者遍及全球，跨国企业的销售状况的好坏主要是能够最迅速地、最精确地获得消费者的实际需求。为了能够满足消费者的需求，环球供应链呈现了两大销售管理模式：首先，大规模连锁零售业在全球范围内提高相应的覆盖面积和销售比例。比如，乐购、家乐福等连锁巨头，这些企业建立了全球销售网络，并且为销售网络提供较好的售后服务，大部分的全球供应商和生产企业为庞大的销售系统提供全面的服务。其次，全球销售模式属于一种针对单一消费者的直销方式，从商品生产者到消费者形成了一个完善的销售环节，缩短了销售途径，提高了流程可控性，是个性化消费品以及高档产品关键销售方式。

在全球销售模式下，为了能够整合销售系统和生产、物流、制造等各个环节，并且提高相应的效率，并且能够及时地响应客户，跨国企业应该将转变传统的以制造商为主的销售模式，而转变为以消费者为主的销售模式，针对消费者的实际需求，制定相应的生产计划，并且进行较好的生产管理、库存管理以及采购管理，并且能够提升环球供应链管理的水平。跨国企业应该利用先进的物流技术、营销技术以及信息技术和管理技术不断提高商品搭配、促销活动、商品补给、组织管理的效率。

三、中国从贸易大国走向贸易强国的形势分析

（一）改革开放以来的制度变迁使中国迅速崛起为贸易大国

近年来，中国在世界经济领域内创造了许多传奇，中国的经济总量逐年快速增长。经过数十年的奋斗和进取，中国已经成为全球贸易大国。自从改革开放以来，我国的 GDP 以每年 9.8%的速度不断增长，是同期世界经济增长速度的 3 倍，经济增长速度处于全球第一的地位。我国经济总量连上几个大台阶：国内生产总值 1986 年达到了 1 万亿元；2001 年达到 10 万亿元，从 10 万亿元到 2006 年的 20 万亿元，仅仅用了 5 年，到 2012 年达到了实现 51.93 万亿元的增量，仅仅经过五年时间。

根据相关数据统计结果可知，2011 年我国人均 GDP 已经达到了 4200 美元。依据世界银行制定的标准，中国从低收入国家已经成为世界中等收入国家。目前，经济发展速度不断提高，我国的经济总量在全球经济占有的比例也逐渐提高，从 1980 年的 2.0%逐步地增加到了 2011 年的 9.8%，目前中国已经成为世界第三大国，位于美国和日本之后。此外，我国的经济发展对世界经济的贡献率不断提升。1980 年，我国对世界经济的贡献率仅为 3.0%，和美国、日本以及欧洲一些国家有较大的差距。到了 2011 年，我国的经济发展对世界经济的贡献率达到了 26%，仅仅位于美国之后，远远超过了大多数的发展中国家。在经济全球化的今天，经济发展迅速，我国已经从过去的贸易小国转变到了贸易大国，国内外贸易发展非常迅速。2009 年全国社会消费品零售总额高达 13.52 万亿元，和 1950 年的新中国成立初相比，提高了 786 倍；和 1978 年改革开放初期相比提高了 82 倍。2011 年全国人均社会消费品零售额 10383 元，和 1950 年的人均值相比提高了 326 倍；和 1978 年改革开放的人均值相比提高了 61 倍。2011 年对外进出口贸易总额年均提高了 17.4%，在全球的排名达到了第 3 位，和改革开放相比提高了 26 位，位于美国和德国之后，占世界贸易总额的比例也从 0.9%增加到了 8.2%。同时，进出口商品结构得到了明显的改善。2011 年，初级产品的比例下降了 6.2%，机电产品等工业制成品的比例提高到了 96.4%。各个指标在量上的增加以及经济结构的完善使我国成为真正的贸易大国。1990 年外汇储备超过百亿美元，达到 111 亿美元，1997 年超过千亿美元，达到 1150 亿美元，2007 年超过 1 万亿美元，达到 11785 亿美元，超过日本位居世界第一位，2012 年我国

外汇储备超过了3万亿美元（33116亿美元），成为全球第一。

（二）中国成为贸易强国任重而道远

中国已经成为世界贸易大国，但是和世界贸易强国相比还有一定的差距，中国成为贸易强国还需要继续努力。中国和世界其他贸易强国进行比较主要存在以下差距：

贸易增长方式比较粗放，质量水平较差、效益也需要进一步地提高。在中国的进出口贸易中，有50%以上的贸易属于加工贸易。

中国贸易的核心竞争力不高，缺乏自主的品牌和完善的营销网络，具有自主知识产权和核心技术的产品并不多。

中国出口的产品层次比较差，一些产品依然处于国际分工价值链的最低部，同时没有较高的附加值。

中国在环球供应链中缺乏控制，水平比较低。中国出口贸易中高附加值和高技术含量的产品出口在很大程度上被跨国公司在中国投资的外资企业所制约，中国进出口严重地受到了外资企业的影响。外资企业在中国可以享受到价格较低的地价、廉价的劳动力以及较低的税率等优惠，将发达国家中技术含量高的零部件引入中国进行加工，当制成成品或半成品后销售到国外发达国家。这种供应链管理模式可以使外资企业在设计、研发以及销售等环节获得较大的利润。

中国的大部分企业和国际竞争实力较强的企业相比水平较差、管理水平较低，不能深入参与国际竞争和合作。中国出口企业赢利水平较差，大部分的出口企业利润较低，对于中国的一些中小型企业必须通过出口退税政策才能得到比较少的利润，中小企业的运营步履维艰。近年来人民币一直保持升值的状态，企业的生产成本也不断提高，从而使中国很多中小型企业较大比例的利润被消除，中国出口企业的发展受到较大阻力。

在主要贸易产品的定价权上缺乏主动权。

中国的服务贸易在全部贸易中占有的比例比较少。

金融危机的影响尚未消失，中东、北非等地区的局势也比较动荡，欧洲主权债务危机正在扩散，这些因素都严重地拖延了世界经济复苏的进程。外贸的增长速度出现了降低的趋势，我国产品在欧美市场的比例出现了全面降低的态势。在世界经济危机的环境下，世界各国都处于自顾的状态，贸易保护主义不断加强，中国的世界出口处于世界第一位，成为世界各国的关注焦点。2011年世界范围的贸易经济数量有了明显的降低，然而对中国进行的贸易调查不断增加，我国在2011年受到了68起贸易调查，涉案资金高达84

亿美元，因此，我国已经属于世界贸易救济最大的受害国。世界经济复苏时期，欧美等发达经济体非常关注实体经济，并且期望采用提高出口来促进国家的经济发展，并且提出了“奖出限入”、“再工业化”的措施，并且积极地推动产业回流，在这种形势下，中国制造遭受到新经济体的追逐，希望和发达经济体的竞争中获得利润非常困难。目前尽管我国贸易规模已经达到了比较高的程度，但是和贸易强国的距离还有一定的差距。一直以来，我国的出口增长仍然通过扩张成本、降低价格来获得竞争优势来实现，在商品的定价上没有主动权。目前中国的 GDP 总量已经超过日本，并且和美国不断缩小差距，出口已经成为世界第一，但是不能不看到低薄的利润对我国贸易强国之路的阻碍。尽管我国的经济总量非常庞大，而且已经具备了成为贸易强国的潜在实力，然而中国必须转变经济和贸易发展的思路，从而能够最终迈入贸易大国的行列。

四、新时期中国从贸易大国向贸易强国跨越过程中存在的问题

虽然经济总量和外贸总量具有非常大的规模，然而几十年来中国经济贸易的增加还是属于一种粗放型的增长，在增长的同时需要投入较大、成本消耗较大、污染程度染中、投入较高、效益非常少。中国和全球经济强国的差距还是非常大的，主要体现在以下几个方面：

（一）贸易结构处于失衡状态

进出口贸易的结构处于失衡状态。主要表现在：第一，在出口商品中存在比较多的低端加工品、贴牌商品以及普通的制成品，尽管中国已经成为最大的出口国，然而在出口产品中低端商品和低附加值的产品比例高大 90%以上，主要通过降低价格实现出口，在实质上具备全球性品牌的商品非常少，缺少高端产品和高技术商品，很多商品出口附加值非常低，换汇成本也非常高。第二，中国出口贸易结构中服务贸易占有的比例比较少，货物贸易的比例比较大。中国已经成为世界贸易大国，但是还是一个以单一货物为主要形式的贸易大国，服务贸易出口的比例和世界平均水平比较非常落后，和欧美发达国家的水平相比处于非常低的地位，服务贸易还属于中国出口贸易的薄弱之处，在服务贸易上没有足够的主动权，并且处于劣势地位。此外，国内贸易和国际贸易在动力结构上处于失衡状态，对国际市场的依赖过大，国内

消费需求动力比较匮乏。除此之外城乡之间的贸易处于发展失衡的状态，城乡二元市场和二元贸易结构出现非常严重的状况，城乡贸易发展的差距不断增加扩大。国内区际贸易处于严重的结构失衡状态。

（二）传统粗放型、速度崇拜型贸易增长方式转换难

支撑贸易增长的科技创新能力仍然比较薄弱。在经济全球化不断深化的今天，以科技创新为基础的核心竞争力已成为经贸强国的重要标志，也是贸易增长的主要动力。但多年来追求贸易增长速度及贸易规模扩大的传统粗放型贸易增长模式仍然在主导我国内外贸易增长，特别是片面追求出口贸易、引进外资、加工贸易的超常规增长速度，忽视贸易的内涵式集约型增长，科技创新对贸易增长贡献度低，主要依靠劳动密集型、资源密集型的静态比较优势。目前，我国科技研发投入占 GDP 的比重较低，专利申请量及贸易量较低，自主创新能力不足，整体科技水平较美欧日强国存在较大差距。

（三）我国在世界经济分工价值链条中处于低端

目前，我国虽然是制造业大国，但只是中低端产品的制造业大国，绝大多数出口集中于低端劳动密集型产品，高端制造业比重较小，缺少在世界上具有广泛影响的著名产品和品牌。我国与发达国家在产业链条上的位置差距很大，相当多产品的贸易条件仍在恶化。

（四）贸易与市场秩序混乱

表现为非正常垄断破坏自由贸易与公平竞争，人为导致非正常交易成本过高；贸易欺诈与掠夺经营造成国家财富跨国转移落入私人腰包；恶性竞争，同业相残，贸易条件恶化；公权腐败，官商合流，贿赂交易盛行，流通“寻租”泛滥；造假贩假、非法传销、虚假信息及广告欺诈、网络欺诈频频发生。2008 年以来相继发生的“三聚氰胺毒奶粉”、“瘦肉精”、“地沟油”、“染色馒头”、“牛肉膏”等食品安全事件，表明我国市场商业诚信缺失，道德滑坡已经到了十分严重的地步，全世界都在考量我国作为贸易大国能否守住道德底线。

五、环球供应链管理在中国成为贸易强国之路的作用

（一）提高外贸企业的核心竞争力

外贸企业核心竞争力的提高需要一个长期的过程才能实现，外贸企业的核心竞争力的构建需要从以下两个方面来进行：一是以传统服务功能为前提来提高外贸企业的核心竞争力，不断地增加一些新服务，从而能够使服务链更加完善；二是能够整合整个价值链，从能够使其功能得到极大的提升，从而能够为用户提供更高的附加值。

（1）目前企业运营环境不断改变，企业的业务模式也产生了非常大的转变，企业的业务模式和环境的相互配合是确保企业健康发展的前提，通过不断地和环境的改变相适应，企业就能够有较大的发展前景，反之企业就会被市场摒弃。提高中国外贸企业的核心竞争力，首先应该对外贸企业的业务模式的改变方向进行全面的掌握，当了解了外贸企业发展规律的前提下才能有效地获得外贸企业的核心竞争良好态势。随着外贸企业和顾客合作伙伴关系的构建以及外贸企业整合资源水平的逐步提高，外贸企业愿意为顾客提供高附加值的产品和高水平的服务，如果顾客提出了一个概念性的产品设计方案，外贸企业就可以根据顾客的需要提出一个全面的生产计划，在这个过程中，外贸企业通常情况下经营设计和质量控制等高附加值的经营业务，而将低附加值的业务外包给全球最佳的合作伙伴，从而能够获得最佳的资源利用率，从而能够实现产品的全球化，为顾客提供最大的增值服务。

（2）从外贸企业业务模式的演化过程可知，以后的外贸企业所处的地位将更加关键，外贸企业在整个供应链中，起到了提供创新价值活动的新功能，在实体上或者流程上，起到了国际贸易供应链上促进者的地位，进而能够使供应链流程更加科学有效，供应链的效率和价值有了非常大的提升。外贸企业所提供的功能主要包括基本功能和提升功能两个部分，这两个功能可以为客户提供增值服务。基本功能是指传统外贸企业的发现货源、采购、验货、出货等作用，而提升的功能能够通过以下几个角色来实现，即外贸企业能起到投资者、创新者、整合者、信息提供者及综合物流服务提供者和协调者的作用。利用所提供新的增值服务，外贸企业可以为顾客提供非常全面的服务。

投资者是指外贸企业在其所在的供应链中必须起到投资者的作用。在外

贸企业所在的供应链中，外贸企业是环球供应链的关键组成部分。供应链的协作伙伴都是为一个共同的目标，以最低的成本、最高的服务水平、最大的价值为最终顾客服务。所以，供应链中每个环节发生问题都会影响到最终顾客的满意情况，进而反过来可以影响到供应链的合作伙伴。为了能够促进环球供应链可以快速、顺利地运行。当供应链网络的一些合作伙伴遇到了暂时的资金危机时，外贸企业应该必须为其提供融资支持，包括直接的资金支持、提供贷款担保等。

创新者是指外贸企业引领整个供应链网络创新的潮流，尤论是生产企业还是服务企业，创新都是企业持续成长的关键因素。由于企业所处的环境在不断地变化，如客户的需求在不断地变化，客户的要求在不断地提高，竞争在不断地加剧。传统的业务模式和功能已不再适应全球化发展趋势，外贸企业必须能够不断提供新的服务，能根据客户的需求再造其整个业务流程，使整个供应链能够为顾客提供更多的附加价值。

整合者是指外贸企业必须对其所提供的服务功能进行整合，以及整合全球资源以达到整个供应链效益的最大化，提高顾客的满意度。外贸企业是全球供应链网络的核心企业，随着外贸企业的不断发展壮大，其客户遍布全世界各地。其供应商不再局限于某一个市场。如何根据全球客户的需求，在全球范围内选择最合适的供应商是外贸企业核心竞争力的重要体现。因此，外贸企业必须整合从顾客需求到顾客需求得到满足的整个供应链过程。主要包括物流、商流、资金流和信息流，达到四流的统一，以提高对客户的反应能力和服务水平。

信息提供者。外贸企业作为连接顾客和供应商、物流服务提供商、政府机关的桥梁，是整个供应链网络中信息的交换和处理中心。客户的需求通过销售商或其他的渠道传递到外贸企业。外贸企业通过对信息的整合处理后形成原材料和产成品的需求信息（品种、数量、时间等），接着把这些需求信息传递给供应商。同时，这些信息还会被传递到海关、商检等部门和物流服务提供商，使得整个供应链的运作能够达到最大同步，提高供应链网络的反应速度，提高信息在供应链网络中的传输质量。

综合物流服务提供者和协调者。随着跨国采购趋势的加强，顾客对物流服务的要求越来越高，提供简单的功能单一的物流服务已不能满足大部分顾客的需求。为了提高顾客满意度。外贸企业有时需要扮演综合物流服务提供者的角色，为顾客提供完整的物流服务解决方案；当外贸企业没有自己的物流运输网络时，必须扮演物流服务协调者的角色，主要是在顾客、供应商、物流服务提供商之间进行协调，以使产品能以较低的成本准时到达客户手中。

（二）有效防范环球供应链风险

中国企业能够利用供应链流程再造和风险规避，从而能够使风险减少到最低程度，主要包括以下几个方面：强化内部改革，运用国际标准和国际接轨，完善内部管理效率；利用先进的信息技术，比如 EDI、ERP、条码技术、电子射频技术和不同供应链风险预测和管理技术手段；增加企业的信用度，和信誉好的企业建立合作伙伴干系，并且形成稳定的环球战略联盟。此外，应该实时跟踪和评价供应商的状况，选择在风险条件下的备选供应途径；提高供应链文化的培养力度，利用国外企业的先进管理技术和激励措施提升供应链各成员和企业员工的水平，并且努力达到国外供应链文化的层次。

（三）实施跨国公司战略

根据发达国家的成功经验可知，打开国际市场的有效方式是积极地促进中国企业实现跨国生产经营。目前已经进入了全球经济时代，跨国公司是国际贸易和国际投资的关键组成部分，应该不断提高我国跨国公司的培育力度。目前世界外贸企业集团包括欧美跨国公司和日本的综合商社两种形式。欧美跨国公司主要以工业企业为主，并且具备投资和贸易的功能，例如英特尔、通用电气等公司；日本的综合商社主要以贸易为主，具有多种功能，例如贸易、金融、信息等，属于一种跨国的经济实体，例如，日本的三井物产、丸红、伊藤忠商事等。近年来中国进入世界 500 强的跨国企业已经有了很多家，然而，这些企业通常情况下属于通过政府合并方式形成的国有经济部门，很多部门属于商业或者金融服务型公司，不是在激烈的市场竞争中产生的生产型企业，所以，政府必须激励有能力的企业迈出中国，走向世界，执行“走出去”的策略，利用国内外两种资源、两个市场，到境外开展加工贸易或开发自然资源，增加经济技术的协作，同时国家必须在财政、金融、外贸等方面给予这些企业大力的扶持，依据优胜劣汰的竞争原则，提高中国的生产型和综合型跨国公司的培育力度，增加跨国公司的数量。综上所述，不断加强中国跨国公司的培育力度，促进中国的更多企业进入全球跨国经营的队伍，是我国走向贸易强国的主要决定因素。

参考文献：

[1] 吴汉嵩. 论实现贸易强国的方略 [J]. 云南财经大学学报，2009（6）.

[2] 张亚斌，李峰，曾铮. 贸易强国的评判体系构建及其指标化 [J]. 世界经济研究，2007（10）.

[3] 梁岩松，杜梅. 全球供应链管理的挑战与对策 [J]. 管理科学，2004 (4).

[4] 杜丽群. 全球供应链管理与我国企业国际竞争力的提升 [J]. 西南民族大学（人文社科版），2006 (4).

[5] 陈功玉，王洁. 全球化环境下中国企业的全球供应链管理 [J]. 中山大学研究生学刊（社会科学版），2007 (4).

内蒙古现代物流业的现状与发展对策研究

杜　飞[①]

现代物流业是指原材料、产成品从起点至终点及相关信息有效流动的全过程，将运输、仓储、装卸、加工、整理、配送、信息等方面有机结合、形成完整的供应链，为用户提供多功能、一体化的综合性服务。现代物流业是一个新型的跨行业、跨部门、跨区域、渗透性强的复合型产业。现代物流业所涉及的国民经济行业具体包括铁路运输、道路运输、水上运输、装卸搬运及其他运输服务业、仓储业、批发业、零售业。随着市场经济的发展，物流业已由过去的末端行业，上升为引导生产、促进消费的先导行业。现代物流业是以现代运输业为重点，以信息技术为支撑，以现代制造业和商业为基础，集系统化、信息化、仓储现代化为一体的综合性产业。大力发展现代物流业对于提高经济运行质量和效益，优化产业结构，增强区内企业发展后劲，进一步增强内蒙古自治区综合竞争实力具有十分重要的现实意义。

一、内蒙古现代物流业发展现状

“十一五”以来，在经济社会持续快速发展的带动下，内蒙古自治区物流业保持了较快增长势头，物流总量迅速扩大，物流企业快速成长，服务水平显著提高，基础设施条件逐步完善，发展环境不断改善，为“十二五”期间进一步发展奠定了坚实的基础。

---

① 杜飞（1986~），男，内蒙古阿拉善人，北京工商大学经济学院专门史专业 2010 级硕士研究生。研究方向：近现代经济史、区域经济。邮箱：dufei520292@163.com。

（一）物流总量迅速扩大

2010年，全区货物运输量达到15亿吨，是2005年的2.1倍，“十一五”年均增长15.5%。其中，铁路货物运输量为6.5亿吨，年均增长24.2%；公路货物运输量为8.5亿吨，年均增长10.8%。各种运输方式完成货物周转量4800.7亿吨公里，是2005年的3倍，年均增长24.5%。其中，铁路货物周转量为2539.5亿吨公里，年均增长14.7%；公路货物周转量为2261.1亿吨公里，年均增长47.5%。2010年交通运输、仓储和邮政业实现增加值876亿元，年均增长14%，占服务业增加值的20.9%。

（二）物流基础设施逐步完善

铁路、公路、航空场站和货物运输枢纽等设施明显改善，以现代物流理念建设的各类物流园区、物流中心、配送中心得到较快发展。截止到2010年底，全区铁路线路通车里程达到9500公里，公路通车里程达到15.7万公里，分别比2005年增加3100公里和7.7万公里；物流园区建设步伐加快，“十一五”累计开工建设78个投资1亿元以上的物流园区，赤峰红山物流园、通辽经济开发区物流园、鄂尔多斯阿康物流园、巴彦淖尔临河农畜产品（保税）物流园等一批重点物流园区项目建设成效显著。

（三）物流市场主体快速成长

内蒙古自治区培育了安快、中昊、巴运、通运、内蒙古物资储运等一批本土物流企业，引进了中远、敦豪、宅急送、中外运等一批国内外知名物流企业，初步形成了多种经济成分和各种服务模式的第三方物流市场主体。截至2010年底，全区注册登记的物流企业达到1913户。其中，注册资本1000万元以上的物流企业达到210户，3A级以上物流企业达到18户。

（四）专业化物流体系初步形成

内蒙古自治区围绕工业化发展，以煤炭、化工、冶金建材、装备制造为重点，推动建设了一批物流枢纽、物流园区，初步形成了工业物流体系。围绕农牧业产业化发展，加快建设了一批农畜产品市场及冷链系统，培育形成了粮油、瓜果、蔬菜、肉禽蛋等农畜产品物流体系。围绕城乡居民消费，加强商业网络和配送中心建设，积极发展连锁经营、物流配送、电子商务等新兴业态，推动实施“万村千乡”市场工程和家电、汽车下乡，培育形成了较为完善的商业物流体系。围绕煤炭、石油、木材、矿产品等产品的进口和食品、服装、机电等产品出口，加强口岸建设，积极承接国际物流外包业务，国际物流得到较快发展。

(五) 物流业技术水平逐步提高

制造企业、商贸流通企业开始采用现代物流管理理念、方法和技术，实施流程再造和服务外包，在生产组织、原材料采购、产品销售、运输和仓储等方面实行一体化运作，有效降低了物流成本。重点物流园区、物流配送中心和物流企业注重采用信息管理技术、GPS全球定位系统、电子数据交换技术、BC条形码技术、RFID无线射频管理技术以及立体高层货架、托盘、集装箱等物流新技术、新装备，增加了金融、保险、通信、信息、法律服务等专业配套服务功能，物流现代化水平进一步提高。部分地区、物流企业积极整合信息资源，加强物流信息网络建设，初步形成了一批区域性物流公共信息平台。

二、内蒙古现代物流业发展存在的问题

展望“十二五”时期，内蒙古自治区现代物流业发展面临诸多机遇。一是国家实施向北开放战略，加快欧亚大陆桥通道建设，进一步加强与俄罗斯、蒙古等国家资源开发和对外贸易等方面合作，为内蒙古自治区物流业发展提供了新的机遇。二是国家深入实施西部大开发、东北等老工业基地振兴和民族地区加快发展等战略，并把物流业列入调整和振兴的十大产业，出台了《物流业调整和振兴规划》，为内蒙古自治区物流业发展营造了良好的政策环境。三是内蒙古自治区加快推进国家能源重化工、有色金属加工、绿色农畜产品加工等基地建设和城镇化进程，为物流业发展开辟了市场空间。四是内蒙古自治区加快转变经济发展方式，调整产业结构，加强区域经济协作，推动城乡协同发展，也对物流业发展提出了客观需求。但是，内蒙古自治区物流业发展中还面临一些挑战和问题，与现代物流业要求相比还存在差距。

(一) 物流基础设施能力不足

内蒙古自治区目前物流基础设施能力不足，尚未建立布局合理、衔接顺畅、能力充分、高效便捷的综合交通运输体系，物流园区、物流技术装备等能力有待加强。交通运输硬件设施的技术水平较低，货运和运营管理现代化

还处在起步阶段，装卸、运输、搬运设备落后。目前区内营运货车仍以普通货运车辆为主要车型，多数企业仍停留在传统货运阶段，延伸服务少；以单车个体经营形式为主，运输企业的规模化、专业化、现代化程度偏低影响了企业的市场竞争力。在条块分割、多头管理的传统模式影响下，各种物流基础设施的规划和建设缺乏必要的协调，因而物流基础设施的配套性、兼容性差，导致系统功能不强。各种运输方式之间、不同地区运输系统之间相互衔接的枢纽设施建设方面缺乏投入，对物流产业发展有重要影响的各种综合性货运枢纽、物流基地、物流中心建设发展缓慢。第三方物流企业拥有的仓库绝大多数是普通平房仓库，现代化立体自动化仓储设施比例极低，具有冷藏、保鲜、气调功能的仓库更少。在使用的搬运工具中，人工搬运车，手推叉车和普通起重设备占到 70%以上，而现代化分拣系统、可视屏叉车、巷道堆垛机等现代化的搬运工具却很少采用。在运输工具方面，物流企业拥有的运输车辆中，普通车辆占 70%以上，而现代化的箱式货柜和集装箱拖头及特种运输车辆却很少。

（二）落后的物流运作模式还很普遍

现代物流业逐渐形成为跨部门、跨行业、跨区域的复合型产业，物流的发展虽然越来越受到党和政府的重视，但是物流行业在管理上还属于多头管理，涉及发改委、商务厅、工信厅、交通、铁道、民航、邮政、海关、质检等十几个部门，现在一些相关部门正在按照市场要求合并，但是已有的观念是各部门都抓物流工作，缺乏统筹规划和整体协调，各行其是，政出多门，难以形成合力。另外现代物流观念薄弱，一些企业没有摆脱计划经济的影响，习惯“大而全”、“小而全”，没有按照现代物流理念，对企业内部物流进行整合和重组，或者实行业务外包。专业化程度低，流通费用占生产成本的比例居高不下。大多数企业仍集中在公路运输、水上运输、批发零售等传统物流行业，现代电子商务、物流配送、大型连锁超市的经营企业少，企业科技含量不高，缺乏现代化的经营管理手段。

（三）物流行业人才缺乏

随着内蒙古物流业的迅速发展，专业人才缺乏的问题也浮出水面，物流人才已成为 12 种紧缺人才之一。目前物流业最缺的三种人才是物流规划人员、国际物流人才、物流研究人员。分析物流人才匮乏的原因，一是我国物流教育培训工作起步晚、规模尚小，市场上受过正规教育的物流人才有限，而正在受教育的学生尚未成才或实践经验太少；二是我国物流学历教育还不能适应市场需求的变化，职业培训的市场秩序又较为混乱，输送给社会的“人才”未能真正成才。虽然已有多所高校开设物流课程和专业，但仍欠缺与实践结合。人员老化也是目前物流企业的普遍问题，结果是虽拥有庞大的员工队伍却缺乏物流管理和经营人才。人才的“质”、“量”均缺，是造成目前物流业发展落后的关键因素之一，尤其缺乏物流业务的“通才”。一般地，国外物流业经营者的共识是，物流仓储管理人员必须是通才才能最大化节省成本，但我国物流专业教育所培养的人才对就业方向提前固定化、单一化，弊大于利。

三、内蒙古现代物流业发展的对策建议

（一）完善物流产业相关地方性法规，为现代物流业发展提供政策支持

目前，内蒙古乃至全国物流发展中存在的一个突出问题是管理机构不统一、管理责权不明确。就内蒙古的情况而言，参与物流管理及物流基础设施建设的有发改委、交通、铁路、航空、商务、邮电和经贸等部门，这样势必会造成多头管理、管理不力甚至管理混乱的状况。现代物流理念关键在于其注重系统的思想，这也是现代物流区别于传统的运输、仓储、配送和商贸流通的主要内容。现代物流追求的是包括运输、仓储、装卸、搬运、流通加工和信息处理等各个环节在内的整体系统最优。由于物流是一个跨部门、跨行业的综合型产业，仅靠某几个部门或行业自我封闭式的发展是难以达到目的的，应由内蒙古政府设立具有统一协调职能的专门工作机构，组织各有关部门，共同推动全区物流的各项工作。同时，由于受原有计划经济体制的影响，又加之物流被分割在各个职能部门，缺乏统一规划、统一调控和统一协调，也缺乏相应的物流法律法规。因此，建议内蒙古应尽快建立和完善物流的行业法规和规章制度，制定物流市场经济规则，使物流业务活动有法可依、有章可循，从而保证内蒙古物流沿着法制化轨道健康发展。

（二）建立现代物流发展规划及进行物流规划布局

为了保障内蒙古物流健康有序地发展，以及为其发展创造一个有利的环境，内蒙古应组织各涉及的相关部门研究制订一个全区的物流发展规划。规划中应认真分析内蒙古物流发展的状况、问题、面临的国际国内形势和机

遇，确定内蒙古物流发展的目标、实施步骤；在综合运输系统发展规划的基础上，制定一个有效地满足物流活动需求的物流节点的布局规划和有全区意义的物流园区、物流中心的发展规划。

打造面向“三北”的物流通道，应重点建设呼包鄂、赤通两个物流区域。呼包鄂物流区域在战略定位上应建成内蒙古乃至我国西部物流中心；赤通物流区域应建成自治区东部连接东北、华北的区域物流中心。打造我国向北开放的国际物流大通道，应重点建设满洲里、二连浩特两个国际物流园区。按照“两区一带”物流发展规划，口岸物流带包括以满洲里、二连浩特为主的自治区沿边开放口岸。

加快物流节点城市建设，应在自治区西部，以呼包鄂物流区域为枢纽中心，以集宁、东胜、临河、乌海、阿拉善为物流节点城市，围绕该区域能源、冶金建材、化工、装备制造、农畜产品加工、高新技术等产业基地建设和城乡居民消费需求，重点发展煤炭、建材、化工、装备制造、农畜产品、商贸等专业物流；在东部，以赤通物流区域为枢纽中心，以海拉尔、乌兰浩特、锡林浩特为物流节点城市，围绕该区域能源、化工、有色、建材、农畜产品加工、生物制药等产业基地建设和城乡居民消费需求，重点发展煤炭、建材、化工、农畜产品、商贸等专业物流。

（三）建立区域性企业联盟，培育一批有竞争力的物流骨干企业

内蒙古物流业基本特点是“小、多、散、弱”，多数企业还处于自营状态，经营粗放，企业运作效率低、成本高、质量差。为此，必须深化物流企业改革，把政府推动与市场化运作有机结合起来，加快建立现代企业制度，按不同业态和产业链条进行整合，推进收购、售卖、合并和重组，做大做强物流企业。在物流企业改革和改组过程中，按照自治区物流发展总体规划，建立区域性企业联盟。企业联盟是一种协作性的竞争组织，可以减少搜寻交易对象信息费用，抑制交易双方机会主义行为，降低资产专用性风险，从而有效提高物流企业的经济效益。发展现代物流业，必须有一批强大的、以第三方物流为主的物流企业作支撑。要鼓励大型制造企业和工商企业剥离自办物流，实现企业物流向专业化物流企业转变。发挥政府主导作用，将经营场地相对集中、经营规模较小的一些货代和仓储企业，采取以资产为纽带的形式，进行资源的有效整合，组建股份制企业集团，实现规模化集约经营。选择一批龙头企业，按照“扶大、扶优、扶强”的原则，进行重点引导、支持和培育，形成具有自主品牌的专业物流“航空母舰”。

（四）重视实施人才发展战略，加快物流人才队伍建设

加大对自治区高等院校物流管理人才的培养和扶持力度，鼓励毕业生在区内就业，扩大内蒙古自治区物流管理人才规模。鼓励高等院校与物流企业合作办学，试行“订单式”教育、“定制式”培养的方式，用人企业直接进入教育培训市场，定制培养、培训所需专门人才，形成产、学、研相结合的良性循环。邀请区内外著名物流专家及成功企业家举办现代物流培训班，采取长期培养与短期培训、综合理论与专业知识培训、专业知识学习与区内外考察相结合等多种形式，培养和造就一大批懂现代物流技术和熟悉物流管理业务的各层次的专业人才。制定切实可行的政策，鼓励人才的合理流动，吸引并留住人才。积极推进人才管理体制改革、创新用人机制，建立与市场经济相适应的人才管理模式。建立和强化人才激励机制，改进和完善分配制度和奖励制度。建立急需人才技术入股、股票期权分配、智力持股等制度，通过体制创新、机制创新，为优秀人才提供良好的工作和创业条件。加快建立自治区人才资源网络平台，推动人才市场由集市型向网络型转变，促进内蒙古自治区物流管理人才资源共享。

参考文献：

[1] 内蒙古自治区发展和改革委员会. 内蒙古自治区“十二五”物流业发展规划 [R]. http: //www.nmgfgw.gov.cn/dhlm/fzgh/ghwb/201111/t20111115_34821.html，2011-11-15.

[2] 内蒙古自治区政府. 内蒙古自治区人民政府关于贯彻落实国家物流业调整和振兴规划的实施意见（内政发〔2009〕103 号）. 2009-11-9.

[3] 内蒙古统计局. 内蒙古统计年鉴 [Z]. 北京：中国统计出版社，2010.

[4] 丁俊发. 中国物流 [M]. 北京：中国物资出版社，2002.

[5] 洪涛. “十二五”中国特色流通体系及其战略初探 [J]. 北京工商大学学报（社会科学版），2010 (5).

[6] 洪涛. 中国流通产业改革 30 年 [M]. 北京：经济管理出版社，2009.

[7] 范晓林. 中国西部地区现代物流业发展研究 [D]. 中央民族大学博士学位论文，2011.

我国商品物流成本偏高的原因及对策

孟广桥①

商品物流是指有形商品在完成生产程序后，经运输、仓储、配送等过程，到达消费者或使用者的空间位置移动过程，是商品流通的重要组成部分。商品物流成本简单来说，就是商品空间位置移动过程中所产生的各项费用的总和。

综观世界各国经济发展情况，商品物流成本的高低是衡量一个国家市场经济发展水平的重要指标，商品物流成本越低说明一个市场的流通阻力越小，说明一个市场的交易规则越完善成熟，说明产品的基本价值越高。所以，畅通商品流通渠道，大力降低商品物流成本，是促进国家经济发展，实现贸易强国之梦的主要手段。

目前，我国经济虽然经过了多年的高速发展，但商品物流的发展还不能跟上经济发展的步伐，商品物流的总体水平仍然偏低，还存在一些比较突出的问题。如商品物流的运行效率偏低；商品物流在整个商品价值中所占的比例高出发达国家很多；“大而全”、“小而全”的商品物流运作模式仍然是大多数企业的主要方式；商品物流基础设施能力不足，布局不合理、衔接不顺畅，与之相适应的物流技术装备等能力有待加强；条块分割和行业垄断对资源整合和一体化运作形成障碍，商品物流市场还不够规范；商品物流技术、人才培养仍然制约着这一行业的发展等，这些因素都抬高了商品物流的成本。

---

① 孟广桥（1964~），男，河北文安人，帮富（创业）网 CEO，华夏博睿企业发展研究中心主任。研究方向：企业发展。邮箱：mengguangqiao@163.com。

一、对商品物流成本的认识

商品是用来交换的满足人们某种需要的劳动产品。其基础是产品，核心是交换，没有交换就不能实现从产品到商品的转换，而从产品到商品的整个转换过程，是离不开空间移动这一环节的。所以，商品（指有形产品）物流是实现商品价值转移的桥梁和纽带，是实现其价值转移的最基本的途径。

从商品流通的角度，我们可以得到下面一个流程图：

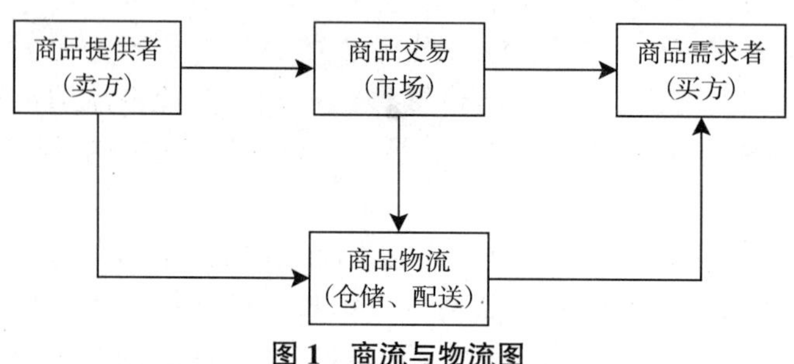

图 1　商流与物流图

结合图 1 我们不难看出，商品的成本构成主要有三个要素：一是产品成本；二是商品物流成本；三是商品交易成本，在这里我们重点分析商品的物流成本对商品价值的影响。

概括来讲，一种商品的价值最主要表现在两个方面：一方面是其基本价值，主要是指生产材料成本价值、人力消耗成本价值、管理成本价值等。另一方面是产品的终端价值，终端价值主要就是指产品的生产成本与流通成本之和，形成了商品的价格。在商品的成本构成中，流通成本又可分为商品的交易成本和商品的物流成本，商品的物流成本依商品种类的不同而不同，在商品终端价值中所占的比例也不同，如生产资料类，少的只有百分之几，但人们的生活必需品等商品，其商品物流成本有的占到 300%以上甚至更高。

商品的物流成本主要包括运输成本：人力成本、配送成本、仓储成本、设备成本、税务成本、损耗成本、管理成本、财务成本等。

二、造成我国商品物流成本居高不下的原因

商品物流成本是商品成本的重要构成要素，但它不能体现商品的真实价值，不能给商品带来价值，再高的商品物流成本也不能增加商品的实际价值，它只能提高商品的价格。我国经济虽然经历了30多年的高速增长，但商品物流企业的管理水平还不高，运行过程中的一些人为干扰因素还很多，还存在着很多的潜规则，商品物流行为规则还不太健全。所有这些，都大大增加了商品的非正常物流成本，阻碍了商品的正常流动，增加了商品的损耗，损害了消费者、使用者的利益。

通过各种信息和数据分析，我们感到造成我国商品物流成本过高的因素很多，主要表现在以下几个方面：

（一）商品的运输、配送成本耗费了巨大

商品的运输、配送成本是商品物流成本的重要指标之一，主要包括：运输工具的折旧、维护费（保险、税等），运输、配送的人力资源费，道路、桥梁通行费，燃料费，管理费用等。

1. 道路、桥梁通行费用高

中国社会科学院汪同三研究员统计，全世界82%的收费公路在中国，是世界上高速公路收费里程最多的国家。从2011年10月中旬到12月底，笔者对60家公路运输企业（个体运输者）进行了一次调查，得到的初步数据是，通行费用占商品运输成本的比例平均达31%。

2. 运输车辆空载率高

我国的商品物流业目前仍属于起步阶段，商品物流超过30%是由个体运输户完成的，近60%是由规模很小的企业完成的。据不完全统计，全国前十大物流公司，商品运输只占全国总运输量的不足10%，相对空载率较低。由于信息的不畅通，小运输公司和个体运输户空载或等待现象严重，通过对100家小运输公司和个体运输户的调查发现，其运输车辆的平均空载率达28%，1.5天内等待率达40%以上，造成了极大的运力浪费，这些浪费的成本也加在了商品的运输成本中，成为商品物流成本过高的重要因素。

3. 罚款高

通过随机对100名货车司机的调查，一年中，有82%的被罚过款；31%的司机认为被罚的款是不合理的乱罚款。统计发现罚款的数额占到了运输成

本的 16%以上。

（二）人口红利的渐失，才非所用，造成人力成本高速增长

一方面，改革开放 34 年来，经济高速发展，劳动用工需求急剧增长，我国的廉价劳动力优势逐步失去，劳动力资源开始紧张，劳动力成本急速增长，近几年的用工荒是一个有力的证明。

这是东莞劳动部门 2006 年 2 月发布的一则消息：近日，东莞劳动部门对全市 103 家企业进行用工情况跟踪抽查，企业开出的预期待遇显示，今年普通员工的月平均工资将比往年要高出 10%左右，达到 798 元，同时今年节后返莞不返岗的老员工较往年增加。劳动部门粗略预计，今年节后东莞用工市场的缺口约为 20 万~30 万人。

另一方面，相对于经济发达国家，我国商品物流行业人才的培养起步较晚，无论是师资力量，还是理论基础与其相比还有很大的差距。我国培养的人才，一是数量少，不能满足企业需求；二是人才实用性不强，企业用起来不顺手。同时，各相关企业在没有或缺少专业人才的情况下，只能自己培养或用其他专业的人才边训边用。所有这些都增加了商品物流企业的人力成本，才用非所长的现象不但造成了较大的人力资源的浪费，也推高了人力成本。

（三）高地价、高房价，让仓储成本更上一层楼

仓储场地是商品物流业的重要基础设施，近几年的地价、房价飞涨形势，让仓储场地建设受到很大影响，加大了商品存储的占地费用。

以某中等城市为例。2007 年，在城市边缘一块适合建设仓储设施的地块，每亩一般在 30 万元左右；2011 年，同样条件的地块，每亩已达 600 万元以上，四年间上涨了 20 倍。在同一城市，场地租赁费由于房价大幅度上涨，租赁费也随之上扬，以该城市的中等地段为例，2005 年为 0.3 元/平方米/天；2011 年为 2.4 元/平方米/天，六年时间上涨 8 倍。

商品物流是商品流通的支柱，我国仍然处于发展的初级阶段，企业规模小，管理水平低，设施、设备落后，实力弱，这样的一个群体，很难有能力来应对如此高速上涨的成本，其面对的压力是可想而知的。

（四）商品物流运营方式落后，内耗性成本大

商品物流总费用的降低，有赖于物流组织产业化程度的提高，更有赖于流通行业壁垒程度的高低。我国商品物流行业组织形式多样，有国企、外

企、民营企业，有航空运输、铁路运输、水路运输、公路运输等。这些企业条块分割严重，各自都有自己的经营方式，特别是一些企业，“老大”思想严重，有些还存在着计划经济时代的思维与做法，相互间合作障碍较大，潜规则成本很高，无法形成优势互补、合作“双赢”的经营模式。一些商品物流企业，为延长自己的物流链条，降低物流成本，已经准备购置飞机；铁路运输仍处于独家垄断的地位，在具有铁路运输优势的地区，物流企业也只能挤独木桥，这些都无形中抬高了物流成本。

（五）商品物流设备科技含量低，装载、运输效率低

商品物流设备是物流企业的基本工具，体现着企业物流水平的高低，同时也反映着商品物流企业的运营效率。目前，我国只有少数大型物流企业添置了一些先进的物流设备，但大多规模小的商品物流企业还没有科技含量高的仓储保管设备、装卸搬运设备、物流加工设备、包装设备、信息处理设备。

经济发达国家的商品物流业，物流设备不断得到提升与发展，新的设备不断涌现，从研发、设计、生产已经形成了一个系统的产业体系，设备的更新速度快，科技含量高，生产效率高，如四向托盘、高架叉车、自动分拣机、自动引导搬运车（AGV）、集装箱等，这些改善极大地减轻了人们的劳动强度，提高了物流运作效率和服务质量，降低了物流成本，促进了物流的快速发展。

从整体上来看我国物流设备的发展并不能满足现代物流发展的要求，还存在着诸多的问题和不足；自动化立体仓库等高端设施自动化、数字化的仓储货架系统还不多见，使用计算机信息化管理的现代化仓库更少。一是商品物流设备缺少行业标准，使各种物流设备标准不统一，相互衔接配套差，造成了装卸、运输效率不高。二是物流设备研发企业少，生产制造企业各自为政，规模小，发展不规范，忽视了设备的通用性。三是部分物流企业对物流设备的作用还没有给予足够的重视，在规划、设计、选购时不系统，带有盲目性，造成物流设备使用率不高和资源的浪费严重。

同时，由于设备的科技含量不高，质量低劣，给承运物品造成了不应有的损坏，增加了商品的物流成本。

三、降低商品流通成本的对策及建议

目前，我国商品物流总费用占商品价值的比重较高。据不完全统计，中国国内商品物流成本占到了物价的 20%~40%，但是在人力成本高昂的美国，在 2002 年商品物流成本只占商品总价值的 8.7%。业内人士表示，如果物流总费用与 GDP 的比率降至发达国家 10%的水平，则全中国每年可节省物流成本 31000 亿元。假设节省的物流成本中，消费品占 1/3，则相当于去年全国消费品可降低售价 10300 亿元，降价比率为 6.9%，解决中国 CPI 涨幅过大的问题就绰绰有余了。①

由此可以看出，商品的物流成本高低是经济发展的一个关键环节，降低商品的物流成本是实现由贸易大国向贸易强国转变的必由之路，让商品在低成本下实现便利流动，是实现商品价值转移、促进生产发展、规范市场经济秩序的有效手段，所以，我们必须下大力抓好商品物流成本的降低。

（一）适应经济高速发展需求，培养一流人才

物流业实现快速发展、低成本运行的一个重要条件就是必须拥有一大批善于运用现代信息手段、精通物流业务、懂得物流运作规律的管理人才。

我国在商品物流人才的培养上应注意抓好以下几个方面的工作：

首先，从国家经济发展战略的高度，加大支持培养高、精、尖商品物流人才的力度。一是制定国家物流人才发展战略，有计划、有步骤地筛选一些高等院校、相关单位有培养价值的教师、专家、学者到发达国家学习。二是重点支持建立若干物流产业研究机构，深入研究、探索适合我国国情的物流业发展之路，商品物流企业管理运营方法，以指导物流企业健康、快速发展壮大，培养我们自己的物流业研究人才。三是鼓励支持教学机构、科研单位、企业引进优秀人才，但一定要做好消化吸收；同时，定期开展对内、对外的学术交流，开阔视野，提高素质。

其次，调整人才培养结构，形成人才培养的梯次配置。国家相关部门，对现有开设物流专业教育的院校、机构进行全面的评估、考评、梳理，重点培植、发展一批师资力量雄厚、教学设施完善的院校，作为国家培养物流高端人才的基地，培养一流的物流企业管理、专业技术人才。这些人才应该是

① 资料来源：《消费日报》，2011 年 5 月 12 日。

复合型的，他们是具备物流技术，懂得物流经济、物流管理、供应链流程，同时熟悉软件程序和信息技术系统电子商务技术的人才。

对一般开设物流专业教育的单位，做好引导、指导工作，使其成为培养中层物流人才的基地。同时，大力发展职业教育，培养适应物流企业需要的一线人员。

最后，鼓励民营培训单位培养，国家或有条件的地区，应给予培训单位一定的补贴，以调动其参与的积极性。同时，要多引导企业自己培养，美国物流企业的经验表明，最直接的物流人才培训应来自企业本身。

培养高素质的物流人才，是降低物流成本的重要手段之一，在进行成本管理中，人是最重要的因素，降低人的成本也是首要的任务。因为只有适合的人，才能做好适合的事，也只有这样才能做到人尽其才，也就避免了人力资源的浪费。同时，高质量的人才是提高决策水平、达成优化经营的主要因素，不管什么行业，其效率的提高离不开人尽其才、物尽其用的道理。

（二）建立和完善适应市场发展需求的便捷的商品物流体系

目前，我国商品物流的主要方式有生产企业自有运输、配送体系，第三方物流配送体系，经销商配送体系，综合配送（指生产商、第三方物流、经销商根据情况，采取各负责一部分的方式进行配送）体系，个体与生产企业或经销商结合的配送体系。

这些商品流通方式都有其长处和不足，但这些方式、方法都没有达到效益最大、成本最低的理想目标。

市场经济一个最显著的特征是能够给经营性组织带来利润，它与我们的宏观经济调控目标是一致的，商品物流的参与者必须得到其合理的利润，才能增强其经营的积极性。针对我国物流业发展的现实情况，只有合理地调整产业结构，优化布局，才能达到均衡发展，降低运营成本，促进商品物流产业壮大、健康成长的目的。

商品物流行业实现降低成本，健康发展重点应做好三个方面的工作：

1. 大力推进商品物流行业信息化，提高效率，降低成本

信息化是当今经济发展的重要条件，更是商品物流业发展的首要因素，信息化程度的高低直接影响着商品物流企业的效率和成本，所以，加强物流信息化建设，是物流业健康发展的前提条件。

首先，要建立国家主导的商品物流信息平台，畅通信息渠道，实现资源共享，提高资源的利用效率。目前，我国的物流信息平台很多，但形成规模、具有影响力的寥寥无几，更多的是区域性、行业性较多，加之诚信经营

观念淡薄，追求眼前利益，造成了其实际使用率低的现象，很多平台是建立不久就关门了。一般情况下，正规的物流信息平台投入较大，没有一定的实力是很难做好的，现在我国物流企业大多还规模不大，经营的区域较小，行业单一，其建立全国性、全行业的物流信息平台不但实力不够，而且得到的自身利益也较少，开发的积极性也不高，并且其可使用的资源也不能支持其发展，所以，在这种情况下，建立国家主导的信息平台是很有必要的，至于平台的经营方式也可以是市场性的。国家主导的信息平台有很多优势，如平台的诚信度高、信息量大、信息种类多等，这样就可以大大节省相关企业、个人的成本，提高商品物流效率。

其次，支持商品物流行业专业技术性软件的开发设计。由于我国商品物流业起步较晚，专业技术水平与发达经济国家还有一定的差距，多数企业的物流、仓储、配送方法还处在初期的人工为主阶段，效率较低，科技落后，损耗浪费大，研究、开发与现代商品物流发展相适应的专业应用软件，成为迫在眉睫的任务。对于这一情况，企业虽有一定的需求，但投入开发的积极性不高，为此，国家可以对照支持高新企业的政策给予支持，调动相关企业的积极性，加快软件的开发利用步伐，降低企业成本，提升我国商品物流业的发展水平。

最后，加强对相关信息平台的监管力度。坚决打击发布虚假信息、利用信息进行诈骗等不法行为。同时，由行业协会或有关部门牵头，定期对相关信息平台进行评比、检查，扶持、支持一批信誉好、质量高、具有发展潜力的商品物流信息平台。

通过这些措施，在商品物流行业的信息建设上，首先实现规范发展，以提高各种物流设备、设施的利用率，降低企业运营成本。

2. 统筹规划，建立全国布局合理的物流枢纽、节点体系

在我国“大而全”、“小而全”的企业物流运作模式相当普遍，各地区的全国物流一盘棋意识还不强，各自为政，自我规划现象相当普遍，这样不仅会造成资源浪费，也会造成商品物流企业的成本增加。解决这一问题主要有两个途径：一方面，由国家组织专业机构、经济发展规划部门，对全国物流枢纽建设进行分析、设计，出台全国物流中心枢纽、关键节点整体规划，以指导全国的大型物流设施建设；各省、自治区参考全国物流枢纽、节点规划，制定区域性物流设施建设规则。另一方面，要加强对建设大型物流设施的科学论证，要确保设施建设的科学性、合理性，要符合整体发展规划的要求。同时，严格审批把关，克服盲目建设。

3. 加大政策支持力度，引导各种资本科学、有序参与

商品物流行业现在的状况可以用“百花齐放”来形容，虽然处在起步发展阶段，但还是投入大、成本高，需要国家给予一定的政策支持。除加强引导外，可以从两个方面提供帮扶：一方面，在建设用地上支持，根据国家的发展规划，预先做好本地区的物流用地使用计划，并在土地的使用价格上实行优惠政策。另一方面，实行税收优惠，国家和地方要视具体的情况，在企业的发展阶段给予一定的税收减免，以提高企业的生存、发展能力。

实践证明，科学的布局、畅通的信息是降低物流成本的必经途径。

（三）引导企业规范使用统一的高科技含量的物流设备、工具

任何一个行业的发展都离不开科技的支撑，我国在近些年来根据商品物流业发展的需要，出台了一些物流设备、工具的国家标准，但这些远远不能满足企业发展的需要。现在大多数的物流企业，对一些设备、工具都是自行开发、设计生产，行业通用性差，不但给使用对接造成了不便，同时也降低了生产效率，提高了成本。

首先，要统一运输工具标准，根据各行业产品的特点，可以制定通用运输工具标准、专业运输工具标准、特种运输工具标准等。这样做的好处，一是设备制造企业有标可依，生产效率高，零、配件的通用性增强，便于维护保养。二是路政、交通管理部门便于管理，执法有据可依。三是物流运输单位便于管理、维护。

其次，要统一搬运设备、工具。搬运设备和工具国外发展较为成熟，品种多，专业性强，生产效率高，我们可以采取引进、吸收、规范的方式进行发展。对于能通用的，要发动有关单位进行研究，制定标准；特种设备和工具也要制定国家的制造指导标准，提高通用率。

最后，要统一通用的包装、托载工具，如商品的托盘、存储支架等。

（四）制定物流行业服务标准，提升服务水平

在经济发达国家，物流作为国家经济发展的重要产业，早已制定出了细致、规范的服务标准，规范了相关企业的服务行为，对相关企业的发展壮大起到了巨大的推动作用。

目前，发达国家和地区的货物周转时间平均在 3.5 天以内，而我国货物周转时间在 7 天以上，不仅仅影响了服务效果和企业信誉，而且导致我国物流服务成本普遍居高不下，服务收费过高。据有关资料介绍，在英国物流费用平均占服务总额的比重为 14.8%，美国平均为 16.5%，而我国平均达 35%。

在市场竞争激烈的今天，高成本就预示着企业的消亡。所以，国家或行业组织应尽快研究、完善出台适合我国国情的物流行业服务行为标准或规范，以促进企业的正规化、现代化，提高服务水平，降低运营成本，实现健康发展。

（五）鼓励管理创新，形成各具特色的运作经营模式

商品物流企业在经济飞速发展的今天，要求企业不断地进行管理与运营模式创新，不断采用新技术、新方法，建立起符合我国商品物流发展实际的企业经营模式。

政府主管部门或行业组织要定期多组织企业、专业科研院所等单位进行学术研讨、交流；组织邀请国外优秀专家、学者和企业领袖来我国进行学术交流、讲学，以丰富企业管理者、专家和学者的物流管理理论知识，及时掌握国际先进物流管理的发展变化和发展趋势，以应用于我们的企业管理，提升管理水平，提高服务质量。

以不同形式、不同角度支持、鼓励企业，利用现代高科技手段，加速实现物流管理、运营信息化、自动化、网络化建设，提高物流管理和物流技术水平，以应对经济高速发展的挑战。

企业特别是大型商品物流企业，要在物流信息收集的数据库化和代码化、物流信息处理的电子化和计算机化、物流信息传递的标准化和实时化、物流信息存储的数字化等方面下工夫，首先实现物流信息处理的自动化，充分发挥现代信息技术，提高工作效率和服务质量。要大力推行应用条码技术、全球卫星定位系统（GPS）、物资采购管理（MRP）软件、数据库技术、电子数据交换技术（EDI）、企业资源计划（ERP）技术等，以实现物流管理水平的提升。

要注重物流设备、工具的自动化，研发、使用自动化的物流设施和技术，如自动分拣系统、自动存取系统、自动输送系统、数字化存储中心等，实现物流作业的高效运行。要加快物流配送网络建设，做到科学合理规划，服务便捷客户。

物流业在我国已经进入高速发展期，对国民生产总值的贡献越来越大，但与发达国家相比还有很大的差距。据统计，目前，美国物流产业规模超过10000亿美元，几乎是高科技产业的两倍，占美国国内生产总值的10%以上。而我国2011年全国物流业增加值为3.2万亿元，物流业增加值占GDP的比重为6.8%，还有很大的发展空间。国外大型物流企业如美国的UPS公司在1995年的主营业务收入就达到了125亿美元，日本的佐川急便在1995年的主营业务收入也达到了57亿美元。相比之下，中国物流企业的总体规

模较小是一个不争的事实。

近几年，国家对商品物流业高度重视，仅 2011 年国家有关部门就出台了多项政策措施来支持物流业的发展。可以说，商品物流发展的春天已经到来，行业、企业的发展时机已经显现。但是降低商品物流成本是一个较复杂和长期的过程，需要各部门、企业共同努力，衷心希望我国的商品物流业，走出一条适合本国国情的低成本发展之路。

参考文献：

[1] 国家统计局发布的 2011 年主要经济指标数据。
[2]《中华人民共和国税收征收管理法实施细则》国务院令［2002］362 号。
[3] 中国物流与采购联合会：中国物流发展报告（2010~2011）。
[4] 齐二石：《物流工程》，清华大学出版社，2009 年.
[5] 国务院办公厅下发的《关于促进物流业健康发展政策措施的意见》。
[6] 国办发〔2011〕38 号。
[7] 国发［2009］8 号：国务院关于印发物流业调整和振兴规划的通知。

低碳物流金融支持研究

陈　君[①]　李　丽[②]

一、“低碳经济”下的“低碳物流”

“低碳经济”一词最早见诸政府文件是在2003年英国能源白皮书《我们能源的未来：创建低碳经济》。其理念是在工业革命以来，经济规模急速增长，传统化石能源，生物能源面临着枯竭，空气污染、水污染、废弃物等污染带来了全球气候的变化的背景下提出的。低碳经济概念的提出可以说是人类价值观的一次大改变，主要通过开发新的绿色能源，改变能源使用结构和提高能源使用效率，减少污染物的排放。中国在2008年“两会”上低碳经济被提上议程，随之低碳技术、低碳发展、低碳生活方式、低碳社会、低碳城市等一系列概念应时而生。而运行费用达到GDP产值17.3%的物流业，推行低碳物流也势在必行。

发展低碳物流首先要明确物流的内涵。2001年8月，由中国物流与采购联合会起草并由国家质量技术监督局发布了《中华人民共和国国家标准物流术语》，将物流解释为：“物品从供应地向接收地的实体流动过程。根据实际需要，将运输、储存、装卸、搬运、包装、流通加工、配送、信息处理等基本功能实施有机结合。”由此可见，物流涉及的行业领域包括制造业、批发与零售业、交通运输、仓储和邮政业。2009年3月，中国第一个全国性物流

---

① 陈君（1988~），女，山东德州人，北京工商大学经济学院产业经济学专业2011级硕士研究生。研究方向：产业经济。邮箱：june_chen2006@126.com。

② 李丽（1970~），女，河南南阳人，北京工商大学经济学院副教授。研究方向：流通经济、产业经济。邮箱：lilillr6671369@sina.com。

专项规划《物流业调整和振兴规划》由国务院发布确认，并指出：物流业是融合运输业、仓储业、货代业利信息业等的复合型服务产业，是国民经济的重要组成部分。因此，物流不仅包括生产商与销售商之间的直接产品和服务流动，以第三方的物流企业作为载体进行产品服务交换的物流业更是其重要组成部分。低碳物流要涵盖整个物流主体各方，也要贯穿于整个物流过程，包括低碳运输、低碳储存、低碳包装、信息化结算等。

二、物流活动中的金融支持缺口分析

国家发改委、国家统计局和中国物流与采购联合会对2009年全国重点工业、批发和零售业企业物流状况和物流企业经营状况进行了统计调查。结果显示，社会物流总值在工业、批发零售业等企业物流中占42.6%，第三方物流企业占57.4%。第三方物流企业货运量增长率高于企业自运货运量3.1个百分点。这表明工业、批发和零售业更多地将物流业务外包给第三方物流企业。[①]

（一）目前金融支持对物流的欠缺主要体现在第三方物流企业融资的问题上

2011年，第二、三季度商业银行贷款投向情况如表1所示。由表1可以看出，与上一季度比，第二、三季度新增贷款投向主要集中在以下三大领域：制造业、批发和零售业、个人贷款。而第三方物流包括的交通运输、仓储和邮政业的贷款占比却低于10%和新增贷款占比低于5%。

表1 2011年第二、三季度商业银行贷款投向情况表

单位：%

	制造业	批发与零售业	个人贷款	交通运输、仓储和邮政业	
第二季度	21.5	10.7	19.8	8.9	贷款余额占比
	23.8	25.3	24.3	3.6	新增贷款占比
第三季度	21	11.1	20	9.5	贷款余额占比
	28.4	29	29.4	5	新增贷款占比

数据来源：中国银行业监督管理委员会：《中国银行业运行报告》。

---

① 国家发展改革委经济运行调节局，国家统计局贸易外经司，中国物流与采购联合会. 2010年全国重点企业物流统计调查报告，2010.

向商业银行贷款是物流企业融资最普遍的方式。从以物流作为主营业务的交通运输、仓储和邮政业的贷款额与自营物流的制造业及批发与零售业贷款额的比较中，可以看出物流企业的贷款困难。另外，已投向物流业的贷款也存在着结构性的问题。银行的信贷基金集中于少数龙头企业和专门的渠道物流公司。然而融资需求大的还是中小物流企业，但其由于规模、市场和资金的相对劣势，而企业的性质又是轻资产企业，并无抵押物，商业银行会顾虑到资金风险问题，从而导致大多中小企业难以从银行贷到款项。

（二）未来发展低碳物流客观要求更多的金融支持

物流低碳主要是通过提高能源的利用效率，控制污染物的排放。这需要各种节能技术及节能管理手段在物流活动中的运用。

从物流环节角度来看，低碳物流包括低碳运输、低碳仓储、低碳包装、低碳流通加工、物流网络信息化的内容。要从传统物流转向低碳物流无疑需要更多资金的投入，例如，低碳运输包括运输路线的科学设计和运输工具的低碳化。运输线路的合理规划需要大量的资金投入，不是集个别企业之力所能达到的。并且作为轻资产行业的物流企业要抛弃其原有高排放的机动车而采购“绿标车”，没有一定金融支持和政策补贴是不可能实现的；仓储企业通过一定的金融手段得到贷款后可以合理地布局和设计仓库的位置规模，提高仓库管理信息化，提高周转速率，达到节能目标；包装过程中采用的可回收利用材料相对成本较高，企业很难自主采取低碳包装材料；网络化和信息化在物流业中的普及也可以大大降低交易成本、提高物流效率最终达到节能减排的目的。由于目前大部分物流企业的贷款已很艰难，若想转变发展模式大走低碳之路则面临着更大的资金缺口。

三、金融支持低碳物流系统框架图的构建

资金已经成为低碳物流进程中最大的“瓶颈”，如果不加以解决，物流的低碳之路难以前进。对此考虑到物流资金相关方的作用，构建了发展低碳物流金融支持系统框架图，如图 1 所示。

（一）财税政策上给予发展低碳物流各方金融帮助

对于积极开展物流低碳技术、设备研发的企业给予项目经费，并允许研发支出在缴税时可以加计扣除。对于新技术、设备的运用推广方面，政府可

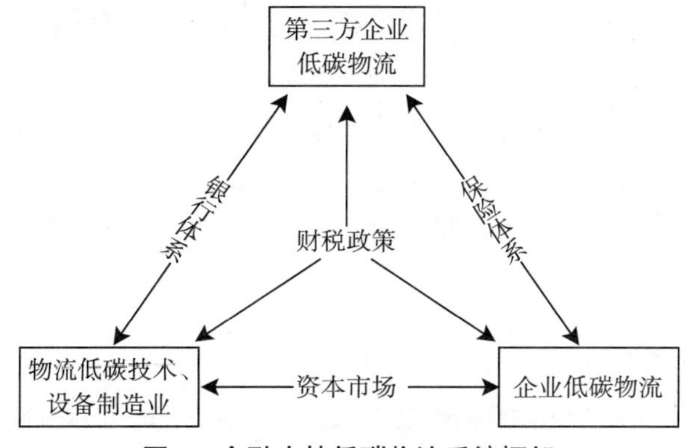

图 1　金融支持低碳物流系统框架

以帮助其向物流企业引进，从而解决低碳技术成本高、市场匮乏的问题。同时对于采用低碳技术和设备的第三方物流企业及企业物流进行财政补贴和税收优惠，若物流企业采用融资方式购买低碳技术和设备则给予低利率的金融优惠。

（二）银行体系为低碳物流各方提供资金供给

低碳物流金融支持框架图中的第三方物流企业主要是中小物流企业，目前不具有通过资本市场上市或发行债券来进行直接融资的能力，银行贷款还是最主要的资金供给方。然而，中小企业贷款难是制约其效益和效率提高的重要因素，因此商业银行提供便利且充足的信贷支持是低碳物流发展的基础。对于物流领域中进行低碳技术和设备研发制造的企业，可能进行技术研发或者设备的批量生产时面临着资金不足，此时，银行就可以通过提供贷款来加以支持。

（三）资本市场间接融资拓宽低碳物流企业融资渠道

对于有资格上市的低碳技术、设备制造业和自身具备物流服务的产品制造业，可以通过在资本市场发行企业债券和股票募集所需资金。当然有上市资格的大型第三方物流公司也可以借助资本市场的广泛资金来引领低碳物流的发展步伐。风险投资和基金介入可以充实具有一定规模但仍有很大发展潜力的低碳物流企业资本，帮助这些企业进行资本优化，提高资本利用效率。通过资本市场可以使得融资多元化。

（四）保险体系对低碳物流风险提供保障

由于涉及运输、仓储、配送等众多环节，风险是物流活动与生俱来的。

因此物流并不排斥保险行业，通过保险体系可以促进低碳物流的发展。如机动车辆必须购买的机动车交通事故强制保险，可以降低“绿标车”的保费来激励物流企业。对于物流活动中采用低碳技术的投保财产，赔率设定和发生风险赔付认定时可以相应地放宽些条件。另外，探索开发一些专门面对于低碳物流的相关保险，也可以有效地刺激第三方物流企业和企业物流环节低碳的进程。

参考文献：

[1] 李蜀湘，陆小成. 中国低碳物流金融支持模型研究 [J]. 中国流通经济，2010 (2).

[2] 杨爱荣，姜经伟，赵红梅. 物流金融支持中小企业融资的思考 [J]. 商品储运与养护，2008 (2).

[3] 戴时清，雷定猷. 以开发行金融支持现代物流产业系统性融资研究 [J]. 云南民族大学学报，2011 (5).

农产品流通

当前我国农产品流通面临的新形势与主要任务

王德章[①]

农产品流通顺畅与否关系到供求平衡与价格稳定，历来是各级政府、城乡居民关注的重要问题之一，它主要解决的问题是促进供求平衡与价格稳定，这样，生产者、消费者都能各得其所。但近年来的情况是，农产品的价格波动和涨幅过大，损害了农民和消费者的利益，从长期看，也必将损害到企业的利益，是什么原因造成了“两头叫，中间笑”以及流通和物流成本过高呢？这既涉及城市化过程中农地的由近到远、人力与原材料成本的提高、市场存在着一定的垄断和人为抬高价格的情况，还有农产品流通环节过多，以及税费尤其是一些不合理的收费项目，它关系到农民、企业与消费者的切身利益。不论在我国还是在国外，都曾发生过谷贱伤农、菜价过高伤民的现象。近年来，在我国，这一问题相对突出。

一、近年来我国农产品流通存在的主要问题

目前，虽然我国农产品流通市场在流通水平、流通结构、流通规模、流通形式等方面均获得了较大发展，但还远不能满足社会和经济发展的需要，不能适应人们在经济水平提高后对生活质量更高的要求。主要存在以下问题：

（一）生产和流通成本增加，农产品价格大幅上涨

2010 年以来，我国市场出现了农产品及以其为原料的食品价格涨幅甚

① 王德章（1951~），男，黑龙江哈尔滨人，哈尔滨商业大学副校长，现任职于哈尔滨商业大学市场发展与流通经济研究中心。研究方向：流通经济。邮箱：mrwdz@sina.com。

高，其主要原因有两个：一方面是由于种子、农药、化肥等农业生产资料价格上涨导致农产品生产成本高，造成农民收益下降，从事农业生产的积极性不高。另一方面的原因就是农产品的流通成本高。除燃油费、人工费的上涨外，某些中间商靠着自己的垄断地位在流通和销售环节对农民和市民进行了两头盘剥，都会造成流通成本高，这些成本必然都会通过高售价转嫁到普通居民身上。于是出现了“两头叫，中间笑”现象。农民叫产品出卖价贱，有时甚至收不回成本；市民叫农产品零售价贵，承受不起；而真正能够笑起来的是中间层层加码的收购商、运输商、批发商、零售商。

（二）渠道依赖、流通阻滞与价值链损毁，致使“谷贱伤农，菜贵伤民”

近期，蔬菜价格的大幅波动被广泛关注，一方面，一些地区农民种植的蔬菜收购价格大幅降低，以至于出现农民不愿卖菜，“菜贱伤农”的现象；另一方面，城市农贸市场蔬菜零售价格却居高不下，城市居民备感物价压力，“菜贵伤民”。这种批发市场菜价暴跌和零售市场菜价持续高水平同时存在的情况尤为引人关注。因为从一般市场规律来看，无论在批发市场还是在零售市场，农产品价格的波动都可以在供求关系的变化层面上得到独立的解释。如“菜贱”表明供过于求，而“菜贵”来自供不应求。但联系这两种同时存在的现象，这种价格逆向波动带来的供求关系变化矛盾已不能简单通过供求关系决定均衡价格的经济学一般原理来进行解释。

这种现象是渠道依赖和流通阻滞耦合作用的产物，最终表现为蔬菜等农作物供销行业价值链的损毁和拉姆齐价格难以实现。通常在理想状态下，生产者、流通商和消费者在供销渠道内分享均衡的渠道权力，而生产者具有专业化经济、流通商具有相对高水平的交易效率、消费者享有效用最大化的福利，各方在追求自身价值最大化的过程中，可以实现社会福利最大化的拉姆齐价格，即实现资源的次最优配置。但是在我国蔬菜等农作物供销过程中，以上理想条件均存在不同程度的缺失，从而导致了“菜贱伤农，菜贵伤民”的怪象。

（三）农产品流通中的市场垄断，使得农民和消费者利益均受其害

农产品产业链中由于市场垄断导致的“流通暴利”是如何产生的呢？通过进一步研究发现，在农产品的流通链条中，两端的环节，即农民的生产价格和消费者的购买价格在交易过程中都可以清晰地被大众了解及监督。但

是，在农产品中间流通环节中，由于交易过程的不透明，形成了农产品流通中的“黑箱”，价格的变动难以被公众所知晓。正是由于这种“黑箱”的存在，导致流通中层层加价，使流通环节有暴利可图，也导致了如今农产品价格飞涨的局面。

农产品流通环节中的寡头市场一方面扰乱市场竞争秩序，且是对自由竞争市场秩序的严重扰乱。因为流通商处于中间环节，对农产品产业的上下游环节都有着极为深刻的影响。单一的农产品流通模式对农民来说减少了收购的渠道，而对消费者来说减少了供给的渠道，一旦监管不力，极易造成中间流通环节农产品商囤货自居、待价而售的现象。流通商持货观望，影响了农产品的正常供求，造成生产和消费环节之间的断裂，使农产品产生异常波动，对农产品产业链条造成严重威胁。另一方面损害农民和消费者利益，因为中间流通商获取了大部分利润，农民和消费者的利益受到了侵害。在收购环节，大型的垄断收购菜商阻断了需求市场的多元化发展，农民面对“单一需求来源”，只能被动接受被压低后的垄断收购价格，仅获得微薄利润。

（四）农民收入增加与产业发展速度不协调

2007~2010 年，农民人均纯收入的年均增长率为 16.42%，低于稻米产值的年均增长率 38.68%，相对于第一阶段，二者的差值呈扩大现象。在 2004~2006 年，农民人均纯收入的年均增长率为 8.16%，高于 GDP 的年均增长率 7.79%。而在 2007~2010 年，农民人均纯收入的年均增长率为 16.42%，低于 GDP 的年均增长率 18.07%。相对于第一阶段，近几年来不升反降，这一现象反映出在稻米产业的发展和地区经济发展高速发展中，农民收入的增长并没有得到实质的增加，反而落后于稻米产业的增长速度和地区经济增长速度，见表 1。

表 1　五常市稻米产业产加销营销渠道对产业发展、农户增收、GDP 的影响

年　　份	耕地（万亩）	水稻种植面积（万亩）	水稻产量（万吨）	产值（亿元）	农民人均纯收入（元）	GDP（亿元）
2004	372.89	145.00	82.19	17.50	3899.00	86.50
2005	372.89	160.00	90.00	20.30	4340.30	89.70
2006	372.89	165.00	95.00	21.30	4561.00	100.50
2004~2006 年均增长率（%）	0.00	6.67	7.51	10.32	8.16	7.79
2007	387.54	175.50	100.00	26.00	5385.00	118.60
2008	387.95	175.70	117.00	35.90	6098.00	138.40
2009	387.95	178.90	123.00	50.00	7202.00	162.70

续表

年　份	耕地（万亩）	水稻种植面积（万亩）	水稻产量（万吨）	产值（亿元）	农民人均纯收入（元）	GDP（亿元）
2010	388.75	180.78	136.40	69.34	8496.00	195.20
2007~2010 年均增长率（%）	0.10	0.99	10.90	38.68	16.42	18.07
2004~2010 年均增长率（%）	0.70	3.74	8.81	25.79	13.86	14.53

资料来源：《哈尔滨统计年鉴》（2005~2010 年），其中水稻产量及产值数据来源于五常市人大常委会、哈尔滨中小企业局。

（五）农产品加工企业获超额利润，降低农民实际收入，影响农民增收

2004~2009 年，农业生产资料价格总指数的增幅（38.9%）超过了农产品生产价格的增幅（35.4%），而且分阶段看，不管在产加销分离还是在产加销一体化阶段，农业生产资料价格的年均增长率都超过农民人均纯收入。这些都表明，稻米的加工企业加价过高，使农民分享到的加工和销售环节中的利润较少，见表 2。

表 2　农产品生产价格总指数和农业生产资料价格指数

单位：%

年份	2004	2005	2006	年均增长率	年份	2007	2008	2009	年均增长率
农产品生产价格指数	100.0	101.4	102.6	1.29	农产品生产价格指数	121.6	138.7	135.4	5.52
农业生产资料价格指数	100.0	108.3	109.9	4.83	农业生产资料价格指数	118.4	142.4	138.9	8.31

资料来源：根据《中国统计年鉴》（2006~2010 年）相关数据折算而得。

表 3　2009 年五常市代表性大米加工企业稻米平均价格

单位：元/斤

	水稻收购价	大米中间环节价格	大米零售价
中粮美誉有机谷物制品有限公司	2.20	34.3	36.5
黑龙江省松粳米业有限公司	1.90	4.6	6.5
五常市龙源米业	1.90	3.6	5.50
华米米业有限公司	1.90	15.7	17.60
葵花阳光米业有限公司	1.90	5.75	7.65
中央红新农业科技发展有限公司	1.90	21.85	23.75

资料来源：根据五常大米网有关资料整理而得。

表 3 反映的是五常市代表性大米加工企业稻米产加销平均价格表，从表中可以看出，稻米加工企业加价（收购价和销售价之差）偏高，最低的加价

(3.6 元) 超过收购价的 2 倍左右，最高的加价 (34.3 元) 超过收购价近 16 倍。

中间环节的加价由农民来承担，严重降低农民实际收入，影响农民增收，因此认识到加价的副作用对于调整稻米价格以及解决农民收入偏低的问题就显得尤为重要。

(六) 产加销一体化发展比重偏低

产加销一体化发展对于稻米产业的发展极其重要，但是，五常稻米产加销一体化比重偏低，以 2009 年为例，通过产加销一体化发展模式的稻米产业仅占 50%，这就在一定程度上限制了农户增收和对区域经济发展的促进作用。根据提高农产品质量安全和提高经济效益的要求，应稳定提高产加销一体化模式的比重，使这一模式更好地发挥作用。

(七) 市场调控和监管不力

1. 对农产品安全和品牌的管理亟待加强

由于对食品安全重要性的认识不够和管理缺陷，出现了监而不管、管而不治、治而不严的现象。2010 年，五常市多家大米加工企业存在掺假和添加香精等问题，降低了五常大米的质量及其在人们心目中的形象。

2. 对政策支持产加销一体化的力度不够

政府对产加销一体化认识和重视不够，缺乏推动产加销一体化的整体规划和策略，在推进产加销一体化过程中存在管理人才不到位、资金支持不到位、制度保障不到位等问题。

3. 对价格的调控和监管力度不够

由于缺乏对市场供求状况的整体把握，在供求失衡时而又无法及时补充供需短缺，就会造成农产品价格大幅波动，而政府在调控价格时往往会有一个滞后期，虽然会起到“亡羊补牢”的效果，但是由于缺乏强制性监管措施，给消费者造成巨大损失。

二、从流通渠道创新方面寻找解决的途径

长期以来，农业生产领域内存在农产品品种不多、产量和质量不高、效益不佳、农民增收普遍难等问题。究其原因，很重要的一点是与现时农产品流通体系不健全有着密切的关系。创新农产品流通模式就是用现代高新技术武装，采取现代组织方式，它以解决农产品生产、销售过程中涉及市场和信

息、中介组织和龙头企业、科技推广和应用、农产品加工、包装和经营，以及市场检测和检疫等一系列问题为己任，是农产品物流、信息流和流通服务的统一体。构建创新农产品流通模式是促进农村经济发展的重要举措。我国创新农产品流通模式的总体思路如下：

（一）“市场内部化”与“内部化市场”

“市场内部化”是指从战略上调整与供应商的关系，从短期性的一次性交易转变为长期性的多次交易。“内部市场化”是指把市场机制引入组织内，上道工序把下道工序当成市场，下道工序检验上道工序的产品。在新经济条件下，根据波特的价值链理论，企业不可能使自己生产经营的每一个步骤都增值，所以，在必要时，将组织的部分业务外包给在该方面有竞争优势的有关单位，与其部分流程形成松散型的一体化组织是必要的，也是明智的。在农产品流通组织体系的大框架中，可以选择对农产品流通起关键作用的组织，实行“市场内部化”与“内部市场化”创新，让其与接管该部分流程的组织结成一体化组织。

（二）将农产品批发市场作为整个农产品流通组织制度建设的中心环节

我国目前的农产品市场体系有四大组成部分，即初级收购市场、销区零售市场、批发市场和期货市场。这四大市场各自为政，分别有自己的下属部门。各市场之间是并列的相互竞争关系，没有形成以某种市场为中心的农产品市场体系，也就是说在目前的农产品市场体系中没有“领头羊”，他们各自为政、无序竞争，造成市场混乱，政府也难以发挥对这些市场的宏观调控作用，并且许多市场组织直接为政府所创建、管理，造成产权不清、经营不善，不符合市场经济的要求，造成当今农产品流通不畅，这种流通体制必须要进行改革。

从国内外农产品流通的经验看，中国的农产品流通应该走日本、韩国、中国台湾等国家和地区的批发市场之路，将批发市场作为农产品流通的中心枢纽。

（三）将各种农产品流通组织整合成经营能力很强的一体化组织

我国当前的农产品流通组织种类繁多，有一体化组织、合作社、农业协会、农民经纪人、农产品运销商等，对于起流通中介的农业协会、农业合作社、农民经纪人、农产品运销户等流通中间商可以整合到农产品批发市场内部；对于对农业进行咨询、培训等服务的服务性组织，农产品批发市场可以与它们发展战略伙伴关系；对于产销一体化的农产品深加工企业，可以与批发市场进行部分整合。

三、农产品流通中政府的主要责任

（一）保护消费者和生产者

通过调控手段和支持措施保护生产者的收入稳定提高。从价格支持的实质来看，主要是防止“谷贱伤农”、支持生产者收入的提高，因为农民是弱势群体，农业是弱势产业，因此，市场调控和监管部门应把保护农民收入的稳定提高作为首要任务，农民收入的稳定提高是农产品供给稳定增长的基础，这也是在间接地保护消费者的利益不受到侵害。

通过农产品安全法规和稳定价格保护消费者的利益不受侵害。一是建立食品安全监管机制，从源头上对农产品的整个产业链进行监管；二是稳定物价，农产品价格趋高难下导致消费者支出增加或消费量减少，损害了消费者利益，因此，市场调控和监管部门应通过调节供求、稳定价格来避免“菜高伤民”，保护消费者的利益。

（二）打击垄断和市场投机行为

农产品受其自然属性（地域性、季节性）的制约，极易被少数不法经营者利用，出现局部市场供求失衡和价格异常波动，造成市场秩序混乱，扭曲农产品市场供求信号，因此，要加大反垄断和反不正当竞争执法力度，严厉打击囤积奇缺、哄抬物价等炒作行为。

（三）建立专项基金（补贴生产者和消费者）

一是对农民的补贴，在农产品生产过程中通过加大对农民的自然灾害救济补贴、贷款贴息补贴、财政补贴等办法维护农民的利益不受损害；二是加大对消费者的补贴，尤其是对中低收入群体的补贴，提高最低生活保障金水平。

（四）建立公共信息服务平台

信息化和电子商务是农产品产加销一体化发展的重要支撑，信息化可以从市场供求与价格信息开始，贯穿于整个产加销一体化过程中。因此，通过建立全国统一的农产品信息网络平台，为农户提供准确的市场供求信息，有利于避免盲目生产和提高农户的议价权，使农民享受加工和销售环节的利润。

四、解决农产品流通供求平衡与价格稳定的对策

（一）改善和加强宏观管理

在社会主义市场经济条件下推进农村城市化建设，需要政府加强宏观调控和管理以保证农村市场经济的健康运行。各级政府在推进农村市场化建设时，必须坚持引导竞争和加强保护“双管齐下”的原则，通过建立粮食等重要农产品保护价和专项储备制度、农产品价格调节基金制度、统筹粮食等大宗农产品进出口制度、建立农业社会服务体系、对管理农村经济的上层建筑进行市场化改革以理顺其关系等政策措施，保证农村市场的健康、有序运行。具体应该做到以下两点：一是面临成本提高推动型的农产品价格上涨，通过扩大基地面积、扩大市场规模、扩大加工企业的规模来降低成本；同时，对借助成本提高从事哄抬物价、囤积奇缺的行为的打击。二是从增加供给、满足需求的角度，特别是增加优质农产品供给，这就要求建设大基地和大市场，支持大企业和名牌产品的发展，要逐步建立大宗农产品大基地和大企业建设。建设大基地主要是建设高标准水稻优良品种研发中心，全面实施现代水稻产业核心区建设规划，重点开展种子研发、水稻智能化育秧、全程机械化、科技和社会化服务、水稻精深加工，实现规模、质量、标准、效益同步提升。全面应用绿色食品水稻栽培模式，实行数字化、信息化管理。建设大企业主要是通过大企业、大集团把五常水稻资源优势与大企业知名度、经济实力结合起来，实施大品牌战略，打造中国第一的高端大米品牌。

（二）建立合理的利益分配机制，保障利益主体和谐发展

产加销一体化营销渠道涉及农户、加工企业、流通企业和农业科技服务企业各个方面。各方面要协调发展，并发挥各自的积极性，就一定要建立合理的利益分配机制和调节机制。产加销一体化农方提供原材料、效益低下，而大量的增值效益在加工企业、流通企业。一是确立农户在产加销一体化营销渠道中的主体地位。产加销一体化的营销渠道利益机制形成，源头是以农户成为生产经营主体为基础的。“龙头”经营组织与农户结成的经济共同体，

处在这个共同体中的不同利益主体在生产经营、利益分配及经营中的地位方面享有平等的权益。通过这种机制，农民进入了加工、流通环节，按劳分配和按生产要素分配加工、流通环节带来的利润。同时，还给农民带来了社会地位和身份的变化。二是加工企业和流通企业要把扶持农方基地生产作为实现自身效益的前提，自觉为原料生产服务，把加工经营环节的利润返还给农民。特别是在基地建设初期，更需大力扶持，并且做到实行谁扶持生产基地建设，就由谁负责加工、经营，避免由于市场波动出现抢购和拒收现象，真正让利于农民和消费者。三是在产加销一体化营销渠道中实行系统内非市场安排与市场机制相结合的利益调节机制，最终使各个环节多元主体获得平均利润。

（三）保护生产者的利益，使农民更多地分享到加工和销售环节利润，调动农民生产积极性

一是解决现阶段随着工业化、城镇化加快推进，建设用地供求矛盾和土地红利问题，降低万元 GDP 地耗、人均地耗、单位工业增加值地耗等指标，提高土地利用效率。二是遵循农业生产基本规律，逐步提高土地、劳动力等生产要素的报酬，改变土地使用价格和工资水平过低等现象，逐步提高农产品价格，并通过价格、财政、税收、进出口、储备等多种手段扶持农业生产、鼓励增加农产品供给。三是通过组建专业协会、专业合作社等组织机构，提高农民的组织化程度，进一步强化龙头企业与其他农户之间的利益联结，提高与相关企业的谈判能力。

（四）引进与培育龙头企业，实施大集团战略，进一步提升龙头企业的引领作用

鼓励扶持大型米业集团以联合合作方式整合兼并中小制米企业，使龙头企业发挥集聚效应，形成围绕龙头企业的专业化生产基地和区域化布局形式。具体应该做到以下四点：一是壮大龙头企业的规模，增强带动能力，要通过鼓励民间资本投资、企业兼并重组、加大财政扶持等方式，实现农业企业由小到大的转变，努力引进和培育出一批规模大、科技含最高、带动能力强的龙头企业，实现农业企业在数量上和质量上的突破，进而达到扩大带动规模和提升带动农民增收的最终目的。二是政府应加强在金融、税收、上市资本运作、期货、担保政策扶持力度。解决农产品加工业增值税高征低扣问题，减轻企业税收负担；解决涉农企业上市融资渠道，发展联合担保、订单质押等新型贷款担保方式扩大农村有效担保物范围，切实缓解农产品加工企

业融资难问题。三是解决近年来随着劳动力、原材料、电力、运输价格持续上涨，许多龙头企业生产经营成本大幅攀升，经营发展面临巨大困难。四是打破地方保护主义和垄断，创造公平的市场竞争环境，为企业加大科技投入奠定基础。鼓励特色优势农产品规模生产、深度加工和制定差异化市场营销战略提高企业竞争优势。

（五）缩减农产品流通环节，加强农产品流通体系建设

我国农产品经由农产品批发市场交易的农产品比重高70%以上，农产品流通环节多，费用高，再加上公路收费严重，部分城市实施的“货车限行”政策，大幅度提高了农产品流通“最后一公里”的运输配送成本，导致最终零售价格比收购价格高出许多。据统计，全世界82%的收费公路在我国，我国农产品零售价格中流通成本占50%~70%，比欧洲高出2倍以上。另外，我国冷链运输技术并不发达，通常以常温物流和自然物流为主，流通过程损耗很大。以蔬菜为例，蔬菜等生鲜农产品在采摘、运输、包装、储存等过程中损失率在25%~30%，而发达国家的损失率则控制在5%以下，美国仅为1%。这些自然要计算到物流成本中。因此出现了蔬菜的“买难卖难”和“卖贱买贵”等现象。一是通过加强农产品市场建设，建设农产品主产区的基础性流通设施（主要是整理分拣设施、储存仓库、冷藏库、气调库等），由此解决农民增产不增收的问题。二是发展农产品尤其是蔬菜的冷链技术减少运输途中的损耗，对农产品运输成本予以补贴或减少（免）公路收费。三是产加销过程中发挥好流通的先导作用，缩减流通环节，编制农产品流通体系，衔接农产品生产与农产品流通。

（六）避免“价高市民”，加强消费者利益保护

信息不对称是消费者合法权益得不到保护的重要原因，因此，要保护消费者合法权益就应努力实现市场信息的公开、透明，增强消费者获取市场信息的能力，使其充分了解产品的质量、规格，并能享受良好的售后服务。一是稳定农产品价格总水平，需要保障重要商品市场的供给，切实抓好“菜篮子”工程建设，加强粮食等重要农产品市场流通体系和储备体系建设，加强标识管理，建立农产品市场准入和质量可追溯制度，保障粮食等主要农产品供应和质量安全。二是要保障消费者的监督权，既要保障消费者对商品和服务进行监督的权利，又要对消费者权益保护工作进行监督。三是从满足需求的角度，要培育大产业。如五常市稻米产业发展应以大米生产加工为基础，延伸稻米产业链条，开发方便米饭、米粉、米粥等速食产品，提高产品多样

性，适应和满足消费者需求升级的要求。四是重点保护低收入群众和困难群众的利益。在价格涨幅过高，尤其是由于囤积奇缺、哄抬物价造成的涨幅过高时，要及时采取非常规调控，即限制价格涨幅，给予消费者补贴，特别是打击垄断和市场投机行为。建立社会救助和保障标准与物价上涨挂钩的联动机制，根据市场价格变动情况，发放价格临时补贴，或者相应调整社会救助与保障标准。

参考文献：

[1] E Nakamura. Pass-through in Retail and Wholesale [J]. NBER Working Paper，2008.

[2] Richard Louis Kohls， Joseph N. Uhl， Marketing of agricultural products [M]. Prentice Hall，2002.

[3] B Wierenga， Agricultural marketing and consumer behavior in a Changing World [C]. Kluwer Academic Publishers，1997.

[4] 夏春玉，梁守砚，张闯. 农产品流通渠道的维度：基于政治经济学分析框架的研究 [J]. 经济管理，2010（10）.

[5] 丁俊发. 构建现代流通体系面临的形势和任务 [J]. 中国流通经济，2007（2）.

[6] 陈文玲. 现代流通与国家竞争力 [J]. 中国流通经济，2007（4）.

[7] 庄晋财，黄群峰. 供应链视角下我国农产品流通体系建设的政策导向与实现模式 [J]. 农业经济问题，2009（6）.

[8] 孙侠，张闯. 我国农产品流通的成本构成与利益分配——基于大连蔬菜流通的案例研究 [J]. 农业经济问题，2008（2）.

[9] 尹世杰. 疏通流通渠道扩大农村消费 [J]. 中国流通经济，2010（1）.

[10] 王德章，王锦良，贾俊杰. 中国农产品产加销发展模式对农户增收的影响——以黑龙江省五常市稻米产业为例 [J]. 理论探讨，2011（4）.

[11] 尹世杰. 关于完善农村流通渠道的几个问题 [J]. 中国流通经济，2010（6）.

[12] 于宁. 我国农产品流通的网络建设和信任提升 [J]. 农业经济问题，2010（6）.

[13] 洪涛. 流通基础产业论 [M]. 经济管理出版社，2004.

[14] 盛革. 我国农产品现代流通服务体系的协同优化设计 [J]. 管理评论，2009（8）.

我国农产品批发市场建设对策分析

任　荣[①]

我国农产品批发市场于20世纪80年代初期在一些集贸市场基础上孕育产生，经过30多年的快速发展，现已成为我国农产品流通体系的枢纽和核心，承担着将近70%的农产品流通任务。截止到2009年，全国共有农产品批发市场3600多个，年交易总额14488.9亿元，平均每个市场年交易4亿元。在这些农产品批发市场中，按经营农产品种类分，粮油类212个、蔬菜类992个、水果类390个、畜禽类320个、水产品类182个、特产类246个、综合类1264个。从年交易额情况看，全国共有年交易额亿元以上（含亿元）的市场1709个，占农产品批发市场总数的46.9%。其中年交易额亿元以上的产地（含产销结合）市场1151个，销地市场558个。[②]

一、我国农产品批发市场发展的特点

（一）布局和结构日趋合理，全国性农产品批发市场网络逐步形成

近年来，为适应农业结构战略性调整和建设现代农业的需要，以及城镇化建设的推进，在政府政策的大力扶持和行业协会的培育引导下，我国农产品批发市场在发展中调整、以调整促发展，目前已基本形成了由产地市场、销地市场、集散地市场相互衔接配置，专业市场与综合市场优势互补的全国

① 任荣（1977~），女，山西榆社人，山西财经大学国际贸易学院讲师。研究方向：贸易经济、产业经济。邮箱：r-rdream@163.com。

② 数据来源：农业部。

农产品批发市场网络。市场布局更加合理，行业标准法规体系逐渐建立健全，农产品批发市场形成了全国农产品大市场、大流通的基本格局。

（二）农产品批发市场进入全面升级改造，市场服务功能逐步配套

中国农产品批发市场经过 30 多年的高速发展，基础设施已经趋于陈旧不能适用现如今的发展形势。为适应市场竞争和食品安全的需要，国家政策对加强市场管理规范的全面展开，使中国农产品批发市场普遍进入升级改造期，目前亿元以上交易额的市场已经全部进行了升级改造。同时，许多农产品批发市场建立了市场信息收集发布平台、农产品质量安全检测系统，为进场商户提供餐饮、居住等配套设施；部分市场发展了农产品冷藏加工、分级包装和统一配送等业务，市场交易条件明显改善，服务功能不断增强。

（三）经营体制改革初显成效，产权主体多元化

据相关数据显示，2000 年以前，全国农产品批发市场中，国有和集体所有的市场约占 2/3 以上。[①] 2001 年以来，伴随以实行股份制为核心的国有企业产权制度改革的逐步推进，国有经济逐步退出一些竞争性的非国家经济命脉的领域，农产品批发市场的产权改革逐步推开。截至 2006 年末，我国农产品批发市场领域民营资本比例上升至 40%左右。尤其是广东、福建、浙江等沿海地区，近些年民营的农产品批发市场数量大幅增长，超过当地批发市场总数的 50%。与此同时，一些大型批发市场，充分利用地方的有利政策，大力整合优势资源，加快行业收购、兼并步伐。如深圳农产品股份有限公司，2001 年以前仅收购了南昌农产品中心批发市场的一家企业，但到 2007 年已达到 17 家。

实践证明，农产品批发市场的健康发展在保障城镇居民的农产品供给、丰富农产品流通模式、推动农业产业化进程，以及促进农民增收、扩大城乡就业、活跃地方经济等方面发挥着重要作用。但相对于我国农产品流通体系建设的要求和居民日益改变的消费需求而言，我国农产品批发市场的发展中仍存在许多不可忽视的问题。

---

① 数据来源：中华人民共和国农业部，《中国农产品批发市场发展总报告》。

二、我国农产品批发市场发展中存在的问题

（一）基础设施建设不足，服务功能不强

由于国情所限，我国首先对大型的专业型农产品批发市场进行了升级改造，而更多的中小型及综合型农产品批发市场的改造仍处于起步阶段，因此，我国现有的很多农产品批发市场仍表现出基础设施简陋、服务功能单一的特点。许多农产品批发市场实际上仅仅只是为农产品交易者提供简单的农产品集中交易场所，而缺乏配套的相关服务，与现代化的农产品批发市场相比还有很大差距，如农产品分级、加工包装、保鲜、储存、运输、质量认证、销售结算、保险、信息服务等功能都还很不完善。

（二）交易方式陈旧，交易规模较小

目前，我国的农产品批发市场并不是真正意义上的农产品批发市场，大都实行批零兼营。其中，零售交易额还占有一定比重，缺乏现代化农产品批发市场应有的规范和效率，且交易形式仍以传统的对手现货交易为主，基本没有远期性契约交易。另外，由于农民个体户或农村经纪人是目前承担农产品运销的主要力量，农民专业合作组织的发展起步较晚，农产品批发市场内大多数经销商的营销规模小、效率低，缺乏有实力、信誉好、规范化的大批发商、代理商组织，因此不能形成稳定的、规模化的农产品供应链条。我国的农产品批发市场年均成交额为4亿元，同国外先进的农产品批发市场相比显得势单力薄。

（三）管理制度不健全，市场秩序比较混乱

长期以来，我国对农产品批发市场的管理一直缺乏可以依据的明确、统一的法律法规。因此，在农产品的批发市场管理上，经常出现“政出多头”的情况，工商、检疫、环卫、市政等部门均对市场进行收费管理。如此一来，不但市场经营者要费时费力地协调与这些职能部门的关系，同时也加重了入场经营者的负担，对农产品批发市场的长期、健康发展也产生了消极的影响。另外，我国多数农产品批发市场管理具有“重收费轻服务”的特点，停留在一般的物业管理与收费以及卫生、保安等管理上，缺乏为商户提供便捷的交易结算、信息查询、冷藏保鲜等配套服务。用现代信息技术加强和改

善市场运营管理还做得不够，对市场内商流、物流、人流缺乏及时有效的协调掌控机制与手段，往往处于自发、无序即“乱哄哄”的状态，欺行霸市、假冒伪劣等现象时有发生。

（四）市场交易主体的经营水平和组织化程度较低

在我国农产品批发市场中，入场交易的卖方多为农户自主形成的联合体或独立的运销经纪人。通常是居住相近的分散农户集中将自己生产的农产品交由一户或直接卖予运销经纪人进行入市交易，采用的是“看货—讲价—挑选—购买”的对手交易。交易规模小，经营水平也不高，难以产生规模效应。而从事地头采购和入市销售的人员往往也缺乏相应的市场营销专业知识。而且，运销商与生产者之间是一种买断关系，这样既不利于提高农民在市场交易中的谈判能力，也不能使农民分享流通环节的利润。

（五）法律法规建设滞后，制约农产品批发市场健康发展

我国农产品批发市场的兴起发展至今，没有一部国家统一的关于农产品批发市场的法律法规，农产品批发市场的性质、地位不明确，对行业发展和政府行为都缺乏法律法规的支撑和约束，市场税费负担过重、相关合法权益缺乏保障等问题长期得不到解决。

三、促进我国农产品批发市场发展的建议

（一）正确定位农产品批发市场的性质，选择适当的发展模式

适当的发展模式和正确的性质定位是实现我国农产品批发市场升级改造发展关键所在。当今在美国、加拿大、法国、荷兰、日本、韩国等发达国家，批发市场依然是农产品流通的重要渠道之一。而这些国家的批发市场发展的成功经验之一便是，农产品批发市场，尤其是产地市场的建设要作为公益和社会福利事业来看待，不以营利为目的。市场的规划、建设、投资、管理要在这个定位的基础上进行，均由政府来控制，政府作为投资主体。建设用地由政府划拨或出资购买，由政府投资建设，对批发的税费免收或减收，政府派出人员或独立的市场法人进行统一管理，避免多头管理。批发市场的投资者和开办者在收取市场出租费用的过程中，费用标准要以收回投资和维持正常的市场运行费用为限。我国的农产品批发市场建设，其性质也应仅仅

是为农产品流通提供场所而已，不应以追求利润为目的。只有作为公益性基础设施，通过政府来管理，才能给各市场主体带来最大利益，更好地服务于农业产品大流通、农业产业化和政府的宏观调控。

就发展模式而言，我国深圳经济特区的布吉农产品批发市场开创的“布吉模式”，其核心内容是“企业办市场、企业管市场、市场企业化”，把批发市场作为一个自主经营、自负盈亏的企业来运行。该模式固然是中国农产品批发市场改革的典型成功案例，但个人认为，此模式应更适于在经济发展水平及交易主体市场化、组织化程度较好的批发市场进行实践，而不是放之四海皆准。立足实际情况来看，我国大多数农产品批发市场，尤其是处在经济不发达地区的产地市场，市场经济意识还很薄弱，走单纯的企业办市场路子的基础条件仍显不足。

（二）积极培育市场主体，提高农户入市的组织化程度

成熟的市场主体是市场机制充分发挥作用的基础。一方面，要尽快培养农户成长为成熟的市场主体，对市场反应灵敏，能及时调整生产结构、品种结构，进行规模生产和规模经营。鼓励并培育各种形式的农民合作经济组织的发展，以“市场+基地+专业合作社”的形式扶持农民生产实现规模化、组织化，从而为农产品批发市场的稳定发展奠定基础。另一方面，要培育农村经纪人、贩运商和市场批发商。在市场经济大潮中锻炼起来的农村经纪人，在开拓市场、搞活流通，实现农业产业化经营中具有特殊的作用。经纪人运作能力，直接关系到当地农业产业化发展水平。在没有龙头企业牵动，国家收购农产品能力有限的情况下，有丰富的市场中介经验和很高市场中介信誉的农村经纪人的经营活动，促进了千家万户的小生产和千变万化的大市场的连接。农产品批发市场的贩运、批发大户，直接影响市场的辐射范围，没有远距离大范围辐射，就谈不上市场繁荣和规模经营。

（三）加快批发市场基础设施建设，完善市场服务功能

首先，要加快市场的硬件配套设施建设。农产品市场的硬件建设应在考虑其交易商品的特性、吞吐能力、市场未来发展的余地等因素的基础上，加快市场基础设备设施的建设，如农产品加工、储藏、保鲜、运输等流通基础设施。政府应该支持和加强交通运输条件等基础设施建设，改善仓储设施，推广保鲜技术和加工技术，提高农产品的分级、包装、保鲜和储运水平。同时，应在市场内建立农产品化肥农药残留检验和质量检测中心。

其次，必须加强农产品批发市场信息网络体系的现代化建设。政府部

门、协会或农民合作组织应建立现代化的农产品市场信息网络，及时、准确地向农民提供价格信息、生产信息、库存信息以及气象气候信息，提供中长期市场预测分析，帮助农民按照市场需求安排生产和经营，减少农产品市场的价格波动。农产品市场信息网络还可以发展农产品在线拍卖、订货和其他交易服务。

（四）创新交易方式，实现管理的规范化、现代化

在传统的农产品现货交易的基础上，应积极引进多种现代化交易方式，如拍卖交易、样品交易、期货交易等。通过多样化的交易方式，既有利于改进农产品交易效率，还能促进农产品批发市场交易额的提高。而交易方式的多样化也将对农产品批发市场管理的规范化和现代化提出更高要求。因此，有关政府和主管部门要在强化市场监管，抓好市场建设规划布局以及搞好市场水、电、路等基础设施的同时，认真研究制定市场建设与运营、农产品分级分类与安全卫生标准、连锁经营、物流配送等法律法规，实行由行政管理为主向法制化转变，整顿和规范市场秩序，创造公平竞争的市场发育环境。这就要求政府需及时制定关于市场进出、交易、监督和仲裁等一系列的市场法规，以确保农产品批发市场的正常运行。

参考文献：

[1] 赵琛. 中国农产品批发市场发展的国际比较 [J]. 中国商贸，2012 (6).

[2] 潘立亚，贺盛瑜. 日本农产品批发市场的发展对我国的借鉴 [J]. 农村经济，2006 (8).

[3] 黎元生. 我国农产品批发市场组织机制：缺陷与创新 [J]. 青海社会科学，2006 (1).

[4] 徐跃峰. 中国农产品批发市场建设布局问题的研究 [J]. 安徽农业科学，2005 (7).

[5] 贾生华，刘清华. 拍卖交易与我国农产品批发交易方式创新 [J]. 中国农村经济，2001 (2).

[6] 杨蕾. 河北省农产品批发市场现代化建设研究 [D]. 河北农业大学硕士学位论文，2007.

[7] 熊志云. 农产品批发市场建设研究 [D]. 湖南农业大学硕士学位论文，2003.

[8] 王骏. 中国农产品批发市场发展对策研究 [D]. 北京交通大学硕士学位论文，2007.

[9] 中华人民共和国农业部. 中国农产品批发市场发展总报告 [R]，2011.

国际贸易研究

对外贸易转型

改革开放以来我国对外贸易结构变化及发展对策

——基于竞争优势理论的研究

耿 倩[①] 郭馨梅[②]

一、引 言

对外贸易结构是一国或地区的经济技术发展水平、产业结构状况和商品国际竞争力在国际分工和国际贸易中的地位等的综合反映。优化对外贸易结构，是我国实现从贸易大国向贸易强国转变的关键。2002 年 12 月，我国外经贸部（现为商务部）提出了我国新时期贸易发展的战略目标：到 2020 年实现从贸易大国向贸易强国的转变。2006 年 10 月，商务部在《商务发展第十一个五年规划纲要》中提出，要在继续保持外贸适度增长的基础上，着力提高中国对外贸易的竞争力和综合效益，加快从贸易大国向贸易强国转变。2011 年 3 月，我国“十二五”规划纲要提出优化对外贸易结构的新任务，即要继续稳定和拓展外需，加快转变外贸发展方式，推动外贸发展从规模扩张向质量效益提高转变、从成本优势向综合竞争优势转变。

国内外经济学家对于对外贸易结构一直颇为关注。亚当·斯密（1776）在《国富论》中提出绝对优势理论，认为一个国家应当集中生产并出口那些

---

① 耿倩（1988~），女，河北藁城人，北京工商大学经济学院产业经济学专业 2011 级硕士研究生。研究方向：流通产业理论与实践。邮箱：gengqian0328@163.com。

② 郭馨梅（1967~），女，广东惠东人，北京工商大学经济学院副院长兼文科实践中心主任，教授，江西财经大学产业经济专业博士研究生。研究方向：流通产业理论与实践。邮箱：guoxin-mei@126.com。

较外国具有绝对优势的产品，进口具有绝对劣势的产品。大卫·李嘉图（1817）提出比较优势理论，指出一国应集中生产并出口那些较之外国劳动成本相对低的产品，进口劳动成本相对高的产品。赫克歇尔（1919）和俄林（1933）提出要素禀赋理论，指出一国应集中生产并出口那些较之外国生产要素相对丰富的产品，进口生产要素相对缺乏的产品。克鲁格曼（1978）等提出新贸易理论，认为贸易利益的主要来源为规模收益递增和不完全竞争，而不是传统的比较利益。迈克尔·波特（1990）在《国家竞争优势》一书中提出了竞争优势理论，认为竞争优势可以主动地创造出比较优势，也可将比较优势动态地转化为竞争优势。本文基于竞争优势理论的视角，对我国对外贸易结构的现状进行了分析，并对其结构优化提出相应的建议。

二、改革开放以来我国对外贸易结构的变化

对外贸易结构是指构成对外贸易活动的要素之间的比例关系及其相互联系，主要表现为对外贸易商品结构、对外贸易方式结构、对外贸易模式结构和对外贸易区域结构等。狭义的对外贸易结构就是指对外贸易商品结构。本文研究的主要是狭义的对外贸易结构，即对外贸易商品结构。

改革开放 30 多年以来，我国对外贸易发展突飞猛进，成为世界贸易大国。进出口总额由 1978 年的 206.4 亿美元增加到 2010 年的 29740.0 亿美元，增加了 144.1 倍；进出口总额占世界进出口总额的比重由 1978 年的 0.78%上升到 2010 年的 9.79%，上升了 12.6 倍；对外贸易在世界贸易的排名由 1978 年的第 29 位跃至 2010 年的第 2 位。具体地，从我国进出口总额来看，1978~1987 年，介于 200 亿~1000 亿美元；1988~2003 年，位于 1000 亿~10000 亿美元；2004~2010 年，介于 10000 亿~30000 亿美元。从进出口总额在世界进出口总额的占比看，该比重整体呈上升趋势，且近几年来，上升速度较快。从 1978 年的 0.78%到 1998 年的 2.90%，20 年仅增长了 3.72 倍；而 1999~2010 年，比重由 3.10%增长到 9.79%，10 年就增长了 3.16 倍。从进出口总额在世界进出口总额的位次看，由 1978 年的第 29 位上升到 1991 年的第 14 位；1992~1998 年，一直居于第 11 位。2011 年，我国进出口总额居世界第 2 位，2012 年达 38667 万亿美元跃居世界第 1 位。

表 1　1978~2010 年我国对外贸易在世界贸易中的比重和位次

年份	世界进出口总额（亿美元）	我国进出口总额（亿美元）	我国进出口总额占世界进出口总额的比重（%）	我国进出口总额居世界位次（排序）
1978	26482	206.4	0.78	29
1979	33339	293.3	0.88	25
1980	40411	381.4	0.94	26
1981	40124	440.2	1.10	21
1982	37798	416.1	1.10	21
1983	36843	436.2	1.18	20
1984	38893	535.5	1.38	16
1985	39306	696.0	1.77	11
1986	43260	738.5	1.71	12
1987	50505	826.5	1.64	17
1988	57372	1027.8	1.79	15
1989	61561	1116.8	1.81	15
1990	69990	1154.4	1.65	15
1991	71470	1357.0	1.90	14
1992	76470	1655.3	2.16	11
1993	76570	1957.0	2.56	11
1994	87540	2366.2	2.70	11
1995	104470	2808.6	2.69	11
1996	109470	2898.8	2.65	11
1997	113280	3251.6	2.87	11
1998	111820	3239.5	2.90	11
1999	116330	3606.3	3.10	9
2000	131800	4742.9	3.60	8
2001	126730	5096.5	4.02	6
2002	132340	6207.7	4.69	6
2003	154470	8509.9	5.51	4
2004	187860	11545.5	6.15	3
2005	213420	14219.1	6.66	3
2006	245470	17604.4	7.17	3
2007	282800	21765.7	7.70	3
2008	375690	25632.6	6.82	3
2009	251080	22075.4	8.79	2
2010	303870	29740.0	9.79	2

资料来源：根据国家统计数据库数据整理所得。

（一）改革开放以来我国出口贸易商品结构的演变

从表2可以看出，我国初级产品的出口总额呈递增趋势，从1980年的91.14亿美元增长到2010年的816.86亿美元，增加了8.96倍；出口比重明显下降，由1980年的50.30%下降为2010年的5.18%。工业制成品的出口总额也呈递增趋势，从1980年的90.05亿美元增长到2010年的14960.69亿美元，上升了166.14倍；出口比重显著上升，由1980年的49.70%增长到2010年的94.82%。1981年，我国工业制成品的出口额首次超过了初级产品，占出口总额的比重为53.43%。此后，除1985年工业制成品的比重49.44%略低于初级产品的比重50.56%外，工业制成品在我国商品出口中都处于主导地位。2001年12月加入世界贸易组织后，工业制成品更是占据了绝对主导，占比高达90%以上。

表2　1980~2010年我国出口商品总额的变动

年　份	出口总额（亿美元）	初级产品		工业制成品	
		数额（亿美元）	比重（%）	数额（亿美元）	比重（%）
1980	181.19	91.14	50.30	90.05	49.70
1981	220.07	102.48	46.57	117.59	53.43
1982	223.21	100.50	45.02	122.71	54.98
1983	222.26	96.20	43.28	126.06	56.72
1984	261.39	119.34	45.66	142.05	54.34
1985	273.50	138.28	50.56	135.22	49.44
1986	309.42	112.72	36.43	196.70	63.57
1987	394.37	132.31	33.55	262.06	66.45
1988	475.16	144.06	30.32	331.10	69.68
1989	525.38	150.78	28.70	374.60	71.30
1990	584.91	158.86	27.16	426.05	72.84
1991	718.40	161.40	22.47	557.00	77.53
1992	849.40	170.00	20.01	679.40	79.99
1993	917.40	166.60	18.16	750.80	81.84
1994	1210.10	197.10	16.29	1013.00	83.71
1995	1487.70	214.90	14.45	1272.80	85.55
1996	1510.50	219.30	14.52	1291.20	85.48
1997	1827.90	239.50	13.10	1588.40	86.90
1998	1837.10	204.90	11.15	1632.20	88.85
1999	1949.30	199.40	10.23	1749.90	89.77
2000	2492.00	254.60	10.22	2237.40	89.78
2001	2661.00	263.40	9.90	2397.60	90.10

续表

年　份	出口总额（亿美元）	初级产品		工业制成品	
		数额（亿美元）	比重（%）	数额（亿美元）	比重（%）
2002	3256.00	285.40	8.77	2970.60	91.23
2003	4382.30	348.10	7.94	4034.20	92.06
2004	5933.20	405.50	6.83	5527.70	93.17
2005	7619.60	490.40	6.44	7129.20	93.56
2006	9689.40	529.20	5.46	9160.20	94.54
2007	12177.76	615.09	5.05	11562.67	94.95
2008	14307.00	779.60	5.45	13527.40	94.55
2009	12015.95	631.12	5.25	11384.83	94.75
2010	15777.54	816.86	5.18	14960.69	94.82

资料来源：根据国家统计数据库数据整理所得。

1. 初级产品与工业制成品出口额占我国出口总额比重呈现剪刀差

由图 1 可以看出，1980~1984 年，我国初级产品占出口总额的比重先下降后上升，而工业制成品占出口总额的比重先上升后下降；1985~2010 年，初级产品占出口总额的比重呈下降趋势，而工业制成品占出口总额的比重则越来越大，二者呈现出明显的剪刀差，且差距越来越大。

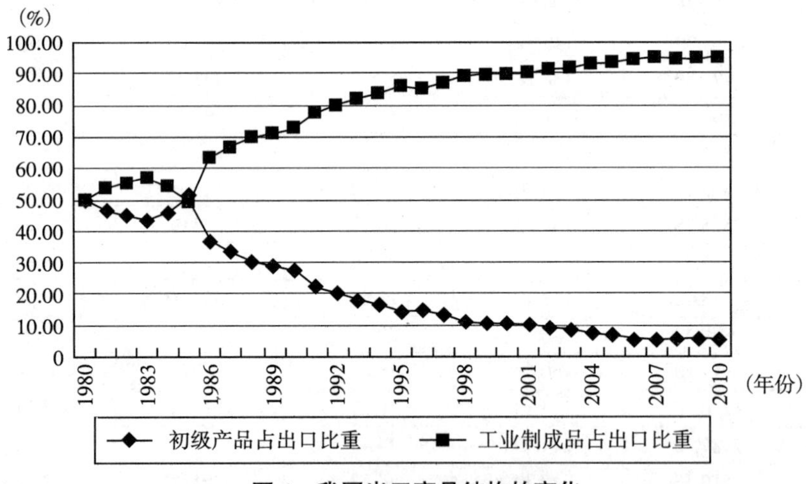

图 1　我国出口商品结构的变化

2. 出口工业制成品内部结构不合理

（1）资本密集型出口产品占比增加，但增速放缓。工业制成品分为资本技术密集型产品和劳动资源密集型产品，其中，资本技术密集型产品包括化学品及有关产品、机械及运输设备，劳动资源密集型产品包括轻纺产品、橡胶制品、矿冶产品及其制品、杂项制品。

总体上看，改革开放以来，我国工业制成品中，劳动资源密集型产品总额和资本技术密集型产品总额都呈上升趋势，但前者占工业制成品总额的比重越来越小，后者占比越来越大。1980~2002 年，劳动资源密集型产品占工业制成品总额的比重大于资本技术密集型；2003 年，后者首次超过前者。此后，后者一直高于前者。我国资本技术密集型产品占比由 1980 年的 21.80%上升到 2010 年的 58.01%，劳动资源密集型产品占比由 1980 年的 75.90%下降到 2010 年的 41.89%，但是，这一比例仍不合理，远远低于发达国家的水平。此外，近几年来，我国资本技术密集型产品的出口增长速度有放缓的趋势。从表 3 中可以看出，2003~2010 年 7 年的时间里，资本密集型产品占工业制成品总额的比重从 51.4%增长到 58.01%，年平均增长率仅为 1.84%。

表 3 1980~2010 年我国工业制成品出口分类比重

年份	工业制成品出口总额（亿美元）	资本技术密集型		劳动资源密集型	
		数额（亿美元）	比重（%）	数额（亿美元）	比重（%）
1980	90.05	19.63	21.80	68.35	75.90
1981	117.59	24.29	20.66	84.31	71.70
1982	122.71	24.59	20.04	80.07	65.25
1983	126.06	24.72	19.61	81.69	64.80
1984	142.05	28.57	20.11	97.51	68.64
1985	135.22	21.30	15.75	79.79	59.01
1986	196.70	28.27	14.37	108.34	55.08
1987	262.06	39.76	15.17	148.43	56.64
1988	331.10	56.66	17.11	187.57	56.65
1989	374.60	70.75	18.89	216.52	57.80
1990	426.05	93.18	21.87	252.62	59.29
1991	557.00	109.67	19.69	310.76	55.79
1992	679.40	175.67	25.86	503.69	74.14
1993	750.80	199.05	26.51	551.73	73.49
1994	1013.00	281.31	27.77	731.55	72.22
1995	1272.80	405.01	31.82	867.88	68.19
1996	1291.20	441.89	34.22	849.22	65.77
1997	1588.40	539.36	33.96	1048.99	66.04
1998	1632.20	605.38	37.09	1026.77	62.91
1999	1749.90	692.09	39.55	1057.72	60.44
2000	2237.40	946.98	42.33	1288.24	57.58
2001	2397.60	1082.53	45.15	1309.23	54.61

续表

年份	工业制成品出口总额（亿美元）	资本技术密集型		劳动资源密集型	
		数额（亿美元）	比重（%）	数额（亿美元）	比重（%）
2002	2970.60	1423.01	47.90	1541.08	51.88
2003	4034.20	2073.54	51.40	1951.06	48.36
2004	5527.70	2946.20	53.30	2570.44	46.50
2005	7129.20	3880.06	54.42	3233.04	45.35
2006	9160.20	5008.73	54.68	4128.30	45.07
2007	11562.67	6373.69	55.12	5167.22	44.69
2008	13527.40	7526.76	55.64	5983.51	44.23
2009	11384.83	6522.91	57.29	4845.63	42.56
2010	14960.69	8678.41	58.01	6267.60	41.89

资料来源：根据国家统计数据库数据整理所得。

（2）资本技术密集型出口产品结构不合理。从表 4 可以看出，1980~1988 年，化学品及有关产品在资本技术密集型产品出口的比重较大；1988 年以后，机械及运输设备在资本技术密集型产品出口中占主要部分，尤其是 2002 年以后，所占比重已经高达 90%左右。但是，机械及运输设备的崛起很大程度上依赖于外资企业，是外资企业将劳动密集型生产环节转移到我国的结果，而我国企业自身的技术含量、知识含量不高，与发达国家相比仍有很大差距。

表 4　1980~2010 年我国资本密集型工业制成品出口分类比重

年份	资本技术密集型产品出口总额（亿美元）	化学品及有关产品		机械及运输设备	
		数额（亿美元）	比重（%）	数额（亿美元）	比重（%）
1980	19.63	11.20	57.06	8.43	42.94
1981	24.29	13.42	55.25	10.87	44.75
1982	24.59	11.96	48.64	12.63	51.36
1983	24.72	12.51	50.61	12.21	49.39
1984	28.57	13.64	47.74	14.93	52.26
1985	21.30	13.58	63.76	7.72	36.24
1986	28.27	17.33	61.30	10.94	38.70
1987	39.76	22.35	56.21	17.41	43.79
1988	56.66	28.97	51.13	27.69	48.87
1989	70.75	32.01	45.24	38.74	54.76
1990	93.18	37.30	40.03	55.88	59.97
1991	109.67	38.18	34.81	71.49	65.19

续表

年份	资本技术密集型产品出口总额（亿美元）	化学品及有关产品		机械及运输设备	
		数额（亿美元）	比重（%）	数额（亿美元）	比重（%）
1992	175.67	43.48	24.75	132.19	75.25
1993	199.05	46.23	23.23	152.82	76.77
1994	281.31	62.36	22.17	218.95	77.83
1995	405.01	90.94	22.45	314.07	77.55
1996	441.89	88.77	20.09	353.12	79.91
1997	539.36	102.27	18.96	437.09	81.04
1998	605.38	103.21	17.05	502.17	82.95
1999	692.09	103.73	14.99	588.36	85.01
2000	946.98	120.98	12.78	826.00	87.22
2001	1082.53	133.52	12.33	949.01	87.67
2002	1423.01	153.25	10.77	1269.76	89.23
2003	2073.54	195.81	9.44	1877.73	90.56
2004	2946.20	263.60	8.95	2682.60	91.05
2005	3880.06	357.72	9.22	3522.34	90.78
2006	5008.73	445.30	8.89	4563.43	91.11
2007	6373.69	603.24	9.46	5770.45	90.54
2008	7526.76	793.46	10.54	6733.29	89.46
2009	6522.91	620.17	9.51	5902.74	90.49
2010	8678.41	875.72	10.09	7802.69	89.91

资料来源：根据国家统计数据库数据整理所得。

（二）改革开放以来我国进口贸易商品结构的演变

改革开放以来，从进口额来看，我国初级产品和工业制成品都保持增长态势。从两者分别占进口总额的比重来看，1980~1982 年，初级产品占比增加，工业制成品占比减少，两者之间的差额呈缩小趋势；1983~1985 年，前者占比急剧减少，后者占比急剧增加，两者之间的差额呈明显扩大趋势；1986~2010 年，前者占比呈增长态势，后者占比呈减小态势，两者之间的差额逐渐缩小（见图 2）。

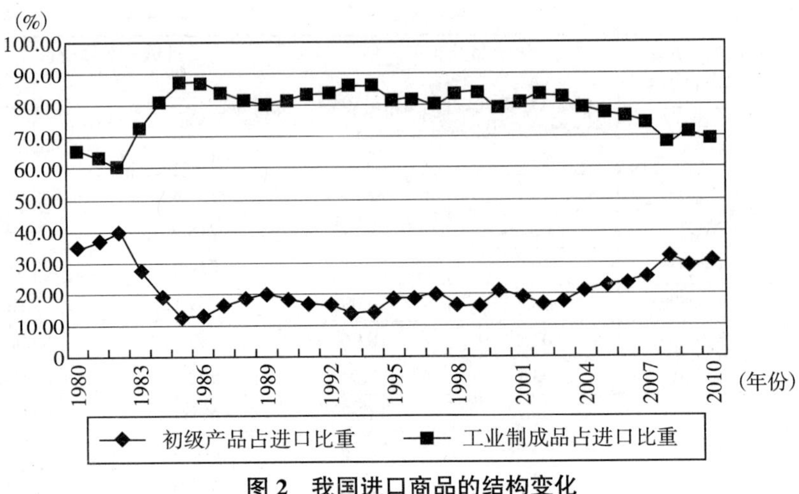

图 2　我国进口商品的结构变化

1. 初级产品进口额呈递增趋势，但占进口总额比重的变化不大

表 5　1980~2010 年我国进口商品的变动

年　份	进口总额（亿美元）	初级产品		工业制成品	
		数额（亿美元）	比重（%）	数额（亿美元）	比重（%）
1980	200.17	69.59	34.77	130.58	65.23
1981	220.15	80.44	36.54	139.71	63.46
1982	192.85	76.34	39.59	116.51	60.41
1983	213.90	58.08	27.15	155.82	72.85
1984	274.10	52.08	19.00	222.02	81.00
1985	422.52	52.89	12.52	369.63	87.48
1986	429.04	56.49	13.17	372.55	86.83
1987	432.16	69.15	16.00	363.01	84.00
1988	552.75	100.68	18.21	452.07	81.79
1989	591.40	117.54	19.87	473.86	80.13
1990	533.45	98.53	18.47	434.92	81.53
1991	637.90	108.30	16.98	529.60	83.02
1992	805.90	132.60	16.45	673.30	83.55
1993	1039.60	142.10	13.67	897.50	86.33
1994	1156.10	164.80	14.25	991.30	85.75
1995	1320.80	244.10	18.48	1076.70	81.52
1996	1388.30	254.40	18.32	1133.90	81.68
1997	1423.70	286.20	20.10	1137.50	79.90
1998	1402.40	229.50	16.36	1172.90	83.64

续表

年 份	进口总额（亿美元）	初级产品		工业制成品	
		数额（亿美元）	比重（%）	数额（亿美元）	比重（%）
1999	1657.00	268.50	16.20	1388.50	83.80
2000	2250.90	467.40	20.77	1783.50	79.23
2001	2435.50	457.40	18.78	1978.10	81.22
2002	2951.70	492.70	16.69	2459.00	83.31
2003	4127.60	727.60	17.63	3400.00	82.37
2004	5612.30	1172.70	20.90	4439.60	79.10
2005	6599.50	1477.10	22.38	5122.40	77.62
2006	7914.60	1871.30	23.64	6043.30	76.36
2007	9559.50	2430.85	25.43	7128.65	74.57
2008	11325.60	3623.90	32.00	7701.70	68.00
2009	10059.23	2898.04	28.81	7161.19	71.19
2010	13962.44	4338.50	31.07	9623.94	68.93

资料来源：根据国家统计数据库数据整理所得。

由表 5 可知，初级产品进口额从 1980 年的 69.59 亿美元增长到 2010 年的 4338.50 亿美元，增加了 62.34 倍；但初级产品占进口总额的比重一直保持在 12%~40%。具体地，1980~1982 年，初级产品进口额的比重波动不大，保持在 34%~39%；1983~1986 年，比重明显下降，从 27.15%降为 13.17%，短短 3 年时间下降了 2.06 倍；1987~2003 年，比重比较平稳，在 16%~21%。此后，除了 2009 年经济危机导致比重下降，初级产品进口额的比重总体呈上升趋势。

由表 6 可以看出，1980~2010 年，我国矿物燃料、润滑油及有关原料进口额不断增加，在初级产品进口额中的比重越来越大，由 1980 年的 2.92%增长到 2010 年的 43.56%，这也是导致初级产品进口额不断增大的重要原因之一。矿物燃料、润滑油及有关原料的进口额持续增长，一方面是由于我国对能源、原材料需求的增加；另一方面则是由于我国资源的约束。

表 6 1980~2010 年我国矿物燃料、润滑油及有关原料进口额及比重

年 份	初级产品进口额（亿美元）	矿物燃料、润滑油及有关原料进口额	
		数额（亿美元）	占初级产品进口额的比重（%）
1980	69.59	2.03	2.92
1981	80.44	0.83	1.03
1982	76.34	1.83	2.40
1983	58.08	1.11	1.91

续表

年　份	初级产品进口额（亿美元）	矿物燃料、润滑油及有关原料进口额	
		数额（亿美元）	占初级产品进口额的比重（%）
1984	52.08	1.39	2.67
1985	52.89	1.72	3.25
1986	56.49	5.04	8.92
1987	69.15	5.39	7.79
1988	100.68	7.87	7.82
1989	117.54	16.50	14.04
1990	98.53	12.72	12.91
1991	108.30	21.13	19.51
1992	132.60	35.70	26.92
1993	142.10	58.19	40.95
1994	164.80	40.35	24.48
1995	244.10	51.27	21.00
1996	254.40	68.77	27.03
1997	286.20	103.06	36.01
1998	229.50	67.76	29.53
1999	268.50	89.12	33.19
2000	467.40	206.37	44.15
2001	457.40	174.66	38.19
2002	492.70	192.85	39.14
2003	727.60	291.89	40.12
2004	1172.70	479.93	40.93
2005	1477.10	639.47	43.29
2006	1871.30	890.01	47.56
2007	2430.85	1049.30	43.17
2008	3623.90	1692.42	46.70
2009	2898.04	1240.38	42.80
2010	4338.50	1890.00	43.56

资料来源：根据国家统计数据库数据整理所得。

2. 工业制成品进口额呈递增趋势，在进口总额中比重较高，但波幅较小

由表 5 可以看出，工业制成品进口额从 1980 年的 130.58 亿美元增长到 2010 年的 9623.94 亿美元，上升了 73.70 倍；但进口比重由 1980 年的 65.23%增长到 2010 年的 68.93%，变动微小。具体地，1980~1982 年，工业制成品进口额的比重连续下降；1983~1986 年，比重明显上升，从 72.85%上升到 86.83%，增加了 1.19 倍；1987~2004 年，比重比较平稳，在 79%~87%。此后，工业制成品进口额的比重介于 68%~78%，总体上呈下降趋势。

从表 7 可以看出，工业制成品的进口中，机械及运输设备占了较大部分。为了加快工业化进程，满足现代化建设，我国不断引进国外先进工业技术和设备，机械及运输设备进口额从 1980 年的 51.19 亿美元增长到 2010 年的 5494.206 亿美元，增加了 107.33 倍；占工业制成品的比重也从 39.20%增加到 57.09%，上升了 1.46 倍。

表 7 1980~2010 年我国机械及运输设备进口的变动

年 份	工业制成品进口额（亿美元）	机械及运输设备	
		数额（亿美元）	比重（%）
1980	130.58	51.19	39.20
1981	139.71	58.66	41.99
1982	116.51	32.04	27.50
1983	155.82	39.88	25.59
1984	222.02	72.45	32.63
1985	369.63	162.39	43.93
1986	372.55	167.81	45.04
1987	363.01	146.07	40.24
1988	452.07	166.97	36.93
1989	473.86	182.07	38.42
1990	434.92	168.45	38.73
1991	529.60	196.01	37.01
1992	673.30	313.12	46.51
1993	897.50	450.23	50.16
1994	991.30	514.67	51.92
1995	1076.70	526.42	48.89
1996	1133.90	547.63	48.30
1997	1137.50	527.74	46.39
1998	1172.90	568.45	48.47
1999	1388.50	694.53	50.02
2000	1783.50	919.31	51.55
2001	1978.10	1070.15	54.10
2002	2459.00	1370.1	55.72
2003	3400.00	1928.26	56.71
2004	4439.60	2528.3	56.95
2005	5122.40	2904.78	56.71
2006	6043.30	3570.207	59.08
2007	7128.65	4124.591	57.86
2008	7701.70	4417.648	57.36
2009	7161.19	4077.968	56.95
2010	9623.94	5494.206	57.09

资料来源：根据国家统计数据库数据整理所得。

（三）改革开放以来我国进出口贸易商品结构之间的演变

1. 进出口总额不断增长，但出口额所占比重较大

改革开放以来，我国对外贸易的进口总额和出口总额不断增长，但前者占我国进出口总额的比重越来越小，后者占比越来越大。1978 年，我国进口总额占比 52.76%，出口总额占比 47.24%，前者高于后者；2010 年，我国进口总额占比 46.95%，出口总额占比 53.05%，前者低于后者。具体来看，1978~1981 年，进口总额的比重大于出口总额；1982~1993 年，进口总额比重或大于出口总额，或小于它；1994 年后，出口总额占比一直高于进口总额（见表 8）。

表 8　1978~2010 年我国对外贸易的进出口额

年份	我国对外贸易进出口总额（亿美元）	我国对外贸易的出口		我国对外贸易的进口		贸易顺差额（亿美元）
		数额（亿美元）	比重（%）	数额（亿美元）	比重（%）	
1978	206.4	97.5	47.24	108.9	52.76	−11.4
1979	293.3	136.6	46.57	156.8	53.46	−20.2
1980	381.4	181.2	47.51	200.2	52.49	−19.0
1981	440.2	220.1	50.00	220.2	50.02	−0.1
1982	416.1	223.2	53.64	192.9	46.36	30.3
1983	436.2	222.3	50.96	213.9	49.04	8.4
1984	535.5	261.4	48.81	274.1	51.19	−12.7
1985	696.0	273.5	39.30	422.5	60.70	−149.0
1986	738.5	309.4	41.90	429.0	58.09	−119.6
1987	826.5	394.4	47.72	432.2	52.29	−37.8
1988	1027.8	475.2	46.23	552.7	53.78	−77.5
1989	1116.8	525.4	47.05	591.4	52.95	−66.0
1990	1154.4	620.9	53.79	533.5	46.21	87.4
1991	1357.0	719.1	52.99	637.9	47.01	81.2
1992	1655.3	849.4	51.31	805.9	48.69	43.5
1993	1957.0	917.4	46.88	1039.6	53.12	−122.2
1994	2366.2	1210.1	51.14	1156.1	48.86	54.0
1995	2808.6	1487.8	52.97	1320.8	47.03	167.0
1996	2898.8	1510.5	52.11	1388.3	47.89	122.2
1997	3251.6	1827.9	56.22	1423.7	43.78	404.2
1998	3239.5	1837.1	56.71	1402.4	43.29	434.7
1999	3606.3	1949.3	54.05	1657.0	45.95	292.3
2000	4742.9	2492.0	52.54	2250.9	47.46	241.1

续表

年份	我国对外贸易进出口总额（亿美元）	我国对外贸易的出口		我国对外贸易的进口		贸易顺差额（亿美元）
		数额（亿美元）	比重（%）	数额（亿美元）	比重（%）	
2001	5096.5	2661.0	52.21	2435.5	47.79	225.5
2002	6207.7	3256.0	52.45	2951.7	47.55	304.3
2003	8509.9	4382.3	51.50	4127.6	48.50	254.7
2004	11545.5	5933.3	51.39	5612.3	48.61	321.0
2005	14219.1	7619.5	53.59	6599.5	46.41	1020.0
2006	17604.4	9689.8	55.04	7914.6	44.96	1775.2
2007	21765.7	12204.6	56.07	9561.2	43.93	2643.4
2008	25632.6	14306.9	55.82	11325.7	44.18	2981.2
2009	22075.4	12016.1	54.43	10059.2	45.57	1956.9
2010	29740.0	15777.5	53.05	13962.4	46.95	1815.1

资料来源：根据国家统计数据库数据整理所得。

2. 对外贸易长期以顺差为主，不利于经济健康发展

从我国进出口商品的贸易差额看，主要以顺差为主。具体地，1978~1989 年，我国对外贸易以逆差为主，仅在 1982 年、1983 年为顺差；1989 年以后，除了 1993 年，我国对外贸易都是顺差，2005 年贸易顺差额迈入千亿美元大关，为 1020.0 亿美元，与 2004 年的 321.0 亿美元相比，增长了 3.18 倍。长期的贸易顺差并不利于我国经济的发展，一方面，它使得我国的贸易依存度很高，容易与其他国家引发贸易摩擦；另一方面，巨额的顺差额还会带来过多的外汇储备，增加人民币升值的压力和金融风险（见表 8）。

三、优化我国对外贸易结构的政策建议

为了促进我国经济的健康发展，实现从贸易大国到贸易强国的转变，必须要调整对外贸易结构，转变对外贸易的增长方式。实现对外贸易结构的优化，要以竞争优势为导向，将比较优势动态地转化为竞争优势。

（一）支持劳动资源密集型产业的技术升级和产业调整

以低劳动力成本和低资源成本为支撑的低附加值的劳动资源密集型产业最终将会被市场竞争淘汰，因此，要大力发展新型劳动资源密集型产业，将劳动密集与高新技术结合起来，促进产业调整升级。一方面，要加大人力资本的投资，积极培养高素质人才，建立健全以市场发展需求为导向，以提高

创新能力为核心的懂经济、会管理、能研发的复合型人才培养机制。另一方面，要加快产业集群的建设步伐，培育专业化产业区，避免相互恶性竞争，发挥低劳动力成本优势，加强集群内企业间的有效合作，有效地发挥资源共享效应，获得规模经济。

（二）提高资本技术密集型产业的国际竞争力

我国资本技术密集型产业如机械及运输设备业等，自身的国际竞争力不高，主要依赖外资企业。为了摆脱这种困境，要积极促进其向以知识和技术为主要内容的创新型产业转型升级。一方面，要促进资本技术密集型企业的并购、重组，扩大企业的经济规模，提高产业集中度，提升企业的经济实力。另一方面，要不断地提高企业的自主创新能力和研发能力，技术创新的实施，要求企业应用新知识和新技术，采用新的生产方式和经营管理模式，提高产品质量，开发和生产新产品，提供新的服务。

（三）加快推进新能源产业的发展

在我国对外贸易中，矿物燃料、润滑油等能源的进口占有较大的部分。为了减少能源的进口额，要加快推进我国新能源产业的发展。首先，要加大对新能源产业的投入力度，提高科研经费，对核电技术、风能技术、新能源汽车技术等新能源技术给予重点支持。其次，要完善对新能源进行开发的企业的激励体制，例如适当的税收减免政策和优惠扶持政策。再次，要向消费者普及新能源知识，并鼓励其购买新能源产品。最后，要加强与国外新能源企业的合作与交流，吸引国外企业在中国设立研发机构。

（四）正确发挥政府作用，减少贸易顺差

适度的贸易顺差有利于提高对外融资能力和吸引外资的能力，促进一国经济的增长，过度的贸易顺差则不利于国家的长远发展。因此，要充分发挥政府的导向性，制定由出口导向型向进出口相互平衡转变的贸易战略。一方面，政府要鼓励国内企业加强对外直接投资，实施“走出去”战略，这不仅有利于减少资本项目贸易顺差，而且能够促进产业结构升级；另一方面，政府要减少对出口的依赖程度，采取建立健全社会保障制度、完善分配制度等一系列措施促进国内消费，达到出口、投资与消费协调发展的目的。

参考文献：

［1］迈克尔·波特. 国家竞争优势［M］. 华夏出版社，2001（1）.

[2] 张金昌. 波特的国家竞争优势理论剖析 [J]. 中国工业经济，2001 (9).

[3] 杨丹萍. 对波特国家竞争优势理论的评析 [J]. 技术经济与管理研究，2004 (3).

[4] 杨飞虎. 波特国家竞争优势理论及对我国的借鉴意义 [J]. 学术论坛，2007 (5).

[5] 马常娥. 动态比较优势与我国对外贸易的可持续发展 [J]. 当代经济研究，2010 (5).

[6] 肖艳霞，刘江涛. 国际竞争优势理论及借鉴与建议 [J]. 决策探索，2011 (7).

[7] 何春燕. 贸易大国背景下优化我国贸易结构的政策选择 [D]. 浙江工商大学硕士学位论文，2006.

[8] 周惠. 贸易大国向贸易强国转变——基于竞争力视角的研究 [D]. 苏州大学硕士学位论文，2008.

[9] 张辉. 中国贸易结构优化路径选择研究 [D]. 天津财经大学硕士学位论文，2010.

[10] 刘静. 基于产业组织视角的我国贸易结构优化研究 [D]. 沈阳理工大学硕士学位论文，2010.

我国贸易强国战略下出口商品结构的优化

隋婷婷[①]

一、贸易强国及出口商品结构的内涵概述

2011 年，我国出口总额达 18983.88 亿美元，目前我国是出口第一贸易大国，但还不是贸易强国，贸易强国已经成为我国的战略选择。总体而言，贸易强国要求贸易总量位居全球前列，贸易结构中服务和资本密集型产品出口占较高比重，长期贸易条件得到改善，对外投资能力强，有一批大型跨国公司，参与国际贸易谈判和制定国际贸易规则的能力强。我国成为“出口第一贸易大国”后面临的主要任务之一就是优化出口商品结构，这是我国转变为贸易强国的必然要求。

出口商品结构是指一个国家某个时期出口贸易中不同种类商品的构成情况，可用不同种类商品的出口总额与所有商品的出口总额的占比来表示。出口商品结构反映了该国资源禀赋情况，也在某种程度上反映了该国经济、科技和产业的发展状况。出口商品结构中的商品分类，按照商品要素投入结构可以分为劳动密集型产品和资本密集型产品；按照商品生产效率结构可以划分为初级产品和工业制成品；按照商品使用结构可以分为消费品和资本品；按照商品明细结构可以分为 HS 分类、SITC 分类和 BEC 分类。为方便研究某些问题，还可以按照国别对出口商品结构来分类，用一国对出口对象国的出口额与该国出口总额的占比来表现。若在该种分类中，某一国或某几国的占

① 隋婷婷（1989~），女，北京人，北京工商大学经济学院产业经济学专业 2011 级硕士研究生。研究方向：流通产业理论与实践。邮箱：suitingting_110@126.com。

比很高，就说明对该国商品出口集中度很高，对于该国发展贸易不利，容易受到较大出口冲击、引起贸易摩擦和贸易保护主义。

按照联合国的分类方法，工业制成品中的化学品及有关产品和机械及运输设备属于资本密集型产品，其他产品属于劳动密集型产品。资本密集型产品占比越大，劳动密集型产品占比越小，或者工业制成品占比越大，初级品占比越小，说明该国的出口商品结构越好。若与上期数据进行比较，资本密集型产品占比或者工业制成品占比增加，说明该国的出口商品结构趋于优化。发展中国家出口商品结构的主要特征是劳动密集型产品占比高，以出口初级产品、进口工业制成品为主；发达国家出口商品结构的主要特征是资本密集型产品占比高，以出口工业制成品、进口初级产品为主。一直以来，我国出口贸易的持续增长大多以劳动密集型、粗加工产品为主，这也是我国长期以来只是作为“贸易大国”而非“贸易强国”的主要原因。

二、我国出口商品结构的主要特点和问题

根据以下数据结合我国贸易出口发展中出现的实际情况，可以发现我国目前出口商品结构的主要特点和存在的主要问题有：

（一）资本密集型产品比重超过一半，但劳动密集型产品比重仍然较大

为了便于从数据角度研究问题，出口商品结构可以进一步分为出口商品总额结构和出口商品比例结构来考察。表1和表2都从数据角度显示了自2001年以来我国出口商品结构的发展特点。

表1　近几年我国出口商品总额结构

单位：亿美元

年　份	2001	2005	2006	2007	2008	2009	2010	2011
总值	2660.98	7619.53	9689.78	12204.56	14306.93	12016.12	15777.54	18986.00
初级产品	263.38	490.39	529.25	615.47	778.48	630.99	817.17	1005.52
食品及活动物	127.77	224.81	257.22	307.51	327.64	326.03	411.53	504.97
饮料及烟类	8.73	11.83	11.93	13.96	15.30	16.41	19.06	22.76
非食用原料	41.72	74.85	78.62	91.54	113.46	81.56	116.02	149.78
矿物燃料、润滑油及有关原料	84.05	176.21	177.76	199.44	316.35	203.83	267.00	322.76
动、植物油脂及蜡	1.11	2.68	3.73	3.03	5.74	3.16	3.56	5.26

续表

年　份	2001	2005	2006	2007	2008	2009	2010	2011
工业制成品	2397.60	7129.60	9161.47	11564.68	13506.98	11385.64	14962.16	17980.48
化学品及有关产品	133.52	357.72	445.31	603.56	793.09	620.48	875.87	1147.87
按原料分类的制成品	438.13	1291.26	1748.36	2198.94	2617.43	1847.75	2491.51	3196.00
机械及运输设备	949.01	3522.62	4563.64	5771.89	6733.25	5904.27	7803.30	9019.12
杂项制品	871.10	1941.91	2380.29	2968.53	3346.06	2996.70	3776.80	4594.10
未分类的其他商品	5.84	16.09	23.88	21.76	17.15	16.45	14.68	23.39

资料来源：商务部综合司。

表 2　近几年我国出口商品比例结构

单位：%

年　份	2001	2005	2006	2007	2008	2009	2010	2011
初级产品	9.90	6.44	5.46	5.05	5.45	5.25	5.18	5.29
食品及活动物	48.51	45.84	48.60	49.96	42.09	51.67	50.36	50.22
饮料及烟类	3.31	2.41	2.25	2.27	1.97	2.60	2.33	2.26
非食用原料	15.84	15.26	14.85	14.87	14.57	12.93	14.20	14.89
矿物燃料、润滑油及有关原料	31.91	35.93	33.59	32.40	40.64	32.30	32.67	32.10
动、植物油脂及蜡	0.43	0.56	0.71	0.50	0.73	0.50	0.44	0.52
工业制成品	90.10	93.56	94.54	94.95	94.55	94.75	94.82	94.71
化学品及有关产品	5.57	5.02	4.86	5.22	5.87	5.45	5.85	6.38
按原料分类的制成品	18.27	18.11	19.08	19.01	19.38	16.23	16.65	17.77
机械及运输设备	39.58	49.41	49.81	49.91	49.85	51.86	52.15	50.16
杂项制品	36.33	27.24	25.98	25.67	24.77	26.32	25.24	25.55
未分类的其他商品	0.25	0.22	0.27	0.19	0.13	0.14	0.10	0.13

资料来源：商务部综合司。

根据表 1 和表 2 的数据可看出，一方面，我国工业制成品的占比总体呈现上升的趋势，从 2001 年的 90.10%到 2011 年的 94.71%，且近几年比较稳定。另一方面，根据表 2 的数据，在资本密集型产品中，机械及运输设备产品的占比比较大，而且呈现上升趋势，从 2001 年的 39.58%上升到 2010 年的 52.15%，比重已超过了一半，但在 2011 年出现了较明显的下降。在劳动密集型的产品中，出口金额都呈现上升趋势，但是占比都呈现下降趋势。根据表 2 的数据可以简单算出，2001 年时，劳动密集型商品所占比重超过资本密集型商品，但是从 2005 年开始，情况发生转变，从 2005 年开始直至 2010 年资本密集型产品占比呈现上升趋势，从 2010 年的数据来看，资本密集型产品占比 58%，劳动密集型产品占比 42%，这说明在我国出口商品结构中，劳动密集型产品比重仍然比较高，但是资本密集型产品比重已超过劳动密集型产品比重。这是我国自加入世界贸易组织以来进行出口商品结构优化的结果。但 2011 年数据显示，我国工业制成品中资本密集型产品占比是 56.54%，劳动密集型产品占比是 43.46%，出口商品结构的优化程度比 2010 年反而降低了，这可能和我国经济结构调整不断深化和金融危机后造成的我国外部经济条件变化的影响有关。

（二）工业制成品出口中高技术产品出口比重高，但盈利能力和长期竞争力较差

从表 3 的数据可以看出，与世界主要贸易大国相比，我国高新技术产品在工业制成品中的比重位于世界前列，并且总体呈现上升趋势。这表明我国出口商品结构在精加工、深加工和高技术方面取得重要进展，我国出口商品结构单从该数据看是趋于优化的。但如果分析我国高新技术在国际产业链分工的位置和高新技术产品的特点，可以发现，我国高新技术产业分工层次在结构上仅处于加工制造环节，以加工贸易为主，加工链短，相应的加工增值环节少和增加值率低。而且，高新技术产品主要是贴牌生产的，有大量的低端产品和中间产品，具有自主知识产权的高新技术产品少，在国际市场的盈利能力和长期竞争力较差，而外国企业一般掌握高新技术的研发、采购和销售渠道等核心环节，靠核心技术和丰富的市场资源来获取高利润，在国际市场的盈利能力较强和长期竞争力较强。不仅如此，加工贸易量的过快扩大还会对我国带来诸多负面影响，比如造成我国外资依存度过高、过多占用国内有限的原材料和能源而不利于国内产业结构优化升级的实现，而且还加剧了贸易伙伴之间的贸易摩擦。

表 3　2007~2010 年主要国家高技术产品出口额与制成品出口额的占比

单位：%

国家＼年份	2007	2008	2009	2010
美国	27.22	25.92	21.49	19.93
日本	18.41	17.31	18.76	17.96
德国	13.99	13.30	15.26	15.25
中国	26.66	25.57	27.53	27.51

资料来源：世界银行网站。

（三）我国出口集中度过高，对出口商品结构优化产生了不利影响

表 4 显示，我国的出口市场主要集中在亚洲、欧洲和北美洲。2005~2009 年，中国约一半的出口在亚洲，中国对亚洲的出口总体比较稳定，中国对美国、日本的出口比重总体呈小幅下降趋势，对欧洲的出口比重总体也比较稳定，对香港地区的出口先下降后比较稳定。由于香港地区以转口贸易为主，而且又以转口到美国、欧盟和日本为主。因此，我国的出口主要集中在美国、欧盟和日本，出口集中度过高。出口集中度过高不利于我国出口商品结构的优化，这是由于目前与我国出口集中的国家相比，我国出口商品中具有比较优势的还是劳动密集型产品，我国的资本密集型、技术密集型产品在美国、欧盟和日本的出口竞争力弱，如果其他地区和国家对我国资本密集型、技术密集型产品存在较大需求，但由于出口集中度过高，就会限制我国资本密集型产品和高新技术产品对这些国家的出口，从而不利于我国出口商品结构的优化。而且出口市场集中度高会使出口增长的稳定性面临风险，因为一旦主要出口国发生较大经济波动而引起我国外需减少，就会对我国出口产生重大冲击，进而对经济增长产生较大不利影响。

表 4　近几年我国对典型地区和国家的出口比重

单位：%

国别＼年份	2001	2005	2006	2007	2008	2009
中国香港	11.70	16.34	16.03	15.15	13.33	13.83
日本	17.49	11.02	9.46	8.38	8.12	8.14
韩国	16.89	4.61	4.59	4.61	5.17	4.47
新加坡	4.70	2.18	2.39	2.43	2.26	2.50
亚洲	52.96	48.09	47.03	46.63	46.42	47.32
非洲	2.26	2.45	2.75	3.06	3.58	3.98
德国	3.66	4.26	4.16	4.00	4.14	4.15
欧洲	17.74	21.74	22.23	23.63	24.00	22.02
拉丁美洲	3.09	3.11	3.72	4.23	5.02	4.75
美国	20.40	21.37	21.00	19.11	17.64	18.38
大洋洲及太平洋群岛	1.53	1.69	1.65	1.73	1.81	2.07

资料来源：《中国统计年鉴》（2005~2010）。

（四）人民币升值问题对我国出口商品结构的优化提出了更高要求

随着中国经济的持续稳定增长，人民币总体持续升值成为必然的趋势，人民币升值问题逼迫我国加快出口商品结构的优化。改革开放以来，我国经济高速增长，工资增长相对较快，但劳动生产率增长并不显著，劳动密集型产品的竞争力不断下降，与其他国家相比较的低成本优势正在不断丧失。在劳动密集型产品的国际市场需求总体稳定的情况下，人民币升值后，我国劳动密集型产品的价格竞争力变得更低，加快出口商品结构的优化变得比较紧迫。简单的事实证明就是，原来在中国投资的一些国外工厂开始从中国转移到越南等发展中国家，以及在工资大幅增加的情况下，我国大量出口企业仍然招聘不到需要的劳动者。

（五）碳排放问题对我国出口商品结构的优化正在产生越来越重要的影响

在全球气候变化和各国产业结构调整的国际环境下，低碳经济越来越成为新兴市场国家经济可持续发展的重要策略，我国目前已是二氧化碳减排市场最大供应国，据国际能源机构与世界银行估测，我国在 2025 年时的二氧化碳排放总量可能超过美国而居世界第一位，碳排放行为影响环境承载力而日益成为影响我国对外贸易发展的重要问题。研究显示，碳排放强度已经成为制约我国出口商品结构优化的重要因素，造纸及纸制品业，化学原料及化学制品制造业，医药制造业，橡胶制品业，有色金属冶炼及压延加工业和机械、电气、电子设备及交通运输设备制造业 6 个行业碳排放强度比较大，这些行业产品的出口已经开始受到国际碳排放管制的制约，从而不利于这些产品的出口，也不利于我国出口商品结构的优化升级。

三、迈向贸易强国而优化出口商品结构的对策

转变为贸易强国，既要巩固贸易大国的基础，维持出口规模稳步扩大，更要优化出口商品结构，使出口规模扩大具备持续性，优化出口商品结构成为我国贸易强国之路的必然选择。全球金融危机使得我国面临的外部条件恶化，外需的减少和国际贸易保护主义的抬头给我国出口带来了很大冲击，尽快转变为贸易强国的机遇难得，我国出口商品结构优化的任务变得更加紧

迫，现提出以下建议：

（一）推动劳动密集型产业本身的结构调整，促进劳动密集型产业本身的结构优化

优化我国出口商品结构不仅仅是要降低劳动密集型产业的比重，而且要提高劳动密集型产业的发展质量，这主要是由于：第一，我国劳动密集型产业的产品出口在我国商品出口中仍然占据半壁江山，我国资源禀赋条件并不优越，尤其是同发达国家相比，我国的资本仍然相对匮乏，全面提高资本和技术密集型产品的出口比重也是一个渐进的过程，劳动密集型产业的商品出口仍然将在我国商品出口中占据较大份额。第二，我国人口多、劳动力素质总体水平较低的这个国情将比较长期的存在，发展劳动密集型产业对扩大就业和促进经济增长也是必不可少的要求。第三，随着新兴市场国家的快速发展和其他发展中国家的稳步发展，对劳动密集型产品的需求层次也将提高，保持在这些国家的出口竞争优势需要提高劳动密集型产品的质量和价格竞争力。第四，金融危机后外需减少和出口环境形势严峻，为维持我国出口规模的稳步增长，需要调整劳动密集型产业结构，提高劳动密集型产品的出口竞争力。第五，虽然我国消费总体水平比较低，但消费水平仍然在不断升级，提高劳动密集型产品的质量对扩大内需有重要的积极作用。因此，出口商品结构的优化不能单一强调高新技术产业的发展，而忽视劳动密集型产业的发展。可以引导和帮助出口企业根据发达国家和新兴市场国家的消费者对于劳动密集型商品在样式、用途、质量等方面的要求提高情况，按需生产高质量的劳动密集型商品，政府相关部门可以在积极推广先进适用技术、加强贸易合作、提供市场信息等方面做好相应服务和创造便利条件。

（二）发达地区大力发展资本密集型产业，促进资本密集型产品的出口

我国劳动力成本优势不断丧失的同时，必须积极促进资本优势的形成才能维持出口增长的可持续性。林毅夫认为，如果一个地方劳动力相对多，资本相对少，则应发展劳动力相对密集的产业，生产劳动力相对密集的产品，用劳动力相对密集的技术。反过来，如果资本相对丰富，劳动力相对少，就应该发展资本密集产业，生产资本比较密集的产品，用资本比较密集的技术。我国外汇储备位居全球第一，许多大型企业的购买力较强，甚至能够直接并购一些国外企业。而且，我国经济发达地区一些企业资金实力雄厚，也有一定的技术活力，通过必要的引导和支持，充分发挥这些企业的资本优

势，对我国出口商品结构的优化将产生积极作用。

（三）增强出口企业自主创新能力，促进高新技术产业分工层次的结构优化

我国由贸易大国迈向贸易强国最关键之处在于能否实现关键技术的自主创新。目前我国高新技术产业仍然依赖于低成本优势，自主创新能力差，缺乏核心技术和自主品牌，处于国际产品价值链低端，不仅利润率低，而且竞争力差，在国际市场上很容易遭受其他发展中国家相似产品的激烈竞争。要以系统性的战略考虑建设以企业为主体、“政市金介产学研用”有机结合的技术创新体系，通过改革和完善有利于技术创新的体制机制，加大财税金融支持力度和完善财税金融支持方式，大力发展科技中介及生产性服务业，加大创新人才引进和培养，完善配套的管理措施，激励和扶持出口企业开发核心技术、培育自主品牌、扩大营销网络，增强出口企业自主创新能力和盈利能力。要提升节能环保、新能源、新材料和高端装备制造业为代表的战略性新兴产业对高新技术产业分工层次结构优化的作用，大力促进具有自主知识产权、附加值高的高新技术产品的出口。通过精心培育若干个我国的大型跨国公司（含金融机构），推行品牌发展战略，为出口商品结构优化增强引领作用。

（四）促进加工贸易转型升级，提高工业制成品的附加值

工业制成品出口竞争力提升的关键虽然在于提高高新技术产业的核心技术水平和自主知识产权含量，但其他方法和配套措施不仅必要而且也比较重要。要引导加工贸易的投资主体由外资企业逐步转变为内资企业，鼓励和支持中小民营企业参与加工贸易和全球采购，开展与跨国公司开展深层次合作，扩大围绕加工贸易的相关的采购、销售、信息等服务，并以此为工业制成品技术含量的提高提供支撑和推动作用。

（五）促进出口市场的多元化和合理化，降低我国出口集中度

出口市场比较单一、出口集中度过高对出口商品结构优化以及出口稳定增长的持续性产生了损害。要在继续促进出口企业对欧盟、美国、日本等地区和国家出口的同时，扩大对亚非拉新兴市场、独联体、东欧及周边国家的出口比重，巩固我国在国际分工和国际竞争中的有利地位，在为巩固贸易大国规模基础的同时，给出口商品结构优化提供更多更有利的机会，从而对我国迈向贸易强国起到积极作用。

（六）出口企业应加强汇率风险管理和成本费用管理，主动应对人民币汇率升值造成的压力

人民币汇率升值是伴随我国经济持续增长而带来的必然趋势，人民币升值使得我国出口商品变得相对昂贵，价格优势不断丧失，盈利空间越来越小，尤其是金融危机造成的需求下降使得不少出口企业出现亏损，破产倒闭的风险很大，为维持出口企业的生存和发展，出口企业应加强对汇率市场的研究，采用多种金融工具规避汇率风险，尽量减少经济损失，同时出口企业应加强成本和费用管理，尽量减少采购、生产、销售、储存、资金周转等各环节的成本和费用，把更多的资金投入到提升产品质量和特色中来，同时政府相关部门要为出口企业规避汇率风险和降低成本费用提供指导培训以及创造更多的便利条件。只有出口企业的生存能力增强，才能为提高出口商品质量和竞争力、优化出口商品结构提供最基本的前提。

（七）优化能源生产消费结构和积极促进出口企业掌握低碳技术，降低我国出口商品的碳排放强度

通过加强前沿能源科技研究，增加非化石能源和清洁能源供应，降低出口行业碳排放水平，从而降低国际碳排放的管制风险。要将低碳项目纳入政府对自主创新的重点引导支持项目，对目前碳排放强度比较大但对出口商品结构优化有较大负向及正向作用的行业要重点加以调控和引导，积极促进国际技术合作与转让，促使出口企业争取尽快掌握和推广应用低碳技术。

参考文献：

[1] 江小涓. 我国出口商品结构的决定因素和变化趋势［J］. 经济研究，2007（5）.

[2] 许广月，宋德勇. 我国出口贸易、经济增长与碳排放关系的实证研究［J］. 国际贸易问题，2010（1）.

[3] 黄亚林. 人民币升值对我国外贸的影响分析［J］. 浙江金融，2009（1）.

[4] 杨思振. 优化我国出口商品结构问题研究［D］. 安徽大学硕士学位论文，2010.

[5] 吕延方. 中国出口贸易结构变化的决定因素［J］. 国际贸易研究，2010（6）.

[6] 孟铁. 国际产业转移与我国外贸商品结构分析［J］. 山西财经大学学报，2007（11）.

[7] 曹开虎，胡飞军. 高科技资本密集型产业机会来临［N］. 第一财经日报，2011-11-15.

[8] 杨圣明. 十二五规划与贸易强国战略［J］. 时代经贸，2011（2）.

内外贸一体化进程中转变我国外贸发展方式

刘碧波[①]

一、内外贸一体化的内涵

内外贸一体化主要是指依照市场经济发展规律的内在要求，并有选择地借鉴发达国家的先进经验。一方面，关注经济发展的微观层面，对那些进行商品生产和流通的企业，不对其设置人为的经营区域限制，企业可以根据市场的具体情况，做出在国内市场还是国际市场从事经营活动的决定；另一方面，也强调在中观层面的协调运作能力以及宏观层面政府的政策制定和管理能力。

从国际经验和我国实践来看，贸易对经济的发展起着至关重要的作用，日、德经济也曾相对落后，日本“二战”后把“贸易立国”作为国策；德国人口只有我国的 1/15，但贸易额居世界前列，人均贸易额是我国的 17 倍。我国自 2001 年加入世界贸易组织以来，进出口总额基本上逐年增加，为我国经济的增长和国民生活水平的提高发挥了重要作用，2011 年我国进出口总额达到了 3.64 万亿美元，然而我国的对外贸易仍存在着许多问题，诸如对外贸易体制不健全、贸易摩擦加剧、对外贸易活力不够等问题。同时，由于原材料人工成本价格上升的影响，我国内贸的形式也不容乐观，这与我国世界贸易大国的地位不相称，与我国经济大国的地位不相称。在后金融危机时代这样的新的形势下，充分认识国内、国际贸易及内需外需的关系，推进我国

① 刘碧波（1985~），男，北京人，北京工商大学经济学院产业经济学专业 2010 级硕士研究生。研究方向：流通产业理论与实践。邮箱：robin.lbb@163.com。

内外贸一体化，更好地发挥贸易在国民经济中的作用，促进我国经济的增长和人民生活水平的提高显得尤为重要。

二、外贸的现状及原因

当前，国际金融危机的影响仍在蔓延，欧洲债务危机加剧，世界经济衰退的趋势愈加明显，我国和其他新兴市场受到的冲击也日益扩大。2010 年 3 月，由于进口价格上涨较快及内需强劲等因素的综合影响，我国出现自 2004 年 5 月以来第一次贸易逆差。保增长、扩内需、调结构的要求越来越严峻。因此，充分认识国内贸易和国际贸易及外需和内需的关系，更好地发挥贸易在国民经济中的作用，已成为当前经济发展提高民生应对危机的重要课题。

我国外贸的现状主要有以下特点：

（一）我国对外贸易发展迅速

近十年来，我国的对外贸易有了长足的发展，由 2001 年的 0.5 万亿美元增长到 2011 年的 3.6 万亿美元（如表 1 所示），进出口总额基本上逐年增长。

表 1　2001~2011 年我国进出口额

单位：亿美元

年份	进口额	出口额	进出口总额	进出口差额
2001	2436.1	2661.5	5097.6	225.4
2002	2952.0	3255.7	6207.7	303.6
2003	4128.4	4383.7	8512.1	255.3
2004	5614.2	5933.7	11547.9	319.5
2005	6601.2	7620.0	14221.2	1018.8
2006	7916.1	9690.7	17606.8	1774.6
2007	9558.2	12180.1	21738.3	2622.0
2008	11330.9	14285.5	25616.4	2954.6
2009	10056.0	12016.6	22072.6	1960.6
2010	13948.3	15779.3	29727.6	1831.0
2011	17434.6	18986.0	36420.6	1551.4

数据来源：《中国统计年鉴》、国家统计局网站。

上述数据说明，进口贸易的作用未能充分体现，我国对外贸易的发展存在着一定的问题。虽然我国的进出口额基本上每年都是增加的，但是贸易顺差一直存在，这带来的一个主要问题就是超过 3 万亿美元的外汇储备，同时外汇储备结构的不合理又会对我国的经济产生一些不利的影响。

（二）我国对外贸易结构有所变化

我国经济结构技术水平的现状决定了我国出口贸易的主导方式是加工贸易，这种贸易方式使我国成为了“世界工厂”。外资企业在我国的对外贸易出口中占据主导地位，这是我国改革开放以来大力招商引资的结果。国有企业的出口额呈下降趋势，受国际金融危机的冲击，2009 年的出口额相对于 2008 年下降了几乎一半。而民营企业虽然也受到了影响，但是出口额增长迅速，2011 年出口额超过 6000 亿美元，占出口总额的 1/3，由于自身研发实力不足，核心技术缺失，我国民营企业出口主要以传统劳动密集型产品为主。

（三）我国对外贸易依存度依然较大

对外贸易依存度是指一定时期内一个国家和地区对外贸易总额相当于该国国内生产总值的比例，它是衡量一国对外开放程度的一个基本指标，也是反映一国与国际市场联系程度的标尺。外贸依存度高，不但反映了一个国家和地区融入世界经济的程度较高，同时受世界经济冲击的风险也在加大。

加入世界贸易组织后，我国对外贸易依存度迅速提高，另外高度依赖欧美发达国家，这表明我国对外市场依赖加深，而国内市场发展相对落后，国外市场的变化对我国出口贸易的影响较大。从图 1 可以看出，总体上讲我国的外贸依存度处于一个较高的比重，其中 2000~2006 年，我国的外贸依存度处于上升的趋势，2007 年后，受国际金融危机的影响，外贸依存度有较大幅度的下降，近两年稍有回升。这表明一方面对外贸易对我国的经济有着举足轻重的影响；另一方面，国内贸易对我国的经济增长的作用也在逐渐凸显

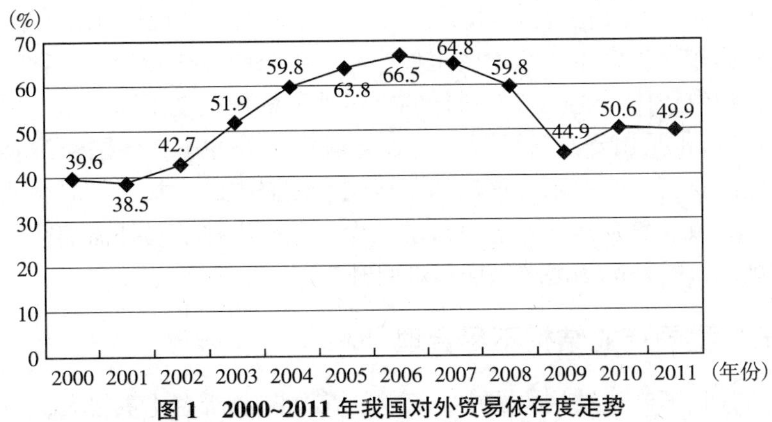

图 1　2000~2011 年我国对外贸易依存度走势

出来。

国际贸易理论认为，出口导向型贸易增长会使一国的贸易条件恶化，而进口导向型增长则会改善一国的贸易条件。同时，根据克鲁格曼的标准贸易模型，一国贸易条件的改善会增加一国的福利水平；反之，贸易条件的恶化会降低一国的福利水平。因而金融危机以来，我国的国民福利水平是在不断降低的（张军、侯瑞华，2010）。2007 年爆发的金融危机对我国的出口贸易造成了冲击，我国政府及企业采取多种应对的措施，2009 年，中国的出口贸易额超过德国，成为世界第一大出口国。这说明我国对外贸易发展迅速，国际竞争力不断提高。但是，这并不能说明我国的对外贸易和发达国家不存在差距，我国的对外贸易还面临着来自内外部的一系列制约和阻碍。我国出口产品结构不尽合理，对外贸易依存度较高，内外贸对经济的发展没有形成合力，对人民生活水平提高的作用没有充分发挥。

造成我国对外贸易现状的原因主要有以下几个方面：

（一）我国的经济政策推动了我国对外贸易的迅速发展

改革开放 30 多年来，我国的经济发展战略是以出口导向为主，我国政府运用金融、财政、税收等激励措施，大力鼓励外贸出口。通过实施这些政策，我国进出口商品贸易总额特别是出口总额不断提升，我国的贸易规模在世界排名中也不断上升，对外贸易取得巨大成就，贸易大国地位逐步确立，质量效益不断提升，对我国经济社会发展做出了重要贡献。

（二）外贸方式不合理

我国出口的商品主要是劳动密集型产品，进口的是资本和技术密集型产品。我国出口贸易的主导方式是加工贸易，即来料加工或者进料加工，在对外贸易中，加工贸易一直占 40% 左右。一般来说，劳动密集型产品的价格需求弹性比较高，资本和技术密集型产品的需求弹性比较低。这种需求弹性的不对称导致我国与主要贸易伙伴的实际外贸依赖程度不同（张二震、马野青，2010）。正是由于这种差异，经过金融危机的冲击，各国经济衰退，消费级企业的财富大幅缩水，这制约了居民有效需求的增加，同时企业需求动力不足，导致欧美发达国家进口需求减少，我国出口贸易外需缩减，根据经济发展规律，国外市场需求短期很难回升。

（三）我国产业结构不尽合理

目前，我国产业结构构成中，第一、第二产业所占比重很大，而第三产业比重较低。从世界范围来看，由于第三产业主要是服务业，而服务业的可贸易性比较低。处于经济发展中期阶段的国家由于第二产业比重高，产品在国际上具有一定的竞争力，所以外贸依存度较高。从美国、日本等发达国家的经济发展史可以观察到，它们的外贸依存度经历了由低到高、再由高到低的变化。目前，我国的对外贸易依存度有所下降，但与发达国家相比，还有很大的差距。我国还是要调整产业结构，大力发展第三产业，不断提高人民的生活水平和对外贸易竞争力。

（四）现行汇率制度的影响

人民币汇率水平极大地影响了对外贸易依存度外贸依存度的高低。外贸依存度的计算公式中，分子的进出口总额是以美元表示的，而分母的 GDP 是本币值经汇率换算后得到的，由于我国进出口以美元表示，国内生产总值以人民币表示，因而人民币的汇率水平极大地影响了对外贸易依存度的数值。人民币汇率的长期低估人为地降低了我国出口价格、抬高了进口价格，我国现行的汇率制度使我国出口商品的价格更具有优势，带动了我国的出口。

造成我国对外贸易现状的原因是多种多样的，除了上述列举的四点，还有储蓄过度说①、比较优势与加工贸易说② 等。

三、外贸现状对我国经济的影响

我国在全球化进程中积极融入国际社会，参与国际分工，提升了国际影响力。贸易的增长特别是出口的增长，增强了我国的国际购买力，也促进了国内经济的发展，增加了国内的工作岗位，提升了国民收入水平。在应对金融危机的过程中，承担了应有的责任，发挥了积极的作用，树立了大国的形象。同时我们也要看到，对外贸易的现状也对我国的经济产生了负面影响。

（一）影响产业结构的调整

目前我国的对外贸易主要是加工贸易，低附加值的贸易方式，是靠我国廉价的劳动力和资源换取的，某些产业甚至是以环境恶化为代价的。另外，我国加工贸易方式下绝大多数企业做的都是贴牌生产或者定牌生产，很少有

① 该观点认为我国的储蓄过度，消费不足，储蓄投资的缺口造成了中国长期的贸易顺差。
② 该观点认为中国的比较优势使得中国在劳动密集型产品出口上具有价格优势。

企业具有自主品牌。这种贸易方式下的出口，赚取的仅仅是加工费用，而无法获得品牌带来的无形资产。这说明我国的对外贸易受外部环境的制约很大，企业自主创新能力得不到提高，在国际市场上竞争力不足。这种竞争力格局使我国在国际贸易中处于不利地位，也影响了我国产业结构的调整升级。

（二）对外贸易摩擦加剧

我国外贸出口国过于集中，同时受到长期以来鼓励出口的贸易政策的影响，我国对主要贸易伙伴保持长期的贸易顺差，这不可避免地引起对外贸易摩擦的增加。金融危机以来，全球贸易摩擦不断，种类多样，除了过去的关税、配额许可证之外，还有反补贴、反倾销、技术贸易壁垒等。全球金融危机下贸易保护主义愈加明显，这必然对我国的出口贸易产生巨大影响。

（三）对内贸易的影响

内外贸一体化要求内外贸联动，相互促进，但目前我国国内场市场和国际市场未实现完全的对接。张睿（2009）通过基于 VAR 模型的实证认为，我国出口和进口冲击对国内贸易的影响是长期的，且出口的影响大于进口。我国加入世界贸易组织后外贸的飞速增长短期内并没有显著带动内贸的发展，究其根本原因还是在于，市场分割现象在国内依然存在，还没有形成统一的市场。

四、政策建议

“十二五”是全球产业结构调整的关键时期。西方发达国家重振制造业、回归实体经济根本的结构调整进入程序，而且我国“调结构”也进入攻坚阶段。尤其是随着我国劳动力、土地、能源等要素成本显著上升，人民币升值累积幅度加大，生态环境等外部性成本增加，我国要素驱动阶段持续 30 年的低成本竞争优势将逐步衰竭，开始进入规模驱动阶段。在这种情况下，促进我国贸易结构转型升级的重大战略机遇应包括以下方面：

（一）加快推进内外贸一体化

内贸和外贸是互相密切影响的两个方面：一方面，提高对外贸易水平可以相应增加进口，维系国际贸易和国际收支的相对平衡，从而为稳定出口奠定基础；内贸的扩大也会增强外贸优势，因为高水平的内贸加剧了国内市场竞争并提高了我国产业的国内竞争力，从而相应提升这些产业的国际竞争力。另一方面，通过稳定外贸可以稳定国内就业和劳动者收入，为扩大内贸尤其是最终消费增强货币支付能力，同时也增加投资机会。加快推进内外贸一体化，统筹国内发展和对外开放，促进内外贸统一协调发展。

（二）优化对外贸易结构

当前我国外贸的主力军是以加工贸易为主的外商投资企业，主要还是依靠廉价的劳动力、资源、材料等，无法充分、合理地利用国外的优势资源提升出口竞争优势，这种格局不利于我国经济的长远发展。我国政府应切实扶持国内中小企业发展，提高其国际竞争力；其次是优化商品结构，提高出口商品的技术含量和附加价值。要优化市场结构，在巩固欧美日传统市场的基础上积极扩展新兴市场。在发展出口贸易的同时也应该注重进口贸易，利用进口来促进贸易结构和产业结构转型升级，不断向国际贸易的最优状态发展，即进出口贸易达到均衡。

（三）积极应对人民币升值压力及汇率变化风险

从外部环境和国内情况来看，人民币的升值都存在着趋势性和必然性的升值压力与预期。人民币的升值与否对经济发展的稳定性和持续性最为关键。我国目前实行的是有管理的浮动汇率制，面对人民币不断的升值压力，短期来看，政府应该完善人民币汇率形成机制与调节机制，加强汇率弹性；长期来看，应该坚持推进人民币的国际化进程，加大人民币境外结算试点范围，实现人民币稳中有升，既消除国际上的升值杂音，又不会实质性的影响我国的出口。

参考文献：

[1] 张军，侯瑞华. 后危机时代国际贸易发展形势及对我国对外贸易的影响 [J]. 经济问题探索，2010 (7).

[2] 谭祖谊. 内外贸一体化的概念框架及其市场运行机制 [J]. 商业研究，2011 (4).

[3] 杜云龙. 我国对外贸易依存度过高的原因及对策 [J]. 黑龙江对外经贸，2011 (2).

[4] 陈德铭. 关于国内外贸易的几个认识问题 [J]. 国际商务财会，2009 (5).

[5] 张继周. 我国外贸依存度现状与对策研究 [J]. 中国外资，2011 (12).

[6] 董小麟，龚庆宇. 论我国对外贸易的结构局限和转型要求 [J]. 国际经贸探索，2008 (1).

[7] 冯正强，杨晓霞. 人民币汇率对我国对外贸易结构的影响分析 [J]. 经济经纬，2007 (4).

[8] 张二震，马野青. 我国贸易顺差的成因分析及对策建议 [J]. 经济学研究，2010 (2).

[9] 林毅夫. 关于人民币汇率问题的思考与政策建议 [J]. 世界经济，2007 (3).

[10] 阮维童，李裕鸿. 扩大内需下我国对外贸易存在的主要问题与对策 [J]. 安徽农业科学，2011 (2).

[11] 张睿. 我国内贸与外贸的动态影响研究——基于 VAR 模型的实证 [J]. 国际经贸探索，2009 (5).

论扩大内需对我国外贸发展的促进作用

王少桦[①] 潘 宏[②]

改革开放以来，中国顺应经济全球化趋势，不断扩大对外开放，积极展开与各国的经贸合作，对外贸易已经成为推动我国经济发展的重要动力。我国通过30多年的努力，实现了对外贸易的跨越式发展，但是由于我国长期以来是出口导向型经济增长战略，消费和投资一直显得动力不足。在当前国际贸易市场不确定因素众多、形势复杂的情况下，国内市场的潜力日益显现，因此，扩大内需是一个亟待重视和研究的问题。

扩大内需主要是扩大国内投资和国内消费。而内需扩大既有利于进口，又有利于出口，因此我国面临着开拓国内市场的重任。我国只有有效扩大内需，促进进出口、内外贸联动发展，才能保证我国经济健康持续增长。

一、我国的内需和进出口现状

内需包括消费和投资，投资的最终目的是消费，二者相辅相成。随着经济的快速增长，我国的居民消费水平不断提高，但消费率一直偏低。有关数据[③]显示，我国的最终消费率从1978年的62.1%下降到2010年的47.4%，下降了14.5个百分点，尤其自2000年以来，消费率从62.3%大幅下滑到47.4%，远低于近20年78%的世界平均消费率。而投资却持续走高，投资率

---

① 王少桦（1988~），女，安徽芜湖人，北京工商大学经济学院国际贸易学专业2011级硕士研究生。研究方向：国际贸易。邮箱：canlandehuaer@126.com。

② 潘宏（1965~），女，辽宁沈阳人，北京工商大学经济学院副教授、硕士生导师。研究方向：国际贸易。邮箱：panh@th.btbu.edu.cn。

③ 国家统计局2011年关于最终消费率的统计数据。

从 1978 年的 38.2%上升到 2010 年的 48.6%。有关数据[①] 表明，从世界各国经济发展的一般规律来看，消费是拉动经济增长的最终动力，当经济发展到一定水平后，投资率会逐步趋缓，消费率逐步提升，消费对经济增长的贡献率一般应为 80%左右。

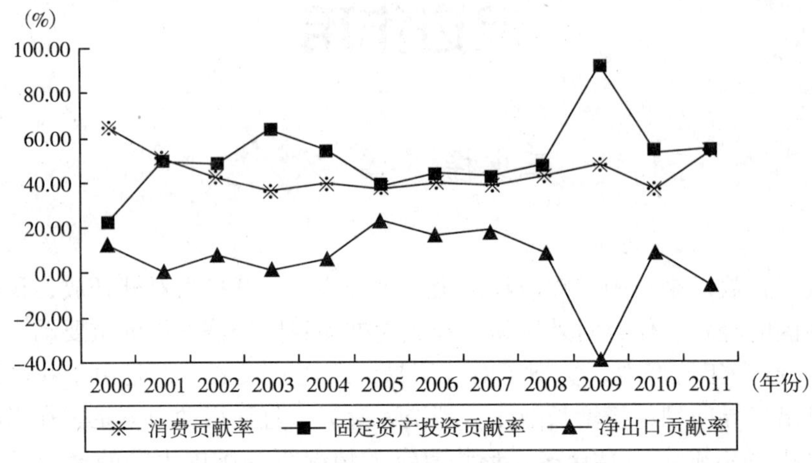

图 1　各项支出对 GDP 增长的贡献率

数据来源：《中国统计年鉴 2011》。

图 1 是我国历年消费、投资、净出口对 GDP 增长的贡献率。从图 1 可以看出，近年来，投资是我国经济增长的第一推动力，但是比起消费 80%的贡献率，我国消费显然不足，内需中投资和消费的关系存在一定的不合理性。但这恰好也说明我国消费潜力很大，有巨大的发展空间来保持经济增长。

1978 年以来，我国的对外贸易迅速发展。1978 年，我国的货物贸易总额为 206 亿美元，排名世界货物贸易的第 32 位，比重不到 1%。据统计，[②] 2011 年，中国货物贸易总额达到 36421 亿美元，比上年增长 22.5%，外贸进出口总值刷新年度历史纪录。其中，出口 18986 亿美元，增长 20.3%；进口 17435 亿美元，增长 24.9%。但是我国货物出口主要是劳动密集型商品，集中在制造业，由于成本低廉，导致我国的倾销案件和贸易摩擦不断增加，而且出口商品的附加值比较低，一直处于“微笑曲线”的底端。2008 年的金融危机以及外国经济的复苏乏力为我国进出口带来了极大的负面影响，国际市场需求大幅下降，导致我国部分外贸企业受损严重。据统计[③] 2012 年 2 月我

① 中国社会科学院数据。
② 2012 年国家统计局关于 2011 年进出口总额的统计。
③ 海关总署关于 2012 年 2 月进出口总额的统计。

国进口额为1459.5亿美元，同比增长9.4%，环比只略增0.3%。出口额为1144.7亿美元，同比上涨了18.4%，环比下降了23.6%；国家发改委指出，今年出口形势严峻，对外贸易的增长速度有所回落，初步确定外贸进出口预期目标为增速10%左右。这是在全面分析国内外情况下确定的，明显低于往年。2011年，我国外贸依存度仍然在50%以上，在国际市场形势严峻的条件下，如果外贸依存度持续居高不下，将加剧我国对外贸易的摩擦，影响国家经济安全和国内产业发展，恶化贸易条件，不利于我国经济的健康持续增长。因此，在投资、消费和出口“三驾马车”中的内需担负起了支持经济增长的重任。

二、扩大内需对进口的促进作用

（一）引进资源和技术

当前我国正处于工业化和城市化进程的关键阶段，对重要工业原料、资源和能源的需求非常旺盛。但是同时，我国是人均资源和能源占有率较低的国家。我国拥有世界上22%的人口，却仅占有世界9%的耕地、6%的水资源、4%的森林、1.8%的石油、0.7%的天然气、不足9%的铁矿石、不足5%的铜矿和不足2%的铝土矿。大多数矿产资源人均占有量不到世界平均水平的一半，我国占有煤、油、天然气人均资源分别只及世界人均水平的55%、11%和4%。

我国经济的发展和国内需求，很大程度上大量依赖于消耗资源，尤其是依赖于不可再生资源的过度消耗。为了实现可持续发展，亟待节约资源，产品供给能力的提高只好远远落后于需求的增长，巨大的供需缺口必须依靠进口弥补，同时，对于国内稀缺、生产成本高的资源型原料用进口原料予以替代。

技术引进是指一个国家或地区的企业通过一定方式从本国或其他国家、地区的企业获得先进技术的行为。随着世界经济迅猛发展，技术日益成为经济增长的决定因素。据统计，2010年我国高新技术产品进口额为4126.7亿美元。需求扩大会促使厂商提高效率和创新来获取高额的利润，所以技术是一个关键因素。而我国核心技术与高新技术匮乏，引进国外技术成了我国技术进步的一个途径。我国的一些支柱产业和技术落后的产业，通过引进关键设备和创新技术，分享国外技术进步和创新成果，高效率地生产高质量的产品，从而满足日益扩大的内需。因此，从引进资源和技术角度来看，扩大内需可以促进进口。

（二）减少贸易摩擦

贸易摩擦是随着国际贸易产生的，一般是一国持续顺差、另一国逆差导致的。从本质上来说，是各国对贸易利益的竞争。各国为保护国内产业，获得更多的利益，常常实施保护性的贸易政策，由此贸易摩擦也就产生了。特别是当一国成为贸易大国时，必然会引起利益分配格局的巨大变化，这就致使贸易大国与现有国际体系和现有大国在经贸领域发生冲突。随着中国成为世界出口第一大国，进口第二大国，贸易顺差持续增长，中国的贸易摩擦也呈现愈演愈烈的趋势。有关数据显示，[①] 我国从 1993 年开始实现持续的贸易顺差，2005 年以来贸易顺差额显著增大，至 2008 年，贸易顺差额达到 2981.3 亿美元，而 2011 年贸易顺差收窄至 1551 亿美元，数额仍然巨大。据统计，[②] 至 2008 年 6 月，我国共遭受反倾销诉讼 640 起，占世界反倾销案件的 19.4%，涉案金额越来越高，绝大部分最终导致征收反倾销税，严重阻碍我国的出口。2009 年 1~8 月，共有 17 个国家（地区）对中国发起 79 起贸易救济调查，涉案总额约 100.35 亿美元，同比分别增长 16.2%和 121.2%。而我国长期以来过高的外贸依存度也极易引起贸易摩擦。因此，反倾销、反补贴以及实行对华产品的特别保障措施不断增加，严重扭曲自由贸易，损害贸易国的社会福利水平，带来无谓损失。

当内需扩大时，我国为了减少贸易摩擦及其带来的负面影响，需要大力鼓励进口，充分利用扩大的内需，降低贸易顺差，从而真正地减少贸易摩擦，减少无谓损失。因此，从减少贸易摩擦角度来看，扩大内需可以促进进口。

（三）利用外汇储备

外汇储备是指一国货币当局所持有的，可以用于对外支付的国外可兑换货币。当国内宏观经济不平衡时，出现总需求大于总供给时，可以动用外汇组织进口，从而调节总供给和总需求的关系，促进宏观经济的平衡。一国内需的扩大涉及国内外两个不同的市场，当一个国家内需扩大时，进口需求肯定加大时。进口涉及外汇，我国是一个外汇储备庞大的国家，所以当内需扩

① 海关总署关于贸易顺差的数据。
② 中华人民共和国商务部贸易摩擦数据统计。

大时，我国有足够的外汇来进口商品，以满足国内需求。

近年来，出口的高速增长使我国积累了巨额的外汇储备，以前严重短缺的外汇现在变成了严重过剩。1978 年，我国的外汇储备仅为 1.67 亿美元，2006 年 2 月外汇储备为 8536.72 亿美元，成为全球第一外汇储备国。截止到 2011 年末，我国外汇储备达 31811.48 亿美元。巨额外汇储备一方面印证了我国外贸工作的巨大成就，另一方面也逐渐演变成我国政府的一大负担，其面临的风险随着其绝对额的逐年增加而不断增长。从商品与货币的对应关系来看，国家吸纳外汇而投放的这部分人民币，其对应的商品已经出口到国外，如果国家从国外进口的商品价值少于出口商品价值，那就意味着这部分人民币有相当一部分（即进出口顺差部分）是凭空多出的，这样导致了过多的人民币追逐较少的商品，因此外汇储备只有投入实际的使用才能显示出其内在的价值。据估计，我国目前有 10000 亿美元的外汇储备就够了，剩下的要大量进行多元化投资，用于实体经济，保证我国可持续发展所紧缺的资源和经济结构调整中所需要的技术。因此，从充分利用我国外汇储备角度来看，扩大内需可以促进进口。

三、扩大内需对出口的促进作用

1978 年克鲁格曼在《规模经济、产品差异及贸易模式》提出了本土市场效应理论，即在一个存在规模报酬递增和贸易成本的世界中，那些拥有相对较大国内市场需求的国家将成为净出口国。Davis 和 Weinstein 在 1999 年使用 OECD[①] 的产业水平数据，给出了本土市场效应最直接的验证。通过回归分析，[②] 表明一个国家的某种产品的需求增大 10%，将导致该产品的产量增加 16%，意味着净出口将增加。国家对于某种商品的超常需求是对厂商们的激励，会引起大规模生产和高效率，使得在满足该国本土需求后，还能有剩余出口。

图 2 总结了改革开放以来我国出口、消费和投资的数额。以我国的消费支出总额和投资总额作为国内需求，即本土市场规模，从时间序列来看，它

① OECD（Organization for Economic Cooperation and Development，简称经合组织），是由 30 多个市场经济国家组成的政府间国际经济组织。

② Davis 和 Weinstein 首次度量不同国家的“特质”的需求差异，并推断出本土市场效应起作用。他们通过用不同国家的估计需求差异回归各产业的生产量来验证这个结论。在他们所使用的样本中，得到了需求差异系数估计值为 1.6，即产量的增加量是需求增加量的 1.6 倍。

们分别与出口总额保持同步增长的趋势，说明我国内需与进出口存在较显著的正相关关系，符合本土效应理论。这一理论可以从规模经济、产品差异化、全要素生产率三个角度来加以分析和验证。

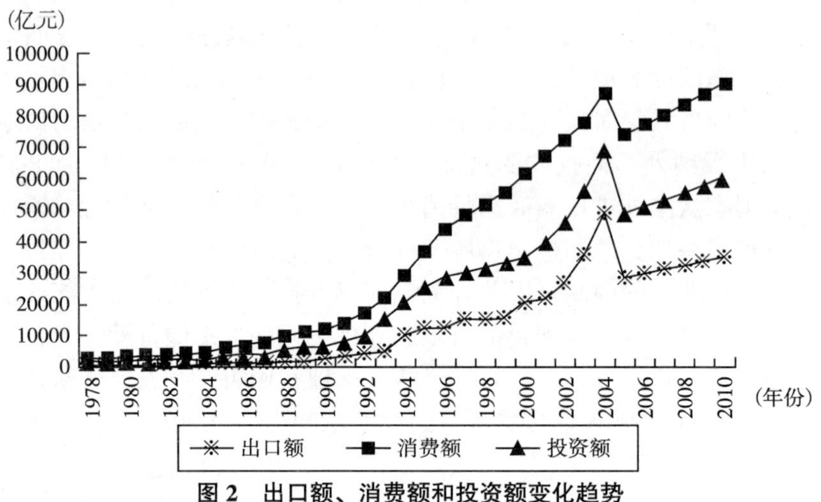

图 2 出口额、消费额和投资额变化趋势

数据来源：《中国统计年鉴》（2011）。

（一）规模经济

如果某一类型商品需求降低，生产规模就会缩小。劳动分工，生产管理都受到规模限制，产品的平均成本就会比较高。当需求增加时，就对厂商产生一种激励，因此需求的扩大将会引致行业和企业规模的扩大，产量增加，各种限制就会减少，这也有助于有效降低产品的平均生产成本，形成规模经济。规模经济有两种渠道：一是更多的厂商进入该行业，形成外部规模经济，随着同行业内企业增加和相对集中，在信息收集和产品销售等方面的成本会降低；二是原来的企业扩大生产规模，形成内部规模经济，随着产量增加，分摊到每个产品上的固定成本，如管理成本、信息成本、设计成本等成本会越来越少，产品的平均成本就会下降。对于出口，成本的下降和产量的增加使得厂商们有利可图。所以激励厂商大规模生产以及出口的前提是较大的产品需求。比如美国的电子产品在国内形成了规模经济，出口额很大。而国内市场较小的国家，也会通过国外需求形成规模经济，比如日本的汽车。由此可见，从规模经济角度来看，扩大内需可以促进出口。

（二）产品差异化

产品差异化是指企业以某种方式改变那些基本相同的商品，以使消费者相信这些产品存在差异而产生不同的偏好，导致消费者忠诚。张伯伦认为，一种产品具有差别，就意味着卖者对他自身的产品拥有绝对的垄断权。当一个市场对某种商品的需求较大，消费者会希望有更多的选择，这样会促使厂商根据消费者的偏好来生产具有市场的商品。消费者越多，他们反馈给厂商的信息就越多，而厂商为了迎合市场需求，满足不同的消费群体，不断研发创新，差异化程度也会越来越高，可替代性越小，消费者的忠诚度越高，垄断程度越高。因此，众多消费者可以提供更多商品创新的有价值的信息。

差异化的根源是创新和技术进步，而它们需要资本，并且有一定的风险，比较大的国内市场可以提供更多的资本，并且降低风险。为了研发新产品，厂商会投入一定的研发资本，如果研发失败，会增加厂商的沉没成本，如果研发出的新产品不能满足消费者的偏好，也会形成一定的损失。而较大的国内市场不仅为厂商带来了高利润，使得厂商们投入更多资本研发新产品，并且有这个需求市场做支撑，就能保证不差的市场份额，降低了销路带来的风险。因此，较大的市场需求可以激励厂商持续创新，差异化程度不断提高。比如宝洁公司，在我国不断研发适合中国人偏好的产品，现在已经有六个洗发水品牌，满足不同消费者的需求，赢得了消费者的忠诚度。

另外，在绝大多数情况下，消费者的偏好不因贸易成本的增加而改变，这就为有差异化和垄断地位的国内产品提供了出口的机会。比如假设分别位于两地的厂商 A 和 B 生产着不同质的商品 a 和 b，消费者 o 虽然与厂商 B 的距离更近，但是却偏好商品 a，那么即使 o 与厂商 A 的距离较远，他仍然会选择对自己效益更高的商品 a。如果我们把厂商和消费者间的距离长度作为运输成本，厂商 A 作为本国市场，厂商 B 作为外国市场，消费者是外国市场的。那么就可以说明，差异化可以促进出口。所以，从产品差异化角度来看，扩大内需可以促进出口。

（三）全要素生产率

全要素生产率最早是由美国的罗伯特·索罗提出的，指总产量与全部要素投入量之比，即为资源（包括人力、物力、财力）开发利用的效率。生产率的提高即科技进步，涉及研发、人力资本积累和技术外溢因素，而这些都关系到本土市场规模，即内需。从生产率的提高来看，它总是需要一定的资本积累，因为新技术的开发需要一定的研发费用，而且具有高风险，所以它和产品创新实现差异化的条件一样，需要巨大的国内市场作为支持。同时巨大的国内市场会吸引外资来国内投资，就不免会产生技术外溢效应，国内厂商通过学习和模仿导致技术进步。技术外溢的程度会受到本土市场规模的影响，需求增大，外商投资扩张，技术外溢效应越大，技术进步越明显。例如，美国的国防科技实际带动了美国科技的发展，渐渐由军用化变为民用化、商业化的一个市场。正是由于国防科技这个巨大国内市场的存在，所以才会有预算持续地投入到比较尖端的研究中，导致技术进步，厂商们就会共享技术成果，生产更多产品，从而有了出口的激励。所以，从全要素生产率角度来看，扩大内需可以促进出口。

四、扩大内需的途径

（一）使收入分配合理化

消费是收入的函数，只有收入水平高了，消费能力才会有效增加。长期以来，收入分配不合理，尤其是资源型和垄断型行业。有关统计表明，在垄断型行业，人均工资是其他行业的 2~3 倍，尤其是高层报酬过高，与贡献差距较大。全社会 80%的人拥有 20%的财富，他们为了防范风险大多会选择储蓄，消费水平难以提高，80%的财富集中于 20%的人手里，衣食无忧，但是由于边际消费倾向递减，少数人又不可能为总消费贡献多大的力量。因此，需要改善国民收入分配，提高劳动报酬和居民收入，缩小收入差距。针对收入分配的改善，首先可以提高工资性收入和居民初次收入分配的比重，比如减小企业税负，用行政和法律手段增加工资。其次可以通过改善小企业的经营环境、增加就业机会来提高工资收入。最后还可以通过收入再分配减小收入差距，比如扩大社会保障，公共服务和转移支付，解除人们的后顾之忧。尤其是通过财税制度，将资源型和垄断型的收入合理再分配。只有人们收入水平切实增加，才会增加消费需求。

（二）扩大有效投资

我们可以从图 1 中看到投资对 GDP 的贡献稳步上升，成为促进我国经济增长的第一推动力，在内需中占的比例高于消费。但是消费才是生产、投资的最终目的。如果我们把投资也看做是社会消费，那么它就是中间产品消费，总是要围绕最终产品消费进行。所以只有最终消费提高了，它才可以支撑起各大产业的发展，发挥投资的乘数效应；否则，光靠投资增加，可能因为无效投资导致产能过剩，无法切实增加内需。所以从促进消费的角度出发，需要把投资更多地投向人们生活所需要的部分，优化投资结构。针对投资结构的优化，需要从投资的规模结构、资金结构和行业结构三个方面进行优化。保证合理的投资规模，最大限度地发挥投资的作用。除了政府投资，也要扩大和充分利用民间投资，使投资围绕基础设施、节能减排、高新技术和民生建设等领域。只有有效地扩大投资，才能从根本上促进消费，发挥投资乘数效应，真正地扩大内需。

（三）完善流通渠道

流通是连接生产和消费的纽带，实际上是国民经济的血脉系统，只有流通渠道完善，才能货畅其流，物尽其用，扩大消费。但是目前国内流通成本过高，导致物价过高，影响供求平衡，不利于扩大消费。国家发改委指出，全世界 82%的收费公路在中国，物流成本占蔬菜价格的 50%~70%。中国的物流成本比世界平均水平要高 1~2 倍。因此，需要改善流通渠道，降低成本，提高效率。针对流通渠道的改善，可以通过加快综合运输体系建设，降低成本；推进现代流通方式，减少流通环节，提高效率；发展供应链管理，实施供应链集成；改变小农经济的生产模式，将物流外包；加快推进物流渠道的信息化、标准化建设。这样，在内外贸联动发展过程中，物流行业根据市场需求、内外贸易规则和政府要求，将分割的内外贸市场衔接好，可以加速我国的对外贸易真正地做大做强。

当前，国际金融危机的深层次影响还在不断显露，我国的对外贸易形势更加复杂，面对的不确定因素也较多。要想实现内外贸的持续联动发展，经过我们的分析可以看出，扩大内需是必由之路。通过有效扩大内需，才可以保证我国实现内外贸联动发展，保证从贸易大国走向贸易强国，保证经济健康持续增长，切实提高 13 亿人民的生活水平。

参考文献：

[1] 保罗·克鲁格曼. 克鲁格曼国际贸易新理论 [M]. 黄胜强译. 北京：中国社会科学出版社，2001.

[2] Robert C.Feenstra. Advanced International Trade: Theory and Evidence [M]. Princeton University Press，2004.

[3] 洪涛. 流通产业经济学 [M]. 北京：经济管理出版社，2007.

[4] 高国珍. 高外贸依存度对我国经济的影响及对策 [J]. 商业时代，2006 (11).

[5] 林毅夫，李永军. 出口与中国经济增长：需求导向的分析 [J]. 经济学（季刊），

2003（3）.

［6］陈雯. 国外扩大内需的措施及对我国的启示［J］. 世界经济文汇，2002（2）.

［7］袁志刚，朱国林. 消费理论中的收入分配与总消费［J］. 中国社会科学，2002（2）.

［8］丁俊发. 促进消费与流通渠道建设的几个问题［J］. 中国流通经济，2012（2）.

［9］中国统计年鉴［Z］. 北京：中国统计出版社，2011.

当前我国外贸转型升级的难点与突破

耿莉萍[①]

经过改革开放30多年的努力，中国对外贸易已经占到国内经济总产值的60%左右，成为国民经济的重要组成部分，在扩大就业与提升国家竞争力方面发挥了十分重要的作用。但是，受本次国际金融危机的影响，我国在2008~2009年曾经历了前所未有的订单下降、出口负增长和由此导致的加工贸易企业工人大规模返乡、外贸企业停工破产等一系列过程，从而暴露出我国外贸结构的脆弱性。尽管2010年出口又有了恢复性增长，但是我国外贸结构深层次的问题并没有得到解决。为此，转变增长方式、调整对外贸易结构既迫在眉睫，也是我国外贸未来发展的长期任务。面对外贸结构调整与转变增长方式过程中的诸多困难，需要我们用智慧加以克服。

一、国内与国际环境的变化与外贸结构调整的必然性

（一）我国的经济实力与国际影响力正在快速提升

尽管在我们自己看来，中国经济要持续健康的发展还存在着方方面面的问题，但是在世界各国的眼里，中国经济实力不断增强、国家日益强盛已是一个不争的事实。特别是从2008年以来，在全球陷入金融危机的这三年中，中国的发展不仅没有停顿，而且从各种经济统计数据上看仍然是欣欣向荣。2010年中国的GDP已达60483.7386亿美元，跃居全球第二；同期出口额已达15779.32亿美元，同比增长31.3%，跃居全球第一。不仅如此，中国日益

① 耿莉萍（1959~），女，北京人，北京工商大学经济学院教授、硕士生导师。研究方向：区域经济和产业经济。邮箱：cyc1601@163.com。

增加的外汇储备（2010 年为 2.85 万亿美元）和不断增大的进口购买力（2010 年为 13948.3 亿美元），甚至已有能力通过购买外国的政府债券帮助一些发达国家政府走出国家主权债务危机，这一切让一些国家不仅视中国为经济上的竞争对手，而且将中国视作一种威胁。

（二）面对的国际压力日趋增大

伴随着中国竞争力的不断提升，我们面临的国际压力也在日益增大。特别是在大多数发达国家经济低迷、增长乏力、失业率居高不下的情况下，为提振自己本国的制造业与出口竞争力，许多国家纷纷以各种金融和贸易壁垒的手段对来自中国的进口商品进行限制。根据国家商务部的统计，仅 2010 年 1~8 月，就有 17 个国家和地区对中国发起 79 起贸易救济调查，其中反倾销 50 起、反补贴 9 起、保障措施 13 起、特保措施 7 起，涉案金额达 100 多亿美元，同比增长 121%。主要集中在钢铁、机电和化工产品，而纺织、箱包、玩具只占 7.8%。此外，以美国为首的西方国家不断地以各种手段压制人民币快速升值（我国银行间外汇市场美元对人民币的中间价已经从 2010 年 6 月 28 日的 6.7890 升至 2011 年 8 月 31 日 6.3849），以削弱中国出口商品的竞争力。面对日益增大的国际压力，转变我国的外贸增长方式和调整出口商品结构已经成为未来中国对外贸易持续发展的必然选择。

（三）国内资源、环境和用工成本上升的压力增大

随着经济规模与出口规模的扩大，国内面临的资源、环境问题日益突出。例如，我国目前已经成为全球最大的钢铁生产国，钢铁产量已经超过了 6 亿吨（2010 年粗钢产量达到 6.25 亿吨），比美国、日本、俄罗斯、印度加在一起的产量还要多。除了国家基本建设对钢材的需求量不断增加，钢材的出口量也在逐年增大。据国家海关统计，2010 年 1~11 月我国钢材出口量达到了 3970 万吨，同比增加 87%。规模巨大的钢铁产量，不仅增加了国内碳排放、废水排放等环境压力，而且不断扩大的铁矿石刚性进口量，也让中国在国际铁矿石贸易谈判中总是处在一个被动的地位。

此外，在通货膨胀的压力下，全国劳动力的工资普遍上涨，2010 年出口加工企业平均工资水平上涨了 20%~30%，2011 年又上升 15%。大幅度上涨的工资加之人民币的快速升值，已使许多东部沿海省份劳动密集型的出口加工企业利润下滑，而且目前在企业能够给出的最高工资条件下仍存在着广泛的缺工现象，已严重影响外贸企业对外接单。为此东部沿海地区产业转移、产业升级和企业转向已经在国内外重重压力下悄然展开。

二、我国外贸结构调整的几大难点问题

（一）就业压力大与沿海与内地工厂普遍缺工并存

中国目前调整外贸结构，特别是出口结构主要有两个基本方向：一是不断提高服务出口的比例；二是提高商品技术含量，使出口从数量型增长向质量和效益型增长的方向转变。这就意味着我国在这一调整时期需要更多的从事高端服务业和技术型人才以及相对较少的一般劳动力，这与我国目前市场上劳动力供给的情况是不一致的。从企业所需的高端人才上看，从 2007 年以来，我国大学毕业生以每年约 50 万人的速度在增长，2010 年全国高校毕业生达 630 万人，就业形势十分严峻。但是，由于大学教育改革滞后于国家产业结构与外贸结构的调整，所以近年来高校培养出来的毕业生在专业方向与工作能力上很难满足市场上对于高端人才的需求，这在一定程度上抑制着企业的转型与升级。同时企业转型、升级对人才需求的变化，又使社会上大学毕业生出现结构性失业，加剧了全社会的就业压力。

从技术工人供需层面分析，这种人才的获得，既需要大量的职业技术教育与培训机构的长期培养，同时也需要工人在固定的工作岗位长时间的磨炼。当农民工因没有逐年职业晋升的通道而流动性很大的时候，企业技术工人缺乏就变成了一种常态。目前我国沿海大多数给国外代工的企业，用工往往都是短期行为，有订单就雇工，没订单就辞退工人，订单多了就多雇工，订单少了就裁员，根本没有让农民工逐年晋升的通道，没有给职工以职业定位与企业归属感。因此，很难培养出大量的企业所需的技术工人，这就直接影响到企业的创新能力和转型升级。

国内普工的供需情况则更加复杂。从各家媒体的报道来看，在全国范围内无论沿海还是内地省份，无论是加工贸易企业还是餐饮、家政、保安等城市服务业，缺工似乎成了一个普遍和紧迫的问题，内地与沿海省份的企业与政府都在以各种方式争抢农民工。这说明近一两年来中西部地区的投资者在增多，制造业的发展在提速，当全国范围内用工的需求（主要是对 18~35 岁的用工需求）超过年轻外出农民工供给的时候，"缺工"更准确地说是"缺青工"则成为必然。另外，在东部沿海地区的外贸企业劳动工资与福利很难超过内地省份（如重庆、四川、湖北、安徽、河南、湖南等省份）企业的工资与农民工外出打工的种种成本之和的情况下，则东部地区的劳动密集型的加工贸易企业缺工日益严重，直至出现产业发展停滞、衰退或将不可避免。这也在一定程度上加速了全国范围内产业转移和倒逼东部沿海地区的产业结构升级。

（二）产业转移易，产业升级难

目前全国范围内产业转移的速度正在加快。从东部沿海地区向西部产业转移的动向与趋势分析有下述几个明显的特征：

第一，电子产品和家电企业特别是跨国企业转移较为迅速。电子产品特别是电子零部件的代工企业，因为其产品附加值较高完全可以采用航空运输，因此企业即便是搬迁到内地受国内物流效率低下、物流成本较高的影响较小。如英特尔关闭了上海的工厂，搬到成都发展成效显著，就是利用航空运输弥补了生产地点深居内陆的劣势。又如全球电子产品代工的龙头企业富士康，近年来为降低人工成本一直在向北和内陆地区布点，目前已经或正在将其配合惠普的生产线移至武汉，配合戴尔和索尼的生产线移到了烟台，配合诺基亚的生产线移到了河北廊坊，并在郑州、太原、成都、重庆、南宁等中西部城市继续扩张。

而国内一些知名品牌的家电企业为了开拓中西部地区的家电市场，也在中西部建厂，虽然这些企业的总部还在东部，存量资产也未发生地区间的转移，但是可以看出企业扩张的重点正在向中西部地区转移。

第二，主要迁移地点集中在靠近东部、经济基础良好、市场广大的安徽、江西、湖北、湖南、河南、吉林等中部省份和西部相对发达且交通便利的四川、重庆。例如，重庆近两年不仅吸引了包括康师傅、娃哈哈、百事可乐、双汇等一批食品知名企业和格力、海尔、广东雷士照明、香港理文纸业集团等普通制造业的大企业，而且正在建设亚洲最大的笔记本电脑生产基地。2010 年上半年，重庆引进了 20 多家笔记本电脑的配套企业，另有 40 多家相关企业也与重庆签订了意向协议。重庆正在利用这次国内产业转移的机会提升本地区的产业结构，而且从配套产业做起，力争在 2015 年形成 8000 万套笔记本电脑的整机与配套零部件的生产能力，并以笔记本电脑为主导形成电子工业的产业集群。同样在安徽的合肥，也集中了包括海尔、格力、美的、三洋、长虹等国内一大批著名的家电企业，加上配套企业，合肥已经形成了拥有 500 多家家电企业的产业集群，2010 年合肥全社会家电企业要生产 4500 万台套，产值超过千亿元。不仅如此，合肥的目标是在 2015 年实现家电工业产值 2000 亿元，冰箱、洗衣机、空调、彩电产量达到 1.2 亿台套，成为名副其实的全国家电制造中心。

第三，目前东部地区的劳动密集型产业集群整体转移的尚少，但出现了衰落的迹象。我国东部地区广东、浙江、江苏、福建等外贸大省，在过去一些年里依靠着成千上万廉价的内地农民工发展起来了规模巨大的劳动密集型产业集群，并以此创造了“世界工厂”的奇迹。现如今，因原材料和用工成本上升与人民币升值，已使中小外贸企业的出口利润大大下降，加之大量外贸企业持续多时的缺工，企业开工不足已经影响到企业接单。上述种种原因迫使一部分企业向内地转移。但是目前仍未呈现出众多中小企业组成的传统行业产业集群整体向内地迁移的趋势。其原因主要是：首先，沿海这些传统制造产业集群其市场主要是在国外，如果转移至内地就远离了世界市场，会增加一定的物流成本；其次，产业集群内部已经形成了完整配套的产业链，所在集群内的中小企业依靠细致的分工与紧密的协作，通过外部规模经济才得以生存并形成竞争力，而单个企业离开产业集群迁往内地或许会失去竞争优势；再者，这些传统制造业集群在沿海地区已经形成了产品的大型批发交易中心，产品出口与展卖十分便利。由于企业发展对原有路径的依赖，目前沿海地区已经形成的家具、玩具、文具、制衣、家纺、制鞋等产业集群仍没有出现整体内迁或外迁的迹象，但是多数企业或在寻找内地或国外合适的转移地点，或在开始筹划着产业升级，或支撑着、观望着，或已将其企业收益转移到了股市、房市、期货等资本市场……总之，当我们即使通过产业转移、技术升级等都再也不可能维持相对低的制造业成本的时候，中国劳动密集型产业的国际竞争优势或将逐渐消失，劳动密集型产品的世界市场份额或将有所下降。

相比之下，产业从东部向西部甚至向东盟及周边其他国家转移比较容易，而困难的是东部劳动密集型产业集群一旦迁出以后，地区内如何实现产业升级。东部地区设想的是实现“腾笼换鸟”，即将劳动密集型的企业转移至中西部，然后构建以高科技产业为主体和以现代服务业为主导的产业结构，但这并非易事。从现代服务业发展的条件看，其一方面要求有一定规模的服务市场，另一方面像金融、科技、物流以及信息服务业发展也需要人才、资金、区位优势、科研基础等方方面面的条件。所以，从现阶段来看，现代服务业往往更适合在地区的中心城市如北京、上海、广州、深圳和一些科研基础较好的像合肥、重庆、成都、杭州、武汉、西安等省会城市，以及像苏州、无锡、青岛、厦门、大连等个别的三线城市，而东部广大的地区特别是像浙江、广东、福建、江苏等外贸非常发达的省份，其省内所有的地区都要发展以现代服务业为主导的经济是不现实的。另外，东部地区以国内市场为依托发展高科技为主的现代制造业，同样不可能在短期内和在所有地区实现。一些区位优势不明显、地区科技力量缺乏、过去完全是依靠出口服装、鞋类、玩具、家具和打火机一类的小商品富裕起来的三线城市，很有可能在产业转移后出现产业空心化，由此导致地区经济的衰退。以民营经济为主的浙江省近两年已经开始出现制造业投资不振、民资逃离，产业空心化的趋势。所以，调整外贸结构真正的难点在于如何使东部地区众多的像东莞、温州这样的地区实现产业升级。

（三）外贸企业转战国内市场难

2008~2009 年，由于欧美市场受金融危机的影响而严重萎缩，我国出口曾在 2009 年出现严重下滑。为保持中国经济的稳定发展，政府一方面投资 4 万亿元以拉动内需，另一方面还积极鼓励外贸企业转战国内市场。3 年过去了，据媒体的报道，多数外贸企业在经历了 2~3 年的内销之路以后，仍然没有获得利润的多已退出了国内市场。只有少数有品牌、有实力的企业，基于企业长远战略的考虑，甚至在几乎没有利润的情况下仍继续坚持着。3 年来的实践让我们看到外贸企业转内销并非易事。尽管 2010 年国际市场有所回暖，外贸出口又有所恢复，一些试水国内市场不成功的企业又转而依靠重新获得的外贸订单得以生存，但是人们设想的外贸企业依靠国内外两个市场相互补充的想法，对于大多数加工贸易企业来说其实很难实现。

首先，从宏观上看，在国内市场产销处于基本平衡的状态下，只有国内消费需求的总体规模不断扩大，才有可能容纳更多的外贸企业转内销。而国内消费的增加，主要取决于居民收入（特别是城市低收入群体和农村居民的收入）的增长。尽管近一两年国内居民特别是广大城市低收入者和农民收入增长稍快，但因其原有收入的基数小，每一个家庭的绝对收入增长仍十分有限。另外，2010 年以来居民消费物价指数（CPI）的快速上升和人们强烈的通货膨胀预期，也使居民消费的实际增长不容乐观。加之国家在住房、医疗、教育和养老等国民福利政策方面改革的推进与落实尚需一段时间才能见到效果，因此在国家收入分配制度不发生重大调整、国内居民收入差距难以缩小的情况下，未来相当一段时间内国民消费潜力的释放将十分有限。而有限的市场容量无疑对外贸企业转战国内市场增加了难度。

其次，从微观上看，外贸企业在国际市场上推出企业自身的品牌难，而转战国内市场树立企业自身的形象同样不容易。因为国内市场早已成为国际市场的一部分，世界著名的商家均已进入了中国市场。目前中国富裕的高收入者认识与消费的大都是国外高端品牌和奢侈品，而中等收入者多已接受了国内名牌和国外的大众名牌，服务于低收入者的廉价商品市场则由大量专营仿制品甚至伪劣产品小制造商所占据，外贸企业要挤入几近饱和的国内消费品市场并非易事。更何况对于大多数专营外贸、专为国外客户加工订单和做配套的企业而言，不熟悉国内市场，没有自己的品牌，没有国内的销售渠道，没有针对国内市场的产品，进入国内市场难度极大。因此，东部地区的外贸转型升级仍需以国外市场为重点开拓创新。

（四）依靠品牌战略和开拓海外营销渠道提升竞争力只适合少数外贸企业

从道理上讲，中国企业出口收益普遍不高的主要原因是我们没有自己的品牌与销售渠道，只是为别人代工，始终处在产业链的低端，利润都让品牌商与渠道商拿走了。企业只有做自己的品牌、行业只有拥有较多的自主品牌，并在海外市场上开拓自己的销售渠道，即逐渐占据产业链的高端，中国在国际市场上才真正具有竞争力。但是现实中，目前我国只有为数不多的企业有能力去做自己的品牌。品牌的设计、宣传、推广与国外销售渠道的建设在起步时就需要实力。一个国际知名品牌的培育，既需要时间（往往需要许多年）让国外消费者逐渐认知，也需要不断地增加资金投入，还需要相应的人才保障。综观国际市场每一个行业国际知名品牌的数量都很少，如果每一个企业都能做出自己的品牌，就相当于谁也没有品牌。所以，中国目前也只有为数不多的国内有实力的大企业和知名企业，有能力依靠品牌战略和开拓海外的销售渠道提升竞争力，而大量的国内加工企业仍将是为别人配套和代工，只是我们希望未来会有越来越的加工企业为国内出口品牌配套和代工，这样中国的竞争力就增强了。

三、走出困境实现外贸转型升级的几点建议

（一）东部地区外贸增长方式的转变应着重制造业升级

如前文所述，中国产业结构调整（即提高服务业在整个产业结构中的比重），主要依靠具有人才、科技、区位等优势的大城市和地区中心城市，并不能让东部所有城市与地区都向着提升服务业比重的方向转变。而产业转移（即产业区域结构的调整）也不能解决东部地区外贸发展的根本问题。那么，东部地区的外贸大省要想避免地区“产业空心化”，增长方式的转变只有将重点放在制造业升级上。一方面，东部地区的制造业要提高高科技产业的比

重，争取出口更多的技术含量高的产品以增加出口利润。另一方面，在传统制造业领域，特别是东部地区各类生活消费品制造业的产业集群，要依靠创新不断地采用新技术、新工艺，推出新设计、新材料和新产品，逐渐地从过去的以低劳动成本形成的低价格为出口竞争优势，转变为以技术领先、品质优良、设计一流、引导时尚为竞争优势，通过增加产品附加值尽可能地保持出口量减但收益不减，用工量减但产值不减；要逐渐从以加工贸易出口为主转变为以一般贸易出口为主的出口模式，以此实现制造业内部的升级与增长方式的转变。

（二）内地应努力构建以国内大企业为主导、兼做内贸与外贸、具有完整产业链的新型的产业集群

从目前来看，虽然中西部地区的劳动工资远低于东部地区，但是如果形不成产业集群，则制造成本很难降到低于东部地区水平，再加上物流成本则难以形成竞争优势。因此，中西部地区要根据本地区生产的优势条件和市场发展的趋势，确定地区产业集群发展的方向与战略。地方政府应积极为地方产业集群的成长牵线搭桥和创造必要条件，重庆笔记本电脑产业集群和合肥家电产业集群成长的经验值得借鉴。

此外，内地在承接东部地区产业转移的时候，不应简单复制东部的加工贸易模式，因为从东部地区的发展经验看，如果一个地区只给别人作配套，即只做产业链中的加工环节，即使规模做的再大也是低附加值和不可持续的。所以，中西部地区要在相对具有区位优势的地点，努力吸引国内外有实力的大企业，然后让中小企业与之配套形成完整产业链的产业集群，依靠拥有自有品牌的大企业创新和扩展国内外市场。当然，在产业集群的内部也会存在一部分专做外单的加工贸易企业。

（三）国内企业应以多种方式加快“走出去”的步伐

经过多年的发展，我国已经成长出一批国内知名企业与名牌产品，国家又有着日益增长的巨额外汇储备，加之目前相对有利的国外投资环境，这些都使国内一部分企业具备了对外投资的基础与环境条件。根据“走出去”目的的不同，企业可分别采取不同的对外投资方式。在那些我们的产品有竞争力，并且进口设限比较严的国家市场进行投资建厂，以绕过这些国家的贸易壁垒。例如温州鞋商经过多年的努力，目前已有 120 多家鞋企进入了法国巴黎这一全球竞争最为激烈的鞋业市场，并已占据了法国鞋业市场 80%的份额，利用法国市场辐射全欧洲和北非鞋业市场。显然这种投资方式有利于带

动国内零部件、半成品的出口和在国外市场推广我们自己的品牌，也可采用并购当地企业的方式通过获取国外的品牌、技术和销售渠道尽快进入当地市场，还可以将我国产能严重过剩、海外有着足够发展空间的行业向外转移，例如像国内的水泥企业就可将水泥厂办到南非这样的经济快速增长和城市化加速对水泥需求不断增长的国家去。再有一些企业可以向我国周边主要是东盟国家适当转移劳动密集型的生产工序，让劳动力成本更低的国家给我们做配套。通过扩大对外投资使我国更多的企业做成在全球进行投资、组织生产、从事销售的跨国公司。

为了使国内更多的企业能够走出去，政府应该积极推进与亚、非、拉更多的发展中国家开展经贸合作，借鉴我国的经验与一些正在工业化的东道国合作建立经济开发区、工业园区等，以此带动国内企业以集群的方式走出去，这将大大提升中国企业对外投资的效益。

（四）国内有实力的企业必须依靠创新加快品牌建设

尽管到目前为止，中国出口额已经居全球第一位，中国已有 54 家企业进入了世界企业 500 强，甚至全球 10 强企业名单中已有 3 名来自中国，但是中国出口产品中被国际公认的品牌却寥寥无几，在 Interbrand 公布的 2009 年全球最有价值品牌 100 强中，中国竟无一品牌入选。我们在国际市场上品牌的缺失，始终让我们在国际分工中处在产业链的低端，获利微薄。未来中国外贸增长方式的转变，要逐步地从出口数量增长向出口效益增长转变，其中最重要的就是要依靠创新加快品牌建设。企业首先要从技术、工艺、材料、设计创新入手，不断地推出更节能、工作效率更高、具有新功能、具有更时尚的设计和款式的产品；其次要深入研究目标市场，利用各种渠道做好广告宣传，要不断地借助中国文化的力量影响国外消费者。按照中国的经济实力，经过企业的不懈努力，未来 3~5 年内我们必定会在多个领域成长出数个国际知名品牌，从而使中国逐渐地从贸易大国走向贸易强国。

参考文献：

[1] 方哲. 家电将成合肥首个“千亿产业”[N]. 消费日报，2010-11-18.

[2] 顾克菲. 民资逃离，实业空心化威胁中国制造 [N]. 消费日报，2011-02-09.

[3] 李妍. 外贸企业：内销之路尚漫漫 [N]. 国际商报，2011-02-09.

[4] 冯雅. 温州鞋商占据法国鞋业市场八成份额 [N]. 消费日报，2010-12-20.

[5] 蒋珠燕. 外贸企业转型的困难与出路 [J]. 北方经济，2009 (2).

[6] 郑展鹏. 中国对外贸易结构及出口竞争优势的实证研究[J]. 国际贸易问题，2010(7).

[7] 钟山. 关于当前对外贸易形势及加快转变对外贸易发展方式的思考 [N]. 国际商报，2010-04-14.

东莞贸易转型面临的问题与出路[①]

叶晨嵩[②]　陈洪顺[③]

一、改革开放以来东莞加工贸易的发展状况

东莞位于珠江口东岸，北邻广州，南接深圳，总面积 2465 平方公里。1978 年，东莞是一个有 111 万人口的农业县，农村居民人均纯收入 149 元。改革开放 30 多年来，东莞市在全国率先引进外商投资，逐渐扩大劳动就业，建立加工贸易基地，培养出口产业集群。既能“请进来”，又能“走出去”，逐渐走出一条外向型经济、园区经济、民营经济相互呼应，信息产业和现代服务业相互支撑的发展路子。2007 年底，全市地区生产总值达 3151 亿元，是 1978 年的 120 倍，按常住人口计算，人均地区生产总值 46014 元，是 1978 年的 82 倍；财政收入 538 亿元，是 1978 年的 440 倍；进出口总额 1011 亿美元，其中出口额 602 亿美元；城镇居民人均可支配收入 26983 元，农村居民人均纯收入 11514 元，分别是 1978 年的 84 倍和 76 倍（《人民日报》，2008 年 11 月 13 日）。这 30 多年，东莞 GDP（国内生产总值）以年均 18%的速度持续快速健康发展，分别是同期全省、全国 GDP 年均增速的 1.31 倍和 1.85 倍。初步核算，2010 年东莞市生产总值（GDP）4246.25 亿元，按可比价格计算，比上年增长 10.3%。全年全市进出口总额 1213.38 亿美元，

---

① 基金项目：2011 年度北京工商大学本科生科学研究计划项目“我国加工贸易转型升级的困难与出路”，受到“北京市大学生科学研究与创业行动计划建设项目”（项目号：19005114009）资助。

② 叶晨嵩（1989~），男，北京人，北京工商大学经济学院国贸 081 班学生。研究方向：国际经济与贸易。邮箱：517112730@qq.com。

③ 陈洪顺（1989~），男，江苏淮安人，北京工商大学经济学院国贸 081 班学生。研究方向：国际经济与贸易。邮箱：798552961@qq.com。

比上年增长 28.8%。其中进口总额 517.40 亿美元，增长 32.7%；出口总额 695.98 亿美元，增长 26.1%。按贸易方式分，一般贸易出口 95.41 亿美元，比上年增长 66.9%；加工贸易出口 590.16 亿美元，增长 21.0%；其他出口 10.40 亿美元，增长 55.4%。

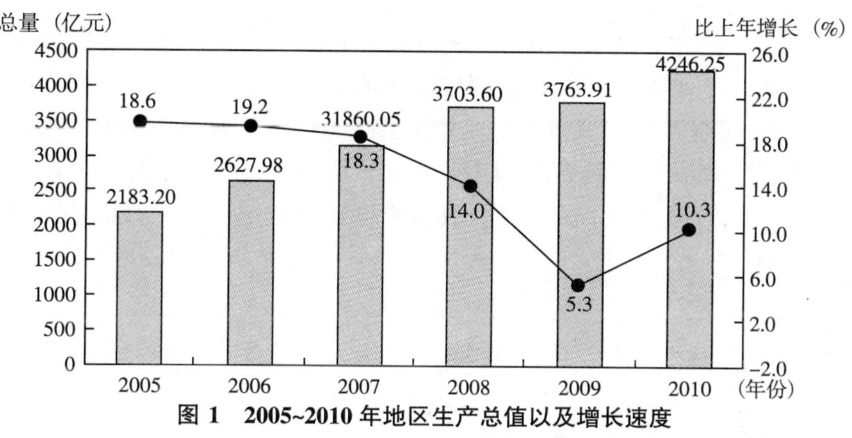

图 1　2005~2010 年地区生产总值以及增长速度

二、东莞加工贸易发展目前所面临的困境

实际上，2008 年以来，工厂的倒闭和迁移几呈加速趋势。伴随着这一过程的，是此起彼伏的“裁员浪潮”。香港中华厂商联合会近日进行的一项调查也显示，珠三角 20%的受访港商计划关闭工厂或放弃生产业务，据此可推算出珠三角有数以千计的港资企业将会倒闭。

一个国家想要在对外贸易中占主动地位，只是一味地靠出卖大量劳动资源和自然资源是很难有长远发展的，只有转变发展模式才能更好地适应经济全球化。东莞所拥有的区域优势有：①依托珠三角，便利的交通和广阔的消费市场。②国家外贸政策的大力扶持。③可以得到廉价的劳动力和自然资源。这些都为东莞的劳动密集型产业的发展提供了良好的基础。

但在 2008 年经济危机突然来临，外贸订单急剧减少，导致以制鞋、纺织、玩具制造以及家具等密集型产业的发展面临严峻的挑战，甚至有些企业到了破产倒闭的边缘。据统计（香港工业总会 2009 年数据），广东的香港企业有近一半难以熬过金融危机，而仅仅在 2008 年经济危机发生之时就有近 1.5 万家港企倒闭。同样的，在 2007 年，东莞 909 家外资企业倒闭。

经济危机之后，国内环境的变化使东莞加工贸易在原有的发展道路上面临巨大的压力。就国内的境况而言：

第一，人民币的升值挤压了加工企业的利润空间，目前（2011 年 5 月 29 日所报汇率）人民币兑美元的汇率已经达到 6.493000。人民币的升值是其国际化的必由之路，但这使得本身只可以赚得微利的加工企业可以得到的利润更低甚至赔本，这最终导致企业停产或者破产，这就是使东莞加工贸易企业失去的自己的绝对优势。亚当·斯密所提出的“尽管穷国在耕作上处于劣势，但其生产的小麦，却在相当程度上靠质优价廉与国富竞争，但在制造业上它是无法这样和富国竞争的。”这就是有关比较优势和绝对优势的论证。各国应集中生产并出口具有劳动生产率和生产成本“绝对优势”的产品，进口其不具有“绝对优势”的产品，其结果要比没有依照“绝对优势”进行分工之前有利。

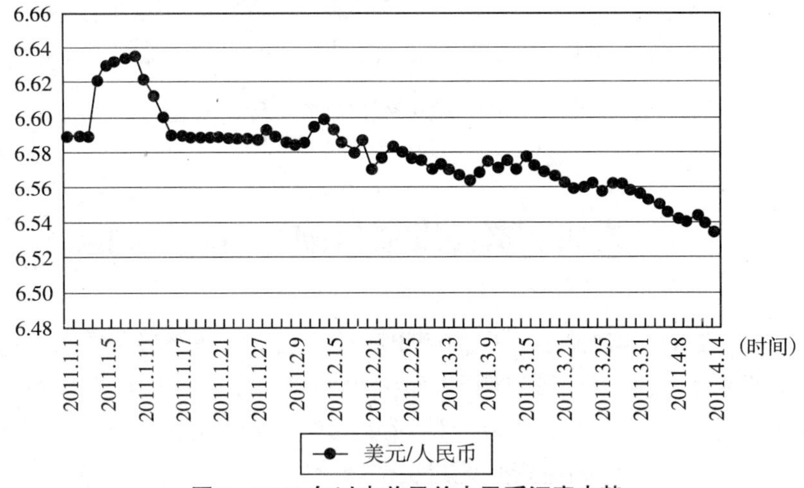

图 2　2011 年以来美元兑人民币汇率走势

数据来源：中国外汇交易中心网站。

第二，国家为保障工人权益设置更高的最低工资标准。广东省政府发出《关于调整广东省企业职工最低工资标准的通知》，今年 3 月 1 日起调整企业职工最低工资标准。东莞所属第二类标准为 1100 元/月，对应的非全日制职工最低工资标准为 10.5 元/小时，这加剧了以劳动力为发展核心的加工企业的成本压力。

第三，国家出口退税调整，出于控制“高耗能，高污染”的产品出口，也在一定程度上会加大加工产业的萎缩，并促使外贸企业加速转型。2007 年 7 月 1 日取消了皮革、部分木板和一次性木制品等商品的出口退税，调低服装出口退税率下至 11%，鞋帽、雨伞、羽毛制品等出口退税率下调至 11%

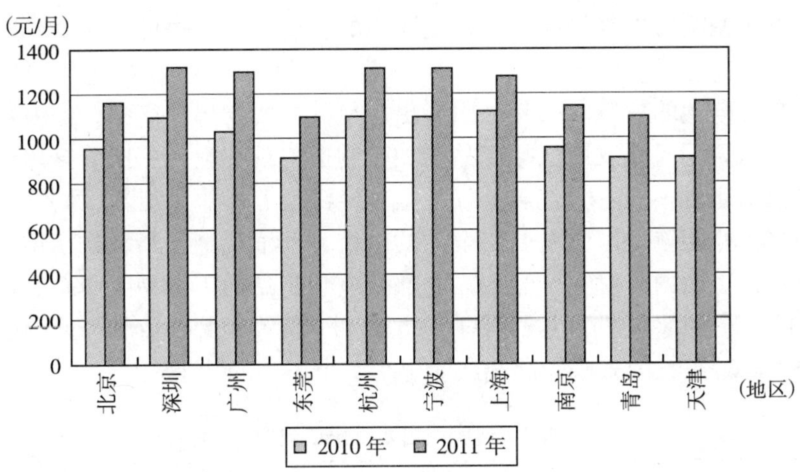

图 3 2010~2011 年中国部分东部城市最低工资标准变化

数据来源：当地政府网站。

等；在 2010 年 7 月 15 日起又取消了部分钢材、有色金属加工材等 406 个税号的退税率。国家外贸政策的调整在短期内使某些企业丧失了一定的竞争优势。

第四，日趋严重的通货膨胀问题也是制约转型与发展的一大难题。据央行数据 2011 年 2 月新增外汇为 597.12 亿元，3 月新增外汇为 532.88 亿元，热钱的涌入加大了通货膨胀压力。国家统计局公布，4 月居民消费价格（CPI）同比上涨 5.3%，食品价格上涨 11.5%；工业品出厂价格（PPI）同比上涨 6.8%。物价提高，加大了企业成本压力。

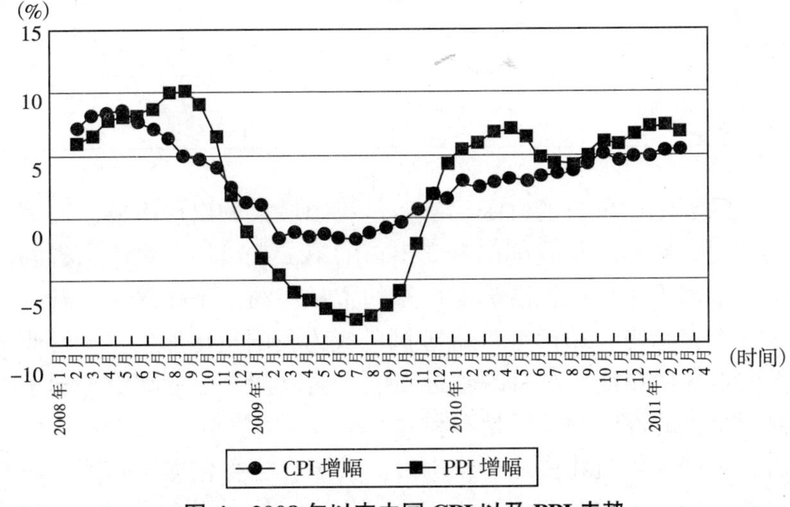

图 4 2008 年以来中国 CPI 以及 PPI 走势

东莞转型所要面临的问题不仅是国内的困境，一定程度上还受到外部因素的影响。

首先，东莞的皮鞋、家具、服装出口是其主要的出口产品，但就数据统计而言，东莞不只是发展低端产品的加工制造，现在它几乎成为全球最大的IT产品制造基地。日本大地震不仅为全球经济复苏增添了变数，同样冲击着我国外贸企业的转型以及发展。全球的供求关系出现链条断裂或者错位估计难以避免，短期内将对于东莞地区的部分电子产品加工贸易生产企业供应链产生影响。更如像汽车、电子信息、IT加工组装等相关企业和产业会受到较大影响，这对东莞的某些较高端产业也是一个不小的冲击。

表1 我国对日本进出口状况

2010年我国自日进口主要商品		
商　　品	进口额（亿美元）	占自日进口总值比例（%）
集成电路	139	7.9
钢材	88	5.0
汽车零件	79	4.5
汽车（包括整套散件）	76	4.3
初级形状的塑料	54	3.0
服装及衣着附件	185	15.2
* 农产品	91	7.5
自动数据处理设备及其部件	89	7.3
纺织纱线、织物及制品	40	3.3
电视机（包括整套散件）	35	2.9
鞋类	23	1.9
电线和电缆	21	1.8
家具及其零件	20	1.7
汽车零件	20	1.6
塑料制品	18	1.5

其次，欧洲主权危机的升级。欧盟是我国最大的出口市场，占贸易规模的16%。同时，欧洲又是我国广东省出口的第二大市场，对广东省的出口企业影响重大。因为主权危机欧洲对广东的贸易违约率正在逐步上升，资金回收的安全性不容忽略。2010年欧洲地区已成为我国量化加工贸易行业出口量下降最大的地区，年前4个月跌幅近20%。对欧洲出口的减少等同于市场的丧失，对于东莞的外向型发展是不利的。

最后，全球大宗货物商品价格上升。美国实施量化宽松政策、西方国家出兵利比亚、中东主权动荡如今仍未得以解决，拉动了全球大宗货物商品价

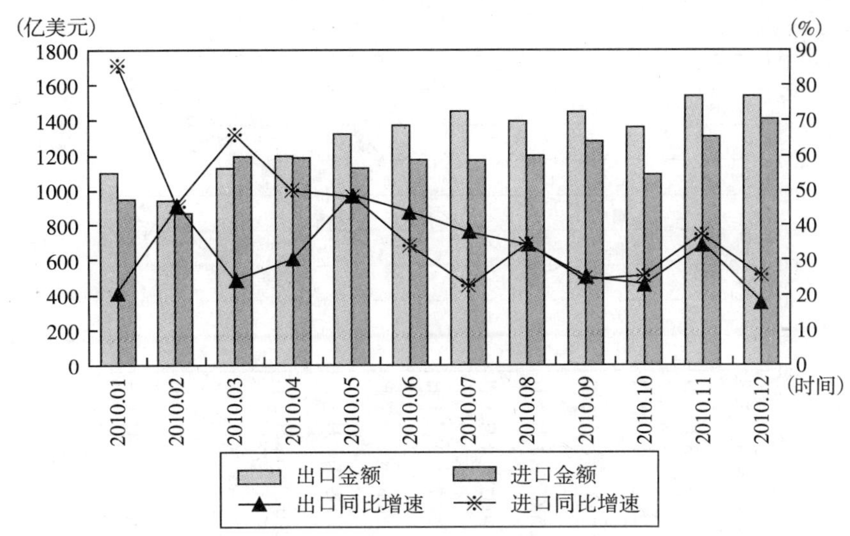

图 5 2010 年中国外贸月度进出口增长情况

格的提高，这可能在很大程度上扩大中国的对外贸易顺差，积压中国出口产业的发展空间。其中国际油价的节节攀升成为抑制东莞加工贸易发展的最大因素之一，这不仅带动了其他次级原料的价格提升（如塑料原料等），并提高了运输中转的附加费用（燃油附加费的提高），推高了的原材料的价格以及运输费用都会给东莞等地区的加工贸易带来不小的成本压力。而最近的资料显示，国际油价虽然在有所下跌，但在一定时期内还是会在高位游荡，这也对中国外贸产业发展预期产生了很大程度的影响。

据世界贸易组织预计，2011 年世界贸易增长率将由上年的 14.5%放缓至 6.5%。其中，发达经济体将增长 4.5%，发展中国家和独联体将增长 9.5%。就整体而言，世界经济还是在缓慢复苏，但许多国家都面临着国内的通货膨胀问题，各国对待这种经济困境的解决方法之一就是加大出口，以减缓通货膨胀压力，而这就会加大我国出口贸易的竞争压力。与此同时，不可否认的是全球性的保护主义势力正在升温，反倾销问题会成为影响到东莞的外贸出口的主要问题之一，中国加工产业面对的贸易摩擦形势严峻。

表 2 2010 年 5 月 10 日国际原油价格

原油期货品种	收盘价	涨跌
布伦特	78.27	↓1.56
WTI	77.11	0.00
OPEC	78.52	↓2.60

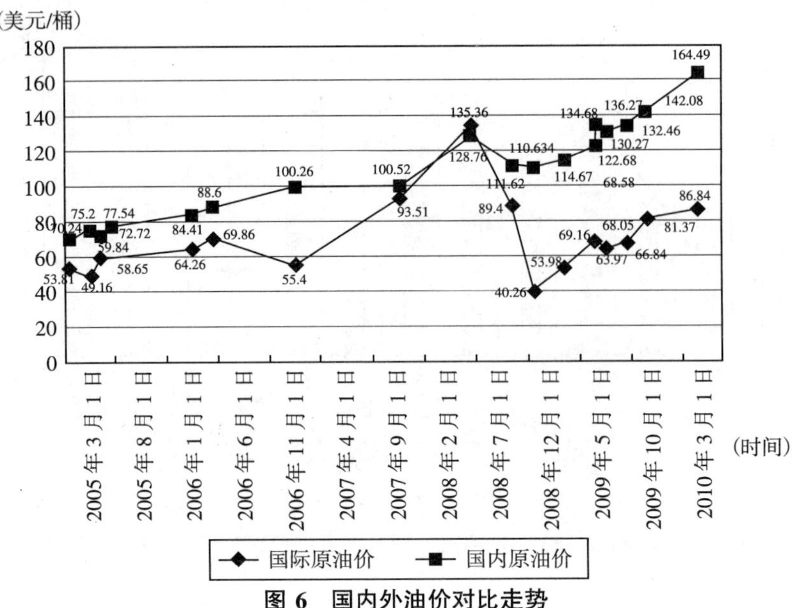

图 6　国内外油价对比走势

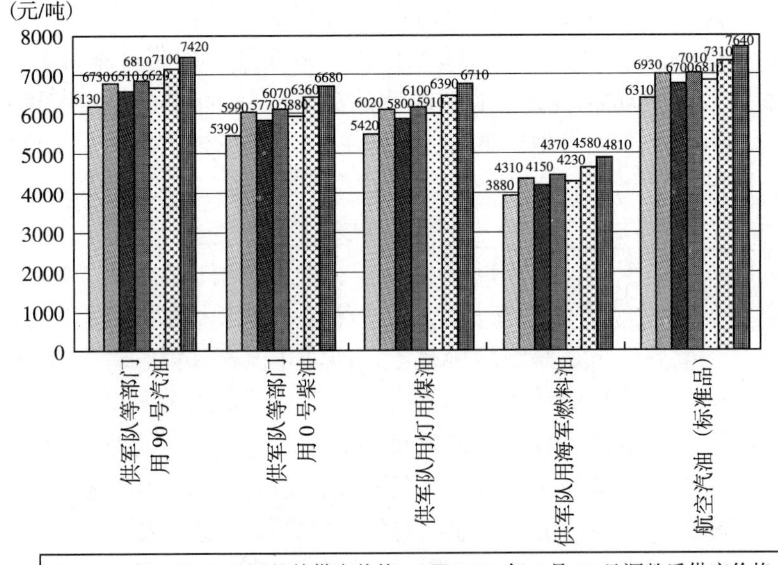

图 7　国内成品油价格

综上所述，东莞想要转型所面对的“内忧外患”不可小觑，而面对困境改革转型才是必由之路。

三、东莞加工贸易转型的必要性

东莞作为中国加工贸易的前沿阵地应该何去何从，影响着整个中国加工贸易的发展前景，所以东莞进行加工贸易转型是很必要的。

改革开放以来，中国把李嘉图的比较优势理论作为理论基础，即“每个国家都应该集中生产并出口其具有‘比较优势’的产品，进口其具有‘比较劣势’的产品”。我国是一个劳动力丰富的国家，而且相对的劳动力高质廉价。大力发展加工贸易，形成了劳动密集型产品的出口模式和资本密集型产品的进口模式。加工贸易在我国取得了巨大的发展：中国在过去的30多年，外贸出口额大幅增长，外汇储备年年创下新高，贸易顺差额巨大，中国的经济也大幅增长。但是，目前加工贸易却陷入了困境，这是什么原因？按照李嘉图的比较优势理论，针对中国劳动力资源丰富而资本相对匮乏的情况，大力发展劳动密集型的出口加工产业是最佳的发展途径。改革开放初期，国家把沿海一带地区作为经济特区，试点发展加工贸易。当时中国正处在发展的初级阶段，资金严重不足。通过政策吸引外商投资，引入外资，再利用农村富余的大量闲置劳动力，发展加工贸易，利用劳动力丰富的比较优势，有力地发展了经济。

然而，应该看到，加工贸易在我国能够迅速发展并且推动经济快速发展的原因在于我国劳动力成本的低廉。随着经济的不断发展，劳动力成本低廉的优势会逐步消失。目前在我国东部出现的“民工荒”恰恰说明了这个问题。由于生活成本的提高，以及物价水平的不断上涨和通货膨胀等，工人对于薪金的要求必然提高，由此中国已经失去了劳动力成本低廉的优势。因此我们应该看到，靠低成本为支撑的加工贸易的发展是不可持续的。

另外，由于长期发展加工贸易，我国的经济已经进入了一个“比较优势陷阱”。在比较优势理论下，发达国家进口劳动密集型和自然资源型产品，出口资本和技术密集型产品；而发展中国家则进口技术和资本密集型产品，出口劳动密集型产品。目前，我国的贸易结构基本格局是进口技术密集型产品，出口劳动密集型产品为主。当然，表面上看，出口劳动密集型产品符合我国劳动力丰富的优势，中国能进入国际市场的也确实是劳动密集型产品。但是长期依赖劳动力比较优势发展对外经济，使得中国在对外贸易中虽然能获得暂时的利益，但因为产业缺乏自主研发升级动力，技术进步停滞，制度创新缓慢，获取贸易利益成本越来越大，最终陷入比较优势陷阱。

同时，加工贸易是外向型贸易，外贸依存度大，容易受到国际经济周期的影响。2008 年经济危机以来，加工贸易受到的影响是非常明显的，许多工厂倒闭，剩下的也只是在苟延残喘。而且，我国所作的加工只是很简单的加工，基本没有什么技术含量，而这种产品容易也遭到外国的贸易保护壁垒。目前“中国制造”是走遍世界，但由于数量巨大，也遭到各国的贸易保护壁垒，给我国造成了巨大的损失。因此，对加工贸易的产业升级势在必行，加工贸易企业需要自身积极寻求改变，提高产品的技术和创新成分，以获得更好的发展。

四、东莞加工贸易转型升级的主要方式

早在几年前面对对外贸易发展的困境，广东东莞市开始了改革，也就是我们所能听到的“双转型”问题。经济社会双转型是东莞市在 2006 年提到的一个新时期战略目标，其包括经济转型和社会转型，在此我们只就经济转型进行深入的探讨。经济转型的总体方向，是要从过去的资源主导型经济转向创新主导经济。具体来讲，就是要努力实现“六大转变”：一是经济增长方式从粗放型、外延型向集约型、内涵型转变；二是经济体制从初级市场经济向更具活力、更加开放的现代市场经济转变；三是经济结构从外源型经济为主向内外源型经济并重转变；四是对外开放从引进来为主的向引进来、走出去并举转变；五是产业结构从加工制造环节主导的纺锤型向加工制造与研发服务环节协调发展的哑铃型转变；六是资源利用从线型经济向循环经济转

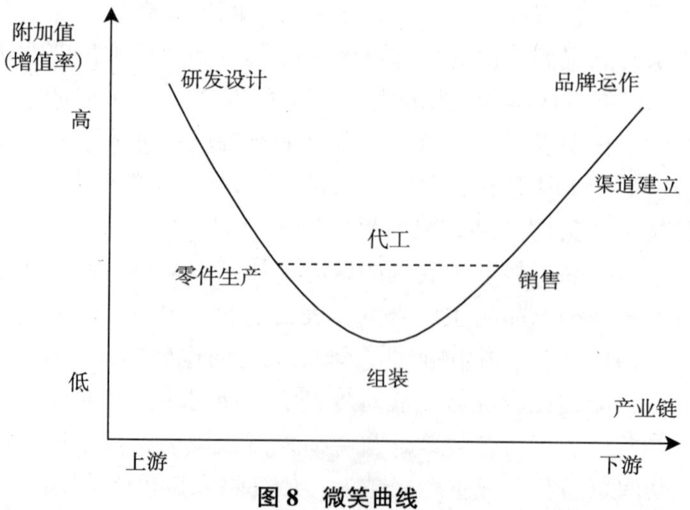

图 8　微笑曲线

变。在笔者看来可以概括为两大点：一是贸易结构由粗放型向集约型转变；二是对外贸易向内销型转变。

配置资源从而应对多变的市场契机的战略管理能力，将造就企业的卓越经营绩效，与相对静态化的位置优势不同，动态有事的行动取向性和过程取向性比较强，它来自连续不断地改善企业的“动态定型”（纳尔森和温特，1982），即提高、增强企业的行动实力，打造、精化企业的行为规范；来自对企业核心竞争力的发展和应用（普拉哈拉德和哈默尔，1900）。

加工贸易属于贸易的价值链最低点，目前东莞的加工贸易在整个价值链中处于初级加工、装配和组装的低端环节。在上文所述有关东莞面临的困境中我们提到的有关IT等产业属于高技术产业，但我们并不持有核心技术，投入产出的生产要素也是要通过从国外进口，所以在这些产品的加工贸易上也缺少必要的竞争力，并且很大程度上受市场要素的影响。

所以，东莞的外贸转型的最主要的方式是要把粗放型的经济结构向集约型转变，使得由组装型的生产线转移到研发和品牌战略上，从而在核心竞争力上得到提升，真正做到——“中国制造”到“中国创造”的转变，这也符合我国“十二五”期间装备制造业的一个战略——“调整转型、创新升级”，一个目标——“推进装备制造业由大变强”，实现“中国装备，装备中国”。

在经济危机中，面对已经难以扩展的世界市场和逐渐减少的订单，外贸出口型企业面对国际市场消费能力的压缩，产品销售压力增大，只有通过转内销的方式来获得企业的生存和发展，而且中国国内拥有庞大的市场，只要企业的产销方式转变，国内现代物流的正规化以及服务业环境的改善，就会给外贸出口企业的发展带来新的春天。

五、促进东莞加工贸易转型升级的政策与措施

（一）市政府应服务于企业转型

首先，要培养适合产业发展的新型人才，并通过吸引国内外优秀的人才促进东莞的发展。

其次，发展高新技术产业开发区，优化产业内部结构，促进产业的升级换代。利用东莞的地理位置优势，大力发展东莞的服务业，把东莞建设成为国际营销中心、研发中心和物流中心等，提高服务的质量。

最后，政府应该提高服务质量，减少企业的通关成本，提高办事效率，

以便让企业迅速实施自己的战略。更重要的是政经分离，只有更好的市场调控才能促进企业的升级换代，政府只是作为辅助，成为企业转型的风向标。

事实证明，2010 年东莞市推动来料加工企业转型升级“三个 1000”的专项工作，地方政府采取扶持措施对企业参加国内展览的摊位费等投入给予优惠或提供资金支持，都取得了一定的效应。

（二）加工贸易企业要确定本企业转型升级的发展战略

首先，要积极创新。包括产品创新与观念的更新。创建自主品牌，注重研发。加工贸易作为跨国公司的加工工厂获得的利润很低，企业在缺少核心竞争力的情况下，难以增强企业的竞争力；没有自主的产品和产权就不能够获得产品的附加值。所以对于产业的优化和对新产业集群的需求是显而易见的，如此达到企业的内部优化，转变发展模式，促进经济转型。东莞长期的粗放型发展模式以及过度依赖于国际市场，造成了生产线的低端化和产销模式的单一化，面对现如今的经济冲击，只有自主创新，创建自己的品牌才可以取得长期性的发展。

其次，东莞企业通过实行走出去战略实现产业的优化升级。大力发展跨国公司战略（如公司建厂东南亚），从而降低自己的生产成本。

最后，将一部分加工贸易企业向内陆地区转移，继续保持我国制成品相对低成本的竞争优势。此外，加工企业可以选择为国内的一些企业做贴牌生产，转为内向型，将产品物流以及售后服务等利润率较高的部分留给本国企业，同时，大规模的生产也可以为本国企业降低成本。

在具体举措上，东莞可以实施九大政策：建加工贸易转型升级服务平台、强化财政及投融资支撑、推动来料加工企业不停产转三资企业、引导鼓励加工贸易企业开拓新兴市场、鼓励加工贸易企业创立品牌、鼓励加工贸易企业自主创新、加快保税物流服务平台建设、妥善解决加工贸易企业海关管理历史遗留问题、建立外资企业诚信管理体系。这些政策和措施必然可以为东莞的产业转型升级带来很大的帮助，而目前转型良好的发展态势也让我们对于转型后的东莞有了更大的期待。

参考文献：

[1] 东莞市统计局，国家统计局东莞调查队. 2010 年东莞市国民经济和社会发展统计公报 [R]. 2011.

[2] [英] 亚当·斯密. 国富论 [M]. 焦妹译. 北京：光明日报出版社，2006.

[3] 易纲，海闻. 国际贸易 [M]. 上海：上海人民出版社，2000.

[4] 马浩. 竞争优势 [M]. 北京：中信出版社，2005.

后危机时代我国出口企业转型问题研究

岳风歌[①]　郑兰平[②]

国际金融危机爆发已历时三年，其深层次影响还在不断显露，全球经济复苏具有长期性、艰巨性和复杂性，世界经济增速可能长期低位徘徊，面临下行的严重风险。国际货币基金组织将2012年世界经济增长预期从4.5%下调至4.0%。十一届全国人大五次会议的政府工作报告提出，2012年国内生产总值预期增长7.5%，这是我国国内生产总值预期增长目标八年来首次低于8%。后危机时代出口企业的转型升级以及外贸发展方式的转变成为我国经济成功转型的关键。在后危机时代"调结构"取代了"保增长"成为经济发展政策重心，实现我国外贸发展方式顺利转型成为提升中国经济发展能力的重要战略选择。

一、当前国内外经济形势

（一）国外经济形势

2011年以来，世界经济延续复苏态势，但复苏步伐明显放缓。国际金融危机的深层次矛盾尚未有效解决，一些固有矛盾又有新发展，不确定性因素增多，世界经济复苏进程既不平衡又很脆弱，经济下行风险有所抬头。世界经济总体呈现政策支撑效应减弱、传统增长动力仍较疲弱、新增长动力尚未

---

① 岳风歌（1989~），女，河南新乡人，北京工商大学经济学院国际贸易学专业2011级硕士研究生。研究方向：国际贸易理论。邮箱：fenggeyue.888@163.com。

② 郑兰平（1962~），女，北京工商大学经济学院副教授、硕士生导师。研究方向：国际技术贸易、国际直接投资。邮箱：zhenglp@th.btbu.edu.cn。

形成格局。

2011 年，美国第一季度国内生产总值仅增长 0.4%，低于首次预估的 1.8%，第二季度增长率恢复至 1.3%，第三季度增长 2.5%，四季度经济增长 3%，2011 年全年经济增长 1.7%。与低经济增长相对应，美国失业率高企，储蓄率上升，消费支出受到抑制。受欧债危机的影响，金融市场动荡加剧，投资者信心受挫。

随着欧洲主权债务危机从边缘国家向核心国家扩散，从公共财政领域向银行体系扩散，2011 年欧元区经济整体动荡。第一季度 GDP 环比增长 0.8%，同比增长 2.5%，增长动力主要来自欧元区核心国家德国和法国。第二季度欧元区 GDP 环比仅上升 0.2%，同比上升 1.6%，环比增速为 2009 年第二季度以来最低水平。德、英、法等欧洲主要经济体的同期经济环比和同比增速均出现下降。

2011 年日本由于东北部大地震、海啸和核泄漏影响，2011 年 3 月起日本经济再现衰退迹象。大地震和海啸给日本造成的经济损失高出 1995 年阪—神大地震损失近 80%。2011 第一季度日本实际 GDP 环比下降 0.9%按年利率计算为下降 3.5%，第二季度 GDP 比上一季度下降 0.5%，比上年同期下滑 2.1%。穆迪九年来首次下调日本主权信用评级，使其信用评级排名降至发达国家最后一位。

新型经济体国家也面临经济发展的诸多压力，包括大宗商品价格上涨、通货膨胀压力增大以及随着货币政策收紧和利率上调可能诱发的热钱涌入等。印度受到巨额政府债务和高通货膨胀率的拖累，2011 年二季度经济仅增长 7.7%，为 18 个月以来最低的增长率。巴西中产阶层消费者面对不断上升的利率减少了开支，经济增长减速。

（二）国内经济形势

从国内来看，2011 年 12 月，中央经济工作会议确定了 2012 年经济工作思路，2012 年经济总基调是“稳中求进”，并继续实施“积极的财政政策”和“稳健的货币政策”。我国正在面临大转型阶段，转型期间，我们要对经济暂时减速所产生的问题，有充分的准备。2012 年预期国内生产总值增长 7.5%，回顾以往，2004 年我国曾将 GDP 预期增长目标定为 7%，自 2005 年开始，这一预期目标连续七年被定为 8%。国内经济增速放缓已经有了明显的预期，同时，国内一些制约外贸发展的长期矛盾和短期问题叠加，明显增加了外贸企业的经营压力。劳动力工资、原材料价格、人民币汇率、贷款利息、厂房租金等生产经营成本上升，在一定程度上削弱了外贸企业的价格优势，挤占了企业利润，使外贸企业尤其是小微外贸企业不堪重负。企业成本上升、利润下降导致企业在技术改进、研发、品牌等环节投入不足，不利于提升出口企业产品的竞争力。

二、我国出口企业主要面临的困境和挑战

由于受2008年金融危机的影响，外需萎缩，2009年我国的进出口增速为负值，如今在世界经济形势波动的后危机时代，虽然我国外贸出口增速恢复了正值，但国内外经济形势却不容乐观，国外需求疲弱贸易保护主义盛行、国内经济增速放缓、生产投入成本攀升、利用外资难度增加等，使我国外贸出口企业面临的国内外经济形势日益严峻。

（一）贸易摩擦形势更加严峻

20世纪90年代以来，我国外贸增速稳步提升，尤其是2001年加入世界贸易组织以后，外贸增速明显加快（见表1）。我国已成为全球最大的贸易摩擦对象国，在后危机时代，现实经济利益和短期刺激经济的需求使得贸易保护主义抬头，并且目前的贸易保护主义呈现多样性，除了采取反倾销、反补贴等措施外，还采用技术壁垒、提高关税、进口管制、政治补贴、货币贬值等手段。部分发达国家经济衰退与选举政治周期叠加，经贸问题政治化倾向明显，针对中国的贸易保护主义再次抬头。

表1 2002~2011年中国进出口总体情况

单位：亿美元

年份	进出口		出口		进口	
	总额	增速（%）	总额	增速（%）	总额	增速（%）
2002	6207.66	21.8	3255.96	22.4	2951.70	21.2
2003	8509.88	37.1	4382.28	34.6	4127.60	39.8
2004	11545.54	35.7	5933.26	35.4	5612.29	36.0
2005	14219.06	23.2	7619.53	28.4	6599.53	17.6
2006	17604.39	23.8	9689.78	27.2	7914.61	19.9
2007	21765.72	23.6	12204.56	26.0	9561.16	20.8
2008	25632.60	17.8	14306.93	17.3	11325.67	18.5
2009	22075.35	−13.9	12016.12	−16.0	10059.23	−11.2
2010	29727.61	34.7	15779.32	31.3	13948.29	38.7
2011	36420.60	22.5	18986.0	20.3	17434.6	24.9

资料来源：中国海关统计。

2008年，我国共收到来自21个国家的贸易救济调查案件93起，涉案金额62亿美元，分别比2007年增加15%和35%。2009年9月，伦敦经济政策研究中心发布的报告指出，2008年11月G20峰会以来，中国是各国实施保护主义措施的首要目标。56个国家和地区采取的99项措施中包括损害中国商业利益的内容。2009年2月，印度也宣布6个月内将禁止进口中国玩具。同年2月，印度对中国同步数据传输器发起贸易救济调查，涉案金额8.8亿美元。2010年9月20日，加拿大边境服务署正式立案对原产于或出口自中国的钢格板产品发起反倾销和反补贴调查。截止到2010年3月，欧盟对华实施贸易救济产品包括钢缆、活性炭、镁碳砖等56种产品。

2009年3月30日，美国宣布对中国出口美国的铜版纸产品征收临时反补贴税，涉案金额22亿美元；4月对中国油井管产品进行反倾销、反补贴合并调查，涉案金额高达32亿美元；9月对中国轮胎发起的特保措施，决定对从中国进口的所有小轿车和轻型卡车轮胎实施为期三年的惩罚性关税。截止到2010年7月，美国实施的对华贸易救济措施涉案产品高达104项，对包括涤棉印花布、石蜡、油井管、镁碳砖等商品分别采取了反倾销和反补贴的贸易保护主义措施。2010年9月2日，美国商务部决定，修改对原产于中国、巴西等国的冷冻和罐装暖水虾的反倾销终裁，将中国涉案企业的倾销幅度修改为27.89%~112.81%，该案涉及中国出口产品约为3.8亿美元。

当前的贸易保护主义呈现出不同于传统贸易保护主义的新特点。贸易保护从保护本国新兴产业扩展到对全民经济的全面保护，贸易保护措施表面合法化。随着全球经济一体化进程的深化，越来越多的区域性经济贸易联盟逐渐形成。贸易保护主义正朝着区域化、集团化的方向发展，由一国贸易保护演变为区域贸易保护。当前贸易保护主义严重影响了我国出口的增长和出口商品的竞争力。

（二）人民币升值的压力

近年来人民币汇率屡创新高，2007年1月11日，人民币兑美元汇率突破7.8:1；2008年4月10日人民币兑美元官方开市价正式迈入“6”时代。但是人民币面对的外来压力依然未减，受经济复苏乏力以及国会中期选举等因素的影响，美国频频对中国施压，敦促人民币升值。2010年3月15日，美国民主、共和两党130名国会议员联署指责中国政府干预货币市场，人为拉低人民币汇率。2010年6月9日，美国民主党参议员将把针对“人民币汇率”的条款作为修正案加入到奥巴马提交的增加小企业信贷的议案中，如果中国不对人民币进行升值，法案将可以要求美国商务部对来自中国的商品采取征收关税和反倾销措施。2010 年 6 月 16 日，美国众议院筹款委员会主席表示，如果中国没有很快令人民币升值，则国会将通过立法迫使其调整人民币汇率。2011 年 10 月 12 日，美国参议院投票通过《2011 年货币汇率监督改革法案》，力图以中国人为压低本币币值为由施加制裁。

近年来，国内外学者对人民币汇率变动与中国国际贸易收支之间的关系做了大量研究。从不同的角度、采用不同方法、基于不同数据对人民币汇率与中国贸易收支之间的关系进行分析。研究结果大致分为两类：一类认为，人民币汇率变动对我国贸易收支不存在显著影响；另一类认为，人民币汇率变动能够显著影响我国贸易收支。虽然不存在统一的研究结果，但我们可以得出的结论是人民币汇率与我国的国际收支之间不存在绝对的关系。因此，美国想通过迫使人民币升值来改善本国的国际收支的做法，其最终效果并非确定。

人民币升值在长期看来对中国经济的影响并非全部是负面的，长期而渐进的升值可以增强百姓的购买力。进口商品的价格比较便宜有助于抑制通货膨胀，加快我国经济结构转型，同时也有助于创造良好的对外经济关系。但是人民币升值的风险不容忽视，外汇储备缩水，热钱大进大出，中小出口企业倒闭。商务部、工信部对劳动密集型行业进行汇率压力测试，几类劳动密集型产品的出口商粗略估计，人民币每升值 1%，行业净利润率将直接下降 1%，当前这些行业的平均利润水平仅仅在 3%~5%。人民币升值对简单加工贸易的打击将是致命的，由此带来的巨大失业人口将对经济带来严重负面影响。

（三）企业用工缺口增大

自从 2003 年珠三角地区首次喊出企业招工难至今，“用工荒”成为每年年初热议的话题。频频出现的用工缺口已经从简单的阶段性缺口，持续发展成为一种长期的状态。“用工荒”出现了从沿海向内地扩张的趋势，而且一些大企业也面临着招工难的尴尬。以“用工荒”为标志的劳动力成本的上升也预示了我国人口红利优势的完结。

目前，有数据表明我国整体的用工缺口达到 20%以上，今年春节过后，深圳的用工缺口高达 20 万人。“用工荒”的出现标志着我国劳动力市场在一定程度上由买方市场向卖方市场的转变。探究“用工荒”的原因，首先人口结构的变化不容忽视。第六次人口普查显示，我国 60 岁及以上人口占 13.26%，比 2000 年人口普查上升 2.93 个百分点，其中 65 岁及以上人口占 8.87%，比 2000 年人口普查上升 1.91 个百分点。到 2015 年，农村的负增量与城市的正增量相等，全国劳动年龄人口净增量为零。之后，全国劳动年龄人口数量减少。

目前，我国 1.5 亿外出农民工中将近 60%是 1980 年后出生的，6%是 1990 年后出生的，伴随着务工人员年龄结构的变化，务工人员的就业观发生了巨大的变化，新生代农民工初中以上文化程度占 92.9%，比第一代农民工高 11 个百分点，他们的职业期望值更高，融入城市并转换身份的意愿更强，消费观念更开放，更加注重对自身权益的维护。新生代农民工并不愿意从事技术含量低、仅靠出卖劳动力且报酬不合理的工作。

除了人口结构方面的原因外，劳动力分流严重、城市高昂的生活成本、缺乏必要的劳动保障等也是“用工荒”愈演愈烈的推动因素。企业面对用工缺口的长态，用工企业能否通过提高生产效率、完善内部管理体制来降低自身的运营成本，成为制约企业今后发展的重要因素。在短期内，面对高涨的劳动力成本，对于利润率低、议价能力低的加工贸易出口企业来说，其打击可能是致命性的。总之，人口红利的丧失使我国出口产品的成本上升，降低了出口产品在国际市场上的竞争力。

三、出口企业在转型升级中应采取的对策

改革开放以来，我国经济经历了高速增长，在 1992~1996 年、2003~2007 年分别保持了连续五年的两位数经济增速，经济总量在 2005 年超过了英国和法国，在 2008 年超过了德国，在 2010 年超过了日本，目前我国的 GDP 总量排名世界第二。我国的外贸依存度高达 60%，出口对我国经济增长的贡献巨大。经济规模的扩大，为外贸发展质量改进、效益提升、结构转变提供了基础和支撑。

从产业链的角度看，出口企业转型升级路径有两种：从价值链中附加值低的加工制造环节向两端的研发、设计、物流配送、销售、品牌维护等附加值高的环节延伸；从附加值低的劳动密集型或资源密集型产业向附加值高的高新技术产业转型升级。

（一）促进传统出口产业转型升级

我国外贸出口企业在此次金融危机中受影响最大的是资源型、加工贸易型等传统产业。我国具有比较优势的产业往往处于国际产业链的低端，技术含量低，缺乏竞争力，议价能力小。出口企业必须在国际产业链中找准自己

的位置，在低端位置做产业升级是没有任何意义的。我国出口企业应该根据国家产业发展政策和经济结构调整的要求，推动加工贸易沿产业结构调整方向，向上下游延伸，提高在国际产业链中的地位。外贸出口企业要增加研发投入，通过技术转移、合作开发等形式加强自主创新能力的培养。促进加工贸易出口向一般贸易出口转型，促进货物出口向服务出口转型，促进数量型出口向质量型出口转变，促进贴牌生产向建立自主品牌和营销渠道转型等一系列的结构调整。重视产业结构升级，着眼于信息技术、新能源技术和生命科学技术的开发与运用，争取在世界下一轮的产业升级中获得战略主动。

（二）提升出口竞争力

萨缪尔森认为，出口竞争力指一国商品参与市场竞争的能力，主要取决于国内外产品的相对价格。当一国生产率提高导致该国出口商品相对于其他国家同类出口商品的价格下降时，该国的出口竞争力就提高了。根据该定义，可以看到出口竞争力来源可能是生产率的提高、产业结构及实力的提升、技术水平的升级，也可能是低劳动力成本、倾销行为、补贴政策或者汇率鼓励政策等其他因素。从成本的角度来看，我国的出口竞争力主要来自于低劳动力成本、非市场化资源价格、环境成本非内生化、出口鼓励政策等优势。我国的出口竞争力与内涵式贸易发展所追求的质的目标关联性很低。这种竞争力虽然可以带来规模的迅速扩张，但是扩张的质量和效益很难得到保证。

在未来的经济发展中我国的出口企业要着力于提高出口竞争力来源的技术含量，从而使我国的外贸发展具有可持续性。将出口优势建立在自然要素等静态优势基础之上，这种外贸发展方式就具有内在的不稳定性特征。当自然资源的价格大幅上涨，或者国际市场有剧烈波动时，很难维持出口的持续稳定增长。如今在后金融危机的背景下，世界经济增长放缓，部分发达国家失业率居高不下。美国提出“五年出口倍增计划”将出口提升到关乎其全球地位的高度，政策导向已经由消费转向出口。欧洲此时笼罩在债务危机的阴影中，欧盟经济增长停滞，失业率上升。美国和欧盟这两大经济体占到我国出口市场的40%左右，其经济的低迷增大了我国外贸发展的不确定性。与此同时，由于国内各种生产投入要素的价格飙升，使得我国的外贸出口企业雪上加霜。因此，转变我国外贸中的竞争力来源关乎我国外贸长期发展的稳定性。

（三）增强自主创新能力

外贸企业要想把低端的产品结构往中高端方向调整，必须在生产过程中不断加大自身技术改革创新的投入和力度，提高产品的技术含量，鼓励企业加强产品质量和生产体系的国际认证，促使企业获得更大的利润空间。

从广义上讲，自主创新能力包括了技术创新和非技术创新。我国出口企业在创新之前的必经阶段是学习先进的技术并模仿。在模仿创新阶段，虽然出口企业掌握了大部分生产制造技术，但核心部件的生产技术仍然掌握在客户手中。随着模仿创新的推进，出口企业的资金和技术能力不断提高，逐步进入自主创新阶段。出口企业通过引进研发人才，增加研发投入，设立研发中心，进行消化吸收再创新、集成创新和原始创新。随着自主创新能力的提高，出口企业逐渐掌握了核心生产技术，逐步向产品的研发、设计、品牌维护、物流配送等附加值高的价值链环节扩张或向附加值更高的产业价值链转型升级。

（四）努力开拓新市场

我国外贸企业开拓新市场有两层含义：一方面对外要致力于调整出口地域，另一方面对内则要加强出口转内销，注重开拓国内市场。

我国出口企业应该及时调整出口市场结构，努力寻求新的出口市场，开发多元市场，走市场多元化的道路。我国的出口一直以欧美为主要市场，在后危机时代主要以消费拉动经济发展的欧美等国国内消费需求锐减，严重影响了我国的出口。出口企业在稳定传统出口市场的同时，积极开拓新型市场，如开拓俄罗斯市场、非洲市场，改善同阿拉伯国家的关系，同时巩固亚洲市场等新兴经济体和发展中国家出口市场。在更广阔的空间创造更多具有缓冲弹性的外贸目标市场，防止和缓解外部需求变化对我国外贸的冲击。

广义的出口转内销指企业将销售途径从国外市场改为国内市场，通过转内销的方式来获得商品出售的新渠道。在“十二五”规划建议中，扩大内需战略首次独立成篇，这表明我国已将扩大内需完全纳入至加快转变经济发展方式、战略性调整经济结构的轨道。短期内，出口企业应以此为契机，充分利用政府的优惠政策，将过剩的生产能力来生产供国内消费的产品。从长期来看，利用各国进行贸易保护、贸易战的间隙，出口企业在国内市场进行休养生息，培育幼稚产业，提升产业结构，培育竞争优势。

（五）积极应对贸易摩擦

加强对世界贸易组织争端解决机制和程序的研究和学习，学会合理运用世界贸易组织争端解决机制，对有关国家对我国实施的各种不公平或歧视性待遇及时提起反诉讼，以遏制贸易保护主义。我国企业要学会在世界贸易组织规则下竞争，积极应诉，力争将损失降到最低。在遭到国外贸易救济调查时，要灵活运用世界贸易组织规则，尽快拟定出反制措施，对滥用贸易保护的国家进行一定的威慑。行业组织要进一步增强参与应对贸易摩擦的能力，讲究策略，及时通过司法手段维护我国企业和国家的利益，更多地参与国际贸易规则的制定，掌握国际贸易交往中的话语权和国际竞争中的主动权。出口企业也要加强对外经贸合作，有效促进海外市场多元化和合作方式多样化，以绕开贸易保护主义的壁垒。

出口企业要建立一套外贸出口预警机制，力争及早预见风险、防范风险，积极利用世界贸易组织争端解决机制来维护企业的正当权益，一旦发生贸易摩擦时，企业应积极应对，只有熟悉和运用世界贸易组织的相关法规，积极应对诉讼，才有可能获得相对公平的待遇。

在后危机时代，我国外贸出口企业面临诸多挑战，如外需疲软、贸易保护主义抬头、生产成本激增等。外贸出口企业只有通过结构调整、技术创新、产业升级、品牌建设、行业自律来提升自身竞争力，才是将挑战转变为机遇的根本之道。

参考文献：

［1］李洁. 转型期“用工荒”现象不断升级的原因与对策分析［J］. 社会经纬，2012（2）.

［2］魏磊，蔡春林. 后危机时代我国外贸发展方式转变的方向与路径［J］. 经贸论坛，2011（2）.

［3］曾贵. 加工贸易转型升级的机制探讨［J］. 财经科学，2011（2）.

［4］汪金超. 后危机时代我国应对外国贸易保护主义的策略分析［J］. 理论研究，2011（4）.

［5］李楠. 后危机时代我国外贸出口对策研究［J］. 生产力研究，2010（4）.

我国出口贸易发展存在的问题及其对策

杨露茜[①]

一、我国出口贸易的发展概述

随着经济全球化的发展，中国经济与世界经济间的联系日益紧密。自改革开放以来，出口贸易已成为我国国民经济的重要推动力。“1978 年，我国出口贸易总额仅为 97. 5 亿美元，经过 30 多年的发展，2010 年增加到 15779. 3 亿美元；出口占我国 GDP 的比重也从 1978 年的 4. 6% 上升到 2010 年的 27%（受 2009 年金融危机影响有所下降）”。[②] 2010 年，我国跃居世界出口贸易大国的第一位，数十年间，我国出口贸易总额增长了 161 倍。

除了贸易出口总额大幅度提高之外，出口贸易商品的种类也在向各个领域延伸，我国出口贸易结构也发生了显著的变化，尤其第二产业的出口比重快速增长。“1982~2008 年，我国出口贸易三大产业比例为由 41：49：10 变为 5：86：9”。[③] 2002 年，我国开始迈入重化工时代，汽车、机械设备、电子通信等行业快速发展，并拉动金属采矿业、机电业、航空制造业的发展。第二产业成为我国出口贸易中的支柱，占据了 86%的份额。

---

① 杨露茜（1990~），女，海南海口人，北京工商大学经济学院贸经 09 班学生。研究方向：贸易经济。邮箱：tuzixi@163.com。

② 林洁. 优化我国出口贸易结构提升出口竞争力［J］. 国际经贸，2011（7）.

③ 姜宝. 我国出口贸易结构和产业结构的演化轨迹研究［J］. 学术视点，2011（12）.

表 1 不同年份工业增加值最高的行业①

年　份	1995	2000	2003	2006	2009
行　业	黑色金属冶炼及压延加工业	石油及天然气开采业	电子及通信设备制造业	电子及通信设备制造业	交通运输设备制造业
比重（%）	6.8	8.7	8.3	7.7	8.9

由表 1 可以看出，我国重化工业及电子通信设备工业增加值最高，成为我国出口贸易的主导产业。第一产业与第二产业的出口比例由 1982 年的 41∶49 转变为 2008 年的 5∶86，第一产业出口比重大幅下降，第二产业出口比重显著上升。

二、我国出口贸易存在的问题

（一）出口商品技术含量和附加值较低，缺乏核心竞争力

我国以出口劳动密集型产品为主，劳动力资源丰富，是名副其实的“世界工厂”。国内外贸企业中的同行业竞争者通常采取压低价格的方式争夺订单，这无疑降低了出口贸易的经济效益。自 20 世纪 80 年代以来，我国也在不断优化出口贸易结构，但总体看来，中国仍处于世界贸易产业价值链的末端，商品技术含量低，这使得我国出口贸易产品对国外市场的依赖程度高。这一点体现在 2008 年美国金融危机爆发后，由于国外市场萎靡、商品需求量降低，我国东南沿海许多外贸制造企业纷纷倒闭，大批民工失业。

（二）出口商品能源消耗量大，环境污染严重，产业结构单一

我国出口导向战略为粗放型，出口的商品以高耗能、高污染的劳动密集型产品为主，资源密集型产品为辅，商品附加值低，产业结构单一。一方面，在生产此类商品的同时，我国消耗了大量能源，对环境造成了一定的污染；另一方面，在经济全球化的背景下，越来越多的发达国家开始推行低碳经济的发展模式，设置进口碳壁垒，我国钢铁、机电等产业在出口发达国家时受到了越来越多的限制，低碳经济是目前我国出口贸易面临的巨大挑战。

---

① 金柏松，李健，刘雪琴，等. 全球化视角下我国出口商品结构与产业结构调整研究［J］. 国际贸易，2011（7）.

（三）与发达国家间的贸易摩擦日益增大，给我国出口贸易带来了较大的风险

我国的主要出口贸易对象为欧盟、美国和日本。近年来，国外发达国家对我国贸易出口实施的反倾销、征收高额关税、技术壁垒等手段，在一定程度上限制了我国出口贸易的发展。高额的关税不仅增加了企业的生产成本，使我国出口的商品失去了价格优势，也给我国出口企业带来严重的损失。此外，很多发达国家制定的相关技术标准使我国在出口工业品、纺织品等方面受到一定的牵制。

（四）人民币币值的上升，削弱了我国出口贸易的竞争力

“2005 年中国汇改时美元兑人民币的汇价为 8.192，到 2010 年 6 月 19 日二次汇改时升值为 1 美元兑 6.70 元人民币，到 2011 年，这一数据已更新为 1 美元兑 6.37 元人民币，在 6 年的时间里，人民币升值了 22%。”人民币汇率的上升，意味着我国对外出口的商品价格提高了，随着印度、越南等第三世界国家的崛起，它们拥有更廉价的劳动力和商品，吸引着发达国家进行贸易合作转移。由于人民币币值的不稳定性，对于出口周期较长的商品，货款无法在短时间内收回，汇率的波动增加了交易的风险性。人民币币值的上升，不利于我国出口贸易的发展。

（五）我国多数外贸企业规模小、资金少，难以形成产业集群效应

我国对外出口贸易企业主要集中在东部沿海地区，大部分企业规模小、资金少，是技术含量较低的劳动密集型产业。没有统一的管理规范、缺乏专业人才，对国际形势变化的抵御能力低，难以形成规模经济。

三、推动我国出口贸易发展的对策

（一）提高产品的自主研发能力和自主创新能力

目前，我国出口商品产业结构以劳动密集型为主，商品技术含量及附加值都不高。科技创新是提高产品价值量和产品竞争力的灵魂，政府应加大对技术型人才培养的力度，积极引进国外先进管理理念和领先技术，重点扶植

具有市场潜力的出口企业。将高新技术运用到劳动密集型和技术密集型产业中，提高出口商品的产品附加值。

（二）优化出口商品产业结构，由高耗能、高污染产业向低碳产业转变

在低碳经济的贸易背景下，我国应及时调整贸易方向，加快由劳动密集型产业向技术密集型产业转变的进程。限制高耗能、高污染企业的生产和出口数量，并及时修改现存的不合时宜的出口环保法规，提高企业出口商品的环保标准。对积极引进节能环保设备的企业给予一定的补贴，鼓励企业使用新型能源，推广使用清洁的生产技术。一方面，在低碳经济的背景下，积极引进新兴的节能减排技术，充分利用资源，提高我国能源的重复利用率，实现我国出口产业转型；另一方面，顺应时代潮流，履行我国作为贸易出口大国的环保义务。

（三）积极开拓海外市场，扩宽出口贸易渠道

我国出口贸易主要对象为发达国家，受贸易壁垒牵制较大。在今后的市场选择上可以将目光投向具有发展前景、经济发展速度较快的发展中国家，如巴西、南非等。这些国家贸易市场准入门槛较低、需求增长速度快，一来可以加强与发展中国家的贸易合作关系；二来可以减少发达国家贸易壁垒对我国出口贸易的束缚，降低我国出口贸易的风险。

（四）加大我国出口转内销力度，积极开拓国内市场

中国作为世界上最大的发展中国家，人口基数庞大，市场资源广阔。出口转内销的经营方式有利于提升企业品牌的知名度、减少国际贸易摩擦和增加市场机会。外贸企业在开拓国外市场的同时，应重视培育国内消费市场，扩大内需，充分发掘国内市场潜能，拉动国民经济增长。

（五）维持人民币币值的稳定

人民币汇率的波动对我国出口贸易，尤其是出口贸易的中小企业具有巨大的冲击力。人民币的不断升值必将导致出口贸易额的减少，抑制商品的出口的发展。在国内外严峻的形势下，政府应依据国情制定相关的货币政策，维持人民币币值的稳定。

（六）实施品牌战略，提升出口商品知名度和竞争力

品牌作为商品最好的“名片”，拥有自主品牌是商品真正走出国门的第一步。然而，我国出口商品中真正拥有自主品牌的企业不足10%。随着劳动力成本的上升，企业依靠外包和贴牌生产国外品牌是无法取得行业的核心竞争力的。只有树立自主品牌，以出口中高级商品为主，才能争取更大的市场份额。

综上，我国出口贸易在拉动国民经济增长、优化产业结构、促进地区就业等方面具有重要意义。面对经济全球化的今天，中国应牢牢把握住发展机遇，根据国际形势积极调整产业结构方向，提升出口产品的核心竞争力。面对国际市场潜在的贸易风险，采取积极有效的应对措施，规避风险、抵御风险，实现从“中国制造”到“中国创造”的跨越，稳固我国出口贸易大国的国际地位。

参考文献：

[1] 谢志武. 我国出口贸易发展问题与对策研究 [J]. 生产力研究，2011 (7).

[2] 张志强. 基于全球金融危机我国出口贸易面临的挑战与对策分析 [J]. 现代经济信息，2012 (1).

[3] 林洁. 优化我国出口贸易结构　提升出口竞争力 [J]. 国际经贸，2011 (7).

[4] 金柏松，李健，刘雪琴，等. 全球化视角下我国出口商品结构与产业结构调整研究 [J]. 国际贸易，2011 (7).

“出口第一大国”面临的形势与对策

王晨晨[①]

一、中国成为出口第一大国后面临的形势

中国国际市场广阔，贸易伙伴众多。多年来，中国已经开拓了广大的国际市场，建立了同很多国家的友好贸易关系，这对中国出口贸易乃至整个经济的发展都是非常有利的。但在有利形势下，中国的出口贸易业面临着很多不利的形势。

（一）中国出口产品中制造业比重过大

在全部出口产品中，工业制成品在出口中的比重已经超过 90%。而制造业位于“微笑曲线”的下端，所带来的利润并不高。因此，中国出口贸易额虽高居世界第一，却是以大量的出口贸易数量换来的，耗费了中国的大量资源，盈利效果却并不是很好，导致出口企业没有足够的资金扩大生产规模、进行设备更新、技术创新等，影响出口企业的生存和发展，进而影响整个中国经济的发展。况且从可持续发展的角度看，大量消耗有限的不可再生资源，会给后代的发展造成压力，不利于中国经济的长足发展。

（二）中国出口产品污染较严重，损害中国的国家形象

中国的出口产品中，初级产品较多，加上技术要求不合格，法律管制不严，因此带来的污染比较严重。对此，一些国家表示不满，在《经济学家》

① 王晨晨（1993~），女，安徽枞阳人，北京工商大学经济学院国贸 111 班学生。研究方向：国际贸易。邮箱：1348636521@qq.com。

杂志中渲染中国污染的严重性，塑造中国自私自利和非理性追求经济发展的形象，希望中国能够承担节能减排的重要角色。一方面，中国确实在这方面有所欠缺，环保工作力度不够；另一方面，中国以往的话语方式偏于中国化，并不能总是很正确地向世界各国表达自己的意思，导致一些国家对中国产生了某些误解。

（三）贸易顺差大

中国虽然是出口第一，但进口并不是，进口总额比出口少，存在巨大的贸易顺差。然而，贸易顺差无法改变一国经济对外部市场的依赖程度。我国的贸易条件恶化出现在经济持续高速增长、贸易规模迅速扩大、经济全球化迅猛发展的背景下，净国外资产波动的不确定性减弱了消费者对进口商品的旺盛需求，所以未来一段时间我国的出口总额可能会明显下降。而且，中国巨大的贸易顺差还引发了“中国威胁论”的产生，对中国的国际形象产生了不良影响。更糟糕的是，我国的过高外贸依存度主要表现为劳动密集型产品在出口上的比较优势。因此，纺织服装、鞋类、玩具等产品一直是中国的大宗出口产品，但是这些行业实际上已经出现了供大于求的局面，而且这些低附加值的行业不断扩容实际上并未彻底解决我国国内产业结构升级换代的问题，还是产业投资的短视和以出口为导向，从个人进一步增加了实现提高外贸竞争优势目标的难度。另外，不断提升的外贸依存度也反映了我国目前第三产业发展仍然滞后的现状，这就进一步凸显了我国产业结构发展的不合理。

（四）受到世界经济波动的影响

一方面，世界经济面临的主要风险“欧债危机”难以消除，世界经济复苏动力依然不足。在经济全球化的今天，特别是在中国高度融入世界经济浪潮的情况下，中国经济必然也会受到不良影响，出口贸易额将会下降。更何况，欧盟还是中国的第一大贸易伙伴。另一方面，全球通货膨胀升温，导致世界经济增速减缓，必然形成对中国的外部需求冲击，而这已经成为影响我国出口的重要因素。而且，作为世界经济体的一员，中国经济的增长速度也会被世界经济减速的步伐拉缓。

（五）全球贸易保护主义压力增大

一些国家为了本国贸易的发展，采取贸易保护主义政策，提高进口关税，加大对进口产品的限制，这对出口贸易额第一的中国来说无疑是一个打击，特别是作为中国的第二大贸易伙伴的美国对华的贸易保护行动，例如

2012年3月20日美国对光伏产品等四类中国输美产品做出反倾销或反补贴裁决。13日以来，仅仅一周时间，美国针对中国出口产品的贸易救济行动多达6起，时间之短、频率之高实属罕见。这一轮密集行动让外界有点儿应接不暇，凸显出近一段时间美国对华贸易保护主义已急剧抬头，并开始呈现出新的特征和趋势。

（六）"特保措施"将成为最大隐患

由于我国加入世界贸易组织协定书中有允许成员对中国出口产品采取特殊保障措施的承诺，"入世"后，世界贸易组织成员纷纷加速了对华特别产品过渡性保障条款的纷纷出台，这些立法主要是大幅度降低了立案标准，同时可以仅针对中国，从而避免保障措施针对全球所带来的压力。据统计，已有美国、欧盟、韩国、加拿大、澳大利亚、新西兰、印度等国家制定了对华保障措施法规条款，这对中国的出口贸易产生了很大的不利影响。而且，这些国家中，欧盟、美国分别是中国的第一、第二大贸易伙伴，印度是"金砖五国"之一，他们对华采取"特保措施"给了中国不小的打击。

（七）中国企业生产率的提高在某种程度上也对中国出口产生了不良影响

《生产率对企业出口的影响研究》一文的实证分析指出，生产率与企业出口行为是负相关的。随着技术的提高、生产规模的扩大等，企业的生产率必然会提高，而这将会导致企业的出口减少。但国内市场毕竟是有限的，企业不积极开拓国际市场，对其自身和国家经济的发展都是不利的。

（八）外汇压力大

长期国际贸易累积形成的外汇储备，在遭遇发达国家利用货币霸权所实施的通过货币超发来赖账的行为下，只能选择各种外币国债来理财，导致中国外汇压力过大。随着中国出口贸易的快速发展，外汇储备过快增长，不利方面有三个：一是我国的外汇储备，远远超出国际经验的3个月进口贸易需求和短期外债偿还的额度；二是外汇储备的过快增长导致本国基础货币投放过多，进而形成本国通货膨胀的压力；三是外汇投资收益率较低，即外汇投资与国内投资比较收益率较低等。但对外贸生产企业和外贸出口企业来说，最大的影响是来自外汇储备快速增长所带来的人民币升值的巨大压力。2005年7月21日至2009年1月16日，人民币升值幅度已达7%以上，但是直到现在人民币仍然被巨大的升值压力所包围。人民币的升值不仅使出口企业利润空间下降，而且影响着我国对出口贸易的政策性态度。20 世纪 80 年代，出口创汇成为改革开放第一要务，外贸生产企业出口贸易可以不计成本，只要创汇，即可得到定额补贴。但目前，中国外汇储备过多，直接导致供需主导地位的变化，同时也影响了政府对出口退税度的调整；加之人民币的不断升值，使得我国出口贸易超速发展曾依托的创汇补贴、货币贬值、劳动力成本三大优势已失去两项。而本国货币的升值又直接导致了生产贸易环节人工成本和原材料成本的相对提升，从而在国际市场上减弱了竞争力和价格优势。

所以，总的来说，中国成为出口第一大国后面临的形势是严峻的，需要采取必要、有效的措施继续发展好的形式，扭转不利的形势，化危为机。

二、中国出口贸易对策

一方面，要借助于目前中国面临的有利形势，大力发展中国的出口贸易，推动中国经济的持续稳定快速发展。另一方面，面对不利形势，我们的任务与对策是：

（一）调整出口商品结构

要降低工业制成品的比重，提高技术含量较高的产品的比重。这样不仅能够增强我国出口商品的竞争力，增加附加值，提高利润，还可以减少我国的资源消耗，为我国经济的长足发展做好充分准备。同时，还要制定符合中国比较优势的制造业发展战略。一方面，加强人才培养力度，加快从人口大国向人力资源强国转变，推动从中国传统制造业向现代制造业的转变；另一方面，坚持以劳动力比较优势为基础，强化综合比较优势的制造业发展战略。

（二）改善话语策略

针对中国的话语方式问题，我们要改善话语策略，多采用全球徐氏（杂志中的原文）方式，全面而准确地阐述我们的意思。除此之外，我国应更加致力于通过各种媒介向世界传播中国文化，让世界了解中国的立场，从而减少误解。从产业政策来看，应尽快推动国内低碳技术的研究与应用，推动节能减排，逐步参与碳技术的相关前沿研究，争取参与相关国际标准的制定，在全球低碳经济舞台上拥有发言权。

（三）关注国内市场，消除"中国威胁论"，促进产业升级

第一，内需的增加不仅能使国民经济健康有序地发展，还能反过来促进外需增加，这正符合克鲁格曼新贸易理论中"本地市场效应"的理论预测。所以，政府应该出台相关政策，刺激国内消费，如降低消费税，降低存款利率，给予消费者以适当补贴。但增加消费的根本措施是提高经济发展水平，因此国家应该继续以经济建设为中心，大力发展生产力，促进经济的持续平稳发展，增加国民收入。国民收入高了，消费自然就增加了。第二，中国应极力向世界申明，中国一直并将继续走和平发展道路，绝对不会对其他国家的发展构成威胁，相反，中国会以自身的发展带动、促进其他国家的发展。第三，大力发展国内的第三产业，促进产业结构优化升级，从而降低中国的外贸依存度。

（四）积极采取措施应对世界经济波动

面对不利的世界经济形势，一方面，中国要制定相应的策略，未雨绸缪，做好防范措施，力求把因世界经济波动带来的损失降到最低。同时，中国要发挥自身特色社会主义市场经济的优势，力求在危难中乘风破浪，创造世界经济增长的新奇迹。另一方面，作为联合国五大常任理事国之一和世界贸易组织中的一员，中国要积极参加国际经济合作，积极建言献策，与其他国家协商一致，共同解决世界经济问题，使全球经济平稳运行。

（五）积极同贸易保护主义作斗争

面对贸易保护主义压力，中国应采取有效措施：第一，打好与贸易保护主义有关的知识和法律战，熟练掌握此方面的知识，避免触及此方面的法律；第二，通过世界贸易组织解决，借助世界贸易组织这个平台，维护中国合法的经济利益；第三，与对中国采取贸易保护主义的国家进行友好协商；第四，受到不合法制裁的企业必要时应该拿起法律武器维护自己的合法权益，对此，我国政府应采取实际行动大力支持。

（六）深刻认识"特保政策"

我们要保持高度的警惕，充分认识到它的危害，采取相应的措施，为我国的出口贸易创造一个更公平更有竞争力的环境。第一，建立预警机制，将"特保政策"对我国出口贸易产生的不利影响降到最低。第二，加强行业自律，规范企业出口经营秩序，尽量不让世界贸易组织其他成员国有对中国实

行“特保政策”的理由。

（七）加强相关宣传教育，实行政府补贴

加强对企业因生产率提高而缩小出口规模带来的不利后果和开拓国际市场益处的宣传教育，让它们认识到自身应该采取怎样的明智的做法。此外，国家应鼓励企业出口，如对出口企业进行适当补贴，实行出口信贷国家但保制，设立专门组织，建立商业情报网，组织贸易代表团出访和接待来访，组织出口商的评奖活动，实行外汇分红出口奖励证制等。

（八）实现国际收支平衡

首先，要实现经常项目和资本项目的总体平衡，保证即期汇率稳定；其次，要实现经常项目和资本项目各自的平衡，防止远期汇率的过度波动；再次，逐步推进资本项目可兑换，稳步推进人民币汇率形成机制改革；最后，防止外汇资金违法违规流入。除此之外，我国还要适当地扩大进口，这样不仅能够缓解国际社会求人民币升值的压力，同时也能提升本国国民的福利，并有利于中国出口贸易的协调、可持续发展。

可以看到，中国成为出口第一大国后面临的任务是繁重的，需要采取的措施也很多。而且，完成这些任务需要付出很多辛勤的努力，在采取措施时也必然会遇到很多困难，有些甚至是难以想象的。但我相信，中国人民会在中国政府的统一领导下齐心协力地完成这些繁重的任务，并坚决推动这些措施的实行，强力推进中国出口贸易的进一步发展，进而共同构建中国的美好未来。

参考文献：

［1］曹新. 扩大消费需求问题研究［J］. 中国国情国力，2012（4）.

［2］张旭光. 中国出口贸易额名列前茅　却为何缺少跨国公司？［N］. 北京晨报，2002-11-20.

［3］章晓英. 西方主流媒体中的中国国际角色：《经济学家》中国叙事分析［J］. 国际论坛，2012（1）.

［4］雷达，李南. 国际财富转移对我国贸易条件的逆效应［J］. 国际经济合作，2012（2）.

［5］陆燕. 世界经济形势：特点和展望［J］. 国际经济合作，2012（1）.

［6］王东. 世界经济面临着复苏与风险并存的严峻局面——2011 世界经济形势分析及前景展望［J］. 现代经济探讨，2012（1）.

［7］林发勤，唐宜红. 外部需求冲击与中国的出口波动［J］. 世界经济研究，2012（1）.

[8] 汤二子，邵莹，刘海洋. 生产率对企业出口的影响研究 [J]. 世界经济研究，2012 (1).

[9] 刘翠琴，李雪莲. 现阶段我国外贸出口面临的主要问题及对策分析 [J]. 商场现代化，2007 (9).

中国服务贸易发展问题分析及解决路径

张跃南[①] 朱振荣[②]

一、“入世”十年来中国服务贸易取得的成就

服务贸易在产业链、价值链分工中以低能耗、高效率获取利益，大力发展服务贸易，有利于提高一个国家对外贸易增长的协调性和持续性，使得贸易增长方式更具科学性和合理性。大力发展服务贸易，不仅可以推动中国产业结构的升级，改变长期要依靠第二产业带动经济增长的格局，而且在促进中国经济平稳较快发展、扩大就业、节能降耗等方面也可以发挥重要作用。另外，服务贸易已经成为各国全面参与经济全球化的重要途径。

中国服务贸易起步于20世纪80年代，虽然起步较晚，但发展速度较快。特别是“入世”以来，中国一方面认真履行各项承诺，在包括银行、保险、证券、电信、建筑、分销、法律、旅游、交通等在内的众多服务部门，对外国服务提供者的市场准入水平大幅提高。另一方面通过支持服务外包产业发展、完善服务贸易出口的管理等措施，积极推动服务贸易出口。

（一）服务贸易对外开放稳步推进

服务贸易的对外开放是中国加入世界贸易组织的重要内容，在《中国加

① 张跃南（1988~），女，内蒙古赤峰人，北京工商大学经济学院国际贸易学2011级硕士研究生。研究方向：国际贸易。邮箱：yuenanbelieve@sina.com。

② 朱振荣（1970~），女，安徽潜山人，北京工商大学经济学院副教授、硕士生导师，中国政法大学国际法学院博士生。研究方向：国际贸易争端解决机制、国际贸易实务。邮箱：zhuzhen-rong88@sohu.com。

入世界贸易组织议定书》中，中国政府承诺全方位、有步骤地开放服务业市场。加入世界贸易组织后，中国促进服务贸易开放的步伐逐渐加大，进入服务业的民间资本和外资迅速增加，为服务贸易的发展提供了巨大的潜力和发展空间。到 2010 年中国已全部履行加入世界贸易组织的所有承诺。在按世界贸易组织规则分类的 160 多个服务贸易部门中，中国已经开放 100 个，并承诺将进一步开放 1 个分部门，涉及银行、保险、电信、分销、会计、教育等重要服务部门，远高于发展中国家平均水平，为外国服务提供者提供了广阔的市场准入机会。

（二）服务贸易规模持续扩大

十年间，中国服务贸易规模不断扩大，取得了巨大的成就，表现出强劲的增长势头。随着中国服务贸易对外开放的稳步扩大，运输、通信、金融、保险等服务进出口迅速增长，深化了与贸易伙伴的经贸关系，也引进了国外先进的技术、管理方法与经验，对中国的经济发展起到一定的推动作用。服务贸易在中国对外贸易中的地位逐步提高，对国民经济增长的贡献和拉动呈现不断增长的趋势。

加入世界贸易组织以来，中国明确提出扩大服务业对外开放，大力发展服务贸易。在"入世"效应的强有力推动下，服务贸易出现高速增长，在国际服务贸易中的地位不断提升。服务贸易出口和进口额分别由 2001 年的 329 亿美元和 390 亿美元增长到 2010 年的 1702 亿美元和 1922 亿美元，年均增长率分别为 51.7%和 49.2%，图 1 显示了 2001~2010 年中国服务贸易进出

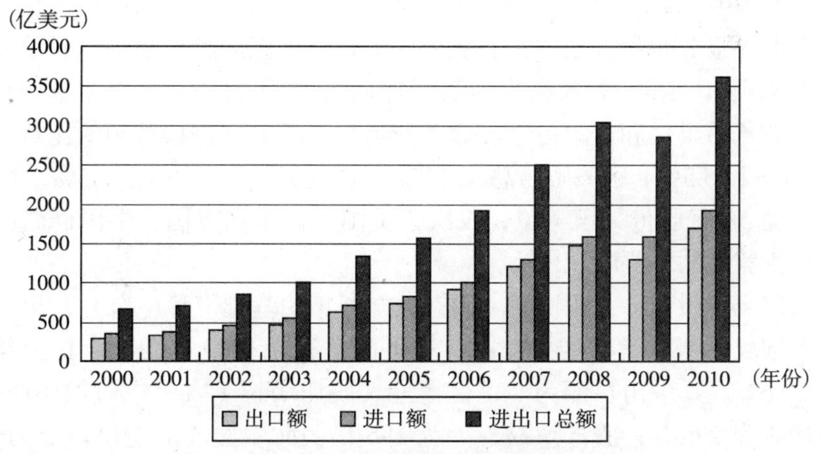

图 1　2001~2010 年中国服务贸易进出口情况

数据来源：中华人民共和国商务部。遵循世界贸易组织有关服务贸易的定义，中国服务进出口数据不含政府服务。

口状况。

从服务贸易总量来看，世界服务贸易总额从 2001 年的 29578 亿美元增长到 2010 年的 71666 亿美元，十年的时间里增长了 2.42 倍。相比之下，中国 2001 年的服务贸易总额为 719 亿美元，2010 年突破 3600 亿美元，达到 3624 亿美元，在十年的时间里增长了 5.04 倍，增速远远高于世界服务贸易增速，在世界服务贸易中的影响力不断增大。中国服务贸易的增速与世界服务贸易的增速对比如图 2 所示。

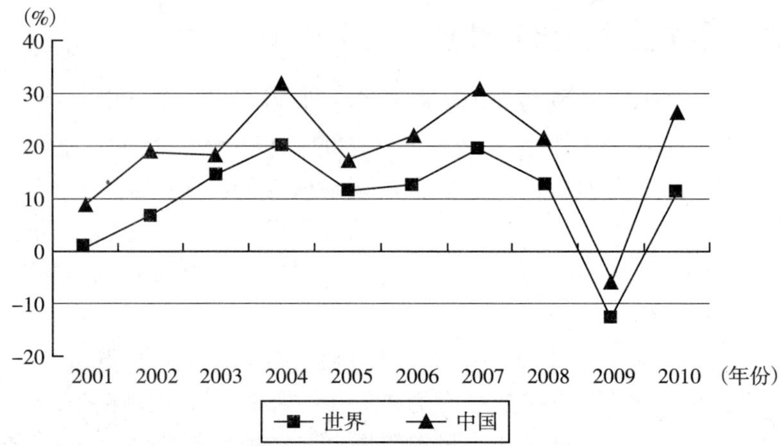

图 2　中国与世界服务贸易总额同比增长对比

数据来源：世界贸易组织数据库；中华人民共和国商务部。

中国服务贸易进出口总额占世界服务贸易进出口总额的比重也在逐年上升，在世界服务贸易体系中占有重要的地位。中国服务贸易进口和出口排名 2001 年仅居世界第 12 名和第 9 名，2010 年则分别升至世界第 3 位和第 4 位，服务贸易出口和进口占世界服务贸易出口总额和进口总额的比重分别达到了 4.6%和 5.5%。服务贸易总额 2001 年占世界的比重仅为 2.43%，2010 年则上升为 5%，居世界第 4 位，仅次于美国、德国和英国，中国俨然已成为世界服务贸易的主要国家。

2011 年上半年，中国服务贸易在 2010 年的基础上稳中有升，出口和进口大幅增长，服务贸易逆差缩减；进出口总额为 1997 亿美元，比上年同期增长 20.6%。其中出口额为 901 亿美元，同比增长 17%；进口额 1096 亿美元，增幅为 23.6%；服务贸易逆差为 195 亿美元，主要的逆差行业为运输、保险服务、专有权利使用费和特许费，而旅游服务贸易规模则居发展中国家之首。

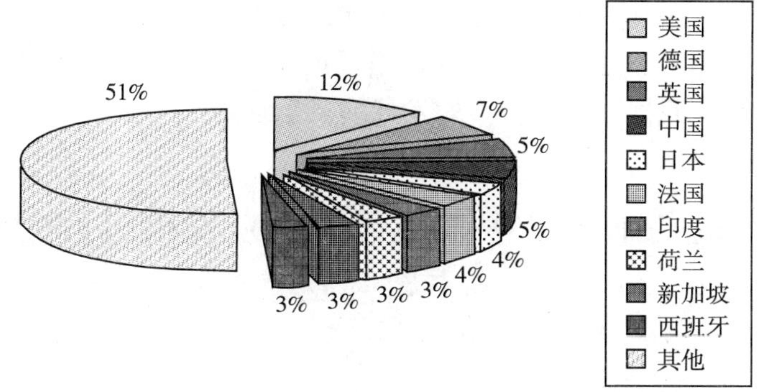

图3 2010年世界主要国家的服务贸易占世界的份额

数据来源：世界贸易组织数据库。

（三）服务贸易结构不断优化

数据显示，近年来我国服务贸易进出口结构有所改善，除受国际金融危机影响严重的2009年外，旅游、建筑服务、计算机和信息咨询及其他商业服务贸易顺差不断增长。根据中国商务部服务贸易司数据，2010年，建筑服务收入144.9亿美元，同比增长53.2%；支出50.7亿美元，同比下降13.6%；顺差94.2亿美元。同年，咨询及计算机和信息服务顺差迅猛增长，其中咨询收入227.7亿美元，同比增长22.3%；支出150.0亿美元，同比增长12.5%；顺差76.8亿美元；计算机和信息服务收入92.6亿美元，同比增长42.1%；支出29.7亿美元，同比下降8.3%；顺差62.9亿美元。可以说，近几年逆差规模的下降主要是由建筑服务、咨询、计算机、信息服务以及其他商业服务的顺差增长导致的，高附加值服务贸易项目额及顺差的加大表明我国的服务贸易结构在不断的升级和改善。

（四）服务外包发展迅速

从加入世界贸易组织到目前为止，短短的十多年间，我国服务外包发展很快，取得了良好的成就。根据我国商务部的统计数据显示，2006年我国服务外包产业收入总额达118亿美元，其中IT服务外包产业规模为75.6亿美元，业务流程外包产业规模达42.7亿美元。全国承接服务外包业务的企业所承接的离岸服务外包业务收入额约占整体产业收入额的12.2%，而大部分服务外包收入来自国内业务。2007年，中国服务外包出口合同执行金额20.94亿美元，比2005年增长118%。而IDC中国研究数据表明，中国离岸外包业务发展迅速，2008年中国的离岸服务外包规模达到了67.4亿美元，同比增长24.4%。即使在国际金融危机的影响下，我国2009年服务外包的发展形势也相对较好。整体看来，中国服务外包产业总体规模不断扩大，业务层次不断提升，离岸业务和业务流程外包增长迅速。借助国内外市场和国内高素质的人力资源，我国服务外包产业发展前景乐观。

二、“入世”十年来中国服务贸易在发展过程中存在的主要问题

（一）中国服务贸易在对外贸易中的比重偏低

中国服务贸易在对外贸易总额中所占的比重仍然偏低，服务贸易的规模和实力相对较低。2010 年中国对外贸易总额为 33351.6 亿美元，其中货物贸易为 29727.6 亿美元，占中国对外贸易总额的 89.1%；服务贸易为 3624 亿美元，仅占中国对外贸易总额的 10.9%，而美国同期的服务贸易占对外贸易的比重达到了 22%。根据近三年的数据来看，中国货物贸易与服务贸易的进出口总额之比接近 8.5:1，世界货物贸易与服务贸易的进出口总额之比平均为 2.2:1，这说明中国服务贸易与中国货物贸易的匹配程度大大低于世界水平。在出口方面，中国服务贸易出口处于劣势，服务贸易出口的比较优势不如货物贸易出口；在进口方面，中国为服务贸易净进口国，且服务贸易逆差呈扩大趋势。这种状态一方面说明中国服务贸易发展还较落后，另一方面也说明中国服务贸易发展空间巨大。

（二）中国服务贸易结构不合理

按《服务贸易总协定》（GATS）涉及的 12 个服务大类，中国虽然均实现了进出口实绩，但中国服务贸易的优势部门主要集中在运输、旅游等比较传统的领域，其出口占中国服务出口的一半以上，如表 1 所示。

表 1　2005~2010 年中国服务贸易出口分项目

单位：亿美元、%

项目＼年份	2005		2006		2007		2008		2009		2010	
	金额	占比	金额	占比	金额	占比	金额	占比	金额	占比	金额	占比
运输	154.3	20.9	210.2	23.0	313.2	25.7	384.2	26.2	235.7	18.3	974.7	26.9
旅游	293.0	39.6	339.5	37.1	372.3	30.6	408.4	27.9	396.8	30.9	1006.9	27.8
通信服务	4.9	0.7	7.4	0.8	11.7	1.0	15.7	1.1	12.0	0.9	23.6	0.7
建筑服务	25.9	3.5	27.5	3.0	53.8	4.4	103.3	7.1	94.6	7.4	195.7	5.4
保险服务	5.5	0.7	5.5	0.6	9.0	0.7	13.8	0.9	16.0	1.2	174.8	4.8

续表

项目＼年份	2005		2006		2007		2008		2009		2010	
	金额	占比	金额	占比	金额	占比	金额	占比	金额	占比	金额	占比
金融服务	1.5	0.2	1.5	0.2	2.3	0.2	3.2	0.2	4.4	0.3	27.2	0.8
计算机和信息服务	18.4	2.5	29.6	3.2	43.4	3.6	62.5	4.3	65.1	5.1	122.2	3.4
专有权利使用费和特许费	1.6	0.2	2.1	0.2	3.4	0.3	5.7	0.4	4.3	0.3	138.7	3.8
咨询	53.2	7.2	78.3	8.6	115.8	9.5	181.4	12.4	186.2	14.5	378.6	10.4
广告、宣传	10.8	1.5	14.5	1.6	19.1	1.6	22.0	1.5	23.1	1.8	49.3	1.4
电影、音像	1.3	0.2	1.4	0.1	3.2	0.3	4.2	0.3	1.0	0.1	4.9	0.1
其他商业服务	168.8	22.8	196.9	21.5	269.1	22.1	260.1	17.8	246.9	19.2	527.6	14.5

数据来源：中华人民共和国商务部。

以 2010 年为例，这两个项目进出口额合计达 1981.6 亿美元，占中国服务贸易总额的 54.7%。中国运输、旅游和其他商业服务在整个服务贸易出口中所占的比例在 2005~2010 年分别为 83.3%、81.6%、78.1%、71.9%、68.5%、69.2%。虽然三大项目占整个服务贸易总额的比重在逐年下降，但是最低比例依然接近 70%。这说明在中国服务贸易出口中三大项目仍然占据主导地位。技术、知识、资本密集型的行业，如保险、金融、计算机服务等现代服务业虽然也在增加，但是增长速度缓慢，并未取得突破性的进展，计算机和信息服务、金融服务、保险服务、专有权利使用和特许所占比重仅为 7.7%。而全球服务贸易中，金融、保险、计算机和信息服务、咨询、专有权利使用费和特许费等现代服务业贸易占比接近 50%，世界服务贸易结构正朝着技术、资本、知识密集型的现代服务业方向发展，与科技有关的服务业和以高科技为手段的服务贸易在世界结构中所占的比重呈上升趋势。因此，中国以传统服务业为主的服务贸易结构显然已经落后于大趋势，国际竞争力相对较弱。

（三）中国服务贸易连年出现逆差并在近年呈现逐步扩大的趋势

中国服务贸易进口大于出口，连年出现逆差，并且在近年有逐步扩大的趋势。从历史数据来看，中国服务贸易在 1984~1995 年保持小额顺差，1995 年后开始出现逆差，后进入持续逆差状态。而在“入世”之后，逆差规模逐年扩大。2004 年以后，服务贸易逆差出现小幅收窄的趋势，但 2008 年、2009 年逆差规模进一步扩大，分别达到 115 亿美元和 295 亿美元。服务贸易逆差在 2009 年比较严重，是上年的 2.5 倍，主要的逆差反映在运输、旅游、保险服务、专有权利使用费和特许费等分项目。2010 年，中国服务运输进出口额为 975 亿美元，比上一年增长了 39%，贸易差额由上一年的逆差 295 亿美元缩小为逆差 220 亿美元，形势有所好转。自 2006 年以来，运输和旅游这两个分项目在服务贸易进出口总额中的占比呈逐年下降的趋势。2009 年这两个行业的比重下降为 53.6%，比 2006 年低 7.4 个百分点。2010 年，中国保险服务进出口额为 175 亿美元，同比增长 35.7%。其中，出口 17 亿美元，同比增长 6.2%，进口 158 亿美元，同比增长 39.8%；逆差 141 亿美元，上升 44.3%。金融服务项目进出口额为 27 亿美元，比上年增长了 1.5 倍，其中出口 13 亿美元，比上年增长了 2.25 倍，进口 14 亿美元，比上年增长了 1 倍，逆差 1 亿美元，比上年减少了 67%。中国其他商业服务进出口额为 528 亿美元，比上年上升了 21.4%。其中，出口 356 亿美元，同比上升 44.1%，进口 172 亿美元，同比下降 8.5%；顺差 184 亿美元，比上年增长 2.12 倍，成为中国服务贸易顺差最大的项目。

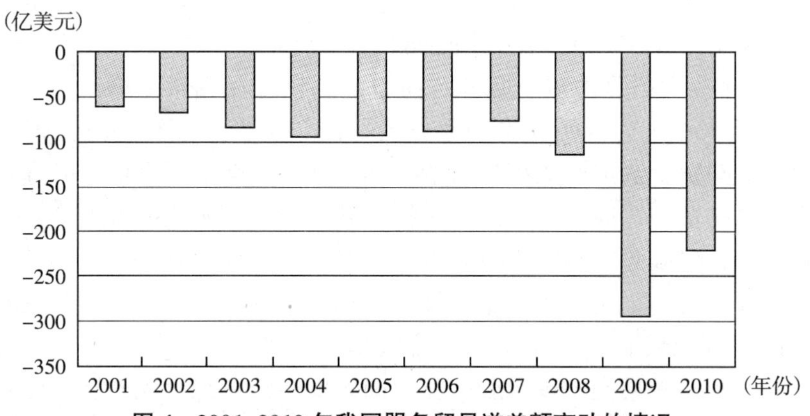

图 4 2001~2010 年我国服务贸易逆差额变动的情况

数据来源：世界贸易组织数据库；中华人民共和国商务部。

(四) 中国服务贸易发展的成就与问题总体分析

综合来看，“入世”的十多年，中国服务贸易市场和服务贸易的对外开放进程取得了一些骄人的成绩。服务贸易在总量上取得了巨大发展，服务贸易总额在世界的排名位居前列，这些有目共睹的成就，正是中国应对多变的世界和现实挑战的能力与信心的源泉，但不应也绝对不能成为赖以自满的资本。在为“入世”以来中国已取得的成就感到欣喜和鼓舞时，更需要多一分冷静，应进一步谨慎地做好扩大服务贸易的对外开放水平的工作，改革中国服务贸易管理体制，完善服务贸易相关法律法规。

特别是要看到中国服务贸易发展过程中的主要问题。从结构上看，中国服务贸易过分倚重资源劳动密集型的传统领域，与世界服务贸易“高级化”趋势相悖，反映出中国的技术、资本、知识型服务产业的发展比较薄弱。中国要充分把握国际服务贸易发展趋势，加快建立支持服务贸易发展的政策体系，大力培育资本、技术、知识密集型的服务贸易出口企业主体，加强培养精通国际商业的高端人才。必须关注到，中国服务贸易在对外贸易中占比较低，逆差逐年扩大，保险、金融、专有权利使用费和特许费等资本、知识型现代服务业部门普遍表现为贸易逆差，保险、计算机和信息服务、其他商业服务、个人文化和娱乐服务 4 个部门的贸易比较优势地位正在进一步改善，只有通信、金融、专有权利使用费和特许费 3 个部门的逆差在进一步扩大。从动态的角度看，一些服务贸易部门特别是新兴服务贸易部门进口的适度扩大，必然有利于引进国外的先进技术、资金和经营理念，实现国内产业结构升级，实践“高水平引进来，大踏步走出去”的开放战略和服务贸易的可持续发展。

三、制约中国服务贸易发展的主要因素

如上分析，我国服务贸易在发展过程中表现出很多问题和不足，而产生这些问题和不足的原因可概括为以下几个方面：

（一）发展层面的历史性因素

服务业是服务贸易的产业基础保障，其发展最终决定了服务贸易的发展水平。目前我国还属于工业中期，整体的服务产业滞后、服务业开放的广度和深度不够，生产性服务业很难满足我国日益增长的制造业改造升级的需求，这些最终都制约了我国服务贸易的发展。

（二）政策层面的制度性因素

我国缺乏对服务贸易统一的制度安排和有效的经营秩序规范，服务贸易的管理监督部门相互交叉，分工不明确，难以形成有效促进服务贸易发展的产业政策。此外，服务贸易法律法规的不健全，很多配套法律要么不具备可操作性，要么欠缺相应配套衔接的法律条文，这使得我国在发展服务贸易时存在无法可依的现实窘境，从而在较大程度上制约着服务贸易的良性发展。

（三）人力资源层面的要素因素

服务贸易的生产必须依托一定的生产要素，生产要素是经济贸易得以持续发展的必要条件。要想使服务贸易良好快速的发展，关键要具备最重要的生产要素——人才。我国目前的服务经济型人才缺乏，服务贸易从业人员技能素养普遍偏低，成为制约我国服务贸易发展的“瓶颈”因素。

四、发展中国服务贸易的路径探讨

改革开放 30 多年特别是“入世”以来，我国依靠“三来一补”的加工贸易，凭借低廉的成本优势，着力发展货物贸易，尽管取得了惊人成就，但货物贸易的竞争力来源一直未能升级换代，劳动力价格优势和资源成本优势已逐渐丧失，缺乏可持续性。同时，资源、能源过度消耗，环境污染等问题也逐渐凸显，我国经济发展模式及贸易模式亟须转型，发展服务贸易不失为一条重要途径。

根据服务贸易“十二五”规划，中国服务贸易 2015 年总额要达到 6000 亿美元，年均增速超过 11%。

为了高效发挥服务贸易在转变经济发展方式、抵御经济危机冲击、促进经济转型中的作用，急需调整对外贸易结构，优化服务贸易产业结构，建立健全的服务贸易法律法规体系，因此要注重分别从微观和宏观两个层面发展服务贸易，同时要注重可持续发展。

（一）微观层面的发展路径

微观层面的发展路径是指服务贸易内部产业结构的优化与均衡。长期以来，我国服务出口各行业发展不平衡，目前仍以传统服务为主，资本、技术密集型的新兴服务业和生产服务发展滞后。而服务贸易的良性发展离不开服务贸易内部产业结构的优化调整。鉴于此，在未来，我国服务贸易产业调整的方向和路径应该是“立足传统服务，发展新兴服务，优化调整服务贸易结构”。我国在运输、旅游等劳动、资源密集型服务行业具有比较优势，因此应适当地向这类行业倾斜，充分发挥其规模效应及国际竞争力。另外，也要加大力度发展高技术附加值的新兴服务业，增加其在服务贸易额中的比重，规划 2015 年的通信、计算机信息服务、金融、文化等智力密集型、高附加值的服务贸易总额要力争超过 15%，从而逐步加强其竞争力，为我国服务贸易产业结构升级提供基础和动力。

（二）宏观层面的发展路径

宏观层面的发展路径包括两个方面：第一个方面是指服务贸易与货物贸易的关系，也就是对外贸易的结构优化问题；第二个方面是指服务贸易与转变经济发展方式的关系。事实上，这两者可以概括为如何协调服务贸易与货物贸易的关系，使两者共同为经济发展做出贡献的问题。

当今世界，服务贸易与货物贸易的界限越来越模糊，尽管国际贸易中货物贸易的比重仍然较高，但是世界范围内贸易结构正在向服务贸易倾斜，服务贸易比重不断上升。经济服务化或者说服务型经济已成为世界经济发展的必然阶段与未来趋势。可以预见，未来国际贸易的竞争将由货物贸易转向服务贸易，货物贸易产品中的服务产品嵌入、复合的因素越来越多，并且服务贸易的发展将最终决定货物贸易的竞争力。但这并不意味着货物贸易变得不重要。相反，正是因为货物贸易的长足发展，才能够使服务贸易获得发展的基础和平台。考虑到技术进步，在长期货物贸易与服务贸易是紧密相连、相辅相成的。服务贸易是货物贸易持续稳定发展的条件，可以增加货物贸易竞争力，而货物贸易是服务贸易发展的载体，货物贸易进出口对服务贸易的进出口起促进作用。因此，未来货物贸易与服务贸易将更多地体现出高度相关、良性互动的关系。

优化对外贸易结构的基本立足点在于服务贸易与货物贸易协调发展，统筹兼顾，促进两者比较优势的动态优化与组合，实现两者在贸易规模和结构方面比例得当，相互适应，彼此配合，最大化地发挥区域比较优势，促进区域协调发展。而协调服务贸易与货物贸易关系的策略包括：结合国情借鉴发达国家贸易发展经验；制定优惠政策，夯实服务产业，加强供应链管理，引导社会资金、人才流动向服务产业倾斜；大力发展生产性服务、服务外包，促进服务贸易与货物贸易协调发展。

（三）可持续的发展路径

发展中国服务贸易，必须注重可持续发展。持续有效的服务贸易发展，最根本的两点就是要靠制度、人，因此不仅要有健全的法律，而且要注重人才的培养。

第一，建立健全服务贸易法律法规，完善服务贸易促进体系。为保证服务贸易良性发展，应加强对世界贸易组织、GATS 等条款的深入研究，尽快建立既符合中国客观情况与实际需要同时又与世界贸易组织贸易规则接轨的服务贸易法律体系。这无疑能够保护我国服务贸易企业参与国际竞争的权利，减少外界的不正当冲击。另外，搭建服务贸易发展促进平台，构建服务贸易促进体系，实现我国服务贸易与国际服务贸易合作的有效对接，从而提升我国服务贸易的国际声誉和影响力。

第二，加强服务贸易人才培养，加速企业自主创新。人力资本的积累与服务贸易的发展存在积极的互动机制。大力培养和引进服务业及服务贸易人才，提高从业人员素质，对服务贸易发展至关重要。同时，要着重培养金融、保险、通信等高技术附加值服务行业的人才，促进服务贸易产业结构优化调整。此外，加强服务贸易企业的技术引进与吸引，加速企业自主创新，也是服务贸易结构优化、良性发展所必须解决的问题。政府应支持“三自三高”产品的出口（即拥有自主知识产权、自主品牌、自主营销、高技术含量、高附加值、高效益），深入实施自主创新与品牌建设，争取建立世界知名服务企业与品牌。

参考文献：

[1] 张莉. 加入 WTO 十年我国服务贸易开放的回顾与思考 [J]. 财经界，2011 (3).

[2] 张莉. 入世十年我国服务贸易发展成就及未来取向 [J]. 中国经贸导刊，2011 (11).

[3] 胡国恒，梁文化. 中国服务贸易国际竞争力——基于 1999~2008 年数据的实证研究 [J]. 发展研究，2011 (2).

[4] 孟建国. 我国服务贸易的现状及发展策略探讨 [J]. 商业时代，2011 (22).

[5] 陈蕾. 我国服务贸易结构优化的影响因素研究 [J]. 中国商贸，2011 (10).

[6] 杨广，韦琦. 服务贸易演变的世界趋势与中国悖论——基于中国与OCED 国家的比较研究 [J]. 国际经贸探索，2010 (7).

[7] 中国统计年鉴 [Z]. 北京：中国统计出版社，2010.

[8] 于方新. 中国服务贸易研究报告 No.1 [R]. 北京：经济管理出版社，2011.

“十二五”规划纲要下我国服务贸易发展研究

魏 巍[①]

服务贸易是经济学领域的一个新课题，按照《服务贸易总协定》的定义，国际服务贸易是指服务贸易提供者从一国境内通过商业现场或自然人的商业现场向服务消费者提供服务，并获取外汇收入的过程。[②]

服务贸易作为全球贸易的重要组成部分，随着近些年全球产业结构的升级和货物贸易的持续增长，发展十分迅猛。我国自 2006 年开始，服务业进入了全面开放的时期，目前包括银行、保险、证券、电信服务、分销等在内的 100 个服务贸易部门已全部向外资开放，而服务贸易领域也将成为我国对外开放的重点。为促进服务贸易又好又快发展，商务部会同 33 个部门历时两年，制定了《服务贸易发展“十二五”规划纲要》（以下简称《规划》），并于 2011 年 9 月 27 日正式发布。

一、当前我国服务贸易发展状况

规划的出台首先认为当前全球服务贸易发展态势良好，主要体现在四个方面：第一，世界服务贸易发展速度超过货物贸易发展速度。第二，新兴经济体服务贸易发展速度超过发达经济体。第三，高附加值新兴服务贸易比重超过传统服务贸易。第四，商业存在形式实现的服务贸易超过跨境服务贸易。

具体到我国，1982~1992 年，我国的服务贸易额都徘徊在 100 亿美元以

---

① 魏巍（1987~），男，江苏泰州人，北京工商大学经济学院国际贸易学专业 2009 级硕士研究生。研究方向：国际贸易。邮箱：weiwei220566@126.com。

② 张二震，马野青. 国际贸易学［M］. 南京：南京大学出版社，2006.

下，2001 年中国正式加入世界贸易组织，服务贸易活动呈现出繁荣发展的新趋势。不过直到 2004 年后，也就是“十一五”发展期间才出现服务贸易发展加速的局面。在国际和国内经济增长强劲、国内货物贸易高速增长和外商对华直接投资稳步上升的推动下，2004 年中国国际服务贸易收支增长 32%，分别占同期中国 GDP 和对外贸易（含货物和服务）的 8%和 10%。随后在 GDP 高速平稳发展的形势下，我国服务贸易得到了快速发展，在国民经济中的重要性日益加强。特别是金融危机后的 2010 年中，在世界服务贸易走势趋向平稳的之时，中国的进出口金额都得到了大幅提升，十年之间，中国的进出口总额占的世界比重提高了一倍（见表 1）。

表 1 2001~2010 年中国服务贸易进出口情况

单位：亿美元、%

年份	中国出口额	中国出口占世界比重	世界出口额	中国进口额	中国进口占世界比重	世界进口额	中国进出口额	中国进出口占世界比重	世界进出口额
2001	329	2.2	14945	390	2.6	14941	719	2.4	29886
2002	394	2.5	16014	461	2.9	15793	855	2.7	31807
2003	464	2.5	18340	549	3.0	18023	1013	2.8	36363
2004	621	2.8	21795	716	3.4	21328	1337	3.1	43123
2005	739	3.1	24147	832	3.5	23613	1571	3.3	47760
2006	914	3.4	27108	1003	3.8	26196	1917	3.6	53304
2007	1216	3.7	32572	1293	4.2	30591	2509	4.0	63163
2008	1465	3.9	37300	1580	4.6	34700	3045	4.2	72000
2009	1286	3.9	33860	1581	5.1	32116	2867	4.3	65976
2010	1702	4.6	36925	1922	5.5	35112	3624	5.0	72037

资料来源：商务部统计。

目前，世界服务贸易发展迅速，全球经济竞争的重点正从货物贸易转向服务贸易。中国服务贸易占全球的比重不断上升。但是，与世界上人均收入和中国相近的国家相比，中国的服务贸易发展水平仍然偏低。所以从扩大服务贸易，改善服务贸易结构角度出发，国家在新的五年规划中对服务贸易发展提出新的发展纲要势在必行。

二、我国服务贸易发展中存在的问题

规划指出在看到发展成绩的同时，也要直面中国服务贸易当前诸多方面比较薄弱的现实。

(一) 服务贸易行业分布结构不合理

当今，国际服务贸易主要集中在金融保险服务、咨询服务、信息服务、通信服务、计算机软件服务等技术密集型、知识密集型、资本密集型服务贸易方面，而我国在这些领域起步较晚，处于萌芽或较不发达阶段，还没有在国际服务贸易中站稳脚跟。从商务部相关统计数据来看，中国服务贸易进出口部门主要集中在运输、旅游、建筑及其他商业服务等劳动密集型和资源禀赋优势等传统部门，代表技术、资本密集型的计算机信息服务的进出口额也逐渐加大，增速较快，这与国家垄断和服务外包的政策扶持有一定关系。但保险服务、咨询服务等新兴服务行业，在中国还是一个薄弱环节，处于初步发展阶段，与发达国家差距较大。

而从我国服务贸易进出口结构看，出口部分都属于附加值较低的劳动密集型产业的出口，进口则大多数以附加值较高的知识、技术密集型产业为主。这在近年来以技术和知识为主的国际服务贸易竞争中处于极为不利的境地。2010 年我国服务贸易发展状况（见表 2）再次说明了我国服务贸易行业分布结构的不合理。

表 2　2010 年中国服务贸易发展状况

单位：亿美元

项　目	收支合计		收入		支出		差额
	金额	增速(%)	金额	增速(%)	金额	增速(%)	金额
服务贸易总额	3624.2	22.4	1702.5	32.4	1921.7	21.5	−219.3
1. 运输	974.7	38.6	342.1	45.2	632.6	35.8	−290.5
2. 旅游	1006.9	21.6	458.1	15.5	548.8	25.6	−90.7
3. 通信	23.6	−3.2	12.2	1.8	11.4	−6.0	0.8
4. 建筑	195.6	27.9	144.9	53.2	50.7	−13.6	94.2
5. 保险	174.8	21.7	17.3	8.2	157.5	39.3	−140.3
6. 金融	27.2	126.8	13.3	204.6	13.9	91.2	−0.6
7. 计算机信息	122.3	25.1	92.6	42.1	29.7	−8.3	62.9
8. 专有权利使用费和特许费	138.7	22.9	8.3	93.4	130.4	17.8	−122.1
9. 咨询	378.6	17.9	227.7	22.3	150.9	12.5	76.8
10. 广告宣传	49.3	10.2	28.9	24.8	20.4	4.4	8.4
11. 电影音像	4.9	28.4	1.2	26.4	3.7	33.2	−2.5
12. 其他商业服务	527.7	16.7	355.9	44.1	171.8	−8.5	184.1

资料来源：商务部中国服务贸易指南网。

（二）服务贸易开放度低

加入世界贸易组织后，我国政府根据相关要求并结合我国各服务领域的发展程度做出了对外开放的具体承诺。总体来看，在商业存在方面的限制仍然比较多，但在境外消费和自然人流动方面，我国许诺的开放度是非常高的，主要涉及允许外资进入中国市场的时间、地域、股权限制和业务范围。但实际上我国服务贸易开放程度是比较低的。

本文通过服务贸易开放度来衡量我国服务贸易开放状况：服务贸易开放度=（服务贸易出口额+服务贸易进口额）/GDP①（见图 1）。由图 1 可见，我国服务贸易开放度基本上呈现出一种上升趋势，且增长幅度有阶段性跃进。但与其他国家进行横向比较发现，我国服务业的规模还是偏小的。仅就服务贸易开放度而言，2007 年中国为 7.57%，已达到历史最高值，而同期英国、法国、德国、意大利等国的服务贸易开放度都接近或超过 10%，相比之下我国的贸易开放度还是不足的。此外，2003~2008 年我国货物贸易开放度分别为 58.73%、58.38%、56.2%、68.79%、60.3%和 58.4%，远远高于我国服务贸易开放度。可见，与我国货物贸易的快速发展和庞大规模相比，我国的服务贸易发展相对滞后。众所周知，货物贸易不仅与服务贸易密不可分，而且两者有很强的内在规律性，货物贸易增长速度与服务贸易增长速度大体朝着同一方向变动。

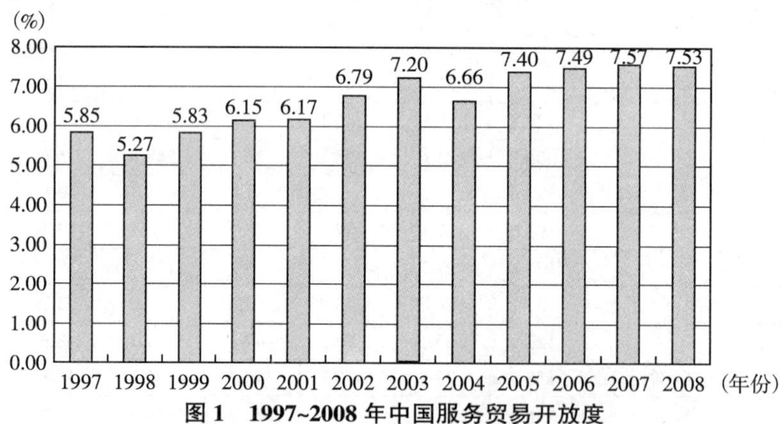

图 1 1997~2008 年中国服务贸易开放度

① 郭根龙. 服务贸易自由化与竞争力［M］. 北京：经济科学出版社，2007.

(三)服务贸易进出口状况逆差严重

虽然在"十一五"建设中我国服务贸易取得了长足的进步，但在长期发展中，中国服务业发展的滞后导致了服务贸易逆差严重。中国服务贸易自1992年首次出现贸易逆差以后，除个别年份外一直是逆差。2009年，中国服务贸易逆差规模达到295亿美元，是自2001年以来逆差最大的一年，2010年虽然略有好转，但逆差仍然在200亿美元以上（见表3）。

表3 2001~2010年中国服务贸易进出口差额

单位：亿美元

年 份	进口额	出口额	差 额
2001	390.31	329.03	-61.28
2002	460.80	393.81	-66.99
2003	548.52	463.75	-84.77
2004	716.02	620.56	-95.46
2005	831.73	739.09	-92.64
2006	1003.27	914.21	-89.06
2007	1292.55	1216.54	-76.01
2008	1580.1	1464.5	-115.6
2009	1581.0	1286.0	-295.0
2010	1922	1702	-220.0

再来看一下与我国经济发展水平相接近的印度服务贸易的差额情况。由图2可知，2004年之前印度服务贸易均为逆差，自2004年起转为顺差，到2008年印度服务贸易顺差高达150亿美元，而我国逆差严重。

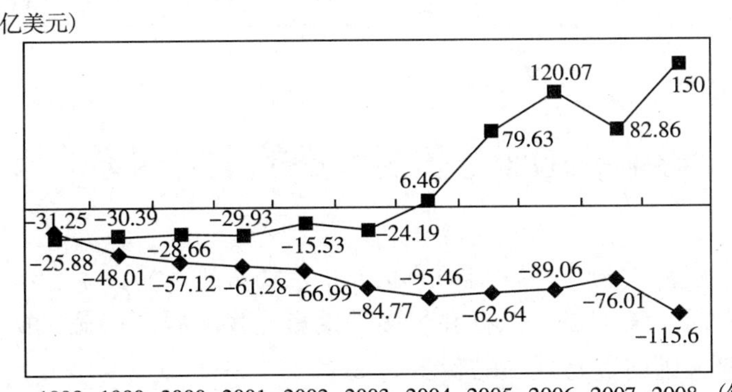

图2 1998~2008年中印服务贸易差额情况

资料来源：中国服务贸易指南网。

（四）服务贸易总体竞争力较弱

利用产业贸易竞争指数，可对中国服务业总体水平及行业的国际竞争力进行分析。所谓产业贸易竞争指数（TC 指数），表示一国某产业进出口贸易的差额占该产业进出口总额的比重，它在一定程度上可以反映一国某产业的贸易竞争能力。其计算公式为：产业贸易竞争指数=（产业出口额-产业进口额）/（产业出口额+产业进口额）。TC 指数的取值范围为［-1，1］。当 TC 取值接近于 0 时，说明竞争优势接近平均水平；当 TC 指数的取值大于 0 时，说明竞争优势大，而且越接近 1 优势越大，行业竞争力越强。反之，行业竞争力越小。TC 取值为（-1，0.6）时有极大的竞争劣势；取值为（-0.6，-0.3）时有较大竞争劣势；取值为（-0.3，0）时有微弱竞争劣势；取值为（0，0.3）时有微弱竞争优势；取值为（0.3，0.6）时有较强竞争优势；取值为（0.6，1）时有极强竞争优势。

根据中国商务部的相关数据，自 2001~2009 年以来，中国服务贸易 TC 指数一直为负值，处于-0.09~-0.03（见表 4）。印度在 2000~2003 年为负值，自 2004 年开始转为正值，而美国则是一直保持着正值。尽管中国服务贸易 TC 指数总体呈上升趋势，但全为负值，说明中国服务贸易整体还处于比较劣势，国际竞争力仍然比较弱，有待于进一步提升。

表 4　2001~2009 年中印服务贸易 TC 指数

年份	2001	2002	2003	2004	2005	2006	2007	2008	2009
中国	-0.09	-0.08	-0.08	-0.07	-0.06	-0.05	-0.03	-0.04	-0.05
印度	-0.08	-0.04	-0.02	0.04	0.08	0.09	0.05	0.08	0.07
美国	0.13	0.13	0.12	0.11	0.12	0.12	0.15	0.15	0.13

三、影响我国服务贸易发展的主要因素分析

我国作为贸易大国，外贸结构的状况是货物贸易几乎占了全部，服务贸易发展相对滞后。长期以来，存在很多因素影响我国服务贸易的发展，制约了我国由贸易大国向贸易强国的转变。

（一）服务贸易管理体制滞后

目前，我国对外服务贸易管理方面仍有许多缺陷。中国对服务贸易的管

理和协调处于各自为政的状态，各有关职能部门多头、交叉管理，条块分割。同时服务业各行业部门只局限于管理直属系统，有些部门对直属系统实行保护主义，造成行业垄断，不利于该行业的对外开放和竞争力的提高。

（二）人力资本的缺乏和分布不平衡

服务贸易本身就是一种智力密集型产业，服务行业大多都是通过人的智力完成服务的过程，有的行业还需要专门的科学技术和专有知识。我国是一个人口大国，劳动力资源相当丰富。但由于我国经济发展水平以及众多社会因素制约，我国的国民素质普遍较低。

1. 服务贸易领域从业人员素质不高

在我国经过专门训练和培养的人员比例极低，部分地区的教育普及程度仍然不高，很大一部分的劳动力不能很好地转化为人力资本，这是一种潜在的人力资本的浪费，也在一定程度上阻碍了该地区服务贸易的发展。大量的劳动力只是被用来进行简单的、重复的、机械性的操作，自身的价值并没有在生产过程中得到体现，对于GDP的贡献也很少。

2. 人力资本的地区分布不平衡

人力资本分布与地区的经济发展水平以及教育发展水平有着重要的关联，人力资本会聚集在经济水平较高，教育水平较发达的地区。在一些经济相对落后，教育水平还较低的地区，服务贸易的发展就会受到严重阻碍。中国的服务贸易就处于这样的一种困境之中，由于经济起步比较晚，各地区的经济政策以及经济环境不一样，造成了现在地区间经济发展严重不平衡，导致服务贸易的发展出现了不均衡的状况。

（三）服务贸易法律法规不健全

近年来，我国服务贸易立法有了较大改观，现已颁布了一批涉及国际服务贸易领域的重要法律法规，这些法律法规对构建真正适应我国市场经济和国际通行规则需要的统一开放、有序竞争、规范管理的服务贸易体制起了重要作用。但是，同服务贸易广泛的内涵还有发达国家相比，仍存在较大差距。

首先，相关的法律法规数量不足，一些重要的服务领域立法不完备甚至没有立法，而且缺少一部统一的关于服务业和服务贸易的基本法。立法未成体系，不少领域还是空白。其次，即使已颁布的一些有关服务贸易的法律法规，也比较抽象，缺乏可操作性，一些规定与国际经贸规则还存在一定的差距。某些法规甚至与GATS的原则不符，有待改进。最后，现行的法律法规之间缺乏规范，存在相互冲突的地方，严重滞后于经济实践的发展。

四、促进我国服务贸易发展的主要对策

规划中认为在“十二五”期间中国服务贸易发展面临的机遇还是大于挑战的，首先从国际上看，金融危机后时代引发国际经济体系加速改革和全球治理结构深度调整，促使各国加快经济结构调整和发展方式转变、推进区域经济金融合作进程，以服务业跨国转移和要素重组为主的新一轮国际产业转移不断加速，为中国服务贸易实现跨越式发展提供了难得的机遇。其次从国内看，当前和今后一个时期，中国仍处于经济社会发展的重要战略机遇期。经济基础日益巩固，社会大局和谐稳定，制度环境不断完善，为中国经济保持长期平稳较快发展创造了有利条件，服务贸易发展前景广阔。

所以，规划纲要中认为中国要适应“十二五”时期国内外形势新变化，服务贸易要从如下措施中取得新的成绩。

（一）优化服务行业和服务贸易的产业结构

中国服务贸易的突出特点就是服务业产业结构不合理，传统服务业为主体，知识和技术密集型服务业所占比重偏低。优化服务业和服务贸易发展的产业结构，加快发展新兴的知识、资本和技术密集型的服务业和服务贸易显得尤为重要，优化产业结构的关键是确定发展的重点行业和领域。

1. 在传统服务领域，进一步发挥并保持其行业优势

在扩大其出口的情况下，我国应将海洋运输服务业作为优先发展的战略重点，以满足对外贸易快速增长的需求；旅游业要继续大力挖掘我国丰富的旅游资源，继续扩大产业规模，延长产业链；建筑服务领域我国一直具有比较优势，要继续鼓励国内的企业走出去抢占国际市场，提高参与国际工程的层次和水平。

2. 现代新兴服务业领域的发展重点

大力发展信息、科技、金融、咨询等新兴服务业，创造其竞争优势，使之成为新的经济增长点。通过重点行业和领域的快速发展来实现我国服务业和服务贸易结构的优化，推动服务业产业结构升级，尽快缩小与发达国家的差距。

（二）积极吸引外资，大力提高服务业的对外开放力度

大力发展服务业，提升我国服务业与服务贸易的国际竞争力，除了政府

增加对服务业的投入外，还应扩大服务业的融资渠道，积极吸收外商对华投资。我国此前更多的是制造业领域的吸引外资，今后应更加重视并积极推动服务业的对外开放，并把它作为今后一个时期我国对外开放战略的重点，使服务业成为我国吸收外资的主要领域。此外，要继续强化外资政策与产业政策的协调，拓展吸收外资的方式，加强分类指导与企业监管，通过服务领域渐进有序的开放促进我国服务业的产业结构调整和升级。

另外，服务贸易兴起的外包服务要引起各方的重视，鼓励各类企业积极承接服务外包，使我国成为全球服务外包的重要基地，以更快地推动我国现代服务业的发展。

（三）加快服务贸易人才培养，提高人才素质

一国专业性和技术性人才的储备对服务贸易的国际竞争力影响很大，如果服务者不具备专业的技术知识，就不可能提供具有高附加值的服务。因此，我国在发展服务业和服务贸易的同时，应重点关注人才的培养，注重提升人力资本的素质。

1. 加强本土人才的培养

一方面政府要加大对公立教育的投入，提高学校教育的实践性和针对性；另一方面要鼓励社会办学，鼓励职业培训，运用各种力量把社会上的可用资源全部调动起来加快本土专业人才的培养。

2. 从海外引进高素质人才，鼓励海外留学人员回国

通过引进海外人才和留学人员并发挥他们的作用，提高国内从业人员参与国际服务业竞争的经验和能力，提高我国服务贸易的竞争力，从而推动我国服务业和服务贸易的快速发展。

（四）转变政府职能，完善服务贸易管理体系

解决当前我国服务贸易管理中存在的问题，对我国服务贸易实施有效的宏观管理，关键是要迅速建立科学的管理体系。为了完善服务贸易管理体系，首先，应加强服务业和服务贸易各行政管理部门的协调，实施统一管理和监督。其次，按市场经济的要求，加快培育专业化的行业协会、进出口商会等服务贸易行业的中介组织。最后，应建立和完善我国服务贸易的统计体系。

以旅游产业为例，作为服务贸易的重要行业，也是国民经济的重要新兴产业和动力产业。为了启动旅游市场，促进服务业的发展，由北京、天津、河北三省（市）旅游局联合推出的"京津冀旅游年票"，更成为大家关注的

重点。环渤海湾旅游业正在调整产业结构，转变经济增长方式，政府作为职能部门，采取联合政策，对三省市旅游的促进作用不可估量，对旅游业发展起到了良好的引导作用，会深度挖掘本地区乃至全国的潜在客源市场，客观上对服务贸易的发展做出了贡献。

（五）健全法制环境，完善统计体系

建立健全服务业的对外开放和行业管理的法律体系，既是我国发展服务业的客观要求，也是履行 GATS 透明度要求的必要措施。我国应建立并完善既适应国情又符合国际规则的服务业和服务贸易的法律法规体系，确保中央和地方立法的统一和协调，加快制定各行业的基本法律，辅之以各项基本法规的实施细则和单项法规。同时还应扩大服务业政策的透明度，规范立法权限，及时对外公布有关服务业和服务贸易的法规，并指定专门渠道对外发布信息及提供咨询。

统计指标的完善对于服务贸易的指导性作用尤为重要。具体到各个方面需要建立科学、统一、全面、协调的统计调查制度和信息管理制度；完善服务贸易统计数据发布制度；完善服务贸易统计数据库，建设公共信息服务平台；等等。

五、结　论

当前我国服务贸易（特别是“十一五”期间）发展迅速，发展规模也逐年扩大，但远远落后于发达国家，甚至落后于与我国经济发展水平相当的发展中国家。制约我国服务贸易发展的因素是进出口结构不合理，服务业的市场化开放程度低、逆差状况严重等，这都导致了我国服务贸易整体竞争力较弱。在当前世界服务贸易快速发展的趋势下，要进一步降低进入门槛，加快服务业的改革开放，推动技术创新，完善服务贸易发展的政策措施，营造良好的发展环境，促进我国服务贸易的快速发展，更好地完成“十二五”规划目标。

参考文献：

［1］何德旭. 中国服务业发展报告 No.5：中国服务业体制改革与创新［R］. 社会科学文献出版社，2007.

［2］谭小芬. 中国服务贸易竞争力的国际比较［J］. 外贸经济国际贸易，2003（6）.

[3] 赵书华，李辉. 加快提高中国服务贸易的国际竞争力 [J]. 国际贸易论谈，2006 (6).

[4] 汪素芹. 国际服务贸易 [M]. 北京：机械工业出版社，2007.

[5] 吴建功，刘佳刚. 中国对外贸易学 [M]. 长沙：国防科技大学出版社，2006.

[6] 郑昌吉. 服务经济论 [M]. 北京：中国商务出版社，2005.

[7] 陶明. 服务贸易学 [M]. 太原：山西经济出版社，2001.

[8] 郑昌吉. 中国服务贸易国际竞争力指标评价 [J]. 经济问题，2005 (11).

[9] 陈怡，林春回. 我国服务贸易统计问题研究 [J]. 华侨大学学报，2005 (4).

[10] 胡曦，钱聪. 国服务贸易国际竞争力分析 [J]. 国际市场，2007 (4).

[11] 张妮. 挖掘服务贸易潜力促进经济结构调整 [J]. 中国发展观察，2007 (1).

[12] 王翠. WTO 与我国服务贸易的对外开放 [J]. 北方经贸，2003 (6).

[13] 康承东. 国服务贸易国际竞争力分析 [J]. 国际贸易问题，2001 (11).

[14] 白仲尧. 中国服务贸易方略 [M]. 北京：社会科学文献出版社，1998.

[15] Sherry Stephenson. Services Trade Liberalization and Facilitation [M]. Asia Pacific Press, Canberra Australia, 2002.

[16] G. Feketekuty. International Trade in Services, an Overview and Blueprint for negotiations [M]. Cambridge, Mass: Ballinger, 1988.

浅析碳关税对我国农产品出口的影响

潘　影[①] 马乃云[②]

一、研究背景

中国外贸总额已经跻身世界三甲，成为名副其实的贸易大国。如何由强到大，走出外贸粗放型增长困境，步入良性的科学发展轨道，是中国经济发展的关键。诚然，对于我们这样一个农业产值占 GDP 20%左右，农村人口占70%左右的农业大国来讲，什么时候能够解决我国 7 亿多的农民生活短板问题，贸易就可以达到强国的水平。近年来，全球贸易自由化趋势明显，传统的关税和非关税贸易壁垒冲击逐渐减弱。但是，一种新型的贸易壁垒“碳关税”悄然兴起，并逐渐成为一些发达国家实行贸易保护的新工具。

碳关税，也称边境调节税（BTAs），指对在国内没有征收碳税或者能源税、存在实质性能源补贴国家的出口产品征收特别的二氧化碳排放关税，是发达国家对从发展中国家进口的碳排放密集型产品征收的进口关税。“碳关税”从表面看来是一种用贸易政策制约碳排放的碳贸易限制措施，实际上极易被扩大为“碳关税”壁垒，从而对包括农产品在内的货物自由贸易造成巨大的冲击。中国是一个农业大国，农产品出口在缓解国内农村剩余劳动力压力、农民增收、解决国内农产品剩余、稳定农村和构建和谐社会等方面都发挥着重要的作用。因此，对于农产品出口而言，碳关税对它的影响不容小

① 潘影（1989~），女，北京工商大学 2011 级财政学专业 2011 级硕士研究生。研究方向：财政理论与政策、税收理论与实务。邮箱：penny1221@sina.cn。

② 马乃云（1965~），女，安徽淮南人，北京工商大学经济学院副教授、硕士生导师。研究方向：财政理论与政策、税收理论与实务。邮箱：many@th.btbu.edu.cn。

觑，尤其是对中国农产品出口贸易向低碳化转型而言，研究碳关税对农产品出口贸易的影响和在此背景下的应对措施，就具有重要意义。所以，本文试图从短期和长期两个角度分析碳关税对农产品出口贸易的影响，以期为中国农产品贸易的绿色发展、我国贸易的可持续发展寻找有益的启示。

目前，一些学者主要通过对碳关税的影响和后果分析，提出了中国应对"碳关税"的措施。吴立波、汤维祺（2010）提出，中国要有效应对"碳关税"冲击，只有提高能源利用效率，进行更为彻底的能源价格改革，强调经济增长方式的转变，从而更好地发展低碳经济。徐驰（2010）研究了碳关税的特征和形成的原因，并以中美贸易为例分析了碳关税对国际贸易的影响。徐驰在中国应对碳关税方面，强调中国应积极推动"国际气候组织"的形成，并从中获得更多的决策权，以期在这场低碳贸易的竞争中获得更多的主动权。中国国内现在针对碳关税影响的定量研究尚处于在发展阶段，在已有的相关的分析中，节能减排对经济造成影响的学术论文里 CGE 模型是最常见也是常用的分析工具。测算碳关税政策对中国经济影响的研究方法也主要以一般均衡模型即 CGE 模型为主。大部分学者采用投入产出法结合 CGE 模型对碳关税可能造成的影响进行分析，同时也有生命周期法等不同的方法得到应用。如鲍勤、汤铃、杨列勋（2010）基于 2007 年中国投入产出表编制了 SAM（社会核算矩阵），作为 CGE 模型的数据基础测算了美国征收碳关税对我国对外贸易、经济、环境等方面的影响；沈可挺、李钢（2010）采用的方法是在 2002 年中国投入产出表的基础上构建 SAM，计算隐含碳排放量和隐含碳排放强度系数，并以此作为 CGE 建模的核算框架。刘强、庄幸、姜克隽、韩文科（2008）则利用生命周期评价法对中国出口贸易的 46 种重点产品的载能量和碳排放量进行了计算、比较和分析，测算碳关税对各部门的影响。余进（2011）通过投入产出模型，利用 MATLAB 软件估计了实施不同碳关税规则下我国相关部门的产品价格的变化，指出碳关税的实施使我国受影响较大的并不是传统的直接碳排放高的行业，而是一些技术含量较低的行业。

二、碳关税对我国农产品出口的影响

（一）短期效应：抑制农产品出口

碳关税作为海关对高耗能农产品所征收的一种惩罚性关税，从短期来看将会增加农产品的出口成本，加大我国农产品开拓国际市场的难度，降低其竞争力，导致贸易数量减少，进一步恶化我国农产品的贸易条件。

1. 碳关税会增加我国农产品出口成本，削弱出口竞争力

目前，在欧美发达国家中最为常见的是 20~60 美元/吨的碳关税税率。表 1 和表 2 模拟了如果在 20 美元/吨的碳关税税率下（以 2007 年汇率为基准，即 1 美元对人民币 7.8073 元）我国 2001~2007 年农产品出口的碳税负担。其中，碳税负担 =（出口额/GDP）× 碳排放量 × 假设税率。我们从表中可以看出，在 2007 年，即使是在最低的假设碳关税税率下，农产品出口的碳税负担几乎达到 1 亿美元，占贸易总额的 0.12%，更不用说是 60 美元/吨的碳关税税率。随着时间的推进，若考虑我国农业生产碳排放总量和发达国家碳关税税率逐年递增的情况，我国农产品的碳税负担将进一步增加，进而出口成本也将相应地增加。从生产方面来说，我国农产品出口企业需要通过发展高科技来进行生产方式的改变，减少碳排放量，以期符合发达国家碳排放

表 1　2001~2007 年我国农业碳排放情况

年　份	二氧化碳排放量（单位：吨）	农业 GDP（单位：万美元）	二氧化碳排放量/GDP（单位：吨/万美元）
2001	21573000	20214000	1.07
2002	22578000	21181000	1.06
2003	22959000	22263000	1.03
2004	28642000	27427000	1.04
2005	29579000	29550000	1.00
2006	32676000	31684000	1.03
2007	46434000	35986000	1.29

资料来源：中国科学院可持续发展战略研究组. 2009 中国可持续发展战略报告——探索中国特色低碳道路.北京：科学出版社，2009；中国统计年鉴（2001~2007）。

表 2　2001~2007 年我国农产品出口碳税负担情况

单位：万美元

年　份	出口额	碳税负担	贸易总额	碳税负担占贸易总额比重（%）
2001	1607000	2438.9	2790000	0.12
2002	1804000	3824.5	3723000	0.10
2003	2143000	4414.6	4036000	0.11
2004	2339000	4865.1	5142000	0.09
2005	2758000	5516.0	5629000	0.09
2006	3103000	6392.2	6302000	0.10
2007	3701000	9548.6	7810000	0.12

资料来源：中国统计年鉴（2001~2007），中国人民银行.

量标准，这无疑会导致企业的生产成本增加，不利于农产品企业的可持续发展。另外，由于大多数企业以及商检部门的检验检测技术还比较落后，和发达国家相比还显得不够成熟，使得我国农产品无法顺利通过发达国家在产品的生产、加工、流通等环节的碳排放测试而排挤出国际市场。为了改变这种局面，我国企业需要大量引进人才和先进的检测检验技术，进口相关配套设备，这将导致我国农产品出口成本将进一步的增加，我国农产品在国际市场上的竞争力将被大大削弱，最终加大了我国农产品开拓国际市场的难度。

2. 碳关税会减少了我国农产品的出口数量，降低了国际市场占有率

我国目前农产品出口的主要市场为西方发达国家和一些新兴工业化国家和地区，从表 3 中我们可以看出，日本、英国、美国为我国农产品的主要出口国家，而这些国家恰好是碳关税的鼓吹者。他们强调环保技术的实施、对产品的含碳量进行严格的限定，通过层层的国际贸易门槛使我国许多出口农产品因达不到标准而排挤出国际市场。目前，对我国那些因为资金、技术等方面的不足而无法改进农产品的科技含量、能耗量和污染量的企业，一旦进行碳关税的征收，所生产的产品将无法达到发达国家的碳排放标准而无法顺利进入国际市场，大大减少了我国农产品出口数量，降低了国际市场占有率。

若我们结合国际贸易中世界市场农产品进出口需求曲线和出口供给曲线对征收碳关税之后农产品贸易数量的变化进行分析，可以清楚地看到在农产品征收碳关税之后，出口商因为需要缴纳碳关税这一额外的成本必然导致农产品供给减少，供给曲线左移。在短期中需求不易变化，这必然会抑制农产品的贸易数量，并且这一抑制效应的实际大小取决于碳关税的税率水平。税率水平越高，贸易数量的抑制效应越明显。

表 3 2003~2005 年我国出口农产品产销分国别（地区）总值

单位：万美元

年份 地区	2003	2004	2005
日本	455474	385423	792687
亚洲	1628527	1585466	1794548
英国	29415	17229	39056
欧洲	260077	243740	449673
美国	136390	105374	283868
北美洲	154995	120168	322086

资料来源：农业年鉴（2005~2006）.

3. 恶化农产品贸易条件，抑制比较优势的发挥

根据《中华人民共和国气候变化初始国家信息通报（2005）》，我国农业活动中动物肠道发酵的二氧化碳排放量占59.21%，动物粪便管理系统的碳排放量是5.04%，而粮食种植的碳排放量只占35.75%。而从表4可以看出，我国劳动密集型产品具有明显的比较优势，因此我国诸如活家禽、水海产品等劳动密集型农产品更容易被征收碳关税，其生产规模被迫缩小。此外，劳动密集型产品主要是依靠低廉的劳动力获取竞争优势，而碳关税的实施势必会改变未来贸易格局，我国农业部门将不得不被迫进行产业升级，这势必会减少一些部门对劳动力的需求，使得劳动力资源被迫向土地密集型农产品部门转移，导致我国农产品比较优势得不到充分的发挥，最终将不利于整个社会资源的优化配置和我国农业产业结构的调整。

表4　2008~2010年我国部分主要农产品出口情况

单位：万美元、万吨

种类 \ 年份	2008		2009		2010	
	出口量	出口额	出口量	出口额	出口量	出口额
稻谷和大米	97	48326	79	52506	62	41868
棉花	1.64	3410	0.83	1812	0.65	921
食用植物油	24.76	40156	11.40	15149	9.25	12262
食糖	5.84	2708	6.39	3365	9.43	6386
蔬菜	624	416654	636	499576	655	798093
活家禽	1166	3399	696	2608	696	2610
水海产品	175	517708	209	680851	243	880218

资料来源：中国统计年鉴（2007~2010）.

4. 恶化农产品的贸易环境

为监测全球贸易保护措施的进展情况，世界银行2010年5月发布了《临时贸易壁垒数据库》报告。报告显示，2010年第一季度47%的新发起贸易调查与82%已完成的贸易调查均针对或涉及我国，我国出口商继续成为贸易救济调查案的头号目标。如今，欧美发达国家积极筹划的碳关税是对未承担约束性减排的主要发展中国家实行的惩罚性关税，是针对所有出口产品征收的，覆盖面大且长期征收。就我国农产品出口而言，一方面是贸易壁垒扩散效应。只要有一个发达国家对中国农产品出口进行碳标准限制，其他国家就会纷纷效仿和报复，甚至催生其他的多种新型贸易壁垒。由此而产生的消极影响逐步扩散到我国农产品的其他出口国家，大大缩小了我国农产品的国际市场范围。如美国众议院于2009年6月投票通过了《美国清洁能源与安全

法》法案（ACESA），该法案率先将碳关税条款纳入气候安全法中；同年11月24日法国政府在欧美成员国环境部长非正式会议上提出从2010年起对那些在生产、运输以及使用中会产生二氧化碳的产品征收“能源—气候”税，其本质与美国的碳关税如出一辙；据悉，加拿大的碳关税政策也呼之欲出。另一方面是舆论导向效应。自从发达国家提出实施碳关税后，各种广播、电视、报纸和网络等媒体开始纷纷对其进行介绍、宣传和评论。在这样的氛围之下，人们将会更加关注农产品生产方式的低碳化，低碳消费也将慢慢为大众所推崇，这样会增加广大国外消费者对我国部分农产品的消费担忧，使得我国农产品的出口前景不容乐观。

（二）长期效应：促进我国农产品贸易可持续发展

碳关税的征收在短期内会缩小农产品的出口规模，减少我国部分农产品的市场准入机会，降低国际竞争力，造成我国的财富损失，并且会减少我国相关农产品行业的就业机会，不利于我国新农村的建设。此时，如果我国选择将受限农产品销往其他没有设置或者设置了较低碳关税税率的国家和地区，或者通过集体力量与进口国政府谈判来保持自己的市场份额，这样的做法在短期内可以避免其抑制效应。但是，随着人们环保意识的增强，高碳排放的农产品将无法继续保持其市场占有率。所以，我们应该顺应世界绿色经济的趋势，充分利用因农产品碳关税而产生的技术水平的发展、生态环境的改善、农业产品结构的调整等积极影响，帮助推进农产品生产方式向绿色循环经济转变，在长期中促进农产品贸易的健康发展。

1. 有利于我国农业科技的进步，改善农业生态环境

随着我国经济的发展，我国农产品的生产技术的不断提高，农业科技的创新已经取得了一定的进展。但是相比于发达国家，我国当前的农业生产技术还不够成熟。我国农产品要打破碳关税壁垒，达到发达国家的各种检测指标，就必将促使我国政府和农业企业增加在农业科技的投入，进行农业科学技术创新，合理配置和有效利用自然资源，降低生产中的能耗和碳排放。如表5所示，我们可以看出减少二氧化碳的排放量将大大减少农业部门能源消耗。这样不但改善了我国农业生态环境，在确保我国的农产品质量的同时也促进了我国农业的可持续发展。这样即使碳关税真正的开始实施，我国农产品在国际的竞争中也不会处于被动不利的位置。

2. 优化我国农业产品结构，发展低碳农业

当前，我国农产品出口经营的专业化、规模化、集团化程度不高，生产、加工出口的一体化还未实现，同世界各国的国际标准无法很好的统一。

表 5　二氧化碳排放量的减少对农业部门能源消耗的影响

单位：%

部门＼减排	5	10	15	20	25	30
农业	−2.042	−4.216	−6.588	−9.091	−11.792	−14.756
煤炭	−6.235	−12.370	−18.522	−24.774	−31.177	−37.764
石油、天然气	−2.010	−4.076	−6.198	−8.431	−10.776	−13.289

资料来源：中国社会科学院数量经济与技术经济研究。

低碳标准一旦实行，我国部分不能达标的高耗能高污染高排放的“三高”企业将被淘汰，科技含量低，农药、化肥含量高的农产品就很难进入国际市场。为了促使我国农产品顺利进入国际市场，保持自己在国际市场的占有率，增加农产品出口数量，就必须从国际市场的需求出发，加快农业产品的结构调整，大力发展生态农业、绿色农业，优化农产品结构。从国际经验来看，1990 年以来瑞典在碳关税约束下，温室气体排放降低 9%，经济增长 44%。由此可见，如果合理地利用碳关税迫使我国加快农业结构的调整和升级，将会对我国农业经济产生积极的影响。

3. 有助于借鉴国外的先进经验和技术，完善我国相关法律、法规、制度，建立农产品低碳监控体系

国家的环境标准低，资源会加速减少，环境污染会加剧，并最终导致国际竞争力的进一步下降。目前，我国系统的、专门性的低碳农业发展制度和政策还未出台，减排治理还没有落实到具体的政策当中，从而导致了部分农产品生产的高碳化。如果放任这种情况不变，碳关税的推行将对我国农产品的出口产生巨大的冲击。为此，我们可以借鉴一些发达国家拟征碳关税的相关政策。在立法方面，继 2007 年美国参议员提出《低碳经济法》之后，2009 年美国众议院通过《美国清洁能源安全法》，2007 年英国推出全球第一部《气候变化法》等。在经济手段方面，英国 2007 年专门成立了碳基金鼓励英国企业使用碳标签；丹麦对于生物质能发电采取财政补贴激励；芬兰对电力行业免税、对非燃料使用的中间投入免税；瑞典对工业部分征收一般碳税的 50%；美国政府将排放配额免费分配给公共事业部门来保护消费者免受价格上涨的影响；英国先后启动了碳基金、气候变化税、碳排放交易和拍卖配额等政策工具，为碳预算方案的执行提供资金基础。在行政手段方面，英国能源、商业和交通等部门还分别公布了一系列配套方案，如《英国低碳工业战略》、《低碳交通战略》等；日本农林水产省于 2011 年开始实施农产品碳标签制度，日本市场销售的农产品将自带环保标签，向消费者显示其生产过程中排放的二氧化碳量，旨在鼓励生产和消费环保农产品。通过学习和借鉴发达

国家的经验，完善我国关于低碳农业、低碳经济的法律、经济、行政制度保障，逐步与国际接轨，建立健全规范我国农产品质量安全、卫生的监控系统，为我国发展低碳循环经济奠定了制度基础。

三、对策和建议

我国是世界上最大的发展中国家，也是主要贸易大国和农产品出口国，碳关税的征收对我国农产品出口的影响尤其是短期内的负面影响是巨大的。考虑到未来低碳经济将成为一种趋势甚至是新的经济点，我国必须正视碳关税这把“双刃剑”的威力，未雨绸缪，积极应对。

1. 优化产业结构，大力发展低碳绿色农业

在发展低碳经济的大趋势下，我国应逐渐改变农业高碳化的生产方式，确立低碳绿色农业的发展模式。在技术方面，我国企业在应对农产品农药和有毒物质残留、包装技术不合格、动植物病虫害等方面的技术还不够成熟，我国应该加大技术创新的力度，建立先进科学的生产管理体系，实现农产品的产业化、集约化经营，把科技兴农作为我国农产品提升国际竞争力的长效武器。具体而言，企业可以大力研发垄作免耕技术、生态施肥技术、病虫害防治技术，合理利用秸秆资源、沼气工程促进节能减排更好地实现，把低碳技术贯穿于整个农业的生产之中。在政策标准方面，我国必须加强对农产品出口贸易的政策引导，以期实现农业的低碳化。政府应该为企业提供有利于低碳绿色农业发展的税收优惠和财政补贴，促使企业向污染少、能耗底、排放少、附加值高的生产模式转变，优化我国农业产品结构，发展循环经济，以期实现经济和环境的“双赢”；我国应该加快制定农产品碳排放国家标准，对出口农产品出具碳标签。随着社会日益增长的环保意识，未来的世界农产品贸易发展必然会呈现出低碳化的趋势，发达国家对于农产品的质量要求会越来越严格。在这样的背景下，为了实现我国农产品的顺利出口，必须加强政府对农产品生产、加工、运输等各个环节的标准化、规范化，确立“低碳标签”制度，逐步建立起低碳产品的认证体系。低碳标签的公开性和透明性不仅促使了“低碳消费”的推广，还对“低碳生产”起到了有效的监督作用。

2. 积极争取碳关税规则制定的主动权和话语权，有效地抵制贸易保护主义

目前，国际上并没有一个统一的碳排放量参照标准，发达国家很可能为了维护本国的利益而提出不利于我国的出口产品碳排放标准。因此，我国要联合发展中国家，采取积极协作的态度共同维护自身的利益，而不是被动地

成为发达国家主导的国际贸易规则的牺牲品。我国应该加强同国际社会的交流和沟通，通过参与国际公约或者协定中关于碳关税的协商和谈判，尽可能成为规则制定的参与者，以争取确立更为有利于我国对外贸易的规则，有效抵制贸易保护主义。如我国也可以对发达国家出口到我国的含碳农产品征收碳关税，这样既为我国农产品生产企业的生存和发展创造良好公平的贸易环境，也改善了我国农产品的出口环境，同时推进了全球减少碳排放目标的实现。

3. 借鉴他国经验，强化农产品低碳意识、实现目标市场多元化

一方面，我国可以借鉴国外企业成功经验，按照国际惯例大力推行一系列相关环境管理体系认证工作，以期达到发达国家的各项检测指标。加强企业内部培训，引导企业员工树立绿色农业、集约农业、规模农业的理念，将“低碳”概念植入人心，并逐步贯彻到企业源头控制、生产、加工、运输的各个环节，强化农产品低碳意识。另一方面，我国要积极拓展新兴出口市场，实施出口目标市场多元化战略，形成多层次、阶梯型、全方位发展的农产品目标市场的发展格局，以避免单一的外部地理方向，削弱碳关税的短期抑制效应。

参考文献：

[1] 董洪敏，李玉娥，陶秀萍，彭小培，李娜，朱志平. 中国农业源温室气体排放与减排技术对策 [J]. 农业工程报，2008 (10).

[2] 张茉楠. 加快经济转型，全面应对碳关税冲击 [J]. 开放导报，2011 (8).

[3] 张曙霄，郭沛. “碳关税”的两重性分析 [J]. 经济学家，2010 (11).

[4] 保罗·克鲁格曼，茅瑞斯·奥伯斯法尔德. 国际经济学（中译本第 6 版）[M]. 北京：中国人民大学出版社，2008.

[5] 鲍勤，汤铃，杨列勋.美国征收碳关税对中国的影响：基于可计算一般均衡模型的分析 [J]. 低碳经济与中国发展，2010 (3).

[6] 沈可挺，李钢. 碳关税对中国工业品出口的影响——基于可计算一般均衡模型的评估 [J]. 财贸经济，2010 (1).

[7] 刘强，庄幸，姜克隽，韩文科. 中国出口贸易中的载能量及碳排放量分析 [J]. 中国工业经济，2008 (8).

[8] 吴立波，汤维祺. 碳关税的理论机制与经济影响初探 [J]. 世界经济情况，2010(3).

[9] 徐驰. 碳关税对国际贸易的影响分析及应对措施——以中美贸易为例 [J]. 技术监督教育学刊，2009 (1).

[10] 詹晶. “碳关税”对我国农产品出口的影响 [J]. 经济纵横，2011 (4).

[11] 何解定，李秀. 碳关税对我国农产品出口的影响研究 [J]. 中国集体经济，2011 (11).

我国茶叶出口现状及对策建议

罗　庚[①]

作为茶文化的发源地和茶树的原产地，我国有着悠久的生产和饮用茶叶的历史。茶叶也是中国传统的出口农产品，自古以来就是中国出口贸易的主要产品，直到鸦片战争前后，世界茶叶贸易都几乎被中国垄断。尽管在1840年以后的100多年间，中国的茶叶经济从独占世界市场滑落到无足轻重，但新中国成立后，由于茶叶在出口创汇方面的积极作用，使其被列为具有战略意义的产品，生产得到大力发展，出口贸易随之稳步上升。

近年来的出口数据显示，我国茶叶的出口量和出口价值总体上保持增长，但增长速度并不理想，并未达到世界茶叶出口量和出口价值的增长速度，我国经营着全世界最大的茶园，但是却没有因此获得最大份额的外汇收入。我国虽是一个茶叶出口大国，却不是一个茶叶贸易强国。特别是近年来我国的主要茶叶出口国——日本、美国、欧盟，频繁对我国使用技术性贸易壁垒，对我国茶叶出口造成了很大的障碍。如何改善我国茶叶的生产质量，扩大出口份额，实现由茶叶出口大国向茶叶贸易强国的转变是值得认真研究、探讨的重要课题。

一、我国茶叶贸易现状

（一）世界茶叶贸易概况

茶是世界三大饮料之一，拥有数量众多的消费者，其消费数量仅次于世

---

① 罗庚（1988~），男，安徽六安人，财政部财政科学研究所财政学专业2010级硕士研究生。研究方向：国家税收。邮箱：lgeng99@163.com。

界排名第一的矿泉水。根据 2010 年的数据显示，肯尼亚的茶叶出口 44.1 万吨，居世界第一位，中国茶叶出口 30.24 万吨，是世界第二出口国。印度、斯里兰卡和印度尼西亚分别位居第三至第五。从出口总量上来看，上面的五个茶叶主要出口国近年来每年都要向世界各茶叶进口国出口占世界总出口量七成以上的茶叶产品，其所占地位可见一斑。俄罗斯、美国、英国、巴基斯坦和埃及则是世界茶叶主要进口国，2010 年，这五国茶叶进口量为 62.8 万吨，占世界茶叶进口总量的 39.8%。2010 年，俄罗斯联邦茶叶进口量为 17.9 万吨，位居世界首位，全国 95%的居民有饮茶的习惯，茶叶消费以红茶为主；英国茶叶进口也位居世界前列，77%的居民有饮茶习惯；美国是茶叶消费的传统大国，并且消费呈增长趋势；埃及、巴基斯坦和日本等国茶叶进口量也较大，并且增速较快。

总的来说，世界茶叶贸易目前特点主要体现在以下几个方面：

第一，红茶占主体部分，绿茶消费量在不断增长。2000 年以后，从增长速度来看，世界茶叶出口量每年增加 3.1%，红茶为 1%，绿茶预计为 2.8%。

第二，由于厂商或者其他组织对茶叶营养价值、保健功能的宣传，以及茶叶产地人们生活水平有了很大的提高，再加上更多重视生活质量的消费者的出现，茶叶生产国的产品自销量正在增加。因为这个原因，一些国家的出口量正在小幅度的减少（如印度），茶叶的消费结构正慢慢发生变化。

第三，全球范围内种植茶树的国家有 60 多个，茶叶的产量正逐年稳定增加，而消费者的需求虽然也有增加，但相对于茶叶产量毕竟不足。这种态势造成了茶叶市场供大于求的状态。另外，国际茶叶市场竞争者众多，虽然各国间会通过茶叶论坛等方式来协商探讨，但相互之间仍很难达成一致意见。以上情况带来的影响就是茶叶市场价格总体水平比较低，定价混乱，价格差异很大，并在取消出口配额制后变得更加严重，许多名贵的茶叶价格偏低，导致消费者在选择茶叶时难以区分，影响消费者的鉴别能力和企业的销售量。

第四，类似于速溶咖啡的发明，袋泡茶和速溶茶的出现也在很大程度上刺激了全球消费。越来越多的消费者选择这种既简捷方便又不失健康的现代化饮茶方式。其中袋泡茶出现于 20 世纪初，并在 20 世纪中期消费量急剧上升，到了 80 年代速溶茶已普遍受到广大厂商的重视，主要的出口国也开始大量的生产并出口速溶茶；美国、日本等主要的茶叶进口国的进口量开始大幅度增长。

（二）我国茶叶出口贸易现状

我国的茶叶一向以种茶历史悠久、茶叶文化浓厚、传统工艺精湛、茶叶种类齐全等特色著称。从图 1 可以发现，自 2000 年起至 2010 年，我国的茶叶出口量和出口价值增长十分缓慢，无论是从茶叶出口量上，还是从出口价值上都达不到世界茶叶出口量和出口价值的增长速度。从表 1 可以计算出，我国茶叶出口量占世界茶叶出口量的比例除了 2009 年较为特殊外，一直保持在 17%~18%，变动幅度不大。

表 1　2001~2011 年我国与世界茶叶出口量

单位：万吨、亿美元

年　份	出口量（中国）	出口额（中国）	出口量（世界）	中国茶叶出口量占比（%）
2001	25.22	3.58	145	17.39
2002	25.49	3.47	158	16.13
2003	26.27	3.85	153	17.17
2004	28.26	4.54	163	17.29
2005	28.88	4.99	172	16.81
2006	28.86	5.63	163	17.71
2007	29.22	6.21	170	17.17
2008	29.95	6.45	168	17.82
2009	30.29	6.96	145	20.89
2010	30.24	7.84	161	18.78
2011	32.26	9.65	172	18.76

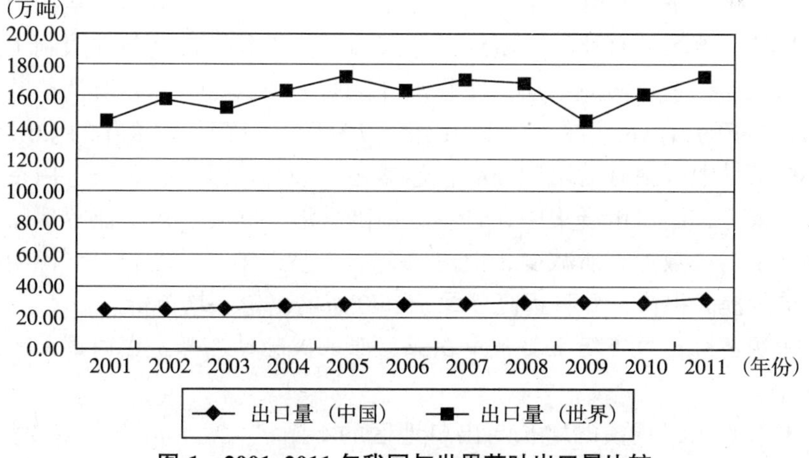

图 1　2001~2011 年我国与世界茶叶出口量比较

以上分析说明，我国茶叶出口总体上保持着增长趋势，但是增长速度并不理想，并未达到世界茶叶出口量和出口价值的增长速度。因此，我国须在保持现有的世界茶叶出口市场份额的基础上加快步伐，采取措施提高茶叶出口量和出口价值的世界市场占有率，稳定住茶叶出口大国的地位。随着我国茶叶产业发展过程中各种弊端的出现，以及国外肯尼亚、斯里兰卡等茶叶生产大国比较优势的凸显，世界茶叶市场竞争越来越激烈，我国在世界茶叶市场的地位受到很大的威胁。现阶段我国茶叶产业的整体科技含量上明显不足，而生产效率的低下造成了茶叶产量高而单价低的情况，与世界平均茶叶单价比较总体优势不大，甚至没有优势，这严重损害了茶企、茶商的利益，容易造成效率低下的恶性循环。

（三）我国茶叶出口贸易特点

1. 中国茶叶出口品种多样，但以绿茶为主

中国茶叶出口主要包括绿茶、红茶、特种茶三大部分。其中绿茶出口规模居世界第一，占世界绿茶贸易量的 80%以上，目前我国绿茶出口到 105 个国家和地区，传统出口市场包括摩洛哥、乌兹别克斯坦、加纳等亚非地区的伊斯兰国家和日本，新兴市场包括美国、俄联邦、土库曼斯坦等。出口绿茶中最主要的品种是珠茶和眉茶，绿茶在中国出口的各种茶类中所占份额最高，并且逐年递增的幅度最大。由此可见，绿茶作为中国出口第一大茶类，地位越来越重要。

红茶是当今世界茶叶消费的主体，年贸易量超过 100 万吨，约占世界茶叶贸易总量的 75%左右，红茶的进口市场主要集中在欧美、中东的国家和地区。我国出口红茶包括红碎茶、功夫红茶和小种红茶，功夫红茶是我国特有的红茶品种，著名的有祁红、滇红、粤红等。由于我国自然条件限制了红茶品质，加上加工企业实力不强，使我国红茶多为中低档产品，取消茶叶出口补贴后，红茶的出口量锐减，从 1991 年的 7.5 万吨下降到 2008 年的 4.0 万吨。

特种茶是中国独有的出口商品，包括乌龙茶、普洱茶、花茶、白茶、黄茶、紧压茶等，出口市场集中在日本、中国香港、欧美、东南亚等地。近年来，特种茶出口数量有所减少，但出口金额却呈逐年上升的趋势，说明特种茶平均单价提高很快，并且远高于绿茶和红茶的出口平均单价。

2. 中国茶叶出口市场主要集中在亚、非地区，摩洛哥是中国最大的茶叶出口国

我国茶叶出口规模的增长与出口地区的不断扩大密切相关，20 世纪 50 年代茶叶出口只有 10 余个国家和地区，2000 年以来，中国茶叶先后出口到

世界五大洲 100 多个国家和地区，但将近 80%集中在亚、非地区，其次是欧洲和北美洲。2011 年中国茶叶出口到非洲的数量是 16.32 万吨，占我国茶叶出口总量的 50%，金额为 4.74 亿美元。从出口数量的发展趋势看，2000~2011 年，我国茶叶出口市场越来越向亚、非两大洲集中。2004~2011 年，对摩洛哥茶叶出口一直居中国茶叶出口国别市场第一位。

2011 年对摩洛哥茶叶出口量 6.36 万吨，出口金额达到 1.9 亿美元，分别占当年中国茶叶出口额和出口总量的 19.71%、19.64%。2011 年在数量上我国茶叶出口国别前 5 位分别为摩洛哥、乌兹别克斯坦、美国、日本和俄罗斯，对上述 5 国茶叶出口占我国茶叶出口量的 45.6%。

3. 中国茶叶出口省份集中，浙江省出口规模多年第一

2011 年，中国有 24 个省、市、区出口茶叶。2000 年以来，浙江省茶叶出口数量和出口金额均居首位，并且发展速度很快。出口规模居其次的是湖南省，其余茶叶出口主要地区分别是安徽、上海、福建和广东，但在出口规模上都与浙江相去甚远。从全国范围看，东部地区的茶叶出口数量和金额都远大于中西部地区。

浙江省茶叶生产历史悠久，是世界名茶龙井的原产地，现与世界约 50 个国家和地区建立了茶叶贸易关系，主要出口珠茶、眉茶、蒸青茶和名优茶等绿茶。同时，浙江还是全国茶叶科技人才最密集的地区，茶农素质高，茶叶科技创新能力强，生产实用技术普及率高，拥有茶叶科研与人力资源优势。从浙江省 2000 年以来的茶叶出口变化趋势看，出口金额的增长速度远快于出口数量的增长，说明进入 21 世纪以来，面对激烈的国际市场竞争，浙江省开始重视茶叶出口“质”的提高，而不再是以前出口重“量”不重“质”的粗放型增长。

二、我国茶叶出口贸易中存在的问题

（一）质量问题

近十年来我国茶叶的质量监督抽查合格率总体上不断上升，茶叶质量逐渐提高，但在农残等方面仍然存在一定问题。特别是主要茶叶进口国陆续颁布各种茶叶产品的质量检验、检疫规定和法令，提高茶叶的入境门槛后，这一问题尤为严重。自欧盟 2002 年实施新的茶叶农残标准以来，我国茶叶出口欧盟影响日益显著。2004 年，欧盟从中国进口的茶叶数量较 2002 年约下

降了一半。

近年来，随着绿色茶叶、无公害茶叶和有机茶基地的建立以及国家质检部门的监督，我国茶叶的农残问题正在逐步缓解，茶叶产品的质量有所提升，但是离国际上对茶叶可食用性、营养性、保健性、安全性、经济性和美观性的质量要求还有很大差距。氰戊菊酯、甲氰菊酯和优乐得等仍是茶叶出口主要的超标残留农药，最近中国茶叶中的有害重金属残留也出现超标现象，大肠杆菌和沙门氏杆菌等有害微生物残留以及加工生产过程中含有的非茶异物，这些都严重影响了我国茶叶产品的质量和国际声誉。我国茶叶出口要想在国际市场上长期处于领先地位，必须保证茶叶的质量和卫生，控制茶叶的药物残留问题。

（二）品牌问题

中国虽然是产茶大国，茶叶产品品种繁多，但是缺乏有国际影响力的品牌。我国有名茶但无名牌，茶叶产业发展还处在初级阶段，品牌竞争意识比较淡薄。据统计资料显示，在中字头下属的 12 家省级茶叶公司中，只有 4 家有注册商标；全国生产加工茶叶的企业有 6.7 万家，只有近千家茶叶有注册商标，能称得上品牌的几乎没有。我国出口的茶叶以初级产品为主，大多技术含量和附加值均较低，国际竞争力不强，在国际市场上也主要靠价格优势取胜。由于缺乏名牌产品，2007 年我国茶叶陷入了产量第一、创汇第三的尴尬处境。据新华社报道，中国每年茶产值仅为 300 亿元人民币，而英国品牌茶叶“立顿”年产值约 230 亿元人民币，相当于中国茶产值的 76.67%。

中国茶叶因为缺乏品牌而痛失市场的“恶果”首先出现在出口市场。根据联合国统计数据显示，1990 年，我国茶叶出口 19.55 万吨，出口创汇 4.13 亿美元；斯里兰卡出口 21.71 万吨，出口创汇 4.93 亿美元。中国茶叶的出口平均价格要高于斯里兰卡。但是 2007 年，我国茶叶出口 28.96 万吨，出口创汇 6.04 亿美元，每公斤平均出口单价 2.09 美元。这一价格仅为印度的 87%、斯里兰卡的 64%，严重影响了我国茶叶的出口创汇。印度和斯里兰卡的红茶品牌占据了国际市场的大多数，其中世界著名红茶品牌印度有 50 多个，斯里兰卡有 30 多个，而中国 1 个也没有。

（三）市场问题

我国茶叶出口主要依靠劳动力成本低廉、生产价格较低来获取竞争优势。据统计，国际茶叶产品中生产环节可以创造 30%的效益，而品牌能创造的效益占 70%。产品存在质量隐患，安全没有保障。特别是近些年来，日本、欧盟和美国等主要进口国家（地区）陆续实行各种非关税壁垒，提高茶叶农药残留限量标准，实施安全卫生监控计划等，对我国茶叶出口造成了巨大影响。

2003 年 5 月，日本修改了《食品卫生法》。2005 年 6 月，日本又发布了《食品中农业化学品肯定列表制度》，并对 251 种与茶叶有关的农药作了规定。2006 日本实施《肯定列表制度》，这些使得当年我国茶叶对日出口量大幅降低，出口成本增长。同样，美国和欧盟越来越严格的农残标准和技术性贸易壁垒使得我国茶叶出口屡遭扣留与抵制。

三、提升我国茶叶国际竞争力促进茶叶出口的建议

（一）依靠技术创新，提高茶产品的市场竞争力

1. 引进优良品种，推动优良品种的繁育，实现茶园茶树良种化

无性系良种的普及在推动茶叶生产的优质高产高效上有着重要的作用。目前我国无性系良种普及率比较低，只有 17%左右，远远落后于肯尼亚的 100%、斯里兰卡的 32%和印度的 30%。并且良种选育与繁育手段比较落后，良种良法技术推广速度较慢。这种现状直接影响了我国茶园产量的提高和茶叶品质的改善。因此，我国有必要引进优良品种，分步骤、有计划地改造低产茶园。大力繁育和推广良种茶树，扩大我国良种茶园面积。

2. 切实发展茶叶生产机械化和自动化

茶叶加工企业厂房陈旧、加工环境条件差以及茶叶机械设备落后、机械化自动化程度低，是我国茶叶生产过程中存在的客观问题。正是这些问题，造成我国茶叶的品质难以满足消费者的需求，上好的原料不能生产出质优的产品，上乘的农产品不能创造出高额的附加值，茶农的辛勤劳作无法换来较高的收益。日本主要生产绿茶，在茶叶的生产上与我国有着许多相似之处，但日本茶叶生产的机械化程度却要远高于中国。例如日本蒸青茶加工设备已经高度自动化，既提高了生产效率，降低生产成本，又提高了茶叶品质。

要想有效地解决我国茶叶生产机械化面临的诸多问题，我国必须着力营造一种良好的运行机制。这种机制包括政策、研发、推广、服务和宣传等各要素在内。一是政府要加强政策扶持和资金投入，中央到地方的各级政府都应加大茶机购买的补贴力度，同时引导茶农选购即先进又适用的机型。二是加快茶机研发速度，首先应整合茶机研发力量，争取开发出我国具有自主知

识产权的茶园作业机械。应将计算机技术应用到茶机研发中去，力争研发出各种智能化机械，提高茶园作业机械的自动化和智能化程度。同时，加大在茶园机械研发上的资金投入。三是建立示范基地，加大宣传和推广力度。在全国部分茶叶生产机械化较好的地区，建立茶叶全程机械化示范基地，增强示范效果加大推广力度。

3. 积极推广有机茶生产技术和茶叶综合利用技术

一是积极推广有机茶生产技术。所谓有机食品是指在一定期间内没有使用过化肥和农药、农产品在加工过程中没有污染的食品，有机茶就属于有机食品的范畴。随着经济的发展和人民生活水平的提高，在全球范围内兴起了绿色消费浪潮。有机茶的价格高、国际市场需求大，并且有机茶能够有效应对绿色贸易壁垒。因此，发展有机茶应作为我国茶业发展的重要战略之一。发展有机茶涉及茶叶的生产、质量的监测以及环境的监测等诸多环节，因此科技投入和科技进步是关键。我国有机茶生产也只是处于起步阶段，但潜力较大。我国各地区应积极主动扩大有机茶生产规模，提高有机茶的生产能力，实施有机茶标准化管理。二是推广茶叶综合利用技术，促进茶叶新产品的研制和开发。从世界市场需求的发展趋势来看，茶叶新产品需求市场正日益壮大，甚至成为引领茶叶消费的新潮流。速溶茶、袋泡茶、茶饮料、保健茶、茶叶食品等茶叶新产品的开发既可以提高茶叶的附加值，又可以改善原料茶品质不高的缺点，因此我国应积极研发茶叶新产品，为茶叶产业的发展培育新增长点。

4. 加大科技投入和提高茶叶相关从业人员的素质

一方面，要提高茶农文化素质、质量安全意识和生产管理技术。茶农是茶叶的直接生产者，他们的自身素质直接影响到茶叶的品质。然而我国茶农文化素质普遍偏低，茶叶种植观念更新困难，信息来源受限制，难以了解和接受国外市场需求状况，茶叶的生产加工和茶园的管理没有按照标准化操作，这一切都严重影响了我国茶叶产业的发展。因此政府及有关部门应大力提高茶农素质，比如定期举办技术培训课、组织技术人员到茶园对茶农进行技术指导等。另一方面，要培养知识化、专业化的复合型人才，了解熟悉世界贸易组织规则、对外贸易法律法规和质量体系认证的国际标准，适应全球一体化的经济发展趋势。

（二）提高茶叶的质量和安全水平，积极应对国外技术贸易壁垒

我国茶叶出口单价远远低于世界出口单价，在茶叶价格具有优势的情况下，我国茶叶的国际竞争力水平仍然较低的原因之一就是茶叶的质量和安全

达不到国外的要求而无法进入国际市场。随着关税壁垒保护作用的逐步削弱，国际上茶叶产业的贸易竞争将主要集中于技术性贸易壁垒领域。与关税壁垒相比，技术性壁垒除了具有相对合理性外，还具有连锁反应，往往一个国家对某种产品采取某种技术性壁垒时，其他国家就会纷纷效仿。因此必须积极应对国外的技术性贸易壁垒。对于合理的技术要求，应该提高产品的质量和技术标准来达到国外的技术要求，而对于不合理的技术壁垒，则应该在世界贸易组织框架内寻找解决的办法。

1. 突破这些技术性贸易壁垒的限制

要想突破这些技术性贸易壁垒的限制，我们必须了解各国的标准要求，按照这些要求来进行生产。在重视终端产品质量检测的同时逐步向“生产、储运、销售全过程质量控制”过渡。在种植过程中要采用科学的灌水、喷药、施肥等技术和方法，使我国的茶叶农药残留、携带病虫害等情况能够符合国际要求。茶树种植要以施用有机肥为主，严格控制无机肥的使用。针对不同的出口市场，在用药上可以选择进口国允许的农药品种，严禁高毒高残留农药在茶树上使用。尽量减少化学农药的使用次数，大力推广农业防治、生物防治和物理防治方法，提倡使用生物农药。在必须使用化学农药时应根据各种病虫害的防治指标，严格遵照规定剂量和安全间隔期使用，将农药残留降低到规定标准的范围内。成品茶由鲜叶加工而成，除栽培出无公害鲜叶外，还应防止加工中的污染。从采摘到萎凋、揉捻、干燥等工序都应做到清洁卫生，同时使加工厂空气清新，防止茶叶吸附污染。包装贮藏器材，同样要防止污染。按照这样一套从茶树育苗、茶园管理、采摘、初制、精制、包装、仓储至销售各环节与国际接轨的茶叶技术标准生产绿色无公害茶叶不仅能改变我国高质量茶叶偏少的状况，也是冲破国际技术性贸易壁垒的关键举措。

2. 尽快建立和完善对农产品出口技术性贸易壁垒预警机制

鉴于歧视性技术壁垒的突发性和信息收集的艰难性，政府有必要建立专门的 TBT 信息收集和咨询机构。收集跟踪国外有关于茶叶的 TBT 措施法规，认真整理总结国内外茶叶企业突破 TBT 措施限制的经验与教训，并加以研究和消化，接受国内茶叶企业的咨询，及时发布国外有关茶叶的 TBT 的最新动态，及时地将信息反馈给有关部门和企业，引导茶叶企业尽早防范、早准备、采取对策，突破壁垒。

3. 加强标准化建设，做好质量体系认证工作

我国目前制定的涉及茶叶的国家标准、行业标准和省级地方标准超过 470 余项，但缺乏统一的国家标准或行业标准，标准化体系不健全。尽管我

国茶叶方法标准和质量标准数量比较多，但是与之相配套的物流标准、生产、加工技术规程等标准严重欠缺，难以实现从源头和流通环节保证茶叶质量的要求。另外，茶叶标准化体系建设滞后也不容忽视。在茶叶生产中有部分农药缺少残留限量标准，无法为生产提供技术参考依据，也使对茶叶生产的监督无据可依。同时，我国近年来农业发展速度较快，农药品种更新快，但由于标准更新速度滞后，使得标准与生产实际脱节，在出口茶叶时经常会出现一些农药超标现象，影响出口的顺利进行。针对目前茶叶标准的现状，应及时完善和更新现有的标准体系，进一步加强对国际标准的分析研究工作，与国际标准体系接轨。当务之急是及时对我国当前的相关标准体系进行清理、修改和完善，加大对国外新提出的茶叶安全卫生指标与分析方法的实验验证，最终提高自身检测能力。在标准制定方面，应该坚持以质量为中心，以市场为导向，以科技为动力，以效益为目的的原则，建立既面向国内，又能与国际接轨的国际标准体系。

认证是证明企业所生产的产品、管理体系符合某种标准、法规的合格评定程序，许多进口国都将强制性认证作为产品进口的必要条件，如美国 UL 认证、欧盟 CE 认证、加拿大 CSA 认证等。一些自愿性认证虽然并不是产品进口的必要条件，但对消费者选购商品具有导向作用。对于企业而言，通过制定严格的农产品生产加工标准，并对标准的实施进行全面监督检查，可以提高产品的质量安全水平。因此，获取国内、国外各类质量认证，是企业提升产品竞争力的重要手段，也是应对国外技术壁垒的主要途径。现在通过产品认证实验室认可途径获取 ISO9000 系列质量标准、ISO14000 环境管理系统的审核注册，已经成为产品进入国际市场的“通行证”。我国政府应广泛宣传，大力推广 ISO 系列国际性标准的认证，积极引导企业进行相关认证。

（三）推进茶叶品牌化，提高我国茶叶的声誉

20 世纪 90 年代，非产茶国的英国加工生产的“立顿”红茶打入我国市场，并在短时间内风靡全国。这种情形被概括为一句话：万亩茶园不抵一个立顿。可见当今世界商品的消费已经进入了品牌消费的阶段。随着人民生活水平的提高，价格已经不是消费者选择购买产品最为重要的因素，产品的质量也越来越受到关注。市场的竞争实质上是产品质量的竞争，从某种意义上说，品牌就意味着质量和安全。像英国“立顿”之所以能够在袋泡茶市场上站得稳脚跟，与其品牌形象深入人心不无关系。

我国茶叶单价低于斯里兰卡、肯尼亚和印度这三大产茶国，低价成为我国茶叶参与国际竞争的一大利器。茶叶价格之所以低，是因为我国茶叶在国

际市场上销售的除少数特种茶外，基本上是中低档茶。我国出口茶叶的花色品种多，名优茶独具特色，但大多挂靠产地，没有形成自主品牌，附加值不高，这种状况已经成为我国茶叶产业提高国际竞争力的严重障碍。为适应国际市场的要求，我国必须扭转传统的市场营销观念，实施品牌战略。

品牌建设是一项系统过程，除了企业自身积极实施品牌战略外，还需要相关部门支持和参与，例如地方政府、行业组织和社会各界等，为营造一个培育、扶持和发展品牌的良好环境而共同努力。其中，政府部门和科研部门应积极推广茶叶品种改良技术、病虫害防治技术，合理施肥技术，推进茶叶生产加工机械化，从茶叶的生产层面上为打造茶叶品牌做出贡献。茶叶企业首先要对目标消费群进行调研分析，进行市场细分和产品定位。其次，不断加强加工设备与工艺、包装等方面的创新，以满足各个细分市场的消费需求。此外，茶叶企业不仅在茶叶产品上下工夫，还要采取促销推广方案，加大宣传力度拓宽销售渠道。广播电视、平面媒体、户外广告和互联网等方式可以起到加大宣传效果的作用，同时，茶叶企业积极组织参加大型茶叶博览会或茶叶节，也能展销自己的产品并跟踪同行的动态。品牌弱国难以成为贸易强国，因此，我国茶叶产业要改变“名茶优势、品牌弱势”的现状，树立商业性品牌，使其成为促进茶叶出口和保持茶叶产业可持续发展的动力。

（四）推进茶叶规模化经营，扶持和培育龙头企业

我国茶叶生产当中存在以下问题：茶园经营分散、以小农户经营为主、规模化程度不高、粗放管理、效益低下。这种传统的茶叶经济体制不适应社会主义市场经济发展。茶叶规模化经营是茶叶产业高度发展的特征，与世界其他产茶大国相比，我国茶叶生产农户的种植规模是最小的。此外，我国茶农没有自己的产销一体化组织，若单独进入市场，则会增加诸多成本。农户的市场信息来源有限，难以适应不断变化的市场需求，这使农户单独进入市场具有一定的风险。这种现状严重制约了我国茶叶产业的发展，影响了我国茶叶的国际竞争力。因此，中国茶叶必须走产业化的生产经营道路。措施如下：

（1）在家庭经营的基础上，积极引导农民进行土地使用权流转，即使土地从一部分农民手中向另一部分农民手中转移，实现相对集中的经营。大力培育茶叶专业大户，一改我国茶业小规模、兼业经营的局面，加快向适度规模、专业化经营的格局转变，提高茶业专业化水平。

（2）实行农村土地股份合作制，兴办股份合作农场，农民可以用自己拥有的土地入股，根据土地数量确定自己拥有的股份。而茶叶龙头企业、科研

单位及其他主体则来投资建设茶叶基地，并由他们对茶场进行统一经营和管理，获利后按约定分成。

（3）“龙头企业+专业化合作组织+茶农”不失为一条值得探索和发展的路子。在各主要产茶区，可选择一些具有雄厚资金、先进技术设备、较高科研技术水平的企业作为龙头，并由这类龙头企业来集中整合茶农的生产资源，实施研发，开创拳头产品，创立品牌，开展内销和外贸，积极参与国际市场的竞争。专业化组织则可以提供技术支持，为茶叶产品的技术创新做出贡献。

（五）政府提供制度保障及财政支持

与世界其他产茶大国相比，我国茶业国内支持措施明显不足。我国茶叶产业本身就是一个弱质产业，因此完全依靠自身发展是不现实的，还需要来自政府以及非农产业的支持。加入世界贸易组织后，政府对茶叶产业扶持相对减小，但减小并不意味着消失。这实际上是政府职能边界在世界贸易组织框架下重新界定的问题。在世界贸易组织框架之下，政府可采取以下措施：

（1）参照世界贸易组织的各项规则，对我国现行的与茶叶生产和贸易有关的法律、规则进行修订，尽可能地使其与国际规则相吻合，并在可能的范围内对茶叶产业进行扶持和保护。

（2）加快推进茶叶产业的标准化建设。近几年大量的研究表明，我国包括茶叶在内的农产品在出口时，频频遭遇各种贸易壁垒。其主要原因是：我国农产品生产与加工过程的标准化水平达不到进口国的要求。其他世界三大产茶国，如斯里兰卡、印度、肯尼亚，大多采用 ISO 和 FAO 的标准，由此可见采用国际标准是大势所趋。因此，中国应该尽快修改国内茶叶标准，使之尽可能与国际接轨，并积极参与国际标准的制定。

（3）充分利用世界贸易组织中的“绿箱政策”，对茶叶产业进行合理的扶持。例如，加大对茶叶生产基础设施的投入力度，推进茶树良种的研发和繁育，增加对茶叶研发和生产的投入，对茶叶经营龙头企业进行财政扶持、信息技术指导，降低茶税从而降低生产和销售成本，开展茶农技术培训、提高茶农和出口商积极性，提高我国茶叶市场竞争力。

通过以上分析，我们可以看到茶叶贸易对于我国社会经济的发展具有重要的现实意义。茶叶的产业链较长，属于劳动密集型产业，它吸收了大量的劳动力，其中包括大量的农村劳动力。茶叶经济的发展将提高农民收入，加速城镇化，带动一些地区的经济发展，是建设新农村的有效办法。我国虽有悠久的种茶历史，浓厚的茶文化，但是现在茶叶贸易的发展却不尽如人意。

自我国加入世界贸易组织后，茶叶贸易面临着更为激烈的市场竞争和更为严格的质量安全标准的限制。虽然在绿茶出口上处于垄断地位，但是也面临绿茶市场空间狭小的考验。此外，我国茶叶产业自身存在结构不合理，企业规模小，吸收科学技术水平低，检测标准不够合理等缺点。总的来说，我国的茶叶贸易具有国际竞争力，有很大的发展潜力，但就目前的情况看，其国际竞争力有下降的趋势。

针对我国茶叶贸易中出现的问题，我国政府和企业要从多方面入手完善茶叶产业或者茶叶企业。可以从组织制度与结构、茶叶产品及相关产业的科学技术研究、茶叶食品卫生质量、产品结构、法律标准的制定等方面进行整顿。如果我国想要重新回归茶叶贸易强国之列，重新获得绝对的竞争力优势，就必须做好长期发展的准备，因为我国目前的状况并非一朝一夕间形成的。但要看到，我国茶叶贸易具有多种先天的优势条件，重新取得绝对的竞争力优势希望很大。

参考文献：

[1] 中国贸易救济信息网（www.cacs.gov.cn）提供的数据和分析。

[2] 中华人民共和国商务部网站（www.mofcom.gov.cn）提供的数据和分析。

[3] 黄福平，梁月荣，陈荣冰. 论新世纪中国茶业发展之路［J］. 福建茶叶，2000（3）.

[4] 许月丽. 我国茶业国际竞争力研究［D］. 浙江大学硕士学位论文，2003.

[5] 杨江帆. 茶叶国际化经营［M］. 北京：中国农业出版社，2005.

[6] 陈武. 比较优势与中国农业经济国际化［M］. 北京：中国人民大学出版社，1997.

[7] 郑新立，潘盛洲，冯海发. 我国农产品对外贸易问题研究［M］. 北京：中国计划出版社，2007.

[8] 庞守林. 中国主要农产品国际竞争力研究［M］. 北京：中国财政经济出版社，2006.

[9] 李琴. 做大做强做优茶叶产业的思考［J］. 上海农业科技，2005（1）.

[10] 苏祝成，童启庆，扬义群. 茶叶生产经营规模对经济绩效影响的实证研究［J］. 茶叶科学，2001（1）.

[11] 鲁成银. 茶叶质量安全［J］. 茶叶，2005（2）.

[12] 沈佐民. 中国茶叶质量安全问题的分析与对策［J］. 南京农业大学学报，2005（4）.

国际大豆贸易定价格局的演变及对我国的启示

王　森[①]　苏晓欢[②]　李梦园[③]　曹飞龙[④]

一、大豆国际贸易定价方式的演变

（一）从现货定价到远期定价阶段

1. 贸易格局

20 世纪 50 年代之前大豆国际贸易较少，中国是主要出口国，并且在 20 世纪 30 年代的繁荣阶段逐渐形成了三大出口贸易市场，分别是欧洲、俄国和日本。由于欧洲对于油料的工业需求逐步加大，大豆需求量也不断增加，成为中国主要出口地；俄国受到远东地区粮食不足和交通条件的便利也不断进口大豆；日本一直以来受到种植面积限制，是中国大豆的传统市场，对大豆有消费的偏好。美国到 1924 年开始大豆的规模种植，但当时美国种植大豆主要用作干草、放牧和绿肥，很少粒用。20 世纪 30 年代，随着大豆加工技术日渐成熟，豆油开始在美国被作为食用油，豆粕的饲用价值也受到重视，加之小麦和棉花生产过剩，大豆面积逐步扩大。1935 年，欧洲开始通过

① 王森（1986~），男，河北石家庄人，北京工商大学证券期货研究所 2010 级硕士研究生。研究方向：期货市场。邮箱：ws0205@126.com。

② 苏晓欢（1987~），女，辽宁辽阳人，北京工商大学证券期货研究所 2010 级硕士研究生。研究方向：期货市场。邮箱：xiaohuan_su@126.com。

③ 李梦园（1986~），女，北京人，北京工商大学证券期货研究所 2010 级硕士研究生。研究方向：期货市场。邮箱：limengyuan_er@163.com。

④ 曹飞龙（1987~），男，陕西宝鸡人，北京工商大学证券期货研究所 2010 级硕士研究生。研究方向：期货市场。邮箱：cfeilong@yahoo.com.cn。

芝加哥期货市场进口美国大豆，使美国大豆的需要量进一步扩大。

2. 定价方式

这一阶段大豆国际贸易处于起步阶段，贸易量相对较少，国际大豆贸易尚未形成定价中心，贸易国之间的进出口主要通过政府统筹定价完成。除主要种植国外，其他地区国内外交易除了政策性干预外，多采用即期现货交易方式，即货款同时交付或者在短时间内完成交易标的交割（如大豆预售和产地农场收购）。而在美国，19 世纪初随着大规模粮食交易的发展，率先出现了远期交易方式，即为了避免季节因素、交通不便和仓储能力不足等造成的价格波动风险，美国西部农场主和东部加工商之间开始以签订来年（或未来某时点）以约定价格、数量和质量进行商品交货的远期合同形式进行现货买卖。所以在没有推出大豆期货之前，这一阶段主要的定价方式是即期定价和远期定价。

（二）从远期定价阶段到期货定价阶段

20 世纪 50 年代之后大豆的国际贸易大致可以分为三个阶段，即美国垄断出口阶段、以美国为主的寡头垄断出口阶段和二分天下的寡头垄断阶段。

1. 贸易格局

美国垄断出口阶段。由于美国不断扩大大豆的种植面积和改进种植技术，于 20 世纪 50 年代取代了中国成为世界上最大的大豆生产国，并且逐年增加出口量逐渐占据世界第一的位置。在 1983 年以前，全球主要大豆种植国是中国和美国，美国几乎垄断了世界市场上将近 90%的大豆出口。至 1983 年底，美国的大豆出口额达到了 60 亿美元，占世界大豆出口市场的 80%。进口方面，1961~1983 年，日本和欧洲各国依然主导全球大豆进口。由于中国对于大豆的需求力不足，靠国内的种植基本能够满足需求，所以进口量较少。

以美国为主的寡头垄断出口阶段。1983 年之后，南美洲的巴西与阿根廷迅速崛起，地处亚热带地区的巴西与阿根廷在大豆生产上有着得天独厚的地理优势，使得大豆产量迅速上升，加上劳动力成本的低廉，巴西与阿根廷在大豆出口时相对于美国存在着极大的成本优势。这些因素的共同作用使得巴西与阿根廷的大豆出口迅速增加，2004 年巴西的大豆出口额达到了 53.95 亿美元，阿根廷 17.40 亿美元，依次占世界市场份额的 34.91%与 11.26%，并且逐步稳定在 10%~30%。同时使美国的市场份额锐减到 34.91%，对世界大豆出口贸易的格局产生了巨大的影响。

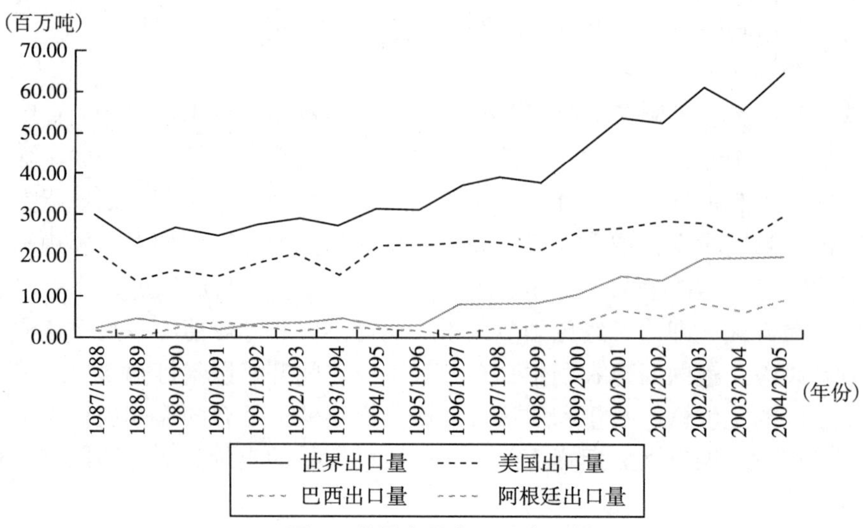

图 1 世界主要出口国出口量

数据来源：USDA 大豆供求平衡表。

21 世纪以来，巴西超过阿根廷成为第二大世界大豆出口国，巴西和阿根廷的加入使得世界大豆出口市场由原先的美国完全垄断逐渐转变为美国、巴西与阿根廷的寡头垄断格局。它结束了美国在世界大豆市场绝对垄断的统治地位，把世界大豆市场的格局由完全垄断转变为寡头竞争。截至 21 世纪初，欧洲和日本继续主导世界大豆进口市场，进口量不断波动。到 2003 年这一结构发生了变化，由于中国人民生活水平的提高和对油脂需求的急剧增长，首次超越了欧洲和日本等国，成为全球最大的大豆进口国。

二分天下的寡头垄断出口阶段。从 2004 年开始，寡头格局的内部发生了势力对比的变化。南美两大大豆出口国的总出口第一次超过了美国，取代了美国在寡头格局中一直对南美保持的优势地位。在这之后，南美成为世界上最大的大豆出口地区，也成为我国大豆进口的最大来源地区，美国退而次之。2004 年，巴西和阿根廷的大豆总出口额达到了 71.35 亿美元，共同占有当年市场份额的 46.17%；而美国的大豆出口额为 66.92 亿美元，占有了当年 43.31%的市场份额，第一次在南美两国的总和之下。

这只是寡头内部结构变化的一个开端，在 2004~2006 年的 3 年间，美国大豆的年平均出口额为 66.46 亿美元，巴西为 54.68 亿美元，阿根廷为 19.36 亿美元。这一阶段，美国、巴西与阿根廷则在势力对比上发生了变化，美国大豆出口的缓慢增长，单巴西大豆出口就与美国的持平。此时大豆出口贸易格局逐渐形成了“美国、巴西—阿根廷”二分天下的局面。消费方面，2006~2007 年度中国大豆总消费量达到 4594 万吨，相当于 1990 年国内产量

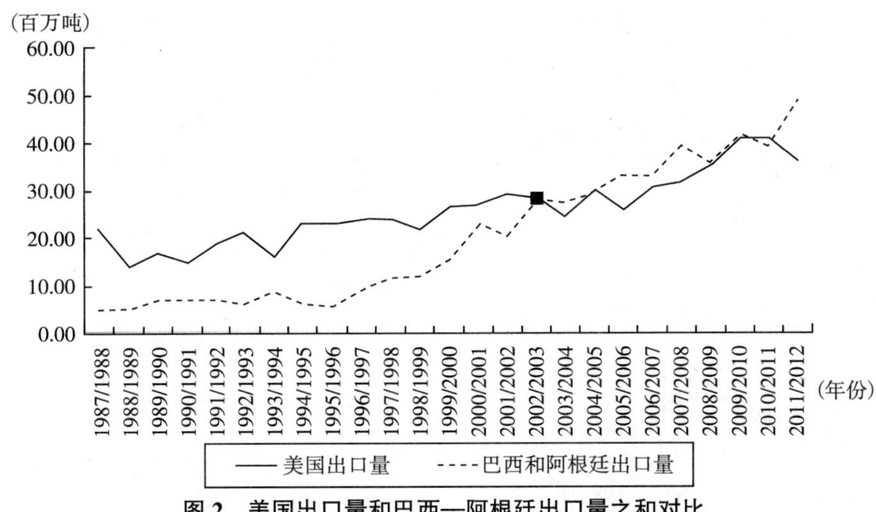

图 2 美国出口量和巴西—阿根廷出口量之和对比

数据来源：USDA 大豆供求平衡表。

的 3 倍，产需缺口达到 3065 万吨，这为进口大豆提供了巨大的市场。中国大豆需求的刚性特征明显，并且牢牢占据了世界第一进口大国的地位。

2. 定价方式

随着国际贸易的增长、贸易格局的改变以及期货市场的发展，经过长期的演变，大豆国际贸易价格基本形成了以期货市场价格为基准的定价方式。

国际四大粮商通常被认为国际粮食市场的“幕后之手”。由于他们在大豆贸易整个流程各个环节的参与，其业务垄断了世界粮食交易量的 80%。而且这几家跨国粮商掌握着美国、巴西和阿根廷等主产国大豆的收购、仓储和出口码头等设施，控制着全球 70%以上的大豆货源。而四家粮商中三家来自美国，这也使得美国成为了世界大豆的定价中心。所以，这一阶段的国际大豆的格局逐步形成了“南美生产、中国消费、美国销售并决定价格”的局面。

在衍生品市场上，美国的 CBOT 市场于 1936 年上市了大豆期货，随着交易量的上升和交易市场的成熟，到了 20 世纪 50 年代 CBOT 大豆期货市场价格能够最大限度地反映对大豆现货价格的预期，反映真实的市场供求关系，又由于美国是世界上最大的农产品出口国，加上它的 CBOT 农产品期货交易历史悠久，涉及金融企业、贸易加工企业和农场主等多个交易主体的有机体系，所以美国 CBOT 的大豆期货价格便为全球大豆贸易提供了价格参考标准。这一阶段大豆的国际贸易价格向来都以美国芝加哥期货交易所（CBOT）的交易价格为基准价格，在此基础上由供求双方加入相应的贴水，由此，国际大豆贸易逐渐形成了 FAS①、FOB②、CNF③ 和点价④ 四种定价方式，这四种定价方式中 CBOT 的期货价格贯穿了所有价格形成模式。

表 1　不同贸易格局下国际大豆进出口定价方式的演变

阶段	时间	贸易格局	定价方式	定价特点	定价中心
第一阶段	20 世纪 50 年代之前	中国为大豆主要和出口国，欧洲、俄国、日本为主要进口国和消费国。	即期价格 远期定价	即期交易：货款同时交付，有价格风险。远期交易：签订远期合同，规避价格波动风险，但存在违约风险。	无
第二阶段	20 世纪 50 年代（CBOT 推出大豆期货）至 1983 年	美国、中国是主要生产国，美国垄断国际大豆出口，欧洲和日本为主要进口国。美国、欧洲、日本等为主要消费国。	期货定价（FAS、FOB、CNF、点价）	公开性、连续性、权威性、真实性。 FAS（对买方在本地的支付能力和 FAS 操作经验要求较高） FOB（买方风险管理难度较大） CNF（出售时间短、市场风险小） 点价（效率高、成本低、有履约保障）	美国 CBOT
	1984~2003 年	美国出口垄断地位动摇，巴西、阿根廷后来居上，逐渐形成三国寡头垄断出口局面。中国成为主要进口国和消费国。			
	2004 年至今	巴西、阿根廷大豆出口逐步超越美国地位，形成南北美二分天下局面。中国进口量稳居首位，并且日益剧增。			

---

① $P_{FAS} = P_{CBOT} + P_{INLAND}$。其中，$P_{FAS}$ 为港口的 FAS 价格，P_{CBOT} 为当月芝加哥期货交易市场的价格，P_{INLAND} 为当时内陆的升贴水，其中升贴水是指某一个特定地点某一种特定商品的现货价格与同种商品的某一特定期货合约价格间的价差，如果现货价格高于期货价格则称之为升水；反之则称为贴水。

② $P_{FOB} = P_{CBOT} + B_{FOB}$。其中，$P_{FOB}$ 为港口的 FOB 价格，P_{CBOT} 为对应装船月的芝加哥期货交易市场的价格，而不是签订合同时的当月合约价格，B_{FOB} 为港口的 FOB 升贴水。

③ $P_{CNF} = (P_{CBOT} + B_{FOB} + O + I)(1 + T)(1 + VAT)$。其中，$P_{CNF}$ 为大豆的到岸价格，P_{CBOT} 为交易规定的当月 CBOT 期货合约价格，B_{FOB} 为双方协商的离岸升贴水价格。O 为海运价格，I 为保险费用，T 为正常关税，VAT 为我国对进口大豆征收的增值税。

④ 点价交易，是指以某月份的期货价格为计价基础，以期货价格加上或减去双方协商同意的升贴水来确定双方买卖现货商品的价格的定价方式。点价交易从本质上看是一种为现货贸易定价的方式，交易双方并不需要参与期货交易。在大豆的国际贸易中，通常以 CBOT 的大豆期货价格作为点价的基础。

二、对定价新模式下我国大豆产业的思考

（一）充分利用好大豆期货市场

在大豆产业纵向一体化发展及采购和物流贸易的全球化的今天，能否全面、准确地把握价格趋势并据此进行科学、精细的套保对冲，则是大豆加工商业生存和实现可持续发展的首要任务及在竞争中制胜的关键。国际大粮商之所以能基业长青，其根本原因就是基于科学研发的期现货对冲操作。由此可见，利用期货市场进行套期保值是粮油商业构建可持续发展的商业模式必不可少的要素。大豆加工商业套期保值业务是一项专业性极强的业务，要求大豆加工商业在组织架构设计上组建专门的套期保值部门。同时，套期保值涉及从种植到销售的所有环节，与各个现货业务密切相关，需要最高管理层垂直管理，统筹规划，并在业务开展过程中与现货业务部门充分沟通。为做好套期保值的风险控制，还需要设立独立与套保业务体系之外的风险监管机构。此外，还应建立专业的套期保值团队，其成员不仅要有较强的期货研发能力和实际操作能力，还要对现货产业链的环节有系统而深刻的认识。建立健全包括行情研判、交易决策与实施、风险控制等在内的科学的管控流程体系，规范整个套保过程。最后，还要建立期、现货经营统一考核的绩效评价体系。

（二）关于大豆补贴定价的战略思考

美国大豆之所以从 20 世纪 50 年代开始突飞猛进的增长，归根结底是美国大豆补贴政策的实施。美国的大豆补贴渠道有很多种，大多是通过农产品信贷公司直接贷款给农场主，还有就是补贴给加工商业和贸易商业，这些商业也是从农场主手中收取农产品，但是收购价格是政府指定的最低收购价，只有以这样的价格收购，才能从政府手中获取相应的农产品补贴。虽然在收购的执行过程中，加工商业和贸易商业会利用自身的规模优势增强与农场主的谈判力度，但是无论从什么渠道收购，这种政府补贴对农场种植者的收益还是得到了一定程度的保障，同时，也扩大了加工商业和贸易商业的货物来源及市场垄断利润，相当于政府间接补贴了本国的跨国垄断粮商。因此，根据美国经验，在粮食收储越发困难、流通环节问题越多的情况下，收购主体多元化不失为一种解决办法。就大豆产业来看，长期补贴油厂压榨国产大

豆，每年的补贴额度应该以进口大豆价格以及政府认为合理的国产大豆收购价之间的差额为依据。这种方式不仅能保证加工商业以国产大豆为原料的积极性，从而使国产大豆收购价保持较高，而油厂能以较低的油粕价格出厂，同时又解决了保障农民利益以及国产大豆保持竞争优势的矛盾。对于上游的农民来说，直接的价格保证比补贴等政府行为更有保障。同时，在国家储备方面，何时买何时卖、以什么价格卖都蕴涵着较大风险，风险在于调控是否能达到预期目标，是否会被进口大豆所干扰，这都可能抵消储备的效果。因此，只有将长期的调控工作控制在油厂环节，才能令国产大豆顺畅地在市场上流通。这种补贴的总体思路就是政府不仅要对豆农支持，而且要对加工商业支持，条件就是加工商业要用国产大豆。同时，加大对加工商业的财政补贴，对符合条件的加工商业进行评估，在保护油厂利益的同时进而保护农民的大豆销售渠道。

（三）规范基层收购贸易商

在基层收购和物流体系中，被改革推向市场的基层粮站和员工变成了市场化的贸易商，穿梭于农户和储备库之间。目前，在我国大豆产区参与大豆收购和物流的主体总体呈现多样化，形式多样的收购主体为解决农民卖豆难、增强大豆的流通性、促进大豆由生产到加工的市场效率都起到了很好的促进作用。但是，多样化的收购和物流主体难免也存在着良莠不齐的现象，再加上配套措施不尽完善，基层的收购和物流体系在运作过程中暴露出了一些问题，比如，以内资为背景的“公司+农户”模式中，存在着内资公司规模不大、对农户的组织协调能力不足、信息发布不及时等现象，部分公司在大豆的收购过程中存在着一些压级压价现象。另外，部分地区在参与大豆收购和物流组织中存在着一些黑恶势力，这些组织在收购过程中欺行霸市、压级压价、人为向库存大豆中掺杂，这些现象都损害了种豆农民的利益和国产大豆的整体品质，也对我国大豆的振兴计划起到了掩累作用，因此，政府应出台相应的配套措施，加强对基层收购和物流体系的管理工作，以完善基层的收购和物流体系。完善收购配套措施，对物流主体实行统一要求，着力规范基层收购贸易商，建立健全规范的基层收购和物流体系，对收购过程中故意压级压价、掺杂现象予以严肃处理。

参考文献：

[1] 王鹏，韩静静，王雷. 透析国际大豆定价新模式关注我国大豆产业安全［J］. 经济研究参考，2010（45）.

[2] 谭林. 国际大豆供求背景下的中国大豆贸易研究 [D]. 北京林业大学博士学位论文，2009.

[3] 陈智文. 美国大豆生产及贸易现状 [J]. 世界农业，2005 (1).

[4] 崔春晓，宣亚南. 中国大豆贸易的影响因素分析与对策思考 [J]. 世界农业，2007 (8).

[5] 顾善松. 对国产大豆面临问题的思考 [J]. 管理世界，2006 (11).

[6] 黄季焜，马恒运. 中国主要农产品生产成本与主要国际竞争者的比较 [J]. 中国农村经济，2000 (5).

[7] 武拉平. 中国农产品市场行为研究 [M]. 北京：中国农业出版社，2002.

基于铁矿石进口视角的中国钢铁产业困境及对策

姜延书[①]　郝　凯[②]　孟东梅[③]　孙　强[④]

一、研究背景

随着我国经济的不断发展，钢铁产业作为国家的支柱型产业发展迅速，钢铁产量连年增加，但是国内铁矿石的产量越来越无法满足生产的需要。自2003年起，我国的铁矿石进口量超过日本，一举成为全球最大的铁矿石进口国。2010年中国进口达6.2亿吨（794.3亿美元），超过全球铁矿石海运贸易量的60%。国际铁矿石价格的涨落对中国的钢铁业及产业链上的相关产业都产生了较大影响。

我国现在还没有推出铁矿石期货交易品种，因此在国内目前还不存在一个完善的铁矿石定价体系和定价模式。自2000年以后，随着我国铁矿石进口数量的增加，铁矿石价格不断攀升；2005年4月，全球最大的铁矿石供应商——巴西淡水河谷（CVRD）公司更是率先将铁矿石价格提高71.5%，在2004年铁矿石价格上涨18.6%之后成为有史以来涨幅最大的一次。

---

① 姜延书（1964~），男，黑龙江省木兰人，博士，北方工业大学经济管理学院教授。主持省部级项目2项，专著1部，发表学术论文30余篇，其中近10篇为EI、ISTP和CSSCI检索。研究方向：大宗商品国际贸易、国际贸易谈判。邮箱：xfjys@126.com。

② 郝凯（1973~），男，陕西三原人，北方工业大学经济管理学院副教授。研究方向：国际贸易、投资与谈判。邮箱：haokai2001v@sohu.com。

③ 孟东梅（1970~），女，辽宁人，北方工业大学经济管理学院讲师。研究方向：国际贸易政策、国际贸易谈判。邮箱：mdm06@sina.com。

④ 孙强（1976~），男，河北省唐山人，北方工业大学经济管理学院副教授。研究方向：国际贸易。邮箱：oliversunqiang@126.com。

表 1　2005~2009 年铁矿石涨幅一览

年　份	达成协议时间	谈判双方代表		铁矿石涨幅（%）	
		购买方代表	供应方代表	粉矿	块矿
2009	2009 年 8 月	中钢协	FMG	−35.02	−50.42
2008	2008 年 6 月	宝钢	力拓	79.88	96.5
2007	2006 年 12 月	宝钢	淡水河谷	9.5	9.5
2006	2006 年 6 月	宝钢	必和必拓	19	19
2005	2005 年 2 月	日本新日铁	力拓	71.5	71.5

资料来源：根据《中国统计年鉴》（2005~2009）整理。

时至 2010 年，主导国际铁矿石交易长达 40 年之久的长协定价机制已经崩溃瓦解，转而执行基于指数的季度定价模式。虽然在最近几年的铁矿石价格谈判中，宝钢集团、中钢协先后代表中国钢企有积极参与，但成效甚微，最终仍不得不接受铁矿石进口价格上涨的现实。

伴随着中国的工业化、城市化和经济的持续高速发展，作为提供重要基础原材料的钢铁工业必然有一个较快增长过程，这是没有疑问的。但近年来，铁矿石价格的连续大幅上涨，与我国对国际铁矿石需求的过快增长也关系密切。对铁矿石需求的剧增，究其根本原因是我国钢铁产业投资过度、产能严重过剩、产业集中度过低。据统计，2010 年中国粗钢产量达到 62665 万吨，比 2009 年增长 9.3%，而 2010 年粗钢表观消费量才 59935 万吨，比 2009 年增长 6.1%，过剩量为 2730 万吨。由于现行政绩标准（以 GDP 增长作为各级政府政绩主要的标志）和财税体制等方面的缺陷，各地都有发展钢铁等重化工业的内在冲动。在国家加大对钢铁业宏观调控力度的同时，仍有一些企业在源源不断地上马新项目。

我国钢铁行业的产能过剩已经严重超出我国国内的需求范围，并且钢铁产业分布高度分散，产业整合受地方利益的制约，一直步伐不快，彼此之间互相利益博弈。再加上金融危机的冲击和人民币升值的影响，我国钢铁产业受到了较大影响，需求量下降，出口量下降，我国的钢铁产业陷入了尴尬的境地。因此，在这样的国内外背景下，如何利用“中国因素”的力量，构建对全球铁矿石贸易的影响力体系，如何通过与国外铁矿石出口企业的博弈以及国内钢铁产业博弈，实现整个利益分配的平等和钢铁产业链的平衡就显得颇为重要。

二、我国钢铁与铁矿石生产情况

（一）1978 年以来的钢铁产量

自改革开放以来，我国的钢铁工业取得了很大发展，钢铁产量逐年攀升，成为世界第一钢铁生产大国（见表 2）。

表 2　1978~2010 年我国钢铁产量

单位：万吨

年　份	生铁产量	粗钢产量	成品钢材产量	年　份	生铁产量	粗钢产量	成品钢材产量
1978	3479.00	3178.00	2208.00	1995	10529.27	9536.00	8979.80
1979	3673.00	3448.00	2497.00	1996	10722.50	10124.10	9338.02
1980	3802.00	3712.00	2716.00	1997	11511.41	10894.20	9978.93
1981	3417.00	3560.00	2670.00	1998	11863.67	11559.00	10737.80
1982	3551.00	3716.00	2902.00	1999	12539.24	12426.00	12109.78
1983	3738.00	4002.00	3072.00	2000	13101.48	12850.00	13146.00
1984	4001.00	4347.00	3372.00	2001	15554.25	15163.40	16067.61
1985	4384.00	4679.00	3693.00	2002	17084.60	18236.60	19251.59
1986	5064.00	5220.00	4058.00	2003	21366.68	22233.60	24108.01
1987	5503.00	5628.00	4386.00	2004	26830.99	28291.10	31975.72
1988	5704.00	5943.00	4689.00	2005	34375.19	35324.00	37771.14
1989	5820.00	6159.00	4859.00	2006	41245.19	41914.90	46893.36
1990	6238.00	6635.00	5153.00	2007	47651.63	48928.80	56560.87
1991	6765.00	7100.00	5638.00	2008	47067.41	50091.50	58488.10
1992	7589.00	8094.00	6697.00	2009	55283.46	57218.2	69405.40
1993	8739.00	8956.00	7716.00	2010	59022.05	62665.36	79627.43
1994	9741.00	9261.00	8428.00				

资料来源：《中国统计年鉴》(2000~2010)，工信部网站（http：//www.miit.gov.cn/n11293472/n11293832/ n11294132/n12858402/）。

由表 2 可以看出，生铁产量从 1978 年的 3479.00 万吨增长到 2002 年的 17084.60 万吨，年均增长 6.86%；粗钢产量从 1978 年的 3178.00 万吨增长到 2002 年的 18236.60 万吨，年均增长 7.55%；成品钢材产量从 1978 年的 2208.00 万吨增长到 2002 年的 19251.59 万吨，年均增长 9.44%。2002 年以后，我国钢铁产量进入了快速增长期，钢铁产量大幅度增长，其中，生铁产量从 2002 年的 17084.60 万吨增长到 2009 年的 55283.46 万吨，年均增长 17.99%；粗钢产量从 2002 年的 18236.60 万吨增长到 2009 年的 57218.2 万吨，年均增长 17.62%；成品钢材产量从 2002 年的 19251.59 万吨增长到 2009 年的 69405.4 万吨，年均增长 20.07%。

（二）1980 年以来的我国铁矿石生产情况

自改革开放以来，我国铁矿石原矿产量大幅度提高，从 1980 年的 11258.00 万吨增长到 2010 年的 107155.63 万吨，年均增长 8.32%（见表 3）。

表 3　1980~2010 年铁矿石原矿产量

单位：万吨

年　份	铁矿石原矿	年　份	铁矿石原矿
1980	11258.00	1996	25228.27
1981	10459.00	1997	26861.18
1982	10732.00	1998	24689.09
1983	11339.00	1999	23723.01
1984	12671.00	2000	22256.19
1985	13783.00	2001	21701.47
1986	14945.00	2002	23261.94
1987	16143.00	2003	26271.93
1988	16770.00	2004	31130.65
1989	17185.44	2005	42049.28
1990	17934.36	2006	59711.99
1991	19055.79	2007	70738.54
1992	20976.19	2008	82401.11
1993	22653.16	2009	88703.26
1994	25367.62	2010	107155.63
1995	26191.86		

资料来源：《中国钢铁工业年鉴》（1987~2010），中经网教育专网（http：//202.204.27.242/zwdzzy/new/ allindex.htm）。

由表 3 和图 1 可以看出，我国铁矿石原矿产量在 1980~1997 年，处于缓慢增长期，从 1980 年的 11258.00 万吨增长到 1997 年的 26861.18 万吨，年均增长 5.27%；1998~2001 年，我国铁矿石原矿产量呈下降趋势，从 1998 年的 24689.09 万吨下降到 2001 年的 21701.47 万吨，年均下降 2.98%；2002~2010 年，我国铁矿石原矿产量呈快速增长趋势，从 2002 年的 23261.94 万吨增长到 2010 年的 107155.63 万吨，年均增长 8.32%。

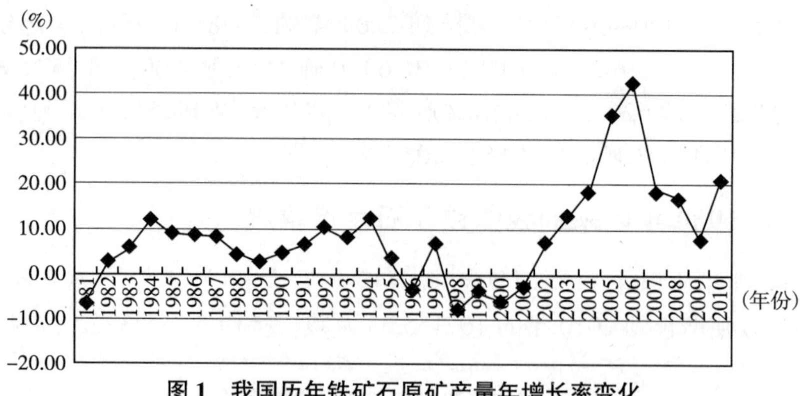

图 1 我国历年铁矿石原矿产量年增长率变化

三、我国铁矿石进口情况分析

（一）我国铁矿石进口分析

随着经济社会的发展，对钢铁的需求日益增长，但我国的铁矿石产量严重不足，并且我国的铁矿石的品位不高，因此需要大量进口，尤其是 2000 年以后，我国的铁矿石进口量急剧攀升，由于铁矿石价格大幅度上涨使得我国损失巨大。

表 4 1978~2010 年我国铁矿石进口量值表

年 份	数量（万吨）	金额（万美元）	年 份	数量（万吨）	金额（万美元）
1978	802.22	10865.00	1991	1903.45	57349.00
1979	716.19	10111.00	1992	2517.21	76544.00
1980	725.36	10175.00	1993	3302.00	92700.00
1981	333.64	5471.00	1994	3734.30	102600.00
1982	345.15	5607.00	1995	4115.00	122691.00
1983	438.47	9154.00	1996	4387.39	132059.00
1984	596.98	9359.00	1997	5510.58	161484.00
1985	1011.40	17909.00	1998	5177.07	146776.00
1986	1200.46	31456.00	1999	5527.40	137899.00
1987	1209.80	24575.00	2000	6997.16	185770.00
1988	1075.62	24849.00	2001	9230.83	250275.00
1989	1241.40	33235.00	2002	11149.59	276910.00
1990	1419.12	42785.00	2003	14812.84	485650.00

续表

年　份	数量（万吨）	金额（万美元）	年　份	数量（万吨）	金额（万美元）
2004	20808.86	1271195.00	2008	44356.00	6053162.80
2005	27526.05	1837278.00	2009	62834.68	5007994.16
2006	32630.33	2092379.00	2010	61865.10	7943000.00
2007	38309.00	3379557.00			

资料来源：《中国钢铁工业年鉴》（1987~2010），《中国统计年鉴》（2010），工信部网站（http：//www.miit.gov.cn/n11293472/n11293832/n）。

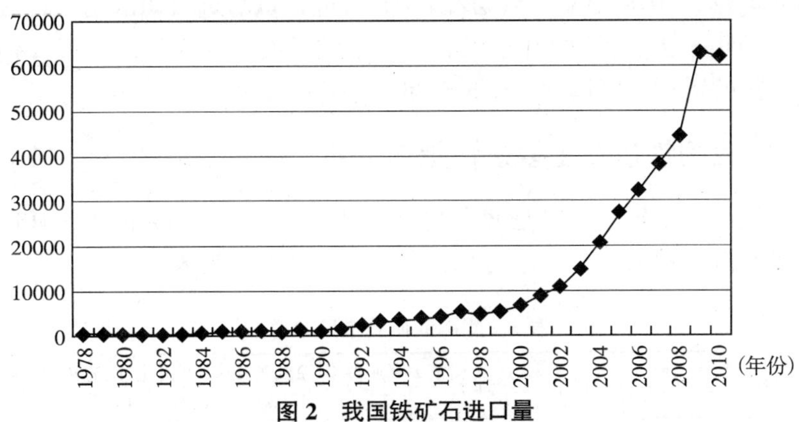

图 2　我国铁矿石进口量

由图 2 和表 4 可以看出，随着我国钢铁产量的增长，铁矿石进口量自 1978 年以来出现了大幅度的增长，从 1978 年的 802.22 万吨增长到 2010 年的 61865.10 万吨，2010 年相当于 1978 年的 77.12 倍，年均增长 16.91%；其中，1978~2000 年呈逐年增长趋势，从 802.22 万吨增长到 2000 年的 6997.16 万吨，年均增长 10.35%；2000~2010 年呈快速增长趋势，从 2000 年的

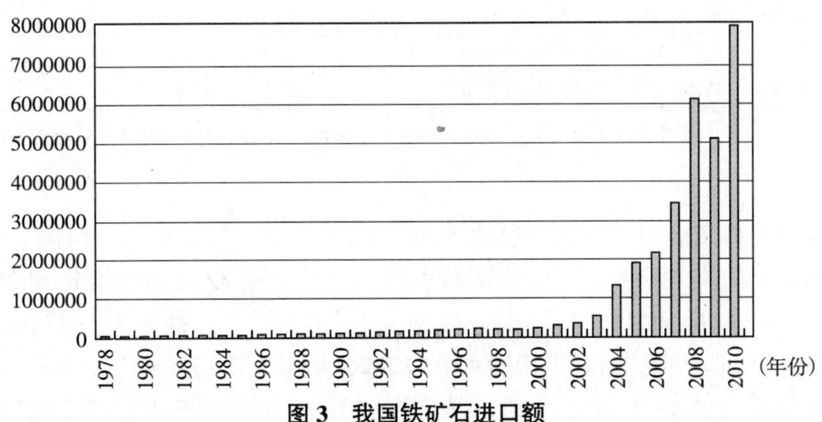

图 3　我国铁矿石进口额

6997.16 万吨增长到 2010 年的 61865.10 万吨，年均增长 25.16%。

由表 4 和图 3 可以看出，铁矿石进口额自 1978 年以来出现了大幅度的增长，从 1978 年的 10865.00 万美元增长到 2010 年的 7943000 万美元，2010 年相当于 1978 年的 731.06 倍，年均增长 28.61%。其中，1978~1999 年呈逐年增长趋势，从 10865.00 万美元增长到 1999 年的 137899.00 万美元，年均增长 13.77%；1999~2010 年呈快速增长趋势，从 2000 年的 185770 万美元增长到 2010 年的 7943000 万美元，年均增长 48.85%。

由此可见，1978~1999 年，我国铁矿石进口量与进口额的增长速度虽有所差距但差距不大，但 2000 年以后，由于铁矿石价格大幅度提高，使得铁矿石进口额的增长速度远远大于进口量的增长速度。

（二）我国铁矿石主要进口渠道分析

我国铁矿石主要进口国是澳大利亚、巴西、印度和南非四国，从四国进口的铁矿石占到我国总进口量的 87%以上，具体情况见表 5。

表 5 我国铁矿石进口渠道

年份	澳大利亚	巴西	印度	南非	全部	澳大利亚占比（%）	巴西占比（%）	印度占比（%）	南非占比（%）	四国占比（%）
2000	3272	1482	1100	804	6997	46.8	21.2	15.7	11.5	95.2
2001	3996	2454	1698	896	9231	43.3	26.6	18.4	9.7	98.0
2002	4297	2977	2253	1030	11149	38.5	26.7	20.2	9.2	94.7
2003	5813	3840	3228	956	14812	39.2	25.9	21.8	6.5	93.4
2004	7890	5250	5017	1008	20809	37.9	25.2	24.1	4.8	92.1
2005	11218	5471	6855	1055	27523	40.8	19.9	24.9	3.8	89.4
2006	12676	7285	7478	1256	32629	38.8	22.3	22.9	3.8	87.9
2007	14561	9763	7937	1223	38309	38.0	25.5	20.7	3.2	87.4
2008	18361	10066	9112	2438	44356.00	41.40	22.69	20.54	5.50	90.13
2009	26238	14283	10752	3413	62834.68	41.76	22.73	17.11	5.43	87.03
2010	26606	13126	9677	2956	61865.10	43.01	21.22	15.64	4.78	84.64

资料来源：中国海关统计网站（http：//www.customs.gov.cn/publish/portal0/tab7841/module24699.htm）。

由表 5 和图 3 可以看出，澳大利亚是我国的第一大铁矿石进口国，2000 年以来我国从澳大利亚进口的铁矿石大幅度增长，从 3272 万吨增长到 26606 万吨，年均增长 24.11%；其次，巴西是我国的另一个铁矿石进口国，从 2000 年的 1482 万吨增长到 2010 年的 13126 万吨，年均增长 26.09%；印度是我国的第三大铁矿石进口国，从 2000 年的 1100 万吨增长到 2010 年的

9677万吨，年均增长26.04%；南非是我国的第四大铁矿石进口国，从2000年804万吨增长到2010年的2956万吨，年均增长17.17%。

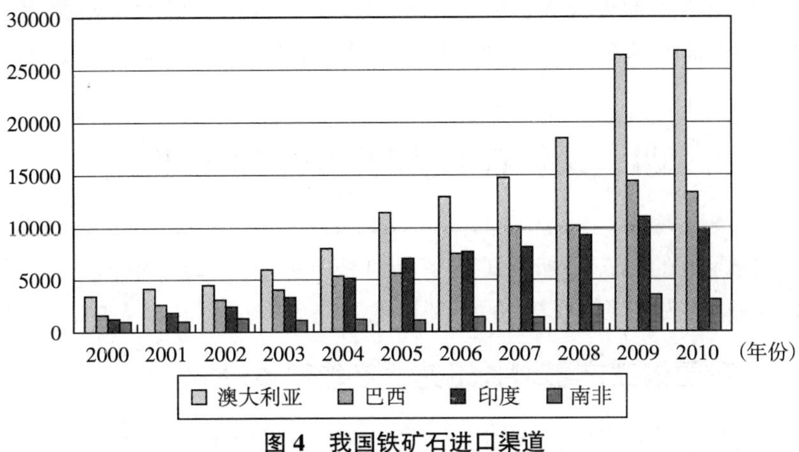

图4　我国铁矿石进口渠道

由表5和图4可以看出，自2000年以来，我国从四国进口的铁矿石占到全部进口量的比例虽有所下降（从98.0%下降到84.64%），但仍占到84%以上。2010年我国从四国进口的铁矿石占全部进口量的比例分别为：从澳大利亚进口的铁矿石占全部进口量的43.01%，从巴西进口的铁矿石占到全部进口量的21.22%，从印度进口的铁矿石占全部进口量的15.64%，从南非进口的铁矿石占到全部进口量的4.78%。

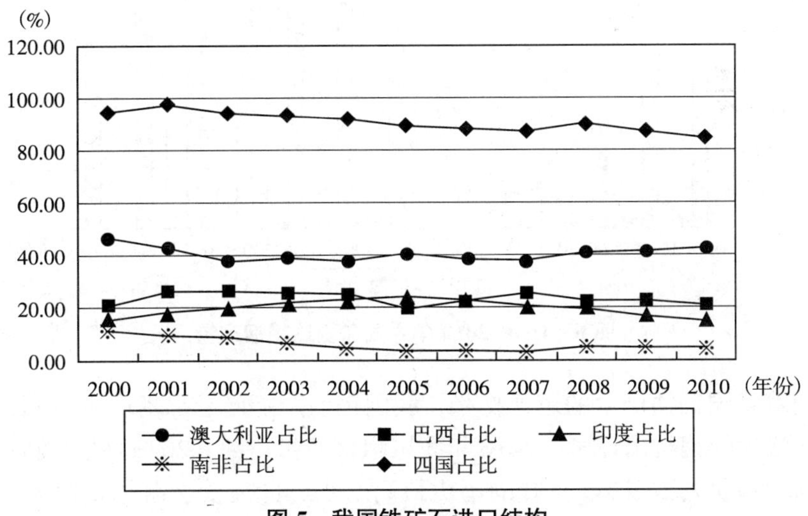

图5　我国铁矿石进口结构

近年来，在全球铁矿石市场上，供应商加大了整合力度，控制了大部分的铁矿石贸易，逐步形成了寡头垄断局面。澳大利亚的力拓（Rio Tinto）、必和必拓（BHP）和巴西的淡水河谷 Vale（CVRD）是世界著名的三大矿业巨头，三大公司纷纷加大投入，控制了世界铁矿石贸易总量的 70%之多。由此可以看出，铁矿石全球生产与贸易已被少数垄断企业所控制。

四、铁矿石上涨的国内因素分析

除了国际上的寡头垄断铁矿石贸易以外，还有一些国内体制、政策等原因导致了我国在铁矿石进口中的不利局面，主要有以下几个方面：

（一）我国钢铁产量增长迅速、产能严重过剩

我国是世界第一钢铁生产大国，2009 年中国粗钢产量达到 5.678 亿吨，几乎占据全球总产量（12.2 亿吨）的半壁江山，超过全球排名第二至第八国家产量的总和，自 2000 年以来，我国钢铁产量增长迅速，占世界的比重日益提升，至 2009 年年底，我国粗钢产量占全球总产量的比重已经超过 46%，达到 46.54%（见图 6）。

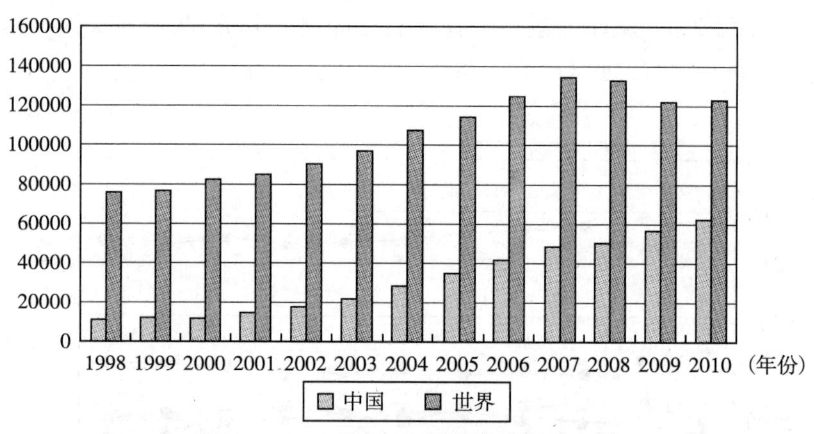

图 6 1998~2010 年中国和全球粗钢产量

随着我国钢铁产量的迅速扩张，我国钢铁产能已经出现严重过剩，我国是世界最大的钢材出口国，2010 年我国粗钢产量达到 6.267 亿吨。2007 年我国钢材出口量达到 6265 万吨的历史最高水平，此后受金融危机的影响，我国钢材出口量大幅下降，2009 年我国钢材出口量为 2460 万吨，仅为 2007 年的 39.27%，然而，2010 又大幅度上升，出口量为 4256 万吨，比 2009 年增

长 73.1%。我国钢材进口量在 2003 年达到 3717 万吨的历史最高水平，此后逐渐下降，2010 年进口钢材 1643 万吨。2006 年之前，我国钢材进口量大于出口量，为钢材净进口国，自 2006 年开始，我国钢材出口量开始大于进口量，是钢材净出口国，产能严重过剩。

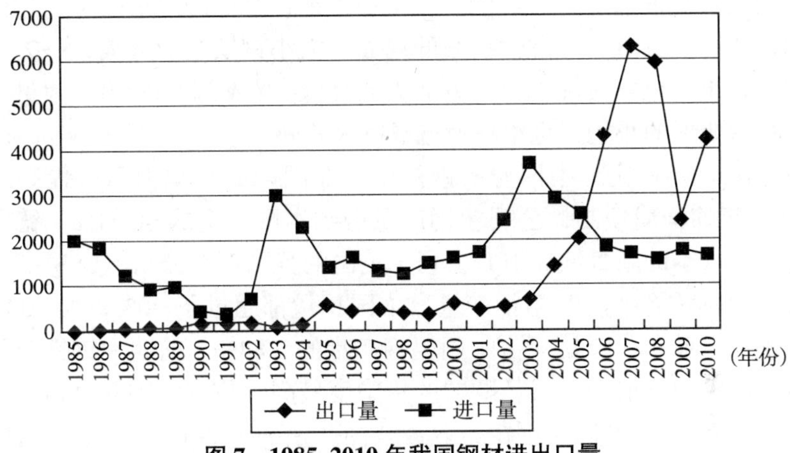

图 7 1985~2010 年我国钢材进出口量

（二）铁矿石产量不足、铁矿石对外依存度过高

近年来，随着我国钢铁产能的急剧扩张，需要的铁矿石逐年增长，但我国的铁矿石产量不足，尤其是富铁矿石产量严重不足，远远不能满足钢铁企业的需求。我国每年都需要从国外进口大量的铁矿石，导致铁矿石对外依存度过高，经过不断努力在 2009 年以后有所下降，2010 年依存度为 36.6%。

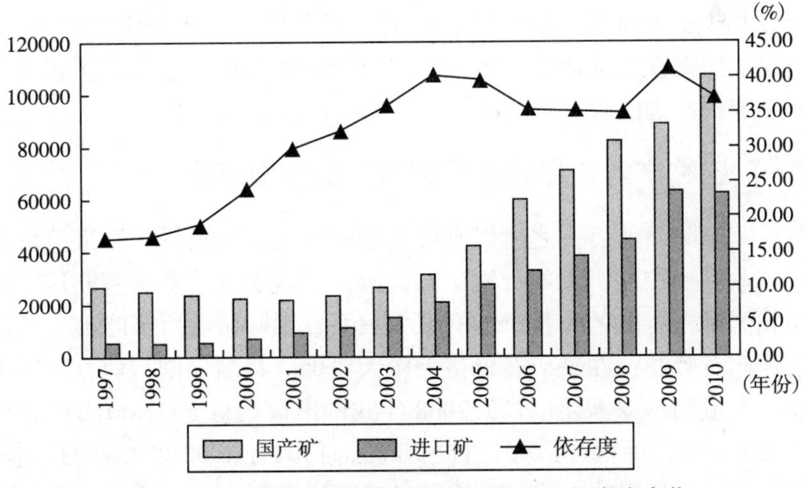

图 8 1997~2010 年进口矿和国产矿与进口依存度变化

（三）我国钢铁行业集中度过低、很难形成合力

与发达国家相比我国钢铁行业的产业集中度过低，目前，中国有大小钢铁企业 1200 家左右，其中大中型钢铁企业约 70 家。由于产业集中度过低，国内大型钢企被迫选择扩大产能、挤垮中小钢铁企业的发展战略，这就造成目前钢铁业产能分散和非理性扩张的局面。大小钢铁企业混战，一方面导致国际铁矿石市场价格飞涨，另一方面大大降低了钢铁业利润率，大量不符合环保和技术要求的小钢厂也给环境造成巨大威胁。

与国际同行相比，中国龙头钢铁企业在国内的影响力亟待提高。据统计，2007 年韩国浦项制铁公司粗钢产量占到本国产量的 60.61%，德国的蒂森克虏伯、日本的新日铁和 JFE 公司、美国的美国钢铁公司（USS）、俄罗斯的谢维尔等钢铁企业，其粗钢产量占本国总量都超过了 20%，而 2007 年中国最大钢铁企业——宝钢只占本国粗钢产量的 5.84%。前四大钢铁公司占全国产量的比重中国仅为 20%，欧盟的集中度最高，前四大钢铁公司占全部产量的 90.73%，美国前四大钢铁企业占全国产量的 52.90%，日本的前四大钢铁企业占全国产量的 74.77%。而截止到 2010 年，中国前十大钢铁公司占全国产量的比重也才到 60%，集中度远远低于发达国家的水平。

五、中国钢铁产业应对策略

中国应制定整体全球发展战略和规划，规范铁矿石进口。钢铁协会应与钢铁行业相关的各部委，如国家发改委、商务部、工业与信息化产业部等，联合制定我国钢铁行业的整体规划，规范我国的铁矿石进口，扭转目前的不利局面，维护我国的合法权益。

（一）压缩产能，建立国家钢铁产业拯救基金

目前，国际矿业巨头之所以有恃无恐地大幅度提高铁矿石进口价格，除了国际矿业巨头控制了大部分铁矿石资源，已经形成了寡头垄断这一原因之外，与我国钢铁行业的大量产能有很大关系，国际矿业巨头吃准了我国需要大量的铁矿石资源，在铁矿石价格上漫天要价。我国钢铁行业存在很大的过剩产能，大量的钢铁需要出口，2008 年我国出口钢材 5923.00 万吨，进口钢材 1543.00 万吨，为世界最大钢材出口国，我国有 4000 多万吨的过剩产能。受国际金融危机的影响，我国的钢材出口受到严重冲击，2009 年我国的钢材

出口急剧下降，2009 年出口钢材仅为 2460 万吨，产品大量积压。盲目扩张导致了钢铁产能尤其是板材产能的严重过剩，而在市场萎靡的前提下，产能过剩将进一步挤压企业的盈利能力，继济钢、莱钢、宝钢、鞍钢等钢铁巨头之后，本钢和华菱钢铁业也加入了亏损的行列，钢铁企业的生存状况堪忧。

我国钢铁行业产能巨大、大量过剩产能和我国的铁矿石产量严重不足、铁矿石外贸依存度持续攀升，2008 年我国铁矿石的外贸依存度为 54.79%，导致我国在铁矿石谈判过程中处于不利局面，对铁矿石价格谈判没有决定权，尤其铁矿石价格大幅度提高，给我国的钢铁企业带来了巨大的生存压力。

面对如此严峻的不利局面，笔者认为，工信部、商务部和国家发改委等有关部委应该制定整体规划，压缩过剩产能。一方面要让市场这“无形的手”去实现，引导地方政府和企业去寻找和开发新的支柱性产业，让落后产能自动退出历史舞台；另一方面还应该发挥宏观调控的巨大作用。要让企业自动压缩产能，必须给补偿由于压缩产能给企业所造成的损失，加速产业结构升级。提高我国钢铁企业的技术水平，逐渐转变钢铁行业的“粗放式”增长为“集约式”增长，提高我国钢铁行业的竞争力。

全球经济危机导致国际钢铁需求下降，从而也严重影响到了我国的钢铁市场。过去几年，钢铁业 50%的消费来自房地产业。当前房地产业的不景气首先抑制了建筑用钢材的需求。同时，作为钢铁消费大户的汽车业，已出现明显的产能过剩，销售较前些年疲软，国内市场钢材价格上涨空间明显压缩。消费量与实际需求的差异集中表现为库存的上升，中国的钢铁市场出现了供大于求的现象。控制产量可以稳定当前钢材市场，控制原燃料进厂节奏，消耗库存，使铁矿石价格回归理性，增加我国与国外企业铁矿石的谈判筹码。

笔者建议政府投入 3000 亿元资金，这些资金实际上是我国铁矿石进口的损失，成立钢铁产业拯救基金，用以补贴钢厂减产的损失。用国家手段干预钢厂平均每年减产 30%。同时鼓励银行等金融机构在资金上对钢铁产业结构调整进行援助，逐渐加大对钢铁行业的贷款支持力度，整合信贷资源按产业政策要求提供资金支持。银行等金融机构可根据钢铁行业产业发展政策要求，整合信贷资源，加强风险管理，重点支持有市场、有潜力的钢铁项目发展。但要注意不要对小钢铁企业投放过多，防止有些企业因受改制、国家宏观调控政策、市场等因素影响而停产关闭，形成大量不良贷款。这样也可以促进钢铁行业的重组，最终提升铁矿石谈判话语权。

（二）制定铁矿石进口规范细则，成立两家南北铁矿石矿业进口公司

企业采取联盟型博弈对策属于合作对策的范畴，豪尔绍尼（1966 年）提出，在对策局势中，如果意愿表示（colnlnitlneni）（如协议、承诺、威胁等）具有完全的约束力且可强制执行的，则该对策称为合作对策。合作博弈一般是指若干参与者结成联盟，共同协作争取联盟体的最大利益或者最小成本，再把利益或成本进行系统内部分配的博弈。合作博弈存在的两个基本条件是：①对联盟来说，整体收益大于其每个成员单独经营时的收益之和；②对联盟内部而言，应存在帕累托改进性质的分配规则，即每个成员都能获得比不加入联盟时要多一些的收益。如何保证实现和满足这些条件，就要求联盟内部成员之间信息是可相互交换的，所达成的协议必须是强制性执行的。但是合作博弈模型中涉及了相当多的解的概念，限制了合作博弈的应用。据此，成立南北两家铁矿石进口公司的联盟合作方式，有助于扭转目前多家公司对外谈判的被动局面。

南北铁矿石进口公司应建立如下这样一种出售机制，以使利益最大化。

（1）成立一个全球价格谈判机构，对全球所有矿山的出售行为进行购买。

（2）南北铁矿石进口公司应采取三方面的措施：提高购买效率，从而降低购买成本；加大矿山的库存成本；减少矿山限售给钢铁业造成的损失。

（3）南北铁矿石进口公司可由国内 16 家最大的千万吨规模钢厂投资参股组成，对铁矿石统一进行采购和投资，并根据股权比例对铁矿石进行分配。

（三）鼓励企业“走出去”，“自力更生”寻找新的矿产资源

由于我国的铁矿石产量严重不足，每年需要大量进口铁矿石，工信部、商务部和国家发改委等有关部委应该借鉴日本、欧美等先进经验，鼓励钢铁企业“走出去”，寻找新的矿产资源，通过参股、控股，或成立新的矿业公司等手段，获得对铁矿石等矿产资源的控制权，扭转铁矿石谈判中的不利局面；同时鼓励国内钢铁上下游企业重组企业，互相持股，风险利益共享，重点推进加大国内铁矿石开采力度，逐步减少铁矿石进口的对外依赖程度。

最近几年，各大国际铁矿投资商已经从三大铁矿石供应商转向俄罗斯和中亚地区及玻利维亚等丰富的铁矿石资源。日本虽然身居东亚，其资源控制触角已遍及南美、南亚、中亚、非洲等众多地区，包括部分中国矿山。

由于我国目前进口来源过分集中，应加大境外矿山投资力度。境外开矿可以采取的对策是加紧巩固并改善我国周边国家的关系，重点是俄罗斯、玻

利维亚、蒙古国、越南、柬埔寨、哈萨克斯坦、俄罗斯、印度等。目前，玻利维亚铁矿石探明储量已占据世界第四位，俄罗斯北部铁矿石资源丰富，利用世界经济低迷及我国外汇储备相对充足的有利条件，抓住机会，加大对周边铁矿石资源丰富国家的矿山进行战略联盟，以此改善铁矿石进口被动局面，打破和削弱世界铁矿石供应垄断局面。借鉴国外经验，我国钢铁企业可以采取勘查矿、股本矿和购买矿等多种方式与国外矿企进行国际合作。

（四）钢铁企业重组，大力提高行业集中度

中国钢铁行业由于缺乏足够的进入壁垒，使得行业内企业的数目越来越多，这必然导致了行业的分散化。从世界钢铁工业发展经验来看，提高产业集中度是中国"钢铁大国"迈向"钢铁强国"的关键因素，也是铁矿石进口谈判集中定价权的关键之一。表 6 是 2004 年世界主要钢铁生产国前 4 大钢铁生产企业钢铁产量占该国总产量情况。

表 6　世界主要钢铁生产国的产业集中度（各国前 4 位企业）

国　家	2004 年（%）
巴　西	99.111
韩　国	88.333
日　本	73.222
俄罗斯	69.222
印　度	67.777
美　国	61.111
中　国	15.777

数据来源：世界钢铁协会公布数据统计而成。

2005 年，国家发改委颁布的《钢铁产业发展政策》明确规定：到 2010 年，中国前 10 家钢铁公司钢产量要达到全国总产量的 50%，但 2008 年还不到 25%，而欧盟 2005 年已达 90%以上，韩国、巴西在 80%以上，日本在 75%以上，这些国家的钢铁产业已经形成了寡头垄断的市场格局，在铁矿石进口谈判方面也形成了寡头对寡头基本势均力敌的局面。我国钢铁工业的产业集中度与其他世界国家的产业集中度相比存在相当大的差距。因此，必须加快我国钢铁行业重组兼并产业整合，淘汰落后、高污染企业，减少资源浪费，推进产品结构调整，以减轻铁矿石需求压力。重组中坚持以市场行为为主，充分发挥市场优化资源的作用。要充分发挥宝钢、武钢、鞍钢、首钢、沙钢、河北钢铁集团、山东钢铁集团等特大型企业集团的综合优势，让这些大企业在联合重组中发挥主导作用。重组应实行统一规划，在全国范围内推

进，打破地区限制，仅在地区范围内的重组有局限性。积极借鉴日本模式，引导集团之间、生产商与贸易商之间交叉持股，形成风险、利益共享机制和快捷信息传递机制，最终形成铁矿石进口和钢铁产品出口的合力效应，增强谈判筹码。此外，国家应给予政策支持，以帮助企业解决历史遗留等一系列重组中的问题。

参考文献：

[1] 王骏，杨波，余子鹏. 中国铁矿石供需战略分析 [J]. 经济学家，2005 (4).

[2] 李建武. 我国铁矿石进口安全分析及政策建议探讨 [J] .中国矿业，2008 (2).

[3] 卢蓓蓓，肖荣阁，师永民，刘勇. 我国铁矿石贸易的不利状况及对策分析 [J]. 资源与产业，2009 (6).

[4] 司晓悦. 我国铁矿石进口的战略和对策 [J]. 东北大学学报，2003 (9).

[5] 侯卉，胡旺阳，李兵. 我国铁矿石资源可持续发展的战略分析 [J]. 金属矿山，2007 (10).

[6] 胡小平，陈甲斌. 利用国外铁矿资源的区域选择与决策优化研究 [J]. 金属矿山，2006 (2).

[7] 冯松武. 如何优化铁矿石进口 [J]. 中国统计，2007 (9).

[8] 吕靖，陈超，沙继东. 基于最小费用理论的进口铁矿石物流系统研究 [J]. 大连海事大学学报，2004 (8).

[9] Marvel H，Peck J. Demand Uncertainty and Returns Policies. International Economic Review，1995 (36).

[10] Mahumudul A. chiang S.H. Export Market Correlation and Strategic Trade Policy. Canadian Journal of Economics，2001 (33).

中国区域经济发展对进口贸易的影响研究[①]

——来自 1987~2009 年省域数据的经验证据

孙爱军[②] 依绍华[③] 吴国松[④]

众所周知，出口贸易是中国经济高增长的重要动因之一。伴随着对外开放广度和深度的不断推进，出口对经济增长的贡献越来越大，导致我国进出口收支不平衡现象日益突出。据商务部统计，在 1978 年我国进出口总额为 206.4 亿美元，其中进口 97.5 亿美元，出口 108.9 亿美元。到 2010 年，即使受国际金融危机的影响，进出口总额仍高达 29727.6 亿美元，其中进口 13948.3 亿美元，出口 15779.3 亿美元。其间，值得关注的一个现象是，在转型经济背景下，受我国长期不对称涉外经济政策的影响，年年增大的进出口收支顺差，以及经常项目顺差的持续增加，导致了巨大的人民币升值压力，而且，长期的进出口收支失衡，也对经济持续健康发展产生了负面影响，出口导向型经济增长方式的弊端逐渐显现。要促使进出口收支向均衡的方向发展，当前条件下在注重出口保增长的同时，更应关注进口贸易。要对影响进口贸易的因素及其影响程度进行深入分析，并且要明晰这些因素在省域之间的差异，为我国宏观调控经济政策的制定与执行，以及产业结构的优化，提

---

① 基金项目：本研究受到江苏省“青蓝工程”资助，是江苏省哲社基金（09EYC015）的阶段性成果。

② 孙爱军（1970~），男，江苏省淮安人，工学博士，淮阴师范学院经济与管理学院副教授，南京大学理论经济学博士后，江苏“青蓝工程”中青年学术带头人，澳大利亚西悉尼大学访问学者。研究方向：计量经济、经济增长。邮箱：hasaj@163.com。

③ 依绍华（1971~），女，中国社科院财贸经济研究所，副研究员。研究方向：贸易。邮箱：yishaohua@yahoo.com.cn。

④ 吴国松（1979~），男，江苏淮安人，淮阴师范学院讲师，南京农业大学博士研究生。研究方向：国际贸易。邮箱：ployboy439@126.com。

供经验证据，促进各省乃至全国经济发展的内外均衡，促进经济稳定地可持续发展。

一、文献回顾

伴随着国际贸易的发展，在进口贸易受到较多关注的同时，国内外专家学者对于影响一国进口的因素也进行了广泛而深入的研究，并形成了丰富的文献。如 AMELIA.U 以 22 个发展中国家为研究对象，应用动态面板数据模型方法，分析发现国内收入和价格是影响进口增长的显著因素，激励贸易政策的作用显著并且是正向的。Hoque，M.M 检验了孟加拉国实行贸易自由化对进口的效应，使用时间序列数据实证分析的结果表明，减少关税的贸易自由化在短期内有利于增加进口，但是长期来看并不显著，认为拉动国内消费、投资、扩大生产、财政政策等才能促进贸易内外均衡和经济稳定增长。其他影响产品进口的因素研究成果还有：Rauch 与搜寻成本一样重要的产品接近程度、使用共同的语言等；Feenstraet al 国内市场的影响；Broda and Weistein 较低的价格弹性；Feenstra and Hanson 产品的升值空间、贸易的通信成本；Goldberg and Tille 以美元作为货币购买商品的使用频率；Evans 贸易的边界效应等。综合国外专家学者的研究可以发现，在对进口贸易影响因素的研究中往往侧重于某一方面，如商品价格、成本因素、市场国内供求关系、需求偏好、收入水平、外商直接投资和政府政策等方面对进口贸易的作用。

近年来，随着我国对外开放的全面推进，对进口贸易及其影响因素的研究受到国内学者的关注。如熊晓炼以定量分析的方法，对影响我国进口的主要因素进行综合的研究后给出各解释变量对当年进口的影响程序的由大到小排序为：GDP 增长率、国内通货膨胀、人民币贬值率、国际市场通胀率、上年进口量。许和连运用新型的多元统计数据分析方法中的偏最小二乘回归方法，分析了影响我国进口贸易的因素以及其影响程度，结果发现在所选取变量中，我国的经济增长率及商品零售价格指数变量与进口贸易之间表现出一种正向关系，但对进口贸易影响并不明显，而关税税率与进口贸易之间表现出一种负向关系，且对进口贸易影响较明显，其他的变量与进口贸易之间均表现出正向关系，而其中又以出口额与汇率变量表现较为显著。卢向前采用协整向量自回归的分析方法，就中国 1994~2003 年人民币对世界主要货币的加权实际汇率波动与进出口之间的长期关系进行了实证检验。结果表明，人民币实际汇率波动对我国进口存在着显著的影响，存在J曲线效应。吕剑以非农就业人口比重作为二元经济结构的代理变量，研究了二元经济结构、人民币实际汇率错位对进口贸易的影响，结果发现二元经济结构、实际汇率错位等变量对进口均有显著影响，且具有自我修正的动态调整功能。汤学兵选取2000~2010年我国进出口的月度数据，运用多参数平滑方法，分析了全球经济危机对我国进出口贸易的影响，结果发现，金融危机极大地减少了我国的进口贸易，在区域上表现为从东到西影响强度逐步减弱，对外开放程度越高的地区受到的影响比较显著。总体看来，在国内现有文献中，比较多的是研究汇率变动对一国进口贸易的影响，较少涉及经济发展的其他因素对于进口贸易的影响。事实上，存在着诸多作用于我国进口贸易的因素，且进口贸易有时间上的变化和区域发展不均衡的特点，然而这方面的研究成果并不多见，因此本文将构建动态面板数据模型，采用中国省域的数据，对影响中国区域进口贸易的各种可能因素进行实证研究。

本文的贡献之一在于，第一，以进口贸易为研究对象，同时考虑多种不同变量对进口贸易的作用，识别并量化分析影响进口贸易量的各种不同变量；第二，检验进口贸易变量的内生性，若存在内生性，则构建动态面板数据模型进行参数估计；第三，以省域单元构建面板数据，是因为省域具有一定自主权和经济实力，能相对独立地开展进口贸易。如果以整个国家为研究对象所得出的贸易影响因素及其政策启示来指导省域进口贸易发展的话，会因为缺少针对性而造成偏差。

二、研究设计

（一）研究变量的选择

随着我国经济逐步融入世界经济发展的潮流，影响我国进口贸易的因素日益复杂，而各省域自然形成的经济结构对本省域进口贸易又具有巨大的影响。为了深入揭示影响进出口贸易的具体经济因素，及其在省域间的差异，在研究过程中，以各省的进口贸易额为被解释变量，综合上述研究成果中的各种变量，初步选择国内生产总值（GDP）、外商直接投资（FDI）、储蓄存款（S）、商品零售价格指数（RPI）、全社会固定资产投资（TIFA）、出口总额（E）、外贸依存度（FD）、总消费支出（TSG）、财政支出（LGE）等为解

释变量。之所以选择这些变量作为解释变量，理由如下：①

GDP：进口贸易与 GDP 密切相关，一方面，GDP 的高速增长需要进口原材料；另一方面，中国经济持续的高增长，为进出口贸易提供了良好的宏观经济环境与厚实的物质基础，经济实力尤其是高额的外汇储备加上进口贸易的需求，使得进口贸易高速增长。David Dollar 研究指出，在全球化时代，发展中国家通过扩大开放，降低出口关税和提高出口退税率，进出口贸易显著增高，经济快速增长，追赶发达国家。因此需要分析 GDP 对省域进口贸易的影响。

FDI：贸易创造效应是 FDI 的多个效应之一，比如外商直接投资进行生产时往往需要进口新技术和原材料，可以在母国和东道国之间创造更多的甚至新的贸易机会，使贸易在更大的规模上进行。Kamal Saggi 认为进口贸易能够导致国外先进知识和技术产生溢出效应，能有效地促进经济增长，实证研究也表明，在总体水平上，进口贸易与 FDI 对东道国有积极的技术溢出效应。

储蓄存款（S）：经济学理论认为，储蓄是投资的源泉，而投资影响进口和消费，尤其是进口商品的消费，近来国际品牌奢侈品消费增多，反映出部分中国居民存款增多，甚至有人夸张地认为"中国将在 2012 年超过日本，成为全球第一大奢侈品消费国"。②

全社会固定资产投资（TIFA）：由于我国的投资数据一直强劲，部分投资是用于进口原材料、中间产品等，近年来进口商品的数量、价格齐增，推动进口额激增，所以投资与进口被看做是具有相关性的。

财政支出（LGE）：财政支出是政府对财政资金进行的再分配，其中生产性支出是指与社会物质生产直接相关的支出，在政府主导的投资过程中，财政支出是否与进口贸易相关以及相关程度如何有待后面的实证分析。

借鉴姚丽芳、魏巍贤、赵陵等的研究成果，研究过程中还兼顾了商品零售价格指数（RPI）、出口总额（E）、外贸依存度（FD）与总消费支出（TSG）等与进口贸易相关的变量。

（二）建立模型

本文的研究目的是揭示影响省域进口贸易的变量，以及这些变量对于省

① 本研究主要揭示中国省域经济发展对于进口额的影响，侧重分析这些因素对于进口的影响在省域间的差异，而各省域对外贸易中面临着相同的人民币汇率水平波动，因此研究过程中不再将汇率水平作为解释变量，而以所建立的面板回归模型中的截距项来体现汇率水平对于进口的影响。

② 段聪聪. 中国奢侈品消费明年将超越日本居全球第一 [N]. 环球时报，2011-06-18，参见 http://news.sina.com.cn/c/2011-06-18/084022663255.shtml。

域进口额的作用大小。根据所选择的研究变量，基于中国省域 1978~2009 年的经济发展数据，建立面板回归模型如下：

$$y_{it} + \beta_0 + x_{it}\beta_{ijt} + u_{it} \qquad i = 1,\ 2,\ \cdots,\ n,\ j = 1,\ 2,\ \cdots,\ m$$

$$t = 1,\ 2,\ \cdots,\ T \tag{1}$$

模型（1）中，下标 i 表示第 i 个省域，t 表示第 t 年，j 为影响进口额的第 j 个因素；y_{it} 为第 i 个省域第 t 年的进口贸易额；x_{it} 为解释变量向量，即由影响进口额的因素所构成的向量；β_0 为截距项；β_{ijt} 为相应解释变量前的参数项；μ_{it} 为随机扰动项。

在实证研究中，通过对参变量 β_{ijt} 估计值的分析，可以明确各变量对进口贸易变量是否显著及其作用程度的大小。若 $\beta_j>0$，则表明第 j 个因素对于进口具有正向作用，且数值越大，作用越明显；若 $\beta_j>0$，则表明第 j 个因素对于进口具有负向作用，且绝对值越大，负向作用越明显。

三、实证分析及结果

（一）样本选择与数据来源

虽然中国从 20 世纪 70 年代末就开始了改革开放，但直到 1981 年才有相对稳定的对外贸易相关经济数据，即使这样在 20 世纪 80 年代初期，还是存在个别年份少数省域数据缺失的现象。为了既保证研究结果的客观性，又能极大化样本容量，具体实证分析中，剔除了 1981~1986 年的不完整数据，而将研究的样本期确定为 1987~2009 年。采集样本期内中国内地 29 个省域数据，形成面板数据（青海和西藏的数据由于缺失较多，无法查询，给予剔除），所有原始数据均来源于《中国统计年鉴》、《新中国六十年统计资料汇编》、各省的各年份《统计年鉴》。为保证分析结果的可比性，经济数据以 1981 年为基准，对原始数据作了削减处理。样本数据的统计特征见表 1。

表 1 数据的描述性统计

变 量	观察个数	均值	标准差	最小值	最大值
Gdp	667	1086.414	1218.672	30.847	8652.608
E	667	271.616	718.636	1.505	6589.019
I	667	232.354	598.213	0.235	4725.248
S	667	688.438	854.362	11.589	6883.810
Tifa	667	457.272	590.909	11.240	4170.640

续表

变 量	观察个数	均值	标准差	最小值	最大值
Rpi	667	311.778	85.171	124.490	472.090
Lge	667	134.458	143.971	5.231	949.878
Fdi	667	40.231	68.951	0.004	390.960
Tsg	667	398.243	427.817	13.365	3263.535
Fd	667	29.890	42.800	1.406	304.135

样本观察值有 667 个，以上变量除外贸依存度的单位是%，其他变量的单位为亿元，外商直接投资和出口总额已按相应年份年平均汇价换算为人民币，最后的计量单位为亿元。表 1 显示，进口贸易的方差较大，仅次于 GDP、出口和储蓄，说明不同省域、不同时期的差异较大，最低的是 1988 年的甘肃省（0.2844 亿美元），最大的是 2009 年广东省（631.9885 亿美元）。在各个变量中，外贸依存度的方差最小，说明在各省的竞争下外贸依存度比较接近，总体上体现了我国的外向型经济特征；商品零售价格指数紧靠其后，说明价格在不同省域在不同时点上的变化不大；方差最大的是 GDP，说明各省之间的经济水平有较大的差距，最小值为 1987 年西藏 30.847 亿元，最大值为 2009 年广东 8652.608 亿元（削减后的可比数值）。①

（二）面板回归模型的确定

合适的研究模型是保证研究结果具有科学性的关键。首先，对于面板数据的回归模型，需要判明是随机效应还是固定效应形式，一般用 Hausman 检验。Hausman 检验统计量的值为 chisq = 161.3577，其伴随概率 p 值小于 0.01，拒绝原假设，所以选用固定影响模型，检验结果参见表 2。

表 2 计量经济学检验

统计检验目的	检验统计量	自由度（df）	p 值
判定固定或随机效应	chisq = 161.3577	df = 9	p–value<2.2e–16
判定区域差异	F = 43.1352	df1 = 252，df2 = 377	p–value<2.2e–16
判定时间差异	F = 2.1354	df1 = 198，df2 = 437	p–value<3.776e–11
Wooldridge 检验	chisq = 998.9554		p–value<2.2e–16
Breusch–Godfrey 检验	chisq = 479.7768	df = 23	p–value<2.2e–16

其次，再做是否存在个体、时间差异的检验。一方面，检验不同的省份

① 各省的数据此处未列出。

是否有差异，表 2 中说明得到的 F 检验统计量为 43.1352，其伴随概率 p 值接近于 0，远小于 0.01，说明不同的省份之间存在差异；另一方面，从时间上检验不同的年份是否存在差异，得到 F 检验统计量为 2.1354，伴随概率为 3.776e-11，说明不同的年份之间存在差异。

最后，对进口贸易变量是否存在内生性进行检验。采用 Wooldridge 检验和 Breusch-Godfrey 检验，两者的结果都表明存在序列相关（见表 2），这进一步验证了被解释变量存在滞后效应，与进口贸易的实际波动特征相吻合。

综合以上计量检验，应该考虑选用固定效应的面板数据双向模型，在做参数估计时还应该考虑到被解释变量存在着内生性。

（三）实证分析

基于中国 1986~2009 年的省域面板数据，建立动态面板数据模型，进行参数估计，得到总体回归结果，参见表 3。

表 3 考虑到进口内生性的参数估计结果

变 量	系 数	标准误差	t 值	p 值
Lag（Y，1）	0.8741	0.0268	32.5658	<2.22e – 16***
Gdp	–0.1072	0.0425	–2.5253	0.0118249*
tifa	0.1154	0.0343	3.3619	0.0008251***
Tsg	–0.1455	0.1044	–1.3933	0.1641
E	0.0733	0.0251	2.9147	0.0036980**
Rpi	0.4644	0.2942	1.5787	0.1149
Fdi	0.3371	0.1307	2.5782	0.0101773*
Lge	–0.1768	0.1591	–1.1109	0.2671
S	0.1636	0.0313	5.2340	2.325e – 07***
Fd	1.2548	0.2705	4.6391	4.331e – 06***

注：*、**、*** 分别表示在 1%、5%、10%的显著性水平上拒绝原假设，下同。

由表 3 可知，模型的 R–Squared 值为 0.9526，调整后的拟合优度为 0.8630，说明有较高的拟合优度，F 检验统计量的值为 1162.32，其伴随概率为 2.22e–16，说明 Gdp 等所有的自变量综合对进口贸易的解释程度高，线性关系总体上存立。但是表 3 的 t 检验结果显示，TSG（总消费）、RPI（商品零售价格指数）、LGE（地方财政支出）三变量不显著，TSG（总消费）主要指批发和零售业、住宿和餐饮业以及其他行业，对进口贸易的作用不显著可以剔除；RPI（商品零售价格指数）不显著可能是因为中国的零售物价和国外进口品物价关联度不大，或者说国内外两个市场可能是因为各种贸易壁垒；GE（地方财政支出）不显著，可能是因为政府购买性支出和转移性支付的最终购买产品更偏向于国内商品。

删除不显著变量后做回归分析，经过多次拟合，最终得到通过检验的、具有稳定性的模型参数估计结果，得到最终的拟合模型：

$$\underset{}{Y_{it}} = \underset{(34.02)}{0.863lag(Y,1)_{it}} - \underset{(-5.944)}{0.154GDP_{it}} + \underset{(3.596)}{0.108TIFA_{it}} + \underset{(4.189)}{0.096E_{it}} + \underset{(2.784)}{0.357FDI_{it}} + \underset{(5.203)}{0.128S_{it}} + \underset{(4.462)}{1.08FD_{it}} + u_{it} \quad (2)$$

括号中的是 t 统计值（下同），模型的 R–Squared 值为 0.9522，调整后的拟合优度为 0.8671，F 检验统计量的值为 1653.76，各项结果表明通过了统计检验，模型成立。进口（Y）一阶滞后项通过显著性检验，且解释力较强，也即意味着上一年度的进口呈现一定的惯性，使得下一年的进口需求持续增加；GDP 虽然也通过了显著性检验，但变量前的参数估计为负数，表明 GDP 与进口呈现相反的变动，GDP 增长一个单位，进口则下降 0.15 个单位，GDP 的增长对进口的影响不大甚至呈现负向，也从另外一个层面说明了我国的经济增长与出口高度相关，长期形成出口拉动型的模式使得进口作用被掩盖；固定资产投资（TIFA）的统计数据说明投资中有相当一部分支出是用于进口，当前进口的有高精度的重型机械设备、高技术含量的生产线以及大量的中间产品；出口（E）的统计结果表明，出口增加也会带动进口的增长，其原因可能是我国的出口产品中有一部分的原材料依赖于进口，如电子产品、化工产品的出口与进口的石油、铁矿石有关，但是这种依靠出口带动进口增长的力量不足，系数仅为 0.096，与我国出口主要依赖于劳动力和资源有关；通过比较，在影响进口的因素中，作用相对较大的是外商直接投资（FDI），外商直接投资越大，进口总额越大，说明外商直接投资是拉动我国进口的重要动因，可能是外商投资所购买的设备或中间产品等通常来自于国外，很多时候中国只充当装配车间的角色，如 iphone。储蓄存款（S）对进口有显著影响，说明了我国居民的收入在增加，对进口商品的需求也在增加。同时注意到，外贸依存度（FD）变量前的参数估计结果为 1.0814，统计结果表明是显著的，这与外贸依存度的内涵是一致的，不言而喻，进口贸易直接或间接地影响着外贸依存度。

此外，前述的计量检验表明存在省域差异分析，故本文将分析中国不同省份之间的差异，有助于从省际角度来研究影响中国进口贸易的因素及其效应，结果参见表 4。

表 4 不同省域的固定效应

省域	差异	省域	差异	省域	差异	省域	差异	省域	差异
河南省	51.340	安徽省	18.901	辽宁省	–35.075	山西省	–13.91	上海市	8.629
山东省	105.187	湖南省	36.308	江西省	1.669	重庆市	–8.478	北京市	–12.320
广东省	14.816	湖北省	26.691	贵州省	4.989	吉林省	–3.784	天津市	–50.906
四川省	13.623	广　西	12.444	黑龙江	13.642	甘肃省	–2.076	海南省	–39.045
江苏省	95.712	浙江省	0.700	陕西省	–16.294	内蒙古	9.689	宁夏	–12.549
河北省	9.416	云南省	10.553	福建省	–25.061	新　疆	–9.696		

从表 4 中可看出，中国不同省域之间的差异特别显著，说明省域之间进口存在不同的情形，区域之间存在不平衡。其中山东省、江苏省最为显著，常数项分别达到了 105 和 95，这是因为山东省和江苏省的沿海、沿江经济发展较快，两省大量进口原材料、半成品、关键技术设备，这些大都被投入到以出口为目的的再生产过程中，支撑两省经济增长和外贸出口进而进口对于山东省和江苏省来说比较重要，与江苏和山东的经济实力不断上升密切相关。陕西省、宁夏等省进口贸易较为不显著，进口贸易的地位和作用并不突出。总体而言，省域之间进口贸易存在差异，原因在于区域之间自然地理条件的差异，长期以来历史形成的特征以及经济模式、发展水平、区位因素、消费习惯、文化风俗等方面的差异，导致各省进口贸易的不同以及呈现不同的发展规律。

最后，根据计量检验存在的时期差异，得到影响进口贸易的时期变化效应估计结果，见表 5。

表 5 不同年份的固定效应

年　份	时间差异	年　份	时间差异
1988	13.465	1999	13.684
1989	8.466	2000	38.979
1990	5.352	2001	6.640
1991	10.722	2002	22.186
1992	10.280	2003	54.182
1993	9.595	2004	60.617
1994	13.141	2005	19.045
1995	–11.815	2006	21.286
1996	–7.844	2007	17.747
1997	–4.463	2008	–24.959
1998	–3.654	2009	–117.041

从表 5 可看出不同年份的差异比较显著，[①] 受到经济发展速度、社会需求变化和经济周期的影响，进口贸易可以分为四个阶段：第一阶段是 1988~1994 年，我国进口总额剧烈波动，进口起伏波动的主要原因是受到行政手段干预，外汇结存多时突击进口，外汇短缺时则急刹车，从 1991 年底到 1993 年，国内经济迅速升温、GDP 总额年年增高、汇率相对稳定，导致进口的增幅超过出口；第二阶段是 1995~1998 年，我国的进口增长率逐步放慢，增长速度总体下降，甚至负增长，受 1997~1998 年亚洲金融危机对世界经济的拖累是重要原因；第三阶段是 1999~2007 年，亚洲金融危机以后，我国及时调整了相关外贸和产业政策，国内市场对生产资料和生产设备需求迅猛增加，对外开放力度加大，促进了进口的增长；第四阶段是 2008~2009 年，因美国次贷危机引发的新一轮世界性金融危机，中国出口产品市场严重受阻，进口贸易也受到影响。

四、结论与启示

经过统计检验，建立动态面板数据模型，应用 1987~2009 年面板数据实证研究得出，进口贸易具有内生性，影响进口贸易的主要经济变量有国内生产总值、出口、固定资产投资、外商直接投资、储蓄、外贸依存度等，其中上一年的进口贸易量、外贸依存度和外商直接投资影响较大。同时，受到自然地理条件、经济发展水平、经济模式等因素影响，不同省份在不同时期的进口贸易存在较大的差异。

本文研究结果的政策启示在于，为实现经济发展的内外均衡，需要扩大进口贸易，促进产业结构调整和转变外贸发展方式。在制定宏观经济政策促进进口时，需要值得关注的因素有国内生产总值、出口、固定资产投资、外商直接投资、储蓄和外贸依存度。需要指出的是，这些因素在不同时期对不同省域进口贸易的影响程度存在着差异，中央政府要维护国内外稳定的贸易大环境，宏观贸易政策应以科学发展观为指导，在遏制高耗能高排放产品出口的同时，继续扩大开放度，指导各省立足本地经济，要结合本省的产业结构和实际状况，注重进口原料和燃料等初级产品，进口有技术溢出效应的先

① 其中中国 2005 年 7 月 21 日起实行有管理的浮动汇率，表 6 并未显示出汇率改革后，因汇率升值引发进口急剧增长，可能由于人民币升值促进进口的效应、因 J 曲线效应和国际市场环境的共同作用而未出现。

进技术设备和产品、中间投入品，进口人民生活需要的消费品等，省域之间不能简单地模仿和攀比，要形成各自的优势产业并能在省际之间互补，通过各省域发展的内外均衡实现全国经济发展的内外均衡，促进外贸发展方式的转变，促进经济稳定、持久的增长。

需要说明的是，本文没有分东部、中部、西部三大区域做分析，也没有细化到不同种类商品的进口贸易影响因素做分析，对税收等政策变量以及不同时期的断点检验没有纳入到模型中做综合考察，这些有待于今后进一步深入研究。

参考文献：

[1] AMELIA U.SANTOS-PAUL INO，2002，"The Effects of Trade Liberalization on Imports in Selected Developing Countries"，World Development，Vol.30（6）：959-974.

[2] Mohammad Monjurul Hoque，Zulkornain Yusop，2010，"Impacts of trade liberalisation on aggregate import in Bangladesh：An ARDL Bounds test approach"，Journal of Asian Economics（21）：37-52.

[3] Rauch，J.E.，Trindade，V.，2002，"Ethnic Chinese networks in international trade. Review of Economics and Statistics"，84：116-130.

[4] Feenstra，R.C.，Markusen，J.R.，Rose，A.K.，2001，"Using the gravity equation to differentiate among alternative theories of trade"，Canadian Journal of Economics，34：430-447.

[5] Broda，C.，Weistein，David. E.，2006，"Globalization and the gains from variety"，The Quarterly Journal of Economics，121（2）：541-585.

[6] Feenstra，R.C.，Hanson，G.H.，2004，"Intermediaries in entrepot trade：Hong Kong re-exports of Chinese goods"，Journal of Economics and Management Strategy，13：3-35.

[7] Goldberg，L.S.，Tille，C.，2004，"Vehicle currency use in international trade"，Federal Reserve Bank of New York Staff Report，Vol. 200.

[8] Evans，C.L.，2003，"The economic significance of national border effects. American Economic Review"，93：1291-1312.

[9] 熊晓炼. 我国进口贸易影响因素分析［J］. 贵州大学学报，2002（2）：108-112.

[10] 许和连，赖明勇. 影响中国出口贸易相关因素的实证分析［J］. 软科学，2002（6）：30-33.

[11] 卢向前，戴国强. 人民币实际汇率波动对我国进出口的影响：1994~2003［J］. 经济研究，2005（5）：31-38.

[12] 吕剑. 人民币汇率变动对国内物价传递效应的实证分析［J］. 国际金融研究，2007（8）：53-61.

［13］汤学兵，韩晓丹. 全球经济危机对我国进出口贸易的影响——基于多参数平滑法的定量分析［J］. 国际贸易问题，2011（4）：3–14.

［14］David Dollar，Aart Kraay，2004，“Trade，Growth，and Poverty”，The Economic Journal，114（493）：22–49.

［15］Kamal Saggi，Kamal Saggi，2002，Trade，Foreign Direct Invest ment，and International Technology Transfer：A Survey，World Bank Research Observer，17（2）：191–235.

［16］姚丽芳. 中国外贸进出口影响因素实证分析［J］. 统计研究，1998（5）：25–29.

［17］魏巍贤. 中国进口需求的决定因素分析［J］. 系统工程理论与实践，1999（9）：58–64.

［18］赵陵，李文锋. 我国进口增长波动因素的实证分析［J］. 数量经济技术经济研究，2001（1）：30–32.

促进我国对外贸易可持续发展实现贸易强国战略

张　燕①

一、外贸可持续发展概述

关于外贸可持续发展的理解有狭义和广义两个层次：狭义上的外贸可持续发展是一种外贸与生态环境、资源及社会效益协调统一的发展，是指在时间上不能牺牲后代人利益、在空间上不能牺牲其他国家和地区利益来满足自身需要的发展。广义上的外贸可持续发展是从“可持续发展”一词本身去理解的，概括而言是指一国或地区的外贸发展与其经济、生态环境、社会发展、社会效益、人类未来等方面密切相关的一种持久的发展，也就是在遵循外贸发展内在规律的基础上，健全外贸体制，完善外贸运行机制，提高外贸效率，合理有效地利用和配置外贸资源，保证外贸与经济、社会发展等各个方面相互协调，稳健发展。

（一）我国外贸可持续发展背景

1. 外贸发展迅速

20 世纪 90 年代以来，我国外贸出口持续快速发展，特别是在加入世界贸易组织后呈现了加速发展的势头。据中国海关统计，2011 年，中国外贸进出口总值 36420.6 亿美元，同比增长 22.5%。其中，出口 18986 亿美元，增长 20.3%；进口 17435 亿美元，增长 24.9%。贸易顺差 1551.4 亿美元，比上

---

① 张燕（1986~），女，安徽六安人，北京工商大学经济学院国际贸易学专业 2010 级硕士研究生。研究方向：国际贸易理论。邮箱：zhangyan704412154@126.com。

年净减少 263.7 亿美元，收窄 14.5%。从 2006 年到 2011 年，我国外贸总额由于金融危机在 2009 年虽有所波动，但总体仍然呈现上升趋势，其中的货物进出口增长情况，可见图 1。

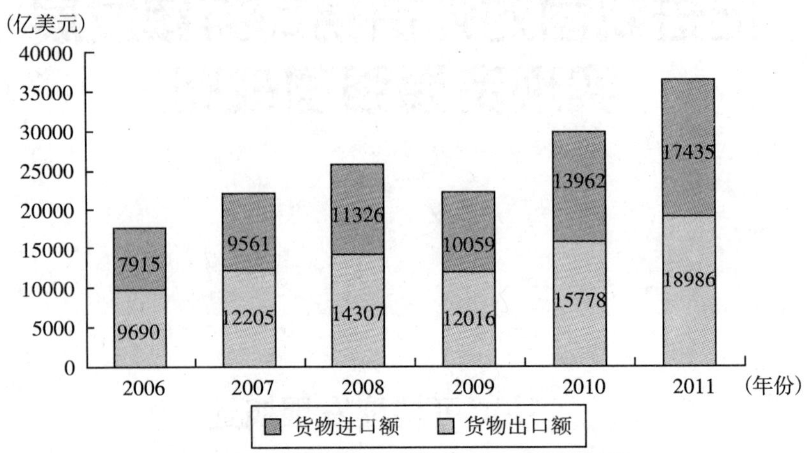

图 1　中国外贸总额在 2006~2011 年的增长情况

数据来源：国家统计局 2011 年统计公报。

但也要意识到，在外贸总额总体呈现增长趋势的同时，由于我国的出口产品过去对绿色环保要求重视不够，因此在近年来的国际贸易中经常受到绿色壁垒的打击。

2. 是贸易大国而非贸易强国

自 2009 年起，中国已经连续三年成为世界货物贸易第一出口大国和第二进口大国。改革开放 30 多年来，中国利用世界经济较长时期繁荣、经济全球化深入发展的机遇，扩大对外开放，吸引利用外商投资，引进先进技术，改造提升国内产业，在全面参与国际分工和竞争中，实现了对外贸易的跨越式发展。

中国货物贸易总量跻身世界前列。1978 年，中国货物进出口总额只有 206 亿美元，在世界货物贸易中排名第 32 位，所占比重不足 1%。2011 年，中国货物进出口总额达到 36420.6 亿美元，比 1978 年增长了 176 倍，年均增长 16.8%。

中国货物贸易结构发生了根本性变化，全方位和多元化进出口市场格局形成。中国出口商品结构在 20 世纪 80 年代实现了由初级产品为主向工业制成品为主的转变，到 90 年代实现了由轻纺产品为主向机电产品为主的转变，进入 21 世纪以来，以电子和信息技术为代表的高新技术产品出口比重不断扩大。中国贸易伙伴已经发展到 231 个国家和地区，欧盟、美国、东盟、日本、金砖国家等成为中国主要贸易伙伴。

中国服务贸易的国际竞争力不断增强。2001~2010 年，中国服务贸易出口在世界服务贸易出口中的比重从 2.4%提高到 4.6%，从世界第 12 位上升到第 4 位；服务贸易进口比重从 2.6%提高到 5.5%，从世界第 10 位上升到第 3 位。

中国的发展离不开世界，世界的繁荣稳定也离不开中国。中国仍然是一个发展中国家。与世界贸易强国相比，中国出口产业仍处于全球产业链的低端，资源、能源等要素投入和环境成本还比较高，企业国际竞争力、一些行业的抗风险能力相对较弱。实现由贸易大国向贸易强国的转变，将是一个较为长期的进程，还需要付出艰苦努力。

3. 外贸发展要转型

国际贸易保护主义让外贸形势变得更为错综复杂，在促进出口稳定增长的同时，中国应通过多种杠杆如金融、财税、环保等手段，在加强宏观调控的前提下，严控“两高一资”（高耗能、高污染、资源型）产品出口。中国外贸要扩大自主知识产权、自主品牌和高附加值产品出口，加快推动外贸转型升级，逐渐抛弃以前的粗放型发展方式。当前，各国对进口商品的环保、技术标准日趋复杂和严格，其中食品的环境技术标准是最高的，各国政府尤其是日本、欧盟、美国等发达国家对食品中的农药残留量和有毒物质含量标准规定到了近乎苛求的地步，过去我国大量出口冻猪肉和冻兔肉到欧洲，现在都被禁止。同样我国的很多纺织品由于环保原因不得不退出国际市场。所以，外贸增长的同时，要注意与环境保护之间的协调。

应当看到，目前在国际产业分工体系中，我国仍位于产业分工链条的低端，出口贸易额的 55%以上来自加工贸易，加工贸易技术含量不高，增值率较低，价值链不长，有些加工贸易还容易受环境因素影响，缺乏稳定性。另外，我国的出口贸易近来也颇受国外技术壁垒限制之苦。例如，2011 年 7 月 20 日欧盟发布两项标准草案，限制筑滚筒干衣机进口；并且欧盟公布空调新能源标识条例，属环保壁垒。由此可以看出，在我国出口贸易中居于主导地位的机电产品及高新技术产品，在目前的形势下，其发展仍然有较大的艰巨性。高新技术产品 90%以加工贸易形式出口，处于产业链低端的现状没有改变。在国际市场竞争日趋激烈的形势下，要实现我国出口贸易持续健康发展，急需提升我国在国际分工中的地位，转变外贸发展方式，注重质量和效益，兼顾社会和生态，优化出口产品结构，增加高附加值产品出口，切实推动我国出口贸易由以量取胜转向质量效益型的增长。

（二）外贸可持续发展内涵

外贸可持续发展，要兼顾外贸数量和质量去发展；要做到社会可持续发展，既要考虑到现代人的需求，又要给后代留有余地；要体现资源的可持续发展，使自然资源不至于过度消耗；要实现环境可持续发展，兼顾全球可持续发展。可持续发展不是一个国家或一个地区的事情，而是全人类的共同目标。当前世界上的许多资源与环境问题已超越国界，具有全球性，如全球变暖、酸雨的蔓延、臭氧层的破坏等。因此，必须加强国际间多边合作，建立起巩固的国际合作关系，走外贸可持续发展之路。如果将外贸的可持续发展内涵进行细分，可以从两个方面来说。

1. 外贸的数量增长

外贸的数量增长主要体现在三个方面：一是进出口总额的增长，包括外贸的进口额和出口额，尤其是出口额的增加。这点也是外贸可持续发展最基本的要求。二是外贸增长率的稳定，仅仅是贸易额的增加，还不能实现可持续发展，只有外贸增长率保持在一个稳定的水平，或者上升的状态，才能体现持续性。三是外贸产品、外贸企业数、外贸从业人员以及产品生产资源的增加，这些数目的增加，也是必不可少的条件，共同构成了外贸的数量增长。

2. 外贸的质量发展

外贸的质量发展具体表现在以下两个方面：

(1) 外贸增长方式的转变。我国要真正从粗放型的外贸增长方式中释放出来，重点开发拥有自主知识产权的产品、科技含量和高附加值的产品；要逐渐改变以往以劳动密集型和资源密集型产品发展为主的思维模式，真正使产品的国际竞争力得到提高。

(2) 对外贸易效益的提高。对外贸易效益包括经济效益、社会效益和生态效益。所谓经济效益，是指通过商品和劳动的对外交换所取得的社会劳动节约，即以尽量少的劳动耗费取得尽量多的经营成果，或者以同等的劳动耗费取得更多的经营成果。对外贸易经济效益问题是对外贸易可持续发展的核心问题，它与对外贸易可持续发展成正比关系。对外贸易社会效益，是指贸易经济活动对社会生活所产生的影响和作用效果。对外贸易涉及面广，是社会活动的一种重要方式，它既为社会提供物质服务，也带动精神文明传播，有着较强的社会属性。它涉及社会的生产领域、交换领域和流通领域，与多个部门有着密切的联系。把握好对外贸易的社会属性，才能更好地服务于社会其他部门和行业，使社会整体发展具有协调统一性。只有注重社会效益，才能产生相互促进的动力机制，从而有利于对外贸易的可持续发展。关于生态效益，对外贸易的可持续发展是建立在生态环境和谐共存、协调发展的基础上的，要努力做到外贸发展与生态环境的协调、统一。从出口商品来说，要逐渐杜绝加工贸易中具有对环境、资源消耗较大的生产线。对于进口商品，要坚决抵制“洋垃圾”流入国内，加大海关稽查和法律打击力度。外贸从业人员要改变观念，真正树立外贸环保意识。

（三）外贸可持续发展原则

实行我国对外贸易的可持续发展必须遵循效率、持续性和公平性等基本原则。

1. 效率原则

对外贸易是一国通过与他国的商品交换达到提高本国消费水平的活动。对外贸易可持续发展战略并没有否定这一原则，而是追求用最小的稀缺资源成本获得最大的福利总量，即效率仍然是对外贸易的基本目标之一。然而，与传统的对外贸易发展方式不同，对外贸易可持续发展所追求的福利，不仅包括商品和劳务的消费，也包括环境的改善或避免环境的恶化，外贸企业进口所耗成本，不仅包括物质资本的投入，也包括环境资本的消耗。忽视环境状态和环境资本因素，甚至牺牲环境，片面追求对外贸易的发展，其“效率”便无从谈起。

2. 持续性原则

对外贸易可持续发展的第二个原则是持续性，即对外贸易的发展必须满足我国社会、经济发展对自然资源、环境舒适和废弃物处理能力的需要，必须在适度的范围内进行，超过了“度”，就会造成环境破坏、资源衰竭、危害我国经济的稳定、健康发展。近年来，我国某些地区为追求出口速度，扩展资源性商品出口，其利弊是值得重新认识的。可见，保护环境、保护资源，保持对外贸易持久、稳定发展，即持续性原则应是我国对外贸易可持续发展的基本原则。

3. 公平性原则

1992年联合国环境与发展大会通过的宣言明确规定了处理国与国关系的公平性原则：“各国拥有依照其本国的环境与发展政策开发本国自然资源的主权，并负有确保在其管辖范围内或其控制下的活动不致损害其他国家或在其管辖范围以外地区的环境的责任。”作为从事国与国之间货物交换活动的对外贸易，其可持续发展也必须遵守这一原则，即一国对外贸易的发展，不应损害他国的环境，同时，也不受其他国家环境污染的影响。近年来，一些国家将污染严重的产业转移到国外，或将本国废弃物进行跨国转移，这都是违背公平性原则的。可见公平性原则也应是我国对外贸易可持续发展的基本原则之一。

二、我国外贸可持续发展的现状分析

外贸是拉动经济的“三驾马车”之一，在国民经济中的作用是不言而喻的，既在量的方面有明显体现，也在质的方面有所突破。但是，在我国对外贸易总体快速发展的同时，对外贸易的发展方式仍然不合理，外贸结构依然需要调整。当前的国际贸易，仍然存在不平等性，以中国为例，发达国家通过跨国投资，将那种环境污染重、生态破坏大的产品生产进行转移，在发展中国家开辟工厂，这在短期内加强了我国商品竞争力，但从长远看，这种跨国投资会给我国的环境、生态和资源带来压力。在这种跨国合作中，发展中国家也在一定程度上忽视了环境保护，给可持续发展带来了新的挑战。

另外，在我国的出口商品结构中，也存在诸多不合理现象，初级产品的出口比重较大，高新技术产品的出口较少，商品的附加值和技术含量不高，在自主知识产权和科技创新方面的产品更是相对不足。所以，这种内外因素的结合，给我国的环境、资源带了越发明显的破坏。如果不能尽快重视可持发展问题，一方面会在国际贸易中面临各种“绿色壁垒”，另一方面会因为资源和环境的破坏，反过来影响本国商品的生产。因此，无论是理论上还是实际上，研究外贸的可持续发展，都有着重要的意义。中国于 2001 年成为世界贸易组织的成员，世界贸易组织框架所确定的可持续发展目标及其基本原则对中国对外贸易发展具有纲领性的指导意义，它代表了当代国际贸易的发展趋势，也符合中国对外贸易发展规律，要遵守世界贸易组织框架下的规章制度，就要走外贸可持续发展之路。

为了实现经济增长，我国已经消耗大量资源，生态环境也在恶化。这既制约了整个国民经济发展的效益，又反过来影响了国民经济的发展。

（一）高投入、高消耗、高污染、低效益的粗放型外贸增长模式仍然存在

我国目前的国际贸易，从世界范围来看，仍然处在产业链的低端。这种外贸国情，引发了经济增长与生态压力，外贸发展与环境保护之间的诸多问题。与发达国家相比，我国出口商品的单位能耗远远大于西方国家，由此造成了外贸过程中的高污染、高消耗和低效益。这种粗放型的外贸增长方式，

虽然有其历史原因，但在当前绿色观念盛行的形势下，还是要引起高度重视。比如，中国是轮胎出口大国，特别是汽车轮胎的生产，需要进口橡胶，只有通过对原材料的加工和处理，才能制造出可使用的轮胎。而橡胶的加工和成产，涉及诸多化学产品，在排放的废水中，对环境污染的成分较多，这在一定程度上给我国的环境和资源提出了挑战，带来了压力。

（二）资源“瓶颈”日趋明显

我国的资源总储量居世界第 3 位，但人均占有量居第 53 位，仅为世界人均占有量的 1/2。大量不可贸易的资源如水资源人均占有量仅是世界平均水平的 1/4，随着经济的发展，我们的矿产资源国内供应能力、保障能力也不足。为了促进家电、电机设备等产品的出口，许多资源要不断从国外进口。从 2011 年主要商品进口数量、金额及其增长速度的表格中可以看出，煤、原油等资源的进口量正在逐渐上升，其他资源或原材料的进口也在不断攀升（见表 1）。

表 1　2011 年主要商品进口数量、金额及其增长速度

商品名称	数量（万吨）	比上年增长（%）	金额（亿美元）	比上年增长（%）
谷物及谷物粉	545	–4.6	20	33.8
大豆	5264	–3.9	298	18.9
食用植物油	657	–4.4	77	28.0
铁矿砂及其精矿	68608	10.9	1124	40.9
氧化铝	188	–56.4	8	–48.1
煤	18240	10.8	209	23.6
原油	25378	6.0	1967	45.3
成品油	4060	10.1	327	45.5
初级形状的塑料	2304	–3.7	472	8.3
纸浆	1445	27.1	119	35.3
钢材	1558	–5.2	216	7.3
未锻造的铜及铜材	407	–5.1	368	12.0

资料来源：国家统计局 2011 年统计公报。

在 45 种重要战略性资源当中，据估计到 2020 年时我们将有 9 种严重短缺，有 10 种短缺。所谓短缺是指某种资源的外贸依存度在 40%~70%，外贸依存度超过 70%以上为严重短缺。目前，我国综合能源利用效率约为 33%，比发达国家低 10 个百分点；单位产值能耗是世界平均水平的两倍多；主要产品单位能耗平均比国外先进水平高 40%。国内资源供给严重不足，另外，我国资源产出能耗和资源消耗水平却明显高于国际先进水平。电力、钢铁、有色、石化、建材、化工、轻工、纺织 8 个行业主要产品单位能耗，平均比国际先进水平高出 40%。机动车油耗水平比欧洲高 25%，比日本高 20%。工业用水重复利用率比国外先进水平低 15~25 个百分点，矿产资源总回收率比国外先进水平低 20 个百分点。

（三）发达国家实施绿色贸易壁垒

绿色贸易壁垒在 20 世纪 90 年代开始兴起于各国，是指在国际贸易中，一些国家以保护生态资源、生物多样性、环境和人类健康为借口，设置一系列苛刻的高于国际公认或绝大多数国家不能接受的环保法规和标准，对外国商品进口采取的准入限制或禁止措施。从表 2 可知，在 2011 年中国对主要国家和地区货物进出口额的排名中，排在前两位的分别是欧盟和美国，众所周知，当前的绿色贸易倡导者，主要是发达国家，欧盟和美国是其中的主要鼓吹者，一旦欧盟和美国提高进出口环境标准，对我国的进出口将会造成重大的影响（见表 2）。

表 2　2011 年对主要国家和地区货物进出口额及其增长速度

国家和地区	出口额（亿美元）	比上年增长（%）	进口额（亿美元）	比上年增长（%）
欧盟	3560	14.4	2112	25.4
美国	3245	14.5	1222	19.6
中国香港	2680	22.8	155	26.4
东盟	1701	23.1	1928	24.6
日本	1483	22.5	1946	10.1
韩国	829	20.6	1627	17.6
印度	505	23.5	234	12.1
中国台湾	389	31.4	403	55.6
俄罗斯	351	18.3	1249	7.9

资料来源：国家统计局 2011 年统计公报。

绿色壁垒是新时期产生的一个概念，这是保护环境的组织给出的一种观点，这种观点在一定程度上保护了生态环境，但在贸易领域，它更多的是一种非贸易壁垒，具有歧视性。对我国来说，作为世界上最大的发展中国家，绿色壁垒对我们是不利的。绿色贸易壁垒的存在，大大增加了我国企业在生产、运输等方面的成本，即使在收益不变的情况下，仍然会缩小出口的利润空间，对我国出口商品的竞争力影响较大。

（四）对外贸易的结构层级较低

低层次的外贸结构已成为我国对外贸易可持续发展的制约因素，进出口方面都有着明显的表现。我国外贸发展新的战略定位是推动经济增长、促进社会和谐、提升国际地位。我国加工贸易在出口中占据比重大，而加工贸易正是破坏环境的杀手之一，也是低层级的贸易形式之一。同时，我国加工贸易产品的零部件主要依赖进口，这又带动了周边地区，如欧美、东南亚等国家的零部件出口，这一趋势会进一步促进我国对加工贸易的依赖。然而从外贸结构来看，我国主要还是处在低端劳动密集型产品上。从 2011 年的货物进出口来看，出口额 18986 亿美元中，加工贸易占了 8354 亿美元，高新技术产品的出口额只占机电产品出口额的一半，货物出口中，外商投资企业所占的比例最高，这类企业中，对环境污染的企业不在少数（见表 3）。

表 3　2011 年货物进出口总额及其增长速度

指　标	绝对数	比上年增长（%）
货物进出口总额	36421	22.5
货物出口额	18986	20.3
其中：一般贸易	9171	27.3
加工贸易	8354	12.9
其中：机电产品	10856	16.3
高新技术产品	5488	11.5
其中：国有企业	2672	14.1
外商投资企业	9953	15.4
其他企业	6360	32.2
货物进口额	17435	24.9
其中：一般贸易	10075	31.0
加工贸易	4698	12.5
其中：机电产品	7533	14.1
高新技术产品	4630	12.2
其中：国有企业	4934	27.1
外商投资企业	8648	17.1
其他企业	3852	42.9
进出口差额（出口减进口）	1551	—

资料来源：国家统计局 2011 年统计公报。

我国中小型的外贸企业较多，所从事的外贸出口以劳动密集型为主，加工贸易在当前所占据的地位仍然不可动摇。自主创新的企业和产品相对缺乏，科技发展在外贸领域的体现不明显。当以劳动密集型产品去打开国外市场时，在生产“中国制造”的背后，是大量的资源投入以及一定程度的环境污染。所以说，总体外贸结构层级较低。

三、我国外贸可持续发展的战略选择

我国外贸领域存在的诸多问题，反映出我国对外贸易发展的非持续性，同时也体现出国外绿色贸易壁垒对外贸的影响呈不断强化趋势。因此，我们必须抓住有利时机，以科学发展观为指导，合理利用国内外两个市场、两种资源，加快增长方式转变，建立新型、科学的外贸发展绩效评价指标体系，加强贸易政策与投资、产业政策联动，加速进出口结构调整升级，提高进出口的经济社会效益，大力推动科技进步和品牌发展，努力提高自主创新能力，提高企业国际竞争力，促进对外贸易全面协调可持续发展，实现从“贸易大国”到“贸易强国”的转变。从根本上说，促进我国对外贸易的可持续发展，可从以下几个方面着手：

（一）建立比较完善且符合国际惯例的环境措施法律制度

一是在指导思想上，要正视环境措施对贸易可持续发展的影响，将环境措施的贸易影响纳入环境立法中加以考虑。既要注意发挥环境措施对贸易的合理限制作用，又要使环境措施不至于成为贸易可持续发展的障碍。二是不断完善环境措施法律制度并切实加大执法力度，为外贸的可持续发展提供法律支持。主要包括：将环境保护引入经贸法律体系，如在引进外资时，应按污染程度而非简单的投资额建立投资审批制度；建立和完善我国环境技术法规体系，强化国家对环境保护的管制措施；加强卫生检疫及产品包装方面的立法，建立绿色卫生检疫制度和绿色包装制度；积极鼓励环境自愿性措施的使用，完善环境标志制度等。三是建立可持续发展的绿色税收制度。一些国家特别是西欧国家为了协调贸易与环境的关系，普遍实行“绿色税收”制度，开征的税种包括污染物排放税、污染产品税和生态补偿税。我国应在税制设计和税收立法方面强化环保意识，增设环保税种，深化税制改革，使之向绿色产业倾斜。

（二）要转变传统的外贸发展模式，使环保与外贸相互促进

当前的外贸发展是属于粗放型的，出口商品中有“两高一剩”产品，进

口商品中有“洋垃圾”等污染性强的产品。加快转变外贸发展方式，正是适应全球需求格局调整的客观要求，也是提高我国外贸可持续发展能力和国际竞争力的必然选择。世界每次重大经济危机发生之时，往往是新技术革命孕育发展的起点，也是国际产业新一轮重组和升级的开始。如果不能顺应这一潮流，转变发展方式，不仅难以适应全球经济发展的新趋势，甚至可能丧失传统优势，连增长都难以持续。要协调好外贸与经济社会、生态环境之间的关系，就要杜绝具有严重污染能力的进口商品，减少高污染的出口商品。走集约型的发展之路，是当前外贸发展方式迫切需要解决的问题。出口方面，要重点开发那种符合环保标准的产品，以冲破绿色壁垒；对污染程度较大的项目要严格控制，对高污染的项目要立即叫停，处理好产品利益与环境保护之间的关系。外贸发展方式的转变，不是一蹴而就的，需要社会、企业、政府的共同努力，唯有如此，才能切实转变外贸的粗放型发展方式。

（三）顺应绿色贸易潮流，突破绿色贸易壁垒

只有对外贸易保持一定的发展规模和速度，才能更好地实现贸易的可持续发展。一是要积极顺应绿色贸易的潮流，大力发展绿色产业，采用清洁工艺，生产对环境友好的产品，不断提高产品的环保水平。二是积极鼓励对国际标准的采用。国际标准具有广泛的适用性，尽管它是自愿采用的，但自颁布以来受到各国的普遍重视。根据国际标准化组织规定，只要企业获得相关国际标准认证，就可以直接进入国际市场，不受任何非关税的阻拦。三是实施从产品设计、生产、包装到营销的绿色一体化。四是要对主要国家、行业和产品的绿色壁垒进行认真研究，积极寻求对策，对于其中以环境保护为目的的合理要求，要通过提高本国产品品质，尽量满足对方。五是要建立有利于生态环境的进出口产品结构，使我国出口贸易向节约原料、节约资源的“绿色结构型”发展。鼓励和发展技术含量高、附加值高及可实现资源替代的产品出口；出口产品的开发重点应放在绿色产品、环保技术与食品、环境标志产品三类产品上并使绿色食品的出口成为我国对外贸易导向型产品。同时，为了保护我国人民和动植物的生命健康和安全、保护生态环境，我国应根据世界贸易组织和有关多边环境协议的要求，建立合理的绿色防范体系。

（四）优化贸易商品结构，坚持科技兴贸

从长远看，应调整出口产品结构，增加高新技术类产品出口，建立有利于生态平衡和环境保护的合理的进出口商品结构，出口产品的开发重点应放在绿色食品、环保技术与食品、环境标志产品三类产品上，适度控制纺织类

产品出口增长速度，提高其出口产品质量，进口商品要将严重污染的产品、设备拒之门外。从近期来看，要努力提高出口产品的科技含量和附加值。在出口商品的选择上，要更多地倾向于高新技术产品，逐渐减少初级产品的出口，这样才能提高出口的质量和效益。

当前环保已成为与和平、发展并列的三大主题之一，环境对于国际经济贸易的强大影响与日俱增。对外贸易的可持续发展将是今后国际贸易领域的新趋势、新特点。中国正处于经济转轨时期，转变旧的外贸发展战略，制定外贸可持续发展战略，是我国国民经济可持续发展的要求，也是对外贸易本身发展的内在要求，它是我国国民经济和对外贸易继续高效、稳定、长期发展的重要前提。必须深化我国外贸发展战略的调整，构建适应可持续发展的外贸商品结构，优化我国经济结构和产业结构，大力发展服务贸易和技术贸易，实施市场多元化战略，合理引导国际投资，广泛开展国际合作，保持我国对外贸易的可持续发展，最终实现贸易强国战略。

参考文献：

[1] 沈根荣. 我国对外贸易可持续发展的政策导向 [N]. 新闻报，1997-3-20.

[2] 袁永友，刘建明. 创建我国对外贸易可持续发展评价指标体系的思考 [J]. 国际贸易问题，2004 (1).

[3] 王月永. 中国对外贸易可持续发展评价与策略研究 [D]. 天津大学博士学位论文，2007.

[4] 傅京燕. 国际环保趋势与我国外贸的可持续发展 [J]. 贸易经济，2001 (3).

[5] 王云凤，石有梅. 对外贸易可持续发展的理性思考 [J]. 社会科学战线，2005 (3).

[6] 陈小芳. 对外贸易可持续发展能力评价体系研究 [J]. 经济研究，2006 (12).

[7] 张曙霄，王爽. 关于我国外贸增长方式与可持续发展的探讨 [J]. 财经问题研究，2006 (10).

[8] 李晓龙. 我国对外贸易评价指标中存在的问题 [J]. 经济导刊，2005 (10).

[9] 杨红益. 对外贸易可持续发展能力研究——以安徽外贸发展为例 [D]. 安徽大学硕士学位论文，2010.

国际贸易摩擦

中国贸易摩擦现状分析及企业应对策略[①]

梁 田[②]

改革开放以来，中国逐渐从一个相对闭塞的国家转变为贸易大国，1978 年中国进出口总额仅有 355 亿美元，2011 年中国进出口总额则达到 36421 亿美元。1950 年中国进出口总值占世界进出口总额的 0.9%，2008 年达到 8%以上，其中出口总值在 1950 年全球排名列第 27 位，经过 30 年徘徊，1980 年上升到第 26 位，此后排名直线上升，1990 年列第 15 位，2001 年列第 6 位，2004~2006 年稳居第 3 位，2007~2008 年上升到第 2 位，2009 年超过德国成为世界第一出口大国，因此中国已经变为一个绝对的贸易大国。但是，与中国外贸增长相伴随的是中国的贸易摩擦形势也不断恶化，成为阻碍中国向贸易强国转变的重要元素之一。

一、中国贸易摩擦的现状

（一）外贸产业结构单一

中国 2010 年加工贸易占出口 46.8%，一般贸易占 50.0%。2011 年加工贸易占出口 44.0%，一般贸易占 45.6%。可见，劳动密集型加工产业所占比重很大，但出口产品的核心配件主要依靠进口，中国只是进行低附加值的加

① 基金项目：2011 年度北京工商大学本科生科学研究计划项目“中国出口企业如何妥善应对国际贸易摩擦”，受到“北京市大学生科学研究与创业行动计划建设项目”（项目号：19005114009）资助。

② 梁田（1992~），男，河南郑州人，北京工商大学经济学院国贸 111 班学生。研究方向：国际经济与贸易。邮箱：19920809@qq.com。

工配装。这些结构单一的产品的大量出口，对发达国家的制造业与就业都产生冲击，激发贸易摩擦。

（二）贸易顺差过大

2009 年中国贸易顺差为 1960.6 亿美元，2010 年为 1831.0 亿美元，而 2011 年中国进口金额为 18986.0 亿美元，出口金额为 17434.6 亿美元，贸易顺差高达 1551 亿美元。连续多年的中国巨额贸易顺差，无疑对中国的贸易伙伴内部市场造成很大的冲击。

（三）外贸依存度过高

1980 年中国进出口总额 382.4 亿美元，GDP 为 1882.4 亿美元，外贸依存度 20.3%，而 2006 年达到了 67%，虽然 2011 年外贸依存度回落至 50.1%，但美国与日本的 2011 年数据都在 30%以下，表明中国贸易结构不合理，外贸依存度过高，在出现贸易摩擦时处于极其被动的局面，受制于人。

（四）对外贸易严重依赖少数几个国家与地区

改革开放以来，中国外贸进出口都严重依赖日本、美国、欧盟、东盟和中国香港等国家（地区），占比 56.7%。例如，2010 年欧盟占 16.1%，美国占 13.0%，日本占 10.0%，东盟占 9.8%，中国香港占 7.8%。其中中国香港、美国、欧盟为中国最主要的贸易顺差国（地区），2010 年对中国香港的顺差为 2061 亿美元，美国为 1910 亿美元，欧盟为 1395 亿美元。中国是美国、欧盟最主要的贸易逆差国，对欧美内部的制造业冲击很大，因此中国与美、欧的贸易争端不断。

整体而言，中国的国际贸易形势非常严峻，贸易摩擦迅速加剧蔓延。从低附加值产品扩散到机电、医疗保健品、微电子等高附加值高科技产品，从发达国家向发展中国家蔓延，从产品层面向产业、政策层面蔓延。1979~2004 年，已有 30 多个国家（地区）发起了 700 起涉及中国出口产品的反倾销、反补贴、保障措施及特保调查案件，其中，反倾销调查近 600 起，反补贴调查 5 起，保障措施调查 50 余起，特保调查 10 余起，涉及商品 4000 多种。近些年来贸易摩擦不但没有缓解反而越来越剧烈。2010 年全年我国遭遇贸易摩擦 64 起，涉案金额 70 亿美元。2010 年美国国际贸易委员会共发起 58 起 337 调查，其中有 19 起调查被诉方涉及中国企业，约占调查总数的 1/3。2012 年，美国发起的 337 调查总数及涉华案件总数均达历史新高。除了以美国为代表的发达经济体外，巴西、阿根廷以及印度等发展中国家也开始发难，既有针对传统产业的，也有针对高新技术产业的。中国已连续 17 年成为遭遇贸易摩擦最多的国家，一些国家还在知识产权和人民币汇率等问题上与我国纠缠和斗争。

二、中国面对贸易摩擦的应对策略

（一）实现出口企业产业的技术密集型升级，提高出口产品的科技含量与附加值

现在的中国出口企业是以劳动密集型企业为主，像富士康等为国外企业代工的工厂，或者像在珠三角、长三角普遍存在的手工作坊型中小民营企业。利用中国大量的廉价劳动力生产低附加值的出口产品，这些出口的产品利润低廉，富士康加工一个苹果手机的利润只有 2%，并且在国际市场上的竞争力非常薄弱。现在国际消费市场消费能力大幅下降、国内生产市场生产成本激增以及各国大力发展本国的制造业来恢复经济这三方面造成了对于中国加工制造企业产品出口越来越多、越来越广的贸易摩擦。中国这些大量的出口加工低附加值产品的中小型企业在这样恶劣的环境中订单也随之大量减少。以东莞兴业针织有限公司为例，一个一年的出口额为 1500 万美元的小公司经济危机后订单量比 2008 年少 50%，订单普遍压价 15%。而企业利润本来就不到 5%。“丝毫没有自己的话语权，只能尽量少亏损”就是这些企业最鲜明的写照。

在这种情况下，中国出口企业由劳动密集型向技术密集型升级就显得格外紧迫。2005 年美国制造业附加值构成中，化学制品、食品、饮料以及烟草制品、计算机及电子制品分别占 13.8%、11.6%、8.9%。而家具及相关制品、纺织、服装皮革及混合制品分别只占 2.5%、1.6%、1.1%。技术密集型的产业附加值远高于劳动密集型的产业，在国际市场上的竞争力更加突出，不易受到贸易摩擦制约。企业向技术密集型升级有两个方面：一方面是提高企业规模经济水平和产业集中度。技术密集型产业的竞争很大程度上是技术水平的竞争，而企业的经济规模关系到技术投入的强度（比重）和规模（绝对量）。中国技术密集型产业必须通过尽快提高企业经济规模，提高产业集中度，来加强自身的技术能力和国际竞争力。通过促进企业购并、重组和联合来提高企业经济规模和产业集中度，是一种具有必然性和紧迫性的趋势。另一方面是企业与高校的联合，重视科研人员、知识分子，为企业的科技提

升提供一个支撑点。硅谷是20世纪末美国经济崛起的一个核心点，周围是斯坦福大学、加州大学伯克利分校等众多知名院校。许多企业如苹果、IBM、Intel等公司将总部设在硅谷并大范围招聘斯坦福等大学的毕业生，与高校联手进行科研试验、技术革新，企业提供资金，高校研发科技，极大地提高了企业的科技竞争实力。结合上述两方面，德力西是一个很好进行产业升级的企业。德力西是我国商务部重点出口名牌、中国最大低压电器出口基地，最初是1984年在温州建立的一个家庭作坊，现在已经是国家大型工业企业，从最初的生产出口开关插座到以出口高中低压电器、输变配电气和工业自动化控制电气为主，同时涉足综合物流、交通运输、矿业能源、环保工程、再生资源、金融服务等产业，并且助飞了我国“神舟”系列飞船。德力西现有员工14000余人，下属公司70多家，协作企业1000多家，在国内外设有销售网点1600多家。集团现有总资产50多亿元，品牌无形资产28.28亿元，综合实力位居中国民营企业500强前列。产业高科技化升级是德力西辉煌的最主要因素，创立者胡成中非常注重科技，最初三次去上海请技术人员，之后又投资三亿元建立高新科技园，建立了德国、上海、温州三级研发体系，并且与高校联手创办全国电器行业首家博士后科研工作站。可见技术密集型的企业以其高附加值的产品在我国对外贸易摩擦不断的环境下更能稳住自己的阵地实现腾飞。

（二）进行出口产业结构合理化，优化出口传统产品贸易和服务贸易比重

中国企业的出口产业结构中过多地依靠出口传统制造业产品，而服务贸易所占比重非常少。一定程度加剧了中国的对外贸易摩擦。相较西方发达的经济体美国、德国、日本、英国服务贸易分别占比重21.3%、17.4%、16.8%、28.6%。而中国服务贸易仅仅占到了10.9%，且自1995年以来服务贸易持续逆差。不仅服务贸易在出口贸易比重不均衡，中国企业在服务贸易的出口结构中，又有极大的不均衡。在美国的服务贸易出口结构中，出口比重超过10%的部门分别是旅游、其他商业服务、专有权利使用费和特许费、运输和金融服务，其出口额分别占服务贸易出口额的24.17%、17.63%、16.75%、15.65%和11.82%。中国服务贸易出口中，旅游服务贸易占比第一，2000年竟然达到53.34%，第二是运输服务占比12.2%。虽然到2010年分列第一、二位的旅游和运输占比分别下降到了26.9%和20.1%，但资本、技术密集型的通信、专利使用费和特许费、计算机和信息服务、金融服务贸易所占比例极小，大部分还是集中在低附加值的服务贸易。

针对传统产品贸易出口摩擦大的局面，服务贸易的出口就变为一个突破点。中国的制造业出口企业应依靠自身基础，依靠制造业发展服务业、核心技术服务化。如前所述，企业应加大技术开发投资和对人才的吸纳，加强企业自身的科技价值，对外直接提供核心技术服务以获取利润。并且通过产业链重组，企业的经营重心逐渐从加工制造转向流程监控、产品研发、市场营销、客户管理等生产性业务，向价值链"微笑曲线"的两端延伸。NIKE 就是一个专注于服务的企业，品牌下的产品全部由代工厂代工，企业自身进行品牌的推广、产品研发与营销，并且建立了 NIKE 体验馆，对于顾客的身高、体重、体型、脚的特征给予顾客最合适的衣服和鞋子的选择，让顾客体验到完全人性化、自动化的服务。并且 NIKE 还推出了 NIKEid，给顾客一个平台来自己设计拥有自己个性的鞋子。NIKE 和安踏一双鞋子的成本价是差不多的，但在市场上的售价 NIKE 要比安踏高 50%以上，这 50%就是 NIKE 出色的研发、营销和文化品牌的推广所带来的。我国知名的家电制造企业海尔现在就借鉴 NIKE 和 INTEL 的经验进行制造业的出口向整体营销服务的出口，力求转变为制造服务业模式。针对现在我国的资本技术密集型服务、金融服务等高附加值的服务产业比重极小，市场空间很大，企业向出口服务贸易进行调整，加大资本的投入，招纳科技、管理、金融等行业的高端人才，向管理咨询、医疗、金融等新兴高增长业务拓展。

（三）对外开拓新兴市场，对内开拓国内市场

中国的贸易出口 85%针对传统市场，只有 15%面向新兴市场。如今美国、欧盟等传统市场相对饱和并且出现经济衰退，加剧了中国与这些市场的贸易摩擦，中国面临的贸易制裁越来越多。因此，更广、更深地开拓众多悄然崛起的发展中国家的新兴市场，就变得非常关键。印度、俄罗斯、巴西等国人口众多并拥有一定的经济实力，是现在新兴市场的代表，企业将出口的市场份额向这些新兴国家转移，以摆脱出口严重依赖个别国家的困境。这不仅增强了贸易谈判的实力，而且也很大程度上降低了企业的出口风险。在面对个别国家的制裁时，中国企业不用再卑躬屈膝，从而实现"东边不亮西边亮"的效果。

对于新兴市场的开拓，包括三个方面：一是企业传统的出口廉价产品已经不再成为优势，性价比是对新兴市场消费群体的突破口，尤其是在竞争力薄弱的区域打开缺口。二是企业与新兴市场的沟通能力，包括对于不同新兴市场消费习惯和风俗生活习惯等的市场调查、在新兴市场找到合适的合作伙伴与当地的本土企业联合、对于出口产品的宣传和企业品牌形象的宣传，这

样企业能更好地与新兴市场结合。三是中国在新兴市场要合理充分地发挥比较优势，中国企业向资本、技术密集型产业转型，传统劳动密集型的制造业可以向新兴市场进行转移，直接利用新兴市场的资源、劳动力充足廉价的优势，无论是本地生产本地销售还是对外进行出口，都大大降低了生产成本。

对外开拓新兴市场不能忽视掉中国巨大的国内市场，毕竟国内拥有13亿人口，并且经济水平在急速增长中，消费潜力十分巨大。一国国内市场的大小，直接关系到该国的竞争力的大小。苹果、NIKE等很多大型企业都视中国为未来最有前景的市场，并大量向中国出口。中国自己的出口企业利润大幅度缩水，出口转内销、内外结合是打破这一局面的一种有效措施。现在，国内市场的经济实力雄厚，但消费理念与企业面向出口的西方市场存在差别，中国出口企业要了解国内市场，再结合自身特点，根据国内市场的需求点和空白点，找到市场切入点，从而确立目标市场和产品定位，规划产品策略，建立企业品牌，进行品牌包装与市场推广。但大多数出口企业资产较少，完全独立地开辟国内市场难度较大，企业间可以强强联合、相互合作、合资，增加可投入的资金量，并且同一条产业链上的企业加深合作，发挥出产业集聚效应，利用沟通交流便利、运输便捷等优势，极大限度地降低成本。佛山的凯西欧灯饰和余杭的服装出口企业是两种不同模式尝试转内销的例子。凯西欧灯饰以加工制造LED灯具为主，在市场不景气时，出口国家的贸易保护订单大量减少，产品利润大幅度降低，企业经营困难。企业虽然看到了国内市场的巨大空白，但自打品牌、市场推广所需要的资金投入量不是这样一个中小型企业可以支撑的。同时美的集团要战略涉足照明行业，凯西欧凭借在专利、技术、生产方面的优势获得了与美的合作的筹码，获得在国内的销售市场。余杭出口家居纺织业非常发达，但同凯西欧面对同样的困境，余杭的83家代工工厂整合资源，成立杭派女装的一个生产基地，自主创立品牌进行推广，走内外销结合道路。企业对国内市场需求开发，以国内市场为依托，内外销相结合，面对国际市场的贸易摩擦、贸易保护时就会有更大的余地。

鉴于中国在后危机时代的贸易摩擦范围广、数量多，企业和政府要紧密结合。一方面，企业本身要提高出口产品竞争力，摆脱劳动密集型、低附加值产品出口的窠臼，以资本、技术密集型的高附加值产品作为主要出口导向，吸纳人才与资金，加强同产业链条上企业的合作程度，形成集聚效应，降低成本与风险，合理地有层次地开拓新兴市场与国内市场，摆脱对少数传统市场的依赖，提高国际贸易舞台的竞争力与地位。另一方面，政府要充分发挥职能，为企业提供完备的基础设施建设，出台保护本土企业的相关政策，在国际贸易舞台上要强硬起来，显示出一个贸易大国应有的气魄。中国企业在复杂的贸易环境中取得稳定地位，将贸易摩擦对企业利润、国家经济的影响降到最低，为中国向贸易强国转型提供强大推动力。

参考文献：

[1] 殷越男. 后危机时代贸易摩擦的转向与应对策略 [J]. 经济全球化，2011 (3).

[2] 王厚双，刘向丽. 国际贸易摩擦：理论、法理、经验与对策研究 [M]. 北京：九州出版社，2008.

[3] 托马斯·普格尔，赵曙东. 国际贸易 [M]. 南京：南京大学出版社，2010.

[4] 吴翠华，周超. 应对日益蔓延的贸易摩擦策略分析 [J]. 中国商贸，2011 (2).

中国出口企业如何妥善应对国际贸易摩擦[①]

肖雪影[②]　朱振荣[③]

一、我国贸易摩擦的现状

近年来，随着经济全球化的发展和国际贸易的飞速发展，国际贸易摩擦也不断涌现。近期，世界各国针对我国出口产品的贸易救济措施显著增加，我国与其他国家、地区的贸易摩擦呈现快速上升态势，越来越多的出口产品受到反倾销、反补贴、保障措施、特殊保障措施等贸易救济措施的制约和惩罚，我国已经成为当今世界滥用贸易救济措施最大的受害国。"中国制造"面临的国内外形势极其复杂，特别是欧美等主要出口市场的贸易摩擦风险不容忽视，近几年中国和欧美的贸易摩擦明显增加。

（一）我国国际贸易摩擦的特点

我国外汇储备从1978年的1.67亿美元飞速增长到2008年的19500亿美元，稳居世界首位。随着我国经济的迅速发展，国际贸易摩擦也越来越频繁，并且已经提前进入贸易摩擦高发期。我国国际贸易摩擦主要呈现出以下

---

① 基金项目：2011年度北京工商大学本科生科学研究计划项目"中国出口企业如何妥善应对国际贸易摩擦"，受到"北京市大学生科学研究与创业行动计划建设项目"（项目号：19005114009）资助。

② 肖雪影（1989~），女，北京人，北京工商大学经济学院国贸082班学生。研究方向：国际贸易。邮箱：xiaoxueying0321@sina.cn。

③ 朱振荣（1970~），女，安徽潜山人，北京工商大学经济学院副教授、硕士生导师，中国政法大学国际法学院博士生。研究方向：国际贸易争端解决机制、国际贸易实务。邮箱：zhuzhenrong88@sohu.com。

特点：

1. 我国国际贸易摩擦形式多样化

摩擦手段由过去传统贸易壁垒向新型贸易壁垒转变，除传统的反倾销、反补贴和保障措施外，技术性贸易壁垒、知识产权调查、安全标准、环保标准以及社会责任认证调查等形式已成为我国对外贸易面临的主要贸易壁垒，同时还出现了反规避、反垄断、汇率摩擦等新的贸易摩擦形式。

2. 我国国际贸易摩擦数量不断增加

我国已连续 16 年成为全球遭遇反倾销调查最多的国家，连续 5 年成为全球遭遇反补贴调查最多的国家。根据商务部有关调查的数据，加入世界贸易组织以来，我国有 2/3 的出口产品遭遇国外技术性贸易壁垒，有 2/5 的出口产品受到不同程度的影响，每年我国受技术性贸易壁垒造成的直接损失达到 200 亿美元，受技术性贸易壁垒影响的贸易额达到 450 亿~500 亿美元。

（二）2011 年以来我国面临的贸易摩擦不减反增

目前全球贸易中针对中国的事件越来越多，并有一种加剧的趋势，针对中国的贸易摩擦数量会越来越多、范围会越来越广。在世界经济不景气的状况下，随着中国的产业结构升级、产品的技术含量提高，中国产品与美国本土产品竞争更加激烈，摩擦将更容易产生。随着中美贸易摩擦的加剧，欧洲国家也存在跟进的可能性，而且贸易摩擦的焦点将由原材料等初级产品向技术含量更高的产品转移。

商务部的数据显示，2011 年 1~11 月，中国遭遇了 60 项贸易调查。更糟糕的是，中国整个新能源领域乃至战略性新兴产业成为贸易保护主义的新目标。标志性的事件是，美国商务部决定对中国输美太阳能电池（板）发起反倾销和反补贴调查，启动了对华清洁能源领域的首个“双反”调查，国内多家光伏生产企业应诉。

应诉的企业之一——东营光伏太阳能有限公司表示，不承认起诉中任何关于公司的指控，如果反倾销调查开始，将准备好对此进行有力回击。东营光伏的立场代表了很多国内企业的态度。然而，中国企业的反对声音并没有起到作用，美国依然认定中国出口产品损害美国企业的利益。对此，中国机电产品进出口商会认为，中方提交了大量证据材料对美申请人的指控给予了驳斥，但美国调查机关没有认真审查中方提交的材料，没有倾听中国企业的声音。这一裁决不仅对中美两国光伏产业不利，而且会对全球光伏产业造成不良影响。

2012 年 3 月 20 日，美国商务部作出初步裁决，以中国太阳能电池板的生产商或供应商接受了中国政府所谓不公平补贴为由，决定对这些产品征收2.9%~4.73%的反补贴税，并决定继续维持对中国输美金属硅征收最高139.49%的反倾销税。另外，正在酝酿中的德国对华“双反”调查将是中国光伏产业的更大威胁。2012 年中国仍然未能轻松，因为对于在全球经济下行通道中苦苦维持平衡的欧美国家，贸易保护仍是他们的选择。

中国陶瓷、中国的钢制车轮产业也正面临贸易摩擦大考，欧盟已对中国陶瓷反倾销案作出初裁，对众多涉案中国陶瓷企业征收高达 73%的临时惩罚性关税。继南非和澳大利亚对中国钢制车轮发起反倾销调查后，美国部分公司也已向美调查机关提出申请要求对中国输美钢制轮毂产品启动反倾销、反补贴合并调查。

更进一步，近期风塔双反（反倾销和反补贴）调查、原材料出口限制调查、汽车零件调查等贸易诉讼“大棒”接二连三向中国企业砸来。根据海关总署的数据，2012 年 1 月中国进出口总值 2726 亿美元，同比下降 7.8%。其中出口 1499.4 亿美元，同比下降 0.5%，两年来首次出现负增长；进口1226.6 亿美元，同比下降 15.3%。而就在该数据发布当天，美国国际贸易委员会又对中国清洁能源产品出口施压，裁定认为中国输美应用级风塔对美国相关产业造成了实质性损害，对此类产品的反倾销和反补贴调查仍将继续。1 月底，美国部分人士要求奥巴马总统在进口中国汽车零部件方面对中国施压，并制定政策进行限制。1 月 30 日，世界贸易组织上诉机构就美国、欧盟、墨西哥诉中国原材料出口限制措施世贸组织争端案发布了不利于中国的裁决报告。

二、我国遭受贸易摩擦的原因

（一）经济全球化

经济全球化是当代世界经济的重要特征之一，也是世界经济发展的重要趋势，20 世纪八九十年代，世界经济全球化的进程大大加快，世界经济活动超越国界，通过对外贸易、资本流动、技术转移、提供服务、相互依存、相互联系而形成全球范围的有机经济整体。经济全球化有利于资源和生产要素在全球的合理配置，有利于资本和产品在全球性流动，有利于科技的全球性扩张，有利于促进不发达地区经济的发展，是人类发展进步的表现，是世界经济发展的必然结果。但经济全球化始终是一把“双刃剑”。随着经济全球化进程的不断加快，全球贸易往来增多、资金在国际间流动和科学技术突飞猛进地发展，国家间经济相互依赖逐步深化，在全球范围内形成一个相互依存的整体。全球经济链条越拧越紧，一国经济发展对全球经济发展的依赖增强，国际利益融合领域不断扩大，不仅包括经济领域，还正在对国际政治、安全、社会和文化等领域产生日益广泛的影响。国家间俱荣俱损局面开始形成，国家间的贸易争端、贸易摩擦也必将随着此局面的形成而加剧。

（二）经济衰退

近几年的金融危机和欧债危机等导致全球经济不景气，而全球经济链条却日益紧密，能源价格也大幅攀升，金融秩序严重失控，贸易环境空前复杂和严峻，来自发达国家和发展中国家的竞争越发激烈，使纠纷增加，使贸易摩擦增加。此外，气候变化、环境恶化等问题长期得不到有效治理，也最终会威胁全球与各国经济可持续发展，增加各种国家纠纷和经济纠纷，导致国际贸易摩擦加剧。欧美为求自保而推出“一揽子”反倾销反补贴政策，尤其是针对中国的贸易摩擦案件迅速增加。

（三）人民币汇率问题

在国际贸易中，汇率反映了不同国家的商品和劳务的交换比率，其本质是一种复杂的经济关系，是商品经济发展、国际分工和国际贸易发展的产物。在国际分工日益深化的环境下，保持汇率的相对稳定，对于本国经济发展甚至区域性经济的稳定都具有重要作用。然而在经济全球化加之全球经济不景气的情况下，汇率却成了以美国为首的发达国家凭借所谓的国际惯例和金融规则掠夺别国财富的合法手段。

随着世界经济逐渐摆脱危机，美国本国经济难以有效实现复苏，同时国内政治、经济矛盾突出，失业率长期居高不下，美国的经济霸主地位有所动摇，而中国经济却持续走高。美国妄图维持强势美元地位、继续无偿或低成本攫取全球和其他国家的经济发展利益，逼迫人民币升值就成为其重要法宝。于是，美国将美中贸易逆差过大归咎于人民币汇率，将责任完全推到中国身上，以美国为首的发达国家和组织要求人民币升值的呼声日益高涨。

经济不景气使中美汇率问题成为焦点，而汇率问题进一步影响中美贸易，美国以贸易摩擦作为要挟。而中国面对拜登吃面和美国政客们的恐吓做出的强硬态度，势必会使矛盾升级，进一步加剧贸易摩擦，中美汇率问题势必也会影响中国与其他国家的贸易，引发更多的贸易摩擦。

三、中国企业应对贸易摩擦的对策

随着中国与世界各国贸易往来的深度和广度在不断增加，贸易摩擦不可避免，而且会越来越严重，中国与欧美的贸易如此，与其他国家的贸易也如此。在这个过程中，中国企业要反思自身发展模式，采取积极的对策应对，与中国政府、产业组织密切合作，努力营造国内外良性互动环境。政府仍然需要坚持攻防兼备的方针，增强贸易政策导向，广大企业要了解大势，增强全球视野，并采取差异化策略，在竞争与合作中不断提高议价能力。通过与各方的通力合作，打造兼具价格和非价格因素的中国产品核心竞争力。

（一）认清中国目前的现实状况，认清形势做好准备

（1）我国依然处于全球产业链条的低端环节，发展模式仍然主要是以廉价劳动力和被低估的自然资源为外资企业提供加工服务从而赚取微薄的利润，这使得我国难以充分参与世界经济发展的收益分配、获得较高的附加值，还导致了环境的大量污染、资源的严重浪费，我国劳动力素质也因为工资低而难以得到有效提高。

（2）我国部分产品与其他一些国家的产品可替代性较强，如只依靠低廉的要素成本优势，而不能形成产业的核心国际竞争力，那么外部需求稍有变动，我国的外贸出口就很容易招致激烈的贸易摩擦。

（3）由于金融危机影响，各国已有所反思，欧美都在积极采取措施，扭转经济努力保护本国企业，特别是美国总流奥巴马要把美国打造为世界第一大出口国，因此西方发达国家为保护本国企业，将会联手打压中国的崛起，利用贸易不平衡不断加大对我国出口的限制。

各企业应认清以上状况，加快进行经济发展方式的转变，提高自主创新能力，广泛应用高科技和先进适用技术改造提升旧有的要素组合，提高投入产出效率，增强企业的真正实力，增强中国的真实经济实力。

（二）企业要了解国家政策和世界贸易组织规则，运用法律维护自己的正当权益

在国际贸易环境空前严峻的情况下，企业要坚决利用法律武器维护自身合法权益，要联合起来高举自由贸易大旗，旗帜鲜明地反对贸易保护主义。一旦被起诉，则应该积极应对，顽强抗争，敢于斗争，善于斗争，斗争中做

到有理、有利、有节。这就需要企业熟悉运用世界贸易组织的游戏规则。目前国内企业缺乏熟悉世界贸易组织规则的人才，大批这样的人才都在海外工作，企业应该尽量招揽吸引以提高自身对世界贸易组织规则的掌握与运用，与此同时，企业也可以利用国际知名中介、海外商会等民间机构与国外企业沟通交流，以获得更多信息。

（三）善于把握贸易摩擦和汇率斗争中的有利机遇

在出口中，企业要调动与用户的积极性搞好国际市场调研，提高预警能力。在中国经济的不断崛起和发展中，善于从世界各国的竞争、贸易和汇率等问题中发现机遇。积极与政府配合，综合利用贸易、汇率、政治、外交等各项手段，为自身发展创造稳定的外部空间，提高自身的综合实力。

（四）企业应将国内市场作为国际贸易摩擦的坚强后方

国际贸易活动是国与国之间在世界市场展现自己竞争力的活动，摩擦取胜的一个关键因素是一方国内市场的大小。因为其国内市场越大，其国际依赖性越小，双方贸易谈判中就占有主动地位。大国国内市场庞大，国内贸易机会众多，主要依靠国内市场中的竞争，特别是地区间的贸易，也能够获得规模经济。因此企业要努力开拓国内市场，开发国内人力资源，招揽国外人力资源，加强国内需求开发，在国内市场站稳脚跟，以国内市场作为坚强的后盾，减少国际依赖性，减小国际贸易摩擦的威胁和损失。

（五）企业应主动改善自身结构，采取多元化战略

企业应积极响应政府的产业结构调整，根据政府的政策调整自身的结构，积极“自救”，反思以低价拼市场的老路，不要单纯依靠优惠政策发展，应注意结合自己的发展模式，调整发展思路，加快产品升级转型，向深加工、高附加值、上档次、创名牌的方向发展，削弱对单一市场的依赖，做出创新和有意义的对外投资，不给国外企业诉讼留下口实。比如建材企业可以从销售建材类产品向提供包括设计、选型、安装、国外技术支持等在内的整体解决方案转型。同时有意识地扩展欧美、日本、拉美、俄罗斯等多元市场，以减小一国市场的贸易风险。

（六）国内企业之间应加强合作与交流

贸易摩擦发生的领域虽然在增加，但占总贸易的比重依然不大，不能因为摩擦的存在，就过于把目光放在贸易摩擦上。国内企业间要加强交流协

作，在认清形势和密切关注国外政策动向、行业情况下，共同积极应对国际贸易摩擦，避免内部恶意竞争，让国外企业渔翁得利。

总之，随着世界经济的进一步发展以及深化，中国与其他国家尤其是欧美等发达国家的贸易摩擦必然会越来越大。我国企业必须认清时局，提高自身，增强意识，在面临反倾销的时候，要积极应诉，尽量减轻反倾销所带来的伤害。

参考文献：

[1] 陈泰锋. 中美贸易摩擦根源的反思 [J]. 国际经济合作，2005 (9).

[2] 巩爱凌. 应对国外反倾销之宏观对策建议 [J]. 特区经济，2007 (12).

[3] 吕军书. 中国应对国际经贸摩擦之思考 [J]. 生产力研究，2007 (1).

[4] 陈松洲. 我国对外贸易摩擦频繁爆发的原因探析 [J]. 学术论坛，2008 (2).

[5] 王厚双. 国际贸易摩擦：理论、法理、经验与对策研究 [M]. 北京：九州出版社，2008.

我国成为贸易保护主义主要对象的原因及策略研究

张 瑜[①]

2012 年 3 月 20 日，美国商务部作出裁决，认定中国输美钢制车轮存在倾销和补贴行为。同日，美商务部还做出两项终裁，认定中国大陆和中国台湾地区输美化学增白剂存在倾销行为，认定中国输美镀锌钢丝存在倾销和补贴行为。次日，美国商务部公布了针对中国太阳能光伏产品的反补贴调查结果，初步裁定中国太阳能光伏产品存在出口补贴，并且将会对这些产品征收5%以下的反补贴税。尽管很多裁决是基于早已开始的“双反”调查，但是美国有意无意地多次推迟作出对中国相关产品的裁决，造成不到 24 小时之内，美国政府连续针对中国产品做出了 4 项肯定性裁决。

金融危机过后，各国为了促进国内经济发展，刺激国内需求，纷纷采取各种手段，打击他国产品，贸易保护主义重新抬头。由于我国加入世界贸易组织以来，经济发展迅速，产品价格低廉，因而成为许多国家实施贸易保护主义的主要针对对象，我国的外贸出口面临着前所未有的困难。

一、贸易保护主义概述

贸易保护主义是指在对外贸易中实行限制进口以保护本国商品在国内市场免受外国商品竞争，并向本国商品提供各种优惠以增强其国际竞争力的主张和政策。

---

① 张瑜（1988~），女，河南郑州人，北京工商大学经济学院产业经济学专业 2011 级硕士研究生。研究方向：产业组织与政府规制。邮箱：zhangyu1010.ok@163.com 或 864035855@qq.com。

（一）形式及特点

贸易保护主义的表现形式主要有关税壁垒和非关税壁垒。关税壁垒是指一国为了限制进口，对进口产品征收较高的税收，促使其提高在进口国国内的销售价格，难以与本国产品相抗衡，进而保护本国企业。非关税壁垒主要是指一国运用除关税以外的其他手段，限制进口。常见的非关税壁垒主要有反倾销、绿色壁垒、外汇壁垒、技术壁垒等。

在当前的形势下，贸易保护主义呈现出以下特点：

（1）保护手段从关税向非关税转变。随着一系列国际贸易与关税协定的确立，关税总水平大大降低，于是各国不得不转向非关税措施，来推行贸易保护主义政策。与关税壁垒相比，非关税措施更灵活、更隐蔽、更具有限制性。据不完全统计，世界贸易总额的一半以上受到各种非关税措施的限制。

（2）贸易保护主要针对某类产品。比如对工业制成品的限制在降低或减少，对农产品的限制并未放松，当然，对于不同的工业品，限制程度也不同。

（3）贸易保护主义主要针对某些国家。一般来说，一国总是针对自己直接的、比自己强大的竞争对手实施保护主义政策，对其他国家相对较为宽松。对大多数国家来说，都是根据自身的国情和竞争对手的状况，采取不同的贸易政策，以保护本国经济的发展，提高本国产品的竞争力。

（二）贸易保护主义的危害

贸易保护主义的危害可以从以下三个方面来进行分析：

（1）不利于全球经济的发展和贸易自由化。某些国家实施贸易保护主义政策，必然会引起其他国家的报复措施，从长远来看，必然不利于全球经济的发展，这对于刚刚经历金融危机的我们来说并不是一件好事。

（2）不利于本国国内企业的创新和自身竞争力的提高。一个国家为了保护国内企业的发展，对其他国家的产品限制进口，这样不仅没有造福本国国民，还会使本国国内企业产生依赖性，不思进取，创新动力缺乏，影响自身竞争力的提高。

（3）容易产生贸易摩擦，造成国家间关系的紧张。正如前面所说，一国的贸易保护政策必然会引起其他国家的跟随，而针对国又会采取报复措施，这样会导致国家间关系紧张，经济领域的矛盾或许会向政治领域蔓延，不利于全球政治局势的稳定。

二、我国成为贸易保护主义重灾区的原因

通过对近年来我国遭遇贸易保护主义的现象进行研究，本人认为，在当前情况下，我国成为贸易保护主义重灾区的原因主要有以下几个方面：

（1）我国经济发展迅速，引起美国等一些国家的恐慌。自我国加入世界贸易组织以来，我国的经济发展突飞猛进，引起全球的高度关注，由于我国的人力成本低廉、资源丰富等优势，出口的产品物美价廉，国际市场占有率极高，对进口国的国内企业造成了很大的冲击，引起进口国的恐慌。

（2）政治因素也成为贸易保护主义抬头的重要原因。通过仔细观察不难发现，每当美国等国家政府换届时，美国对华的贸易保护主义便会加强，各候选人将对我国实施贸易保护主义政策作为赢得竞选的重要筹码，所以，西方国家的政府换届也成为我国遭受贸易保护主义的推手。

（3）美国对我国实施贸易保护主义的带头作用，使其他国家跟进。美国、欧盟等对我国实施贸易保护主义政策后，往往会对其他国家产生所谓的“示范效应”，促使其他国家跟进，使我国的贸易环境进一步恶化。例如，在2009年4月29日美国正式启动对我国轮胎产品进行特保调查之后，5月18日，印度也发起对我国乘用车轮胎的特保调查；6月18日，巴西外贸委员会决定对从中国进口的客运和货运汽车子午线轮胎征收最终的反倾销税。

（4）我国企业自身不注重产品竞争力的提高。由于我国的劳动力成本较低和资源优势，我国企业出口的产品一般具有较强的价格优势，这在无形中会使我国企业忽略产品其他方面的提高，比如产品的质量、技术标准、包装及添加物等方面，给其他国家实施贸易保护主义政策提供了可乘之机。

（5）我国国内的标准与国际标准存在差异。我国政府在制定产品的技术标准时，没有考虑国际通行标准，致使国内标准与国际标准存在差异，这也是我国容易成为贸易保护主义政策实施对象的重要因素。

三、我国的应对措施

面对日益猖獗的贸易保护主义，我国政府和企业要积极应对，努力使产品符合国际标准，减少因疏忽造成的不必要麻烦。具体来说，我国可以从以下几方面来应对贸易保护主义：

（1）积极利用世界贸易组织规则，参与经济一体化。自2001年底我国加入世界贸易组织以来，已有十余载，虽然我国的经济发展迅速，但是对于世界贸易组织的游戏规则，我们理解得还不够深、不够透。我国政府和企业要抓紧学习并利用世界贸易组织的游戏规则，在积极参与经济一体化的浪潮中，玩好“经济全球化”这场游戏。

（2）在运用规则的同时，要争取成为规则的制定者。为什么游戏规则都是别人制定、我们遵守？为什么我们不能成为规则的制定者？这是我们值得思考的问题。我们在积极学习并运用好世界贸易组织规则的同时，还要积极成为新规则的制定者，这样才能更好地维护我国的利益。

（3）培养熟悉世界贸易组织规则及国际诉讼的专业人才。应对国际诉讼的高级人才的缺乏是我国外贸出口的一块短板。我国政府要协助企业，积极培养一批熟悉世界贸易组织规则和国际诉讼的专业人才，这样我国企业在应对国际诉讼时，才会有获胜的把握，才能更好地应对其他国家的贸易保护政策。

（4）加快区域经济合作步伐。区域经济合作已成为当今经济发展的趋势，欧盟为什么在国际上具有发言权？因为欧盟成员的联合，团结就是力量。区域经济合作使成员国紧紧抱在一起，区域内自由贸易，区域外实施贸易保护主义，而且经济上的合作促成了政治上的联合，成员国之间的利益紧紧相连。我国也要加快区域经济合作的步伐，进一步提高自己的国际地位。

（5）我国企业要努力提高自身的竞争力，使自身产品符合相关规定。我国企业面对贸易保护主义的措施时，更多地应该从自身找问题。如果我国企业的竞争力够强，产品的技术、包装、质量等全部符合国际标准，任凭其他国家采取什么贸易保护措施，都是没有用的。所以，我国企业要注重产品竞争力的提高，尤其是产品的包装，一定要符合绿色标准。同时，价格方面也要适当提高，不给任何国家留下提出反倾销的理由。

（6）我国企业要积极应对国际诉讼，维护自身权益。当其他国家实施贸易保护主义政策，对我国提出国际诉讼时，我国企业不要怕，要积极应对，配合调查，同时向政府寻求帮助，聘请国际高端律师，争取打好这场仗，让实施贸易保护主义国家知道我们不怕诉讼，我们要拿起法律武器，维护自身权益。

（7）政府在制定国内相关行业标准时，要向国际标准看齐。由于贸易保护主义发起国往往以产品技术标准不符合国际标准等理由对我国实施贸易保护主义措施，所以，我国政府在制定相关行业的国内标准时，要尽量向国际标准看齐，这样我国企业出口的产品才能避免因产品标准不符合国际标准产生的国际诉讼。

总之，贸易保护主义不利于全球经济的发展，不利于和谐世界的构建，自由贸易才是我们这个世界所需要的。我国要在国际上积极宣扬自由贸易的主张，号召更多的国家拥护自由贸易，这样不仅有利于进口国自身的发展，更有利于全球经济的发展。我们要让世界明白，自由贸易才是最理想的贸易政策，才是促使全球成为一个“和谐世界”的必由之路。

参考文献：

[1] 丁宝根. 金融危机背景下的贸易保护主义及我国应对策略 [J]. 北方经济，2009 (7).

[2] 俞钱荣. 美国贸易保护主义对我国的影响及应对措施 [J]. 商业经济，2010 (8).

[3] 韩可卫. 中国企业如何应对国外反倾销 [J]. 科技与管理，2004 (4).

[4] 熊霞. 浅析新贸易保护主义现状及我国的应对措施 [J]. 知识经济，2009 (3).

[5] 王浙鑫. 新贸易保护主义风潮下的对策初探 [J]. 湖南医科大学学报（社会科学版），2010 (3).

后危机时代中国如何应对贸易保护主义

王　茜[①]

2007年，始于美国的次贷危机逐步席卷了美国、欧盟和日本等世界主要金融市场，从而使次贷危机演变成了全球性的金融危机，并引发了自20世纪20年代末30年代初大萧条以来最大的全球性经济衰退。作为能在短期内遏制国内经济下滑的有效手段，贸易保护主义在全球范围内重新抬头。虽然在各国的共同努力和世界贸易组织等机构的约束下，贸易保护主义并未在全球泛滥成灾。但是，在当前全球金融危机的影响还在延续，世界经济复苏的进程并不顺利的背景下，贸易保护主义依然没有消退的迹象。

由于中国在经济总量上已是位于世界第二的经济体，因此，针对中国的贸易保护主义日益严重。不仅发达国家为保护国内产业和就业，减缓来自经济和民众的各种压力，而频繁实施各种贸易限制和保护措施。部分发展中国家素有保护主义思潮的产业也要求其政府加强干预，对本国企业或产业进行保护，限制外国资本和商品进入。尤其是阻断对中国产品的进口，以给予自身经济以一定优势，这极大地损害了中国的利益。为此，我国应该积极行动起来，保护我国的出口贸易免受贸易保护主义的危害，保障经济增长。

一、后危机时代我国面临的贸易保护主义现状

（一）我国已成为全球受贸易保护措施伤害最重的国家

2011年我国的进出口贸易总额达到3.64万亿美元，比1978年增长了

① 王茜（1972~），女，宁夏银川人，北京工商大学经济学院讲师。研究方向：国际贸易理论与实务。邮箱：wangq@th.btbu.edu.cn。

175 倍，是世界出口第一大国和进口第二大国。我国的世界贸易大国地位进一步巩固。但是，在日益成为国际贸易主角的同时，我国也成为了世界贸易摩擦的中心。

作为一种灵活性较高、适用性较强的贸易保护手段，贸易救济措施往往被用作贸易保护的工具。据商务部统计，自加入世界贸易组织至 2010 年底，我国受到贸易救济调查共 692 起，涉及总额约 400 亿美元。2009 年，共有 20 个国家（地区）对我国发起贸易救济措施调查 119 起，同比增加 11 起，其中反倾销调查 76 起，反补贴调查 13 起，保障措施调查 23 起，特殊保障措施调查 7 起，除反倾销调查同比略有下降外，其余措施数量都有不同程度的上升。2010 年，我国出口产品共遭受 66 起贸易救济调查，涉案总金额约 71.4 亿美元。其中，反倾销案件 43 起、反补贴案件 6 起、保障措施案件 16 起、特保案件 1 起。统计显示，自 2011 年 3 月至 2012 年 3 月，我国出口产品遭遇了 100 项贸易保护措施，而自 2008 年以来累计高达 600 项。截至 2010 年，我国已连续 16 年成为全球遭遇反倾销调查最多的国家，连续 5 年成为全球遭遇反补贴调查最多的国家。

（二）发达国家对华贸易保护主义升温，并滥用贸易救济措施

从历史经验看，贸易保护主义与全球经济增长有一定关系，当全球经济保持较快增长时，贸易保护整体呈减少趋势，反之则相反。金融危机后，发达国家经济复苏较慢，面临很大的就业压力。因此，其针对我国的贸易保护主义的主观性明显增强，并且滥用世界贸易组织规则允许的贸易救济措施。

1. 美国

金融危机后，中美贸易摩擦不断增加。自 2010 年 1 月至 2011 年 12 月，美国已累计对我国的 11 种产品征收反倾销反补贴税，分别涉及油井管、磷酸盐、铜版纸、无缝管、铝挤压材等。2010 年，美国 337 调查涉华案件数量也达历史新高。据商务部统计，2010 年 1 月 1 日至 12 月 31 日，美国国际贸易委员会共发起 58 起 337 调查，其中有 19 起调查被诉方涉及中国企业，占调查总数的 1/3。这 19 起案件的特点是：均为专利侵权诉讼；涉案产品绝大部分为机电产品，特别是电子信息技术产品，如动态随机存储器、显示设备、半导体集成电路芯片、喷墨墨盒等。大部分案件涉及国外在华投资企业。

进入 2012 年，美国对华的贸易保护主义态势骤然升温。在 3 月份，美国密集对中国多类产品做出反倾销或反补贴裁决。仅在 3 月下旬的短短几天内，美国便对中国出口金属硅、晶体硅伏电池、钢制车轮、化学增白剂、镀锌钢丝、太阳能光伏产品做出了 6 项贸易救济措施裁定。4 月 12 日，美国继

续对中国输美大蒜征收反倾销税，13 日，又裁定对中国不锈钢拉制水槽继续进行“双反”调查。截至 4 月底，美国已对中国输美产品发起的反倾销反补贴调查和“337 调查”达 20 多起。除个别产业免遭制裁外，几乎所有受调查的产品都被施以贸易制裁。尤其值得警惕的是，近来美国对华的贸易调查中规则滥用、程序随意性加大的迹象日益明显。

2. 欧盟

欧盟作为中国第一大贸易伙伴，自金融危机后，也时时挥起贸易保护主义的大棒。2010 年欧盟对中国出口产品发起贸易救济调查 11 起，是 2009 年 7 起的 1.6 倍，涉案产品包括三聚氰胺、铜版纸、玻璃纤维制网眼织物、瓷砖、无线数据卡、磷酸三酯、不锈钢无缝钢管、石墨电极等。2011 年，欧盟对中国商品发起贸易救济调查 5 起，数量虽较 2010 年有所减少，但手法不断翻新。欧盟自 2010 年年底公布新的对外贸易政策以来，在政策层面对我国的贸易保护主义动向有增无减。如呼吁修改欧盟贸易法规，声称若我国不向欧盟对等开放，将把我国排除在欧盟政府采购市场之外；推动机制改革，授权欧委会在未接到企业申诉的情况下也可对某一进口产品主动开展反倾销和反补贴调查；为应对我国“入世”议定书中有关非市场经济地位条款即将到期，将对华贸易救济措施范围从反倾销扩大到反补贴。

欧盟滥用贸易救济措施的典型例证是针对中国出口欧盟的自行车实施的反倾销反补贴措施。2011 年，欧盟委员会决定对已征收 18 年的针对中国自行车的反倾销税再延长 5 年，即延长到 2016 年，并对中国自行车继续征收 48.5%的惩罚性关税。该反倾销措施本应于 2011 年 10 月到期。2012 年 4 月，欧盟又对中国输欧自行车发起反补贴调查。这是欧盟在已实施反倾销措施长达 19 年的同时，再对同一产品发起反补贴调查。事实上，目前中国对欧盟自行车出口量占欧盟市场份额仅为 2%~3%，数量已由 20 世纪 90 年代的 300 万辆降到现在的六七十万辆，不可能对欧自行车产业构成损害。而与此同时，欧盟自身的自行车产业并没有什么起色，可以说欧盟所谓的产业伤害与中国自行车没有因果关系。

（三）发展中国家日益成为贸易保护措施的主要发起者

自 20 世纪 90 年代中期以后的十年来，发展中国家对我国的贸易限制开始呈现增多趋势。尤其是在金融危机之后，国际经济环境发生变化，一方面，我国企业因欧美市场需求不振且短期没有复苏可能，转而将许多产品出口到新兴经济体国家，使他们认为本国的工业部门受到了大幅增加的进口产品的严重冲击；另一方面，一些新兴经济体国内本币升值，导致国内制造业竞争力下降，经济增长和就业的压力倍增。因此，他们纷纷采取措施改变现状，其中一项措施就是选择贸易保护，这使得中国首当其冲。

最近，巴西政府为保护本国工业免受进口商品冲击，已出台和正在研究的保护国内产业措施多达40余项，包括干预汇市、加强海关审查、优先采购本国商品、提高进口税等。其实，早在2011年，巴西就已提高了7种制成品的进口关税，其中有5种进口自中国，包括瓷砖（从15%提高至35%）、自行车（从20%升至35%）、分体式空调（从18%提至35%）等。不仅如此，巴西还对进口自我国的碳钢管实施反倾销制裁，并会在两年内征收每吨743美元的惩罚性关税。数据显示，在最近几年里，中国取代美国成为巴西最大的贸易伙伴，两国双边贸易额也从1999年的18.5亿美元升至2011年的842亿美元。因此，巴西推出有关措施主要是针对中国等出口国，中国将有可能成为最大受害者。

除巴西外，来自阿根廷、墨西哥、土耳其、印度等发展中国家的涉华贸易救济案件也日益增多。今年以来，这些新兴市场国家的贸易保护继续呈现抬头之势。4月25日，商务部发布多则预警信息：近期，土耳其发布公告称决定对中国的储存式电热水器进行反倾销调查，这是土耳其今年对我国发起的第一起反倾销调查；印度商工部反倾销局已于日前决定对进口自中国的电子绝缘管发起反倾销调查，这是印度今年对中国发起的第一起反倾销调查。此外，阿根廷20日决定对中国产铜版纸采取临时反倾销措施。在未来，预计中国与新兴经济体之间的贸易还将继续保持快速增长。在这个过程中仍不可避免地会交织很多摩擦和矛盾，我国政府和企业都要做好迎接挑战的准备。

二、后危机时代贸易保护主义对我国的影响

作为一个外贸依存度较高的国家，后危机时代针对中国不断加强的贸易保护主义将给我国经济发展带来诸多影响。

（一）影响我国的产业安全

1. *贸易摩擦涉及产业不断扩大，产业结构调整升级受到影响*

在全球经济不景气的影响下，美欧对华贸易保护涉及的产业不断扩大。实施贸易保护的产品已从纺织、轻工等传统产业逐步向钢铁、有色、化工等重化工产业以及新能源、电子信息等高技术产业扩散。就中美贸易摩擦而言，美国重振制造业的计划与我国发展高端制造业的规划相互重叠，致使双

方竞争加剧。随着竞争面扩大，我国企业和美国同行业竞争正从市场份额竞争转向核心技术之争，包括企业自主创新的新政策、战略性新兴产业、知识产权保护等。可以预见美国将进一步加大对相关产品的调查力度，这将直接影响到我国新兴产业的全球布局和产业效益。

2. 反倾销影响我国优势出口行业发展

无论是发达国家还是发展中国家，对我国实施的贸易救济措施中反倾销的数量都很庞大，而且大都集中在我国具有比较优势的产业，如化工、纺织、机械制造等。这些产业不仅关联度高，而且也是我国劳动力就业的重要部门。局部不断升级的贸易保护不仅对相关产业造成损害，还会影响与之相关联的上下游产业，使整个产业链的发展受到冲击。以高锰酸钾为例，我国从 20 世纪 50 年代开始生产高锰酸钾，从 60 年代起就一直处于国际先进水平。高锰酸钾作为一种强氧化剂，有着十分广泛的用途，涉及工业、医药、环保、食品、冶金、养殖等多个领域。但是由于国际上对中国高锰酸钾的出口频频发起反倾销，动辄征收很高的税率，再加上生产成本的增高，导致我国的高锰酸钾出口大减，生产量下降，从而也提高了国内高锰酸钾需求量大的行业的成本，削弱其竞争力，进而使得反倾销的影响效应进一步传递到其他行业，造成损害。

（二）影响我国的经济发展战略和政策体制

美欧等发达国家与我国的贸易摩擦过去主要是针对某个产品，是小范围的摩擦，后来逐渐发展到产业与产业间的摩擦。近些年，则更多集中于知识产权保护、汇率制度、外资企业投资环境等制度层面的问题以及政府补贴、国有企业等体制性的问题。可以说，中国遭遇的贸易摩擦的焦点已经沿着产品—产业—制度—体制的路径在逐渐升级。未来冲突会更加激烈，战略性会更强，涉及更高层面的问题。

（三）影响我国的产品出口和国内企业发展

自美国 2007 年突破反补贴法规不适用于非市场经济国家的惯例，开始对中国产品实施反补贴调查后，美欧对华的反补贴调查就有增无减，且多与反倾销合并调查。对我国企业来讲，“双反”调查的最大问题在于最后征收的是反倾销税和反补贴税累加税率，不仅增大了企业负担，而且增大了应诉难度，给企业产品的出口和发展造成极大影响。

以我国钢管行业为例，2008 年以后，美国先后对 4 种中国出口钢管类产品征收了反倾销和反补贴税，分别是环形焊管、薄壁矩形管、小口径管线用管和焊接不锈钢压力管。之后又对从中国进口的油井管征收 10.3%~15.78% 的反补贴关税，以及 29.94%~99.14%的反倾销税，涉案金额约 27 亿美元。一系列反倾销反补贴税的实施，使我国钢管对美国的出口量急剧萎缩，给我国的钢管生产企业造成沉重打击。统计数据显示，2011 年前 10 个月，我国的无缝钢管出口美国的量为 12.85 万吨，而 2008 年时多达 229.2 万吨；焊管出口量为 6.19 万吨，2008 年时则为 81.46 万吨。美国已经从我国无缝钢管的第一大出口国后退到十位以后。尽管 2011 年 12 月，美国联邦巡回上诉法院作出裁定，反补贴税不适合用于非市场经济国家的产品，并要求美国政府暂停对从中国进口的产品征收临时反补贴税。这一裁定或有助于近年来颇受美国"双反"调查和征税困扰的我国国内钢管企业缓解出口美国的税收压力，但是，由于企业仍要承受高额的反倾销税，因此，企业对美国出口的竞争力仍不大。

三、中国应对贸易保护主义的对策

（一）熟练运用世界贸易组织规则应对贸易保护

世界贸易组织的基本规则已经成为当今国际贸易的最基本原则。我国加入世界贸易组织已有十多年，虽然取得了很大的进步，但在深刻理解世界贸易组织规则与熟练运用规则来保护自己方面还存在不足。而目前绝大多数国家、主要经济体都已是世界贸易组织成员，很多贸易争端都是在世界贸易组织规则下进行的。如果不熟悉规则，一方面不懂得利用世界贸易组织规则保护自己，另一方面还有可能在不经意间触犯规则，从而面临被诉讼、被处罚的困境。因此，我国政府部门和企业，特别是有涉外业务的贸易部门与法律部门，都需要加强世界贸易组织人才的培养，对培养世界贸易组织专门人才要进行整体规划，从而做到熟知世界贸易组织规则，捍卫国家和企业的经济利益。

（二）加快实施自由贸易区战略

自由贸易区是世界贸易组织的一种例外，世界贸易组织允许自贸区成员相互给予更优惠的待遇，而不必给予其他成员。它既是超越世界贸易组织的深入开放，又是对世界贸易组织自由贸易体制的补充；它既遵循多边贸易体制的基本原则，又在协定伙伴国家之间提供更加自由的经贸空间，实现互利。中国应利用世界贸易组织多边贸易体制中的这一例外规定，有针对性地建立新的自由贸易区，对已有的自由贸易区则要更进一步推进贸易自由，以减少贸易冲突。这就需要发挥贸易、投资在区域经济增长中的作用，充分利用多双边的自由贸易体制，鼓励各国企业在区域内相互投资，努力维护区域金融的稳定，建立和完善双边货币互换的机制，研究扩大互换额度和签约国的范围，积极推进自由贸易体系建设。

（三）加快转变外贸发展方式

后危机时代，以科技进步和生产要素全球配置为基础的经济全球化深入发展的大趋势不会改变，世界各国之间的经济联系将更加紧密。首先，新的全球技术突破和产业进步正在酝酿，主要经济体大力推动科技创新和经济结构调整，新兴经济体承接中高层次产业转移的机遇将增多，这将为我国参与新一轮产业革命、提升对外经济技术合作水平、进一步奠定外贸发展的产业基础提供新契机。其次，随着国际分工不断深化，工业制成品市场将进一步细分，产业内和产品内贸易将进一步增长，这有助于我国延伸产业链条。最后，新能源、新材料、电子商务、物联网、低碳环保产业等领域技术的成熟与应用将为世界贸易增添活力，推动国际市场规模继续扩大，也有助于外贸向绿色、环保和可持续的方向发展。

因此，我们要抓住机遇，加快转变外贸发展方式，提高对外贸易的质量和效益。

首先，要促进外贸发展从规模速度到质量效益转型。重点是要充分利用规模优势，提升经济比较效益。同时，要根据经济社会的发展要求，适时调整企业资源使用成本、环境成本、劳动力成本，强化企业社会责任，使出口产业的资本收益与劳动收益、经济效益与社会效益、短期利益与长远利益更加协调。

其次，要促进外贸发展从外生动力向内生动力转型。就是要从依靠外部资本、外部产业的投入来拉动外贸，转向培育内生主体和产业，使其逐步成为我国进出口的骨干力量，降低对外贸易增长的外部依赖。可从三个方面着手：①鼓励和培育民营企业开展对外贸易。民营企业在对外贸易中具有强大的生命力和巨大的潜力，因此，要鼓励民营企业积极融入跨国公司产业链，通过市场、产业和技术层面的合作，逐步提升自身竞争力。②加快培育战略型、领军型产业，特别是低碳、绿色型出口产业，发展高端制造业，重点扩大具有自主知识产权的机电、高新技术产品出口。巩固和扩大劳动密集型产品、农产品出口。③建立境外营销网络。鼓励企业通过绿地投资和并购投资等方式到境外建立营销网络，发展直接面向境外消费者的营销模式，掌握营销主动权。

再次，要促进外贸发展从市场广度到市场深度转型。提高我国产品的市场深度，是外贸可持续发展的重要基础。可通过培育品牌、提升出口产品质量和积极开展对外投资拓展市场深度。具体而言，要大力支持企业开展品牌国际推广，在境外开展品牌收购、商标注册、质量和环境管理体系认证，重点提升传统优势产品的品牌价值；要完善对外贸易的市场准入和退出机制，注重出口产品质量，在全球消费者心中树立良好的中国制造形象，引导外贸经营方式向规模化、集约化、优质化发展，提高外贸的行业集中度和企业集中度；要发挥轻工、纺织、家电等行业技术、生产优势，结合国外市场特点，鼓励出口企业对外投资设厂，深度开拓当地和周边市场。

最后，要促进外贸发展从低端要素到高端要素转型。可通过培育科技竞争新优势、加快加工贸易转型升级、大力发展服务贸易等途径，逐步扭转我国对外贸易发展过度依靠初级要素的竞争方式。

（四）继续推动贸易平衡发展

从 2004 年开始，我国贸易顺差大幅攀升。2005 年突破 1000 亿美元，2008 年达到最高峰的 2954 亿美元。2009 年尽管受国际金融危机的影响，我国的外贸顺差仍达到 1960 亿美元。长期的贸易顺差不仅加剧了我国的贸易摩擦，造成国际贸易环境对我国不利，从而影响我国在主要出口市场的发展和在其他市场的开拓，同时也是我国经济内外失衡的表现。因此，有必要减少贸易顺差，促进我国对外贸易的基本平衡。当前，贸易平衡问题已经引起国家的充分重视。2012 年 2 月 17 日，国家十部委——商务部、发展改革委、财政部、中国人民银行、海关总署、税务总局、质检总局、银监会、保监会和外汇局联合发布了《关于加快转变外贸发展方式的指导意见》，将促进贸易平衡作为主要任务之一。4 月 30 日，国务院也出台了《关于加强进口促进对外贸易平衡发展的指导意见》，将进一步加强进口，促进对外贸易平衡发展，作为当前和今后一个时期对外贸易的基本任务，认为这对于统筹利用国内外两个市场、两种资源，缓解资源环境瓶颈压力，加快科技进步和创新，改善居民消费水平，减少贸易摩擦，都具有重要的战略意义。可以说，其中心指导思想就是要在保持出口稳定增长的同时，更加重视进口，适当扩大进口规模，促进对外贸易基本平衡，实现对外贸易可持续发展。

（五）注重强化自身的贸易救济制度

针对贸易摩擦的不断加剧，中国必须更加注重完善自身的贸易救济制度。加入世界贸易组织后我国严格遵照世界贸易组织规则，修改和完善了贸易救济立法。修订并颁布了中华人民共和国对外贸易法、反倾销条例、保障措施条例和相关的部门规章。但是仍然存在着法律位阶不高、实体和程序规定还较原则以及操作性不强等缺陷。因此，我国应进一步完善贸易救济措施的法律制度，在适当时候，将三个条例上升为法律，即通过人大或其常委会颁布反倾销法、反补贴法和保障措施法。同时，应细化实体规范和程序规范，细化申请条件、立案与驳回标准以及价格计算与比较规则等操作性规定。

此外，我国要不断加强重点产业和产品的出口预警监测工作，力争充分掌握信息和数据，根据企业诉求及时立案和采取措施。实践证明，通过依法公正合理的实施贸易救济措施，有效维护公平竞争的贸易秩序，使受损害的企业生产经营得以恢复，产业结构调整意识增强，产业竞争力得到了提升，并可以遏制贸易伙伴采取不公平手段对国内产业造成的冲击。

（六）充分发挥企业应对贸易保护主义的主体作用

企业是应对贸易保护主义的主体，面对日益复杂的贸易保护主义形势，企业可从以下几方面积极应对：①反思“以低价拼市场”的发展路径，努力提高技术创新和培育自主品牌的能力，扩大具有自主知识产权的高新技术产品出口，着力优化出口商品结构，变“以廉取胜”为“以质取胜”。针对当前全球服务贸易发展速度快、贸易壁垒少的特点，企业应尽快实施货物贸易与服务贸易并重的发展战略，尽早培育外贸新的增长点。②加大品牌建设的力度，规范产品生产、销售等各个环节，努力通过不断加大研发创新力度和投入、拓展营销渠道、提高产品附加值等方式消化成本上升的压力，提高在外贸定价方面的话语权。③积极参与应诉贸易摩擦。企业应完善企业管理和健全财务体系等基础工作，及时了解国外市场环境的变化，深入了解世界贸易组织规则和贸易救济调查的相关知识，适当运用国际贸易法应对反倾销、反补贴等措施，以维护自身合法权益。

参考文献：

[1] 财政部关税司. 积极应对贸易救济调查有效抵制贸易保护主义［J］. 中国财政，2010（23）.

[2] 罗兰. 贸易保护：受伤的为何总是中国［N］. 人民日报（海外版），2012-03-27.

［3］刘旭. “十二五” 时期国际贸易保护主义发展趋势及其对中国的影响［J］. 国际贸易，2012（1）.

［4］美修改贸易法案指向中国［DB/OL］. http：//www.acs.gov.cn/sites，2012-04-23.

［5］姚铃. 2012 年中国对欧出口临大考　贸易保护主义再抬头［DB/OL］. http：www.cacs.gov.cn/news/，2012-01-05.

［6］胡健. 欧盟举贸易保护大棒　对华自行车反倾销税期再延 5 年［DB/OL］. http：//tech.ifeng.com/ gundong /detail_2011_08/05/8189337 _0.shtml，2011-08-05.

［7］黄颖川，许俊峰. 巴西出台多项贸易保护措施，中国成最大受害者［N］. 南方日报，2011-09-08.

［8］李东坤. 入世 10 周年——反倾销与我国进出口产业安全关系研究［J］. 山东青年政治学院学报，2012（1）.

［9］孙先锋. 升级的贸易制裁——反补贴［N］. 中国联合商报，2011-05-23.

［10］美国先后对 4 种中国出口钢管类产品征收了反倾销和反补贴税［DB/OL］. http：//www.lbpipes.com/article/20111222104819.html，2011-12-22.

［11］易在成. 面对贸易保护——中国的应对［N］. 中国社会科学院报，2009-03-31.

［12］包兴安. 五大措施应对贸易保护［N］. 证券日报，2011-10-13.

［13］王受文. 转变外贸发展方式，推动对外贸易稳定平衡发展［J］. 国际贸易，2012（1）.

［14］傅自应. 加快转变外贸发展方式［N］. 经济日报，2010-05-10.

［15］艳燕，宋和平. 强化自身贸易救济制度是关键［N］. 中华工商时报，2011-03-14.

浅析外贸依存度折射出的中国贸易安全问题

刘　丹①

一、我国外贸依存度现状

（一）外贸依存度持续增长

所谓外贸依存度，是指该国经济对国际市场的依赖程度，一般用对外贸易总额与国内生产总值的比重来表示，即贸易依存度＝对外贸易总额/国内生产总值×100%。外贸依存度，不仅是衡量一国对外开放程度的重要指标，也是反映一国对外贸易依赖程度的重要工具。

我国是发展中的人口大国，也是新兴的贸易大国，进出口总量很大且近几年不断攀升，然而，不能忽视的是，随着我国贸易交易量的增加、GDP 的稳步增长，我国的对外贸易依存度也节节攀升，贸易、经济安全已经是一个不得不考虑的问题，表 1 为我国近 10 年来的外贸依存度数值，图 1 为我国近 10 年来外贸依存度变化趋势。

根据国家统计局和商务部的有关数据可知，1980 年我国外贸依存度仅为 12.73%，1990 年短短十年间提升至 32.28%，2000 年进一步提高达到 39.58%，近几年来，我国外贸依存度提升速度更为迅猛，2004 年为 59.80%，2006 年为 64.89%，2008 年金融危机爆发，2009 年回落到 42.70%，这些数据一方面肯定了我国在国际贸易市场上的地位，然而另一方面也显现出我国

① 刘丹（1991~），女，北京人，北京工商大学经济学院贸经 09 班学生。研究方向：贸易经济。邮箱：xxym_ld@sohu.com 或 546037954@qq.com。

表 1　2001~2011 年我国外贸依存度

年　份	2001	2002	2003	2004	2005	2006	2007	2008	2009	2010	2011
出口依存度（%）E/GDP	20.09	22.40	26.72	30.73	33.56	35.71	34.56	31.65	23.24	26.12	26.10
进口依存度（%）I/GDP	18.39	20.31	25.17	29.07	29.08	29.17	27.12	25.06	19.46	23.09	24.00
外贸依存度（%）	38.48	42.71	51.89	59.80	62.64	64.89	61.67	56.71	42.70	49.22	50.1

资料来源：根据商务部及国家统计局提供的数据资料整理及计算而成。

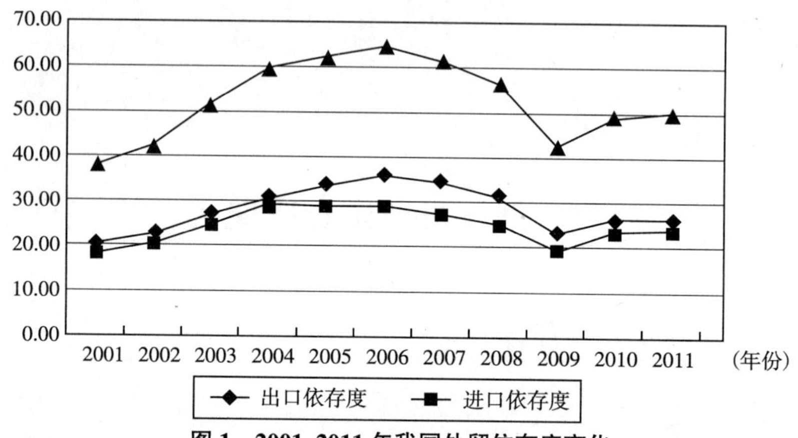

图 1　2001~2011 年我国外贸依存度变化

资料来源：根据商务部及国家统计局提供的数据资料整理及计算而成。

对国际贸易市场的过度依赖，为我国贸易安全敲响了警钟。

（二）与其他国家相比，我国外贸依存度处于较高水平

在对我国外贸依存度历年纵向比较的同时，也应该对比我国与其他国家之间的差别。以美国为例，美国是发达国家，从表 2 中可以看到，其外贸依存度保持在 25%左右，究其原因，是因为其第三产业发达，服务贸易占有较大的比重，这是我国在国际贸易中应该学习的，拥有核心竞争力，大力发展第三产业，才能够有效控制外贸依存度，保障贸易安全。

表 2　2001~2010 年中美外贸依存度对比

年份	2001	2002	2003	2004	2005	2006	2007	2008	2009	2010
美国	23.45	22.70	23.13	25.06	26.39	27.34	28.36	30.27	18.47	21.88
中国	38.48	42.71	51.89	59.80	62.64	64.89	61.67	56.71	42.70	49.22

资料来源：商务部网站及新浪共享平台。

从表2中的数据我们可以清楚地看到，外贸依存度代表一个国家的贸易开放程度，贸易依存度过低，说明该国对国际贸易的参与过少，经济条件落后，贸易水平低下，然而，贸易依存度过高所引发的经济安全问题也是不容小视的，对其他国家贸易的依赖意味着我国贸易的独立性、自主性变差，不利于贸易产业的全面发展，所以，只有合理的贸易依存度才能使国家在世界贸易舞台上做出最有效的反应，保证经济金融安全，赢得商业利润。

二、外贸依存度偏高对我国贸易的影响

（一）外贸依存度偏高的复杂成因

1. 贸易环境改变，市场更活跃

2000年，在加入世界贸易组织之前，我国的外贸依存度比世界平均水平低2.8%，而在加入世界贸易组织的两年后，我国外贸依存度一路攀升，尤其是从2003~2007年，平均高于世界水平15%，这充分说明，“入世”使我们的贸易环境有了明显的改善，贸易壁垒有所降低，为我国成为贸易大国奠定了基础。

与此同时，在加入世界贸易组织后，我国的贸易政策也进行了相应的调整，2002年，我国将总关税水平由15.3%降至12%，2010年底关税降低至9.8%。贸易环境的改变使得我国的国际贸易市场更开放，政策的调整为进出口推波助澜，这是我国外贸依存度持续增长不可忽视的因素。

2. 贸易结构不合理，加工贸易所占比重过高

我国是人口大国，主要以生产劳动密集型产品为主，凭借低廉的劳动力成本为发达国家进行产品加工，处在产业链的最低端，获得的利润十分有限。

我国的出口竞争力主要体现在廉价的劳动力成本上，而不是资本和技术。中国被称为“世界的加工厂”，很多外商看准中国，大量开展加工贸易，截止到2004年，加工贸易出口额占我国出口总额的55.3%；2005年，加工贸易进出口总额已达6905.1亿美元，占进出口贸易总额比重的48.6%，加工贸易出口与进口的年均增长速度高达28.8%和24.2%，远高于出口和进口的年均增长速度15.3%和14.9%。由此可见，加工贸易已经是我国出口贸易的绝对主力，成为我国的主流贸易方式。大进大出的进出口策略，使得我国在数量上占有优势，但是如此一来，贸易依存度必然攀升。

3. 内需不足，过度依赖国外市场

出口、投资、消费被称为拉动经济的“三驾马车”，作为储蓄大国，我国的消费不足，使得国内贸易缺乏良好的发展。居民消费不足，与我国人民长久以来的消费习惯有着密不可分的关系，人们注重储蓄，希望能够通过储蓄使得未来的生活更有保障、更具安全感，之所以出现这种情况，是因为直到现在我国的社会保障体系还并不完善，医疗、养老问题还没有完全解决，民生问题依然在风口浪尖，所以百姓不敢消费，这是内需不足的主要原因。

国内贸易发展受阻从另一种程度上来说促进了国际贸易的开展，当人们意识到国际贸易有利可图，就会转向国外市场，进出口贸易额度大幅增加，外贸依存度的持续上涨就成了不争的事实。

（二）外贸依存度偏高引发的贸易经济安全问题

外贸依存度过高威胁我国经济贸易的安全。不能否认，较高的外贸依存度意味着世界上的其他国家对于“中国制造”有其无法回避的依赖性，与此同时，我们也必须意识到，过高的贸易依存度同样昭示着我国对其他国家进出口商品的依赖，外贸依存度的快速提升意味着我国的经济利益、贸易水平在更大程度上与国际市场捆绑在一起，其他国家的贸易动荡对我国经济安全的影响越来越大，其贸易表现对我国有着举足轻重的作用。

1. 经济增长对外依赖性强，连带作用大

2008 年我国全年进出口总额为 2.56 万亿美元，2009 年全年进出口总额 2.21 万亿美元，比上年下降 13.9%。其中，全年出口 1.2 万亿美元，下降 16%；进口约 1 万亿美元，下降 11.2%。

2008 年由美国次贷危机引起的全球性金融危机爆发，各国经济都受到不同程度的波及，我国也未能幸免。从上述数据同样可以看出，我国的进出口总量也或多或少受到了影响。经济增长的过度对外依赖加大了我国贸易的开放程度和与其他国家经济的捆绑程度，同时也放大了我国的贸易安全隐患，放大了各国经济间的连带作用。

2. 高新技术产品进口依存度高，危及国家安全

加入世界贸易组织以后，我国进口依存度较高的产品主要有两种：一是重要原材料和能源；二是高新技术产品。由于我国的国际贸易大多为加工贸易，通过廉价劳动力获取利润，创新能力较弱，所以能源、高新技术产品主要依赖于进口，导致进口依存度过高，使得我国经济命脉受制于人，这样一来会给我国的经济乃至政治安全带来潜在的风险。同时，由于这些产品需求价格弹性小，一旦大量进口，就会引起国际市场价格的上涨，使得成本过

高，我国将付出更大的经济代价。

三、如何缓解我国过高的外贸依存度及对我国贸易的建议

（一）大力发展第三产业、服务贸易

相对于第一产业、第二产业来说，第三产业不易进出口，大力发展第三产业，能够有效地控制我国贸易对国外市场的依赖程度。服务贸易是现代经济模式中附加值高、具有增长潜力的行业，一般来说，第三产业在 GDP 中的比重越高，外贸依存度越低。从发达国家经济发展的轨迹分析可知，服务贸易的整体增长既优化了一国的产业结构，扩展了一国的经济规模，也降低了外贸依存度，与此同时，服务产品的出口又提升了贸易的国际竞争力。我国的服务业占国民经济的比重依然较低，发展比较落后，因此大力发展服务贸易是我国经济贸易发展的重要任务，提高服务贸易出口量，才能参与更高层次的国际分工，不再做“世界的加工厂”。

（二）合理调整产业结构，促进加工贸易产业转型

按照目前的形势，我国依然处于发展中国家之列，庞大的人口基数为我国企业的生产提供了大量的廉价劳动力，因此我国一直致力于发展劳动密集型产业，凭借低廉的劳动力成本在世界贸易舞台上占领一席之地。但是，随着时间的推移，经济的增长，单纯的劳动密集型产业暴露出其本身无法避免的局限性，产业转移是我国经济转型无法回避的道路。由劳动密集型向资本、技术密集型贸易转变，不再以廉价的劳动力作为竞争的核心优势，是我国贸易变革的第一步。

（三）发展高新产业

由劳动密集型向高新技术产业转型是贸易发展的必然趋势，我们不能再甘于做世界的加工厂，而是要建立自己的品牌产品，使生产制造业全面发展，避免对其他国家产品的过度依赖。

“中国制造”的产品在全世界覆盖率非常高，在世界出口产品中占 6.4%的份额，但其中高达 85%都是外国的品牌，我国加工企业只能“为他人作嫁衣”。不能否认，中国企业的模仿复制能力非常强，但是却很少能够形成自

己的品牌。品牌的发展，是商品附加值最高的部分。如果这个部分缺失，则意味着我们的“中国制造”，在国际分工中处在一个非常低端的位置。所以，我们应该加大力度发展高新技术产业，在科技行业分到一杯羹。这样一来，可以有效地减少高科技产品进口，提高我国自主研发创新能力，有效减少对外贸易依存度，增强国家经济贸易安全。

（四）扩大内需，稳定外需

想要有效降低贸易依存度，调整我国贸易对外国的过度依赖，开发国内市场、扩大内需是很必要的。我国人口众多，国内市场还远远没有饱和，未开垦之地还有很多，调整贸易策略和经营模式，“出口转内销”定能为我国开辟一条新的贸易之路。在扩大内需开拓国内市场的同时，稳定国际市场的需求，双管齐下才能确保我国在贸易舞台上稳赢不亏。

四、结 论

有学者认为，贸易的迅速增长、资本的加速流动、技术迅速扩散、各经济体相互依赖程度的提高已经成为经济全球化的四大基本特征。在经济全球一体化的今天，在后危机时代的大背景下，开放的市场已经成为贸易做强不可或缺的条件。是否积极参与国际分工，参与世界贸易活动，成为衡量一个国家贸易发达程度的工具，但是，如果一味地追求贸易增长速度和市场开放程度，过度依赖于其他国家出口和进口，无疑其弊端也是显而易见的。

亚当·斯密的分工理论告诉我们，国际分工是各种分工的最高形式，它可以在很大程度上提高生产效率，优化资源配置，但是，我们必须注意到，亚当·斯密的分工理论是一个理想的状态，它只停留在经济层面，把世界作为一个统一的经济体，然而，当今社会的现实并非如此，各国政治形势不尽相同，作为世界贸易舞台上的一分子，每个国家都想将自己的贸易利润最大化，倘若真的实现了国际分工，每个国家都只生产自己最擅长的产品，那么就会自然而然地导致该国家在某些方面的生产能力缺失、资源匮乏，一旦两国之间因为政治或者政策上冲突，贸易无法继续，那么缺失的商品就成了该国的“软肋”，破坏原本的贸易秩序，危害国家的经济安全。

依存度的问题探讨由来已久，它是一把“双刃剑”，反映市场开放程度却也透视贸易依赖度，在获得出口增长经济加快的同时，还应注意到隐藏的巨大风险。正确认识贸易依存度，并对其进行必要的监管和控制，对我国未来的贸易走向是十分重要的，正确掌控贸易依赖程度，是我国由贸易大国转变为贸易强国的必修课。

参考文献：

[1] 辛文琦. 中国对外贸易依存度问题分析及对策研究 [J]. 国际商贸，2012 (3).

[2] 李伯辰. 中国入世十周年对外贸易依存度提高的原因及对策 [J]. 商品与质量，2012 (2).

[3] 刘璐. 我国贸易依存度浅析 [J]. 合作经济与科技，2011 (2).

[4] 金晓宸. 我国贸易依存度的现状分析 [J]. 消费导刊，2009 (4).

[5] 王静涛. 中国对外贸易依存度状况及影响分析 [J]. 现代商贸工业，2009 (17).

[6] 蔡映纯. 试论我国对外贸易依存度偏高的原因及对策 [J]. 广东科技，2008 (20).

欧洲主权债务危机加剧下中欧贸易发展态势分析

高　雅[①]

一、欧债危机加剧的原因分析

（一）欧债危机长期化与欧元区衰退加深的分析

第一，欧债危机原因错综复杂。欧债危机根源于深层结构性因素，高度统一的货币政策曾为欧元区各国之间的贸易和投资活动扫除了汇率风险的障碍，这不仅有利于欧元区各国之间的贸易往来，同样也有助于欧元区经济一体化的发展。但正是这样的货币政策和欧洲各国相对优越的福利政策，导致了欧元区各国货币政策与财政政策不能协调发挥其作用，再加之部分成员国产业结构单一等因素就导致高债务国家丧失竞争力，使得货币联盟内部经常账户失衡固化，削弱总体增长。此外，欧盟制定的《稳定与增长公约》中规定：各成员国的财政赤字不得超过当年国内生产总值的3%；各成员国的公债规模不得超过当年国内生产总值的60%。但从表1中我们可以看到，2010年欧盟主要国家的公共债务和财政赤字占国内生产总值比例都普遍超过，部分国家甚至远远超过警戒位，可见，欧债危机的“祸根”难消。

第二，欧债危机愈演愈烈蔓延至欧洲主要经济体。自2009年10月，作为欧债危机导火索的希腊政府宣布当年财政赤字占GDP比例将超12%，远高于欧盟允许的3%上限，随后全球三大评级公司惠誉、标准普尔、穆迪相

① 高雅（1988~），女，山东聊城人，北京工商大学经济学院国际贸易学专业2011级硕士研究生。研究方向：国际贸易。邮箱：baobeixixi_gy@126.com。

表 1 2010 年欧盟各国国债、赤字占 GDP 情况

国家	希腊	意大利	爱尔兰	葡萄牙	德国	法国	西班牙	英国	欧盟 27 国
国债占 GDP 百分比（%）	142.80	119.00	96.20	93.00	83.20	62.80	60.10	80.00	80.20
财政赤字占 GDP 百分比（%）	10.50	4.60	32.40	9.10	3.30	7.20	9.20	10.20	6.60

继下调希腊主权信用评级，债务危机初现端倪。2010 年初，葡萄牙、爱尔兰、比利时、西班牙均爆出财政赤字居高不下，整个欧盟开始受到危机的困扰。2011 年 9 月，意大利主权信用从 A+跌至 A-，11 月其 10 年国债收益率触及 7.4%的历史最高位置，欧债危机开始向核心国家蔓延。继意大利后，法国债务也开始拉响警报。资料显示，从 2011 年 6 月法国政府公共债务占比达 85. 4% 之后，法国政府负债比例一直缓慢爬升至当年年底的 87%。德国在欧债危机中也难独善其身。2011 年 11 月，美国评级机构标准普尔曾表示，将有可能调低德国以及其他 5 个欧洲国家的 3A 的信用评级。一旦德国失去最高信用评级，新发行的国债利率将会上升，为此德国将每年多支付数十亿欧元的利息。

（二）欧债危机加剧，恐欧洲经济进一步恶化

第一，希腊退出欧元区的可能性加大，这将会使欧元遭受重创。希腊是最早暴露债务危机的国家，然而，深陷债务危机长达两年半之久的这个国家近日又惹上了新的麻烦。希腊议会选举前三大政党的组阁努力于 2012 年 5 月 12 日宣告失败，希腊退出欧元区一事已经成为公开的讨论。受到希腊退出欧元区的不利消息影响，欧元兑美元汇价一度跌到了三个多月来的最低点。欧洲央行理事霍诺翰指出，尽管希腊退出欧元区也并非世界末日，但是此事一旦发生，后果仍会非常严重。与此同时，德国财长朔伊布勒也表示，从技术上来看，希腊安全退出欧元区是完全可行的，但是这将会使欧元遭受重创。不难看出，欧盟各国乃至世界都在密切关注希腊退出欧元区事件，一旦希腊被迫退出了欧元区，整个欧洲都会不可避免地再次受到冲击。

第二，欧元区的第一大经济体——德国经济恐因欧债危机难以独善其身。2012 年 4 月，Markit 与德国联邦采购物流协会发布的调查报告显示，德国制造业活动在 4 月份意外地加速萎缩，制造业 PMI 创下 2009 年 7 月以来最快萎缩速度，打击了关于德国将带动欧元区增长的希望，并且为之前乐观的 IFO 企业景气报道投上一片阴影。德国对法国、美国、意大利和西班牙的出口占其出口总额的 1/4，如果这些国家的经济因债务危机出现问题，将直

接影响德国经济增长的外部环境，进而影响德国经济的增长速度。而正是因为欧元区债务危机令一些关键贸易伙伴的需求受挫，导致德国部分出口领域出现下滑。同时，德国银行业承担着意大利和西班牙债务风险敞口分别高达1623亿美元和1819亿美元，德国金融银行随时可能受到意、西债务风险的牵连。因此，德国经济在欧债危机的拖累下将结束快速复苏的进程，对欧元区经济体的支柱作用必然削弱。

第三，随着欧债危机的加重，欧元区的第二大经济体——法国的经济状况依然如此。其国内的金融银行业所面临的问题也越来越突出。根据法国五大银行——巴黎银行、兴业银行、农业信贷、人民储蓄银行和法比合资德克夏银行近期陆续公布的2011年财务年报显示，受银行被拆分和希腊债务危机等因素影响，亏损急剧加大。如巴黎银行全年净利润仅为60.5亿欧元，比上年减少22.9%；德克夏银行2011年亏损116亿欧元，其中减记希腊账务受损34亿欧元，估计法国五大银行因减记希腊账务受损超过110亿欧元。法国银行业在欧债危机严重国家的风险敞口高达600亿欧元，其中意大利约为400亿欧元，希腊约80亿欧元，如果这些国家不能摆脱困境，法国银行业的损失将会继续上升。除此之外，法国总统大选也为欧债危机的加剧增添了许多不确定性。在应对欧债危机的问题上，法国新总统能否继续与德国保持统一的立场，直接影响到欧债危机的发展态势。

第四，欧元区的第三大经济体——意大利，新成立的政府推出了一项规模达300亿欧元的财政紧缩及刺激经济方案，该方案包括200亿欧元的2012~2014年预算案和100亿欧元的刺激经济举措。该财政紧缩方案让意大利各大企业产品进一步失去了竞争力，在内需薄弱的同时外需将进一步减退，经济在近期不会有起色。同时，财政金融压力有增无减。根据IMF估计，2011年意大利融资需求达到GDP的22.8%，2012年为23.1%，在财政状况没有好转的情况下，如何抗击国际市场的压力，也是意大利经济所面临的最大的挑战。

第五，西班牙作为欧元区的第四大经济体，Markit公布的西班牙2012年3月制造业采购经理人指数降至44.5，成本持续走高而新订单不断下降，显示西班牙的衰退正在加剧。该国2月份的年轻人失业率上升至50.5%。同时，今年的政府预算也是40多年最拮据的预算，该预算一宣布，西班牙债券拍卖大幅升高的利率，意味着其借贷成本不断增加，此情况若持续可能将导致欧洲债务风暴再次掀起。

（三）欧债危机加剧化，全球贸易增速将进一步下降

世界贸易组织发布，2011 年世界货物贸易额为 182170 亿美元，比 2010 年增长 19%，扣除价格因素实际增长 5%，远低于 2010 年 13.8%的增幅。世界贸易组织还预计，2012 年全球经济受到欧债危机等冲击的影响，将进一步失去动力，增速将从 2011 年的 2.4%回落至 2.1%，相应导致全球贸易增速回落至 3.7%，远低于 1990~2008 年 6%的年均增速，甚至低于包括贸易崩溃时期在内的过去 20 年 5.5%的年均增速。其中发达国家和发展中国家出口分别增长 2%和 5.6%，进口分别增长 1.9%和 6.2%。2013 年，世界货物贸易量预计将增长 5.6%，其中发达国家和发展中国家出口分别增长 4.1%和 7.2%，进口分别增长 3.9%和 7.8%。欧盟是世界第一贸易大国，在世界贸易中的地位比美国更加重要，其债务危机的不断恶化必然影响全球贸易的发展。

二、欧债危机加剧对中欧贸易的影响

（一）中欧贸易的发展情况

自 1975 年中欧建交以来，经贸一直是中欧关系的基石。1985 年双方签署经贸合作协定，各领域合作不断发展，但贸易一直处于双边关系的中心位置。在 2004 年中欧全面战略伙伴关系建立后，为中欧关系的持续健康发展奠定了坚实基础。即使在爆发了欧洲主权债务后，欧盟仍然是中国最大贸易伙伴。2011 年，双边货物贸易总额为 4283 亿欧元，比 2010 年增加近 300 亿欧元。中欧的经贸关系对两国经济发展的作用举足轻重。

（二）欧债危机升级将直接损害中欧贸易

第一，从宏观层面上进行分析。从表 2 中我们可以看到，中国全年货物进出口总额尽管总体上是在不断增加的，并且保持着较高的增长率，但是，我们可以看到，自 2011 年以来，我国对外贸易的增长速度明显放缓了。据海关统计，2011 年中国与欧盟的贸易额突破 5000 亿美元，与美国的贸易额为 4467 亿美元，是中国的第一大和第二大贸易伙伴。而欧盟、美国、东盟占到中国全年进出口总额的比率分别是 15.57%、12.26%和 9.96%，占中国全年进出口总额的 37.79%。其出口额总量占到中国全年出口总额的 44.83%。自 2010 年以来，美国逐渐从经济危机的困扰中复苏，而欧盟却在刚复苏时

就迎来欧债危机，它既是我国的第一大贸易伙伴，也是第一大出口市场、第一大技术引进来源地和第二大进口市场。因此，一旦欧债危机不断升级，势必会影响到我国的对欧出口。

表 2　2008~2011 年中国的对外贸易数据统计

年　份	2008	2009	2010	2011
全年货物进出口总额（亿美元）	25616	22072	29728	36421
比上年增长（%）	17.8	−13.9	34.7	22.5
出口额（亿美元）	14285	12017	15779	18986
比上年增长（%）	17.2	−16.0	31.3	20.3
进口额（亿美元）	11331	10056	13948	17435
比上年增长（%）	18.5	−11.2	38.7	24.9
进出口差额（亿美元）（出口减进口）	2955	1961	1831	1551
比上年增加（亿美元）	328	−1020	−126	−264

资料来源：根据国家统计局数据整理。

表 3　2008 年~2012 年 3 月中国对欧盟货物进出口额及其增长速度

年　份	2008	2009	2010	2011	2012 年 1~3 月
出口额（亿美元）	2929	2363	3112	3560	751.88
比上年增长（%）	19.5	−19.4	31.8	14.4	−1.8
进口额（亿美元）	1327	1278	1685	2112	516.80
比上年增长（%）	19.6	−3.7	31.9	25.4	9.8

资料来源：根据国家统计局和中国海关统计数据整理。

从表 3 可以看到，中欧贸易增长率远小于中国总体贸易的增长率，这反映了欧债危机对中国外贸的负面影响正在逐步升级。此外，在欧债危机初期，受债务危机打击较大的国家希腊、爱尔兰、葡萄牙、意大利和西班牙在欧盟对中国外贸进出口总额的比率并不高。其中爱尔兰、希腊和葡萄牙所占比重仅分别为 0.28%、0.17%和 0.11%，即使加上意大利和西班牙，这五个国家合计占我国进出口总额的比率也仅仅是 3.07%。所以，欧债危机初期对我国外贸产生的不利影响相对较小。随着欧债危机愈演愈烈，开始向核心国家蔓延，整个欧洲经济陷入困境，这对中欧贸易关系的影响逐步升级，中欧贸易增长速度开始下滑。作为中国的第一大贸易伙伴，欧债危机的加剧必然给中欧贸易关系带来不可避免的负面影响。

第二，从微观经济层面上分析。欧债危机的继续恶化，对我国微观领域如企业的不利影响是十分明显的。

中国的光伏市场80%以上的产品出口依靠欧洲市场，而欧债危机的不断加剧对于中国的光伏市场无疑是致命的。资料显示，由于德国、意大利等国光伏补贴政策不明朗，2011年1月到5月，欧洲光伏安装几乎处于停滞状态，装机量环比出现大幅度下挫，直到6月补贴政策尘埃落定，欧洲市场装机量小幅反弹。但即便如此，我国光伏企业仍明显感到，自2011年初以来，欧洲订单量一直差强人意。不仅仅是光伏产业，受影响的还有我国的鞋服出口企业。2010年服装及衣着附件的出口额比上年增长20.9%，鞋类的出口额比上年增长27.1%；2011年服装及衣着附件的出口额比上年增长18.3%，鞋类的出口额比上年增长17.1%。可以看到，2011年鞋服类的出口额增长比率明显放缓，而且这种趋势仍在继续。

三、我国应对欧债危机加剧的对策建议

（一）正确对待中欧经贸关系的长期发展

从中欧经贸关系乃至世界经济的长期发展来看，中欧之间的摩擦和分歧只是中欧经贸关系发展过程中的一个局部现象，由于双边贸易的规模和强度，双方出现贸易摩擦甚至根本性摩擦不足为奇，特别是在债务危机的背景下，欧盟处境艰难。但是，中欧在经济上具有很强的互补性，发展双边的经贸合作，符合双方的根本利益。具体来说，中欧经贸关系还有很大的发展潜力，中欧在气候变化、能源安全、环保等方面合作潜力巨大，而欧洲在高新技术领域、制造业、医药和化工等领域都有着极大优势。此外，中国支持中欧贸易在经济与科技的高层次上进行交流与合作。而中国企业对欧盟的投资，增加了欧盟的就业机会，对欧盟经济的复苏具有重要的推动作用，双方经贸在互利中向着合作的方向发展。所以，长远来看，中欧互利合作仍是主流。

（二）转变经济发展方式，重点突出投资的作用

加强我国经济实力和可持续发展的能力、转变经济发展方式、实现我国经济发展的再次飞跃才是应对各种危机的根本途径。近年来，经济发展方式的转变成为我国经济发展的热点问题。“十二五”规划再次提出经济发展方式的转变，这次转变应该由消费、出口、投资“三驾马车”并驾齐驱转向什么？中科院金融研究所王国刚教授指出，中国人并非有效需求不足；居民消

费分为“吃、穿、用”和“住、行、学”，随着收入水平的提高，“吃、穿、用”占比下降，但“住、行、学”占比提高；我国居民消费中真正短缺的是“住、行、学”，而这部分需靠投资实现。此外，我国继续努力通过提升产业结构，着力提高中国产业的创新能力和国际竞争力，努力实现由“贸易大国”向“贸易强国”的跨越。

（三）发展我国的资本市场，使资本市场真正发挥起作用，帮助我国贸易企业渡过难关

发展我国以资本市场为核心的现代金融体系也是我国为中小贸易企业营造良好生存环境、应对欧债危机影响、保持经济增长的另外一个途径。资本市场作为现代金融体系的核心，推动着中国经济的持续快速的增长。资本市场不仅从资本筹集、公司治理、风险释放、财富增长和信息透明度等方面推动了经济的持续增长，更是大大提升了经济增长的质量。此外，资本市场不仅加速了社会财富特别是金融资产的增长，也为经济的可持续发展提供了有力的支撑。

参考文献：

[1] 罗传健. 欧洲主权债务危机及其对中欧贸易的影响研究 [J]. 国际贸易问题，2011 (12).

[2] 潘正彦. 欧债危机加剧下中国外贸发展态势分析 [J]. 国际贸易，2012 (2).

[3] 张锐. 世界经济 2011 年回眸与 2012 年前瞻 [J]. 东北财经大学学报，2012 (1).

[4] 张红. 中欧经贸关系的发展对中欧经济的影响 [J]. 中国城市经济，2012 (3).

[5] 中国统计局网站，www.stats.gov.cn.

[6] 中国海关总署网站，www.customs.gov.cn.

美国对华 337 调查现状、原因及对策

赵孟娇[①] 潘 宏[②]

中美建交 33 年来，双边贸易额已从建交当年不足 25 亿美元发展到 2011 年的 4466 亿美元，增长近 180 倍，2012 年贸易额接近 5000 亿美元。但伴随着中美经贸关系日益紧密的发展，中美之间的贸易摩擦也频繁发生，而知识产权贸易摩擦已成为中美贸易摩擦的核心，因而，主要针对知识产权侵权的 337 调查越来越被美国企业所广泛应用。

一、美国 337 调查概述

（一）美国 337 调查的内容

"337 条款"源于《1930 年关税法》第 337 节，其后分别在 1974 年、1988 年及 1994 年进行了修订。现行"337 条款"是指 1994 年修订的 1988 年《综合贸易与竞争法》第 1324 节。美国国际贸易委员会根据该条款关于"进口贸易中的不公平做法"的规定进行的调查，则被称为"337 调查"，又可称为"337 条款诉讼"。根据"337 条款"的规定，对进入美国的外国产品，如果美国国内进口企业或国外出口企业存在不公平竞争行为，并可能对美国国内产业造成实质损害或损害威胁，或者阻碍美国相关产业的建立，那么美国国际贸易委员会（ITC）就可能应知识产权权利人的要求或者自行对

① 赵孟娇（1987~），女，河北保定人，北京工商大学经济学院国际贸易学专业 2011 级硕士研究生。研究方向：国际贸易。邮箱：zmj_789456123@126.com。

② 潘宏（1965~），女，辽宁沈阳人，北京工商大学经济学院副教授，硕士生导师。研究方向：国际贸易。邮箱：panh@th.btbu.edu.cn。

违反 337 条款的进口商品进行调查，其主要针对进口商品侵犯美国的知识产权、商标权、著作权等专有权行为。

（二）美国 337 调查的特点

1. 发起条件低

美国企业申请 337 调查时只要证明侵权行为存在并且美国国内存在相关产业或正在建设该行业即可，并不需要证明该侵权行为对该产业造成损害，同时美国国际贸易委员会在发现存在侵权行为时也可以自行发起 337 调查。相对于 337 调查，在反倾销诉讼中原告则必须证明美国产业遭受了实质损害或受到实际损害威胁。很明显，337 调查对于美国企业来说更容易发起实施。

2. 时限较短

337 调查一旦立案之后就有明确的时间限制，通常在 12~15 个月内完成。因此被告企业往往来不及收集、整理及翻译证据资料。

3. 诉讼费用高

由于 337 调查的时限较短，技术、法律问题较为复杂，出口企业承担的律师费及其他费用较高。相对于申请 337 调查企业的几百美元的诉讼费用，出口企业要承担的应诉费用高达几百万美元甚至上千万美元。

4. 措施较为严厉

337 调查的救济措施一般包括普遍排除令、有限排除令和禁止令。有限排除令针对的是涉案企业现在及将来存在侵权行为的所有产品，普遍排除令则禁止所有与侵权产品同类的产品进入美国，不论是来源国还是制造商。而美国可以通过颁布禁止令禁止已经进入美国的产品流通和销售。因为这些救济措施并没有规定时间期限，所以很有可能一些被认定侵权的产品会永远失去美国市场。而对华的 337 调查中，美国越来越多地对中国产品发布普遍排除令，涉案同类产品的所有企业则均被排除在美市场之外，甚至波及被调查产品的上下游产品，从而使得中国相关产品在原告知识产权有效期内全面退出美国市场。

二、美国“337 条款”的涉华情况

（一）美对华“337 调查”愈演愈烈

中国加入世界贸易组织之后，随着中国出口产品逐步由劳动密集型产品

向高科技产品转变，中美知识产权贸易摩擦日趋激烈。美国更多地采用 337 调查来限制中国商品进入美国。2000 年初，美国 337 调查针对的主要国家或地区为中国台湾、中国香港、日本等，自 2002 年之后针对中国大陆的 337 调查逐步增多。美国对中国的第一次 337 调查是在 1986 年，美国对原产于中国、希腊和韩国的皮大衣及毛皮类产品发起 337 调查。截止到 2011 年末，美国 337 调查的涉华案件数已经达到 151 起。目前，中国已经成为美国 337 调查最大的受害国。从表 1 中可以看到自 2002~2011 年，美国 337 调查涉华案件数就达到了 137 起，可见在 2002 年之前，美国对中国企业发起的 337 调查并不是很多，2002 年之后，尤其是近几年，美国对中国企业 337 调查的数量急剧增加。例如 2011 年，美国对全球发起的 337 调查案件数增长了 18.97%，虽然涉华案件数量增幅没有那么高，但近 9 年 337 调查案件中涉华案件数量一直在增加。

2012 年尤为明显，1~3 月，美国对华采取 337 调查的案件就达到了 6 起 (见表 2)，从中也可以看到 2012 年美国对中国发起的 337 调查案件数量仍然将继续之前的增长态势，并有愈演愈烈之势。

表 1　2002~2011 年美国 337 调查涉华情况

年　份	立案数	涉华数	涉华比例（%）
2002	17	5	29.41
2003	18	8	44.44
2004	26	11	42.31
2005	29	8	27.59
2006	33	13	39.39
2007	35	18	51.43
2008	41	13	31.71
2009	31	16	51.61
2010	58	19	32.76
2011	69	26	37.68
合计	357	137	38.38

资料来源：根据美国国际贸易委员会 ITC 网站得到，http：//www.usitc.gov/。

表 2　2012 年 1~3 月美国 337 调查涉华案例

时　间	337 调查	涉华企业
2012 年 1 月 4 日	对部分运动疗法设备及其同类组件启动 337 调查	LELO 中国公司
2012 年 1 月 5 日	对部分蓝光唱片播放器及其同类组件启动 337 调查	中国海尔集团公司

续表

时　间	337 调查	涉华企业
2012 年 1 月 13 日	对部分电火炉及其指南、制作方法以及相关产品启动 337 调查	深圳 Reliap 工业公司、中国 Yue Qiu Sheng 公司以及 Whalen 家具制造公司
2012 年 2 月 22 日	对部分可调光紧凑型荧光灯及含有该产品的相关产品启动 337 调查	深圳金优田照明科技有限公司、厦门通士达照明有限公司、TCP 中国公司、上海天灿宝照明电器有限公司、上海 Jensing 电子电气设备有限公司、上海强凌电子有限公司、浙江强凌电子有限公司
2012 年 2 月 22 日	对部分硒鼓及其同类组件启动 337 调查	上海昊群数码科技有限公司、珠海富腾打印耗材有限公司、珠海中润靖杰打印机耗材有限公司等 34 家企业
2012 年 3 月 1 日	对部分油墨应用设备及其同类组件以及使用方法启动 337 调查	义乌比优得纹刺设备有限公司以及广州市越秀区朋成美容用品公司

资料来源：根据商务部网站资料统计。

（二）美国对华 337 调查主要为专利侵权

一般在出现三种情况时，美国会发起 377 调查：一是被诉的产品侵犯了美国的商标权、专利权以及商业秘密权等，二是被诉产品假冒美国的商标和装潢，三是带有虚假的原产地标识。

1986 年以来，在美国发起的 337 调查案件涉华的 151 起当中，其中 128 起是以专利侵权为由启动的，占美国对中国 377 调查总数的 84.78%。而以商标侵权为由的仅有 8 起，占 5.3%，2010 年的 19 起当中 18 起仅是由于专利侵权，仅有一起是由于专利侵权、商标侵权和版权侵权共同启动的，2011 年的 26 起当中，也只有一项是因为商标侵权，两项因为专利侵权及其他知识产权（商标、版权等）侵权，还有一项是因为商业秘密、商业装潢等。从这些数据来看，美国对华 337 调查以专利侵权为主。

（三）337 调查对中国已造成重大损害

337 调查对被告企业的震慑在于两点：律师费高昂；过程漫长。据了解，每起 337 调查案律师费平均为 100 万~400 万美元，仅 ITC 阶段就要 1 年多。一些企业只好采取放弃，而放弃应诉就被判败诉。根据 337 调查普遍排除令的规定，如果一家企业败诉，连同中国其他生产该产品的企业同样也要退出美国市场。例如，2007 年 1 月下旬，美国国际贸易委员会裁决 38 家全球被诉企业（其中包括圣象等中国企业 18 家）在美销售的强化木地板（以下简称地板）专利侵权，并同期签发了普遍排除令，这样，如果中国企业想继续将此类地板出口美国，就必须向荷兰 Unilin 公司一次性支付 10 万~12 万美元，此外，每销售 1 平方米还需另付 0.65 美元的专利许可费，这可能导致处于中低档的中国地板厂商集体跳水。又如 2007 年 3 月，珠海纳思达对爱普生的诉讼全面失败，美国国际贸易委员会（ITC）在 2007 年 3 月 31 日发布初审裁决，宣布精工爱普生的 11 项专利全部有效，认定 24 家公司所出售的墨盒产品中，有超过 1000 种型号的墨盒侵犯了爱普生的专利，并建议发布一个普遍排除令和停止令，要求所有被告停止向美出口和在美销售侵权墨盒，并禁止所有侵权墨盒进入美国市场。显而易见，美国对华 337 调查已经对中国某些产业造成巨大损害和威胁。

三、美对华 337 调查频发的原因

（一）美对华持续贸易逆差

按美方统计，自 1988 年出现美对华贸易逆差，2011 年美中贸易逆差达到了 2954.565 亿美元，相较于 2010 年的 2730.632 亿美元上涨了 8.2%。从 2003~2011 年的 9 年间，只有 2009 年美中贸易逆差出现了同比下降，其余八年美中贸易逆差持续扩大。美国是一个具有资本、知识、技术比较优势的国家，虽然中美两国的贸易顺差持续扩大，中国对美出口额不断增加，但相较于美国，在核心的知识产权方面中国依旧是不足的。而知识产权是美国最具核心竞争力的领域之一，中美经贸关系发展争论的焦点则是知识产权，因此美国出于经济利益的考虑则会特别重视对知识产权的保护。337 调查则是不论对美国整体利益，还是美国企业均十分有利的法律手段。在很多起对华的 337 调查案件中，美国国际贸易委员会对中国产品发布了普遍排除令，这对中国产品出口美国造成了很大障碍。

（二）知识产权对美国经济有着举足轻重的作用

美国知识产权对 GDP 和经济增长的贡献巨大，远远超出中国。以美国版权为例，近几年，美国版权对美国经济增长的贡献率超过了 1/4，对 GDP 的贡献也超过 10%。以国际专利的申请来看，世界知识产权组织公布的数据显示，按照专利申请量，美国的 48596 件申请仍是《专利合作条约》体系的最大用户，中国为 16406 件，虽然排名第四位，但与美国相比差距依然较大。根据 Chin 和 Grossman（1990）的观点，发展中国家加强知识产权会使

得发达国家受益，发展中国家受损。这一结论与大多数学者的观点是一致的，例如 Titus O.awokuse 和 Hong yin 的文章“Does Stronger Intellectual Property Rights Protection Induce More Bilateral Trade? Evidence from China's Imports”，根据其实证检验，中国加强知识产权保护，会增加中国从美国的进口，尤其是知识密集型产品。近些年虽然中国知识产权保护力度不断增强，但美国一直认为中国在知识产权保护方面执法力度并不到位，因而中国的知识产权侵权行为依旧比较严重，并对美国造成巨大损失。那么美国一方面为了保护其国内知识产权不被侵害，改善美中巨额贸易逆差的现状，另一方面也为敦促中国政府采取更为有效的措施以加强知识产权保护，由此会更加频繁地对中国发起 337 调查。

（三）中国对美高新技术产品出口不断增加

在中美贸易中，中国一直处于顺差地位，美国处于逆差地位，并且在高新技术产品出口上，中国香港、欧盟、美国是中国的三大高新技术产品出口市场，而中国的主要进口市场则为中国台湾、韩国和日本。

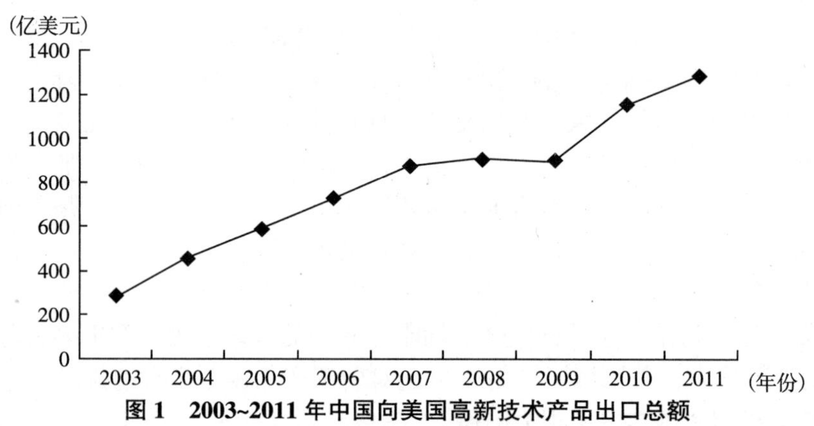

图 1　2003~2011 年中国向美国高新技术产品出口总额

数据来源：根据美国人口普查局数据库计算得到，http：//www.census.gov/foreign-trade/stastics。

由于中国知识经济的快速发展，中国高新技术产品出口迅速增加，从图 1 中可以看到，近几年，中国对美国的高新技术产品出口不断增加，并且这种趋势在短期内并不会改变。对于一直强调创新和科技的美国来说，它不可能忍受中国的知识产权侵权以及在高新技术产品方面出现更大的逆差，为了维护本国利益美国不得不采取更为隐蔽、更为有效的 337 调查。因此，美国针对中国的 337 调查有着愈演愈烈之势。并且值得注意的是，一些竞争对手往往选择在我国出口尚未形成规模时提起 337 调查，或者刻意选择中国一些实力较弱的中小型企业作为被告，企图以高昂的应诉代价迫使中国成长中的企业或者以自有品牌出口的企业放弃或退出美国市场，以打击中国具有较大市场潜力、高附加值或高技术含量的产品对美出口。

（四）企业缺乏知识产权法律意识及维权意识

知识产权壁垒相较于传统的贸易壁垒实施程序简单，处理效率高，并且其处理手段往往比较严厉，对于如此严厉有效的知识产权壁垒，中国企业对337调查却并不了解，对知识产权保护的法律意识也比较淡薄。一方面，中国缺少强有力的知识产权保护系统，虽然很多出口企业的出口商品科技含量越来越高，在这过程中引用了大量的新技术，但企业并未对这些新技术在国内申请专利，更不要说到美国去申请。另一方面，中国企业在进军美国市场时并没有对美国市场、相似产业进行调研，同时美国国内竞争企业的知识产权方面的信息也一直被企业所忽略。这对中国企业遭受美国337调查造成很大隐患。

加之，中国企业在遭到美国337调查时往往由于各种原因不愿进行应诉，例如诉讼费用昂贵、程序专业复杂、手续烦琐。在国内关于337调查胜诉的案例少之又少，这也许就是美国越来越青睐337调查的一个关键原因。在很多案例中，中国企业大多都是因为放弃诉讼，或缺席判决而导致败诉。正是由于中国企业在面对337调查时所表现的消极、纵容态度，才使得美国企业越发地滥用337调查。

四、中国企业应对美337调查的策略

随着中国知识经济的不断发展，美中贸易逆差的趋势不会改变，中国高新技术产品的出口也将会继续增加，337调查作为一种有效的知识产权壁垒将会在长期内被美国企业所采用。在中国知识产权发展相对落后，中国企业缺乏自主创新，缺乏知识产权保护意识的发展阶段，美对华的337调查数量将会继续增加。面对频繁发生的美对华337调查，中国应当进一步完善知识产权保护，而中国企业也应当加强知识产权保护意识并在遭到337调查时积极应诉，唯有积极应诉才是解决问题的根本方法。

（一）政府应建立专利预警机制及专利情报系统

首先，政府应当为企业提供良好的知识产权保护环境，建立规范的知识

产权预警机制以及专利情报系统，定期发布中国企业最近一段时间知识产权侵权预警通报。这样中国涉案的企业就能在面对337调查时有所准备，积极进行应诉。其次，政府应当主动和企业联手共同培养精通“337条款”的国际型贸易专业人才及法律专业人员，这些人才可以有效地帮助企业在国内外进行知识产权申请保护，并改善中国企业面对337调查应诉难的问题。

（二）加强行业协会的作用

近几年美国对华发起的337调查中，一部分是针对中国的中小企业，对于这些企业想要独立面对337调查是比较困难的。仅337调查的应诉费用就是这些小企业所不能承担的，此时应当发挥行业协会的作用。如果行业协会能够积极应诉将会有很好的示范作用，并且行业协会具有一定的凝聚力，可以带领行业内企业共同应对美对华337调查。

（三）树立知识产权意识并积极应诉

首先，中国企业应当注重本身的知识产权保护，对于本企业产品技术的创新应当及时在国内及国外申请专利，对本企业的知识产权进行保护。并且在商品出口美国前，要对美国国内相关产品的厂商的知识产权情况进行调查，如果发现有侵权的可能，应尽快对产品进行修改，避免侵犯竞争对手的知识产权。

其次，中国企业在遭到美国337调查时要积极应诉。例如在2006年5月，国际知名打火机制造商美国芝宝制造有限公司（ZIPPO）和芝宝商标公司向ITC提出指控，包括温州恒星烟具有限公司在内的四家中国企业侵犯其注册商标，要求启动“337调查”，并且要发布永久性普遍排除令。面对高高在上的国际知名品牌ZIPPO，恒星公司积极应诉，并最终与芝宝公司和解，总花费不到200万元人民币。而其他并未进行应诉选择放弃的打火机公司，最终被ITC裁定为违反美国“337条款”并被发布普遍排除令。自此，除了温州恒星公司的打火机外，中国大部分高端打火机都在美国市场受阻。从温州恒星公司积极应诉并取得成功的案例中我们可以得到的启示是，中国企业在接到美国337调查通知时，要积极准备应诉，而不是惧怕高费用而选择缺席判决，放弃美国市场。

参考文献：

［1］王敏. 中美337调查贸易摩擦及企业应对策略研究［D］. 河海大学硕士学位论文，2006.

[2] 李勇. 从捷康成功案例谈应对美国 337 调查法律对策 [J]. 中国商贸，2011 (5).

[3] 郭东杰. 新贸易保护主义下美国“337 调查”发展趋势及其对中国外贸的影响 [J]. 中国对外贸易（英文版），2011 (24).

[4] 黄晓凤. 美国对华 337 调查的变化趋势研究 [J]. 国际贸易问题，2011 (3).

[5] 余乐芬. 美国“337 调查”历史及中国遭遇知识产权壁垒原因分析 [J]. 宏观经济研究，2011 (7).

[6] 刘薇. 中美贸易中知识产权摩擦的演变及原因分析 [J]. 法制与社会，2009 (3).

[7] 涂庆丰，张芳. 中国企业应对美国 337 调查的战略思考 [J]. 当代经济，2011 (3).

争夺稀土定价权另寻出路

——浅谈稀土期货的推出

胡俞越[①] 王 森[②]

一、造成稀土价格低下的原因

首先，很长时间以来为了经济发展和外汇储备，我国没有从根本上重视稀土资源，开采不加限制，据统计，我国稀土资源从20世纪70年代占世界总量的74%，到90年代末已锐减到43%左右（金融界网站）。这也造成了稀土中小企业泛滥，直到现在还有100多家。其次，稀土虽然广泛运用于高端技术，但其用量却不大，然而我国每年对于稀土的开采和出口都远远大于实际所需，造成了严重的供大于需的局面。这样外国企业只要一纸订单，众多的中小企业相互打压价钱，最终只能是以最低的价格出售。再次，稀土的走私严重。有数据显示，2009年通过正常渠道出口海外的稀土是5万吨，通过走私出口的稀土超过2万吨。最后，外国稀土购买商联合打压中国价格。美国2009年声称要重新开发荒废10多年的芒廷帕斯稀土矿，并且正在通过其他途径寻找稀土的替代品。日本也宣称已经储藏足够20年使用的稀土，而且2012年10月日本又和澳大利亚Lynas稀土公司签订了稀土协议，发达国家的这些反应，无疑都是对我国卖方市场价格的间接打压。

---

① 胡俞越（1961~），男，江苏盐城人，北京工商大学证券期货研究所所长，教授。研究方向：期货市场。邮箱：yyhu131@126.com。

② 王森（1986~），男，河北石家庄人，北京工商大学证券期货研究所2010级硕士研究生。研究方向：期货市场。邮箱：ws0205@126.com。

二、管制型政策的实施没有解决定价权的问题

近年，随着我国对稀土资源重要性认识的逐渐深入，稀土资源的保护逐渐被提上日程，为此我国出台了不少保护稀土的政策，主要是针对过高的开采数量和过低的价格作出了相关规定。如制定稀土行业准入制度、限制稀土的生产数量和出口数量、取消稀土矿产的出口退税制度、加强稀土乱采滥挖的管制、合并小企业提高集中度、在包头稀土高新区建立稀土交易中心对行业进行资源垄断等。这些政策的实施从一定程度上缓和了我国稀土资源贱卖、稀土行业的散、乱、差的局面，使得近年稀土的价格有了明显的回升势头。但是国家的一些政策措施却引起了美、日、欧等国的强烈反应，就我国的出口限额、供给下降等决策告上了世界贸易组织，使得我国在世界经济活动中处于被动局面。

在尝试种种管制性政策之后虽然价格有所回升，但是稀土定价权的问题却没有得到根本解决。何不考虑还原市场机制，以更加自主灵活的方式去提高我国的稀土地位？推出稀土期货，无疑为我国争夺稀土话语权提供了新思路。

三、稀土期货推出众望所归

资源性的初级产品定价一般采取两种方式。一种是现货市场均衡定价方式。买卖双方通过分析市场供需情况，协商成交价格，这种定价方式经常出现买方市场和卖方市场的情况，使一方处于劣势地位，如我国的钢铁进口。另一种是采用期货市场公开竞价定价方式。对于一些已经上市交易的大宗商品来说，其价格基本上由该商品所在的权威交易所的期货价格所决定，如纽约商品交易所的原油期货价格、伦敦金属交易所的铜期货价格等。所以利用期货市场可以通过我们资源的垄断优势来控制稀土的价格，吸引更多的国内、外投资者，组成一个庞大的稀土现货、期货体系。为稀土行业提供一个以电子化系统为手段的共享平台，结束稀土资源散乱分布的局面，打通南北价格，综合市场信息，惠及市场所有参与者，为形成连续、有效、真实的价格体系、促进更权威的价格的发现埋下伏笔。

近年来，随着科学技术的发展，我国高端科技也必将日新月异，对于稀

有金属等基础原料的依赖越来越高，但是我国期货市场品种少的局限性使得国内企业缺少用于应对国际市场风险的工具。而在 2012 年 2 月，伦敦金属交易所推出钼和钴期货，在稀有金属品种上开了头，这不仅使得该交易所合约品种更加完善，更重要的是有了建立世界稀有金属定价权的苗头。作为钼第二大储量国，眼看着一个又一个中国优势资源品种成为国外交易所开展期货交易的标的，稀土期货的推出，不得不提上日程。

四、稀土期货推出对于行业的作用

其一，稀土期货的推出将制定标准化的交易，交割的标的物也必须有严格的质量标准。制定标准化的合约一方面促进了稀土企业生产高品质高价格的产品，带动了企业的集约化生产和标准化经营。另一方面也成为增强我国稀土企业自主创新能力的压力和动力，迫使小企业与资本结合进行规模化生产。而且对改善我国稀土市场小、散、乱的局面，提高边缘化企业的自主创新能力，推动稀土产品技术更新和优化升级，延伸相关品种的产业链起到积极作用。交割制度的规范性也必将为稀土交易者提供安全和方便的交割仓库，改善以往交通、储藏、通信等交易条件，避免资源的浪费，提高资源的使用率。

其二，推出稀土期货可以把大多数企业都吸纳为交易会员，每一笔交易都公开报价、集中撮合，这样容易形成真正的价格联盟；同时为稀土相关企业提供仓储、质检、物流配送、资金结算等功能。这样也有机会使更多民间投资者参与进来，在国家稀土储备系统不完善的情况下，增加民间储备。

其三，期货价格很大程度上是现货价格的“晴雨表”，具有价格发现的功能，稀土期货的推出将为加工商和贸易商提供便利的价格行情和库存信息，有助于现货商利用市场供需情况，合理安排生产。期货市场有了预见性的价格信息，稀土出口企业也可以以期货价格为基础，加入灵活的升贴水来定价，对我国稀土的出口企业发明新的贸易定价模式无疑提供了便捷。

其四，随着我国经济国际化程度的不断提高，国际资源价格波动的常态化已经形成。利用稀土期货套期保值的功能，则可以使生产商、加工商、贸易商利用期现反向交易锁定稀土产品成本，有效地规避市场价格波动风险，实现稳定经营。例如我国出现稀土出口长期供大于求的局面，原材料的囤积必然加大供应商的风险，这样就可以利用期货进行卖出套期保值，期末实现对冲，化险为夷。而且这种低风险的交易，也防止了外资在企业濒临破产时趁火打劫，控制我国稀土企业，占据稀土资源。另外，稀土行业的套期保值还有利于带动稀土行业经营管理理念、方式方法的创新与提升，推动企业经营决策和管理的科学化、民主化和系统化，对于完善自身体系有重要作用。同时，对于我国推行产业重组、延伸稀土行业产业链、变粗放型开采原料为集约型生产产品也有着重要意义，利用期货将企业做大做强。

其五，套利为稀土企业提供了新的盈利模式。传统的稀土企业利润通常是销售利润，而稀土期货的推出为企业提供了实现套利利润的平台。由于期货市场投机者的参与，一方面增加了流动性，另一方面却造成了价格的不合理变动。这样稀土现货商就可以根据自身信息的优势及早发现价格不合理的现象，从而通过期限、跨期、跨市三种套利的方法获得利润。而且国内一些企业利用上市品种的套利设计和运用已屡见不鲜。

五、稀土期货推出对于国家的利益

第一，稀土期货的推出将吸引更多的国内散户、基金和机构投资者，在一定程度上防范了产品价格被国际资本随意操纵甚至严重脱离其实际价值的可能性。同时将建立起一个规范的现货交易市场和期货交易平台，通过控制出口来遏制非法采矿现象的泛滥，避免各地为了局部利益和个人得失一哄而上的混乱局面，也避免了战略稀有金属资源被糟蹋、破坏和贱卖，对于提升空间巨大的稀土现货价格必然起到拉动作用。

第二，稀土期货的推出将会设立交割仓库，届时将推动国家建立“战略储备、期货交割、现货交易”三位一体的稀土储备仓库，这对我国稀土战略储备计划无疑也是一个贡献。

第三，我国的中小企业众多，稀土期货的上市为稀土行业统一了市场，我们资源的市场能力就极大地发挥作用，国储更可以在这样的市场上坐庄。将来还可以引入稀土指数，为外国企业的进入设立审核制度，这样外国公司在我们的市场内交易的行为是否规范也在我们的监管范围内，防止了国际热钱和金融大鳄恶意操纵市场。

第四，我们要看到一旦建立了期货市场，各种社会投资、投机资金就会进入其中，这些资金在间接上也给行业注入了资本。同时在稀土价格低廉的时候，是没有资金敢做空头的，否则轧空头是非常可怕的事情，这些资金为了自身的盈利也会一致做多把稀土的价格抬高，而稀土的价格高昂了，才是中国资源企业最大的利益来源。这样的市场建立后，对于全球有关稀土及其产品的各种长期协议就有了巨大的参考价值。

第五，全世界期货品种在 300 种左右而我国只有 24 个品种，甚至不及印度。上海、郑州、大连三大交易所前后在农产品、黑色金属、原油、工业品等品种上都做了尝试，中金所也在 2010 年 4 月 16 日推出了股指期货，但我国的稀有金属却未曾露面。有条不紊地推出稀土期货，无疑是对我国期货市场完整性的有力补充。

六、稀土期货推出的“瓶颈”

稀土期货的推出不同于其他品种，有一定的阻力。其一，我国目前正在逐步推出稀土行业垄断化的政策，如果稀土成为高度垄断化的资源，那么将有悖于期货市场交易品种充分竞争的特征。这样稀土期货推出后，可能会出现品种不活跃、交易量小的情况，容易引发资金炒作、操纵市场等现象，使得价格发现功能难以有效地发挥，合约的流动性也会很低。其二，我国稀土资源分布比较分散，主要分布在偏远地区，南重北轻，差异较大，而且稀土资源共 17 种元素，市场需求各有特点且需求量都不大，这对于交割仓库的设立以及标准合约的制定制造了难题。其三，我国期货市场发展尚在起步阶段，其滞后性导致套期保值、套利、价格发现等功能不能充分发挥作用。再加上中小企业参与期货市场意识淡薄，即使参与大多也是运用了期货的投机性质，为稀土期货的推出带来了负面影响。

七、稀土期货推出的一些建议

稀土元素较多，标准合约的设定确实值得商榷。但也可以考虑将稀土的某一个或者两个品种推出上市，炒高其价格，这样也必定能够拉动整个稀土资源的价格。我们还可以借鉴我国 2012 年 3 月上市的螺纹钢和线材，利用间接手段对上游矿产资源进行定价的例子，克服稀土矿石品种不一的特点，将一些稀土的初级产成品推出上市，这也势必对稀土的定价起到积极作用。为了弥补资源分布的不足，可以提前在江西、四川、内蒙古等稀土资源丰富的地区设立稀土金属仓储和现货交易中心，这些仓库将对以后稀土品种的推出提供现成的交割场所。

天津稀有金属交易市场建立，陆续推出了铟、镁、锑合约，使我国争夺稀有金属国际定价权走出了第一步，为稀土期货的推出提供了有力借鉴。同时我们还可以学习和模仿 LME 交易所稀有金属钼和钴推出的经验，借鉴外国期货市场的管理模式，加快期货市场体制的完善，培养机构投资者，对冲性期货基金，引导生产型、贸易型企业和金融机构入市，规范我国期货市场为稀土期货的推出铺平道路。

美国一位经济学家说："掌握了石油价格就掌控了国家，掌握了粮食价格就控制了人类，掌握了货币价格就控制了世界"，那么还可以加一句，"掌握了稀土价格就控制了未来"！我国正处于经济大国崛起的有利时机，新形势、新潮流下，对于国际定价中心地位的客观要求十分迫切。从已有的品种来看，我国大豆、沪铜、燃油等大宗商品对于世界的影响力，已经从"影响因素"逐渐转化为"定价力量"。我们有实力也有信心期待稀土期货的推出，而且要建立世界性资源的定价中心不妨就从稀土开始。

参考文献：

[1] 李想. 加大国家稀土储备力度 [N]. 中国有色金属报，2009-2-19.

[2] 佚名. 稀土行业准入条件发布 将有两成落后产能被淘汰 [J]. 中国粉体工业，2010 (4).

[3] 李艺，汪寿阳. 大宗商品国际定价权研究 [M]. 北京：科学出版社，2007.

[4] 梁晓娟. 国际竞争环境下的资产定价权问题分析 [J]. 中州学刊，2008 (5).

[5] 周婧. 争夺稀土定价权问题探讨 [J]. 新西部，2009 (2).

国际贸易与财金保险

贸易强国建设亟待财政政策适时而行

张　丽[①]

一、贸易强国的内涵

笔者认为，具体而言，作为贸易强国，应该具备10个基本特征。首先，宏观层面包含：①具备贸易资源优势，即拥有充裕的贸易资产，比如人口、土地、自然资源、知识、基础设施等。②贸易规模较大，具备较高的国际市场影响力。③贸易结构合理，服务贸易比重适中，出口商品结构以高附加值产品为主，进口商品结构以资源性、低附加值产品为主。④贸易对经济具有长期且稳定的贡献率。⑤在国际分工中应处于比较高的地位，能够分享更多的贸易利益。⑥在国际贸易规则制定中，有比较大的影响力。其次，微观层面（从企业来看）包含：⑦具有较多的自主知识产权和自主品牌的产品，拥有较多的跨国公司。⑧出口企业具有较高的国际市场竞争能力、较高的企业管理水平、较高的参与国际合作的能力、较强的抵御国际市场风险的能力。最后，经济增长方式（含外贸增长方式）层面包含：⑨外贸增长方式以质量、效益增长型为主，人均经济指标达到较高水平。⑩具备充分的贸易增长潜力，能保证贸易的持续稳定增长。

① 张丽（1987~），女，山东济宁人，北京工商大学经济学院财政学专业2010级硕士研究生。研究方向：财政学理论。邮箱：zl_btbu@126.com。

二、贸易强国的标准

根据对贸易强国内涵的理解，现时期我国贸易强国的标准如下：

1. 从目的看，对外贸易获得最大经济福利

对外贸易的目的是获得比较利益。长期以来，各种国际贸易理论都想说明为什么会有对外贸易存在以及一国发展对外贸易的重要性，共同的结论是一国通过对外贸易可以获取更多利益。无论是亚当·斯密提出的动态生产率理论和剩余产品出口模型，还是李嘉图创立的比较成本理论对贸易静态利益的论证，或是刘易斯提出的二元经济模型等，都试图从目的上说明这一问题。当贸易条件有利时，在对外贸易过程中，耗费的资源少，买价高，效益好，其创造的经济福利就大，贸易强大；反之，耗费的资源多，买价低，效益差，经济福利就小，贸易弱小。

2. 从作用看，对外贸易对经济贡献保持强势影响

对外贸易强大与否是与经济发达与否相联系的。没有经济的发达，不可能有对外贸易的强大，但对外贸易对经济的发展是有着极其重要的影响作用的。关于这一点，澳大利亚国际经济学家马克斯·科登就提出了对外贸易对经济增长率影响的理论。他从收入效应、资本积累效应、替代效应、收入分配效应、要素加权效应等方面论证了贸易对经济的影响。他的理论的主要特点是，将对外贸易与宏观经济变量联系起来进行分析，并且特别强调对外贸易对生产要素供给量的影响和对劳动生产率的作用。科登的理论对我们有一定的借鉴作用，除了要吸收他已有的判断标准外，还应该从多层次多方面来判断，如从资源消耗、环境保护、就业等方面来看，判断对外贸易对经济是否有正面的强势的积极影响，而不能简单地用对外贸易依存度来衡量对外贸易对经济的贡献。

3. 从主体看，外贸企业具有较强的国际市场竞争能力

外贸企业是对外贸易的主体，国际市场中的主角。对外贸易强弱与否，是看主角的国际市场竞争能力如何。外贸企业国际市场竞争力是外贸企业持续地用较低的成本销售更多、更好的商品。它是外贸企业的综合能力，既包括企业的管理水平，也涵盖企业参与国际合作的能力、抗御国际市场风险的能力等。而由本国企业掌握、控制的跨国公司是这种能力的集中体现。当今世界贸易强国中，无论是美、德、日，还是英、法等国，跨国公司在其外贸中都占有重要地位。大量的研究证明，与一般国内企业相比，跨国公司具有

更高的贸易倾向。跨国公司的销售额不断增长，势必促进国际贸易的增长，提高出口产品的自主知识产权的核心技术，扩大自主出口品牌和营销网络，由此推动了本国在世界贸易中的强势地位。

4. 从管理看，政府具有对对外贸易积极的宏观调控能力

政府是对外贸易的管理者、导演。对外贸易强弱与否，还要看政府对对外贸易有无积极的、强有力的、灵活的、符合国际通行规则的宏观调控能力。政府对对外贸易宏观调控能力是一种新型政府行为，是政府根据国际市场情况对对外贸易进行的调节和控制，为稳定市场经济秩序而做出的具体制度设计和制度安排，这种制度设计和制度安排体现为一套具有权威性的法律规范和稳定性强的政策手段。政府确定对外贸易发展战略、制定对外贸易政策与措施、调整与各贸易伙伴的关系，最大限度地维护本国贸易利益。这套机制是合法的、科学的，是一种公权力运用，是有制约的；这套机制也是灵活的，适应能力很强；同时，这套机制也是符合国际通行规则的。

5. 从协调看，有一套健全的强有力的对外贸易服务保障系统

对外贸易活动不是一个孤立的经济活动，不仅需要企业自身的努力和政府的有效管理，还需要有一系列的服务保障系统与之相配套，才能取得最大的经济福利，为经济做出重要贡献，如金融、保险、运输、贸易促进、行业协会等对对外贸易的服务和保障。没有强大的服务保障系统支撑，就如木桶中的短板，同样不能发挥整体效应，盛不了整桶水。判断对外贸易服务保障系统健全与否，有一些共性的东西，就是这些方面都是为对外贸易服务，促进对外贸易发展。贸易强国的这种服务是有力的、健全的，既是符合市场规律的，又是政府所不能替代的，更是外贸企业本身所不能的，同时服务采取的手段应该是符合国际通行规则的。其效果应该是及时的、一贯的、高效的、积极的。

三、中国与贸易强国的差距

中国虽已成为一个名副其实的货物贸易大国，但从整体上看，中国对外贸易增长还是粗放型的增长方式，这种粗放型的增长仅仅体现为数量的扩张、规模的扩张、速度的扩张。中国与以美国、德国和日本为典型代表的世界贸易强国相比，差距非常明显，具体体现在以下几个方面：

第一，中国现阶段缺乏真正具有较强国际竞争力的跨国公司，缺乏世界级品牌，大部分企业竞争力较弱，企业自主创新能力不强，核心技术主要依

赖进口，出口的产品缺乏核心竞争优势、附加值不高。

第二，贸易结构不合理，服务贸易所占比重与贸易强国的指标相去甚远，贸易结构有待优化。

第三，中国出口贸易中具有较高附加值、高技术含量的产品出口中的相当部分被跨国公司在华投资的外资企业或者合资企业所控制，外资企业对中国的进出口有着重要影响。外资企业充分利用中国的廉价劳动力和低税负、低地价等各种优惠政策，从发达国家进口高技术含量的零部件在中国加工为成品或半成品后再出口到欧美等国家市场销售，获得设计、研发、渠道销售等多重环节的高额利润。

第四，国内出口企业盈利能力不强，我国很多出口企业的利润非常低，很多中小型外贸企业只有通过依靠国家的出口退税政策才能获得微薄的利润、勉强维持企业的运转。此外，近年来人民币的持续升值和生产成本的增加，吞噬了国内许多中小型出口企业的大部分利润，很多出口企业的可持续发展面临严峻挑战。

四、实现贸易强国的财政政策

（一）财政政策的内涵

财政政策由国家制定，代表统治阶级的意志和利益，具有鲜明的阶级性，并受一定的社会生产力发展水平和相应的经济关系制约。财政政策是国家整个经济政策的组成部分，同其他经济政策有着密切的联系。财政政策的制定和执行，要有金融政策、产业政策、收入分配政策等其他经济政策的协调配合。财政政策是指国家根据一定时期政治、经济、社会发展的任务而规定的财政工作的指导原则，通过财政支出与税收政策来调节总需求。

（二）财政政策改革和调整的基本取向

当前，涉外财税缺乏支持外贸发展的中长期目标，前瞻性、战略性不足，背后深层原因是对外贸在整个公共财政体系中的地位认识不足，重大财税体制改革中缺乏对外贸因素的关注与考虑。具体来说，涉外财税政策存在以下问题：支持外贸发展的财政资金来源面临枯竭；出口退税政策变化频繁，稳定性与连续性不够；全国性财政支持贸易发展的导向性不明确等问题。根据与贸易有关的财税政策具体特点及后危机时代对外贸易中长期发展的需要，涉外财税政策改革与调整的原则与取向如下：

（1）明确与贸易有关的财税政策属于贸易政策范围。与贸易有关的财税政策既与贸易政策相关，又与财税政策相关，但其政策实质是通过财政和税收政策促进对外贸易的发展，因此，贸易政策属性是其主要方面，本质上属于贸易政策范围。为此，与贸易有关的财税政策调整应充分征求贸易主管部门意见，或由贸易主管部门牵头、协调进行相关政策调整与改革。

（2）与贸易有关的财税政策应维持相对稳定性与独立性。在与贸易有关的财政政策方面，最为紧迫的任务是要解决支持外贸发展的财政资金来源面临枯竭的问题。在出口退税政策方面，政策目标是以“零税率”维持税收公平，其承担的其他宏观调控任务就应当相对弱化，在服务于国家发展战略大方向的同时，要保持与贸易有关的财税政策的相对独立性，以便为进出口企业营造稳定而可预见的政策环境。

（3）明确的财政支持外贸的导向手册或指标体系。研究制定财政支持外贸发展的政策导向手册，包括财政支持外贸发展的具体方向，评估财政支持外贸发展的效果评价指标体系，这将十分有利于我国与贸易有关的财税政策的进一步发展和完善。

（4）与贸易有关的财税政策应坚持世界贸易组织的公共支持原则。国家支持外贸发展的政策应避免对出口的直接补贴，而是从搭建公共服务平台，对企业的生产、研发与营销等进行普遍的支持，而不是特定企业的支持。

（三）具体政策建议

（1）各国出口贸易的财政支持都建立在完善的法律基础上。其中，尤以美国最为突出。在世界贸易和投资自由化的浪潮下，这些自由贸易的“先行者”通过国内包罗万象的法律体系，将出口贸易的促进措施立于法律中，使之与世贸规则一致。

（2）很少采用直接的财政性补贴，间接补贴成为主流。为减少贸易冲突，推进自由贸易，各国已经很少对出口贸易采取直接的财政补贴，取而代之以间接手段。在直接的财政补贴上，仅限于还没有解决的农业等有限的几个领域。

（3）加大财政支持力度，形成持续发展局势。①通过有利的资金支持，确保市场占有率较高、效益较好、信誉度高的外贸公司的资金需求。为企业在生产投入中的核心竞争力的创造提供服务，并建立风险控制机制，有效地应对对外贸易发展的全球经济风险等。②通过财政的信息网公开，支持企业对市场信息的需求，并建立海外企业发展的大量市场信息。③做好财政贴息支持对外贸易的工作。遵循国家支持对外贸易发展的有关政策和措施，制定并实施有关的贴息政策，透明公开，有利于实现政策的引导作用。

（4）在政府的职能定位上，更为重视服务功能。间接的财政性支持中，有相当一部分被用于相关机构的建立和信息等服务的提供。另外，还通过各种基金项目，支持有关的出口贸易活动。

（5）在财政性促进出口贸易发展上，由多个机构协调管理，涉及的部门广泛，国内的相关机构有保证。

（6）创造良好的服务环境，开展示范基地建设。①通过财政支持对外贸易的服务优化，公开透明的财务信息，转变了以往政府直接干预行为，而形成服务企业的行为，建立公平竞争的环境，实现资源有效配置和企业价值的创造。②通过创办示范基地来有效地实现引进外资、引进智力。示范基地的建立也需要在有效的评估后展开，不要盲目兴办，同时也要结合当地的发展特点，实行差异化的示范基地，全面带动区域经济的发展，通过典型示范作用，来实现对外贸易的发展。

因此，总体来说，在中国迈向新型的贸易强国之路的过程中，我们应知道我们现在与贸易强国间的差距，积极发展中国对外贸易。同时我国政府应适当运用相应的财政措施，加快促进我国由贸易大国向贸易强国的转变。

参考文献：

［1］杨圣明. 十二五规划与贸易强国战略［J］. 时代经贸，2011（2）.
［2］张燕生. 国际经济形势特点与中国外向型模式转变［J］. 国际贸易，2010（8）.
［3］杨丽春. 浅议全球经济危机条件下我国宏观经济政策的运用［J］. 商情，2009（1）.
［4］魏浩，马野青. 我国与世界贸易强国的差距及对策［J］. 经济纵横，2005（2）.
［5］吴仁波. 中国如何能圆贸易强国之梦［J］. 江苏商论，2006（5）.
［6］姚丽芳. 转变贸易增长方式成就贸易强国［J］. 中国经贸导刊，2010（6）.
［7］汪毅夫. 贸易大国走向贸易强国的政策选择［J］. 中国对外贸易，2005（4）.
［8］余芳东，寇建明. 我国与世界贸易强国差距有多大［J］. 中国国情国力，2001（6）.

人民币升值对贸易出口型企业的影响及对策

陈　薇[①]　李　丽[②]

一、我国现行的人民币汇率制度及人民币升值

2005年7月21日，中国人民银行宣布了人民币汇率制度改革，我国开始实行以市场供求为基础、参考一篮子货币进行调节、有管理的浮动汇率制度。与此同时，人民币日对美元升值2%，银行间一篮子货币对人民币的每日收市价，作为翌日买卖中间价，上下波幅0.3%。人民币汇率制度迎来了一个崭新的世界。人民币放弃单一盯住美元的汇率制度，转向以市场供求为基础、参考一篮子货币进行调节、有管理的浮动汇率制度，迈出了人民币汇率制度改革的一大步。本着主动性、可控性和渐进性原则，到今天为止，人民币日对美元汇率总体上处于升值状态，而收市价上下波幅也放宽至0.5%。

图1为2010年10月至2012年3月人民币对美元的走势，从中可以看出，人民币汇率中间价以波动形态走低，至2012年呈现小幅回升，这不排除由于美国即将大选而带来的政治因素使得人民币有时间缓冲升值带来的压力。

---

① 陈薇（1992~），女，湖南常德人，北京工商大学经济学院金融105班学生。研究方向：金融学、国际贸易。邮箱：chenwei_forever@hotmail.com。

② 李丽（1970~），女，河南南阳人，北京工商大学经济学院副教授、硕士生导师。研究方向：流通经济、产业经济。邮箱：lilillr6671369@sina.com。

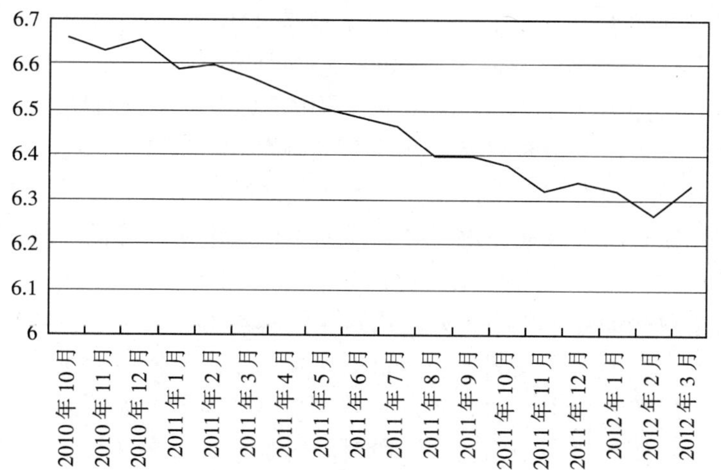

图1　人民币汇率中间价对美元（2010年10月14日至2012年3月14日）

数据来源：中国人民银行网站。

二、人民币汇率变动对贸易出口型企业的影响

首先我们来看看我国近两年的贸易出口总额，见图2：

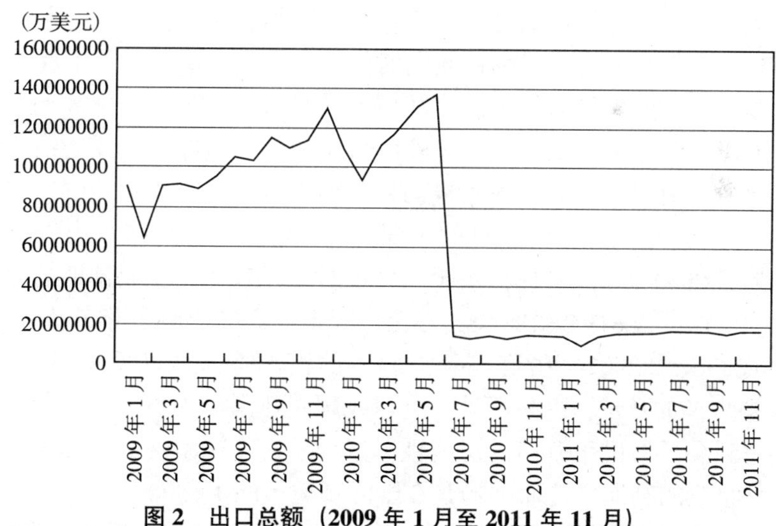

图2　出口总额（2009年1月至2011年11月）

数据来源：中国经济社会发展统计数据库。

由图2可知，在2009年初至2010年中，我国贸易出口总额大体上是围绕一定数额上下波动，但自2010年8月开始，出口总额急剧下降，此后便

一直维持在低水平上。一个直接的数据就是2010年我国出口贸易直接损失为582.41亿美元。当然我们出口额的走低并不能说完全是因为人民币升值，但是我们不可否认，人民币升值在一定程度上影响到了出口额。

首先，人民币升值会对贸易出口型企业的出口量产生明显的不利影响。我们都知道，我国的贸易出口型企业生产的产品是以加工型产品为主。廉价的劳动力和原材料等因素使得此类产品的生产成本明显降低，从而也就决定了低廉的价格。因此不难想象，价格低廉是我国出口贸易的一个显著优势。在人民币汇率变动的过程中，人民币对美元基本上是处于升值状态，虽然间或会有所反弹，但由于我国的经济目前还是处于高速发展阶段，国际贸易顺差和外债（以美元为主）的持有量一直居高不下等多方面原因，人民币对美元升值这个总体趋势在相当长的一段时间内是不会有多大改变的。由此，价格优势在这样的大环境下已经不再具有那么明显的优势，这样势必会对贸易出口型企业产生致命的打击。尤其值得注意的是，如今印度、泰国等发展中国家的贸易出口也在很大程度上冲击着我国的贸易出口。作为理性的消费者，国外采购机构或个人必然会选择对自己更加有利的一方。人民币浮动汇率制度下，人民币的升值不仅使得出口型企业失去一部分国际客户，而且面临大量其他国家廉价产品的竞争，也就是说，我国的对外贸易企业正面临着人民币汇率变动的风险以及由此而带来的竞争对手的威胁。

其次，人民币升值对贸易出口型企业产生结算风险。由于种种原因，出口型企业进行货物出售和货款接收的时间往往出现分离，这样，在人民币汇率浮动体系下，由于货款交付的时间不一致，未预料到的汇率波动会导致汇率差的出现，由此带来汇率结算风险的可能。例如，在以美元为结算货币的出口交易中，中国企业向美国出售某种产品，签订的合同中美国所需支付的款项为30万美元。若合同签订的时间为2008年6月19日，合同约定的付款时间为2009年6月19日，按照人民币对美元汇率，企业预期的净收益为人民币30万元×7.6195=228.585万元。而企业实际收到的货款为人民币30万元×6.8338=205.014万元。由此发生的汇率净损失为人民币228.585－205.014=23.571万元。由此可见，这对我国企业是极为不公平但又不可避免的。考虑到今后人民币升值的可能性，这样的汇率风险便很大程度上影响我国出口型企业的利润，进而削弱其在国际环境下的生存能力。

再次，人民币升值会使贸易出口型企业面临融资市场风险。我们知道，我国贸易出口型企业的资金有相当大的一部分来源于银行。在我国以银行为主导的金融体系下，此类企业对利率敏感性弱，而对汇率敏感性强。当人民币升值时，由于企业资金大部分来源于银行贷款，因此，银行对企业的贷款不会随着利率的上升而大幅度波动，这意味着人民币的升值不会使得企业对银行的负债有所减少；但是企业的利润却会随着汇率的波动而波动，这种波动的不确定性增大了利润的不确定性，一旦人民币升值，企业的利润则会产生汇率差损失，相应地，扣除企业对银行的负债，企业的收益会明显受到损失。

最后，人民币升值会对贸易出口型企业进行各种会计核算时产生干扰。贸易出口型企业在进行会计核算时，除了必须用人民币来表示其价值外，还可以同时选择其他货币进行核算。当企业进行汇总会计核算时，以人民币计价的本企业的各项资产、负债和所有者权益等会计项目可能会由于人民币升值而使账面价值高于实际价值，从而使得决策者作出不准确甚至是错误的判断。其一，对于企业内部决策者而言，若此时根据企业利润表的账面价值分析出企业的盈利能力已经达到了与之对应的规模，继续扩大生产规模不会给企业带来边际利润的上升，这样决策者便会决定不再增加生产规模。而实际上账面价值因为人民币升值而被高估，这样，企业实际上还没有达到那个最高盈利能力，也就是说，实际上企业的边际盈利能力没有达到最大，此时企业决策者便出现了决策性失误，放弃了那份盈利空间。其二，对于外部投资者或是债权人而言，若此时企业实际上并没有处于一个良好经营的状态，但根据企业会计报表上被高估的账面价值，这种状态是很难反映出来的。投资者或是债权人会仍旧对该企业抱有十足的信心，进而作出加大投资或是贷款力度的决定，很显然，这样的决定对他们自身是不利的，一个可能的结果就是投资失败，借出去的资金无法收回。

三、外贸出口型企业该如何应对人民币升值带来的风险

人民币升值对外贸出口型企业的影响远不止以上几点，企业如何应对人民币升值带来的风险，抓住人民币汇率变动所带来的机会，成功地在这样严峻的形势下生存并不断发展，是每个外贸出口型企业应该关注的。前面已经提到，2012 年美国将进行大选，这正好为我国外贸出口企业提供了制定相应的措施来应对汇率风险的缓冲时机。我认为，企业应该积极从各个方面寻求自身的优势，在人民币升值的国际大环境下采取有效的措施与方法，规避风险，变风险为机遇，从而提高自己的竞争力，不被社会淘汰，而是以更加健康向上的姿态生存并发展下去。

要想成功地生存下去，最重要的一点便是保证企业净利润的持续和增

长。为了做到这一点，外贸出口型企业可以从两大方面入手：规避人民币升值带来的风险，做到风险最小化；充分利用人民币汇率浮动体系的特点，抓住创造机会，为企业创造收益。

降低人民币升值带来的风险，使风险最小化，企业可以从以下几个方面着手：

（一）生产成本最小化

显然，想要使企业的净收益增多，一个有效的解决方案就是想办法使企业生产成本最小化。由于人民币升值，人民币购买力相应提升。企业可以经过可行性分析后，利用人民币升值的优势，从国外其他国家进口相对廉价的原材料、半成品或者其他与产品制造有关的物资。由此，产品的成本得到一定程度的下降，从而提高企业产品在价格上的优势。

（二）建立并加强以为客户服务为中心的理念

在人民币升值的国际大环境下，其他国家的出口成为我国贸易出口型企业强有力的竞争对手。在这样的情况下，海外客户会由于价格差异轻易放弃和我国出口型企业的合作，而去选择对自己更加有利的合作者。面对这样的挑战，建立并加强以为客户服务为中心的理念就显得尤为重要。所谓为客户服务理念就是从客户的角度出发，多角度关注客户可能关注的问题，加强与客户的交流和沟通，更加清晰地了解客户的偏好和需求，从而制定出相应的方案，去促使客户放弃与其他企业的合作而加强与本企业的合作。利用人民币升值的优势，加强客户对本企业的信心，让客户体会到更加完美的服务。坚持这样的理念和做法，有利于企业和客户建立长期的稳定的合作关系，从而使企业拥有一定数额的稳定的收入来源，而不会发生由于人民币升值导致客户严重流失的现象，进而危及企业的生存。

（三）提高产品质量，打造品牌效应

我国贸易出口型企业出口的产品是以制造品为主，打造自身产品的品牌效应会对国外采购者产生不小影响。成功打造出了产品的品牌效应，在与其他同类产品竞争时会拥有明显的竞争优势。面对同类产品的选择，决策者除了考虑成本因素外，品牌也是其考虑的重要因素之一。一个有着良好品牌口碑的产品往往会更加受采购者的青睐。当然，打造品牌效应并不是盲目地只注重品牌而忽视其质量，从某种程度上来说，质量才是决定品牌的决定性因素。国外采购者首先被企业产品的品牌所吸引，通过自己的研究考察，决定

与企业合作。交易成功后，产品在使用过程中的高质量无疑会让采购者对此企业的信任感增加，从而在以后的采购中会更加倾向于与该企业合作。如此一来，企业便赢得了更多的客户。

（四）创新的应用

创新永远都是一个企业最有力的推动力，是企业生命力的重要组成部分，企业的创新能力是企业不断向前发展的原动力。这点在我国贸易出口型企业表现得尤为重要，企业的创新会使得企业获取更多的盈利空间。因此，在人民币升值的压力下，出口型企业若能做到大力创新，增强企业各方面的实力，才能让企业屹立于不倒之地。首先，企业可以根据自身产品的特点，制定出可行性计划，改进产品的适用性、实用性等性能，做到产品创新，这样，企业的产品会在其他同类产品中更具竞争力。然后，企业可以进行生产技术上的创新。通过生产技术创新，降低产品的生产成本，提高生产效率。其次，企业可以在产品品种上进行一定程度的创新。我们都知道，我国出口型产品到目前为止仍旧是以加工制造品为主，而现在与我国进行竞争的其他国家的产品也是以此类产品为主。因此，我国出口型企业可以通过创新产品品种，适当地生产一些高科技高水平的产品，从而不用必须去挤“独木桥”。不管是产品创新还是技术创新，都必须要由相应的创新人才来执行。所以，人才创新是企业创新的核心。企业要善于发现培养创新型人才，建立一定的机制进行优胜劣汰，在企业内部营造出学习型创新型企业氛围，这样，以上有关产品的创新才会有保障，从而增强企业的竞争能力和生存能力。实际上，由于人民币地位的提升，我国也在尝试用人民币进行结算，但是遗憾的是，这样始终行不通，正如某些专家表示，“目前不少企业仍以加工为主，利润微薄，缺乏竞争力。在这种情况下，当然难以说服外商用人民币结算。因此，企业必须加强创新和自主研发”。

以上都是企业如何通过风险最小化来实行生产利润最大化的方法，除此之外，企业可以通过发挥其主观能动性，利用人民币浮动汇率制度带来的各种机遇，使企业收益增加。人民币浮动汇率制度促进了金融衍生工具市场的发展，金融衍生工具市场不断产生新的衍生工具品种去对抗由于人民币汇率浮动带来的汇率风险，这也就相应地拓展了企业的投资渠道。我们知道，金融衍生工具市场的参与者主要有四类：套期保值者、投机者、套利者和经纪人。企业可以有选择地以不同的身份进入金融衍生工具市场，在理性的投资策略下，通过充分的分析进行投资，从而获得收益。

四、结　论

我国人民币在相当长的一段时间内还是会处于波动性的缓慢升值趋势，我国贸易出口型企业面临着人民币升值带来的各种汇率风险和压力。在这样的情况下，企业应该通过各种渠道来发掘自己的潜力，发现并利用客观机会，充分发挥主观能动性，以积极的态度来应对压力与挑战，变风险为机遇，使得企业在大冲击下保持良好的营业状态，在同类出口型企业中生存下来，这样才会让我国出口贸易保持持久的生命力。

参考文献：

[1] 谷克鉴，余剑. 汇率变化与中国产业结构调整研究［M］. 北京：中国人民大学出版社，2008.

[2] 何帆，徐奇渊. 人民币汇率改革的经济学分析［M］. 上海：上海财经大学出版社，2008.

[3] 王健，马小芳. 企业如何应对浮动汇率［M］. 北京：中国经济出版社，2005.

[4] 余维彬. 人民币制度改革：回归有管理的浮动［DB/OL］. http：//ifb.cass.cn/show_news.asp？id=4788，2005-8-20/2012-3-11.

[5] 徐春立. 企业资本结构战略规划［M］. 北京：中国时代经济出版社，2010.

[6] 马瑞清，［澳］Andy. M，Janice. M. 企业融资与投资［M］. 北京：中国金融出版社，2011.

[7]［美］Kevin.K，Mary.M. Going the Distance：Why Some Companies Dominate and Other Fail［M］. 王毅译. 北京：高等教育出版社，2004.

[8]［美］亚德里安·斯莱沃斯基，大卫·莫里森，劳伦斯·艾伯茨等. 发现利润区［M］. 北京：中信出版社，2007.

[9] 张春莉. 我国去年出口贸易直接损失 582.41 亿美元［N］. 人民政协报，2011-09-06.

[10] 李子俊. 外商不愿承担汇率风险出口贸易难用人民币结算［N］. 南京日报，2011-04-07.

[11] 林诗博，王如渊. 我国出口贸易的增长性分析［J］. 黑龙江对外经贸，2011（2）.

人民币升值对我国出口企业的影响分析[①]

吴　超[②]　刘安娜[③]　夏　天[④]　侯海英[⑤]

自 2005 年汇率改革以来，人民币对美元汇率升值 25%左右。虽然中国的出口近年来依然保持增长，但是在外部需求下降、原材料价格上涨、西方国家逼迫人民币进一步升值等各种因素叠加影响下，中国的出口开始下滑。外贸行业普遍认为汇率是影响企业利润和生存的重要因素，伴随着企业承受汇率变化能力的不断下降，出口企业呼吁人民币汇率保持稳定。

一、人民币汇改以来中国主要出口行业的出口概况

（一）劳动密集型产业——以纺织产业为例

纺织产业作为劳动密集型产业的典型代表，是我国重要的产业部门。在历史上，纺织业曾处于“出口火车头”的贸易地位，对我国经济和贸易发展做出了重要贡献。

---

① 基金项目：2011 年度北京工商大学本科生科学研究计划项目“人民币升值下中国出口行业比较优势变动分析”，受到“北京市大学生科学研究与创业行动计划建设项目”（项目号：19005114009）资助。

② 吴超（1990~），男，北京人，北京工商大学经济学院国贸 082 班学生。研究方向：国际经济与贸易。邮箱：843028480@qq.com。

③ 刘安娜（1989~），女，北京人，北京工商大学经济学院国贸 082 班学生。研究方向：国际经济与贸易。邮箱：annaliu8991@gmail.com。

④ 夏天（1989~），男，北京人，北京工商大学经济学院国贸 082 班学生。研究方向：国际经济与贸易。邮箱：xiatian1025@hotmail.com。

⑤ 侯海英（1973~），女，辽宁大连人，北京工商大学经济学院副教授。研究方向：国际经济学、国际贸易学。邮箱：haiying_hou@hotmail.com。

1994 年至今，我国一直是世界最大纺织品生产国和出口国之一。2001 年我国加入世界贸易组织，纺织品出口从 2001 年的 534.4 亿美元猛增到 2006 年约 1440 亿美元，5 年中，出口增长了近 3 倍。① 但我国纺织品的出口从 2007 年开始其增长幅度越来越慢、出口额越来越小直至 2009 年出现负增长。② 所幸 2010 年国际市场需求不断回暖，带动纺织品全年出口有所上升。但中国纺织品进出口商会的数据显示，2011 年下半年我国纺织品服装出口增速持续走低，11 月纺织品服装出口增幅降至个位数。

表 1　2012 年 1 月我国纺织品进出口市场统计

单位：万美元

国　别	进出口总额	同比%	出口总额	同比%
全球	870578.3	−10.91	767660.3	−6.87
亚洲	458714.7	−20.14	369337.1	−16.09
东盟	108852.9	−15.19	99267.7	−14.69
中东	78472.5	8.59	78171.3	9.31
非洲	79534.0	4.89	79409.5	4.93
欧洲	148201.0	1.37	139735.5	3.94
欧盟	105430.1	−4.70	97462.7	−2.04
拉丁美洲	71189.4	−0.25	70938.2	−0.06
北美洲	99187.8	2.24	94641.7	4.15

数据来源：中国纺织品进出口商会网站。

如表 1 所示，2012 年 1 月我国纺织品进出口在欧盟市场的占有率同比下降 4.70%，在欧盟市场的出口比重下降 2.04%。同期，我国纺织品进出口在亚洲市场同比下降 20.14%，在拉丁美洲市场同比下降 0.25%。此外，中国商务部副部长钟山透露，我国出口的纺织服装等产品在美国的市场占有率也从 2011 年第三季度起下降了 1.3%。在人民币汇改的背景下，我国纺织品出口在上述国家和地区增速趋缓，市场呈持续萎缩趋势。

（二）技术密集型产业——以机电产业为例

机电产品以其附加值高、竞争性强、规模效益显著、标准通用性强、零部件便于分工生产等特点，在国际合作和世界贸易中占有举足轻重的地位。机电产品属于资本和技术密集型产品。自汇率改革至今，我国实现了以纺织服装为主向机电产品出口为主的关键转变。

① 根据中国统计年鉴数据库发布的数据整理所得。
② 根据中华人民共和国海关总署发布的 2010 年统计数据整理所得。

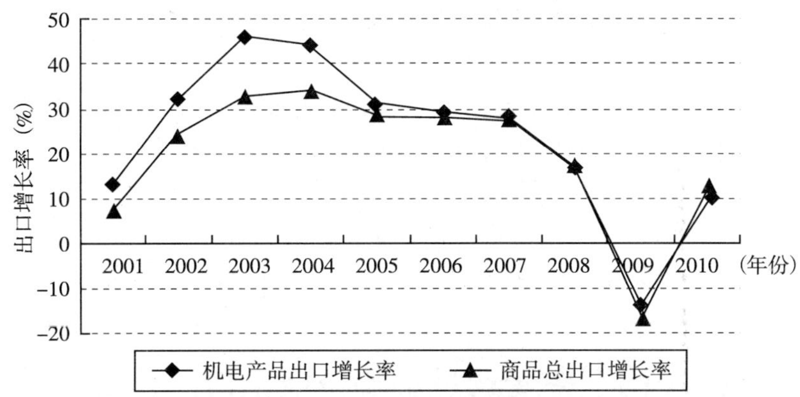

图 1　2001~2010 年上半年我国机电产品出口增长率

数据来源：商务部机电和科技产业司。

从图 1 中的机电产品出口增长率来看，2001~2003 年我国机电产品年均增长速度约为 30.3%，商品总出口年均增长速度为 20.6%，机电产品出口年均增长速度约为同期对外贸易年均增长速度的 2 倍；但从 2003 年起，机电产品的出口增长率一直持续降低。2009 年更是出现了约为 13%的负增长。机电产品国际贸易的发展速度受到制约，并在一定程度上影响着机电产品贸易的商品结构和地理方向。

近年来我国机电出口产品结构在不断优化，但仍十分缺乏有后劲的支柱机电产品。与发达国家的出口强项相比，我国出口产品的技术含量和附加值不高，高新技术设备和质量好、可靠性高的设备多数仍需从海外进口。贸易方式以加工贸易为主要方式，一般贸易方式次之，能安排就业，但经济拉动效应较小。总体而言，中国的机电生产处于国际生产体系的下游，多为相对简单的加工阶段，所产生的增加值主要来自劳动力的支出，产品技术含量的增加值不高，导致中国机电产出口价格难以快速增长。

（三）高新技术产业

表 2　我国高新技术产品出口概况

单位：万美元

年　份	2005	2006	2007	2008	2009	2010
出口总额	21824375	28142534	34782546	41561105	37690915	49241392

数据来源：中华人民共和国国家统计局网站。

近几年，我国高新技术产品异军突起，在进出口贸易中持续呈现良好的发展势头。如表 2 所示，2005 年，高新技术产品出口总额突破 2000 亿美元，2006 年其出口额突破 2800 亿美元，2008 年已经超过 4100 亿美元，到 2010 年近 5000 亿美元，年增长速度高达 30%，高新技术产业成为我国最有朝气的产业。汇率改革以来，高新技术产品的进出口量已经超过纺织品，仅次于机电产品，居我国第二位。高新产品的进口量和出口量每年都是高速增长，一方面反映了我国人民日益增长的物质需要，另一方面反映出我国产业结构的调整和变化，尤其在 2004 年高新技术产品全年进出口首次实现顺差。

二、人民币汇率变动是影响企业出口的重要因素

（一）出口企业对人民币汇率变动敏感

2008 年初，由于受到经济危机的影响，中国出口企业的出口情况发生了一些变动，当时影响企业进出口变动的最主要因素为市场需求，但由于人民币汇率自汇改以来至 2008 年初一直处于升值状态，升值幅度接近 18%，出口企业对汇率变动敏感度开始增强。针对这一情况，各地外汇管理局分局分别对出口企业进行了调查。

从各个外汇管理局分局对影响企业出口因素的调查可知，人民币加速升值对企业影响进一步加深。例如，2008 年 1 月国家外汇管理局山东分局调查发现，45.5%的企业认为汇率是影响其出口的第一因素，超过出口退税调整（28.6%）和国际市场需求（14.3%）。若人民币继续加速升值，近七成企业认为负面影响较大，将严重影响企业生产经营（见表 3）。

表 3　影响企业出口的因素

年　份	调查分局	汇率	出口退税	国际市场	原材料价格
2008	山东分局	45.5%	28.6%	14.3%	NA
2008	辽宁分局	六成以上	第三位	第二位	NA
2008	浙江分局	41.7%	8.2%	16.9%	13.2%
2010	青岛分局	18.8%	12.5%	25%	44%

数据来源：国家外汇管理局山东、浙江、辽宁和青岛分局报告。

在人民币升值背景下，2012 年 4 月国家外汇管理局浙江分局调查发现，90%的样本企业将人民币升值列为影响出口的最主要因素，出口退税政策和企业原材料价格变化次之。同期辽宁分局调查，60% 的纯出口企业也认为影响出口变动的最主要因素是汇率的变化，其次为国际市场需求和非关税政策

（如配额、出口退税等）。2012 年 10 月，浙江分局调查，人民币汇率风险逐渐成为企业外贸出口最重要的因素。108 家样本企业中，出口关注人民币汇率波动的达 45 家，占 41.7%；关注出口退税政策调整、原材料价格变化和国际市场需求变化的分别占 8.2%、13.2%和 16.9%。

由于经济危机以及出口企业对人民币升值敏感度的增强，2008 年 7 月至 2010 年 7 月，人民币汇率基本保持稳定。于是出口企业关注的焦点从人民币汇率波动，转移到其他的因素之上。例如，2010 年 6 月，外汇管理局青岛分局再一次对出口企业的调查显示，由于两年间人民币汇率保持稳定，其他因素成为影响企业出口的原因。企业生产经营面临的主要困难，选择大宗商品和原材料价格上涨过快的有 7 家，选择国际订单始终没有恢复到危机前水平的有 4 家，选择招工困难的企业有 3 家，选择融资难和受到贸易保护主义影响的各有 2 家。汇率、出口退税、国际市场、原材料价格这四种因素的占比分别变为 18.8%、12.5%、25%和 44%，汇率因素的影响明显下降。由此可见，出口企业对汇率的变动敏感程度是很强的。

（二）出口企业对人民币升值承受能力分析

对于多数企业来说，人民币进一步升值会影响企业的生存与发展，企业承受人民币进一步升值的能力已经相当有限。以山东为例，2008 年 1 月国家外汇管理局山东分局曾调查人民币加速升值对企业的影响发现分化态势明显。四成多受访企业表示最高可承受汇率水平是 7.40 元以上，近三成企业选择可承受 7.35~7.40 元的汇率水平，另外三成企业可以承受 7.35 元以下的汇率水平。从企业本身经营来看，人民币升值已使企业承受了相当大的压力，企业议价能力有限，未来提价空间不大。有三成多的企业提价空间在 1%以下，有四成多的企业提价空间在 1%~3%，仅有不到三成的企业提价空间在 3%以上。表明大多数企业对汇率升值的可承受能力较小，汇率进一步升值将可能触及企业生存底线。对于人民币升值的承受幅度，66. 7%的样本企业认为只能承受的升值幅度在 3%以内；有 9.5%的样本企业还能承受 5%~10%的升值，没有企业表示能承受 10%以上的升值。而如今的汇率水平已经降至 6.3 元，升值幅度已经超过 10%，在人民币升值背景下，我国大多数出口企业都受到了巨大的影响，特别是中小低端产品出口企业生存已面临严重威胁，在人民币加速升值的压力下，企业亏损加大，相继停产。生产周期较长的行业遭受损失较大。

三、人民币汇率升值对不同企业和行业的差别影响

（一）人民币汇率升值对不同行业的影响差异

首先，纺织品服装行业是中国传统的主要出口行业。浙江省作为全国纺织品、服装出口的主要省份，其纺织、服装行业受人民币汇率变动的影响是比较大的，出口增速逐年减缓，分别从 2005 年的 53.1%、 26.7%下降到 2007 年的 17.2%、 13.2%; 占出口的比重逐年下降，分别从 2005 年的 15%、31.1%下降到 2007 年的 14.3%、 25.5%。全国纺织品的出口额越来越小直至 2009 年出现负增长，为 1670.2425 亿美元，较 2008 年减少了近 200 亿美元出口额。所幸 2010 年国际市场需求不断回暖，带动纺织品全年出口有所上升。但根据中国纺织品进出口商会的数据显示，2011 年下半年我国纺织品服装出口增速持续走低，11 月纺织品服装出口增幅降至个位数。

其次，机电产品所受的影响也比较显著。根据商务部机电和科技产业司统计的数据表示，1995~2003 年我国机电产品年均增长速度约为 24%，商品总出口年均增长速度为 17.42%，机电产品出口年均增长速度约为同期对外贸易年均增长速度的 2 倍；但从 2003 年起，机电产品的出口增长率一直持续降低。2009 年更是出现了约为 13%的负增长。

相反，高新技术企业适应人民币升值的空间相对较大。根据山东外汇管理分局的调查显示，高新技术企业赢得主动，样本企业平均利润率为 7.84%，部分高新技术企业提高产品质量和附加值，加大新产品开发力度，争取到更多的价格主导权。

（二）人民币升值对不同规模企业的影响差异

汇率升值对不同规模企业影响也有显著差异，人民币升值的不利影响主要集中在小企业，缩小企业微薄的盈利空间。2007 年，嘉兴出口额在 1500 万美元以下的中小企业 2378 家，占全市出口企业总数的 93.50%，出口总额 48.30 亿美元，占全市外贸出口总额的 41.30%，出口增速从 2005 年的 54.69%回落到 2008 年上半年的 32.87%，落差达 22 个百分点左右。 相对而言，出口前 50 强企业出口增长总体平稳，升值以来出口增速落差在 3~4 个百分点。人民币升值对企业盈利的影响因行业不同而不同，一般处于 20%~40%，综合成本上升对企业盈利的影响在 50%以上。就单个因素而言，人民

币升值是当前影响企业盈利的最大因素。2008 年 1 月，山东分局调查从企业规模来看，大中型企业资金实力雄厚，产品创新和技术改造能力强，应对人民币升值能力好。中小企业将价格作为唯一的竞争力，其在核心技术方面没有太大的进步，造成企业利润率始终在低位徘徊，企业在订立合同时因为人民币升值而提高价格的要求被拒绝，受人民币升值影响较大。

（三）不同企业承受人民币升值能力的差异

不同企业承受汇率升值的极限不同。从行业上看，钢铁行业承受能力较强，所能承受的升值幅度平均为 7.28%，最高承受度达到 15%。服装行业受到汇率变动影响最为明显，承受能力较弱，所能承受的升值幅度平均为 2.63%，其中 50%的企业承受度为 1%。另外，从企业从事的对外贸易业务类型看，纯出口企业能承受的人民币升值空间较小，有 51%的企业表示能进一步承受的人民币汇率升值幅度为 3%以内，14%的企业能承受的幅度为 3%~5%，还有 6%的企业表示已经无力承受汇率任何幅度的升值。2010 年，青岛分局调查显示由于劳动密集型企业人工成本较高，人民币升值损失只能通过压缩工人工资的方式转嫁，较低的工资又会使大量技术熟练工人流失，导致结构性用工荒进一步加剧。

四、结 论

根据上文的分析可知，对于我国出口行业而言，高质量、高附加值的高新技术产业适应人民币升值的空间较大，可以作为人民币升值后我国出口行业的突破口。优化产业结构，将传统的以劳动密集型产业为主导的出口结构逐渐向以技术密集型产业为主导的出口结构转化，是稳定行业出口，保持出口竞争力，实现经济可持续发展的重要举措之一。

对于出口企业而言，只有进一步加强自身实力，提升自主创新能力，增加产品技术含量，掌握核心竞争力，才能从根本上掌握产品的议价主动权，提高企业对于汇率变动的承受能力。与此同时，一味地依赖国外市场，只单纯经营出口业务，也会使企业陷入极为被动的境地。企业应适当调整经营策略，通过转内销等方式分散经营风险，降低人民币升值对企业造成的损失。

参考文献：

[1] 萨尔瓦多. 国际经济学［M］. 北京：清华大学出版社，2006.

[2] 沙加亚劳尔. 中国对亚洲制成品出口竞争力的影响 [J]. 国际经济合作，2002 (1).

[3] 杜修立，王维国. 中国出口贸易的技术结构及其变迁：1980~2003 [J]. 经济研究，2007 (7).

[4] 樊纲，关志雄，姚枝仲. 国际贸易结构分析：贸易品的技术分布 [J]. 经济研究，2006 (8).

[5] 熊其康. 人民币汇率改革对我国外贸进出口企业影响的研究 [J]. 金融理论与实践，2007 (2).

[6] 胡均民. 人民币汇率变动对中国贸易结构的影响 [J]. 广西民族大学学报，2006 (5).

[7] 沈奕. 人民币升值对我国外贸影响的思考 [J]. 合作经济与科技，2007 (10).

[8] 冯淼. 浅谈人民币汇率变动对我国对外贸易的影响 [J]. 商场现代化，2009 (11).

[9] 黄青. 人民币汇率变动对我国进出口贸易的影响 [J]. 广东财经职业学院报，2008 (5).

日元升值对日本贸易结构的影响及对我国的启示[①]

朱 鹤[②]

1985年，英、法、德、美、日五国在纽约广场饭店签署了著名的《广场协议》，从此日元进入了快速升值通道。到1987年末，日元已经对美元升值了近100%，然而美国对日本却依然保持着大量贸易赤字，日美贸易顺差并未大幅缩小。这一结果与传统的国际贸易理论完全不符，也曾一度让美国的经济学家们迷惑不已。日元在如此短的时间内大幅升值究竟是自身贸易结构所致，还是美国为打压日本而进行的蓄意干涉？是否真的如经济学家们所预料的那样，日元大幅升值对日本的出口企业带来了致命打击？《广场协议》之后，日本贸易结构究竟发生了怎样的变化？

一、日元升值的三个阶段

自1973年布雷顿森林体系瓦解至今，日元对美元汇率的升值过程大致经过了三个阶段：1973~1985年《广场协议》之前的升值准备期，1985~1989年签署《罗浮宫协议》的快速升值期和《罗浮宫协议》至今的相对稳定期。

从1973年布雷顿森林体系瓦解至1985年《广场协议》签订前夕，是日元升值准备期。这一阶段既是世界各国汇率体制由固定汇率制转向浮动汇率制的适应期，又是美元脱离金本位制束缚并逐步替代黄金成为世界货币的过渡期。这一时期处于“冷战”中期，此时的苏联正在强势扩张，并于1979

① 文中有关日本贸易数据均来自日本统计局网站，http：//www.stat.go.jp/index.htm/；日本财务省网站，http：//www.mof.go.jp/english/；日本内阁府网站，http：//www.cao.go.jp/。

② 朱鹤（1989~），男，山东济宁人，北京工商大学经济学院产业经济学专业2011级研究生。研究方向：期货与期权。邮箱：allckgin@163.com。

年入侵阿富汗到达顶峰。相对于扩张中的苏联，美国则处于战略守势阶段，需要借由“强大的美元”来体现“强大的美国”，以与苏联抗衡。另外，1973 年爆发的第一次“石油危机”并未对美元的货币霸主地位产生冲击，反而由于美国石油消费量中有 50%是产自本国，美元因此作为原油出口国货币被货币市场认为会表现坚挺。多方面的因素支撑着强势美元，而坚挺的美元使得日元可以在相当长时期内对美元保持较低的估值，这大大刺激了日本的出口。日本的贸易顺差开始逐年增大，其中对美国的贸易顺差更是增长迅猛。到 1984 年，日本对美国的贸易顺差达到 340 亿美元，占美国当年总贸易顺差的 30%。日益扩大的贸易顺差使得日元面临巨大的升值压力，为今后日元在短期内大幅升值埋下伏笔。

从 1985 年 G5 国签署《广场协议》到 1987 年 G7 国签署《罗浮宫协议》是日元的快速升值期，亦即日元升值的第二阶段。1985 年 9 月 22 日，英、美、法、德、日五国在美国纽约广场饭店签订了著名的《广场协议》，声明为使汇率更准确、更适当地反映各国根本经济情况而展开密切合作，日元开始走上快速升值的道路。在签署《广场协议》之后一个月的时间里，美元兑换日元比率达到 1∶210.63，日元升值近 13%。直到 1986 年 5 月 12 日，美元兑换日元比率突破 1∶160 大关，达到 1∶159.99。次日，时任美国财长詹姆斯·贝克发表声明称美元兑日元的过高比值已经得到充分弥补，日美两股汇率开始趋于稳定。然而，1987 年初，随着美国政府诸多秘密工作暴露和全国上下对发展前景的疑虑，加上 1986 年 11 月公布的贸易赤字达到 192 亿美元水平，美元开始了新一轮的贬值。1987 年 2 月 22 日，G7 国在法国巴黎召开会议，一致同意将汇率稳定在当前阶段，并签署了《罗浮宫协议》。至此，日元的升值趋势从主观上得到扭转，日元“被”升值的过程正式结束。

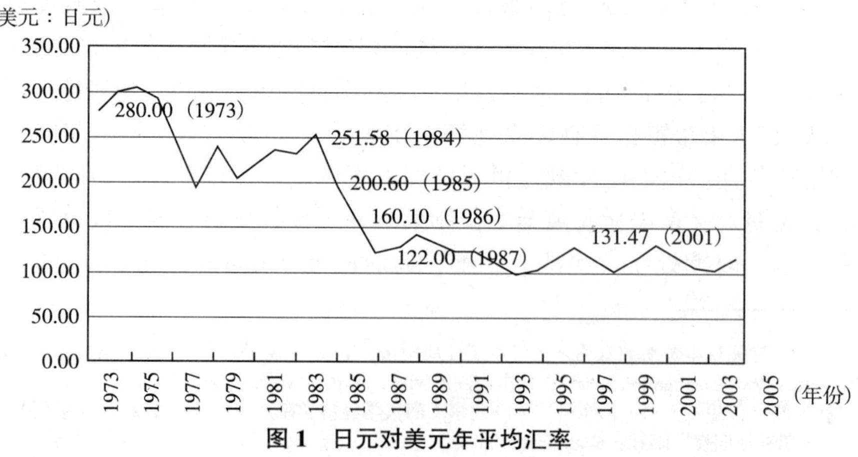

图 1　日元对美元年平均汇率

1987年至今是日元对美元汇率的相对稳定期，即第三阶段。虽然《罗浮宫协议》并未产生预期效果，美元依然保持贬值势头，但贬值的幅度和速度已大大缓和，美、日两国汇率进入了一个相对稳定的时期。虽然在这个时期内，日元亦曾有过升值，但无论从时间上还是幅度上都与前一阶段不可相比。更为关键的是，在此阶段，日元升值背后的政治因素大大削弱，此阶段的日元升值恰是由长期以来日本大量贸易顺差积累所致。因此，此时日元升值是日本对外贸易结构调整过程中的必然效应，政治因素在其中的作用大大弱化。

二、日元升值的原因分析

（一）日益严重的贸易摩擦是促使日元升值的直接原因

日美贸易摩擦由来已久，早在1955年，日美双方就纺织品贸易已经展开了数次谈判。此后，谈判对象领域逐渐扩展到钢铁、电视、汽车、半导体等行业，限制手段也从要求日本限制出口数量逐渐扩大为要求进入日本市场等。但这时的日美贸易摩擦尚有明显的特点，即置身于国际竞争之中的美国制造业，只要一发生就业调整等问题，为了挽救自己或找个替罪羊，就要对增加了对美出口的日本大加指责并采取限制措施。而到了里根总统时期，随着日美贸易不平衡逐渐扩大，摩擦的内容发生了实质性的变化，日美贸易摩擦进入了一个新阶段。

首先，贸易摩擦的对象不仅限于个别品种，而是扩大到了日本整个出口行业。日本流通机构的特殊性、外国人难以理解的行政指导、与欧美不同的制度管理和产业政策等也都成为美国批判的目标。其次，贸易摩擦的对象领域开始扩大到技术尖端产业和以金融业为首的服务业。尤其在尖端制造业方面，美国曾一度在世界范围内占有绝对优势。但从日本进口的半导体等产品大量增加后，美国尖端制造业的竞争力开始削弱。对美国来说，不管在经济上还是军事上，尖端制造业都是左右国家未来的核心产业。因此，为了重新夺取在尖端制造业上的霸主地位，美国要对日本实施一系列必要的政策打击。最后，美国分别于1962年和1974年制定的《贸易扩展法》和《贸易法》中的第301条规定，也即“普通301条款”，使得美国对日本实施贸易制裁有了本国的法律支持。

进入1985年，美国经济的景气出现减缓的预兆，当年春天的国会会议上反日情绪高涨。上下两院几乎全体一致地通过了针对日美关闭市场一事做出报复的决议，几百份贸易法案被提交出来。社会舆论也加大了对日美贸易摩擦的报道力度，新闻报道机关连续刊登有关“日美贸易摩擦”的各种重要新闻，出现了一时的报道热潮。至此，20 世纪 80 年代中期的日美贸易摩擦已不仅局限在日、美两国之间，而是成为决定世界政治经济走向的关键问题。美国一直努力营造的以美国的繁荣联系着他国经济乃至世界经济稳定的想法已经不再适用，各国自己的经济政策必须开始互相协调地向前推进。最终，美国召集其他四国在纽约签订了广场协议，通过对外汇市场进行干预来迫使日元大幅升值，实现打压日本出口的战略目的。

（二）长期积累的贸易顺差是导致日元升值的根本原因

“二战”结束之后，日本于 1965 年开始在对美贸易中出现贸易顺差。进入 80 年代，美国开始实行新经济政策，高歌“小政府”与“市场自由”，信奉“供给经济学”的里根政府推出了大规模的减税政策。各种各样的减税措施刺激了美国国内消费需求，国内需求急剧增大。无法通过短期增加国内供给来满足，需要通过进口弥补国内供给不足。由于美国消费者已经习惯了相对廉价的日本商品，因此逐步扩大了来自日本的进口产品来满足国内的消费需求，日本对美国的贸易顺差迅速上升。到 1984 年，日本对美国的贸易顺差已经高达 330 亿美元，在美国当年 1200 亿美元的贸易赤字中占了近 30%。与此同时，里根政府为了弥补财政赤字而保持国内外较大的利率差，这就促使日本长期资本持续流入美国。此时，来自日本的私人投资者和机构投资者主要通过购买美国国债的方式将资本投向美国，因此在 1985 年美国首次沦为纯债务国时，日本首当其冲地被指为美国沦为纯债务国的“罪魁祸首”。

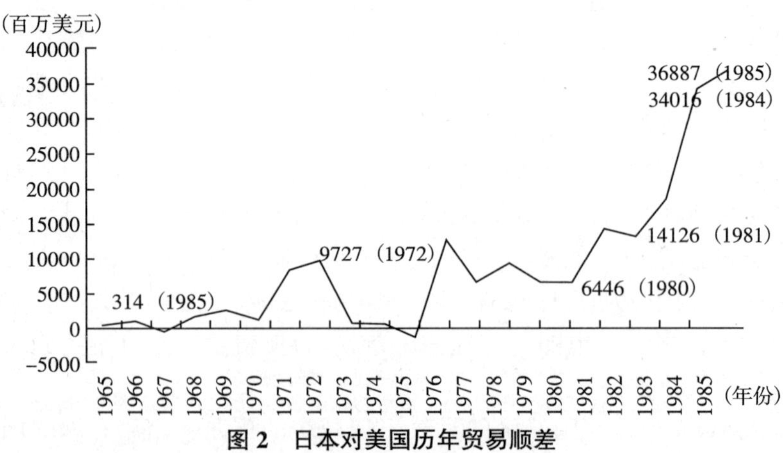

图 2　日本对美国历年贸易顺差

由于日元在经常项目和资本项目上出现的双顺差，使得日元面临空前的升值压力，因此在签署《广场协议》之前，日本甚至曾主动要求日元升值20%。尽管此前日元一直在小幅升值，在某一些时期亦有较快升值，但仍无法满足美国力图改变现状的需要。加之日、美之间的贸易摩擦日益严重，美国凭借其在军事和政治上对日本一直保有的控制力，最终导演了《广场协议》，通过更强硬的政治化手段迫使日元快速升值，以摆脱大量对日贸易赤字对自身经济的困扰。

三、日元升值对日本贸易结构的影响

（一）在外贸方面，内需逐步替代外需促使国际贸易结构升级

1986 年，日本“国际协调型经济结构调整研究会”发布了被称为“前川报告”的文件。该报告指出，1985 年日本的经常项目顺差达到了国民生产总值的 3.6%，需要加快缩小国民经济发展中过度依赖出口的现状。报告同时提出了 7 项建议，其中第一条便是进一步扩大内需。进入 1987 年，日元的升值效应开始显现出来，日本内需急速扩大，进口也以惊人的速度增长。随着日元的逐渐升值，一方面带来出口数量减少、与外需有关的产业收益被压缩；另一方面又因为物价稳定、家庭需求切实增长等因素，内需相关产业的收益状况得到了较大改善。在物价方面，由于日元升值导致的原油、初级产品价格下降，进口物价在 1985 年底下跌 8.7%，消费物价只上升了 1.9%。在公共费用方面，1986 年发布的政府“综合经济政策”中，决定把 9 家电力公司、3 家大煤气公司在日元升值后获得的额外盈利，以降低费用的形式还给消费者。加之股价的持续上涨引起个人金融资产价值上升，由此带来的财富效应刺激了消费上涨。这样一来，价格下降和进口产品种类增多等多方面的因素刺激着内需的增加，以纸和纸浆、滑雪、印刷出版等为代表内需型产业蓬勃发展。

1985~1989 年 5 年内全产业技术进口件数达 38218 件，共支出 9797 万美元，然而按照当年即期汇率折算成日元，则进口技术支出的美元总价仅为 143 亿日元，平均折算比率不到 1：146。同时，全产业技术出口件数则稳步增加，并于 1987 年起逐年递增，直至 1997 年，日本当年出口总件数达到 13194 件。由此可见，日本利用日元升值迅速从国外进口先进技术实现全产业的技术升级，其中尤其重视制造业方面的技术进口。在本国的技术基本完

成升级之后，日本从单纯出口产品转向了产品和技术双重出口。

在出口方面，随着美元兑换日元比率下降，日元逐步升值。从理论上讲，日本的出口将受到抑制，进口会逐渐增多，贸易顺差也将缩小。然而，自 1985 年日元开始大幅升值以后的 10 年内，日美贸易顺差不仅没有缩小，反而逐渐扩大，并和汇率变化之间呈现明显的负相关。一般来说，一国货币在短期大幅升值会对出口产生不利影响，进而冲击本国的出口企业。事实上，在日元快速升值的初期，日本部分出口企业确实受到较大冲击，那些规模较小，仅依靠低成本维持出口保持利润的日本出口企业面临倒闭的危险。然而，日元升值却使得另外一些资金规模雄厚、技术领先的大型外贸企业开始实施海外扩张战略。这些企业抓住机遇，通过把生产车间转移到本国以外的土地上谋求廉价劳动力继续保持低成本，而自身则通过掌握核心技术继续保持在全球产业链中的关键地位。1985~1989 年 5 年内全产业技术进口件数达 38218 件，共支出 9797 万美元，然而按照当年即期汇率折算成日元，则进口技术支出的美元总价仅为 143 亿日元，平均折算比率不到 1∶146。同时，全产业技术出口件数则稳步增加，并于 1987 年起逐年递增，直至 1997 年，日本当年出口总件数达到 13194 件。由此可见，日本利用日元升值迅速从国外进口先进技术实现全产业的技术升级，其中尤其重视制造业方面的技术进口。在技术基本完成升级之后，日本从单纯出口产品转向产品和技术双重出口。

与此同时，部分出口产业也顺利地完成了向内需型产业的转换。日本出口产业的中心是机械工业，其中工厂多分布在大城市周围，因此能享受到地价上涨的好处。依靠股价、地价上涨带来的企业隐蔽资产的膨胀，出口企业获得了充足的转型所需的资金。曾经一度是出口产业主力军的汽车制造业也开始积极研发面向国内的新型汽车，并为强化国内销售点而进行了积极的设备和人员投资。许多企业进一步跨越产业界限，开始进入医疗、中老年人用品市场以及住宅、休闲产业。此时的日本经济可以概括为，日元的升值效应使内需型产业设备投资增加，同时住宅投资和办公楼投资也上升。这些需求刺激了资本资料和生产资料的需求扩大，于是设备投资增加、经济好转，促使工资水平上升，又进一步扩大了内需。由日元升值带来的价格效应和资产升值带来的财富效应共同支撑着内需回升，加上内需型产业发展壮大增加了相应的产品和服务供给，日本从此开始进入内需替代外需推动国民经济增长的时代。

（二）在内贸方面，服务业替代制造业促使国内贸易结构升级

在日本经济由外需转向内需的过程中，日本制造业在国民经济中的地位也逐渐被服务业所替代。

一方面，部分低端制造业利用新技术带来的优势实现了自身产业升级，带动整个制造业迅速向新技术领域如电子产业、信息领域、医疗品、尖端技术、新金属陶瓷等产业发展，催生了一大批高端制造业。而传统制造业如纺织业等劳动密集型产业，在日元升值的推动下加快了向海外转移的步伐。制造业的升级和转移必然会带来制造业在拉动就业、推动国民经济发展方面的乏力，急需服务业替代制造业在国民经济中的地位。

传统制造业的衰退首先表现在日本进出口商品结构的变化上。1986 年底到 1987 年初，随着由日元升值带来的进口替代效应日益放大，日本经济开始从进口原材料、出口加工品的贸易结构，转向进口半成品，出口完成品的结构形式。低端制造业，如纺织业等行业出口大大减少，并逐步通过进口来保证国内供给。在此过程中，工业制品的进口显著增长，加之亚洲新兴国家工业化进程进入加速阶段，为日本转移低端制造业提供了良好的外部条件。在 1986~1989 年 4 年内，衣服类丝织品出口减少 15%，进口增加 117%；钢铁类金属出口减少 12.1%，进口增加 133%；原材料类产品进口增加 47%。同时，电力机械和一般机械的出口均大幅增加。

另一方面，扩大的国内需求也从对商品的需求转向对服务的需求，极大地推动了服务业，尤其是现代服务业的发展。在日本经济逐步走向内需拉动的过程中崛起了一大批内需型产业，其中的主力军即是服务业。1985 年日本人均国民收入达到了 13414 美元，已经步入当时发达国家的行列。居民消费结构随着收入的增长也发生了质的变化，基尼系数已经低于 0.3。加之此时在国内兴起的一些现代金融服务业和休闲产业等新兴服务业，日本居民对服务的需求日益增大，拉动了服务业的快速发展。服务业的发展进一步刺激了日本居民对各类服务的需求，日本服务业随着内需消费的扩大进入了一个良性循环。日本就业结构上的变化可以清楚地看到这一点。1984~1986 年，就业总数增加了 362 万人，其中第三产业也即服务业增加了 305 万人，吸收新增加就业总数近 85%。而制造业在 6 年间新增就业人数仅增加了 46 万人，其中矿业就业人数还减少了 2 万人。由此可以看出，崛起的服务业吸收了新增加就业人口的大多数，在吸收就业。尤其是现代服务业吸收了大部分新就业人员，成为国民经济中新兴的支柱产业。

表 1 日本就业人数分布

单位：万人

年 份	就业总数	矿业就业人数	制造业	现代服务业	传统服务业	第二产业就业人数	第三产业就业人数
1984	5766	8	1438	1536	1154	1973	3261
1985	5807	9	1453	1535	1173	1992	3283
1986	5853	8	1444	1564	1205	1986	3350
1987	5911	8	1425	1600	1255	1966	3432
1988	6011	7	1454	1624	1284	2021	3486
1989	6128	7	1484	1643	1336	2069	3566

四、日本贸易结构的转变对我国的启示

近十年来，我国基本完成了工业化，制造业在国际上迅速崛起，成为名副其实的“世界工厂”。自 1993 年我国开始在对外贸易中由贸易逆差转为贸易顺差至今，我国对外贸易顺差逐年递增。对美国的结构性顺差更是日益增加，由此造成我国与欧美发达国家之间贸易摩擦愈演愈烈。积累至今的庞大顺差使得当前国际上各大经济体纷纷对人民币施加压力，以期人民币能在短时间内大幅升值。就目前来看，传统制造业仍是我国的支柱产业，是吸收就业的主力军。在这之中，外贸加工制造业更是占有重要地位。如此一来，若人民币在短期大幅升值，必定会对我国外贸加工制造业产生巨大冲击，甚至会直接影响到内贸企业。因此，我国政府应该主动规避人民币在短期内大幅升值，以防对我国实体经济产生过强冲击，影响我国经济的战略转型。

另外，人民币当前正处于升值区间，人民币的升值趋势不仅是客观经济规律在发生作用，更是我国作为世界上第二大经济体的体现。因此，在人民币合理稳步升值的过程中，应加快产业结构升级和产业梯度转移，提高第三产业在国民经济中的比重，同时鼓励民间资本对外投资，以调整我国的对外贸易结构，实现我国经济战略转型的目标。

（一）加速产业升级，推动产业向中西部转移

长期以来，我国对外贸易顺差中加工贸易顺差远高于一般贸易，而货物贸易顺差又始终是我国贸易顺差的主要来源，服务贸易一直是贸易逆差。这充分说明我国当前的对外贸易仍处于进口原材料、出口半成品的阶段，产业链中的大部分利润被控制着上游研发和下游服务的经济强国牢牢掌控。自

2006年初起，福建、广东等东部沿海各省频频出现“用工荒”现象，预示着我国东部沿海省份已经面临巨大的产业升级压力。加之人民币长期以来的升值趋势带来的出口成本增大，利润降低，东部沿海各省的产业结构升级已经刻不容缓。

一般而言，产业结构升级会带来产业梯度转移，而此时本国的低端制造业将多会逐步转移到邻近的发展中国家。然而，由于我国国土面积庞大，人口众多，不仅在地域上有广袤的土地可以容纳大量制造企业，而且巨大的人口存量也为我国持续提供了充足的廉价劳动力。同时，沿海各省的劳动力多是来自中西部等内陆省份，因此中西部各省可以抓住机遇，承接东部沿海地区的劳动密集型产业，引导劳动力回流。经过一系列有计划、有步骤的产业升级和产业转移，东部沿海地区将逐渐走向产业链两端，通过依托研发创新或者提供高质量服务实行品牌战略。同时，日益升值的人民币有利于我国外贸企业进口原材料和半成品，进而通过销售经深加工后的高附加值产品在全球获取高额利润。中西部地区则通过承接产业链中间部分的加工制造环节来吸收劳动力，实现充分就业。然后，政府通过财政政策或转移支付等方式，将东部地区发展过程中创造的部分经济效益合理地利用到中西部的发展中去，在全国完成全产业链的空间布局和资本布局。

（二）扩大内需，提高第三产业在国民经济中的比重

2011年，我国GDP总量已达47万亿元人民币，约为7.49万亿美元(按美元：人民币=1：6.27)；人均GDP已经超过4000美元，步入中等收入国家行列。同时，我国居民的恩格尔系数近十年来也稳定在40%左右，商品性消费占总支出的比例逐年下降，而服务性消费在居民支出中的比重却增长较缓。因此，为避免我国陷入“中等收入陷阱”，应提高第三产业，尤其是金融服务业在国民经济中的比重，以促进消费对国民经济增长的拉动作用。应进一步发挥以流通产业为代表的传统服务业在第三产业中的基础作用，发展以现代商业和物流业为代表的现代流通产业，提高流通产业的整体水平。同时，要着重支持以金融保险业和计算机信息服务为代表的现代服务业的快速发展，逐步取消金融管制，缩小其与发达国家现代服务业之间的差距，推动我国由贸易大国向贸易强国的转型，实现我国经济的战略转型。

参考文献：

［1］［日］竹内弘. 日本现代经济发展史［M］. 北京：中信出版社，1993.
［2］［日］吉川元忠. 金融战败——发自经济大国受挫后的诤言［M］. 孙晓燕等译. 北

京：中国青年出版社，2000.

[3] 姜春明. 日元升值后的日本产业结构调整与亚洲经济 [J]. 南开经济研究，1994 (3).

[4] 李亚芬. 日元升值对经济影响的综合分析 [J]. 国际金融研究，2008 (11).

[5] 崔岩，臧新. 日本服务业与制造业对外直接投资的比较和关联性分析 [J]. 世界经济研究，2007 (8).

[6] 王东. 人民币会重蹈日元升值的覆辙吗 [N]. 中国经济导报，2011-08-27.

[7] 张楠. 日本现代服务业发展经验及对中国的启示 [J]. 现代财经（天津财经大学学报），2011 (2).

[8] 魏晓蓉，师迎祥. 日本产业结构转换的运行机理及其对我国产业结构优化升级的启示 [J]. 甘肃社会科学，2009 (4).

[9] 冯赫. 关于中国企业跨国并购的若干思考 [J]. 经济研究参考，2006 (24).

[10] 羊绍武. 日元升值与日本产业的海外转移 [J]. 当代经济，2005 (11).

[11] 薛敬孝. 趋势性日元升值和日本产业的结构性调整 [J]. 中国社会科学，1997 (7).

[12] 李林杰. 日本产业结构调整的经验借鉴 [J]. 日本问题研究，2001 (2).

解决我国中小企业对外贸易融资问题的对策

李莹莹[①] 李晓晨[②]

2012 年 1~3 月最新的贸易数据（见表 1）显示，当前全球经济形势严峻，中国进出口面临相对较大的下行风险，2012 年中国的贸易顺差规模可能小于 2011 年的 1551 亿美元。3 月意外实现贸易顺差 53.5 亿美元，扭转了 2 月 314.8 亿美元的贸易逆差局面。3 月中国出口同比增长 8.9%，增速高于经济学家预计的 7.2%，但低于 2 月的 18.4%。当月进口仅增加 5.3%，增速低于经济学家预计的 9.3%和 2 月的 39.6%。

表 1 2012 年 1~3 月我国企业进出口规模和同比增速

进出口情况（规模：亿美元；同比增速：%）	1 月（亿美元）	2 月（亿美元）	3 月（亿美元）	1 月（%）	2 月（%）	3 月（%）
国有企业	608.7	574.8	655.6	−5.4	41.1	−0.4
外商投资企业	1318.9	1386.7	1646.1	−23.8	60.7	5.9
集体、私营企业及其他企业	798.3	642.8	958	−13.5	68.9	38.9

我国将外贸企业主要分为三类：国有企业，外商投资企业，集体、私营及其他企业，从图 1 和图 2 可以看出，集体、私营企业及其他企业的进出口额及其增速均高于国有企业，即其对我国对外贸易的贡献度已经赶超国有企业。集体、私营企业及其他企业的成长、发展对我国经济发展有着巨大的促进作用。

---

① 李莹莹（1986~），女，河南鲁山人，北京工商大学经济学院金融学专业 2010 级硕士研究生。研究方向：金融学。邮箱：liyingzhizu@163.com。

② 李晓晨（1986~），男，河南商丘人，北京工商大学经济学院产业经济学专业 2010 级硕士研究生。研究方向：流通产业理论与实践。邮箱：haitun2020@163.com。

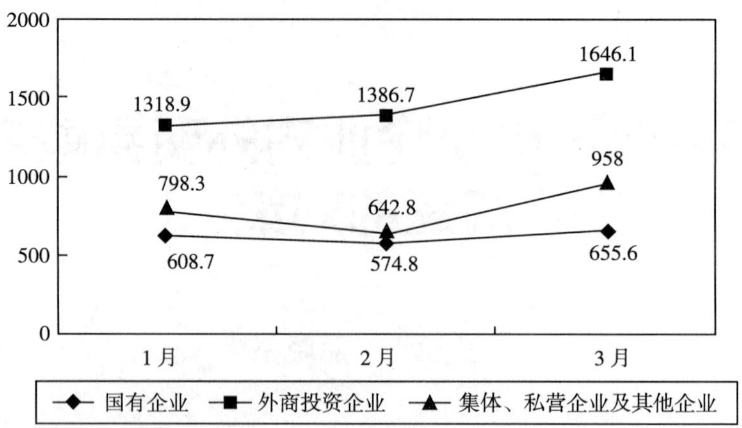

图 1　2012 年 1~3 月我国企业进出口规模

数据来源：海关主要统计数据网，http：//www.customs.gov.cn/tabid/44604/Default.aspx。

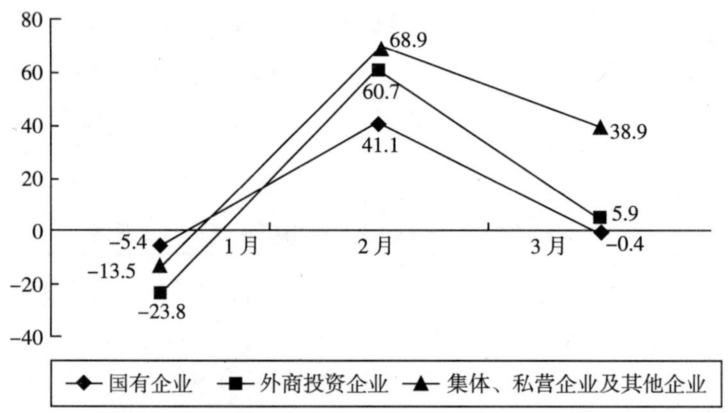

图 2　2012 年 1~3 月我国企业进出口同比增速

数据来源：海关主要统计数据网，http：//www.customs.gov.cn/tabid/44604/Default.aspx。

随着我国经济体制改革的深入，中小企业成为我国国民经济的重要组成部分，中小企业对我国经济和社会的发展起到重要的作用，主要体现在中小企业的产值占社会总产值的大半，承担了我国近九成的劳动力解决问题、技术创新和经济体制改革中的带头作用等。虽然广大中小企业对社会的贡献很大，但中小企业在发展的过程中也遇到了很多困难，比如由于中小企业起步晚，自有资金积累少，资金短缺已成为制约中小企业进一步发展的“瓶颈”。虽然其在经营方式和市场开拓方面比大企业灵活主动，在融资的难度上却要大大高于大企业。融资难已成为阻碍中小企业发展的一个重要“瓶颈”，解决中小企业融资已经到了迫在眉睫的时刻了。特别是经历了次贷危机和欧债危机对我国对外贸易的冲击之后，中小企业的生存环境面临银行贷款紧张、用工荒、钱荒等重重生存压力，许多新型科技的中小企业在资金匮乏中倒闭，中小企业贸易融资问题更显而易见，这个问题的解决不是一个机构的事情，也不是一两年的事情，解决中小企业融资难题涉及的层面很广、很大，可能包括企业自身、银行甚至国家政策等，需要付出很大的代价，中小企业地位很重要，而解决中小企业贸易融资问题也是耗时耗力的。

一、中小企业贸易融资问题现状分析

贸易融资是一种在短期内频繁发生的具有高流动性的融资行为。它针对具体贸易行为，强调对贸易操作过程的控制，对企业的财务状况和准入标准要求较低，这些特质正好适合企业主体资质较差的中小企业。故对于中小企业而言，贸易融资解决了融资准入门槛较高和审批流程复杂的问题。

近年来，随着我国经济体制的改革步入正轨，经济发展水平有了较大提高，对外贸易也飞速发展，到 2010 年我国的对外贸易额已跃居世界第一。在整体对外贸易高速发展的背景下我国中小企业的贸易融资呈现出如下特点：

（一）贸易融资量随进出口总额态势由减趋增

我国中小贸易融资是依托我国外贸发展形势迅速发展起来的，而“次贷危机、欧债危机”重创世界经济后，市场需求急速萎缩，导致我国进出口额在 2012 年 1 月均为负数，部分中小企业资金链条断裂，不得不面临倒闭的局面。自 2012 年 2 月以来，随着外贸形势的转暖，我国贸易融资也相应恢复。从图 3 中可以看出，我国的进出口货物数额从 2011 年 12 月基本平稳进行，从进入 2012 年 1 月开始呈现衰退，2 月衰退到低点，直到 3 月才恢复到原有水平附近。

相对应于图 3 的进出口贸易总额，2012 年 1~2 月票据市场利率开始出现明显回落态势，且 1 月未贴现的银行承兑汇票大幅下降。随着 2 月央行宣布下调存款准备金等政策的实施，在信贷放量的预期下，企业票据签发量才开始回升。此外，天津市 2012 年 2 月票据融资止降回升，票据融资增加 46 亿元，比去年同期减少 31 亿元。由此可见，我国贸易融资量在 2011 年随着我国贸易额呈现缓慢增长状态，也随着进入 2012 年以来的总体贸易额的减少呈现先降后升的状态。

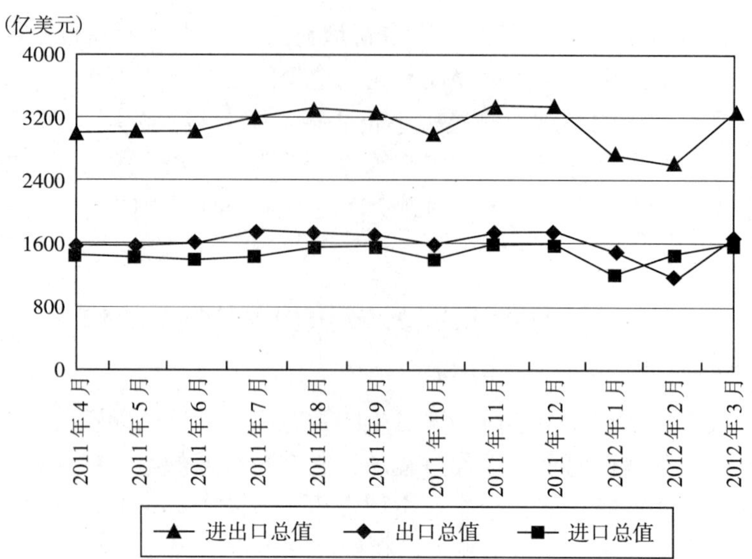

图 3 2011 年 4 月至 2012 年 3 月我国进出口变动情况

数据来源：商务数据中心，http：//data.mofcom.gov.cn/channel/trade/trade.shtml。

（二）贸易融资回归到传统方式

受“经济危机”影响，为规避贸易中的风险，我国中小企业贸易融资又回归于传统贸易融资方式，据工商银行安徽分行网页显示国际贸易融资产品有 23 种之多，但是在实际的贸易融资中，作为最传统的贸易融资方式的信用证和国际保理成为中小企业应对风险时的首选。因为在国际保理中，保理组织向出口商提供了一种既有担保又有融资性质的出口代收业务，以自身承担信贷风险，对贷款的收取承担担保责任。而信用证则是在买卖双方植入银行信用，由银行出具具有支付能力的凭证，保证了双方的利益。特别是在遭遇金融危机的大经济背景下，我国出口对象国的支付能力的减弱，且国外信用支付应用比例的增加的现实的存在，使很多国际买家要求货到付款。但是国内金融机构面对中小外贸企业仍有较高的服务门槛，使大部分中小企业只能接受款到发货的传统交易方式。信用付款难是中小外贸企业融资面临的“瓶颈”之一。而信用证融资为中小企业的贸易融资业务带来希望，作为融资中介的服务公司可以为中小企业提供信用证融资服务，通过信用证融资，中介公司可提前支付给中小企业一部分款项以备其备货使用，一经报关、发货、双方银行审核、付款，中介公司及企业即可得到属于自身的利润，也使得整个贸易融资过程得以成功进行。且在整个融资交易过程中，中小企业因为融资门槛低可花费更少的手续费取得更多的盈利。

（三）政策扶持力度加强

为贯彻落实国务院关于扶持中小企业特别是小型微型企业发展的部署，加大对中小微企业的扶持力度，进一步减轻企业负担，积极应对国际金融危机的影响，促进经济平稳健康可持续发展，进入2012年以来国务院相继出台如下政策措施：2012年1月31日，国务院第六次全体会议讨论即将提请十一届全国人大五次会议审议的《政府工作报告（征求意见稿)》，亦强调要保证国家重点在建续建项目的资金需求，抓紧布局、有序推进新的国家重点项目，保持投资稳定增长。继续加强对实体经济特别是中小企业的信贷支持。2012年2月1日，国务院召开常务会议，提出将小型微利企业减半征收企业所得税政策延长至2015年底并扩大范围，完善财税支持政策；扩大中小企业专项资金规模，中央财政安排150亿元设立中小企业发展基金，主要支持初创小型微型企业；支持小型微型企业上市融资。2012年4月，国务院发布《关于进一步支持小型微型企业健康发展的意见》，要求进一步加大小型微型企业的财税支持力度，努力缓解小型微型企业融资难的现状，创造有利于小型微型企业发展的良好环境。这些政策的颁布与实施，为我国中小企业拓宽融资渠道，缓解中小企业融资困难，提供了深刻、广泛的指导。从信贷管理制度、为中小企业建立多层次的金融体系、融资渠道及中小企业自身信用体系建立等方面为中小企业开辟了道路。综上所述，中小企业的健康发展已被国家视为重中之重，促进中小企业贸易融资的政策扶持力度空前加强。

（四）融资环境明显改善

首先在大的政策环境背景下，国家就金融行业对中小企业融资资金投放速度、增量、监管、提供服务等方面分别作出了严格要求，并且要求国有商业银行和股份制银行继续建设为中小企业提供专营服务的金融机构。在国家政策的作用下，金融体系中的各个单位都将为中小企业贸易融资提供良好的外部环境。

其次从微观环境来看，各微观金融机构也开始从自身做起为中小企业贸易融资提供服务。如自2010年起中国进出口银行对外开展了一系列贸易融资的国际合作，为中小企业走出国门，开拓国外市场提供了便利。另外一些地方银行、村镇银行也将业务拓展至贸易融资领域，如齐鲁银行推出的贸易融资品牌“齐鲁泉汇通”，北京银行与企业签订的《贸易金融合作协议》，北川富民村镇银行和天津滨海农村商业银行与国际金融公司（IFC）签署的贸易融资项目等。此外，汇丰、摩根大通等也积极推进其在中国的贸易融资业务，希望通过优质的产品与服务加强与中国中小企业长期良好的合作。

（五）融资方式多样化

贸易融资的发展之初，是作为国际结算的必要手段而被我国中小企业所熟知的。而随着我国改革开放在广度和深度上的不断拓展，越来越多的中小企业通过不同方式的贸易融资来解决企业资金周转困难的问题。而贸易融资的方式则呈现出多样化的趋势，贸易融资的产品也日趋丰富。从各大商业银行网站我们了解到目前已有 20 多种贸易融资产品。

国际保理融资、信用证融资、打包放款融资、出口信贷融资都是常见的贸易融资方式。而最近颇受好评的创新式贸易融资方式——补偿贸易融资也颇为亮眼。补偿贸易融资是指国内企业运用外方提供的机器设备、技术以及各种服务，完成自身项目的投入和产出，以项目产品或其他约定方式偿还前述贷款的经济活动。补偿贸易融资兼有投资和贸易双重性质，适宜解决中小企业设备、技术或人员素质落后等方面的问题，是近些年来贸易融资的创新方式。汇源集团由弱变强成为我国果汁行业的第一品牌，其创业的第一桶金就是由补偿贸易融资所得：在“贸易融资”并不广为人知的 20 世纪 90 年代初，汇源创始人朱新礼接手县办罐头厂之后，立刻瞄准了国外先进的果汁生产技术和设备。资金的紧缺使他想到了采用贸易融资的方式引进德国的包括技术和设备在内的整条果汁生产线，汇源则以该生产线在国内投产之后的产品逐步偿还设备价款和利息。这样既能引进德国先进的生产技术和管理经验，同时在生产线投产之后也不发愁产品的销路，更为重要的是朱新礼引进这条生产线完全是通过产品抵偿的方式进行融资，不用担心企业创办初期资金紧缺的问题。正是靠着引进的这一条生产线，朱新礼才获得了同样是来自德国的对于朱新礼来说称得上是第一桶金的 500 万美元的订单，从而使得汇源在艰难的环境下打开了生存的局面，补偿贸易成为汇源立足的根基。另外，贸易融资产品创新已经涉及文化创意产业了，工商银行 2011 年上半年为北京一家小型电视剧制作公司多部影视剧的拍摄提供了 5500 万元融资支持，有力地支持了文化创意型中小企业的健康发展。为了给文化创意型中小企业的发展提供更加完善的金融服务，工行将进一步完善服务体制和机制，打造专业化营销团队，加快产品和服务模式的创新。由此可见，贸易融资方式的多样化救活了我国相当一大批中小企业，为它们的生存发展提供很多的便利，为其成长为国民经济的重要组成部分奠定坚实的资金基础。

二、存在的问题

我国企业的国际贸易融资开展于20世纪90年代中期，比欧美发达国家和日本比较晚，但是我国中小企业发展迅速，数量众多，约占到我国企业数量的99%，产值占国内生产总值的58%，出口创汇占68%，是我国外贸领域一支重要的力量。然而大量的中小企业存在着对外贸易融资难的问题，具体表现在以下几个方面：

（一）相关法律保障体系不完整

我国中小企业的生存和发展一直缺乏专项法律构成的法律体系保障。近年来，我国先后出台了《公司法》、《合伙企业法》、《个人独资企业法》、《乡镇企业法》等法律、法规，从不同侧面对中小企业加以规定，但尚未形成完整的法律体系。而国际贸易融资业务涉及国际金融票据、货权、货物的质押、抵押、担保、信托等行为，要求法律上对各种行为的权利与责任有具体的法律界定。但是我国的金融立法明显滞后于业务的发展，有些国际贸易融资常用的术语和做法在我国法律上还没有相应的规范。例如，进口押汇业务中常用的信托收据是否有效、远期信用证业务中银行已经承兑的汇票是否可以由法院支付等。在这样的法律环境中，中小企业进行国际贸易融资时的风险大大增加。据统计，美国目前有50多部专项法律构成中小企业法律体系，而我国助力中小企业的法律法规主要有一“法”三“意见”。[①] 融资性担保管理办法和贷款等相关内容已被提到日程上，但却依然不见相关法律出台，且《意见》的实施力度远弱于法律规定，这些问题的存在将会影响国家相关扶持政策的实施和落实。由此可见，我国尚缺乏具体细致的专门法律来保护中小企业贸易融资业务的发展。

（二）政府机构管理职能发挥不足

目前，中小企业在我国国民经济中的战略地位刚刚确立，虽设有中小企业发展领导小组，但因起步较晚，对于中小企业引导管理监察等职能尚有待

---

① 一“法”是指《中华人民共和国中小企业促进法》，三“意见”分别指《国务院关于进一步促进中小企业发展的若干意见》、《国务院关于鼓励和引导民间投资健康发展的若干意见》、《中国人民银行、银监会、证监会、保监会关于进一步做好中小企业金融服务工作的若干意见》。

于完善，首先，主要表现在中小企业发展工作领导小组刚刚建立，其在各地方的组织构架尚不健全，导致政府的相关职能在扶持中小企业发展的过程中发挥较弱。政府对中小企业的引导扶持管理的职能发挥不足。这已成为制约我国中小企业健康发展的严重桎梏。其次，政府对各大、中型银行应该加强引导和扶持、检查和监督，确保中央提出的各项措施真正落实到位：在我国现有的金融体系中，掌管着 70 万亿元的 100 多家大、中型银行是绝对主力，银行贷款是企业融资的主要方式，所以各大商业银行必须首先要转变观念、转变运营模式，深化体制和机制改革，在金融产品和业务流程上创新，为中小企业融资提供便利。再次，对于国有商业银行、股份制商业银行、城市商业银行设立的中小企业贷款专营机构，银监会和财政部要规定其年度投放信贷的指标，对他们单独进行财务核算，建立相应的激励机制。最后，政府还应关注我国社会信用体系的建立和完善，社会诚信严重缺失、金融市场的利率还未完全放开、直接融资门槛较高、债券市场不发达等问题，都影响中小贸易公司融资渠道的畅通。

（三）中介配套服务体系不健全

首先，缺失中小企业诚信评价机构。主要表现在评级机构数量较少，且在评级过程中存在这样的问题：诚信评级机构大多依附于政府、事业或企业单位，导致评价的主体不具有完全独立性；还有就是评价的方法与标准不一，导致评价结果没有可比性。其次，缺乏规范的中小企业信贷担保机制。信用保证制度是发达国家中小企业使用率最高且效果最佳的一种金融支持制度。美国已经形成了三套中小企业信用担保体系，分别为全国性的、区域性的和社区性的专业担保体系，另外，为促进中小企业产品出口，还专门成立了出口融资担保体系。此外，美国进出口银行开设了向中小企业提供信用及风险担保的项目。2000 年，中小企业管理局推出了中小企业快速出口融资方案，融资限额为 15 万美元，批准过程仅需 36 小时。日本的信用担保制度包括信用保证协会和信用保险公库，前者由地方政府和地方公共团体出资组建，现有 52 个分支机构，主要为中小企业向金融机构融资提供担保，担保额一般占贷款总额的 70%~80%。后者直接由政府出资组建，负责对信用保证协会的贷款担保进行保险，以进一步分散风险。信用保证协会和保险公库签订“一揽子”保险合同，只要在一定额度内，协会对某一企业的担保便自动生效。而我国目前的现实是信用担保体系尚未建成，影响担保业务的发展，进而影响中小企业的贸易融资。再次，缺乏为中小企业提供市场信息，咨询培训等专项服务的第三方机构，这样可能造成企业从业人员素质难以得到提高，从而错失外贸订单的机会将会大大地增加。最后，缺乏为中小企业专门设计的贸易融资产品，造成贸易融资产品可利用度不高，直接影响贸易融资业务的开展。

（四）企业融资能力有待提高

首先，我国中小企业经营普遍存在着规模普遍较小、资金实力有限、抵御市场风险的能力较弱、账务核算不规范、财务信息不透明、缺乏必要的抵押资产，导致其信用度不高，融资能力低下。其次，中小企业处于市场不对称信息的弱端，市场认知度较低，使金融市场对其未来判断具有较强的不确定性，因而被认为融资风险过大。再次，中小企业因受资金实力等诸多因素限制，普遍缺乏具有竞争性的项目投资，特别是很难进行独创性的项目开发和具有市场竞争力的产品研发，其投资的项目主要集中在较低附加值的加工业，技术含量低，产业前景不明朗。其参与资本市场融资面临更大的困难。最后，缺乏精通贸易操作流程与金融信贷的复合型人才也往往导致中小企业贸易融资难。是否能取得贸易融资、采取哪种贸易融资方式、创造性地使用贸易融资产品等问题都要依靠人才方能解决。因此，人才缺失或流失严重也是导致中小企业贸易融资困难的主要因素。

三、解决我国中小企业对外贸易融资问题的对策建议

（一）政府层面

1. 建立健全我国中小企业的法律保障体系

由于中小企业在社会中处于相对弱势地位，格外需要政府给予政策上的扶持和援助。以美国为例，早在1953年，美国就颁布了小企业的基本法——《小企业法》。向前追溯，维护小企业利益，保障公平竞争的法案也为数不少，如《谢尔曼法》、《克莱顿法》、《米勒—泰丁法》、《塞勒—凯福尔法》等。1953年后，美国政府更加注重小企业的发展，更加主动地扶持其发展，从政府采购、税收、出口、创新、社保以及维权等多个方面，健全保障小企业的法律体系。如《机会均等法》、《小企业经济政策法》、《小企业出口扩大法》、《小企业投资法》、《小企业投资促进法》、《小企业创新发展法》、《加强小企业研究与发展法》、《联邦技术转移法》等。这些法案在维护中小企业合法权益、促进其健康稳定发展等方面起到了良好的作用。我国近邻日本在中小

企业法律体系的建立方面更是率先垂范。1963 年颁布了《中小企业基本法》，之后的几十年间，相继颁布有关中小企业的法律 30 多个，涉及金融、技术创新、税收、组织化、公平竞争、行业调整、破产防范七个方面，全面地为中小企业发展建立了良好的法制环境。

从美、日两国的经验可知，迅速建立健全保障我国中小企业发展的法律体系是促进我国中小企业发展的重要环节。我国立法部门应该一方面加强对国际贸易融资的政策法律的研究，另一方面必须从现有的法律法规存在的漏洞出发，分析国际惯例与中国现行法律之间存在的问题，为科学立法提供依据，制订切实可行的操作方案，并与国际惯例和通行做法接轨，进一步促进我国国际贸易融资的发展。同时，银行和中小企业则应认真研究现有的法律法规，分析国际惯例和我国现行的法律环境之间的问题，制订切实可行的操作方案，建立产品化的业务操作程序，以经过仔细研究的标准合同文本凭证格式等规避业务中可能出现的法律风险。

2. 完善政府关于贸易融资的政策制度的制定

政府的政策制度对中小外贸企业的发展起着非常重要的作用，也是解决中小外贸企业融资难问题的关键因素之一。政府应该依托自身有利的机构、平台，通过制定政策制度和完善政府职能来引导促进中小外贸企业发展，从实质上提升中小外贸企业的整体实力。首先，实行合理的出口退税政策，作为出口成本中的重要一项，出口退税一直被出口商作为一个很重要的因素考虑，适当调高部分商品的出口退税率，对翘首企盼的中小外贸企业来说无疑是注入了一针强心剂。其次，维持相对稳定的人民币汇率，由于受经济危机的影响且中小企业自身较低的抵御风险的能力，汇率的波动成为近两年来影响中小外贸企业的利润的因素之一，因此，当危机到来时，政府应通过网络等媒体通知出口企业合理避险。再次，加大贸易融资的宣传力度，政府可以通过国家外汇管理局这个平台优势，联合各家商业银行，分期分批举行关于贸易融资问题的讲座，使中小外贸企业树立贸易融资观念。另外，政府还应该通过区政府、商贸局、外管局、人民银行等部门，邀请中小外贸企业代表进行座谈，切实了解其在经营发展中的资金问题、发展问题，解答其在贸易融资中的疑问，帮助中小外贸企业通过贸易融资走出一条发展新路，据此以及市场行情的变动，出台相关政策、制度，为中小企业对外贸易融资业务的顺利进行保驾护航。最后，关于政府职能的发挥，政府在其中的引导作用十分重要，应建立专门的部门运作中小企业的数据统计、发展模式指导、服务中小企业的融资。同时对中小企业的发展方向和财务状况进行监测和管理，对中小企业适时地进行市场信息预警，帮助中小企业维护融资链条，保持中小企业健康、稳定、持续发展。

（二）中介机构层面

1. 规范信用评级机构，培养健康有序的信用评级市场

我国虽于2006年运行企业、个人征信系统，征信机构也在近几年有了长足发展，但因规模小、实力弱、缺乏必要监督，导致信息可利用度不高。面临此种境地，我国应尽快规范信用评级机构，在评级理念、评级方法、指导体系、职业标准方面做出统一具体的要求，努力推进评级机构市场化并强化法律监管。也可引入第三方评级机构的职业水准来进行评级，切实提高信用评级的可信度。

2. 完善中小企业担保机制

首先，完善中小企业信用担保体系，推动建立全国性中小企业信用信贷再担保机构，落实省级中小企业再担保机构的建立，积极扶持地市中小企业信用担保机构的建立。上下联动，发挥联动机制，抗击信贷风险。其次，信用担保机构的组建模式多样化，既应该有社会化组建、市场化运营的民营担保机构，也应该有政府组建、政策性运营或市场化运营的国有担保机构。再次，从资金来源上积极扶持担保机构，加大国家财政和地区财政的投入力度，合理使用银行转赠金，灵活处理担保收入。最后，要对担保机构的基本制度和操作程序进行严格规范和管理，对担保对象的选择、条件的设定、担保乘数及赔付控制等进行严格的法律规定，在业务操作时，明确每一步的规范，在担保机构的运行中，建立风险预警、内外部风险控制等机制确保担保机构自身健康有序地发展，发挥担保金融杠杆的作用。

3. 积极发展为对外贸易融资提供服务的中介机构

中小企业的发展需要一个社会化的服务体系，为中小企业服务的中介机构显然举足轻重。大力发展针对中小企业的技术支持、信息服务、人才培养、市场开拓、管理咨询等服务的中介机构，可以大幅度减少中小企业处于创业及成长期的压力，提高中小企业的生存能力和生存率。中介机构也可以与中小企业协会、行业协会等中介机构签订战略发展合作协议，互相合作，共同推动中小企业更好、更快地发展。

（三）企业层面

1. 制订系统的发展战略规划

战略对于企业来说是极其重要的，而中小企业在其快速发展的过程中对自己的战略方向可能模糊不清，甚至严重偏离发展轨道，最终导致破产倒

闭。倡导中小企业自身制定系统的发展战略规划，是应对日益广阔的国内外市场需求，也是确保中小企业自身平稳应对各种风险的需要。将企业的战略规划与区域经济发展的趋势结合起来，顺应发展趋势，或在国家重点发展支持行业的产业链条中谋求自我发展，或发挥区域内产业集群效应，或依托科技主管部门、重点院校研究单位等，根据自身优势制定适合自己发展的战略。

2. 提高中小企业自身素质及创新能力

中小企业的创新不仅包括技术创新，还包括管理创新、知识创新、业务创新等多方面。在创新模式上则分为自主创新模式和战略联盟创新以及金融政策扶持性创新。无论采取哪种创新模式，根本上都是为了提高中小企业的创新能力。当创新能力转化为生产能力、市场占有份额时，企业的财务状况就会得到明显改善，企业自身的信用会得到明显的提高，融资情况得到明显改善，那么最终就可以迎来中小企业的健康稳定发展。所以，提高自身素质以及创新能力就是从根本上解决中小企业贸易融资的问题。

3.注重人才的培养和吸纳

人才的培养与吸纳是一项多层次的负责工程。对于一般性劳动技能培训应纳入企业人才培养的规划之中，对于企业长期需要的知识技能型岗位，应培养专门人才进行学习，以备企业不时之需。对于优秀人才的吸纳，则应建立专门的人力资源保障体系，既要保障此类型人才有充分发挥自我价值的空间，又要保证提供的薪金福利在人力资源市场上是有竞争力的。要发挥优秀人才的多方面价值，带动和引导企业员工整体素质向上提升。总之，随着经济全球化进程的加快，国际贸易融资创新在我国中小企业有着广阔的发展前景，我们应该充分挖掘其潜力，努力为其生存发展拓展业务空间。为此，我国应该政府、中介以及中小企业自身共同努力，尽快使国际贸易融资创新业务在我国得到普及，以促进我国中小企业的快速发展。

参考文献：

[1] 郭嵩. 中国中小企业国际贸易融资问题研究 [D]. 吉林大学硕士学位论文，2009.

[2] 熊柳煦. 促进中小外贸企业国际贸易融资的对策和建议 [D]. 西南财经大学硕士学位论文，2007.

[3] 刘婷婷. 促进贸易融资解决中小外贸企业融资问题 [D]. 西南财经大学硕士学位论文，2009.

[4] 周文龙. 金融危机下的企业融资环境 [J]. 国际融资，2009 (7).

[5] 张宏伟. 国际贸易融资研究 [M]. 北京：中国社会科学院出版社，2002.

[6] 朱武祥. 中国公司融资 [M]. 上海：上海三联出版社，2005.

发展出口信用保险与外贸发展方式转变

张静燕[①] 郑兰平[②]

一、出口信用保险概述

出口信用保险（Export Credit Insurance 或“出口信贷保险”）是出口信用保险公司与作为被保险人的出口商之间订立的一种特殊保险。根据该协议，被保险人缴纳保险费，保险人将赔偿出口商因进口商不能按合同规定支付到期的全部或者部分货款的经济损失。它是政府为了鼓励出口而实行的一种出口信贷担保（Export Credit Guarantee），保证贷款不受或者少受损失的补偿措施。

在国际贸易中，买方不能按时付款的风险时有出现，既有买方失信不肯按时付款或者资金周转不灵无力付款的原因，又有出于非商业性或者政治原因买方无法付款，诸如战争、政治动乱、政府法令变更，如原本不限制进口的商品改为禁止输入，已经申请登记的进口许可证又被撤销等。对此，“如果出口商投保了出口信用保险，承包机构可对承保责任范围内的损失，赔偿货款的 80%~95%，不但使出口商收取货款得到保证，而且还可以使出口商对该项出口容易获得贷款和便于融通资金。”

与此同时，在全球经济自由化、一体化发展的趋势下，国际市场竞争日

① 张静燕（1988~），女，河南焦作人，北京工商大学经济学院国际贸易学专业 2011 级硕士研究生。研究方向：国际贸易理论。邮箱：610821760@qq.com。

② 郑兰平（1962~），女，北京人，北京工商大学经济学院副教授、硕士生导师。研究方向：国际技术贸易、国际直接投资。邮箱：zhenglp@th.btbu.edu.cn。

益激烈，国际金融领域的不稳定因素不断增加，出口企业面临的变数也越来越多，许多企业在参与国际贸易的过程中都面临着市场难开拓、融资成“瓶颈”、收汇风险多等难题。这些难题时刻限制着企业的发展，影响企业经营规模的扩大，甚至威胁到企业的生存。同时，随着国家贸易政策的逐渐透明化，许多政府鼓励本国企业出口的手段如出口补贴、出口退税等逐步被取消。如何防范出口收汇的风险，应对国际市场的激烈竞争，是众多国内企业面临的重要问题。在国际贸易实践中，出口信用保险已成为一国政府支持出口最重要的手段之一。

二、我国外贸发展方式存在的问题

改革开放 30 多年来，特别是加入 WTO 以后，我国出口高速增长，2009 年中国外贸出口在总量上超越德国，跃居世界第一，成为名副其实的世界贸易大国。然而对外贸易大而不强的问题，已经对我国外贸的良性发展造成了一定程度的影响，间接制约了我国经济发展方式转变。具体表现在以下几个方面：

（一）货物出口规模持续扩大，但商品结构过于单一

长期以来，我国外贸的国际竞争力主要来源于丰富、廉价的劳动力资源，并形成了绝对优势。因为劳动密集型产品具有收入需求弹性低的特点，出口销量不容易受收入水平影响，因此在经济波动时期抗风险能力较强，而且一旦形成产业集聚，规模效应得以发挥，其他经济体也就难以在短期内取而代之成为世界市场的大批量低附加值产品供应者。但是，除了劳动力要素之外，这类产品同时还依赖于资源、能源、土地、环境等有形要素的大量投入，并且多数以简单加工为主。这使我国外贸行业整体处于国际贸易分工价值链低端，初级产品出口比重大，机电产品出口比例有待提高，高新技术产品在工业制成品中所占比重偏小，出口商品品牌化程度较低，这些现状非常不利于我国对外贸易的可持续发展。

（二）市场份额不断增长，但市场集中度过高

1978~2011 年，中国的货物进出口总额从 206 亿美元提高到 36421 亿美元，占世界货物贸易总额的比重从不到 1%上升到 10.4%，覆盖全球大部分国家和地区。然而从市场结构看，我国的出口主要依赖于欧盟、美国、日本

和中国香港等传统市场。2010 年，我国对上述传统市场出口共计 9339.2 亿美元，占同期出口总额的 59. 2%，市场结构明显过度集中，大大增加了我国出口贸易的风险，也让出口行业极易受到欧美市场变化的影响。

（三）加工贸易创造大量就业机会，但其出口效益持续走低

在我国庞大的出口贸易额中，加工贸易占据了半壁江山。2010 年，加工贸易出口占我国出口总额的比重为 46.9%，高于一般贸易出口占比（45.7%）1.2 个百分点。我国加工贸易解决了大约 4000 万人员的直接就业，约占我国第二产业就业人数的 20%，其相关配套产业的就业人数也在不断增大。在为大量闲置劳动力提供就业岗位的同时，加工贸易还为我国培养了大批熟练技术工人和适应国际化竞争的技术人才、管理人才。但加工贸易为我国生产企业所带来的效益比例越来越低。

（四）外贸区域集群效应充分发挥，但加大了地区间发展的不平衡

2000~2009 年的数据显示，我国东部地区进出口总额占全国同期进出口总额的 92%，中部、西部进出口总额明显落后。东部地区经济、技术、人员素质、市场资源、环境政策等优势，促进了产业集群化发展，发挥了规模效应，使我国东部地区的国际竞争力迅速提升，在全世界范围内确立了领先优势，为我国经济稳步增长起到了重要作用。但由于我国经济的增长长期以来主要由外需拉动，地方经济发展差距越来越体现在开放型经济发展差距上，地区间对外贸易发展不平衡，加剧了我国经济发展的不平衡。

与欧美等发达贸易强国相比，我们在出口产业结构、产品技术含量、创新能力以及人均贸易规模、盈利能力等方面都存在着很大差距。长期粗放式的增长，让我国外贸出口整体面临巨大挑战。对内，资源紧张、大宗商品涨价、劳动力成本上升，任何一项都对我国外贸企业的生存发展造成打击。对外，仅 2011 年，我国遭遇的贸易摩擦案件 609 起，涉案金额 12 亿美元，我国出口占全球的 10.4%，而遭受的反倾销却占全球的 40%左右、反补贴占全球 75%。可以说，国际金融危机对我国外贸的冲击，表面上看是对外贸增长速度的冲击，实质上是对外贸发展方式的冲击。转变外贸发展方式已经刻不容缓。

三、出口信用保险政策在加快转变外贸发展方式方面的作用

（一）帮助出口企业有效控制风险，提升我国外贸整体竞争力

经过不断地发展，出口信用保险已经由一种简单的保险产品发展成为综合性的全方位服务，能够全程参与出口企业风险控制，把各项产品和服务有机嵌入企业出口所需的资信调查、合同签订、生产管理、出口申报、收汇跟踪、商账追收等各个环节，增强企业的风险管控能力和抢抓订单的信心，全面提升我国外贸出口行业的整体实力。

1. 事先规避风险

通过承保前对国外进口商的资信评估、国外进口商限额管理、费率厘定等手段，出口信用保险的承保前服务能够帮助企业提前做好市场分析和买方研究，规避国外进口商的商业风险和进口国家（地区）的政治风险，使出口企业能够更大胆地开拓国际市场，并且以更加灵活的结算方式和交易手段抓住商机。

2. 及时补偿损失

一旦发生保险责任范围内的损失，官方出口信用保险机构将第一时间进行赔付。2009~2010 年，我国出口企业共获得出口信用保险赔款 9.8 亿美元，顺利渡过金融危机。2011 年 1~10 月，中国企业共获得出口信用保险赔款 5.8 亿美元，其中，在利比亚战乱中受损的企业共获赔款超过 4 亿元人民币，企业得以及时恢复生产，确保稳健经营。

3. 全力追偿减损

借助国家主权信用和强大的全球追偿网络，2009~2010 年，我国出口信用保险两年共实现追偿收入 1.37 亿美元，减少了国家和企业的损失。2011 年，在加大追偿力度、提高追偿技术、拓宽追偿渠道等多方举措的支持保障下，前 10 个月就已经实现追偿收入 1.5 亿美元，同比增长 135.7%。

（二）发挥政策杠杆作用，优化外贸结构

出口信用保险政策调控对外经贸活动的两大砝码是限额与费率。依靠对限额与费率的安排，出口信用保险机构既维持着促进出口和风险保障之间的平衡，又维持着国家产业结构的平衡。通过发挥政策导向、严格风险管控、

优化外贸结构等途径，最终实现外贸出口全局利益最大化。

1. 支持重点行业和重点企业

出口信用保险能够以政策倾斜的方式支持重点行业发展，引导企业调整出口产品结构。2011 年 1~10 月，出口信用保险累计支持机电产品、汽车整车及零部件、船舶、高新技术、纺织品、轻工产品、农产品和医药产品八大重点行业出口达到 1410. 7 亿美元，占同期出口信用保险保额的 81.%。同样的，重点行业的重点企业，也是出口信用保险政策支持的主要群体。近年来，一批拥有自主品牌的重点民族企业，如中兴、华为等，在出口信用保险政策的支持下跻身世界电信行业前列。

2. 支持开拓新兴市场

面对我国出口市场集中程度过高的问题，出口信用保险政策大力支持并引导企业开拓和占领风险较高但发展潜力巨大的新兴市场。2002~2010 年，出口信用保险支持承保新兴市场业务累计超过 2300 亿美元，高于同期对四大传统市场业务的承保总额。2011 年以来，我国出口到新兴市场的业务，投保出口信用保险规模持续扩大，1~10 月新增承保金额达到 961.1 亿美元，预计年底在新兴市场地区责任余额将会上升到 735.3 亿美元。出口信用保险政策的清晰导向，有力地推动了国家出口市场多元化战略的实施。联想集团、奇瑞汽车、海尔集团等一大批引领中国产业发展方向的行业龙头企业，在出口信用保险的支持下，不仅在传统市场地位日益稳固，也在以往难以进入的市场打开了局面。

3. 协调各种贸易方式共同发展

多年来，出口信用保险政策对我国一般贸易出口的支持力度逐年加大，出口信用保险对一般贸易出口的渗透率（承保金额占出口总额的比重）从 2002 年的 1.9%上升到 2010 年的 22.8%，2011 年 1~10 月，更是上升到了 23.4%，为做强做大一般贸易做出了显著的贡献。当前，国家全力促进加工贸易转型升级，出口信用保险对加工贸易出口业务采取应保尽保的积极承保政策，推动机电产品、高新技术产品和 6 大类传统劳动密集型商品的重点加工贸易企业加快转型升级，提高竞争力。与此同时，在支持服务贸易方面，出口信用保险的风险保障功能已经惠及文化产业、飞机维修、项目咨询、油井勘探、芯片测试等多种服务贸易出口领域。

4. 协调区域经济发展

根据国家区域发展战略，在遵循信用保险基本原理的基础上，出口信用保险承保政策在实施过程中因地制宜、多措并举，促进区域经济全面协调发展。首先是推动东部沿海地区经济转型升级。几年来，出口信用保险重点支持了江苏省的光伏、船舶、轨道交通等产业，浙江省的装备制造、生物制药等产业，广东省的电子信息、家电等产业，提升了整个东部地区的产业层次和产业竞争力。其次是支持中西部地区承接产业梯度转移。通过加大服务网络建设，增加资源投入等方式，出口信用保险对中西部企业的综合服务能力得到了提高，2011 年 1~10 月，出口信用保险在西部 11 个省市自治区和中部 6 省的承保规模达到 193.2 亿美元，间接推动中西部地区出口以明显高于全国同期总体出口增速的速度增长。

（三）促进国际收支平衡，为转变外贸发展方式创造良好外部环境

随着对外开放程度的不断深入和我国贸易大国地位的逐步确立，我国出口信用保险政策的内涵已经有了新的延伸。其中，进口信用保险业务和海外投资保险业务的推出，将对促进进出口平衡发展、推动利用外资和对外投资协调发展产生积极推动作用，有助于促进国际收支平衡，为转变外贸发展方式创造良好的外部环境。

1. 促进进口与出口贸易平衡

面对严峻的贸易失衡形势、愈演愈烈的贸易摩擦以及巨大的人民币升值压力，早在 2008 年国家就已经开始试点推行进口信用保险业务，为企业进口过程中的预付款风险提供保障，以此鼓励进口，缓解我国巨额外贸顺差困局。同时，我国进口信用保险还有一项重要功能，就是重点扩大先进技术、关键零部件、国内短缺资源和节能环保产品进口，以优化进口结构。

2. 推动对外投资与对外出口协调发展

在国际上，海外投资保险属于出口信用保险机构三大主业之一，是出口信用保险政策的重要组成部分。其主要职能是通过提供中长期政治风险保险服务，支持和鼓励本国投资者积极开拓海外市场，扩大本国商品在国外市场的份额；积极开展国际经济合作，整合全球资源优势，提高对外承包工程和劳务合作的质量。

四、推进出口信用保险，加快外贸发展方式转变的现实路径

近年来的探索和实践证明，出口信用保险作为符合国际惯例的出口促进工具，是体现政策意图、落实产业规划、实施经济发展战略的重要工具，是

商务部门推动外贸发展方式转变的重要抓手，受到各级政府、广大出口企业的欢迎和肯定。进一步加强信贸协作，加快推进我国出口信用保险工作，为外经贸企业提供金融创新服务，实现外经贸发展方式的转变。

（一）进一步扩大出口信用保险市场覆盖面

面对新的形势，出口信用保险公司应该始终牢记自身的政策性使命，进一步提升政策性出口信用保险服务水平。商务部门要加强与出口信用保险公司的合作，加大政策宣传与引导，继续扩大出口信用保险承保规模和市场覆盖面，积极探索适合平台投保、网络营销和中小企业集群投保的承保模式，进一步简化流程、降低费率、提升服务，迅速扩充客户数量，扩大支持出口规模，进一步提升出口信用保险服务我国外经贸发展的能力。

（二）明确重点，进一步优化外贸出口结构

为落实新兴产业发展规划和重点产业调整振兴规划，出口信用保险公司应明确光伏、船舶、轨道交通、高新技术、农产品等为重点支持的行业，优先倾斜承保资源，引导企业转变发展方式，调整出口产品结构。加大承保资源向优势产业倾斜，大力推动外贸发展方式转变，进一步加大对战略性新兴产业的承保力度；进一步支持我国企业大型成套设备出口、开展国际工程承包和海外投资活动；进一步创新承保模式，优化限额审批、理赔等业务流程，不断提高专业化服务能力；进一步完善风险管理体系，不断加强风险管控和风险预警服务，努力为实现外贸“转方式、调结构”提供强有力的政策性金融服务，为我国开放型经济又好又快发展做出更大贡献。

（三）服务地方，进一步助推区域经济持续发展

出口信用保险公司应因地制宜，结合各地产业特点，积极调整和完善承保政策，大力促进外经贸快速发展。如何寻找适合地方特点的出口信用保险方式，实现外贸发展方式的转变，是各级政府必须认真思考并需持续努力的现实课题。

参考文献：

[1] 黄娟. 中国出口鼓励贸易政策的经济效率问题 [J]. 财贸经济，2006 (10).

[2] 谢利人，唐淑娥. 出口信用保险的福利经济学分析 [J]. 保险研究，2007 (1).

[3] 谷祖莎. 对我国出口信用保险的分析及发展思考 [J]. 商业研究，2005 (15).

[4] 侯伟鹏. 出口信用保险对我国出口贸易影响的实证分析 [D]. 对外经济贸易大学

硕士学位论文，2006.

[5] 陈卫. 完善我国的出口信用保险的对策思考 [J]. 生产力研究，2009 (12).

[6] 李峰. 发展中国出口信用保险的对策研究 [J]. 经济问题，2008 (11).

助力中小出口企业融资的出口信用保险研究

栾　红[1]

一、我国中小出口企业发展现状

20 世纪 90 年代中后期，随着我国市场化程度的提高以及国内外贸易环境的变化，以出口为主的中小型企业得到了全面而充分的发展，在国外打造了属于自己的海外市场，以物美价廉的优势，对我国经济发展发挥了相当重要的作用。目前，我国中小企业已达 1023 万户，占全国企业总数的 99%以上，创造的最终产品和服务价值相当于国内生产总值的 60%左右，上缴的税收接近 50%，为社会提供了 80%左右的就业岗位。我国 65%的发明专利、75%以上的技术创新、80%以上的新产品的开发大多是以中小企业完成的。中小型企业在我国的对外贸易发展中成绩显著，其出口额占全部商品出口额的 70%左右，在服装、纺织品、玩具等家居用品及轻工制品等劳动密集型产品的出口中，中小企业占相当大的比重；在电子通信设备产品、生物技术等高技术领域，中小企业出口比重也逐步提高。在广东、浙江等一些沿海省市，中小企业已成为境外投资的重要力量。

但是，近年来受美国次贷危机引发的全球范围经济下滑、欧债危机、外部需求萎缩、人民币汇率持续上升、原材料价格大幅上涨等不利因素的影响，使劳动密集型产品，技术含量较低的中小出口企业受到前所未有的冲击，出现出口下滑，经营亏损甚至倒闭的现象。中小型出口企业的持续发展

---

① 栾红（1962~），女，山东威海人，北京工商大学经济学院副教授。研究方向：财产保险、海上保险。邮箱：cowinchina@yahoo.com.cn。

面临着严峻的挑战。据 2011 年 5 月的《中华工商时报》报道，由于融资困难，缺乏资金周转，浙江、广东、江苏等地中小出口企业闹起了“钱荒”，出现大量企业处于停工、半停工状态甚至倒闭的现象。温州市有 35 家出口导向型企业销售产值同比下降 7%，利润同比下降 30%左右，单笔订单平均金额比上年同期下降的占 16.7%。这些企业中亏损的占 1/4 还多，仅三成企业利润保持增长。而位于广东省的珠三角地区，在生产成本快速上涨和市场萎缩的双重挤压下，大批中小型加工制造企业处于半停状态，少数企业开始倒闭。这种现象的出现，固然有诸多因素的影响，但融资难的问题尤为突出。

二、我国中小出口企业融资难的成因分析

（一）入市门槛高，直接融资渠道受阻

在市场经济条件下，企业的融资可以采取直接融资的方式，即通过发行企业债券、企业股票上市等形式筹集资金。但证券市场门槛高，创业投资体制不健全，公司债发行的准入障碍，使得中小出口企业难以通过资本市场公开筹集资金。据国际金融公司研究资料，我国私营企业资金来源中，公司债券和外部股权融资不足 1%。

（二）自身条件受限，间接融资渠道不畅

企业的间接融资主要是通过银行贷款。但目前的银行与企业之间存在的信息不对称，加剧银行贷款风险，导致间接融资的不顺畅。首先，由于中小企业资产规模小，除少量高科技创业企业外，大部分研发投入少、技术水平落后，难以适应不断更新的市场需求和日益激烈的市场竞争，其抗市场波动的能力也相应比较低，因此经营风险比较大。其次，中小企业高比率的倒闭风险使得金融机构的风险和收益不对称，特别是在我国贷款利率存在管制的状态下，银行面临的风险在利率上得不到完全补偿。再次，中小企业资金需求一次性量小、频率高，也加大了融资的复杂性，增加了融资的成本和代价，对其还款能力造成不利影响。最后，由于部分中小企业的财务报告制度落后，信息不透明，缺乏审计部门确认的财务报表和良好的经营业绩，增加了银行对企业财务信息的审查难度，银行经营面临的风险较大。

（三）中小企业信用状况不佳，加剧融资困难

企业信用是企业履行各种经济承诺的能力及可信度，是企业的基础素质、财务状况、资产质量、经营状况、社会信誉、发展潜力等各方面综合素质的集中体现。目前，我国的部分中小出口企业由于缺乏对融资信用的足够重视，频频出现恶意拖欠贷款的现象，造成信用状况不佳，也加剧了中小企业的融资困难。

（四）信用担保制不健全，融资活动受限制

提供抵押几乎是目前所有公司获得贷款的主要方式，但许多中小企业没有能力为贷款提供足够的抵押。虽然我国已有 30 个省、自治区和直辖市开展了省级或市级中小企业信用担保体系的试点，对便利中小企业的融资起到了一定的作用，但是依然存在很多问题：一是担保机构的注册资本质量不高；二是担保体系不健全；三是具体运作管理方式缺陷。担保公司对申请担保企业的审查苛刻，使许多无法获得银行贷款的中小企业同样无法获得担保公司的担保。

（五）民间融资成本高、风险大

一部分中小企业从合法融资渠道难以融资，不得不依靠民间借贷来解决流动资金问题。民间借贷虽然获取贷款容易，但借贷金额小，且利率高出银行很多，还款利息会让企业不堪重负，出现资金链断裂的现象，其结果是缺乏资金周转导致停工、停产甚至倒闭。

综上所述，虽然中小出口企业融资渠道有多条，但现阶段的主要途径还是来自银行的贷款，而完善的信用体系是银行贷款的关键。中小出口企业除了自身应提高其信用度，构建融资信誉外，加快信用担保体系建设，合理运用出口信用保险制也是明智的选择。

三、出口信用保险是中小出口企业融资的有效途径

（一）出口信用保险的含义与作用

出口信用保险（Export Credit Insurance），也叫出口信贷保险，是各国政府为提高本国产品的国际竞争力，推动本国的出口贸易，保障出口商的收汇

安全和银行的信贷安全，促进经济发展，以国家财政为后盾，为企业在出口贸易、对外投资和对外工程承包等经济活动中提供风险保障的一项政策性支持措施。出口信用保险符合 WTO 有关规则，是《补贴和反补贴措施协议》原则中允许采用的支持出口的政策性手段。由于它能充分体现政策导向又符合市场化原则的特征，因而普遍为各国所采用。目前，全球贸易额的 12%~15%是在出口信用保险的支持下实现的。随着经济的发展，国际市场竞争日益激烈，买方市场普遍形成，传统的支付方式受到挑战，出口企业面临贸易领域的风险进一步加大，出口信用保险的作用更加突出，在防范企业收汇风险、增强企业出口信心、提升企业国际竞争能力以及便利企业贸易融资等方面有着其他金融工具无法替代的作用。

第一，出口信用保险会降低收汇风险，使企业利益得到保障。实施出口信用保险的目的就是通过承担国际贸易中的收汇风险鼓励企业出口创汇，出口信用保险使企业在出口贸易损失发生时获得经济补偿，维护出口企业权益，避免呆、坏账发生，保证出口企业稳健运行。

第二，出口信用保险有利于出口企业采取灵活的贸易结算方式，开拓多元化国际市场。有出口信用保险保障，出口商可以放心地采用更加灵活的贸易结算方式，开拓新市场，扩大出口，从而提高企业在国际市场上的竞争力。

第三，出口信用保险有利于解决信息不对称的问题。信息资源的短缺使出口企业在贸易交往中处于被动局面，通过出口信用保险有利于出口商获得买方资信调查和其他相关服务，加强信用风险管理，事先避免和防范损失发生。

第四，出口信用保险便于出口企业的贸易融资。出口信用保险与出口融资相结合，是出口信贷的重要组成部分，是出口商获得信贷资金的条件之一。

（二）我国出口信用保险的产生与发展

我国的出口信用保险是在 20 世纪 80 年代末，随着改革开放和对外贸易发展的需要而建立起来的。1989 年国家责成中国人民保险公司负责办理出口信用保险业务，以短期业务为主，1992 年开办了中长期业务。1994 年成立的中国进出口银行，也具有办理出口信用保险业务的权力。至 1998 年中国进出口银行和中国人民保险公司共同办理出口信用保险业务。这一阶段中国出口信用保险发展速度缓慢，规模有限，出口信用保险金额一直占同期出口比重的 1%左右，出口信用保险并没有成为大多数出口企业规避收汇风险的主要工具。2001 年，在中国加入 WTO 的大背景下，国务院批准成立专门的国家信用保险机构——中国出口信用保险公司（中国信保），由中国人民保险公司和中国进出口银行各自代办的信用保险业务合并而成。自此，我国的信用保险业务实现了跳跃式的发展。资料显示，2011 年中国信保对我国出口的渗透率已达 11.2%，达到世界平均水平。2002~2011 年，中国信保承保金额从 2002 年的 27.5 亿美元增加到了 2011 年 11 月的 2275.3 亿美元，年均增长率达到了 70.5%，发展速度远远超过了同期 GDP 和出口贸易的年均增长率。特别是在国际金融危机期间，在国家出口信用保险政策的有力推动下，2009 年至 2011 年 11 月，中国信保共承保“出口到新兴市场国家”、“长账期赊销出口”等风险较高的业务 3146.3 亿美元，占承保总额的 73%，大大提振了出口企业的信心，缓解了企业“有单不敢接”的难题。

经过 20 多年的探索，我国的出口信用保险有力地支持了电力、电信、轨道交通、船舶等行业走出去，在保证企业安全收汇方面发挥了重要作用；同时有效地推进国产设备、材料、技术的出口及劳务和国内资本的输出，加快我国产业升级和结构优化。目前，针对中小出口企业的特点，出口信用保险推出更多举措，提升风险保障程度，通过保单获得银行贸易融资；简化相关的投保和理赔手续；加快理赔速度，采取集约化、批量化的投保方式，为更多企业提供服务。

四、运用信保融资解决中小出口企业融资难的建议

信保融资是指企业利用出口信用保险的保单进行融资的方式。信保融资在一定程度上帮助出口企业摆脱了因抵押、担保能力不足，无法获得银行融资的尴尬局面，为企业扩大出口规模，提高竞争能力创造了有利条件。

（一）通过信保融资来提高银行的放款积极性

信保融资可以在一定程度上规避付款人不付款的风险，使得银行借款人的第一还款来源得到保障，减少了银行信贷风险，提高了银行的放贷积极性，从而便利企业获得资金融通。出口企业在利用中国出口信用保险公司的保单操作融资时，可在货物装船的当天向相关业务银行申请贷款，最高可以申请应收账款 80%的贷款额度。通过此举，出口企业不必再苦等贸易合同中约定的放账期，提前将应收款变现，将资金用于采购原材料、安排生产和下一次出运。利用信保融资解决中小企业融资难会带来良好的效果。资料显示，2011 年，中国出口信用保险公司带动银行为深圳地区的企业融资超过 50 亿美元，深圳地区有 20 多家中资、外资银行可以为企业提供信保项下融

资服务，包括中国银行、建设银行、国家开发银行、国家进出口银行、荷兰银行、汇丰银行、渣打银行等。

（二）开发信用保险贸易融资业务，解决出口企业资金需求

贸易融资是指销售商投保信用保险并将赔款权益转让给银行后，银行向其提供贸易融资，在发生保险责任范围内的损失时，保险公司根据《赔款转让协议》的规定，将按照保险单规定理赔后应付给销售商的赔款直接全额支付给融资银行的业务。

信用保险项下的贸易融资不同于过去传统意义上的抵押、质押和担保贷款，它是以销售商应收账款的权益作为融资基础，通过对建立在销售商资金实力和商业信用基础上的偿付能力的全面分析，在销售商投保信用保险并将赔款权益转让给融资银行的前提下，银行针对销售企业的真实销售行为和确定的应收账款金额提供的一种信用贷款。这种全新的融资模式使销售企业，特别是中小出口企业摆脱了因为抵押、担保能力不足，而无法获得银行融资的尴尬局面，为其扩大经营规模，提高竞争力创造了有利条件。出口信用保险项下融资业务，是银行针对已投保中国出口信用保险公司短期出口信用保险的企业提供融资授信额度，并在额度内办理押汇和人民币贷款等，它是解决出口企业资金需求、加速企业资金周转的有效途径。

（三）利用出口信用保险规避汇率调整的风险

通常情况下，中小出口企业从出货到收汇，中间要经过 2~3 个月的时间，外汇很可能因为汇率变动而变得“不值钱”；出口信用保险项下的融资业务是一种信用授信方式，出口企业一般无须提供担保即可获得融资，还可灵活选择融资币种。融资货币既可以是人民币，也可以是出口业务的结算货币，企业可以选择适当货币，以避免汇率风险。此外，出口企业利用信用保险，从银行获得美元贷款，收汇以后，也只需要用美元归还银行的贷款，不受人民币升值的影响，从而规避汇率调整的风险。在缓解出口企业资金压力的同时，也在一定程度上规避了人民币升值带来的汇率损失。

（四）为中小企业量身打造适合的保险产品

根据中小出口企业的特点，设计低费率、低保额、手续便捷、投保成本低的产品非常重要，这样可以鼓励中小企业积极投保，规避风险、解决资金运转。中国出口信用保险公司推出的“信用保险 E 计划”比较有代表性，该计划以服务年出口额在 500 万美元以下的中小企业为核心，具有费率优惠固

定（按上年出口额的2%投保），远远低于正常投保费率，便于计算成本的优点。对单一买家本年度的每笔损失可获得70%的赔付金额，保险年度内最高赔偿额为已缴纳保险费的60倍。开通网上投保系统，使广大中小企业通过网络即可进行投保并实现业务互动，不仅可以确保中小企业能够方便快捷地获得出口信用保险支持，还大大减少了中小企业的操作手续和投保成本。企业获得电子网络保单之后，还可通过网站随时查询中国信保不定期发布的海外风险报告，在签单之前了解到交易国别以及未来交易对象的风险程度。

（五）采取集约化、批量化的投保方式

一般来说，出口信用保险是由出口企业自己投保。但中小企业由于规模普遍较小、数量较多、风险管理水平有限，尤其是其中的小微企业，抗风险能力弱，若由单个企业投保出口信用保险，会增添企业成本高、手续庞杂等顾虑。而且按每单出口来申报投保，客观上增加了保险机构的工作量。为了促进外贸出口的持续健康发展，简化相关的投保手续，采取集约化、批量化的投保方式，可以为更多中小出口企业提供服务。可以考虑由政府牵头，组织中小出口企业投保，有效地满足中小企业小订单、低成本、有保障的迫切要求；也可以推出支持中小企业出口的行业统保模式，以行业为单位，通过行业协会投保基本风险保障保单，以此打消企业的顾虑，有效解决出口企业面临的收汇安全、海外市场信息不对称、应收账款管理等问题，保障企业海外市场经营安全。

参考文献：

[1] 龙安钰. 我国中小企业融资现状及难题分析 [J]. 中国外资，2011（17）.

[2] 吴元波，王晟. 我国中小企业融资现状、问题与对策分析 [J]. 贵州财经学院学报，2008（1）.

[3] 孙永剑. 浙江广东江苏等地中小企业扎堆倒闭 [N]. 中华工商时报，2011-05-27.

[4] 钟榕华. 信用统保在厦叫好不叫座 [N]. 海峡导报，2012-04-05.

[5] 殷楠. 出口信用保险要与外贸发展匹配 [N]. 中国经济网，2012-03-27.

[6] 王和靖. 当前中小型出口企业面临的困境及对策 [J]. 合作经济与科技，2010（6）.

[7] 李希琼，李凌. 中国信保力争2011实现新突破 [N]. 中国经济时报，2011-02-14.

[8] 慧典市场研究报告网.2011年中国信保对我国出口渗透率统计分析 [OL]. http：//www.hdcmr.com/，2011-12-16.

[9] 李毅中. 国务院关于促进中小企业发展情况的报告 [R]. 中新网，2009-12-14.

贸易人才培养

贸易经济特色专业"四位一体"人才培养模式探索与实践

曾庆均[①] 杨 军[②] 宋 瑛[③]

重庆工商大学贸易经济专业设立于1987年，至今已有26年的历史，是我校传统优势特色专业。20多年来，特别是2006年以来，适应经济社会发展需求和现代贸易经济发展的新趋势、新特点，贸易经济专业积极探索与创新政产、学、研"四位互动"人才培养模式，成效明显。在重庆市教育评估院首次对全市高校所有专业满意度测评中，"贸易经济专业"在我校55个本科专业中高居榜首；重庆市大中专毕业生就业指导中心提供的资料显示，2010年"贸易经济"本科毕业生签约率为93.4%，列全市本科专业第一。

一、背景与思路

市场经济的快速发展，城市化的快速推进，商贸流通产业在我国的发展规模和发展水平不断提升，对高层次应用型高级商贸人才的需求与日俱增。但是我国高校普遍存在商贸流通人才培养与社会需求衔接不紧密、传统的封闭式人才培养模式不适应快速发展的市场经济要求的矛盾。这种矛盾在西部地区尤为突出。一方面，西部地区经济社会相对落后，开发开放相对滞后，

① 曾庆均（1963~），男，四川邛崃人，重庆工商大学教务处处长，教育部人文社科重点研究基地重庆工商大学长江上游经济研究中心副主任，中国商业经济学会常务理事。研究方向：商业经济、区域经济。邮箱：zengqingjun@ctbu.edu.cn。

② 杨军（1962~），男，四川江油人，重庆工商大学经济贸易学院贸易经济系主任、副教授。研究方向：区域商贸。邮箱：yangjun@ctbu.edu.cn。

③ 宋瑛（1977~），女，四川成都人，重庆工商大学经济贸易学院贸易经济系副主任、副教授。研究方向：区域商贸。邮箱：songying@ctbu.edu.cn。

包括商贸流通产业在内的第三产业欠发达，难以吸引海内外高级商贸人才。同时，加快开发开放的西部，迫切需要大量既懂理论又通晓政策还有实践经验的高层次商贸人才。另一方面，因为种种原因，西部地区高校在人才培养模式、教育理念、师资队伍、教学方法手段等方面还存在诸多局限性，尚未完全摆脱传统的过于偏重理论知识传授的人才培养模式，培养出来的学生动手能力弱、市场适应能力和竞争能力差，对企业业务流程不熟悉，对政府的政策意图和发展规划不了解，学生的知识和能力与政府、企业、社会的需求脱节，难以满足用人单位的需要。为此，改革商贸流通人才培养模式，创新发展理念和机制，显得十分急迫。

重庆工商大学贸易经济专业加大改革力度，经过多年探索实践，逐渐形成了“政产学研”紧密结合的“四位互动”人才培养新模式。基本思路是：以培养高素质应用型高级商贸人才为目标，坚持开放式办学的理念，着眼于社会需求和弥补短缺资源，通过“走出去”与“请进来”，整合政府商贸主管部门、商贸流通企业、高校专业教学和科研机构的资源，在人才培养的组织协调管理和用人反馈机制的建立、人才培养方案的制定、实践教学创新、师资队伍共享、科研反哺教学等领域充分体现“政产学研”的全程合作，实现专业发展与政府指导相结合、人才培养与企业需求相衔接、理论教学与实践教学相融合、科研与教学互促进的“四位互动”贸易经济人才培养模式目标。

二、“四位互动”贸易经济人才培养模式的主要内容

（一）人才培养模式改革的管理创新机制

1. 基于供应链思想，构建“政产学研”全程参与、分工合作的人才培养与管理机制

按照供应链思想，构建了政产学研“四位互动”的贸易经济人才培养与管理新机制，将人才供应链覆盖从学校到社会的全部过程。

2. 人才培养与就业直接挂钩，形成人才培养的评价反馈与适应机制

贸易经济专业在制订招生计划之前，由学校和学院根据用人单位对往届毕业生的反馈信息以及政府、企业对商贸人才的需求调查分析，确定本专业招生计划和人才培养规格（供应）；政府有关部门、商贸企业以及科研机构参与了贸易经济专业人才培养计划的制订，并且为专业教学提供了部分师资

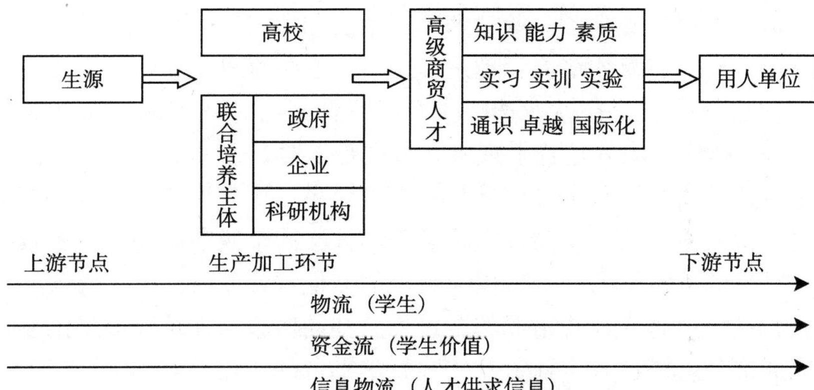

图1 “政产学研”联合培养的贸易经济专业人才供应链

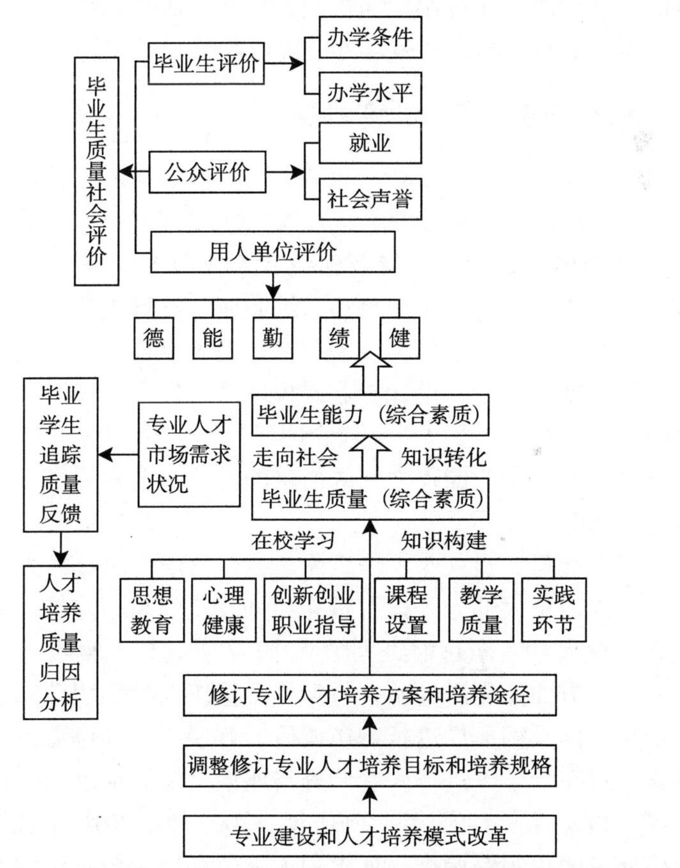

图2 贸易经济专业毕业生社会评价反馈与人才培养适应机制基本框架

和实习实践基地支持；学院依托贸易经济专业的学科优势以及长江上游经济研究中心、产业经济研究院等科研平台，积极参与了为政府、商贸企业服务的科研和培训项目，提高了专业教师和学生的知识与能力水平；政府、商贸企业在参与贸易经济人才培养管理过程中，为学院提供了就业（需求）信息和就业双向选择机会，在就业选择中及时反馈了人才培养的质量效果等信息，成为进一步完善人才培养管理机制的重要依据。

通过政产学研协同和全过程参与，更有效率、更有质量地培养高素质应用型高级商贸人才，改变了高校人才培养和社会需求脱节的现象，不仅提高了学校与学生的竞争能力，也使供应链上的其他伙伴受益：①信息流畅，双向互动，合作单位介入人才培养的全过程，共同实施人才培养方案的制订与修订、完成部分关键性教学环节及实践教学平台的建设、对学生开展就业指导、就业宣讲，并在就业过程中提供岗位支持，实现学生从高校向用人单位的逐步过渡。②形成人才使用反馈机制，据此，对人才培养方案和培养途径进行修订完善，对教学内容和教学方法进行改革。

（二）人才培养方案的共商机制

1. 成立专业建设专家委员会，共同制订人才培养方案

改变过去由院系闭门造车的培养方案制订办法，于 2009 年成立了由校内外专家学者构成的贸易经济专业建设专家委员会，该委员会是“政产学研”人才培养模式实现的有效平台和组织载体，实行主任负责制，有一半的专家来自政府和企业。专家委员会全程参与人才培养方案的制订与修订，人才培养规格与标准的设计，设计专业课程体系，确定“知识、能力、素质”、“实习、实训、实验”、“通识、卓越、国际化”三个三位一体的专业能力体系。同时，共同讨论专业课程之间的衔接问题、实践实习环节的设计、学生课外教学的设计等。

2. 注重社会调研，形成人才培养方案制订的事前调研制度

五年来，走访了大部分开设有贸易经济专业的高等院校，包括中国人民大学、北京工商大学、南京财经大学等 10 多所高校，吸收与交流同行院校在专业人才培养方面的先进经验；每年均对重庆商社集团等知名商贸流通企业以及重庆市、区县商务局进行走访调研，开展用人单位需求调查和毕业生满意度调查；对在校学生进行问卷调查与座谈交流，征求学生对人才培养的意见与建议。1990 年、1995 年、2001 年、2006 年、2010 年进行过五次大规模的毕业生质量随机跟踪调查，征求用人单位和毕业校友对学校与专业的评价意见。2010~2011 年，发放问卷 1000 余份，电话开展毕业生问卷调查 400 多份，涉及全国各地以及日本、美国、法国等地校友。

3. 以教学内容与课程体系为改革重点，形成特色课程培养体系

及时更新教学内容，探索课程体系改革，将新知识、新理论、新技术、教师科研最新成果和教学改革成果充实到教学内容中，较好地把握了公共基础课、学科基础课、专业主干课、专业选修课、通识课、集中实践教学环节、第二课堂之间的比例关系和内在结构关系，构建了应用性和专业特色性突出的专业课程体系，全面优化学生知识结构。以政治经济学、西方经济学、会计学、金融学、财政学、国际经济学、统计学等学科基础课程夯实经济理论基础；设置管理学、贸易经济学、市场营销学、零售学、物流管理等主干课程，为后续课程学习夯实专业基础；通过开设“零售与连锁”、“经纪人”两个柔性方向，并设置富有弹性的模块化的选修课程，全面提高学生专业应用能力和创新创业能力。

表 1 贸易经济专业课程体系设置一览

<table>
<tr><th>课程性质</th><th>课程类别</th><th>学分比例（%）</th><th>学分</th><th>学时</th><th>主要课程</th></tr>
<tr><td rowspan="2">通识教育模块</td><td>公共基础课</td><td>38.01</td><td>55.5</td><td>934</td><td>思想政治理论课、大学英语、经济数学、计算机、体育</td></tr>
<tr><td>文化素质课</td><td>5.48</td><td>8</td><td>128</td><td>人文社会科学、自然科学、心理健康、素质拓展培训、创业教育</td></tr>
<tr><td rowspan="3">专业教育模块</td><td>学科基础课</td><td>20.89</td><td>30.5</td><td>512</td><td>政治经济学、西方经济学、会计学、金融学、财政学、国际经济学、统计学、管理学等</td></tr>
<tr><td>专业主干课</td><td>9.93</td><td>14.5</td><td>248</td><td>产业经济学、贸易经济学、市场营销学、零售学、物流管理</td></tr>
<tr><td>专业方向选修课</td><td>25.69</td><td>37.5</td><td>608</td><td>国际贸易实务、期货交易、连锁经营、电子商务、市场调研、供应链管理、商场经营管理、商业规划、商业地产规划与管理、西方商业、商务谈判、消费经济学、经贸地理、人力资源管理等</td></tr>
<tr><td colspan="2">课堂教学学分学时合计</td><td>100</td><td>146</td><td>2430</td><td>—</td></tr>
<tr><td colspan="3">集中实践性教学环节学分</td><td>24</td><td>—</td><td>—</td></tr>
<tr><td colspan="3">最低毕业学分</td><td>170</td><td>—</td><td>—</td></tr>
</table>

（三）实践教学的创新机制

1. 高度重视实践教学环节，构建四年不间断的实践教学体系

高度重视实践教学环节、加大实验、实习、实训和毕业论文（设计）等实践教学环节，课堂教学与实验、实习教学的比例达到 70：15：20，形成“专业认知实习—实验（实训）课程—课内实验（实训）—社会实践—学年

实习与学年论文—毕业实习—毕业论文”四年不间断的、科学的实践教学体系。在此实践教学体系中，结合主要课程设计专业认知实习的内容与实习地点；通过实验教学课程体系建设，着重培养专业应用能力；在第七学期完成校内综合能力提升实验；科学利用寒暑假，完成有具体实践环节与内容的每个学期指导性实践教学方案的任务；通过开展社会实践，强化学生素质能力与社会需求的衔接；把毕业实习、毕业论文与就业工作结合起来，实现“三合一”管理，确保毕业论文和实习的质量；“第二课堂”开展计划除了必需的文化科技活动外，鼓励学生在学生创业基地设立学生创业公司，开展商贸流通类创新创业活动；通过学生社团组织“零售与连锁经营协会”等，营造创新实践氛围。此外，还强调了科研反哺实践教学。政府和企业提供合作项目，教师和学生积极参与，通过教师的科研成果进课堂、科研选题转化为学生学年论文和毕业论文的选题等方式向教学转化，提升学生专业应用能力。

2. 围绕人才培养目标，形成“五层次”的实验教学课程体系

建立了由学科基础实验、专业基础实验、专业综合实验、学科综合实验和创新创业模拟构成的“分层递进、学科专业交融”的“五层次”实验教学课程体系，与理论课程并行，理论与实验相结合，增强学生的动手能力和分析问题、解决问题的能力。

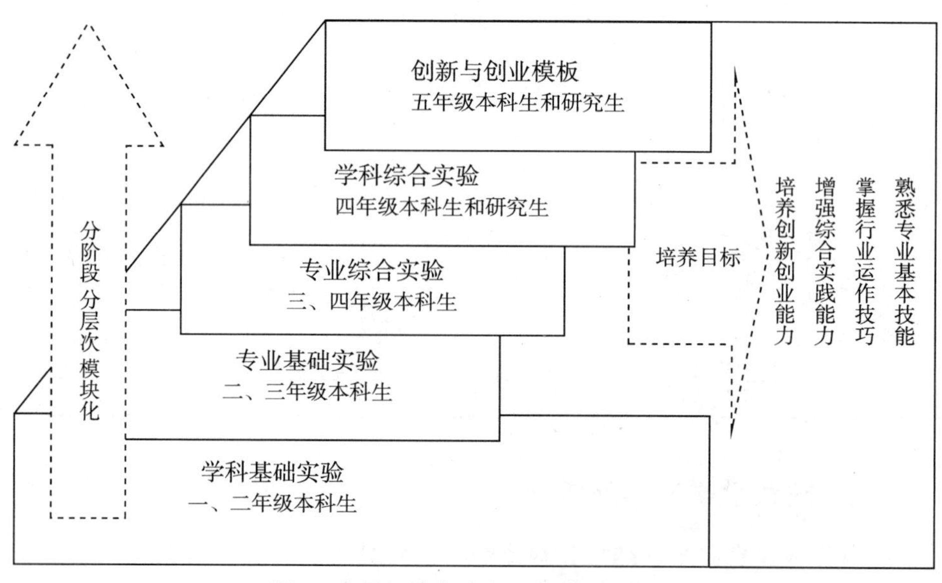

图 3　贸易经济专业实验教学课程体系

表2 贸易经济专业实验教学课程一览

基础实验	大学计算机基础、程序设计基础（VF）
学科基础实验	管理学基础实验、会计学实验、统计学实验、计量经济学实验
专业基础实验	市场营销模拟、零售企业经营模拟、国际贸易实务实验、物流管理基础实验、电子商务实验
专业综合实验	校内综合实训（“3S”与区域综合规划实训、宏观经济模拟分析等）
创新与创业模拟	学生创业公司、“四大赛事”、第二课堂科技创新活动、经贸论坛等

3. 加强“政产学研”协同，共建贸易经济专业实践教学平台

（1）依托政府，建设政府实习实践平台。依托与商贸主管部门建立的长期合作关系，与重庆市商委以及九龙坡区、渝北区、江北区、巴南区、万州区、南川区等区县商务局合作建立了政府实习实践平台，在重庆公路物流港建立了商贸物流实习实践基地，并建立了由重庆市商委、区县商务局相关领导专家组成的实习指导教师、专家团队。在重庆市大学生社会实践“六个一”活动中，利用市政府开展的大学生假期带薪实习活动，组织学生到商社集团总部、商社汽贸公司、重百超市、新世纪百货实习。

（2）依托合作企业，建设企业实习实践平台。一是突出实践基地的专业特色。与重庆商社、永辉超市、人人乐、武汉中百、重庆国际博览中心等商贸流通企业合作，共建校外实践基地。二是增加合作内容，开展了学生课程实训、毕业实习（专业实习）、师资培养、员工培训、业务交流等多方面的合作。三是注重日常维护，不定期进行走访和交流。

（3）创新合作模式，与企业共建实践教学校内平台。一是依托我校经济管理实验中心的学生创新创业基地，学校出资与企业共建学生创业公司。2011年本专业与华龙网共建了学生创业实习公司、在会展协会帮助下成立了重庆易览展览策划咨询公司。二是本专业与重庆商社集团共建《零售企业经营模拟》实验课程。从课程的规划设计、软件购买、教学大纲制定、实验指导师资培养到课程开设各个环节，均由重庆商社集团重百超市公司与贸易经济专业团队共同完成，本实验软件运行功能接近商社集团连锁超市的经营实际，营造出真实或仿真的职业环境。本实验课程还用于对重庆商社集团零售员工的在职培训。三是聘请商社集团的经营管理者和业务骨干作为“实验指导教师”，参与到具体的实验课程中。

4. 改革传统实习方式，构建全流程毕业实习新模式

2009年起，对传统的毕业实习进行了较大改革，重视集中实习，丰富与优化实习内容，充分调动了学生专业实习的积极性，由学生被动实习变为主动争取。改革主要体现在：一是重庆商社等实习单位进校宣讲与动员，为学

生宣讲企业文化、实习形势与内容、就业政策。二是实行双导师负责制，实践基地负责人被授予“经贸学院实习教师”，全面负责学生在店实习工作，学院选派教学骨干到实践基地挂职锻炼，并作为实习督导教师，配合实践基地负责人开展实习工作。三是实习与就业挂钩。在近两年来通过毕业实习，有近 20 名学生最终留在实习单位就业。四是改革实习内容，实现课题式实习。每位实习学生被安排一个课题，实习结束 15 天内向实习指导教师提交实习报告。

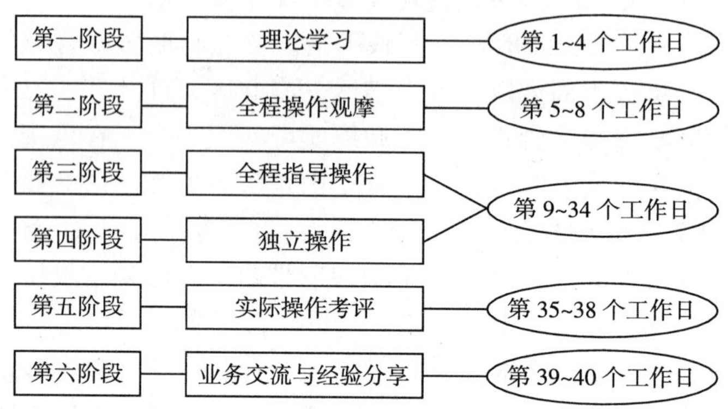

图 4 贸易经济专业毕业生社会评价反馈与人才培养适应机制基本框架

这改变了过去单纯的“顶岗实习”形式，采用三种形式、六个阶段进行全流程实职实习。三种实习形式包括理论学习、实际操作和讨论分享。实习流程分为六个阶段，从企业操作流程出发，有规划地安排学生多部门多工种流动实习，使学生能够在实习期间初步掌握超市门店的业务操作全流程。实职实习是实习学生在进入第五阶段的实习开始，以“店长助理”的实职参与后面阶段的专业实习，全面了解店长的经营管理工作。

（四）师资队伍的共享机制

1. 坚持“走出去”，提高校内专业教师理论联系实际和服务社会的能力

多年来，贸易经济专业已经形成了惯例，要求所有专业教师每年都要到政府、企业去调研考察，与政府和企业人员沟通交流，了解政府对商贸流通产业发展的政策动向，熟悉商贸流通企业的业务流程，掌握政府和企业对商贸人才培养的需求，增强理论联系实际的能力。主要途径：

一是要求所有贸易经济专业教师充分利用节假日深入商圈、市场、商场、超市，关注和掌握商圈建设、市场发展和商场经营的最新动向，丰富实践知识，为课堂专业教学积累案例素材。

二是通过承担政府、企业委托的横向科研项目，与政府、企业领导和有关人员深入座谈交流，了解政府、企业的发展思路和政策取向，提高教师的政策思维和研究能力。2005年以来，贸易经济专业教学团队，承担了重庆市商委和20多个区县商务局委托的50多个商贸流通产业规划、商业网点规划以及若干商贸流通企业的发展规划等项目的研究编制工作。参与项目研究的专业教师，在规划研究中增长了实践知识，提高了专业理论知识的综合应用水平。

三是选派专业教师到企事业单位兼职，以获得更直接的实践经验。从2009年起，贸易经济专业每年均安排2~3名专职教师到重庆商社集团挂职锻炼至少2周。在2009年、2010年、2011年的毕业实习中，学院在毕业生集中实习的每个校外实践基地均安排了一名骨干教师进行挂职锻炼，挂职锻炼的教师被授予超市门店管理助理职务，挂职期限为2周（每周5个工作日必须保证每天至少2小时在门店工作），在门店工作时间计入课时（一个工作日按照2个课时计算）。通过挂职锻炼，专业教师积累了丰富的案例经验和专业技能。

四是担任政府和企业的咨询顾问，增强服务社会的能力。贸易经济专业负责人曾庆均教授是重庆市商贸流通咨询专家委员会成员、重庆都市区网点规划专家组成员等；马云甫副教授长期担任了重庆百货股份有限公司顾问；杨军、宋瑛、徐慧副教授担任了重庆商社集团咨询顾问。

五是为政府和企业开展学术讲座和干部培训。本专业负责人先后为重庆市商委、南岸区商委、江北区商委、万盛区商务局、南川区商务局等做了10多场关于现代商贸流通发展趋势与对策的专题讲座；贸易经济专业教学团队还与重庆百货股份有限公司、重庆商社集团人力资源部、重庆盐业集团公司、重庆市商委联合举办了干部培训：2004年以来，先后为重庆百货中层干部、店长助理、班组长培训班17期共计1300人次；2009~2011年为重庆商社集团培训超市储备干部200人；2010年为重庆盐业集团培训超市后备干部50人；2011年与重庆市商委联合举办了重庆市高级会展策划师培训班，参加培训的政府商务主管部门干部和会展企业管理人员85人。这些受训干部已成为上述企业的业务骨干，培训获得政府和企业好评，贸易经济专业教师的能力也得到提升和社会认可。

2. 积极"请进来"，邀请校外专家型官员和企业家进校讲座授课和担任学生学业导师

一是聘请校外专家担任贸易经济专业兼职教师，邀请政府、企业和研究机构的专家为学生讲课、讲座或职业生涯座谈交流。自2006年以来，先后

邀请了重庆市商委、部分区县商务局专家、重庆商社集团高级管理人员等20多人为贸易经济本科学生举办了学术讲座、直接授课和创业座谈交流。还从符合条件的政府官员中遴选了硕士研究生导师，直接参与我校贸易经济专业高层次的人才培养。二是将外聘教师的教学活动纳入人才培养方案和教学计划，将部分实用性强的课程，如《商场经营管理》、《商业政策法规》等，安排由校外实战型兼职教师完成授课任务。

3. 校内外师资合作，探索共同培养学生能力的新途径

为解决校内实战操作型师资缺乏的矛盾，近年来，贸易经济专业探索了利用企业资源，校内外师资合作培养学生实际操作能力的途径，主要是通过校外实战专家和业务骨干担任学生实习实践指导教师，实行“辅导员+校内专业教师+校外实习导师”的学生实习实践教学管理模式。2009年和2010年，贸易经济专业在毕业班学生集中实习基地尝试了这种合作模式。学院这两年安排了两批共50余名贸易经济专业毕业班学生到商社集团超市示范店——新世纪超市世纪商都店和重百超市观音桥店集中实习，在为期1个月的实习中，超市门店为每个学生安排1名业务骨干担任指导老师，按照师傅带徒弟的模式，负责对学生进行业务指导和考核，学院安排1名贸易经济专业教师配合辅导员对该实习点的学生进行专业实习跟踪管理和评价。

（五）科研反哺教学机制

1. 进入科研平台，提升专业教师的科研能力

一是专业教师进入长江上游经济研究中心（教育部人文社科重点研究基地）、产业经济研究院（重庆市人文社会科学重点研究基地）担任兼职研究人员，实现了教学和研究机构的紧密结合与互动发展。二是充分发挥学科专业优势，鼓励专业教师积极参与为地方经济服务的各项工作，与地方政府和商贸企业的合作科研。先后承担国家三峡建设委员会、重庆市人民政府、重庆市规划局、重庆市商委以及20多个区县商务局委托的“十一五”和“十二五”商贸流通产业发展规划、商圈发展规划、专业市场发展规划、商业网点规划，以及重庆粮食集团巴南粮油公司“十二五”发展规划、贵州遵义供销社改革与发展研究等商贸流通企业的规划研究，确立了我校贸易经济专业在重庆市商贸流通产业发展规划研究领域的地位和影响，得到重庆市商业委员会以及区县商务局的高度评价和认可。同时，吸收贸易经济专业本科学生参加课题调研，锻炼和提高学生的实践认知能力。

2. 通过“三进”方式，形成科研促教学、科研反哺教学的机制

多年来，贸易经济专业十分重视科研教学互动、科研反哺教学机制的探

索实践，通过“三进”的方式，即科研成果进教材、进课堂、进学生论文，实现科研反哺教学、推动教学水平和学生能力的提高。

一是科研进教材，推动优质教材建设。在贸易经济专业教学团队科研成果基础上，主持编写了《零售学》、《网络零售学》、《网络零售支付与结算》、《连锁经营管理》、《贸易经济学》等教材和讲义，其中《零售学》、《贸易经济学》评为重庆市级精品课程。组织和带领学生对重庆百货股份有限公司的10多个商场进行了深入的实习调研，对每个商场的经营现状和对策建议进行了全面的分析，形成了较高质量的研究报告，在此基础上形成了讲义，也作为重百超市经营管理人才培训案例教材。

二是科研成果进课堂，促动课堂教学质量提高。贸易经济专业要求专业教师结合自己的科研项目给学生授课、讲座，提高教学质量。科研项目成果运用到课堂，且深受学生欢迎的专业课程有《贸易经济学》、《零售学》、《商业规划》、《商场经营管理》等。

三是科研成果进学生论文，带动学生科研创新，提高毕业论文质量。贸易经济专业学生毕业论文选题和科技创新基金项目选题大多来自教师的科研项目涉及的领域，2008~2011年，贸易经济专业学生申报立项的校级科技创新基金项目达到19项，在全校各专业中位居前列。

三、“四位互动”贸易经济人才培养模式的特色和创新

（1）通过“走出去”与“请进来”，整合政府商贸主管部门、商贸流通企业、高校专业教学和科研机构的资源，在人才培养的组织协调管理和用人反馈机制的建立、人才培养方案的制订、实践教学创新、师资队伍共享、科研反哺教学等领域充分体现“政产学研”的全程合作，构建了专业发展与政府指导相结合、人才培养与企业需求相衔接、理论教学与实践教学相融合、科研与教学互促进的“政产学研”“四位互动”的贸易经济人才培养模式。

（2）充分挖掘与利用“政产学研”资源和平台，建立了多渠道、多途径、课内课外结合、校内校外结合、持续不断的实践教学创新机制，形成“社会实践—专业认知实习—课程实习—课程实验—课程设计—学年实习与学年论文—专业设计—毕业实习与毕业论文”四年不间断的实践教学体系；依托政府与企业，共建“政产学研”结合的实习实践基地，构建了专业特色突出的校外实习实践平台。

（3）通过“三进”方式，即科研成果进教材、进课堂、进学生论文，形

成科研促教学、科研反哺教学的机制，推动教学水平和学生能力的提高。

四、“四位互动”贸易经济人才培养模式的应用成效

（一）专业建设成果显著

2007 年，贸易经济专业被评为重庆市特色专业；专业主干课程《市场营销学》、《零售学》、《贸易经济学》分别在 2004 年、2006 年、2011 年被评为重庆市精品课程；贸易经济教学团队 2010 年被评为重庆市教学团队；“基于‘政产学研’协同的现代商贸流通人才培养模式创新实验区”2011 年评为校级人才培养模式创新实验区；以贸易经济专业为重要依托的经济管理实验教学中心，评为国家级教学示范中心建设单位。以贸易经济专业改革成果为重要依托的《西部地区财经院校经管类专业高层次应用型人才培养模式的创新与实践》获第六届国家级教学成果二等奖。

（二）教学成果的认可度高

（1）专业满意度好。近年来本专业新生入学录取平均分数和第一志愿填报率位居全校前列。2009 年，重庆市教育评估院首次对全市高校所有专业开展了满意度测评，“贸易经济专业”在我校 55 个本科专业中高居榜首。

（2）就业比率高。近三年共培养学生 360 人以上，学位率和就业率均达到 95%以上，毕业生一次就业率平均在 98%以上。根据重庆市大中专毕业生就业指导中心提供的资料，2010 年我校“贸易经济”本科专业毕业生签约率达到 93.4%，位居全市本科专业之首。

（3）社会评价好。本专业毕业生遍及全国各地，是我国商业行政管理部门和零售商贸企业的业务骨干，他们中毕业 10 年以上的多数已成为企业的中高层经理，少部分成为区、市、县的主要领导。对贸易经济专业毕业生的工作情况，80%以上的单位的回访信息表示满意，10%左右表示基本满意，仅有 5%左右的回复表示某些方面的能力略有欠缺，还没有不满意的回复意见。

（三）教学成果的培养实效

（1）科研能力提高。2008~2011 年，贸易经济专业学生申报立项“农产品流通领域农民专业合作社研究”等 19 项校级学生科技创新基金项目，位

居全校前列。充分利用本专业教师主持、承接的大量商贸流通研究课题，让大量学生参与到老师项目的运作与课题研究过程中。近五年来，贸易经济专业学生公开发表专业论文30余篇，100余人次参与教师科研课题研究。

（2）应用及创新实践能力增强。近年来，贸易经济专业的学生就获得全国数学建模大赛、职业规划大赛、全国商科院校技能大赛、创业模拟大赛、商务谈判大赛、全国大学生英语竞赛等各级各类竞赛奖项几十项，仅2010~2011年，就获得国家级奖项10项，省部级奖项9项。

参考文献：

[1] 王崇举. 复合性应用型开放式人才培养模式探索［M］. 中国出版集团现代教育出版社，2008.

[2] 唐淑云. 贸经专业应用型人才培养与实践脱节的成因分析及其思考［J］. 湖南科技学院学报，2005（12）.

我国服务贸易人才培养发展战略初探

边　清[①]　朱振荣[②]

一、我国服务贸易发展的现状

作为国际贸易的重要组成部分，服务贸易在各国国民经济中的地位和作用日益明显。服务贸易已经成为世界各国产业结构调整的工具，随之服务贸易也得到了世界各国的高度重视，总体呈现出快速发展。自 2001 年中国加入世界贸易组织以后，根据世界贸易组织《服务贸易总协定》（GATS）的规定，中国逐渐敞开服务业的大门，并且也非常迅速地融入到世界服务大市场中，把“入世”后的中国服务行业推向了竞争激烈的国际市场前沿。在这十年期间，我国的服务贸易地位逐渐提升，进出口规模在不断地扩大。

根据中国商务部服务贸易统计数据显示，2001 年中国服务贸易的进出口总额为 719 亿美元，虽然在 2009 年受到了全球金融危机的影响，中国服务贸易进出口总额相比上一年下降了 6%，但其总额相对于“入世”以后仍然显著增加。同世界其他国家相比，中国服务贸易进出口总额在全世界上的排名由 1989 年的第 30 位上升到 2009 年的出口、进口分别位居世界第 5 位和第 4 位。

尽管我国的服务贸易已取得一定的成就，但是我们也要看到其不足之处。简单概括为以下几点：

---

① 边清（1991~），女，安徽全椒人，北京工商大学经济学院国际贸易学专业 2011 级硕士研究生。研究方向：国际贸易。邮箱：blairqq@163.com。

② 朱振荣（1970~），女，安徽潜山人，北京工商大学经济学院副教授、硕士生导师，中国政法大学国际法学院博士生。研究方向：国际贸易争端解决机制、国际贸易实务。邮箱：zhuzhen-rong88@sohu.com。

（一）进出口结构不合理

我国的服务贸易增长较快的主要分布在旅游、运输、建筑等传统服务业部门，其出口占中国服务出口的一半以上，其主要属于资源型和劳动密集型产业。而资本密集型服务如航空、通信、建筑以及技术，知识密集型服务如金融、计算机和信息服务等部门对中国服务贸易的贡献微弱，而往往这些部门如金融保险、咨询、信息才是当今国际服务贸易发展的重要部门，中国的服务贸易仍以传统的落后方式增长，因此国际竞争力很低。当前我国服务贸易的主要矛盾已经演变成日益增长的现代服务产品的需求扩大与传统服务行业发展不相适应的矛盾，中国服务业无法面对国际服务行业的冲击，这也制约了我国服务业今后向技术、资本密集型转变。

（二）区域发展不平衡

我国的服务贸易主要集中在占据地理优势地位的沿海发达地区，东部地区充分发挥人才、物流、信息和资金等方面的集中优势和交通、研发、设计服务等行业的集群优势，重点发展金融、运输和信息领域的服务，培育一批物流中心、金融中心、研发中心和设计中心，带动咨询、计算机和信息服务、服务外包等现代服务贸易的快速增长。目前，东部沿海地区已经初步形成了以人力资本密集为特色的现代服务贸易聚集发展态势，而西部地区由于运输成本高、离国际市场远等地理位置上的各种劣势的存在，经济贸易的发展始终远远落后于东部地区，这就造成了东部快速发展、中西部发展缓慢的不合理格局。

（三）劳动力的比较优势连续减少

我国一直以劳动力资源非常丰富为经济发展的一大优势，也因此制定了加快劳动密集型服务贸易发展的战略。但是我国的劳动力“比较优势”仍然值得商榷。因为在当今知识经济时代，劳动力的比较优势重点体现在劳动者自身的素质水平和高新技术的应用能力上。而服务业是智力密集型行业，对从业人员的素质要求较高，否则就难以提供有高附加值的服务。根据我国第五次人口普查数据分析发现，从事金融保险业人员具有研究生学历的高层次人才不足1%。因此，我国如果不加快人力资源的开发，鼓励创新型知识密集型产业的发展，现有的劳动力比较优势就会在国际竞争的浪潮中逐渐丧失。

二、我国对外服务贸易型人才现状

根据中国国际贸易促进委员会相关数据显示，在2010年内，我国具有外贸进出口权的企业外贸人才需求按每家新增企业10名外贸专才算的话数量就达到80万。从供给方面来看，截至2010年我国高等院校经济类毕业生即使全部从事外贸类工作数量也不到30万人，这就造成了服务贸易人才在供需数量上存在将近50万的缺口，而且以上数字只是在供给方面笼统地把贸易人才给划分了进来，并没有对其从事货物贸易和服务贸易进行又一方面的分类，然而近些年来，中国的贸易人才大多还是以从事货物贸易为主的，服务贸易型人才相对而言仍有不足。外贸专业化人才在供需方面的严重失衡不仅为服务贸易人才的培养带来了机遇，也同时带来了高度挑战。由于受我国的特殊国情所致，我国的外贸人才呈现出以下问题：

（一）理论知识深厚而实践能力不足

我国应试教育的长期存在，使得大多数大学生大多时间是在“象牙塔”里学习，很少走向社会，而且高校教育也普遍重视课堂教学而轻视实践教学，使得高校毕业生在找工作时缺乏实际动手能力，缺乏工作能力的弱点使得大学生在遇到问题的时候往往不知所措，对一些基础的外贸跟单流程了解甚少，而且在学校所学的国际贸易理论知识有时不能契合企业需求，职业技能缺乏，自然不能在职场中站稳脚跟，更不会形成服务贸易专业化人才队伍。

（二）外语交流沟通能力较弱

2007年11月麦可思公司联合盖洛普、零点调查公布的一项调查显示，3972个企事业单位中，73.8%的企业在对员工职业技能评估中，把包括交流、有效写作等能力在内的基本技能与专业技能同等对待。除了专业知识和技能外，现在的用人单位越来越看重应届生的“软实力”。参照国外的能力分类，“软实力”包括口头表达能力、演绎推理能力等35种基本能力，涵盖了一个国家所有能做的1000多个职业。在综合能力方面如沟通、表达、谈判技巧等解决复杂问题的能力更被用人单位所看重，而这些沟通谈判表达能力在国际贸易中显得更为重要，若不能进行语言方面的基础交流如何进行深入方面的合作？我国大学英语仍然是以应付期末考试和四、六级证书为主，学生通常阅读理解能力较强，相对应的听力和口语能力较弱，难以应付复杂的国际经贸环境。

（三）高校人才培养趋同化现象严重

目前，高校缺乏特定时期对贸易公司具体产品熟知的应用型贸易专业化人才，未能从服务贸易的各个层次如保险、国际旅游、国际会计、法律等方面来培养专业化的人才。

三、人才培养对我国服务贸易快速发展的重大意义

当前世界国与国之间的竞争主要表现在人才方面的竞争，邓小平提出“科学技术是第一生产力”，而科学技术的发展需要高科技人才的促进。人力资本已经成为一个国家最重要的生产要素，人力要素也成为推动国际竞争力的决定性要素。现代服务业以技术密集和智力密集为显著特征，其发展不仅需要大量拥有普通技能的人才，更加需要高素质、高技能、有先进理念、敢于创新的高层次人才。

根据中国社会科学院发布的 2007 年财经蓝皮书《中国服务业发展报告——中国服务业体制改革与创新》指出，2005 年中国服务业劳动就业不仅远低于国际平均水平，并且绝大部分都集中在劳动密集型产业。借鉴世界主要发达国家的成功经验我们可以看到，人均 GDP 的提高以及城市化水平的加快，使得服务行业成为吸纳劳动力就业的主要渠道。而我国的劳动力就业覆盖面仍以第一产业和第二产业为主，第三产业在提高就业量方面还未体现出明显的优势，这也间接地凸显出我国服务业发展仍然远低于世界平均水平。

由此可以得出，要想提高我国服务业的发展水平，加快产业结构的优化升级，转变经济增长方式，就必须加快服务贸易的发展，这就需要培养出一大批新型化的高素质的国际服务贸易专业化人才。当前我国主要表现为人力资本素质低下，高端性国际服务贸易人才缺口扩大，专业技术落后，严重制约了我国服务贸易的竞争能力，因此加大对教育科研和人才培养是提高服务贸易水平的必由之路。知识科技是第一生产力，我国与他国之间的竞争已不再是人才数量上的竞争，而是质量上的竞争。

四、加强服务贸易人才创新化培养的措施

加快我国服务贸易人才创新化培养的具体措施，主要应从政府部门、用人单位、高校三个层面进行探讨。

（一）政府部门的措施

政府部门应该制定加快和鼓励现代服务业发展的有关政策，吸引服务专业人才，紧紧把握坚持“走出去”和“引进来”相结合的方针政策。一方面，积极支持服务贸易行业从事人员出国留学、进修，接受国外先进的系统服务理论与技能的培训，积极撮合中外合作双方办学，拓宽与海外交流合作渠道。由于外语在我国对外贸易中占据一定的重要地位，因此加强基础外语教育，全面综合发展听说读写能力，尽量杜绝“哑巴英语”和“聋子英语”，让更多人能“走出去”面对面交流，在这方面可以为高校提供资金财力方面的支持，创造一个良好的学习语言的环境，这将对于我国未来服务贸易发展起着至关重要的作用。另一方面，广泛吸引国内外高科技专业化人才。对于学成归国的优秀海外学子应当在政策上给予各种方面的优待，尤其是在金融、保险、信息、咨询、商务中介等领域急需的专业化人才，为海外留学人员为国服务活动提供政策保障，归国人员可以提供其掌握的先进科技和管理知识，以带动服务业人才的整体素质的提高，促进我国经济、科技等各项事业的发展。另外，也要积极引进通晓国际规则、熟悉现代服务业管理的高层次外国专家，高薪聘请外国专家学者来我国进行学术交流、合作研究、讲学任教及工作任职，鼓励各类人才带项目、带技术来我国创业、发展，促进我国服务业的国际交流与合作。

（二）用人单位的措施

企业应该根据自身的发展需要制订相应的人才招聘计划，调整错误的人才招聘观念，如今大多数企业在招聘的时候往往过于看重毕业生的毕业院校以及学历层次，甚至某些用人单位以是否“211”、“985”院校毕业为首要招聘条件标准，致使许多有实力而无名校背景的人才被拒之门外。另外，企业为降低自身的培训成本，往往喜欢招聘有多年工作经验的经贸人才，但对于刚刚走出校门的大学生而言，工作经验在供求层面明显存在悖论，并成为一些优秀的经贸人才进入企业的“铁门槛”、“拦路虎”。因此，企业应该本着实

事求是的精神，一切从实际出发，看重毕业生的专业能力和真才实学，尤其是可塑造力，而不应把高学历背景和是否有工作经验作为企业挑选人才的狭隘标准。

另外，企业应当完善内部管理培训制度及上岗培训工作，毕业生往往理论知识丰富而工作能力不足，这时企业的人才培训工作就显得尤为重要。在这方面，大多数企业不妨效仿宝洁公司的量化管理方式。宝洁公司在一百多年的发展史中，已经形成一套完整而系统的人才培养办法，在宝洁，培养人才不仅仅是一项工作，它已经变成一种文化、一种习惯。公司为新入职员工提供专门的管理技能和商业技能、海外培训及委任、语言、专业技术培训，做到完整的标准化管理。培训不仅仅只是简单地上课，也要设立严格的考核制度。等到正式上岗后，公司还要派一名经验丰富的经理对其进行日常工作的指导和培训，为每一位新员工制订个人培训和工作发展计划。公司还可以根据工作需要，选派各部门工作表现优秀的年轻人到国外进行培训和工作，促进其全面发展。

（三）高校的措施

我国大多数高校在课程设置方面同质化现象严重，教师在教学内容上往往过分重视理论方面的内容，培养出来的学生到工作单位后难以立即从事具体的报关、报验和跟单业务。高校应该在专业设置方面突出专业特色，加强对学生职业技能方面的培训。高校扩招政策使得高校招生难免重“量”不重“质”，高校应该把重心从扩大招生规模转移到提高毕业生在人才市场的竞争力为主。在课程设置方面，增加选修课课程，如计算机、外语、法律等方面的知识，因为当今优秀的国际服务贸易人才已经不单只需要具有国贸专业方面的知识，更需要学科之间的综合，掌握一门精通的外语可以在涉外工作中熟练地交流，电子商务的发展使得计算机知识成为当代大学生必备的技能之一，而具备一定的国际法律知识可以在发生纠纷的时候具备处理纠纷的基本素养。另外，高校应该加强对实验室和实习基地的建设，在加强硬件建设的同时也要在教学管理系统中加强对软件系统的更新，通过外贸软件建设、专业实习，真正提高学生在学习中提出问题、分析问题、解决问题的能力。

参考文献：

［1］韩可卫，林云华. 增强我国服务贸易国际竞争力的几点思考［J］. 环渤海经济瞭望，2009（1）.

［2］胥景瑞. 我国国际服务贸易的现状与对策［J］. 宁波经济丛刊，2003（4）.

[3] 陈贺菁. 国际化人才战略下我国对外经贸人才培养的浅思 [J]. 教育视野，2009 (13).

[4] 孙瑞华. 国贸专业人才“两难”现象的原因探析 [J]. 商场现代化，2007 (13).

[5] 李同芳. 如何培养“适销对路”的外贸人才 [J]. 合作经济与科技，2011 (5).

[6] 马俊. 中国—东盟自贸区框架下云南服务贸易人才发展战略研究 [J]. 商场现代化，2011 (10).

关于国际贸易谈判模拟教学特色研究[①]

郝 凯[②] 姜延书[③] 孟东梅[④]

一、引 言

经济学交易费用理论表明，贸易谈判的成效直接关系到市场交易费用和企业利润的高低。因此，贸易谈判能力是外贸高级应用型人才所应具备的一项重要技能，而贸易谈判人才已经被公认为21世纪最具价值的十大类专业人才之一。高校担负着培养谈判人才的重任。目前，国内一般大学的外经贸专业都设有《贸易谈判》课程，并把此课程作为一门必修的专业课。然而，从培养模式看，多数大学仍采用传统方法，其目标是通过课堂讲授积累学生的谈判知识，而不是训练学生的谈判技能。实践证明，这种培养模式的效果并不理想。为了训练学生的实际谈判能力，将学生培养成社会需要的“懂商务、会谈判”的高级应用型外贸人才，我们在《贸易谈判》课程的培养方式上进行大胆改革，将《贸易谈判》课变为一门独立的实验课程，实验的内容以模拟贸易谈判为主。此课程既是对国际贸易实务的深化，也为学生提供了一个实训演练的平台和机会。经过几年的探索和调整，目前该课程已成为一

---

① 基金项目：本文是2009年北方工业大学重点教改课题《国际经济与贸易专业国际商务谈判实践教学研究》的部分成果，并受到北方工业大学教改重点课题“基于模拟实践教学的大学生实践及创新能力培养模式研究——以国贸专业为例”的资助。

② 郝凯（1973~），男，陕西三原人，北方工业大学经济管理学院副教授。研究方向：国际贸易、投资与谈判。邮箱：haokai2001v@sohu.com。

③ 姜延书（1964~），男，黑龙江省木兰人，博士，北方工业大学经济管理学院教授。主持省部级项目2项，专著1部，发表学术论文30余篇，其中近10篇为EI、ISTP和CSSCI检索。研究方向：大宗商品国际贸易、国际贸易谈判。邮箱：xfjys@126.com。

④ 孟东梅（1970~），女，辽宁人，北方工业大学经济管理学院讲师。研究方向：国际贸易政策、国际贸易谈判。邮箱：mdm06@sina.com。

门目标明确、效果显著、特色鲜明的贸易类实验课。本文将对此门课程的建设过程和教学改革成果予以介绍。

二、《国际贸易谈判模拟》课程的历史沿革

《国际贸易谈判模拟》课程的建设分为三个阶段。

（1）探索阶段。2000 年，我们以本校已有的国际贸易谈判教学为基础，针对传统教学不能训练学生谈判技能的弱点，酝酿形成了通过模拟谈判来改革教学模式的基本思路。从 2002 年开始，我们组织选修《商务谈判技巧》课程的学生开展“国际贸易模拟谈判大赛”。此项比赛的规模和影响在随后几年中不断扩大，目前这项比赛已成功举办了七届，最终从一项院系比赛成长为定期举办的跨学院、跨专业的全校大型比赛。

（2）发展阶段。从 2004 年开始，我们将模拟谈判纳入正式教学计划，使之进入国际经济与贸易专业大三学生的专业实习之中，变成了一项体现学生培养目标的必修实践环节。在实习过程中，根据学生不断的反馈我们对模拟过程和内容进行了反复修订。

（3）成熟阶段。在 2007 年，我们将《国际贸易谈判模拟》作为一门独立必修实验课为国际经济与贸易专业大三学生开设，课程总学时为 24，学分 1.5。我们围绕该课程进行了大力建设，形成了一套更为科学的实验教学方案。同时，我们运用教学改革专项资金为该课程建设了现代化的商务谈判模拟实验室。该实验室是一个高度现代化和仿真化的全天候商务模拟谈判环境，它是由模拟谈判会议室通过远程网络和机房连接形成，其不仅可被用于封闭式的商务模拟谈判，还可以通过远程网络和视频直播系统将谈判进程对机房直播，可以使谈判和老师讲解同时进行。此外该实验室还能提供录播分析等辅助教学功能。在 2008 年北京市实验示范教学中心的评估过程中，该实验室得到了北京市专家的一致肯定和好评。可以说，学生在如此高度仿真的商务环境和特定的商务情境中进行谈判，能够有效增强自身的角色意识，极大地提升实验效果，促进课程目标的实现。

三、《国际贸易谈判模拟》的实验内容改革

为了训练学生的贸易谈判能力，培养学生综合运用贸易实务和商务谈判

的技巧，以及培养学生在谈判中运用专业英语的能力，我们针对已有教学内容杂乱、针对性差等问题，对贸易谈判试验的内容进行了大力整合与改革。我们认为，最为核心的国际贸易谈判试验应依据对国际商务标准合同谈判的顺序按照条款依次展开，每期至少应包括六个实验板块的内容。

(1) 品质、数量和包装谈判。在此谈判中，学生应根据所给的案例针对贸易合同中的品质、数量和包装条款展开谈判。在谈判中学生应熟悉合同中关于品质、数量和包装条款的规定；掌握品质公差、溢短装、运输标志等要点。

(2) 运输与保险谈判。在此谈判中学生应根据所给的案例针对标准合同中的运输与保险条款展开谈判。在谈判中学生应熟悉装运时间、转船与分批交货及投保种类等要点；掌握运输责任与保险责任与贸易术语之间的内在联系。

(3) 价格条款谈判。在此谈判中学生应根据所给的案例针对标准合同中的价格条款展开谈判。在谈判中学生应熟悉价格条款主要内容，掌握贸易术语的正确合理使用及转换报价的运用。

(4) 托收与信用证谈判。在此谈判中学生应根据所给的案例针对支付条款的托收和信用证进行谈判。在谈判中熟悉托收的付款交单与承兑交单，同时注意信用证对单据的要求，同时掌握远期信用证、可转让信用证的用法。

(5) 商检、索赔、不可抗力及仲裁谈判。学生应根据所给的案例针对商检、索赔、不可抗力及仲裁条款进行谈判。在谈判中熟悉商检、索赔、不可抗力及仲裁条款的主要规定，掌握索赔期限与检验期限的合理规定。

(6) 综合模拟谈判。学生应根据所给的案例针对全部合同条款进行综合谈判，并在谈判中熟悉合同谈判的步骤，掌握主要交易条件规定的合理性和公平性。

四、《国际贸易谈判模拟》的实验步骤改革

经过多年的经验积累和打造，《国际贸易谈判模拟》课程已形成了一套行之有效的实验步骤，每个实验板块都包括五个环节，具体内容和步骤如下：

(1) 学生每 6 人分为一组（由于学生总数限制，个别组的人数可机动调整），通过抽签确定本组谈判题目、谈判对手和谈判时间。

(2) 学生根据抽签所确定的题目领取背景案例，撰写谈判计划书，并在谈判开始之前，提交本组的谈判计划书。这一环节要求学生在课下以所在小

组的团队形式完成。

（3）学生在规定的时间，与抽签确定的对手进行一次公开谈判。公开谈判须在 20 分钟以内结束。谈判结束时，提交由双方首席代表亲笔签署的协议。谈判结果以双方签署的协议为准。

（4）谈判的参与者对本次谈判进行复盘。首先由双方代表对谈判的过程及准备情况进行交流和点评，然后由现场观摩的其他同学进行点评，最后由教师进行点评和总结。

（5）谈判结束后，学生以小组为单位对本次谈判进行讨论回顾，并提交书面的谈判评估报告。这一环节由学生在课下完成。

上述步骤包括了学生的课前、课中和课后的各个环节，这就意味着虽然 24 学时的课程，但学生完成实践的工作量将达到 48 学时以上。其中，课上的时间主要体现为学生的公开谈判环节。多年以来，我们对此环节也进行了反复修订与改革。目前，较为成熟的公开谈判结构程序应当如图 1 所示。

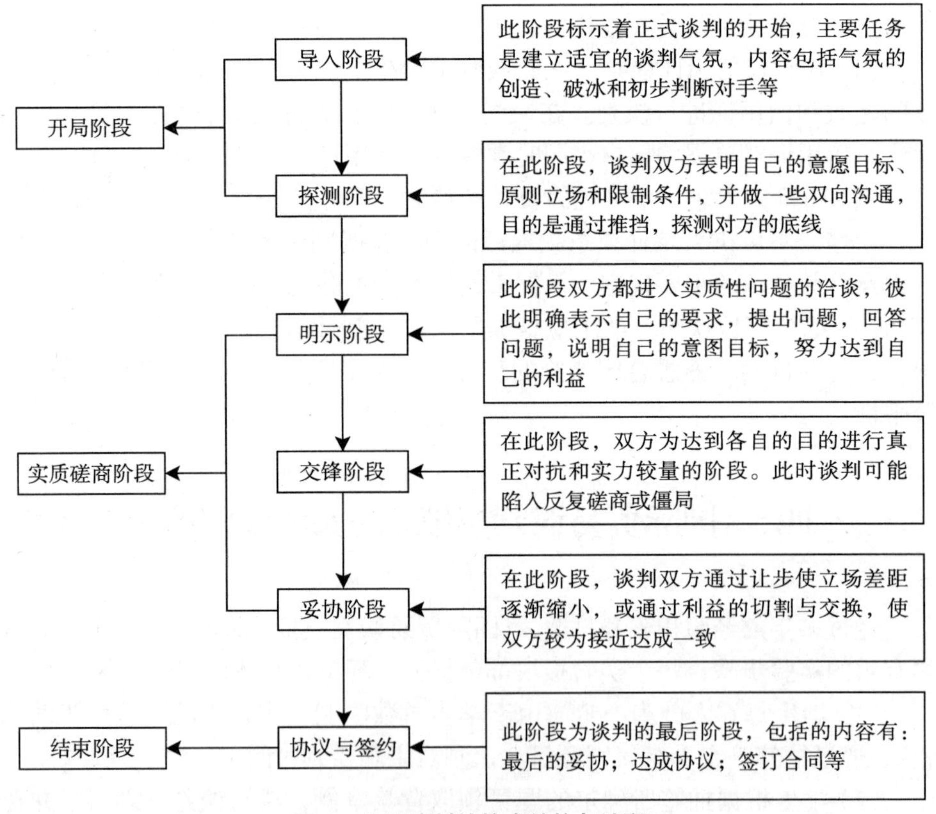

图 1 公开谈判的技术结构与流程

五、《国际贸易谈判模拟》课程的教学特色

经过几年的不断摸索和建设，在师生的共同努力下，《国际贸易谈判模拟》课已经形成了较为成熟的教学体系和较为鲜明的教学特色。与其他高校的同类课程相比，本课程的主要特色体现在以下几个方面。

（一）情景式体验教学

国际商务谈判实验室为学生进行谈判实验提供了现代化的模拟谈判场所，同时所有谈判的展开均以经过精心改编的真实贸易案例为依托，学生们在高度仿真的商务环境和特定的商务情境中进行角色扮演，让他们如同身临其境，增强了自身的角色意识。

（二）全英文沟通语境

所有的公开谈判均以全英文会话的形式展开，在国际贸易学生已具备日常英文会话技能的基础上，模拟谈判为他们创造了进一步提升专业英语会话能力的平台，使其对英语口语的运用逐渐适应国际商务层次的需要。

（三）综合性技能要求

国际贸易谈判模拟集中体现了对学生综合应用能力的培养，要求学生在进一步深入理解国际贸易合同要件的基础上，灵活运用商务谈判的策略与技巧，在纯英语语境中完成沟通交流，实现企业的商务目的。

（四）竞赛式结构设计

为激发学生的参与意识，充分调动学生的学习热情，本课程在安排上采取了谈判竞赛的组织方式。首先学生们以小组为单位进行班级内部的对抗，对抗以淘汰赛的形式选拔出班级优胜者，然后进行班级代表队之间的对抗比赛，最后的优胜者将得到与贸易公司代表队进行对抗比赛的机会，而年级代表队与贸易公司代表队之间的对抗又为其他学生提供了观摩和学习的机会（贸易公司代表队由受邀请的本校往届优秀毕业生组成，他们均就职于真实的贸易公司，具有丰富的谈判实操经验）。与此同时，在年级谈判中获得优胜的学生还将组队参加每年一度的北京市高校及全国高校比赛。

（五）6 级阶梯谈判实验教学法

根据高等教育教学规律和《国际贸易谈判模拟》课程内容的特性，本课程教学采用了多样化教学方式，特别是通过教师与学生的共同摸索，开创了 6 级阶梯谈判实验教学法。在每个实验环节均按照 6 级阶梯谈判实验教学法实施教学，具体内容如下：

（1）学一学，针对每个环节的谈判内容，学生先在课下自学和复习相关的贸易实务与谈判知识。

（2）讨一讨，在学习相关知识的基础上，根据抽签所确定的题目和背景案例，组织充分的小组讨论，由教师进行课下辅导。

（3）练一练，学生在充分讨论的基础上，完成谈判计划书，并在谈判开始之前，提交本组的谈判计划书。这一环节要求学生在课下以所在小组的团队形式完成。

（4）抗一抗，在规定的时间，学生与抽签确定的对手进行一次公开谈判对抗。公开谈判须在 20 分钟以内结束。谈判结束时，提交由双方首席代表亲笔签署的协议。谈判结果以双方签署的协议为准。

（5）评一评，谈判结束后由谈判的参与者对本次谈判进行复盘。首先由双方代表对谈判的过程及准备情况进行交流和点评，然后由现场观摩的其他同学进行点评，最后由教师进行点评和总结。

（6）改一改，课堂教学结束后，学生以小组为单位对本次谈判进行讨论回顾，根据谈判结果和大家的评价，学生将原有谈判方案进行修改，并对谈判中的经验教训进行总结，以小组为单位完成谈判评估报告。这一环节由学生在课下完成。

经过教学实践的检验，按照此教学法实施教学，能够使学生在较短时间内既对专业知识温故知新，又能迅速提升实际谈判技能，并在一学期的学习过程中循序渐进地提高，最终使教学投入转变为能力的积累。

参考文献：

[1] 梅鹏. 商务谈判实践教学的新模式 [J]. 黑龙江农业工程职业学院学报，2006（1）.

[2] 鲁小慧. 《商务谈判》教学中模拟谈判实践的探索 [J]. 河南商业高等专科学校学报，2008（6）.

[3] 张亚军.《商务谈判》实践教学方法初探 [J]. 中国科教创新导刊，2008（14）.

[4] 宾敏. 基于实践的《商务谈判》课程教学改革模式探讨 [J]. 市场周刊（理论研究），2009（1）.

关于创新型贸易人才培养的建议

——以北京工商大学为例

苏晓欢[①]

一、创新型贸易人才的确定

创新型商贸人才就是具有创新意识、创新精神、创新思维、创新能力和创新人格，并能够取得创新成果的商贸人才。作为创新型商贸人才，应当具备如下特征：①具有全面的综合素质。②具有扎实的商贸知识和业务能力，掌握过硬的贸易技能。③具有积极进取的开拓创新精神，具有和他人协调与进行国际交往的能力，能适应和服务于知识经济和经济全球化发展，创新性地开展商贸服务。④具有强烈的国际化观念和具有世界眼光。⑤具有超常的健康人格，即理想、信念、动机、兴趣、性格、意志、人生观等。⑥具有强烈的民族意识和爱国主义精神。⑦有终身学习的本领，适应科学技术综合化的发展趋势。⑧很强的创造性思维和创造能力。

创新型贸易人才应具备以下能力：

（1）学习创新能力。贸易人才必须具备较强的学习创新能力，不断学习新知识，除了行业和产品知识外，还必须具备外语、进出口业务、国际金融、商务法律等知识以及一些不断涌现的新知识，并能及时了解国内外经济贸易政策变化，形成复合型的知识结构。

（2）调研分析和预测决策能力。贸易人员只有具备调研分析和预测能

① 苏晓欢（1988~），女，辽宁省辽阳人，北京工商大学经济学院产业经济学专业 2010 级硕士研究生。研究方向：期货与期权。邮箱：xiaohuan_su@126.com。

力，才能透过纷繁复杂、瞬息万变的商务现象，抓住本质，形成正确的决策，实现预期目标。

（3）组织协调和经营管理能力。贸易活动涉及方方面面的人员、机构和环节，贸易人员只有具备组织协调、经营管理能力，才能在纷繁复杂的商务活动中做到驾轻就熟，游刃有余。

（4）快速反应和危机处理能力。贸易人员只有具备快速反应和危机处理能力，才能在变化万千的国际国内市场中抓住商机，在形形色色的市场风险中处变不惊，转危为安，稳操胜券。

二、创新型贸易人才培养面临的困境

（一）公共政策

在我国高等教育公共政策的基本框架中，人们还没有把创新教育提到一个应有的高度。随着知识经济的不断深入，接受高等教育的人才会越来越多，学员之中独生子女数量的日益增加，使得高等教育成为公众最为关注的重点和焦点，不仅面临经济社会发展对高等教育提出新的要求和挑战，而且也面临着高等教育自身改革与发展中出现的各种新情况、新问题。在高等院校的教学过程中，教学理念及社会环境等方面还存在许多认识不充分的问题，其中现有教育基本政策在鼓励创新教学方面极度欠缺。例如在教师的职称评定以及晋级加薪的有关规定中，很少或者基本看不到鼓励教师对学生进行创新能力培养的有关条款，更看不到关于判断教师在培养学生创新能力方面贡献程度的内容。在这种政策环境缺陷背景下形成的教学模式，所培养出的人才往往成为缺乏创新精神和创造能力的知识载体，承袭有余开拓不足，易于固守而不善进取。

（二）学校教育

（1）教学形式和教学内容陈旧。教学内容方面，仍以知识为主要学习对象，能力培养明显缺乏；在教学形式上，仍以教师的课堂讲授为主，形式单一，学生主动参与的少，从而不利于教学相长；在考试过程中，注重知识的积累多，注重知识的创造少，从而不利于学生创新能力的培养；在知识获得和能力培养方面，注重课堂多，关注社会实践少，从而使学生缺少实践经验。

（2）专业范围狭窄，影响了大学生创新能力的培养。虽然近几年许多高校增加了专业课以外的选修课和辅修课，对培养专门人才发挥了一定的作用，但专业范围应然比较狭窄，专业的束缚与学生的压力依然存在，由于大学生的活动大多是在本专业的范围内展开，没有时间和条件学习相邻学科和边缘学科的知识，从而限制了大学生的视野和创新能力的发挥。

（3）教学评价体系不合理。一方面，对教师的评价体系方面存在以下三方面的不合理：在评价形式方面，虽然现在的评价形式注重公平和民主，但是评价形式过于单一和刻板；在评价内容方面，不能全面反映教师实际的工作情况；在评价效果方面，学生在评价教师的过程中，主观性较强，因此不能全面正确地反映教师的教学水平。另一方面，对学生的评价体系方面也存在不合理的方面，过多的重视考试结果，导致学生过多地重视知识的短期积累，不利于学生对知识的真正消化和能力的培养。

（三）受教育者个人因素

（1）具有创新意识，但不善于利用和创造条件进行创新能力培养。大学生普遍具有创新动机，对创新也有一定的认识，也希望在学习中产生新思想和新理论，积极寻求新的学习方法，但由于学校创造性学习的条件局限及学生自身不去创设和充分利用学校的条件，往往不能把握本学科最新发展动态，又不去向知识和经验丰富的教师请教，不重视相关学科的知识迁移等，自我创新能力得不到有效增强。

（2）头脑敏捷，但缺乏创新性思维能力。大学生头脑敏捷，随着知识的不断积累，想象力逐渐丰富起来，逻辑思维能力有了很大程度的发展，但由于其知识面窄，学科之间缺乏合理的整合，学生们的思维方式往往比较单一，缺乏灵活性和全面性。有些大学生也想创新，但不知道如何去创新，他们创新所需的联想思维能力、发散思维能力、逆向思维能力还需要加强培养和锻炼。

（3）有创新的兴趣与热情，但缺乏明确的创新目标和坚持不懈的毅力。大学生通过自我学习和教师引导，很可能具备了一定的创新热情，但由于缺乏广泛的沟通和对社会的全面了解，导致他们的创新目标不够明确。同时，创新过程并不仅仅是纯粹的智力活动，还需要以创新情感为动力，在智力和创新情感的共同作用下，倾注相当的时间和精力才可能获得综合的创新效应。大学生在兴趣的深度、广度、稳定性及效能上，虽有相当的发展，但缺乏毅力，在实际工作中很可能会虎头蛇尾，见异思迁，甚至放弃追求。

三、创新型贸易人才培养建议

我国现已经成为世界贸易大国，正面临着由贸易大国向贸易强国迈进的时期，创新型人才的培养对我国在世界贸易中的地位有着重要作用。抓紧培养贸易人才是贸易发展改革的迫切需要，是发展现代流通的基础，也是打造贸易强国所必需。

（一）发展有利于贸易发展的社会氛围

社会越进步，社会制度越优越，科学越发展越有利于人才的成长。因为优越的社会制度必然要为人才的成长提供很多的条件，会造成一种全社会尊重人才、重视人才、支持人才成才的大环境，各级政府机关及人群，会千方百计地为人才的成长铺路搭桥。良好的外部社会环境也可以给创新型人才造就良好、舒适、安全的心理环境。这种心理环境对发挥其智力，取得创造性的成功有重要作用。这是因为人们在从事创造性活动时，必然感到自己被周围人所承认，当受到别人的信任时，他才能有创造的信心和向上的勇气。还有在某个人进行努力创造时，必须感到自己随时都被别人所理解、所期待。只有如此，他才能够最大限度地发挥其智力潜能，做出创造性的贡献。所以，创新型人才只有生活在鼓励创新、宽容失败的社会环境中，才能敢于冒险、乐于创新、追求卓越，为国家和社会做出更大贡献。

北京工商大学地处我国政治、经济、文化中心的北京，具有较开阔和较包容的社会环境。相比中国的其他城市，北京对人才更为尊重，也更加重视，为人才的发展提供了良好的社会环境。每年北京都会花费大量的经费鼓励大学生进行创新性实验和模拟创业等创新性活动，为培养创新型人才提供良好的氛围。

（二）夯实理论功底，并在贸易实践中不断进步

在创新能力的培养中，一定要高度重视素质教育和实践能力的培养。人文素质教育是培养学生创新能力的基础，实践能力是创新能力的源泉和归宿，创造思维是基于实践始于问题的，创新能力是在不断解决实践问题的过程中锻炼培养出来的，要克服目前重理论轻实践的倾向，不断改革实践教学的内容和模式，站在培养创新人才的高度研究和解决实践教学中的问题，让学生在广阔的社会实践中，锻炼培养自己的创新能力。

在产学研合作教育的螺旋交替形式中，学生是实践活动的主体并遵循渐进的原则。学生实践活动是产学研合作教育的主要内容之一。在每一阶段中，学生实践花了大部分时间，但实践的过程也应是一个渐进的过程，它可分为以下三个阶段：初级阶段，学生处于低年级，学生主要在学习基础课，对企业的实际运作活动了解甚少，此时应由学校、企业共同制定指令性实践内容及实施计划；中级阶段，学生对专业知识已有所了解和掌握，对企业的经营活动的具体内容和细则已有所了解，此时学院主要制定实践指导内容和细则，具体内容可让学生参与确定，并由其自主实施；后期阶段，学生已学完全部课程，已经对企业的情况有了较全面的了解，其专业知识已能在各方面综合运用，并与其择业相结合，可采用参加企业项目的形式，即选择具有创新潜质的大三学生作为项目参与人，通过项目的工作实践来提高运用理论知识解决实际问题的能力。除了必须运用综合知识解决企业经营过程中的实际问题外，还必须与企业内各种类型的人员进行有效的沟通，培养团队意识，使学生在协调能力、交际能力、口头和书面表达能力以及意志品德和创新能力等方面受到较全面的训练和培养，为其毕业后在企业界的发展提供有利的条件，从而达到培养高质量创新型人才的目的。

北京工商大学多年来在培养创新型贸易人才方面主要注重以下两点：一是高度强调规律性的东西和理论的重要性，二是强调理论必须与商业实践真正做到有机结合。

（三）提升教师队伍的素质，转变教育思想

大学培养的人才应具有全面素质，它包括思想道德素质、文化素质、业务素质和身心素质。学习的目的在于创造和应用，创新精神体现了教育所激发的人的主体精神与力量。随着科技的迅猛发展，知识的更新周期越来越短，学生的大脑单纯作为储存知识信息的仓库的教育观已经过时，教师必须培养学生掌握科学的方法论，形成建构新知识的思路框架，鼓励学生勤于思考，勇于创新。而转变教师的教育思想和教育观念是培养创新型商务人才的先导和前提。要实施创新型人才培养方案，培养学生的创新精神和创新能力，教师应首先具有创新精神和创造能力，教师应把创新精神运用到课堂教学和科研工作中去，注重对学生的创新思维的培养，利用各种方式和途径来训练学生的创新能力。所以，一方面，教师既要从事教学又要进行科学研究，只有这样才能用科研成果的“源”去充实、更新教学内容的“流”；另一方面，教师在科研中开发自己创造力的同时，应教给学生创造性思维的方法；反过来，教学也能够使教师的基本理论更加严密和系统化，从而促进

科研。

北京工商大学贸易经济专业成立至今已经 50 多年，改革开放 30 年是其发展最快的时期。1998 年教育部在教育目录上取消贸易经济专业，但是北京工商大学并没有停办这一特色专业，而是坚持下来。这些年来，贸易经济专业先后是原国内贸易部重点专业、北京市重点专业，2007 年以来，流通产业经济学被评为中国商业科技进步一等奖、北京市精品教材，2008 年流通经济学成为北京市精品课程，2009 年贸易经济专业成为北京市特色专业。总结北京工商大学贸易经济专业的成功，主要在于：一是“靠主流”，即向主流经济学靠拢，即用现代经济学分析方法研究流通问题；二是创特色，在继续传统商业经济的基础上不断地创新发展，形成自己的特色专业。

参考文献：

[1] 莫珂. 创新型商贸人才培养管见 [J]. 中国商贸，2011（19）.

[2] 董本云. 国际贸易专业创新型人才培养研究 [J]. 吉林工商学院学报，2009（3）.

[3] 岳雪银. 创新型人才行为模式研究 [D]. 郑州大学硕士学位论文，2011.

[4] 赵强强. 创新型科技人才对区域核心竞争力的影响研究 [D]. 南京航空航天大学硕士学位论文，2011.

[5] 包耀东. 论高职创新型商务人才培养 [J]. 现代商贸工业，2008（8）.

附　件

加快推进内外贸联动发展

——第三届贸易强国论坛纪要

论坛第一阶段主持人

夏春玉（东北财经大学副校长、教授）

张国庆（商务部政策研究室副主任）：

演讲题目：我国成为贸易大国后的思考

此次以“内外贸联动发展”为主题的第三届贸易强国论坛，对推动我国内外贸易的发展有很大的积极作用，能够发现新的观点、新的主张，促使我国由传统贸易大国走向贸易强国之路。作为商务部政策研究室的一员，我对贸易强国的问题也做过一些思考。

改革开放30多年来，我国现已发展成为世界第一出口贸易大国和世界第二进口贸易大国。从2010年到2011年，我国的出口额增长了7.13倍，进口额增长了7.16倍，2011年中国贸易在世界贸易中所占的比重达到10%左右，市场份额居全球首位，其中第三产业、新兴产业发展较快。此外，中国已成为世界第三大服务进口国和第四大服务出口国，如今的消费能力达到了一个让世界惊叹的水平，国内市场的规模已经超过日本，而赶超美国也只是时间问题。无疑，我国现在已是贸易大国。但是，如何实现贸易强国，还亟待探讨。

在我国内外贸的发展过程中，有四个问题需要引起关注：①我国今后的贸易发展方向在哪里？我国的贸易总额在世界上已经占据很大比例，但是，在巨大的数字之下，我们也面临着反倾销、反补贴等一系列问题，所以，我们要找准今后的发展方向，做好由贸易大国向贸易强国的过渡。②我国的内外贸如何联动，如何解决内贸与外贸的联动发展，这是一个长久的问题。从改革开放发展至今，我们的内贸与外贸都是“固守疆土”，只是在自己熟悉的领域逐渐发展，相互之间的联动较少。所以，我们需要通过整合相关部门以及管理机构，并向行业内的专家进行咨询，努力打破内贸与外贸之间的分割，跨越内贸与外贸之间的界限。③企业的供应链问题。我们的企业在国际虽占很大的市场份额，但是它们大多数没有主导权和定价权。国内企业的供应链建设大多只注重生产和加工环节，但是实际上，供应链的管理应当包括更多的部分，例如生产之前的采购、生产之后的推销等。此外，还需要考虑的是，企业应当选择自建供应链还是与其他企业共同参与某一条专门的供应链，到底何种选择才能够解决由贸易大国向贸易强国的转变呢？所以，借助此次论坛的机会，我们希望能够听到香港利丰集团的专家讲述他们的供应链管理经验。④面对复杂多变的国际环境，我们应该树立一种什么样的国家形象。我国目前一直是以发展中国家的地位自居，但是，许多国家现在对我们的发展中国家的地位存有争议。虽然我们在某些方面达到了“强国”的水平，但还是感到在其他很多方面的发展有些力不从心，所以，我们还是立足于发展中国家的地位。此外，在向贸易强国转变的同时，我们应该更加注意产品的知识产权保护、质量建设以及品牌建设等多个方面。

最后，希望通过此次论坛，我们能站在更高的角度为国家从贸易大国向贸易强国的转变做出更多的贡献。

荆林波（中国社会科学院财政经济战略研究院教授）：

今天我代表中国社科院财政经济战略研究院参加第三届贸易强国论坛，我说两点：一是我们对中国经济的看法，二是我们的做法。我国的发展战略已经转变为战略输出时期，从中国的政治、经济、文化、社会、政治等方面来看，我国的发展战略已与 10 年前完全不同。10 年前，美国因全球“反恐”战略和中国联手；现在美国从“反恐”中抽出手来，有要重返亚洲的趋势。而中非论坛的成功举办，引起了美国的重视。从国际形势来看，中国的经济增长速度超过世界上 70%的国家。互联网、自媒体、博客等传播方式已经让信息传播得无孔不入、不可阻挡。文化产业与社会发展不匹配等种种问题的存在，促使中国由均衡增长战略向经济发展战略的方向转变。对于中国的宏观经济，我们的看法是中国的经济不会“硬着陆”。我们的做法，我们把对经济各个领域的看法编成 10 本蓝皮书，现已出版了 5 本，今天大家看到的《流通蓝皮书》、《贸易蓝皮书》就是其中的两本。以后，关于金融保险、消费服务的蓝皮书也会陆续出版。根据《2012 中国贸易发展报告》，截至 2011 年底，我国已经连续 17 年成为全球遭受反倾销调查最多的国家，连续 6 年成为全球遭受反补贴调查最多的国家，我国“入世”10 年遭反补贴调查超 600 次，2007~2011 年均是全球反补贴的最大目标国，反补贴已成为我国贸易摩擦的新领域和热点。流通服务业由于其服务范围广泛，关联了经济的各个部门，很多问题归根结底其实就是流通的问题。现在中国不是不能生产，而是产品怎么转移到消费者手中，就是流通成本的问题。可以说，中国金融的问题其实是流通的问题，我们这本《流通蓝皮书》做了 5 年，英文版做了 3 年，希望能对大家有所帮助，也希望各位同仁批评指正。在我们这个研究平台上，也需要各界人士的参与，希望感兴趣的人、有想法的人加入我们这个平台。

张家敏（香港利丰集团研究中心董事、全国政协委员）：

利丰集团是香港最大的跨国贸易公司，主要经营的业务有出口贸易、零售和经销批发。在我们集团里，内贸和外贸是两个完全不同的公司，业务流程、经营方式是完全不同的。在零售业中，OK 便利店、玩具“反”斗城等也是利丰的品牌。对于经销批发业务，我们主要做的是具有高端增值服务的物流业务。这次我来第三届贸易强国论坛，就是想把利丰这些年的经验介绍给大家，供大家参考。

从业务上来讲，我们切实感受到了中国的出口量增幅在下降。我们的业务是这样的：客户给我们下订单，要求我们在全球范围内找到最便宜的零部件进行生产。比如说一件成衣，设计在美国，扣子可能是产自日本，布料产自韩国，纱线产自马来西亚，在中国内地进行组装，我们利用我们的资源在全球找到能以最低成本生产出配件的厂家，给他们下订单，他们进行生产，最后制成成品。现在很多的产品并不是具体的某一地区、国家制造，而是全球制造。但是由于中国劳动力、土地等成本的上升，中国制造已经不具备价格优势，我们很多客户现在都已经觉得中国沿海的东西比较贵，中国出口下降在我们这里感受是最直接的。但是我们在采购的时候就会遇到一些问题：比如在中国经过这么些年的发展，已经发展成了产业群，例如广州、苏州等地区，当客户要求我们去其他地区去采购的时候，其实是有困难的，因为有些地区并不具备产业群。但是由于客户有这样的要求，中国的东西变贵了也是事实，我们就必须去解决这些问题。这些地区的生产，也在我们下订单的过程中有所发展和改善。

从零售业务上来讲，我们在欧美地区做的就是内贸。内贸和外贸完全是两码事，所承担的风险是完全不同的。外贸企业生产是靠订单生产的，对销售这一块要求很低。但是内贸完全不同，做内贸要根据自己对市场的预测生产出产品，做好品牌，还要与零售商搞好关系，让他们去卖我们的产品。内外贸最大的不同是内贸是事后付钱的，不像外贸那样，就算是在生产前不会付全款，也是有定金的，但内贸生产出产品后有没有钱、卖不卖得出去是不能完全确定的。内贸不仅要做生产，还要做销售。

这些年来我们一直坚持这些业务，也有人曾建议我们换行搞房地产产业，不那么辛苦，利润也比零售业大，但是我们坚持把这个行业做得专业，因为一个企业的精力是有限的，把一个企业做大做强做得长远，我们认为就要做得专业。这也是我们能把供应链管理、物流配送搞好的原因。

中国企业怎样走出去？怎样打开国外市场？从我们这么多年的经验来看，收购是一个途径。首先要有自己人在那里，先收购一些小公司，招聘一些当地的留学生，再慢慢地扩大。由于对国外的法律、公司建立的流程不熟悉，在国外扩张的风险是比较大的。因此，先收购一些小公司，慢慢熟悉了这些流程，在当地有一些人脉基础，才好慢慢地做大。国内企业要想走出去，练好内功是非常必要的。

柳思维（湖南商学院经贸研究院院长、教授）：

非常感谢张家敏先生给我们介绍利丰集团。利丰集团可以说是流通产业的缩影，作为百年企业，又是全球最大的贸易公司之一，很多问题是值得我们学者研究的，其经验是值得企业学习的，中国以后要有更多的“利丰”。

中国内外贸如何一体化，如何利用好内外两种资源，实现内外贸一体化，有两个问题需要解决：一是如何培育出像“利丰”这样的流通企业；二是政府如何为流通企业在体制上扫除障碍，让体制保证流通产业的顺利发展。

王晓红（中国国际经济交流中心《全球化》副总编、编审）：

在经历了东南亚金融危机和美国次贷金融危机之后，中国的对外贸易规模仍然相当可观，主要从四个方面分析我国的发展现状：①贸易出口总量不断上升。2009~2011 年，我国的贸易出口总量连续三年占据世界第一的位置。②贸易结构的优化。以前，我国贸易出口产品中，初级产品占 5%左右，而剩下的大部分还是工业品。如今，我们的初级产品比例大幅度上升，达到了一半以上，而且，其中高技术产品的比例也大大增加。由此看来，我国的贸易水平自改革开放 30 多年来有了很大提升，我国的贸易产品在国际上也拥有较强的竞争力。③贸易方式的转变。以前主要是加工贸易是主流贸易，而现在是还在继续增长的一般贸易成为了主流贸易。几次金融危机的发生，对这样的贸易方式转变具有较大影响。④市场多元化发展战略取得较大成果。

2009~2011 年，我国出口欧盟、美国等地的份额增长显著，这说明我国贸易不仅仅局限于周边的相关区域，而是已经扩张到了世界各地，实现了市场多元化发展。

虽然现在的发展态势良好，但是还有内外贸发展中的问题需要解决：①改善粗放型的增长方式，降低城乡及区域之间的差别。②改善加工贸易产业链，提升产业链的增值率。③减少贸易摩擦。这些就要求提高企业的创新能力，建立企业自己的销售渠道；提高产业链两端的附加值；创立自己的跨国公司；保持出口政策的连续性和稳定性。

谷克鉴（中国人民大学商学院贸易系教授）：

演讲题目:外部因素对中国商品流通影响的长期性分析——以需求为例

就外部需求对中国的流通影响来说，在封闭条件下是存在不利影响的。改革开放以来，外部需求在 GDP 中的比例发生了很大的变化，现在，进出口是构成需求的重要部分之一。20 世纪 80 年代以来，进出口在 GDP 中的比例主要发生了两种变化：一是波动幅度变大，二是所占比重上升。这些都反映了外部需求对中国经济的影响。从近几年来的发展来看，外部需求对消费能力的影响是逐步下降的。

东南亚危机和 2008 年金融危机都引起了外部需求与内部需求关系的问题，但讨论的结果有较大分歧：一种是注重国内需求，另一种是注重国外需求。但无论是哪种结论，经济都不能再是一个国家层面的问题，而是国际层面的问题，现在我们要从战略角度来看外部影响对中国经济影响的问题。无论是从数量方面，还是从质量方面，外部因素对中国的影响都更加动态化。再者是外部因素对国内价格影响的穿越效应，金融和实体经济发展有着不同的景观，通过价格影响的因素，外部需求可以影响到国内价格的变换。比如美国的金融危机，通过价格因素的影响，进一步加剧了我国国内的通货膨胀。

全球化和国内市场互动问题也是一个外部需求影响中一个值得研究的问题。比如 20 世纪 90 年代初我国从石油出口国变成石油进口国，如今我国石油对外依存度达到 50%以上，国际石油的价格对我国国内石油价格的影响是越来越大。现行制度下，中国石油和国际上石油定价机制是不一样的。我国石油是现货定价机制，国际上是期货定价机制。也就是说，国际上原油期货的价格决定我国现货原油的价格。由于我国没有石油期货市场来承担期货市场的波动，只是通过财政收取原油补贴应对价格波动，而这些财税则间接地转化为石油的价格，因此国内石油价格对国际石油价格“跟涨不跟跌”。

外部需求的渠道变革表现为全球分销体系普及和跨国连锁企业的大规模

进入，数据表明中国的产业结构在近几年来发生了很大的变化。从对这些问题的研究看，研究方向应往完善研究框架方面发展，按照静态、比较静态和动态的框架，改进外部因素影响我国商品流通的研究路径，为丰富政策含义打好理论基础。

于立新（中国社科院财经战略研究院研究员）：

演讲题目：服务贸易：未来 30 年中国贸易强国战略大转型

服务贸易是我们的短腿，与我国货物贸易的快速发展相比，服务贸易的发展仍显滞后。2011 年我国服务贸易进出口额为 4191 亿美元，而当年我国货物贸易的出口就已经达到 18986 亿美元。

现阶段我国服务贸易竞争力不强，服务贸易长期处于逆差状态，除了经济发展阶段所致以外，主要源于战略实施路径偏差导致国内服务部门成为国民经济发展的“短板”，尚未充分发挥人力资源大国发展服务贸易的潜在比较优势，教育、研发等高端要素投入欠缺，成为制约我国服务贸易向高附加值服务产品出口跨越的“瓶颈”。

服务业成长滞后，不能为服务贸易快速发展提供强大的产业基础保障，尤其是包括生产性服务业在内的新兴现代服务业发展落后，很难满足我国日益增长的制造业改造升级与服务贸易出口规模扩大的需求；货物贸易额虽然庞大，并连年处于贸易顺差的状况，但不能起到促进与服务贸易协调发展的作用，导致我国服务贸易与货物贸易发展“两张皮”现象，既阻碍了两者相互促进发展的良性互动，又背离了当代国际货物贸易与服务贸易两者融合发展的世界潮流。服务贸易的发展与服务产业的发展密不可分，只有两者统筹兼顾才不会顾此失彼。

对于未来我国服务业和服务贸易的发展，建议扩大服务业开放，夯实服务贸易发展的国内市场经济体制基础，提高服务产品国际竞争力；建立健全服务贸易及服务业法律法规；推进服务贸易自由化改革；通过服务业 FDI 打破垄断，带动中国服务经济高端要素生成机制与供给能力的提高，为服务贸易发展提供坚实的产业基础；借鉴澳大利亚服务圆桌会议“小政府，大社会”的制度设计，集服务业、服务贸易权威研究和协调发展的行业机构于一体，创新管理模式并增强政府对该领域支持力度及社会认知度；与其他“金砖国家”携手，加快现代服务业与服务贸易的发展。

论坛第二阶段主持人

王德章（哈尔滨商业大学副校长、教授）

米克（中国尾货网董事长）：

演讲题目：如何充分发挥电子商务对流通业和贸易发展的促进作用

国际金融危机以来，我国内外贸受到激烈和深刻的冲击，特别是2012年第一季度以来，我国的外贸态势极度恶化，最先感受到这个压力的是遍布在珠江和长江三角洲的大量出口、代工企业，由于订单减少，已有不少中小型企业关闭生产，由此造成的失业人数开始快速增加。由于受原材料、能耗、人力、营运等成本不断上升的影响，加上国际因素和国内产业结构调整所带来的联动效应，中国制造业显然已经步入成本上升的通道，再加上缺乏品牌意识，国际竞争力将很难持续。今天的中国传统制造流通业，如果还是过度依赖过去的经营模式，不懂得创新，那么大面积的企业死伤将不可避免。当然，压力也是动力，危机也是机会，“中国制造”流通业如果能够很好地迎合电子商务的潮流，将线下的能力和线上的业务结合起来，就有可能重新赢得市场。试想如果利用传统的方式，中国是不可能在那么短的时间缔造出像阿里巴巴、腾讯、百度等百亿元市值的公司，正是互联网和电子商务缔造了这些奇迹。而电子商务也有效地打破了内外贸的界限，进一步加快全球经济一体化的进程。

关于电子商务的本质，如今电子商务的重要性已不容置疑，应该被提高到国家宏观经济战略来看待，国家“十二五”规划也就此指明了方向。电子商务本质上是一种商务工具，是一种新媒体，是一种生活方式。传统企业进入电商，有利于扩大销售渠道，降低运营成本、快速搜集需求，快速培植品牌，进行精准营销。更为重要的是，电子商务本身就是一个大市场。预计到2015年，我国的网购总额将达到3万亿元的规模，这预示着电子商务所构建的空中商城将主导消费潮流。但是传统企业进军电商，真正检验的还是线下的能力，如产品质量、成本控制、物流、服务等形成的综合配套能力，这是核心所在。只有练好内功，电子商务才能如虎添翼。

中国的尾货库存作为中国传统制造流通业的一个衍生体，2011年已经达到2200亿元的规模，特别是品牌企业去库存已经成为一个难题，而利用电子商务进行分销将是上上策。中国尾货网希望通过搭建成熟的全球品牌直销中心，利用 B2B2C 的完整模式，将全力在助推中国内外贸全面联动发展中扮演重要角色。

李飞（清华大学零售研究中心教授）：

我从品牌方面谈谈我对贸易强国的看法。要想贸易强国必须建立品牌，品牌的一个高端表现就是奢侈品，如何打造奢侈品呢？我今天谈几个问题：一是什么是奢侈品？二是中国有奢侈品吗？三是中国为什么没有奢侈品？解决了这些问题，打造出品牌就指日可待。

（1）什么是奢侈品？现在搞调查，问什么是奢侈品，大部分人会提到 LV、GUCCI、Dior 等。奢侈品是一个品牌，而不只是一个产品。LV 的产品各式各样，但大家认的就是那个牌子。

（2）中国有奢侈品吗？中国是没有奢侈品的，也有人说，和田玉、茅台就是中国的奢侈品，但是我刚才说过，奢侈品是一个品牌，而不是一个产品。和田玉是什么，是产品的材料，是还没有打磨的石头，打磨出来可以挂上任何商家的牌子，连品牌都不是，只是因为稀有而成为天价。施华洛世奇卖的只是人造水晶，就能卖到很高的价钱，为什么？就是因为他们卖的不仅是产品，还有品牌，营销组合构成的品牌。

（3）中国为什么没有奢侈品？我们可以对比同时期的法国路易十四和清朝。路易十四当时鼓励民众享受生活，追崇奢侈品，当时的奢侈品是中国的丝绸茶器，于是法国的贵族都争相使用购买这些。但当时在中国，奢侈品是宫廷专用，官窑造出来的瓷器才是名贵的，平常百姓家是不能使用的。名贵品不是奢侈品，而是一种特权的象征，也是特权思想的残余。中国人比其他各国人都更喜欢购买奢侈品，由于是宫廷专用，一旦改朝换代，这些奢侈品的传承也就断裂了。现在的奢侈品不仅是品牌的象征，它更代表了一段历史、一种品质、一种传承的信念。

中国现在是市场化，要想打造出品牌，打造出奢侈品，就必须潜下心来一点点打造品牌，去除浮躁，一切以品牌的长远为计。

郑勇军（教育部人文社科重点研究基地浙江工商大学现代商贸研究中心教授）：

演讲题目：中国需要一场流通革命

1. 下一轮经济改革从流通开始：历史是否会重演？

流通业的发展是人类历史上最重要的经济发展和变革的力量之一，特别是 20 世纪中叶以来，随着经济决定权从生产者、销售商转移到消费者手中，消费者特别是中产阶级已成为商业社会最有影响力的一股力量。

社会主义改造、农村集体化从流通开始；市场化改革从流通开始；下一轮以建立成熟、高效、规范的现代市场经济体制为目标的新一轮经济改革突破口是金融还是流通？

转型升级缓慢和内需推动乏力是影响中国经济可持续增长的两大关键因素，仅有金融改革，没有流通革命，激活内需和实现产业升级会非常困难。

2. 内需为什么难以激活：需求问题还是供给问题？

大众消费者有钱且有购买意愿，但买不到想要的商品——流通业无法做到“追随消费者并将自身价值带给顾客”；流通领域无法向生产领域提供消费者的真实需求（需求无法创造供给，供给无法创造需求）。

3. 消费者主权时代和信息化时代的商品流通链无法形成

流通链：零售系统获取消费者信息—分销系统信息处理并转化为订单—生产者组织设计和生产—分销商、分销平台高效配送—零售商和零售平台通过体验式销售、定制式销售、无限细分市场—满足消费者求新求快需求。

（1）批发（分销）体系滞后与产供销结构失衡。中国流通革命的核心是批发革命。批发环节制度创新、组织创新乏力、现代批发组织发育受阻是流通各个环节市场势力失衡、流通体系低效无序的最重要原因。

（2）批发（分销）弱化是政策体制造成的结果，而不是流通发展的必然趋势。市场化改革彻底摧毁了以国营批发商业为主体的城市流通体系和供销合作社为主体的农村流通体系后，至今在大多数领域尚未建立全国统一的流通大体系。现有的税收、土地、用电、用工等政策和地区行政分割体制，严重阻碍了与现代大流通体系相适应的现代批发（分销）组织的形成。

（3）批发（分销）功能弱化不完全是市场自我选择、自我实施的结果。制造商自建销售网络和零售商自建采购网络，与批发商争夺市场势力和流通利润进一步削弱批发商的生存空间，不断激化零供矛盾、厂商矛盾。电子商务的兴起和现代物流体系的快速发展，为生产企业的直销直供和零售商的直接订单、定点采购创造了技术条件。

4. 中国产业升级缓慢的主要矛盾：产品生产出来卖不出去

“中国制造”面临的主要矛盾既不是缺乏资金，也不是生产不出高质量产品，而是生产出高质量的产品后，因缺乏世界级品牌和全球性销售渠道而卖不出去，是功能升级滞后导致制造企业工艺升级、产品升级缺乏强有力的销售支撑。

功能升级乏力是系统性问题，既与体制因素造成的动力不足有关，也与企业高层次人才缺乏、大规模投资和长期投资能力不足有关。

流通现代化、国际化滞后，已成为阻碍中国经济发展方式转变、产业升级、国家竞争优势、内需扩大、通货膨胀控制、市场有序等重大战略性难题解决的最大“瓶颈”。如何构建与中国经济发展阶段相适应的现代流通体系，是中国经济发展和体制改革的重大战略性课题。

高觉民（南京财经大学教授）：

演讲题目：大型百货业如何引领时尚

百货业是链接时尚的链条，时尚引导市场的主体，指导市场的发展方向，对时尚的追求是人类的本能。经过历次市场的分化，从出现百货业、超市、连锁店等，百货业现在已经分化为高端百货、生活百货、时尚百货、社区百货等业态，除了社区百货之外，其他业态都与时尚有关系。但是，现在百货业存在种种问题，比如说高进场费问题，百货业向房地产行业转型问题等。如果任由这些趋势发展，靠时尚打造品牌的战略化思想会弱化，对我国的品牌发展会造成不利影响。因此，我国国内企业进入国际市场，就是怎样让时尚产业回归本业的问题，去除行业的浮躁，踏踏实实做本业才是回归之道。

李骏阳（上海大学经济学院副院长）：

演讲题目：内外贸联动和专业市场建设——以浙江义乌为例

义乌是一个内贸和外贸都做得很成功的城市，其外贸的比例大概有55%，已经超过了内贸部分，而且商品出口的国家和地区多达200多个。义乌贸易之所以能够取得成功，关键就是内外贸的良好联动发展。具体来说，有以下几个原因：①用内贸培养外贸，起到孵化作用。所以当国际市场环境发生波动时，内贸与外贸可以起到互补的作用，不至于受到较大的影响。②有外向型的意识和战略。在对外扩张的同时，利用国外市场拉动本国产品在海外的销售，建立海外市场。③建立内外贸相统一的大平台。实现资源共享、经验交流。例如，义乌每年一度的义乌博览会。

论坛第三阶段主持人

柳思维（湖南商学院经济贸易学院院长、教授）

沈丹阳（商务部办公厅副主任）：

演讲题目：内外贸一体化与商务部职能及中国流通管理体制的新变化

1. 内外贸一体化关键是管理的一体化

中央提出要“加快内外贸一体化进程”，主要是要求加快实现内外贸管理的一体化，需要重点研究的是政府如何对内外贸或整个市场流通实行统一、有机的管理。要在国内市场统一的基础上对外开放，形成国内国外两个市场、两种资源互相开放和利用的格局；建立统一规范、稳定公开、顺畅高效的政府流通管理体制；培育内外贸企业能够平等、自主、公平竞争的法律环境和市场秩序。

2. 内外贸管理一体化的具体目标

具体目标是：①内贸、外贸（或市场流通）由一个统一的政府机构管理；②管理的客体不仅仅限于内外贸企业，而且包括工业、农业、服务业等各产业中所有企业的流通环节；③国家对内外贸实施管理所运用的法律、政策措施与手段，适用于各种所有制、各产业、各行业的各种企业主体，使各种经营主体在内外贸的经营范围、权限、地域等方面具有同等的、非歧视性的待遇，实现公平竞争。

对商务部而言，“管理的一体化”重要的是要体现在职能的转变上，并且在此基础上对机构设置做出相应调整，工作方式有一个根本性的改变。商务部自组建以来，先后进行了4次内部机构改革和职能调整。我个人的看法是，商务部职能定位经过近十年不断探索和调整，已经发生了很大变化，近十年来，中国流通管理体制同样发生了很大变化，内外贸一体化的主要目标已经基本实现。

3. 商务部成立之初的定位

商务部成立时，按“三定方案”和通常的说法，商务部是国务院主管“国内外贸易和国际经济合作”的部门。因为这样的定位很容易把商务部仅仅作为一个行业主管部门，使商务部的作用受到限制，使商务部的宏观经济服务职能和宏观经济管理职能不能够得到充分的发挥，使内外贸一体化的任务难以真正实现。

商务部在国民经济宏观调控体系的主导作用要得到强化，要通过强化内外贸一体化管理，进一步促进流通发展水平，提高商务工作对国民经济增长和可持续发展的贡献度。要进行“一个整合、三个强化”：①整合内贸流通管理资源，构建新型流通行政管理体制；②强化构建市场、规范市场、管理市场的职能；③强化促进商务与流通服务业行业发展的职能；④强化中小流通企业促进职能。

4. 商务部组建之初职能存在的问题

①内外贸管理未能有机整合，即内外贸司局各有自己的人员班底和业务范畴，缺乏相互间的密切联系和协作，地方行政管理大部分内外贸还都是分离的。②对市场与宏观经济的监控管理较弱，缺乏能统合统筹商务部各项职能特别是监控商务宏观形势，能及时从宏观经济角度向国务院提出宏观调控建议的综合业务司。③面向全社会特别是中小企业的流通商务服务缺失。④未设立统一管理各项商务服务业的机构，新兴服务业管理职能没得到体现。

5. 内外贸一体化仍有大量课题

①政策的支持与协调问题；②商品专业市场规模和秩序建设问题；③国内销售渠道阻碍外贸企业开拓国内市场问题；④加工贸易缺乏全国性内销服务平台问题；⑤知识产权保护问题。

曾令同（IBMG 公司副总经理）：

IBMG 虽然也是教育行业，但是也是一个企业，并没有财政支持，我们的父母官就是各个企业。因此，如何能够帮助零售企业面对挑战是我们必须要做的。我们的老师可以说是“赤脚医生”，90%都是在二、三线城市，而且很多都跟企业挂钩。IBMG 成立 11 年来设有 10 个研究中心，专职专家多人。IBMG 与大学不同之处在于：一是我们直接帮助行业制定行业标准，二是直接为零售企业做项目，三是受行业联合会委托出书。IBMG 的未来，希望定位为大学和企业之间的桥梁，把知识迅速转化为产品。经过这几年的运作，受到各方面的认可，特别是零售企业，希望以后会走更专业化的道路。

林至颖［香港冯氏集团利丰发展（中国）有限公司利丰研究中心副总裁］：

演讲题目：全球供应链发展趋势、中国商贸发展的思考与利丰内外贸一体化企业的营运方略

利丰集团是以香港为基地的跨国商贸集团，是世界最大的消费品贸易公司。1906 年成立于广州，目前总部设在香港，是中国首批对外贸易公司之

一，2011 年营业额超过 210 亿美元，是没有工厂的工厂。在全球 40 个经济体建立了 260 多个办事处及仓库，聘用员工超过 43000 名，全球供应商 15000 多家，网络遍布全球。利丰的核心能力是供应链管理，其四项核心业务为贸易出口、本土市场（美国、欧洲、亚洲）经销、物流、零售。哈佛大学、斯坦福大学、沃顿商学院等曾分别对利丰的供应链管理、价值链业务模式、网络经营进行个案研究。利丰产品主要包括：服装产品（Softgoods）、非服装产品（Hardgoods）（玩具、运动用品、手工艺品、服装辅料、家居用品、旅游用品、节日用品、家具等）和个人护理用品（HBC）。全球的一些知名企业都是利丰的客户，如沃尔玛、Zara、麦当劳。除此之外，利丰还有自己的零售品牌“利邦”，相对来说是业务当中较小的部分。

从供应链管理的角度，利丰提供的是全面与全流程的供应链管理服务。主要环节是消费者需求—产品设计—产品开发—原材料采购—选择制造商—生产监督—产品组装—整合物流—办理进出口文件—安排本地货运—批发商—消费者。分解价值链，然后对每一个步骤进行优化，并在全球范围内进行生产；布置全球供应链网络，这就是利丰的分散生产/无疆界生产。鉴于原料和生产成本再减非常困难，利丰通过供应链管理，赚取供应链各个环节的“软三元”（The Soft $3）价值，即产品设计、原材料采购、物流运输、批发零售、信息和管理过程中的价值增值，也就是微笑曲线的两端，整个产业中附加值较高的那一部分。

利丰供应链管理有一些经典案例：发声婴儿公仔体现利丰供应链管理的最佳技术；200 万棵圣诞树体现快速、质控；Drink 彩杯体现设计、客户营运出发；化妆品体现利丰供应链的品牌、全流程管理。通过这些案例，说明利丰的采购贸易业务目标是提升整体的价值、压缩整体成本，不应只着眼于对局部的优化，而是供应链与供应链之间的竞争。

利丰配合商贸业务背后的企业管理：①内企业家精神；②轻资产运营（Asset-light strategy）模式；③“业务推动信息技术”（Business drives IT）；④供货商网络 30/70 管理法则；⑤三年计划；⑥融资、收购兼并；⑦人力资源管理、培训；⑧企业社会责任、可持续发展；⑨公司治理。

全球供应链的发展趋势：①中国在全球制造业的比重可能下降。主要原因是近年中国的生产成本相对上升较快，而购买力持续增加，已逐渐成为消费大国，这将有助于中国周边的发展中国家创造就业并带来发展机会。②亚洲与消费和高附加值相关的产业可能会不断增长。由于美国新能源的发展前景良好和运输成本上升，美国的高端制造业有可能回归本土，全球设计及消费、全球制造将更符合未来趋势。③近年自然灾害频生，例如泰国水灾、日本福岛地震及其引发的核事件等。为分散风险，全球供应链的地理分布将更趋广泛多元化，这将巩固全球实体经济的发展，同时也会改变企业过去集中关注成本而忽视各类风险的管理模式。④全球多功能产业链的发展和创新，将带动通信、资讯和交通等技术的不断更新换代。这不仅会巩固全球实体经济的发展，也将使经济及贸易的国界变得更模糊。地理、人口及制度环境等因素，对经济与企业发展将日趋重要。⑤由于新兴经济体的人口规模巨大，加上受到自然资源及可消耗能源等各方面的限制，企业及国家将不得不更加关注生产和消费的可持续发展。这使全球供应链将来的分布和发展变得不明确，同时带来各种挑战及机会。⑥针对金融及贸易的监管与政策越来越频繁，将对实体经济构成冲击。国家及企业需要更加关注全球治理的问题，特别需要从国际政治、国际关系、国际经济和文化等各方面努力协调，以维护我们正在享受的相对比较开放的国际贸易环境。

当前经贸形势下对中国商贸发展的几个思考：

1. 贸易商面对成本上涨（工资、原材料、货币等）及出口市场疲弱的压力

①扩大网络及进行网络整合——以应对小单、短单、快速反应供应链要求；②提供更多增值服务，如设计、品类管理、品牌管理、自有品牌、物流整合、营销、渠道管理服务等，采用“总采购成本模式”（Total Cost Solutions）；③创新的采购方案：并箱（Pick-and-Pack）、双线及多线采购：中国加一/三/五策略（China +1/+3/+5 Strategy）、越库配送（Store-ready Cross-Docking）。

2. 在扩大消费背景下，加工贸易企业进行升级转型，由出口转内销，强化分销商功能

企业从事内外贸业务进行比较，不难发现内外贸的经营模式差异明显。过去从事加工贸易的企业长期“两头在外”，不熟悉内地市场环境和商业模式，缺乏营销人才、经验和销售网络，令许多计划打入内销市场的厂商处处碰壁。在出口加工企业内销过程中，批发代理商应有能力扮演更积极的角色，利用其资源和渠道，对商品统一调度，协助解决加工贸易企业在开拓内销市场时遇到的困难。

另外，过去集中在中国生产和采购的品牌商亦纷纷加快开拓中国市场。然而中国市场地域广阔、消费模式及水平差异大、网络渠道复杂，建设销售网络往往需要投入很多精力和费用。中国的批发经销企业也可帮助海外的品牌商进行营销，了解顾客需求。

强化批发分销商链接内外贸市场一体化发展，有助于国内外市场资源更

有效调配，亦有利于平衡中国经济结构。另外，可促进外贸商品对内销售，丰富国内市场商品种类和消费者的选择，亦有助于扩大消费。

多年来，香港企业在开拓国际市场、供应链管理、批发分销、物流等方面已积累了丰富的经验，可用于服务内地市场，为促进内地的商贸发展贡献力量。应进一步落实发挥 CEPA 的作用，加强内地和香港在商贸方面的合作，在促进“出口转内销”等创新的政策领域“先行先试”。

国内流通企业近年快速发展，但相对海外市场，国内分销代理商普遍提供较单一的和简单的服务，有能力提供具有较高附加值的如货物追踪、冷链物流的综合管理服务者并不多。此外，企业的服务范围因地区性、供应链参与者之间的不信任等因素，亦妨碍信息流通，增加流通成本。

除进一步完善国内流通法规外，亦应推动流通业自身改革创新，提升分销管理水平，构建快速响应市场需求的供应链（Demand-driven Supply Chain）。继续推动连锁经营，提升流通网络的辐射力。同时，鼓励发展以物流和信息技术为基础的现代批发分销体系，充分发挥企业在资源配置、生产引导方面的功能。

3. 零售企业同质化经营的现象

不少国内零售企业以联营方式营运，以减少资本风险及库存压力。然而，零售企业自营商品能力减退，导致行业同质化经营现象。所谓“千店一面”的情况对零售企业的盈利构成压力，影响零售行业持续发展潜力。应当鼓励国内零售企业加大自主经营，零售企业可考虑跟专业采购商、品牌开发或营运商合作，开拓新的利润源泉。通过加快探索开发自有品牌、提升采购能力，实行差异化经营，并有效合理控制库存，提高利润水平。

4. 培育商贸人才

目前，国内比较缺乏具有国际视野的商贸管理人才。随着商贸流通领域的高速发展，人才需求迅速加大，着力培育具有国际视野，符合服务业现代化、国际化发展要求的专业人才和管理人才是十分重要的。积极开展商贸流通领域职业教育及企业培训，能加快商贸流通人才培育体系建设，亦能增加社会就业，是引导消费、扩大内需的重要举措。为此，利丰集团现正策划成立“利丰学院”培育商贸人才。

曾庆均（重庆工商大学经济贸易学院教授）：

作为重庆工商大学的教学一线人员，我也参与了一部分行政事务，在此就贸经系人才培养问题与大家讨论一下。重庆工商大学贸易经济专业是成立最早的专业之一，在适应经济发展的过程中，专业的变革也经历了一个非常艰辛的过程。通过这些年的努力，我们贸经专业在重庆市对专业评价满意度调查中排名第一，这是让我们非常欣慰的结果。

为了让学生知道我们这个行业在做什么、想什么、需要什么，我们建立了创新平台，平台中的教学人员必须是来自各个行业的一线人员。学校通过构建实践贸易平台，校外的老师跟在校学生配合，为学生提供实习机会。设立的委员会，其重要任务之一就是设计培养机制，大家共同探讨专业构架、专业的课程设置等。此外，通过反复教学，鼓励让我们承接的课题进讲义、课堂、论文，最后编辑整理成书。在课题承接方面，要求必须有本科生参加，让我们的成果与学生共享。

以培养高素质复合型高级商贸人才为目标，重庆工商大学贸易经济专业近年来不断探索、积极改革，着眼于社会需求和弥补短缺资源，通过“走出去”与“请进来”，整合政府商贸主管部门、商贸流通企业、高校专业教学和科研机构的资源，尤其利用专业建设委员会这一重要平台，实现了人才培养全过程政产学研的协同创新、“四位互动”和全面合作。

刘海飞（中商商业研究中心研究员）：

我主要阐述关于内外贸联动的四个观点：①从产业关联的角度来看，内贸与外贸的联系相对狭隘。同内贸发生直接产业关联的，一是生产部门，二是消费部门，而外贸直接的产业关联方仅仅是生产部门，它与消费部门的联系是间接的，一般都是经由内贸部门实现的。②从市场调控的角度来看，内贸与外贸的关联有限。当国内商品过多时，会增加出口；进口时也存在内外贸联动的衔接问题。当外贸企业在国内进行销售时，也会遇到很多问题。③从表现形式上来看，内外贸联动做得最好的是跨国企业。例如，沃尔玛等跨国企业。但中国没有像沃尔玛这样的很成功的跨国企业，中国的企业往往比跨国公司多一个环节。④从政府管理目标的角度来看，内贸与外贸存在着矛盾冲突。外贸的业绩与出口额直接相关，而内贸的业绩衡量标准是实现国内市场的稳定，这样就会给内贸企业带来很大的困扰。以粮食为例，粮食的出口增加了，国内的供应链减少，必然会带动国内粮食价格的上升。要保持内贸稳定，不以增加贸易顺差为目标。内外贸联动不是技术问题，而是要促进整个进出口的平衡，实现国内与国外市场的繁荣稳定发展。

汪传华（安徽省安庆市商务局副局长）：

我主要阐述有关中国内外贸联动的观点。①自从中国加入世界贸易组织以来，我国在消费和贸易上的发展水平已经达到了世界大国的水平，但是，我们距离贸易强国还有很大一段差距。②但是我国现在的贸易结构还是相对单一，仍旧是以投资为主体。③要提升国家的贸易总体竞争力水平，就必须加强内外贸管理体制的统一。④无论如何发展，都离不开政府的支持，要充分利用政府提供的优势资源。

论坛第四阶段主持人

沈小静教授（北京物资学院党委副书记、教授）

赵萍（商务部国际贸易经济合作研究院研究员）：

演讲题目：重塑零售精神

1. 从宏观形势看为什么要重塑零售精神

我国经济的总体特点是社会消费品零售总额增速回落（其名义增长的全年社会消费品零售总额 181266 亿元，同比名义增长 17.1%，比 2010 年的 18.3%低 1.2 个百分点；但是扣除价格因素后，实际增长仅为 11.6%，比 2010 年低 3.2 个百分点），但是经济增速回落就会导致消费动力不足。①经济拉动力不如上年。2012 年我国经济发展仍存在较多的不确定性，经济增长将延续上年增速逐季回落的态势，经济增长目标确定为 7.5%。从进出口方面看，世界经济复苏的不稳定性和不确定性上升，贸易保护主义抬头，加之人民币升值，出口增长难度较大；从投资增长看，仍然实行稳健的货币政策，房地产调控政策将导致投资增速有所放缓，相关的商品消费增长乏力，拖累居民消费信心走弱。②政策拉动力不如上年。随着这些扩大消费的政策效果逐渐衰减和到期退出，消费提前透支需要一个回补期，2012 年消费将延续上年消费同比回落的趋势。但由于上年基期数据偏低，2012 年总消费的增长速度下行幅度不会太大，总消费增速将在 15%左右，仍远高于国内生产总值的增长速度，处于较快增长区间。总之，消费将成为国民经济增长的第一拉动力，2012 年经济增长要前所未有地倚重消费。零售额在社会消费品零售总额中占比高达 70%，消费增长必须倚重零售业。2012 年，对零售业而言，机会与压力并存。零售企业必须改变以往粗放的增长方式，重塑零售精神，重新发现零售价值，在新的发展形势中发现、抓住新的机遇。

2. 始终忠于主营业务，重塑零售精神

从目前国外的理论发展和零售业实践来看，人们对零售业的看法可以分成三大类：一是无需定义，人人都知道零售业是什么；二是无所不包，对零售业下定义没有任何意义；三是零售业就是以固定地点销售为主的商店。研究发现：①专业化是大型零售企业成功的关键。国际大型流通企业在集团化扩张的同时，始终保持对核心业务领域的投入。零售企业多元化发展已成为主导趋势，但是国际大型零售企业成功的多元化是专注于零售功能的横向或纵向的业态组合。从历年全球零售业 250 强看，绝大多数都专注于主营零售业务，前 10 强的零售额占企业集团收入总额之比均在 97%以上。②我国零售企业非相关多元化问题严重。根据对 2000~2010 年中国零售百强企业中的国内上市公司的实证分析，51 家样本企业中，主营业务收入仅限于零售业务内的样本企业仅占 9.8%；主营业务收入包含相关多元化业务和非相关多元化业务的企业较多，分别有 32 家和 35 家，占样本总量的 62.7%和 68.6%。其中，房地产收入作为主营业务收入之一的公司比例在这十年中明显提高，从 2000 年的 23.5%上升到 2010 年的 30.5%，而这个数据上个 10 年还不到 10%。③零售企业沦为“二房东”。联营模式形成于 20 世纪 90 年代，由进驻百货店的品牌商控制货品的进、销、存，商品定价权、卖货的员工也属于品牌商，百货店只负责提供场地和服务，然后从交易额中拿扣率。百货店将经营风险转嫁给了供应商，但也把商品经营权放弃了，百货店被称为“二房东”。④从联营、代销到自营。随着业态创新的不断深化，大型百货店、购物中心不断出现，也开始通过联营方式争夺市场成熟度高的品牌；品牌商的议价能力越来越大，零售企业对上游企业的整合显得力不从心，盈利空间逐渐变窄。目前，中国百货业毛利率在 17%左右，而国外的同行因为有商品自营能力和自有品牌的开拓能力，毛利率达到 30%。总而言之，重塑零售精神就是要回归零售“行业”，就是零售企业“卖”商品。

王茹芹（中国商业史学会会长）：

从史学的角度，介绍商贸对整个城市发展、经济发展的贡献。①商贸对于城市繁荣的主要贡献。通过对郑和下西洋、运河文化、茶马古道、丝绸之路商贸方面的研究发现，哪里有商人，哪里就有城市的繁荣。②商贸对于城区和生产之间的关系。③商贸发展到哪里，就造福到哪里。我们应建立相应的理论体系，说明商贸与城市发展的贡献和意义，把握“商贸繁荣城市、商贸带动经济、商贸造福社会”，从这三个角度建立我国的商贸体系。

通过这些年的教学发现，目前本科、研究生的课程和教材并不能全面地说明当前商贸发展的状况。现在，社会上人们对商德和商业的概念不清，把一些商德的缺失全部归咎于整个商业，这是错误的。此外，商贸理论落后、学科地位不够、政策支持不足等。此次论坛的一个目的，应该是说明商贸的真正意义，建设好我们的学科。

赖阳（北京财贸职业学院流通经济研究所所长）：

演讲题目：打造“云消费”时代战略高地

未来的时代是“云”的时代，其中“云消费”更是未来经济贸易发展的一种必然趋势。“云消费”的主要特征包括：突破传统的消费界限、实行产业外包、突破地域障碍，打造“云内容”、“云终端”和“云支付”系统，例如淘宝、一号店超市等新兴企业。“云消费”时代来临之后，商业模式也会发生许多变化。例如，会导致线上和线下企业的相互结合，取长补短。企业的可持续发展，要求打破实体店和网络店的绝对界限，引导生产者和消费者，相互整合、相互联动，实现“云快递”、“云结算”和“云物流”。总之，需要“引企业、建平台、促流通”，引导社会消费，促进流通业发展。

郭馨梅（北京工商大学经济学院副院长、教授）：

在教育部出台各种文件、要求重视实践教学的背景下，基于经济管理专业的实际情况，我校建立了北京工商大学文科实验中心、北京工商大学中国创业投资研究中心、北京工商大学证券期货研究室等，主要面向我校 4 个学院的经、管、法、商学科的 16 个专业方向的研究生和本科生。文科实验中心被评为国家级教育示范中心，经济实验室在建立过程中面临了各种各样的问题，我们为解决这些问题做了各方面的努力。一是育人观念的突破，文科实验中心具有实践性和仿真性，能培养文科学生的创新能力和实践能力，从 2004 年建立开始，定向配置老师，并给予老师补贴等支持政策。二是政策的突破，在教学过程中，实践教学被计入学分，占课时比重也不断上升。经过这些年的努力，我们实验中心的教师团队不断壮大，建立了具有特色的实验室，吸引了全国相关高校纷纷前来参观考察，扩大了我校影响力。

王晓东（中国人民大学商学院教授）：

（1）目前，我国的经济改革包括流通改革走过了 30 年的道路，现在进入“深水区”，需要流通改革的顶层设计、路线图，而不是片面的“头疼医头、脚疼医脚”。当前流通的问题并不是流通本身，要跳出流通看流通。流通的成本和效率问题就不应是流通本身的问题，它受其他一些因素的影响。例如，高房价推动高菜价，农超对接环节减少了，但是菜价并没有降下来，虽然环节减少了，但是其他方面并没有降下来，还很有可能升上去了。因此，不应把所有的问题都归结于流通本身。

（2）业态与流通技术背后的矛盾。我国向国外学习了很多年，但仍与发达国家有很大的差距，这要考虑的可能就不是流通本身的问题。比如，连锁经营的模式有许多优势，但为什么我国的连锁经营会遇到很多问题？因为连锁经营的核心在于物流，物流的核心在于配送，这是我们背后的能力不行，背后是基础设施问题、公路问题、信息化问题。当前，开店还有税的问题，这都制约着流通的发展。

（3）从流通的经济职能和社会职能来看，在改革的过程中比较重视流通的经济职能，忽视流通的服务性；重视流通的产值贡献，忽视流通的间接贡献。流通在文化的传承、就业的吸纳方面，在某种程度上都有重要的贡献。我们重视产值、利润、周转率等，过多地重视它的产业职能而忽视它的社会经济职能。但流通的效率不能只从产值、利润、周转率来评价，而应从全社会的角度来评价。总之，要跳出流通看流通，流通需要一种联动，需要总体的设计。从微观方面，要解决这个问题，我们需要大型的流通企业集团、大的批发零售商；从宏观的政策管理上，现在的管理分散，是多头管理，要精简管理机构，浓缩管理职能，要管环境、管行为，而不是管企业。

宋向清（河南商业经济学会秘书长）：

主要谈谈中国流通业的现状和中国流通业发展今后需要思考的问题。中国流通业中，中小商贸企业占全部流通商贸企业的90%以上，所以研究中国的流通业要从中小企业入手。如此多的中小企业数量，说明我国的中小流通商贸企业发展的环境还不完善，发展的机制也还不完备，现有的相关政策和环境还有改进和提升的空间。面对这样一种现象，中国流通业今后的发展应当考虑：①对中国流通业下一步发展的战略思考；②要建立商贸流通的基础数据库，实行动态化管理；③编制一部国家级的流通行业促进法；④成立高级别的流通商贸集合部门或协会；⑤培养批发零售的高素质人才。

赵宏大（中国市场学会副秘书长、品牌管理专业委员会秘书长）：

近些年，主要的工作是负责国际交流活动，也有许多体会。目前，关于人才培养专业建设，我们正在和教育部、经济管理出版社共同探讨开设零售专业。5 月 25 日，在武汉大学有个专业课程建设方面的会议，希望各位教授多多参与，提出更多的意见。4 月 13 日，在中国社科院进行了 16 个行业品牌竞争力指数发布会，对于行业的品牌竞争力指数，我们是做了一年半的大量调研所做出的结论。通过三年半的时间，今年 3 月我们和教育部牵头成功建立了品牌管理专业。在关于应用型人才建设方面，考核标准要实现三步骤：从企业岗位要求技能，到专业建设的考核标准，到最后形成整体体系标准。最后向大家通报一个消息，今年的品牌大赛由武汉大学承担，欢迎大家11月到武汉大学参加。

孟广桥（帮富网总裁）：

在这里我想谈一下创新贸易人才培养的问题。2011年3月，我们对200名就业1~3年的大学生进行了一项就业满意度调查，有30%的学生反映在学校的学习对就业无用。另一方面，通过对中小微企业的人才需求的调查显示，大学生从招聘、培训到上岗的平均时间是56天，而企业的期望值为30天，这就出现了供需不平衡的矛盾。大学生面临就业，应该注意这些问题，要解决这些问题，应该重视对大学时间学习的规划，把对自己的发展重点放在优化知识结构方面，要精与通相结合，用有限的时间、资源学到结构性的知识。再者，学校教学和企业就业脱节问题，院校在课程设计中具有不合理性，知识结构应当定期梳理、变换。最后，无论是学校培养还是学生自我意识方面，都应注重创新意识的培养。

郭守亭（中南财经政法大学教授）：

演讲题目：商贸流通业发展的问题

（1）1992年我国提出社会主义市场经济，提出建立统一的市场，但是到目前为止也没有做成，因此当前批发、零售业做大做强就很困难。商业流通的体系没有建立起来，内部也没有搞好。商贸流通业面临的问题有：规则不统一，外商内商规则不统一，用水、用电与工业不统一，税收与工业不统一。流通企业的规模发展不上去，企业做大做强尤其是做强十分困难。

（2）政府观念先行。过去不重视流通业，现在重视流通业了，但遇到一个问题：想发展却不知如何重视。政府官员中，真正懂商业的不多，政策想扶持商贸流通业，却不知如何扶持。以湖北省为例，现在政府的扶持政策主要集中在两个方面：一是千村万乡工程，即对农村的扶持；二是对规模大的企业的扶持。

（3）流通业现在要努力培养人才，流通业的人才培养与其他行业相比日渐迟暮。因此对于我们从事商贸流通教学的人来说，有义务把专业搞好，有这个专业的学校要加强，没有这个专业的学校要积极申报。

任兴洲（国务院发展研究中心市场所所长）：

内外贸联动是一个大课题，当下内外贸联动的迫切性很突出。在中国经济下行趋势明显的情况下，内外贸的消费双双下挫，在这个时期开主题为“内外贸联动”的贸易强国论坛具有现实性意义。

第一，内外贸联动的重要因素是政府还是企业问题？从宏观层面上说，政府的政策设计很重要，原来的一些制度在羁绊着企业的发展。改革开放以来，很多政策都发生了很大的变化，但是还存在着一些不合理的问题，因此从政府层面上如何为企业打通环节、降低流通服务的成本是一个重要的问题，我们也一直在这方面做着努力。再者，国内企业走出去也要具有很强的法律制度意识，在近年来贸易摩擦不断升级的情况下，法律方面若不注意很容易给企业造成损失，增加企业的成本。在内外贸联动方面，企业是主体，政府只是为企业服务，扫除障碍，提供机会。市场经济条件下，企业的联动才是联动的内在需求。但是现有企业内在能力、营销渠道等方面都存在着不足，比如很多外贸企业没有自己的品牌，原来只是国外的加工厂，在没有订单的情况下，生存问题就显现出来，这也是外贸内销出现的主要问题。

第二，内外贸复合型人才缺乏的问题。在国内，既懂外贸又懂内贸的人才不多，现在这方面的人才需求缺口达到500万。复合型人才不是说一定要是留学生，而是对国内贸易的基本流程要了解、对国际贸易的基本法律等知识也要具备的人才。这些不仅是企业发展的需求，也是社会经济发展的需求。

第三，企业规模化的问题，大型贸易企业集团严重缺乏，企业走出去都是单打独斗，存在一定的困难。促进内外贸联动缺乏中介、社会服务性体系的支持。

第四，内外贸联动需要新的平台、新的方式，目前来看内外贸联动结合最好的是互联网，但是物流平台的建设也要跟得上，不然这将是互联网贸易发展的最大“瓶颈”。

第五，在内外贸联动过程中，要注重各个行业的特点和规律，根据行业不同的特征和性质制定不同的发展战略。不是说一定要内外贸联动才是好的，不一定所有的企业都要往内外贸联动方面发展，把市场细分、专业化发展也是一个很好的方式。总之，一定要注重各个行业的发展规律，建立适合自己发展的战略。

荆林波（中国社科院财经战略研究院教授）：

“第三届贸易强国论坛”在前几年的发展基础上，今年体现出年轻化、多元化、规范化、开放化的特点，无论是规模还是层次、影响都比前两届有所进步。我们希望，通过论坛的开展，建设出一支专业化的队伍，一支对内外贸有所影响的队伍；出一批成果，比如论文集、政策、对策等；形成一个联盟，即产、官、学、媒的联盟。这个论坛为贸易方面的产、官、学、媒的各界人士提供一个交流平台，我们要制定一个机制，去把这个平台构建得更好。

全国流通经济研究机构学术交流会/流通研究基地（所、中心）交流会

主持人：洪涛

2012 年 5 月 20 日，“第三届贸易强国论坛”分论坛全国流通经济研究机构学术交流会/流通研究基地（所、中心）交流会在北京召开，主题是“流通研究机构应加强合作避免同质化发展”。参加本次论坛的嘉宾有：商务部政研室处长周岚，浙江工商大学郑勇军，中商商业经济研究中心王建华，北京财贸职业学院黄有光，中国社科院财经战略研究院王雪峰、洪勇，中南财经政法大学张建民、郭守亭，中国人民大学商学院、中国流通三十人论坛（G30）副秘书长王强，东北财经大学李文静，重庆工商大学宋瑛，哈尔滨商业大学赵德海，南京财经大学高觉民，湖南商学院李陈华，吉林大学吴小丁，江苏师范大学司增绰，郑州航空工业管理学院郝爱民，河南商经学会会长宋向清，IBMG 公司曾令同，中南财经政法大学学生盛柯文，洛阳师范学院夏萍，北京工商大学洪涛、郭馨梅、郑兰平、龚晓菊、朱振荣。

周岚（商务部政研室处长）：

今天很高兴能和来自全国高校和企业界的代表进行交流，我们目前的主要任务是处理内贸和外贸方面的工作。商务部政研室在去年底牵头筹备举办全国流通工作会议，计划在今年 5 月底、6 月初举办。同时，也在探讨流通领域的重大理论问题和政策问题。商务部流通的五项基础工作是：标准、统计、立法、理论研究、规划。在理论研究这方面，2010 年 8 月成立了全国内贸专家咨询政策委员会，包括国内的 36 位内贸领域的专家，两年一聘，为商务部领导提供咨询服务。

郑勇军（浙江工商大学现代商贸研究中心主任、教授）：

浙江工商大学现代商贸研究中心自 2004 年成立以来，其研究方向调整为四个方向：一是消费层面的宏观和微观研究，随着中国经济的发展，中产阶级迅速崛起，中国的消费逐渐增强，消费的稳定关乎中国经济的稳定，因此这个方向是很重要的一个研究方向。二是大宗商品方向，在研究这方面问题时，我们曾对国外市场进行调研，吸取发达国家相关经验。三是流通与营销学的结合。在国外，我们常说的批发零售是跟营销学相联系的，跟国内只纳入流通的概念不太一样，因此这个方向的设置也是很有必要。四是将流通和法学相结合，这也是利用我们学校的特色优势。我们学校的法学院实力很强，流通业存在着很多法律界限不清的问题，特别是流通企业走出中国时，对国外的法律不了解的问题也是存在的，基于这些原因，我们设置了这个研究方向。经过这些年的努力，我们取得了一些成果，比如承接了一些课题研究，对一些事件进行了案例分析，并整合分析结果编写了一部分丛书，建立了数据库等，希望在座的专家学者批评指正。

王建华（中商商业研究中心主任、研究员）：

中商商业研究中心成立于 20 世纪 80 年代，当时各部委都有研究所，商务部的研究所就是商业部商业研究所。我们开始的时候发展得很好，后来遇到了一些问题，这主要是与主管部门的变动有关，后来归中商集团，成为中商商业研究中心。我们的这一机构与中国人民大学、北京商学院都是中国商业经济学会的发起人之一。20 世纪 80 年代开始商业改革的理论探索、政策研究和宣传，对商业的发展，减少流通环节起到促进的作用；90 年代，研究所牵头国务院八部委起草了郑州粮食批发市场的试点报告，为当时的国内贸易部起草了商业发展连锁经营的对策建议，促成商业连锁经营在大中城市的大规模开展。新世纪以来，承办了一些标准的起草，如中国流通业态分类、便利店连锁超市的通用要求、流通基础设施划分标准。我们研究所的商业研究历史是与中国商业改革的发展历史同步的，1999 年研究所由事业单位转向企业——中商商业经济研究中心成立，提出了面向社会、走向市场。

研究所的主要服务对象有三个：一是政府部门，包括中央政府部门，也包括地方政府部门，进行重要文件的起草和修改。二是企业，为企业提供的主要服务是企业的战略研究，比如我们为京客隆提供发展规划和重大的投资项目，为华联建物流基地作可行性报告。以上这两类对象是我们工作的重点：为政府，是为了提高我们的社会效益；为企业，是为了提高我们的经济效益。三是各种行业协会，如中国物流采购联合会、中国商业联合会。我们还承担中商集团的两大课题：一是改革重组发展方案，二是人力资源管理体系。

研究所的工作性质属于商业经济领域的应用研究。搞好应用研究应处理好以下三个问题：①处理好应用研究和基础研究之间的关系。基础研究为应用研究提供理论指导和理论支撑，应用研究把基础研究转化成现实的生产力；应用研究是理论成果的转化，也直接体现为理论与实践的结合。理论的发展要从实践中来到实践中去，应用于实践并接受时间的检验，实践中又不断提出新的需要研究的课题。②应用研究与市场化运作和企业化运作之间的关系。中商商业研究中心有考核要求、利润目标。有60%的资金缺口，要通过市场化运作来弥补。企业要提高市场化运作能力，为企业提供咨询服务，帮助提高企业的经营效益。③应用型人才的培养问题。研究所在招聘人员时要考现场记录能力，这是作为咨询行业必备的基本功，另外招聘的学生要有很广的知识面，懂得多个行业的相关知识。

杨世伟（中国企业管理研究会副理事长、品牌营销研究中心主任）：

中国流通经济发展到现在，与以前已经大有不同。现如今，有许多相关项目课题可以做，但是我们需要做的是从中取精，将这些项目进行整合，成立一个联盟，定期做交流和探讨，大家一起做项目就可避免重复劳动，也算是做到了理论上的联动。另外，由于中国的特殊市场背景，我们无法控制整个流通环节和渠道，但是综观发达国家，大多都只有几家大规模的经销商，它们之间往往会形成价格联盟，相对中国繁多而混乱的局面，它们的产业链拥有更多的附加值。

此外，中国在竞争力与品牌上的研究还需加强。我国的商品生产和销售规模虽然比较大，但是品牌的影响力较低，对品牌与营销的研究主要有：①理论研究。品牌的理论研究是以营销学和广告学为导向，而一个企业的发展应该以全面而系统的思考为前提，要从全方位的角度（战略规划、人力资源培养、形象设计等）开展研究。②政府机构政策。虽然说品牌建设要和人才战略管理、营销管理相结合，但重要的是，我们缺乏专门的品牌管理部门，没有特定的机构来进行品牌管理和建设。③还要作出一个品牌建设的评价体系。现在评价企业品牌的价值指标，大多还只是财务指标等盈利性指标，并不能完全反映品牌的优劣，而要想找到反映品牌好坏的指标，应当从消费者入手。

赵德海（哈尔滨商业大学商业经济研究所所长、教授）：

哈尔滨商业大学商业研究所（简称商经所）在历届学校合并过程中一直都被保留下来，主要是对商业原则和标准进行研究。在经历学校合并后，利用学校理工科和文科交流的优势，商业研究所也进行了文理融合，比如药学、食品工程、计算机、经管、法学等，由于这些专业的支持，我们承接到一个农产品流通过程质量监控问题的项目，这个优势就体现出来了。

商经所在发展过程中取得了不小的成绩，主要经验就是我们一直坚持三个方面：一是凝练特色，二是跟踪前沿，三是坚持创新，为地方企业服务。第一个方面，商经所一直致力于商业运行规律、流通产业规模、商业布局等方面的研究，并取得了一些成果，加入世界贸易组织后商业业态的调整，零售行业的重要性凸显出来，我们一直坚持这些特色专业的研究。现在政府在商业规划项目出现了外包现象，这对于我们专门从事流通行业研究的人来说，可以为他们提供咨询服务，外包现象对我们来说是一个机会，这是我们一直能够承接到政府、企业项目的原因之一。第二个方面，在承继特色的前提下，跟踪前沿是非常重要的。随着产业机构的调整，流通业的地位凸显，特别是生产性的服务业、服务外包等，这些都是调整产业结构发展的重要方面，我们要及时研究这些现象。通过我们在这方面的努力，也承接到国家的一些重点项目。同时，由于我们跟踪前沿，研究热点难点问题，我们的学科建设也取得了一些成绩，申请到一些国家重点学科。此外，我们还有一个具有特色的黑龙江省第三产业发展与创新学科群，财政、法学、商科等专业共同进行研究。第三个方面，由于学校所处地域的不同，我们要为地方经济服务，只有这样才能从更高的层面反映、承接课题。服务地方经济，可以形成一种学科的品牌、专业的品牌。上述这些，就是我们商经所的经验。

张建民（中南财经政法大学教授）：

这次见面的机会难得，能与大家见面沟通，这本身也是一种学习。通过刚才兄弟院校和实业界的介绍，我发现学校和企业之间还是有很大的差距，这给我们也带来一定的鞭策，我们学到很多，下一步就是要行动。

以我们学校为例，我校总体来讲还是不错的，与北京商学院（现北京工商大学）、黑龙江商学院（现哈尔滨商业大学）、东北财经大学有很多的联系。但贸易经济学科在我们学校现在是弱势学科，不是“校长学科”，我们的力量有限。我们教研室七八个人涵盖的层次比较广，从本科教学一直到博士生教学。学校对于老师的考核越来越严格，要完成教学、科研任务，而咨询不在科研指标中，学校的老师尤其是年轻的教师压力比较大，考核采取末位淘汰。我们研究商贸属于中等水平，内贸研究与国际贸易研究在一起，特色就是内外贸一体化，我们贸经专业学生以内贸为主，但要懂外贸；国贸的学生以外贸为主，但要懂内贸。除此之外，我们学校工商学院的研究也有一个平台，就是世界贸易组织与湖北发展研究中心，它是一个开放式的、湖北省的重点流通研究基地，我们的研究成果也可以通过这个平台发布。通过这次会议的交流，吸收其他学校和单位的经验，学校是有研究所的，但是并没有把它做实，回去也要把这部分做好。

宋瑛（重庆工商大学经济贸易学院贸易系副主任、副教授）：

主要谈流通商贸的高校专业人才培养。现在流通商贸专业的人才培养面临着许多问题。①许多学这个专业的学生毕业后都不从事相对应的商贸流通企业工作，这样就与当初设置该专业的初衷有所背离。这主要是因为有些学生还不太清楚此专业的具体情况，他们往往没法坚持从企业的基层做起，经常是工作短暂时间后就离开，这样就难免造成人才的流失；其次是学生在进入商贸流通企业后，企业还需要对他们进行系统培训，因为学生在学校里接受的教育可能与企业的真实情况不相衔接，这就需要我们反思人才培养方法。②学生在学校的学习如何和社会接轨。各大高校可以建设专门的实验中心，或者与企业合作制作专业的教学软件，这样我们的教学就能和企业的真实运作方式相联系，做到实践教学。

王强（中国人民大学商学院副教授、G30 副秘书长）：

G30 是中国流通 30 人论坛，2009 年建立，也是为了纪念改革开放 30 周年。这个论坛成员的组成主要是流通领域的一些领军人物，主要分为三类：一类是专家学者，一类是政府、行业主管，一类是在企业有突出成绩的老总。该论坛建立的主要目的是为流通领域提供咨询，对流通领域出现的问题进行研究，并提出政策建议。现在咨询委员会成员主要集中在北京地区，就以后的发展来讲，希望能够吸收地方院校的专家学者和表现突出的流通业人才。同时，希望全国各地对流通行业有一定成果和看法的优秀人才能够加入我们论坛。

黄爱光（北京财贸职业学院流通经济研究所副教授）：

我们学校的研究定位是“顶天立地”，顶天就是接触到流通商贸理论最前沿；立地就是脚踏实地站在为社会服务、为企业服务的角度应用我们的理论去实践。近年，我们出了一些流通理论方面的专著，比如流通现代化、世界宜居城市的建设等。在此基础之上，我们的研究主要集中在两个方面：一是流通现代化的研究；二是经商的研究。流通现代化方面我们主要进行城市和区域商业规划的研究，在“九五”时期我们就介入到北京的城市商业规划，去年我们完成了北京市“十二五”商业规划和北京国际商贸中心的建设等重大商务研究。我们长期关注北京市流通建设发展过程中的建设问题，如北京市外资的农产品规划、北京市生活必需品保障的研究。此外，我们还为北京市各区县商贸产业的发展做一些工作，如流通规划、商贸规划；对北京现代城市当中功能区域流通产业发展和商业街的建设也开展过研究，如北京市 CBD 的扩展规划；为企业提供流通现代化的咨询服务，如菜百、翠微。我们的研究还集中在老字号企业和企业的经营文化的研究方面。

曾令同（IBMG 公司副总经理）：

之前的各位专家学者都提到了政府、企业需要的人才与高校培养的人才不对口的问题，IBMG 就是为解决此类问题而成立的公司。我们的业务之一就是解决企业的人才储备问题，现在企业缺人，而又找不到专业很对口的人才，我们就帮助企业做一些专业性的培训，建立企业商学院，比如建立的苏宁商学院，为苏宁培养零售行业人才培训，正在筹备的还有 6 所类似的企业大学。第二类业务就是承接企业的项目，为企业控制成本提供咨询服务等。第三类就是建立一个企业数据库，从高校和政府的角度来讲，这是一个微观的数据库，但是也有很大的作用，我们收集这些数据，为提升零售企业的业绩提供依据。这些就是我们大致的一些业务，希望在弥补高校教学上某些不足的同时也能跟高校做一些教学方法、课程设置上的交流。在此，我还有一个建议，即制定一个机制，定期地让我们的企业、政府、高校坐在一起进行产学研的交流，让社会上的问题能够及时地得到理论的解释，让企业的问题及时传达到政府视听，让政府的政策导向能被高校、企业及时了解。如果以后有这样的活动，我们很乐意参加、支持。

朱振荣（北京工商大学贸易系书记、国贸教研室主任、副教授）：

北京工商大学国贸专业可以追溯到 1988 年，迄今拥有 24 年的历史，1993 年开始招收本科生，已有 19 年的光阴。2003 年获批国际贸易学硕士学位授权点，2004 年开始招收国际贸易学专业硕士研究生。2010 年获批国际商务硕士专业学位授权点，可以招收专业硕士，2013 年拟招收外国留学生。

我们国贸专业重视教学改革的探索，目前的特色体现在全英语教学、实践教学，这些给学生创造了很好的机会，有利于培养学生的国际贸易口语交际能力和国际贸易操作能力。出版的相关专业教材有李时民博士的《出口贸易》、季铸教授的《世界贸易导论》和《世界经济导论》、潘忠博士的《经贸英语阅读教程》、侯海英博士的《国际贸易业务实训》和《出口结算单证》，都在市面上得到广泛认可，具有一定的影响力。

我们的全英语教学，始于2005级国贸双语班，2006级至2012级基本都招收国贸全英班（2010级除外），已形成较为完善的培养方案、较稳定的师资队伍，并取得了较好的教学效果，具备良好的发展基础。如今，全英班的教学经验已推广并惠及全部的国贸专业学生，使国贸学生具备国际化视野、全球化就业前景。我们希望在有效提升和强化学生的英语能力、增强其国内考研胜算的同时，还能助推其成就国际化职业规划和留学生涯。学校倡导国际化办学，前段时间我们刚制定了经贸专业（本科生）、国际贸易学专业（硕士研究生）留学生培养方案，已纳入“留学工商行动计划”。可以说，在全英语教学过程中我们收获了一些经验，但在教学中，我们也遇到一些困惑，包括在传授知识的过程中，全英语教学的信息能否完整地被学生所接受？还有，师资队伍、学生的英语水平等因素也制约全英语教学方式的发展。希望通过本次交流，可以借鉴到各位同行的宝贵经验。

关于实践教学，北京工商大学一直十分重视。为此，我们组织编写的教材中就包括实践类教材，包括《国际贸易业务实训》、《出口结算单证》。此外，学校还安排了ERP实践教学等。但由于基础设施及任课老师的实践经验均有待提升，总体来说实践教学的软件、硬件都还有所欠缺，急需与企业加强交流。

龚晓菊（北京工商大学贸易系贸经教研室主任、副教授）：

北京工商大学贸易经济专业在贸易强国论坛“坛主”洪涛教授的带领下，贸易经济专业建设取得了很大成绩。贸易经济专业注重培养具有坚实的经济理论基础，培养通晓内外贸知识的从事现代商务活动以及期货等衍生品交易和管理的高级应用型人才。

贸易经济专业的前身是原北京商学院商业经济专业，1960年开始招收本科生，1981年全国首批获硕士学位授予权，是原商业部重点学科，2002年成为北京市重点学科，2009年获北京市特色专业称号，拥有北京市精品教材、北京市精品课程。目前，已经成为国内重要的高级商务管理人才、贸易经济专业人才、期货市场专业人才培养基地，2010年还被《经济观察报》纳入“期货大鳄家族”予以报道。我们有知名教授和博士教师，师资力量雄厚，科研成果丰硕，主持多项国家社会科学基金、国家自然科学基金项目。2009 年、2010 年多名教师位居全校文科科研排名前 10 名，这两年的学校科研第一名得主均是本专业教师，2011 年又有 2 人位列 2011 年青年教师科研前 10 名。此外，多名教师担任中国商业经济学会、中国农业经济学会、中国商业史学会、中国市场学会副会长、副秘书长、常务理事、理事。

吴小丁（吉林大学教授）：

我主要谈谈流通基础理论研究。一方面，理论可以检测现象，找出现实中的不足，也可以预测未来。但是，学科本身需要先形成一定的理论范式，不然就没有支撑自身结论的理论基础，即还需要自我完善和自我认知。另一方面，理论研究和应用研究不是对立的，给予现象一个理论的概念化，就能够形成一个新理论。学校与企业的研究，没有本质的差别，只是分工的不同而已。最后，很乐意为大家提供一个交流、研究和共享的平台——“小丁菜园”，网络搜索后就能找到，希望大家登录并保持互动。

周岚（商务部政研室处长）：

在听了全国各地到会的高校、企业、政府方面关于流通行业的发言后，我感到受益匪浅。现阶段，各方面都意识到了流通产业的地位需要提升，事实上也正在提升。在讨论过程中，我注意到大家很多都提到企业、高校、政府的衔接问题。从商务部的角度来讲，除了要培养自己的专家队伍之外，地方商务部门还要主动去沟通、反映存在的问题。当然，这也离不开高校的理论研究支持和人才培养的支持。希望大家都在各自的岗位上努力，解决这些问题，共同推动流通行业的结构升级。

洪涛（北京工商大学经济学院贸易系主任、教授）：

全国各地的流通研究基地、流通研究所、流通研究中心的交流，我考虑了很多年，一直都希望能够组织一次这样的活动，“第三届贸易强国论坛”提供了这个机会。通过这次交流活动，我们可以交流各个地方的流通研究情况、研究成果及今后的发展趋势，避免流通研究的同质化，使流通研究随着我们流通改革和发展而不断创新。

2010 年以来我作为商务部国内贸易专家先后参加了商务部的 40 多次研讨会，商务部在《国内贸易“十二五”发展规划》中提出，要重视流通基础理论研究和人才培养问题。今天的会议，我们一方面交流各个地方的流通研究情况，另一方面交流我们的人才培养问题。现在是经济、政治、文化、教育的对外开放，流通业教育也要对外开放。流通领域的对外开放，包括流通研究的对外开放，也包括流通领域人才培养的对外开放。

“第三届贸易强国论坛”得到了大家的积极支持，这是一个大家共同创造的品牌。通过这个论坛，大家可以发表自己的观点，从不同的角度发表自己的看法建议。这次论坛的举办还收到了全国各地的论坛投稿 80 多篇，初步收录了 70 多篇，我们将在论坛结束之后择优编辑出版一本论文集，这也是我们论坛的成果之一。“贸易强国论坛”已经举办了三届，都是在北京召开的。以后，该论坛要走出北京，在各个地方共同开办，“贸易强国论坛”作为大家共同建立起来的品牌，成果也要大家共享。这也是我们论坛“开放、协同、共享、全球化”的理念，希望以后论坛能够吸引更多的人才进行交流。

图书在版编目（CIP）数据

内外贸联动发展/洪涛，朱振荣主编. —北京：经济管理出版社，2013.5
ISBN 978-7-5096-2466-1

Ⅰ.①内… Ⅱ.①洪… ②朱… Ⅲ.①贸易——体化—中国—文集 Ⅳ.①F72-53

中国版本图书馆 CIP 数据核字（2013）第 101641 号

组稿编辑：张永美
责任编辑：张永美
责任印制：杨国强
责任校对：超　凡

出版发行：经济管理出版社
（北京市海淀区北蜂窝 8 号中雅大厦 A 座 11 层　100038）
网　　址：www. E-mp. com. cn
电　　话：（010）51915602
印　　刷：北京银祥印刷厂
经　　销：新华书店
开　　本：720mm×1000mm/16
印　　张：37.5
字　　数：673 千字
版　　次：2013 年 6 月第 1 版　2013 年 6 月第 1 次印刷
书　　号：ISBN 978-7-5096-2466-1
定　　价：98.00 元